4차원속독법

4차원 속독법

초판 1쇄 발행 1992년 12월 2일
22판 1쇄 발행 2022년 4월 26일

지은이 김영철
펴낸이 김영철
펴낸곳 비전플러스
등 록 제2001-000026호
주 소 서울특별시 관악구 봉천로 360, 3층 (우)08757
전 화 02) 872-1766 | 0502) 213-3200
팩 스 02) 872-1756
Homepage http://www.4dsrs.com,
www.speedreading.co.kr
E-mail kyc83@naver.com

ISBN 978-89-7655-032-3 14020

값 34,000원

4차원속독법

김영철 지음

비전플러스

머리말

광야 같은 인생의 어딘가에 있을 오아시스를 발견하기 위해 책을 많이 읽어야 한다.

소크라테스는 독서에 관하여 이런 말을 했다. “책을 많이 읽어 자신을 성장시켜라. 독서를 통해 남이 고생하여 얻은 지식을 쉽게 얻을 수 있다.” 마이크로소프트 창업자이자 세계 최고의 갑부인 빌 게이츠도 이런 말을 했다. “오늘의 나를 있게 한 것은 우리 마을 도서관이었고, 하버드 졸업장보다 소중한 것이 독서하는 습관이다.”

독서는 생각을 키우며, 지식을 넓히며, 뜻밖의 새로운 아이디어가 떠오르게 하며, 의식을 확장시켜 주는 자기 계발의 최고 수단이다. 하지만 특별한 독서 훈련이 되어 있지 않은 사람은 책을 한 권 읽는 데 많은 시간이 걸린다. 읽어야 할 책이 책상 위에 한두 권씩 쌓여 가면서 독서가 점차 부담스럽고 재미없는 일이 되고 마는 원인이기도 하다. 이 문제를 해결하기 위해선 무엇보다 먼저 책을 빠르게 읽는 능력 개발이 필요하다. 그럼에도 불구하고 속독법이 널리 보급되지는 못해 왔다. 그 까닭은 기존의 속독법이 갖고 있는 여러 문제점들 때문이라 생각된다. 전통적인 속독법들은 다 빠른 안구 운동이 기본적인 동작이다. 21세기에 들어와서 국내외의 몇몇 속독법들이 정신적인 면의 적용을 시도하였으나 읽기의 기본적인 방법은 안구 운동 방식을 벗어나지 못했다. 그러므로 기존의 모든 속독법들이 다 안구 운동 방식의 범주 안에 있다. 안구 운동 방식의 속독법은 의식적인 안구 운동 자체가 부자연스럽고, 불편함, 집중 방해, 피상적 이해, 낮은 성과, 원점 회귀 등 독서를 도리어 방해하는 여러 폐단을 초래한다.

나는 그러한 폐단을 다 해결한 새로운 속독법이 나와야 자기계발의 진정한 수단이 되리라 생각하였다. 그러한 바람이 어느새 먼 기억 속의 일이 되어 가던 1983년의 어느 봄날, '태동 배경'에서 밝힌 바와 같이 갑자기 새로운 속독법의 개발에 대한 영감이 주어졌다. 그로부터 무려 39년간, 연구실과 교육 현장에서 무수한 실험 연구 끝에 마침내 그 결정판을 22판으로 출간하게 되었다.

《4차원 속독법》은 뇌에 찍힌 글자들이 무의식에서 빛의 속도로 읽혀지고 실시간으로 생각된 것에 집중하는 독서 행동 '직관'을 형성한다. 읽는 목적과 중요도 등에 따라 생각의 속도를 조절하면 내용을 충분히 이해하고 음미할 수 있다. 이것은 고정관념으로 제한되어 있던 가능성을 개발하는 독서 방법의 혁명이다. 공부와 각종 시험 준비에도 상상을 초월한 경쟁력이 될 것이다.

그동안 필자가 가르친 학생들이 거두었던 성과를 '《4차원 속독법》의 효과'(9쪽)에 정리하였다. 아무쪼록 이 책이 독서력 개발을 원하는 모든 사람들에게 사막의 오아시스와 같은 기쁨을 안겨 주기를 바란다.

2022년 4월 6일

김 영 철

태동 배경

1983년의 어느 봄날, 교회의 주일 예배에서

"믿음은 바라는 것들의 실상이요……"(히브리서 11장 1절)

이 말씀에 대한 설교를 듣던 중에 일어난 일이다.

번개같이 뇌리를 스친 한 말씀이 있었다. "'믿음의 원리'를 적용하면 새로운 속독법을 개발할 수 있느니라."

그 순간부터 내게 들린 말씀대로 반드시 이루어진다는 초자연적인 믿음이 주어졌다. 당장은 손에 잡히는 것이 없고 눈에 보이는 것도 없었지만 조금도 흔들림 없이 믿어졌다. 이때부터 나는 '믿음의 원리'를 적용한 새로운 속독법의 개발에 온 힘을 기울이게 되었다.

'믿음의 원리'를 적용한 속독법이란 빠르게 움직이는 영상으로 글이 읽혀지게 하는 방법이라고 생각되었다. 그러나 떠올릴 수 있는 영상을 다 적용해 보았지만 잘 되지 않았다.

"하나님! 위로부터 믿음을 부어 주셨지만 현실적으로는 잘 안됩니다."

하나님께서 즉시 말씀하셨다.

"틀림없이 된다."

"하나님의 말씀을 믿습니다. 하지만 저의 힘으로는 잘 안 됩니다. 적합한 영상을 찾게 해 주십시오."

약 3개월이 지난 어느 날 마태복음 24장을 읽고 있었다. 그

27절 “번개가 동편에서 나서 서편까지 번쩍임같이 ……”에서 참으로 번개같이 뇌리를 스친 영상과 함께 “바로 그것이다.”라는 말씀이 다시 한 번 주어졌다. 뛸 듯한 기쁨이 용솟음쳤다. 그런 중에 그 하반절의 말씀을 주목하게 되었다.

“…… 인자의 임함도 그러하리라”

“주님! 이 하반절의 말씀을 주신 뜻은 무엇입니까?”

그 응답은 다음의 말씀을 통해 주어졌다.

“이 천국 복음이 모든 민족에게 증언되기 위하여 온 세상에 전파되리니 그제야 끝이 오리라”(마태복음 24장 14절)

모든 민족을 부르시는 하나님의 음성이, 이 시대에 꼭 필요한 프로그램을 만들어 그것을 학습하는 사람들에게도 들리게 하라는 뜻으로 이해되었다. 당연히 이 일도 내게 주신 사명으로 받아들였다.

다음의 과제를 정하고 연구에 돌입했다.

1. 자연스러워야 한다.

2. 쉬워야 한다.

3. 획기적인 성과를 거둬야 한다.

10여 년간의 긴 연구 끝에 1992년 12월, 《4차원 속독법》 초판을 출간했다. 그러나 그 때는 그것이 새로운 시작임을 알지 못했다. 그로부터 29년이 지난 2022년 4월, 마침내 《4차원 속독법》 결정판(22판)을 출간하게 되었다. 지금까지 인도하셨고 앞으로도 인도하실 하나님께 모든 영광을 돌린다.

4차원 속독법의 효과

책 한 권을 30분 내에 읽는 능력을 개발할 수 있다. 특히 성장기(12~14세)의 학생들은 책장을 넘기는 속도로 그 내용을 정확하게 읽고 이해하는 능력을 개발할 수 있다. 집중력도 내용에 자연스럽게 몰입되는 경지까지 개발할 수 있다. 긍정적이고 적극적이며 창조적인 마인드를 개발하고 문제를 해결하는 능력도 많이 향상시킬 수 있다. 이러한 효과들을 좀 더 구체적으로 살펴본다.

❶ **독서 능력 10~100배 개발** 뇌에 찍힌 글자들이 무의식에서 빛의 속도로 읽혀지고 실시간으로 생각된 것에 집중하는 '직관' 훈련을 통해 성인은 10배, 성장기(초5~중1)의 학생은 100배 이상의 독서 능력을 개발한다.

❷ **몰입 능력 개발** 흥미로운 것에 푹 빠져 본 경험이 있을 것이다. 그렇듯이 《4차원 속독법》의 독서 행동 '직관'은 책을 읽을 때 내용에 바로 몰입되는 능력을 개발한다. 이를 통해 독서와 학습은 물론 업무의 효율성까지 크게 향상시킬 수 있다.

❸ **분석 · 정리 · 기억력 개발** 글의 유형에 따른 요소들을 상상 속에서 방사형 구조로 분석 · 정리 · 기억하는 능력을 개발한다. 이를 통해 내용을 짜임새 있고 명료하게 파악할 수 있다.

❹ **사고력 개발** 학습을 통해 뇌에 주어지는 자극은 뇌신경세포들 사이의 시냅스연결을 긴밀하게 하여 새로운 뇌 회로들을 형성하고 그러한 자극이 반복되면서 고도의 독해(讀解) 능력을 갖는 뇌회로망으로 발전된다. 이를 통해 또 다른 확장 영역인 사고력을 자연스럽게 개발한다.

❺ **창의력 개발** 중심 원리로 적용된 '믿음의 원리' (히 11:1)는 인간을 지배하는 행동 원리이고 잠재 능력을 개발하는 열쇠이다. 《4차원 속독법》은 '믿음의 원리' 를 자연스럽게 체득케 함으로써 다양한 방면에 창의적으로 적용할 수 있게 한다.

❻ **'할 수 있다' 는 마인드 개발** 자신이 가능성으로 가득한 존재임을 깨닫게 하고, 그 가능성을 개발하는 방법을 체득케 함으로써 어떠한 문제를 만나더라도 긍정적이고 적극적이며 창조적으로 극복할 수 있는 마인드를 개발한다.

정보화 사회는 빠른 학습자가 앞서 가는 시대이다. 《4차원 속독법》은 이 시대의 리더가 되고자 하는 모든 이들을 위하여 치밀하게 준비된 설계도이다.

차례

제1부 생각의 틀 바꾸기

제2부 '직관' 설치하기

제3부 훈련 방법 학습하기

제4부 독서 방법 학습하기

♠ 훈련 자료

♥ 부 록 ♥

최초 속도 검사

훈련을 통해 독서 능력이 개발된 정도를 알아보기 위해서는 기준점이 필요하다. 현재의 독서 속도가 그 기준점이 된다. 측정 방법은 다음에서 지시하는 '최초 속도 측정 글'을 다 읽고, 걸린 시간으로 '1분간 읽은 글자 수'를 산출한다. 그리고 이해도를 측정하여 '1분간 읽은 글자 수'에 곱한다. 그 값은 이해도를 적용한 '최초 속도'이다.

다음은 '최초 속도'를 측정하는 순서이다.

① 초등부는 405쪽, 중 · 고등부는 413쪽, 대학 · 일반부는 423쪽의 '최초 속도 측정글'을 편다.

② 초시계의 시작 버튼을 누르는 동시에 읽는다.

③ 다 읽은 동시에 초시계의 정지 버튼을 누른다.

④ 걸린 시간을 초로 환산하여 다음의 공식에 대입한다. (읽은 글자 수는 지문의 끝에 있음)

$$\frac{\text{읽은 글자 수}}{\text{읽는 데 걸린 시간(초)}} \times 60 = \text{1분 동안 읽은 글자 수}$$

⑤ 초등부는 432쪽, 중 · 고등부는 435쪽, 대학 · 일반부는 438쪽의 '이해도 측정 문제'를 펴서 10개 항의 문제를 푼다. 제한 시간은 3분, 지문은 반복해서 볼 수 있다.

⑥ 442쪽의 '모범 답안'으로 채점한다.(각 문항당 0.1점)

⑦ '1분간 읽은 글자 수'에 채점 결과(이해도)를 곱한다. 그 값은 이해도를 적용한 '최초 속도'이다.

⑧ '최초 속도'의 각 측정값을 [표 1](495쪽)의 해당란에 기록한다.

유 의 사항

독서 능력을 효과적으로 개발하기 위해 다음 사항에 유의한다.

① 암기 사항(529쪽)을 진도에 따라 완벽하게 암기한다. 그래야 학습한 내용이 제대로 적용될 수 있다.

② 지시된 훈련은 반드시 마치고 다음 단계로 넘어간다. 각 단계의 내용을 순차적으로 체득하는 것은 《4차원 속독법》의 '직관 시스템'을 두뇌에 설치하는 중요한 학습 과정이다.

③ 학습하지 않은 내용에 대해서는 추측하지 말아야 한다. 자기의 생각으로 내용을 왜곡할 가능성이 높기 때문이다. 각 단계의 내용을 순차적으로 이해하여야 전체를 이해할 수 있다.

④ 학습 중 겪을 수 있는 문제에 대한 해결책이 해당 부분의 유의점에 있다. 그러므로 유의점의 학습에 각별한 주의를 기울인다.

제1부 생각의 틀 바꾸기

힘쓰고 애쓰도 별 성과를 거두지 못하는 접근 방법과 노력한 것보다 큰 성과를 거두는 접근 방법이 있다면 누구라도 후자의 방법을 선택할 것이다. 당신은 '그러한 경우가 어디 있느냐'고 반문할 수도 있다. 그러나 인간의 삶 속엔 실제로 그러한 경우가 많이 있다. 그럼에도 불구하고 많은 사람들이 부지중에 전자의 방법을 선택하곤 한다. 이제 당신이 성공하기를 바란다면 항상 후자의 방법을 선택할 수 있도록 준비되어야 한다. 그것이 당신을 앞서가는 사람으로 만들어 줄 것이기 때문이다.

독서 능력을 개발하는 일도 마찬가지이다. 아무리 힘쓰고 애써도 공허함만 안겨 주는 접근 방법이 있고, 노력 여하에 따라 믿기 어려울 만큼 능력이 개발되게 하는 접근 방법도 있다. 제1부에서는 먼저 이 두 접근 방법에 대한 분별력을 계발한다. 동시에 성공하는 삶을 위한 새로운 생각의 틀(new paradigm)을 갖게 한다.

제1장 생각의 틀 바꾸기

〈생각의 틀〉 개념

벽돌을 찍어 내고자 한다면 '벽돌 찍는 틀'이 필요하다. 그 틀 속에 모래와 시멘트, 물을 알맞게 섞은 것을 다져 넣어 한가득 채운 다음, 그 틀을 조심스럽게 들어 올리면 벽돌이 찍혀 나온다. 그런데 이렇게 찍혀 나온 벽돌은 반드시 그 틀의 형체를 갖게 된다. 이와 마찬가지로 정신은 의식과 무의식으로 이루어져 있고, 무의식 영역에는 사람의 모든 생각이 반드시 통과해서 나오게 되어 있는 틀이 형성되어 있다. 그러므로 그 틀을 통과해서 나오는 모든 생각은 그 틀의 형체를 갖게 된다. 즉 그 틀의 지배를 받게 된다는 뜻이다. 이와 같이 되게 하는 틀을 '생각의 틀'이라고 한다.

1. 필요성

'정신이 육체를 지배한다.'는 사실을 모르는 사람은 없을 것이다. 그렇다면 당연히 사람들에게 형성되어 있어야 할 생각의 틀은 육체 중심이 아닌, 정신 중심적인 것이어야 한다. 그럼에도 불구하고 사람들은 육체 중심적인 생각의 틀로 굳어져 있다. 그것이 의미하는 바는 무엇일까?

먼저 '육체 중심적인 생각의 틀'과 '정신 중심적인 생각의 틀'에 대한 이해의 폭을 넓히기 위해 각각 두 가지씩 다른 말로 표현해 본다.

육체는 부피를 가진 3차원의 본질이다. 그러므로 육체 중심적인 생각의 틀을 3차원원적인 생각의 틀이라고 할 수 있다. 또 육체는 보이는 본질이므로 보이는 것 중심적인 생각의 틀이라고도 할 수 있다. 즉 육체 중심적인 생각의 틀 = 3차원적인 생각의 틀 = 보이는 것 중심적인 생각의 틀이다.

정신은 육체를 지배한다. 3차원을 지배하는 것은 4차원이므로 정신 중심적인 생각의 틀을 4차원적인 생각의 틀이라고 할 수 있다. 또 정신은 보이지 않는 본질이므로 보이지 않는 것 중심적인 생각의 틀이라고도 할 수 있다. 즉 정신 중심적인 생각의 틀 = 4차원적인 생각의 틀 = 보이지 않는 것 중심적인 생각의 틀이다.

육체(3차원) 중심적인 생각의 틀로 굳어져 있다는 것을 목적과 연결해서 생각해 본다. 목적은 독서 능력을 개발하는 것이다. 이는 잠재 능력이 주어져 있음을 이미 인정한 것이기도 하다. 잠재 능력은 육체(3차원)적인 본질인가? 정신(4차원)적인 본질인가? 정신(4차원)적인 본질이다. 육체(3차원) 중심적인 생각의 틀로 굳어져 있다는 것은 정신적(4차원) 본질의 잠재 능력을 개발하기 위한 접근 방법이 부지중에 육체(3차원) 중심적으로 이루어지고 있음을 뜻한다. 이것은 어떠한 의미를 갖는가?

입증의 과정을 거쳐서 [정리]된 것을 과학적 진리 또는 영원불변의 진리라고 한다. 그러므로 [정리]는 진리로서의 위력을 갖는다. 그 위력이란? 어떠한 내용이 과학적 진리에 위배될 경우 그 자체로 그것은 '거짓'임이 입증된 것이고, 과학적 진리에 부합될 경우 역시 그 자체로 그것은 '참'임이 입증된 효력을 갖는다. 173~180쪽에 입증의 과정을 거쳐서 정리된 [정리 1~7]이 있다. 이 내용을 원활한 학습의 밑거름이 되도록 먼저 읽어 놓자. 그 중 [정리 2]를 본다.

[정리 2] 하위 차원은 상위 차원에 접근 불능이다.

이 [정리 2]에 의하여 정신적(4차원) 본질의 잠재 능력을 개발하기 위한 접근 방법이 육체(3차원) 중심적으로 이루어질 때 그것이 '불능' 인 것을 알 수 있다. 그럼에도 불구하고 그러한 접근 방법이 불능인 것을 모르고 있는 상태에서 하게 되면, 그 행동이 부자연스럽고, 불편하고, 힘들며, 어렵게 느껴진다. 그렇다고 바로 포기하는 사람은 별로 없다. '인내' 라는 말을 떠올리게 될 것이다. 그래서 사람들은 인내라는 말을 좋은 것으로 여긴다. 그러나 인내 그 자체는 좋은 것도, 나쁜 것도 아니다. 바로 인내하는 내용에 의하여 그 인내가 좋은 것도, 나쁜 것도 될 수 있기 때문이다. 인내하는 내용이 '참' 일 때 그 결과는 문제를 해결하고 꿈을 이루고 성공을 산출한다. 그러나 인내하는 내용이 '거짓' 일 때 그 결과는 공허함 곧 실패를 초래한다. 정신적(4차원) 본질의 잠재 능력을 개발하기 위한 접근 방법이 육체(3차원) 중심적으로 이루어질 때 반드시 실패하게 되어 있다는 뜻이다. 그렇다면 성공하는 접근 방법은 그 반대임을 알 수 있다. 즉 정신(4차원) 중심적인 접근이 자연스럽고, 편하고, 힘들지 않으며, 쉽고, 성공을 산출할 수 있는 접근 방법이 된다. 다음의 예화는 생각의 틀을 바꿀 때 주어지는 위력에 대하여 말해준다.

2차원(면)적인 생각의 틀을 가진 개미와 3차원(공간)적인 생각의 틀을 가진 참새가 있다고 하자. 어느 날 개미가 먹이를 찾아 헤매다가 콩알만한 빵 조각 하나를 발견하고서는 한 시간 동안이나 땀을 뻘뻘 흘리면서 자기 집 바로 앞까지 끌고 갔다. 그 때 둥지에서 늦잠을 실컷 자고 일어난 참새가 기지개를 켜다가 '꼬르륵' 소리에 시장기를 느끼고는 먹이를 찾아 창공을 날아올랐다. 마침 꿈틀거리던 빵 조각을 발견한 참새는 '옳지, 아침 요깃거리가 저기 있구나!' 하면서 쏜살같이 내려가 그것을 콕 쪼아 물고 날아올랐다. 그리고 공중에서 그것을 한 번 더 쪼아 삼키는 사이에 아주 작은 부스러기 하나가 다시금 개미 앞에 떨어졌다. 땀을 뻘뻘 흘리면서 끌고 가던 빵 조각이 갑자기 사라져 버린 '기적'(?)을 만난 개미에게 방금 전에 사라졌던 빵 조각의 일부분이 다시 나타나는 '기적'이 일어난 것이다. 면밖에 알지 못하는 2차원적인 생각의 틀을 가진 개미에게는 불가사의한 두 번의 기적이 창공을 나는 3차원적인 생각의 틀을 가진 참새에게는 일상의 일이었던 것이다.

마찬가지로 3차원적인 생각의 틀을 가진 사람에게는 납득되지 않는, 기적으로밖에 생각할 수 없는 일이 4차원적인 생각의 틀을 가진 사람에게는 과학적인 현상으로 이해된다. 바로 이것이 3차원적인 생각의 틀을 4차원적인 생각의 틀로 바꿔야 하는 이유이다. 잠재 능력을 놀랍게 개발하기 위한 첫걸음인 것이다.

《4차원 속독법》은 먼저 3차원적으로 굳어져 있는 생각의 틀을 4차원적인 생각의 틀로 바꾸도록 이끌어 준다. 그래서 4차원적인 접근을 통해 뇌에 찍힌 글자들이 무의식에서 빛의 속도로 읽혀지고 실시간으로 생각된 것에 집중하는 독서 행동 '직관'을 형성한다.

2. 자세

생각의 틀을 바꾸고자 하는 자세는 어떠해야 하는지 알아본다.

일반적으로 당연하게 여기는 것이라도 진리가 아닐 수 있다. 그렇다면 자신의 지식에도 오류가 있을 수 있다는 겸손한 태도가 필요하다. 그러한 태도라면 자기의 생각과 다른 지식 체계를 대할 때 경청하는 자세가 나올 수밖에 없기 때문이다. 경청을 통해 공감하면 그 새로운 지식을 받아들이게 될 것이고, 그의 지식은 업그레이드되는 결과를 가져오게 될 것이다.

만약 자신의 지식에는 오류가 있을 수 없다고 여기는 태도라면 자기의 생각과 다른 지식 체계는 틀린 것이 될 수밖에 없다. 따라서 경청하는 태도도 나올 수 없다. 이러한 태도는 자기의 제한된 지식으로 스스로의 가능성을 묶어 버리는 결과를 초래한다.

제2장 옛 독서 습관, 새 독서 방법

옛 독서 습관
지금까지 가지고 있는 독서 습관을 말한다.

새 독서 방법
지금 학습하고 있는 독서법을 말한다.

새로운 독서법을 학습함에 있어 옛 독서 습관에 대하여 잘 살펴보는 것은 좋은 밑거름이 된다.

1. 옛 독서 습관

글자들을 보면서 한 자 한 자 읽는 것이다. 이러한 방식으로는 동화책에서 전문 서적에 이르기까지 모든 책을 거의 같은 속도로 읽게 된다. 그러나 쉬운 책과 전문 서적은 난이도가 다른 만큼 읽는 속도도 달리해 주는 것이 합리적이다.

일반적으로 글을 한 번 읽고 그 내용을 다 파악하기 원한다. 생각해 보면 바로 그러한 생각 때문에 천천히 읽게 되는 것을 알 수 있다.

책을 읽다가 앞의 내용이 잘 기억나지 않아서 되돌아간 경험이 있을 것이다. 그러한 습관 때문에 책 한 권을 읽는 데 오랜 시간이 걸리고 내용의 흐름도 자주 끊기게 된다. 또 그러한 일이 반복되면서 독서는 점점 힘들고 재미없는 일이 되고 만다.

정독에 대한 오해

정독의 뜻 : 뜻을 새겨 가며 자세히 읽음.

정독하는 방법 : (일반적으로) 천천히 꼼꼼하게 읽는 것이라 여긴다,

이렇게 읽는 것이 참으로 정독일까? 만약 그렇다면 누구보다 시험 칠 때 그 당사자가 가장 확실한 정독을 할 것이다.

정독의 뜻을 바로잡음

시험을 쳐 보지 않은 사람은 별로 없을 것이다. 그렇다면 시험 칠 때 지문을 읽고 첫 번째 문제를 바로 푸는 경우와 문제의 해당 지문을 다시 찾는 경우 중 어느 쪽이 많을까? 일반적으로 다시 찾는 경우가 많다. 그렇다면 방금 전 천천히 꼼꼼하게 읽은 것은 정독이 아님이 입증된 것이다.

답을 얻기 위해서는 문제의 해당 지문을 다시 찾아 읽을 수밖에 없다. 그래도 답을 얻지 못한다면 답을 얻을 때까지 반복해서 읽을 수밖에 없다. 이렇게 반복해서 읽는 과정을 통해 마침내 답을 얻게 된다. 그렇다면 답을 얻게 되는 그 시점이 비로소 정독이 이루어진 때라고 할 수 있다. 천천히 꼼꼼하게 읽는 것은 정독(精讀)이 아니라 서독(徐讀)이라 해야 할 것이다. <u>정독은 반복 읽기의 과정을 통해 이루어진다.</u>

속독이 정독에 필요한 이유

정독하는데 속독과 서독 중 어느 것이 유리할까? 속독이 유리

하다. 그 이유는 빠른 속도로 읽는 만큼 반복 읽기의 부담도 줄어들기 때문이다. 그러므로 정보화 시대를 살아가는 현대인들에게 속독 능력은 필수적이라 할 수 있다.

2. 안구 운동 방식 속독법의 문제점

안구 운동 방식의 속독법은 19세기 무렵부터 미국과 유럽 등지에서 연구되어 왔고, 20세기 후반부터는 우리나라에서도 연구가 시작되었다. 그러나 부자연스럽기 때문에 초래되는 여러 가지 문제점들을 최근까지도 해결하지 못했다. 그것들에 대하여 살펴보는 것은 제대로 된 접근 방법을 이해하는 밑거름이 된다.

부자연스러운 동작

안구 운동 방식의 속독법은 빠른 안구 운동이 기본적인 동작이다. 그러한 동작이 왜 문제가 되는 것일까? 육체(3차원) 중심적인 생각의 틀에서 비롯되었기 때문이다. 30초간 실제로 안구 운동을 해 봄으로써 그 문제점들을 체험해 보자.

① 양팔을 앞으로 뻗어 어깨보다 조금 넓게 벌린 채로 양손의 집게손가락을 수직으로 세운다.
② 두 손가락 끝을 빠른 속도로 번갈아 보기를 30초간 반복한다.

30초가 생각보다 길게 느껴졌을 것이다. 그 이유는 두 손가락을 번갈아 보는 동작이 부자연스럽고 불편했기 때문이다. 이제 체험된 문제점들을 '부자연스러운 동작의 속성'이라는 제목으로 정리한다.

부자연스러운 동작의 속성

① 의식적이다.

② 불편하고 힘이 든다.

③ 움직임이 느껴진다.

안구 운동 방식 속독법의 문제점

① 눈의 의식적인 움직임이 부자연스럽고 불편하다. 또 그러한 동작이 내용에 집중하는 것을 방해하여 내용 파악이 잘 안 된다.

② 의식적인 눈의 움직임으로 정신의 가능성을 제한하게 된다. 정신에는 의식적인 움직임에 비교할 수 없는 빠르기로 움직일 수 있는 가능성이 주어져 있기 때문이다.

③ 훈련을 중단하면 몸이 원하는 바 자연스러운 상태로 돌아가고자 하는 회귀성이 작용하여 점차 원점으로 되돌아가게 된다.

이와 같이 안구 운동 방식의 속독법은 눈의 의식적인 움직임이 초래하는 여러 가지 문제점들을 가지고 있다. 이러한 문제점들의 근본적인 원인은 바로 '부자연스럽다.'는 것이다.

3. 《4차원 속독법》 접근 방식

잠재 능력을 효과적으로 개발하기 위해서는 움직임이 자연스러워야 함을 알 수 있다. 《4차원 속독법》은 자연스럽다. 그렇기 때문에 잠재 능력이 놀랍게 개발될 수 있다. 이러한 접근 방식을 제대로 이해하기 위해서는 먼저 '자연스러운 동작의 속성'과 '자연스러운 동작의 원리'에 대한 이해가 필요하다.

(1) 자연스러운 동작

거리에 나가면 오가는 사람들, 차들을 볼 수 있다. 그때 눈동자가 움직일까? 움직임이 느껴지진 않는다. 하지만 눈은 보는 물체를 따라 저절로 움직인다.

두 사람이 1m 정도의 간격을 두고 서로 마주 선 채로 한 사람은 펜을 잡은 손을 좌우로 움직이면서 상대방의 눈동자를 보고 있고, 다른 한 사람은 상대방이 움직이는 펜을 놓치지 말고 본다. 펜의 움직임을 보는 사람은 자기 눈의 움직임을 전혀 느끼지 못하지만 상대방은 펜을 움직이는 대로 눈동자가 움직이는 것을 볼 수 있다. 이 실험을 역할을 바꾸어서도 해 본다. 이제 체험된 자연스러운 동작의 속성을 다음과 같이 정리한다.

자연스러운 동작의 속성

① 저절로(무의식적으로) 움직인다.

② 편하고 쉽다.

③ 움직임이 느껴지지 않는다.

(2) 자연스러운 동작의 원리

의식과 무의식

정신은 의식과 무의식으로 이루어져 있다. 의식은 깨어 있는 상태에서 자기 자신이나 사물에 대해 인식하는 작용을 말하고, 무의식은 일상의 정신에 영향을 끼치고 있지만 스스로 깨닫지 못하는 일체의 작용을 말한다. 다시 말해 의식은 '느끼는 나' 무의식은 '느끼지 못하는 나'를 말한다.

자연스러운 동작은 무의식에서 이루어진다

지금 이 순간에도 무의식중에 일어나는 많은 동작들이 있다. 그중 먼저 몸 밖에서 일어나는 동작들을 말해 본다. 눈 깜박거리는 것, 숨 쉬는 것 등을 들 수 있다. 몸속에서 일어나는 동작들도 말해 본다. 심장이 뛰는 것, 소화시키는 것, 흡수한 영양분을 혈류를 통해 온몸의 세포들에 공급하는 것, 세포들이 성장해서 분열하는 것 등을 들 수 있다. 이러한 동작들은 모두 다 유전자에 입력되어 있는 프로그램에 의하여 무의식에서 이루어진다.

3차원적인 생각의 틀에서 비롯된 오해

책상 위의 펜을 집어든 동작은 '의식'과 '무의식' 중 어디에서 이루어진 것일까? 사람들의 대답은 거의 모두 '의식'이다. 그러나 정답은 '무의식'이다. 절대다수가 당연히 여기는 것이라도 진리가 아닐 수 있음을 알아야 한다.

이제 설명을 통해 펜을 집어든 동작이 무의식에서 이루어진 것임을 공감하게 될 것이다. 설득의 방법은 과학적인 입증이다. 펜을 의식적으로 집어 드는 동작을 해 보임으로써 자연스러운 동작이 무의식에서 이루어진 것임을 입증한다.

책상 위의 펜에 손을 내밀라고 명령한다. 펜을 집을 만큼 엄지와 집게손가락을 벌리라고 명령한다. 펜 쪽으로 두 손가락을 내리라고 명령한다. 두 손가락을 오므리라고 명령한다. 펜을 들어 올리라고 명령한다. 이것이 펜을 의식적으로 집어 드는 동작이다. 그러나 누구도 이렇게 펜을 집어 들지는 않는다. 다만 '펜을 집어 든다.'고 생각하면 팔과 손과 손가락은 펜을 집어 드는데 필요한 모든 동작을 무의식중에 저절로 한다. 그래서 생각대로 펜을 집어 들게 된다. 그럼에도 불구하고 대부분의 사람들이 오답을 하게 되는 이유는 무엇일까?

바로 3차원적인 생각의 틀에 지배되고 있기 때문이다. 보이는 것 중심적인 생각의 틀이 부지중에 보이지(느껴지지) 않는 것은 없는 것 같이 여기게 한 것이다. 또 그러한 생각이 세월이 지나면서 점차 굳어져 마치 진실인 것 같이 여기게 된 것이다. 그 결과는 무의식의 무한한 가능성을 의식의 수준으로 제한하게 된 것이다.

의식과 무의식의 역할

육체를 자연스럽게 움직이는 것은 무의식의 역할이다. 그러나 무의식이 스스로 육체를 움직이지는 않는다. 무의식이 육체를 움직이기 위해서는 '명령' 이 필요하다. 이 명령이 바로 의식의 역할이다. 무의식은 명령을 받으면 그 명령대로 육체를 움직인다. 뿐만 아니라 그 결과를 실시간으로 의식에 전달한다. 그래서 의식은 명령대로 된 결과를 실시간으로 누리게 된다. 의식의 입장에서 보면, 의식은 명령만 하면 저절로 그대로 된 결과를 누리게 된다. 이것이 자연스러운 동작의 원리이다.

자연스러운 동작의 원리

의식 → ① 명령한다.
　　　② 명령대로 된 결과를 실시간으로 누린다.
무의식 → ① 명령대로 육체를 동작시킨다.
　　　② 동작된 결과를 실시간으로 의식에 전달한다.

무의식이 명령으로 받아들이는 조건

무의식이 의식의 생각을 모두 다 명령으로 받아들이는 것은 아니다. 명령으로 받아들이는 조건이 있다. 그 조건이 바로 '믿음' 이다. 믿음 담긴 생각만 명령으로 받아들이는 것이다. 예를 들어 활활 타는 숯불이 앞에 있다고 하자. "그 숯불을 맨손으로 집어 들어!"라고 자신에게 말해도 숯불을 집어 들지는 않을 것이다. 그 말에는 믿음이 담겨 있지 않기 때문이다. 도리어 마음속에는 "집어 들면 안 돼."라는 믿음 담긴 생각이 감추어져 있다. 무의식은 뛰어난 직관력을 가지고 있어서 마음속에 아무리 꽁꽁 감추어져 있어도 믿음 담긴 그 생각을 훤히 꿰뚫어 보면서 그것을 명령으로 받아들인다.

명령을 내리는 두 계통

무의식은 육체를 움직이기 위한 명령을 두 계통에서 받는다. 생존을 위한 모든 동작에 대한 명령은 유전자에 입력되어 있는 프로그램으로부터, 생존의 범주를 뛰어넘은 문화적이고 창조적인 삶을 위한 모든 동작에 대한 명령은 의식으로부터 받는다.

유전자의 크기

유전자는 육안으로는 물론 광학 현미경으로도 볼 수 없다. 왜 현미경으로도 볼 수 없는가? 너무나 작기 때문이다. 그렇다. 유전자는 배율이 수십만 배 이상 되는 전자 현미경이라야 볼 수 있는 극히 작은 크기를 가지고 있다.

유전자의 정교성

그토록 작은 한 개의 유전자 속에는 한 생명체가 그 어미의 자궁에 잉태되는 순간부터 태어날 때 어떠한 모습이 되며, 어떠한 모습으로 장성하고 늙을 것인지, 그 한 평생에 걸쳐 변화될 모든 과정에 대한 설계도가 이미 완벽하게 입력되어 있다. 유전자는 극히 방대한 분량의 설계도를 극히 작은 크기 속에 갖고 있는, 극한의 정교성을 가진 설계도인 것이다.

첨단 과학 기술의 결정체와 비교

첨단 과학 기술의 결정체라고 할 수 있는 우주 왕복선의 설계도를 유전자와 비교해 보면 비록 인간이 만든 최고의 설계도일지라도 어린아이의 장난감 수준이 되고 만다. 유전자는 참으로 초과학적인 정교성을 가진 설계도인 것이다.

유전자를 누가 만들었는가?

우주 왕복선이 저절로 존재할 수는 없다. 그렇듯이 우주 왕복선을 어린아이의 장난감 수준이 되게 하는 초과학적인 정교성을 가진 유전자도 저절로 존재할 수는 없다. 그렇다면 유전자를 누가 만들었는가? 다음의 성구를 참고하자.

"이는 하나님을 알 만한 것이 그들 속에 보임이라 하나님께서 이를 그들에게 보이셨느니라 창세로부터 그의 보이지 아니하는 것들 곧 그의 영원하신 능력과 신성이 그가 만드신 만물에 분명히 보여 알려졌나니 그러므로 그들이 핑계하지 못할지니라" [로마서 1:19~20]

무의식의 뛰어난 능력

무의식은 이토록 정교한 설계도인 유전자를 쉬지 않고 읽으면서 그 명령대로 육체를 정확하게 조성하며, 성장, 동작시키는 뛰어난 능력을 가지고 있다. 의식으로서는 상상을 초월한 능력이다.

무의식이 의식의 명령대로 움직인다

그러한 무의식이 의식의 명령대로 움직이게 되어 있다. 정신은 무한한 가능성을 가지고 있는 무의식과 그 가능성을 믿음으로 꺼내 쓰게 되어 있는 의식으로 구성되어 있는 것이다. 그러므로 인간은 믿는 대로 만들어지는 존재임을 알 수 있다. 또 유전자에 새겨져 있는 이러한 인간의 행동 원리에서 자신의 삶을 선한 믿음으로 승화시켜 가길 원하시는 신(창조주)의 뜻을 읽을 수 있다.

"나는 믿는 대로 만들어지는 존재이다."

(3) 보이는 것은 이미 읽혀진 결과의 현상

일반적으로 글을 읽는다는 것은 글자들을 보면서 한 자 한 자 읽는 것을 말한다. 또 그렇게 읽는 것을 당연하게 여긴다. 그러나 '보이는 것은 이미 읽혀진 결과의 현상'이라는 말은 읽기에 대한 그러한 관념을 뒤집어 놓은 말이다. 즉 보이는 것은 읽을 대상이 아니라 이미 읽혀진 결과물이라는 뜻이다. 이 말은 과연 참일까?

보이는 것은 이미 읽혀진 결과의 정신 현상

먼저 보이는 현상이 몇 차원의 본질인지에 대하여 생각해 본다. 일반적으로 3차원의 본질이라고 생각한다. 그러한 생각은 보이는 것 중심적인 생각의 틀에 의하여 형성된 고정 관념이다. 사물이 보이기까지의 과정을 분석해 보면 분명해진다.

① 빛에 실린 물체의 상(像)이 망막에 맺힌다.

② 그 상이 시신경을 통하여 뇌에 전달된다.

③ 그 순간 '보인다.' 고 느낀다.

보이는 것은 망막에 맺힌 상이 뇌에 전달되어 이미 읽혀진 결과의 현상 즉 정신의 시각 현상이다. 그러므로 그것은 4차원의 본질이다.

보이는 것은 사물과 일치되어 있는 정신 현상

육체는 3차원의 본질이다. 따라서 손에 잡히는 물체도 3차원의 본질일 수밖에 없다. 볼펜을 손에 쥐고 눈을 감아 본다. 손에 쥐어 있는 볼펜은 3차원의 본질이다. 이제 눈을 떠서 손에 쥐어 있는 볼펜을 본다. 눈을 감았을 때는 없던 시각적인 현상이 나타났다. 그것은 망막의 상이 시신경을 통해 뇌에 전달되어 읽혀진 현상 곧 손에 쥐어 있는 3차원 본질의 볼펜과 완벽하게 하나를 이루고 있는 정신 현상이다. 이상의 내용을 다음과 같이 요약한다.

"보이는 것은 이미 읽혀진 결과이고, 사물과 일치되어 있는 정신 현상이다."

새로운 독서법 필요

'읽혀진 결과로 보인다.'는 것은 과학적인 사실이다. 그럼에도 불구하고 일반적으로 글을 읽을 때 이러한 이치를 무시한다. 글자들을 보면서 한 자 한 자 읽어야 내용이 들어온다고 생각하는 것이다. 그러한 독서법은 이미 읽혀진 것을 다시 읽는 만큼 시간을 낭비한다. 그러므로 시간을 낭비하지 않는 새로운 독서법이 필요하다. 그것은 이미 읽혀진 결과로 보이는 이치를 독서에 적용한 새로운 독서법이다. 《4차원 속독법》은 이 조건을 충족한다.

"보이는 것을 읽는 것이 아니다. 이미 읽혀진 결과로 보이는 것이다."

(4) 속발음의 극복

글을 마음속으로 읽어도 소릿값을 읽는 혀의 움직임은 미세하게 일어난다. 이와 같이 혀의 움직임이 일어나는 읽기를 '속발음'이라고 한다.

속발음은 독서 속도를 혀를 움직이는 빠르기로 제한한다. 예를 들어 "나는 할 수 있다."라는 구절을 숨 쉴 틈 없이 읽어도 1초에 한 번씩 1분에 60번 읽기가 쉽지 않다. 이는 '나(1) 는(2) 할(3) 수(4) 있(5) 다(6)' 가 6음절이므로 1분에 대략 360자 정도 읽기가 어렵다는 뜻이다. 좀 더 빨리 읽기 위해 소리를 내지 않고 마음속으로 읽는다 해도 두 배 이상 빨리 읽기는 어렵다. 즉 720자 정도 읽기가 어려운 것이다. 더욱 빨리 읽기 위해 소릿값을 얼버무려 읽는다 해도 1분에 1,500자 이상 읽기는 어렵다.

속발음을 하는 사람의 독서 속도는 일반적으로 1분에 300~500자 정도, 아주 빠른 경우라도 1,500자 정도이다. 이것은 속발음을 하면서 읽는 한 아무리 노력해도 1분에 1,500자 이상 읽기가 어렵다는 사실을 말해 준다. 읽는 빠르기가 혀를 움직이는 빠르기로 제한되기 때문이다. 그러므로 속독을 제대로 하기 위해서는 속발음을 하면 안 된다.

속발음하지 말라는 것을 소릿값을 읽지 말라는 뜻으로 오해하지 말아야 한다. 읽지 않고서는 이해할 수 없기 때문이다. 그러므로 소릿값을 읽되 혀의 움직임이 일어나지 않게 하는 과학적인 설계도가 필요하다. 《4차원 속독법》은 이 조건을 충족한다.

(5) 독서력 개발을 위한 세 과제

글을 빠르게 읽기 위해서는 먼저 읽는 흐름을 따라 시선이 빠르게 움직여야 한다. 그런데 보이는 것 중심(3차원)적인 생각의 틀로는, 시선을 빠르게 움직이기 위해서는 눈을 빠르게 움직이는 수밖에 없다고 생각한다. 그래서 안구 운동 방식의 속독법이 나오게 된 것이다. 그러나 앞에서 설명하였듯이 눈을 의식적으로 움직이면 부자연스러운 동작이 되므로 능력이 제대로 개발될 수 없다. 눈을 의식적으로 움직여서는 안 되는 것이다.

저절로 되는 자연스러운 동작

자연스러운 동작은 저절로 된다. 그러므로 글을 읽는 흐름을 따라 시선이 저절로 빠르게 움직이도록 설계하여야 한다. 그러나 3차원적인 생각의 틀에는 '저절로' 라는 개념 자체가 받아들여지지 않는다. 이러한 이유로 4차원적인 접근이 필요하다. '자연스러운 동작의 원리' 에 의해 시점이 글자들에 저절로 빠르게 맺혀 나가도록 설계하여야 하는 것이다. 그와 함께 두뇌에 입력된 글자들을 순간에 읽는 지각 능력을 개발하여야 한다. 여기까지는 무의식에서 이루어지는 동작이다.

읽은 내용을 실시간으로 의식에 전달

무의식의 역할은 시 · 지각 기관을 동작시켜서 읽을 뿐만 아니라 읽은 내용을 실시간으로 의식에 전달한다. 그러므로 의식이 무의식에서 읽은 내용을 빠른 속도로 전달 받을 수 있도록 내용에 몰입하는 능력도 개발하여야 한다. 이것을 다음과 같이 요약한다.

독서력 개발을 위한 세 과제

① 시점(視點)의 자연스러운 순간 이동 능력 개발

② 두뇌의 순간 지각 능력 개발

③ 높은 집중력 개발

이제 이 세 과제가 다 충족되는 독서 행동을 형성하고 발달 · 습관화할 수 있는 과학적인 설계도가 필요하다. 《4차원 속독법》은 이 모든 조건을 충족한다.

(6) 두뇌 활성화 방법

대뇌는 좌우 반구가 뇌량으로 연결되어 있어서 모든 정보가 양쪽에 동시에 전달되며 통합적으로 작용한다. 좌뇌는 언어적, 지성적, 합리적, 계획적, 분석적인 특성이 있고, 우뇌는 시각적, 감성적, 직관적, 유동적, 종합적인 특성이 있다. 이러한 각 반구가 그 특성을 발현하는 데에도 대뇌는 통합적으로 작용한다. 이 대뇌를 움직이는 프로그램이 바로 생각(믿음)이다. 그러므로 어떠한 생각을 갖느냐가 두뇌의 가능성을 개발하는 열쇠가 된다.

무한한 가능성

사람이 평소 발휘하는 능력은 정신에 본래부터 주어져 있는 가능성의 1% 미만이다. 다시 말해 99% 이상이 잠재되어 있다는 뜻이다. 그 근거는 4차원 속독법 전문 교육(본원)생 중 성장기(12~14세)의 학생들은 90% 이상이 최초 속도보다 100배 이상 개발되었다는 사실이다. 또 100배 이상 개발되었다 하더라도 아직 그에게 주어져 있는 가능성의 일부분이 개발된 상태이므로 더 개발될 가능성은 무한하다. 그 가능성을 효과적으로 개발하기 위해서는 '두뇌의 활성화'가 갖는 의미를 이해하여야 한다.

'두뇌 활성화'의 의미

두뇌에 입력된 'A'라는 설계도를 통해 두뇌가 활성화되지 못한 상태에서 발휘되는 능력의 크기가 '하나'라고 한다면 두뇌가 활성화된 상태에서는 적어도 '셋' 이상이 된다. 그러므로 잠재능력을 효과적으로 개발하기 위해서는 두뇌를 활성화하고 그 상태를 유지할 수 있어야 한다.

두뇌 활성화 3단계
문제를 만났을 때,

제1단계, 긍정적으로 반응하는 것이다.

한평생 살아가면서 태산만한 문제를 한 번도 만나지 않는 사람은 없다. 그렇다면 그러한 문제를 만났을 때 어떻게 반응하느냐에 따라 그 인생의 승패가 결정된다고 할 수 있다. 만약 태산만한 문제만을 바라본다면 절망할 수밖에 없을 것이다. 그러나 눈을 돌려 자기 속에 본래부터 주어져 있는 가능성의 크기를 바라볼 수 있다면, 비록 문제가 아무리 크다 할지라도 그것보다 더 큰 능력을 개발함으로써 문제를 극복할 수 있다는 신념을 가질 수 있다. 그러므로 긍정적인 반응의 조건은 '나는 본래부터 모든 것(실제로 주어지는 문제의 범위 안에서)을 할 수 있는 본질로 만들어져 있다.' 는 사실을 아는 것이다.

제2단계, 적극적으로 반응하는 것이다.

긍정적인 반응의 실천 단계이다. 자신이 문제를 해결할 수 있다는 신념을 갖고 있다면 그 해결을 위해 행동하지 않을 수 없을 것이다. 문제의 해결을 위해서는 시혜롭고 끈기 있게 적극적으로 대처하여야 한다. 이때 생기는 시행착오는 당연히 거치는 과정으로 이해하여야 한다. 일상생활의 범주에 속하는 것 외에 단번에 해결할 수 있는 일은 없기 때문이다. 그럼에도 불구하고 단번에 해결하려는 생각은 시행착오를 실패로 받아들이게 한다. 그러나 시행착오는 결코 실패가 아니다. 도리어 문제의 해결점에 한 발짝 더 가까워져 있는 상태이다. 그래서 성공하는 사람들은 시행착오를 밑거름 삼아 문제의 해결점에 지금보다 좀 더 가까워지는 과학적인 설계도를 개발한다. 이런 적극적인 반응은 꿈의 실현에 한 걸음씩 다가서는 모습이다.

제3단계, 창조적으로 반응하는 것이다.

적극적인 반응을 끝까지 해 내는 사람만이 마침내 꿈의 실현을 위한 과학적인 설계도를 완성할 수 있다. 그래서 잠재 능력을 놀랍게 개발하며 꿈을 이루게 된다. 창조적인 반응은 적극적인 반응을 끝까지 해 낸 결과로써 주어지는 것이다.

의학적인 조사 결과에 의하면 문제에 대하여 긍정적이고 적극적이며 창조적으로 반응하면 뇌파가 알파파 상태가 되고, 호르몬의 일종인 뇌내 모르핀 중 베타엔도르핀(beta-endorphin) 등이 분비되어 두뇌가 활성화된다. 또한 잠재 능력이 깨어나 개발될 수 있는 통로가 활짝 열리고, 얼굴에는 '웃음'이란 신호가 주어진다. 두뇌의 활성화에 작용하는 모르핀 계통의 호르몬은 스트레스를 해소해 주며, 면역력 등을 강화시키는 것으로도 알려져 있어서 오늘날 치료 요법으로도 많이 활용되고 있다.

반면, 문제에 대하여 부정적으로 반응하면 스트레스를 받게 된다. 이는 뇌에서 독성 호르몬이 분비되어 생명력을 감소시키고 노화를 촉진하는 현상이다. 또한 잠재 능력이 깨어나 개발될 수 있는 통로가 닫히고, 얼굴에는 '찡그림'이란 신호가 주어진다. 몸은 필연적으로 생각에 지배되도록 만들어져 있기 때문이다. 이와 같은 사실로 볼 때 문제에 대하여 어떻게 반응하느냐가 얼마나 중요한지 알 수 있다.

"나는 문제에 대하여 긍정적이고 적극적이며 창조적으로 반응한다."

제3장 믿음의 원리

"믿음은 바라는 것들의 실상이요……"(히 11:1)

이 성구에 담겨 있는 원리를 '믿음의 원리'라 부르기로 한다. 어떤 생각에 믿음을 담으면 그 생각이 실제로 이루어지게 하는 원리라는 뜻이다.

1. 행동 지배

'믿음의 원리'는 행동을 지배한다. 일상의 동작 하나하나에서 장래의 일까지 예외가 없다. 예를 들어 탁자 위에 있는 초시계를 집어 들었다고 하자. 그 실상이 있기까지의 과정을 살펴보면, 먼저 초시계를 집어 들겠다는 생각을 했고, 그 생각대로 할 수 있다는 믿음도 가졌다. 그 결과 초시계를 집어 들게 된 것이다. 즉 초시계를 집어 든 것은 믿음에 지배된 행동임이 입증된 것이다. 이는 일상의 모든 동작이 '믿음'에 지배되고 있음을 입증한 것이기도 하다.

2. 믿음은 설계도

'믿음' 의 과학적 개념

믿는다는 것은 믿는 내용 즉 바라는 것이 있다는 뜻이다. 왜냐하면 바라는 것이 없으면 믿음도 없는 것이기 때문이다. '바라는 것' 이란 설계된 생각 즉 설계도를 말한다. 그러므로 '믿음=설계도' 라고 정리할 수 있다.

설계도는 '참된 것' 과 '거짓된 것' 으로 구분

설계도는 세상에 무수히 많다. 그렇지만 단 두 가지로 구분할 수 있다. 하나는 '참된 것' 이고 다른 하나는 '거짓된 것' 이다. 진리에 부합되면 참이고, 상반되면 거짓이다.

설계도의 내용이 참이면 참된 실상을, 거짓이면 거짓된 실상을 산출하게 된다. 참된 실상을 산출했다는 것은 '마음먹은 대로 되었다, 꿈을 이루었다, 성공했다.' 는 뜻이다. 거짓된 실상을 산출했다는 것은 '마음먹은 대로 되지 않았다, 꿈을 이루지 못했다, 실패했다.' 는 뜻이다.

분별력의 회복 필요

누구라도 거짓인 줄 알면서 믿을 리는 없다. 그렇다면 거짓을 참인 줄 알고 믿는다는 말이 된다. 그러므로 참된 실상을 산출하기 위해서는 먼저 참과 거짓을 분별할 수 있는 분별력이 필요하다. 이를 위하여 구하고, 찾고, 두드리는 일을 시작하여야 한다. 반드시 성취될 것이라는 믿음을 가지고 끝까지 하여야 한다. (마 7: 7~8 참조)

믿음이 문명을 낳는다

장래의 일도 믿음이 지배한다는 것을 입증하는 내용이다. 일상적인 일은 생각하는 동시에 그렇게 할 수 있다는 믿음이 주어진다. 내용이 단순할 뿐만 아니라 이미 반복해서 경험된 것들이기 때문이다. 그러나 일상의 범주를 뛰어넘는 일 즉 장래의 일은 신념을 가지고 시작하지만 즉시 '이렇게 하면 돼.' 라는 믿음이 주어지지는 않는다. 믿음이 주어지기 위해서는 반드시 설계도를 완성하는 과정이 필요하다. 예를 들면 초시계는 3차원의 본질이다. 그러므로 그것은 [정리 1](175쪽)에 의해 상위 차원인 4차원(정신)에서 산출된 것이다. 즉 누군가가 초시계를 만들겠다는 생각을 했고 만들 수 있다는 신념도 가졌다. 그 신념으로 연구 개발을 시작했다. 하지만 즉시 초시계를 만들 수 있었던 것은 아니다. 과학적인 설계도를 완성하기까지의 과정이 필요했다. 여러 번의 시행착오를 거치면서 마침내 설계도를 완성했고 '그대로 만들면 된다.' 는 믿음도 주어졌다. 그 결과 초시계가 산출된 것이다.

마찬가지로 자동차, 비행기, TV, 컴퓨터, 스마트폰 등 오늘날 인류가 누리는 모든 문명도 예외 없이 '믿음' 에 의하여 산출된 것들임을 알 수 있다. 믿음이 문명을 낳은 것이다.

설계도가 믿음을 낳는다

"청년이여 대망을 가져라!" 는 말이 있다. 이는 큰 꿈을 갖기만 하면 저절로 그 꿈이 이루어진다는 뜻은 아닐 것이다. 청년의 때에 큰 꿈을 갖고 그 꿈을 이루기 위한 노력을 하라는 뜻이다.

꿈을 이루기 위해서는 '믿음' 이 필요하다. 그런데 믿음은 그냥 주어지지 않는다. 반드시 '설계도' 를 완성하여야 한다. 꿈이 크면 그만큼 성취를 위한 설계도를 완성하는 데도 많은 시간과 노력이 요구된다. 그 대가를 치를 각오와 함께 큰 꿈을 가져야 한다.

설계도를 그리는 순서

먼저 자신의 현재를 정확하게 파악한다. 그리고 바라보는 목표까지 자신을 도달시킬 수 있는 합리적인 높이의 계단을 설계한다. 설계도를 마침내 완성하면 비로소 성취에 대한 믿음이 주어진다. 만약 목표를 빨리 달성하고 싶은 욕망에 계단의 높이를 너무 높게 설계한다면 성취에 대한 믿음이 주어지지 않는다. '믿음' 은 행동을 일으킨다. 그러므로 믿음이 주어지는 설계도를 제대로 완성하는 것이 꿈을 이루는 열쇠가 된다.

3. 인간은 고성능의 컴퓨터

'믿음의 원리' 에 지배되는 인간의 행동을 컴퓨터의 구성 요소와 작동 원리로 살펴보면 더 쉽고 분명하게 이해할 수 있다. 컴퓨터는 인간을 가장 닮게 만든 기계이기 때문이다.

컴퓨터의 구성 요소

컴퓨터는 하드웨어와 소프트웨어로 이루어져 있다. 하드웨어는 본체, 모니터, 키보드, 마우스 등 보거나 만질 수 있는 기계 부분을 전체적으로 일컫는 말이다.

소프트웨어는 CD나 USB 등 외부 저장 장치에 담겨 있고 보거나 만질 수는 없는 본질이다. 이것을 본체에 설치하면 그 설계된 내용대로 하드웨어를 움직인다. 프로그램은 소프트웨어를 이루는 요소들을 말한다. 즉 여러 개의 프로그램들이 모여서 하나의 소프트웨어를 이룬다.

소프트웨어는 하드웨어를 지배한다. 소프트웨어가 없는 하드웨어는 마치 영혼이 없는 몸과 같다고 할 수 있다. 즉 소프트웨어를 이루는 각각의 프로그램이 그 설계된 내용대로 하드웨어를 작동시키는 것이다.

인간을 컴퓨터의 개념으로 이해

기계 컴퓨터에 대하여 인간을 고성능의 컴퓨터라고 할 수 있다. 육체는 컴퓨터의 하드웨어, 뇌는 CPU(중앙 처리 장치), 정신은 소프트웨어, 그리고 생각, 지식, 말은 프로그램에 해당한다.

4. 믿음은 열쇠

(1) 믿음은 프로그램을 입력시키는 열쇠

믿음은 두뇌에 프로그램을 입력시키는 열쇠이다. 초시계를 집어 들었던 동작을 컴퓨터의 개념으로 생각해 보면 이해하는 데 도움이 된다.

초시계를 집어 든 것은 그 동작을 실행시킨 프로그램이 있었다는 말이다. 그 프로그램은 언제 입력되었는가? 초시계를 집어 들겠다는 생각과 그렇게 할 수 있다는 믿음을 가졌을 때 육체가 동작하였다. 즉 생각에 믿음을 담는 순간 그 생각이 두뇌에 프로그램으로 입력되었고, 육체는 입력된 프로그램에 따라 기계적으로 동작하였다. 그래서 초시계를 집어 들게 된 것이다.

일상의 예를 하나 더 들어 본다. 시고 단맛이 나는 귤 한 조각을 입 속에 넣고 깨물었다고 생각하면, 그 생각은 두뇌에 입력된 프로그램으로 작용하여 귤의 시고 단맛을 느끼게 하면서 침이 고이게 한다.

인간은 어떤 생각을 갖고 그대로 된다고 믿는 순간 그 생각이 두뇌에 프로그램으로 입력되고, 육체는 입력된 프로그램에 따라 기계적으로 움직이도록 만들어져 있다. 즉 믿는 대로 움직이도록 만들어져 있는 것이다. 여기서 '믿음'은 두뇌에 프로그램을 입력시키는 열쇠가 된 것을 알 수 있다.

'자연스러운 동작의 원리'와 '믿음의 원리'의 관계

생각(말)에 믿음을 담으면 '자연스러운 동작의 원리'에서는 무의식이 명령으로 받아들이고, '믿음의 원리'에서는 두뇌에 프로그램으로 입력된다고 했다. 즉 '무의식이 명령으로 받아들인 것'과 '두뇌에 프로그램으로 입력된 것'은 언어적인 표현이 다를 뿐 같은 내용임을 알 수 있다. 이는 '자연스러운 동작의 원리'가 '믿음의 원리'에 뿌리를 두고 있음을 말해 주는 것이기도 하다.

(2) 믿음은 4차원에 들어가는 열쇠

믿음은 4차원에 들어가는 열쇠이다. 예를 들어 어제 저녁 식사 광경을 생각해 본다. 그 광경을 생각했다면 몸은 3차원에 있어도 정신은 이미 그 시공 속에 들어가 있는 것이다. 즉 '어제 저녁 식사 광경'이라는 설계된 내용의 4차원에 자신이 믿음으로 들어간 것이다. 여기서 '믿음'은 4차원에 들어가는 열쇠가 된 것을 알 수 있다.

'믿음'은 두뇌에 프로그램을 입력시키고, 설계된 내용의 4차원에 들어가는 열쇠이다.

목적과 연결해서 생각함

독서 능력을 개발한다는 것은 잠재 능력을 개발하는 일이다. 잠재 능력은 4차원(정신적인) 본질이고, 그것에 접근할 수 있는 유일한 방법은 '믿음' 이다. 그러므로 《4차원 속독법》의 접근 방법을 다음과 같이 정리한다.

《4차원 속독법》 접근 방법

오직 믿음으로, 믿음은 설계도다.

이것은 창조적인 능력 개발을 위한 접근 방법이기도 하다.

5. 《4차원 속독법》 기본 원리

지금까지의 설명을 통해 '믿음의 원리' 가 인간을 움직이는 행동 원리이고, 잠재 능력을 개발하는 방법적인 열쇠임을 이해하였을 것이다. 이 믿음의 원리가 본 속독법의 중심 원리로 적용되었다. 믿음의 원리에 독서 능력 개발을 위한 과학적인 설계도의 옷을 체계적으로 입힌 것이 바로 《4차원 속독법》인 것이다. 그러므로 본 속독법의 학습을 통해 독서 능력 개발과 함께 자연스럽게 '믿음의 원리' 를 체득하게 됨으로써 창의력 개발의 열쇠까지 얻을 수 있다.

제2부 '직관' 설치하기

《4차원 속독법》의 독서 행동인 '직관'을 두뇌에 설치하는 과정이다. 순서에 따라 이해하고 기억하면 '직관' 프로그램이 두뇌에 설치된다. 그리고 체계적인 여러 단계의 훈련을 통해 그것은 점차 실제 글을 빠르게 읽을 수 있는 독서 행동으로 발전된다.

제1장 쪽

'직관' 의 기본 프로그램이다. 이것은 '필름(뇌, 뇌리), 형태, 방법' 으로 구성되어 있다.

'독서' 에 대한 본질적인 이해

'독서' 라는 말을 모르는 사람은 없을 것이다. 여기서는 그 본질적인 의미에 대하여 생각해 본다.

글자들에 담겨 있는 내용은 글자들 자체에 있는 것일까 아니면 다른 데 있는 것일까? 내용은 글자들 자체에 있는 것이 아니라 그 글자들을 읽는 정신 속에 있다. 즉 '글자들을 읽는 정신 속에 들어 있는 맛' 이 바로 내용이다.

맛은 음식에서 느낄 수 있는 것이므로 내용을 '4차원 본질의 음식' 이라고도 할 수 있다. 그렇다면 '4차원 본질의 음식 맛을 빠른 속도로 느껴 나가는 것' 을 《4차원 속독》이라 할 수 있을 것이다. 지금부터 이를 위한 프로그램들을 두뇌에 설치한다.

1. 필름(뇌, 뇌리)

찍히는 기능을 갖는다

한 장의 고성능 필름을 머릿속에 얼굴과 평행이 되도록 집어

넣었다고 믿는다. [그림 1]은 그 단면도이다. 이 필름은 빛에 실린 글자들이 눈을 통해 찍히는 기능을 갖는다.

책장의 글자들이 실제로 뇌(뇌리)에 찍히기까지의 과정을 살펴보자. 빛에 실린 글자들이 망막에 상으로 맺힌다. 그 글자들의 상은 유전자의 명령에 의하여 정신(무의식)의 빛줄기에 실려서 시신경을 통해 뇌(뇌리)에 전달된다. 즉 책장의 글자들은 마주하는 순간 이미 뇌(뇌리)에 찍힌 상태가 된다.

'필름'은 뇌(뇌리)를 상상하기 쉽도록 설정한 이름 즉 뇌(뇌리) 자체를 뜻한다.

뛰어난 지각 기관

눈을 떴을 때 보이는 것이 이미 읽혀져서 의식으로 출력된 정신 현상인 것은, 필름(뇌리) 자체가 찍힌 글자들을 눈 깜짝할 사이 즉 빛의 속도로 읽는 능력을 가지고 있음을 말해 준다.

인간의 뇌는 수천 억 개의 뇌신경 세포(뉴런: 자극을 수용하는 기능)들로 이루어져 있고, 한 개의 뇌신경 세포에는 가지(자극을 읽는 기능)가 수천에서 수만 개까지 달려 있다. 그 각 가지의 끝부분은 시냅스(자극을 전달하는 기능)라고 불린다.

한 개의 뇌신경 세포가 자극을 받아 활성화되면 그 전기적 충격이 그것에 달려 있는 수천 내지 수만 개의 뇌신경 세포 가지들을 통과하면서 읽혀져 그 각각의 시냅스에서 화학 물질인 신경 전달 물질을 분비한다. 이 전달 물질은 다른 뇌신경 세포들과 결합하는데 이와 같은 일련의 움직임을 '시냅스 연결'이라 한다.

새로운 경험이나 정보가 뇌를 자극하면 순간에 적어도 수천 억 개의 시냅스 연결을 통한 뇌 회로들이 형성되며 이와 같은 과정을 통해 무의식에서 읽혀진 내용이 의식에 전달된다.

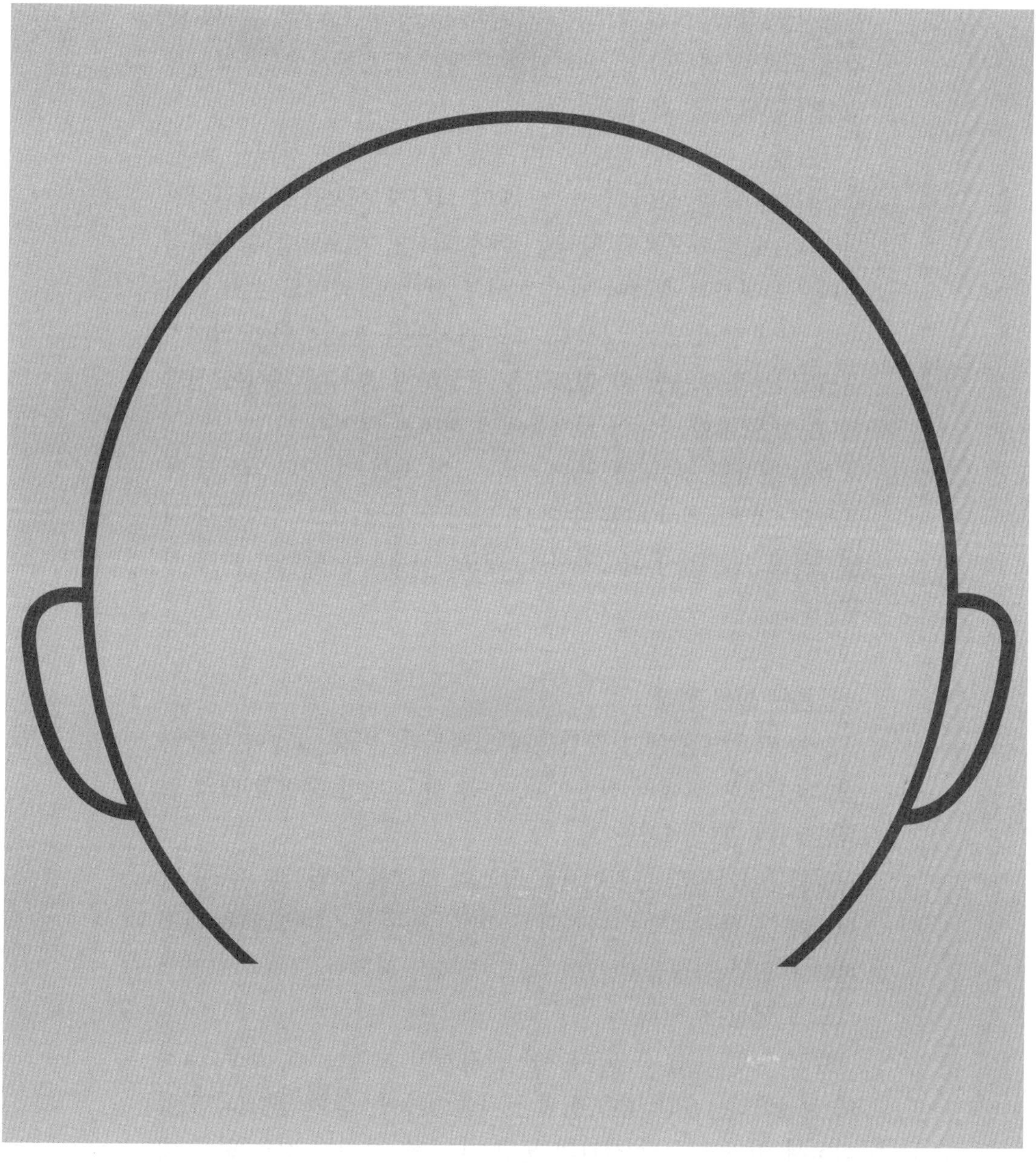

[그림 1] 머릿속의 필름

정신(의식+무의식)은 뇌를 지배한다. 의식 또는 유전자의 명령에 의해 무의식이 순간에 뇌를 동작시키고 동시에 그 결과를 의식에 전달하는 것이다.

글자들은 마주하는 순간 이미 필름(뇌리)에 찍힌 상태가 된다. 즉 망막에 맺힌 상이 수천 억 개의 뇌신경 세포들로 이루어진 뇌(뇌리)에 찍힘으로써 자극을 주어 뇌신경 세포들을 활성화시킨다. 그 전기적 충격이 뇌신경 세포 한 개당 적어도 수천 내지 수만 개씩 달려 있는 뇌신경 세포 가지들을 통과하면서 읽혀져 시냅스 연결을 통한 뇌 회로들을 형성하며 동시에 의식에 전달된다. 눈 깜작할 사이에 글자들이 읽혀지는 것이다.

정신 현상인 필름(4차원)은 이와 같이 수천 억 개의 뇌신경 세포들과 그것들에서 나온 수천 조 개의 뇌신경 세포 가지들과 시냅스들로 이루어진 뇌(3차원)를 내포, 지배하는 뛰어난 지각 기관이다.

필름은 정신 현상

눈을 감으면 전체가 캄캄하게 느껴진다. 바로 그것이 머릿속에 들어 있는 필름의 원판이다. 눈을 감고 영상 훈련할 때의 필름을 이와 같이 생각한다.

필름은 4차원의 본질이므로 크기와 모양을 초월한다. 다시 말해 필름은 본질적으로 마음과 같아서, 모든 크기와 모양을 내포하는 무한한 속성을 가지며, 필요에 따라 어떠한 크기와 모양으로도 표현될 수 있다.

감고 있던 눈을 뜨면 마주한 글자들이 보이는 데, 바로 그것이 눈을 뜨는 순간 빛에 실린 글자들이 눈을 통해 필름(뇌리)에 찍혀서 이미 읽혀진 결과의 모양이다. 즉 보이는 것은 읽을 대상이 아니라, 이미 필름(뇌) 속 수천 억 개의 뇌신경 세포 가지들 낱낱에 읽혀져서 의식으로 출력된 정신 현상이다. 3차원의 공간에 있는 것인 동시에 그것과 합일을 이루고 있는 머릿속 의식의 공간에 있는 것이다.

필름(뇌, 뇌리)
수천 억 개의 뇌신경 세포들과 그것들에서 나온 수천 조 개의 뇌신경 세포 가지들과 시냅스들로 이루어진, 무한한 속성의 뛰어난 지각 기관 자체.

2. 형태와 방법

필름(뇌리)에 찍힌 글자들이 읽혀지게 하는 「쪽」의 '형태'와 '방법'이다. 내용을 포도 맛에 비유하여 설명한다.

(1) 형태

포도 맛보기 쪽
주렁주렁 매달린 포도송이에서 알맹이 한 알을 땄다고 하자. 이제 살짝 깨물어 '쪽' 빨아먹어 본다. 이와 같이 포도 맛을 느끼게 하는 행동을 「포도 맛보기 쪽」이라 한다.

포도 맛보기 쪼옥
포도 알을 터뜨려 먹은 껍질에는 아직도 진액의 즙이 남아 있다. 그 즙을 처음보다 좀 천천히 '쪼옥' 빨아먹어 본다. 처음보다 좀 천천히 빨아먹는 만큼 진액 맛이 좀 더 깊게 느껴진다. 이와 같이 포도 맛을 '쪽'보다 좀 더 깊게 느끼게 하는 행동을 「포도 맛보기 쪼옥」이라 한다.

포도 맛보기 쪼오옥

포도 알을 하나 더 따서 '쪽' 터뜨려 먹고, 껍질에 남아 있는 진액의 즙을 '쪼옥' 보다 좀 더 천천히 '쪼오옥' 빨아먹어 본다. '쪼옥' 보다 좀 더 천천히 빨아먹는 만큼 진액 맛이 좀 더 깊게 음미된다. 이와 같이 포도 맛을 '쪼옥' 보다 좀 더 천천히 깊게 음미하게 하는 행동을 「포도 맛보기 쪼오옥」이라 한다.

「포도 맛보기 쪽」과 「포도 맛보기 쪼옥」과 「포도 맛보기 쪼오옥」에서 '포도 맛보기' 라는 명칭은 설명을 위해 임시로 붙인 것이다. 그러므로 그것을 지웠다고 믿기로 하자. 그러면 '쪽' 과 '쪼옥' 과 '쪼오옥' 이 남는다. 이것이 「쪽」의 '형태' 이고, 읽는 목적 · 중요도 · 난이도에 따라 '쪽' 을 '쪼옥' 또는 '쪼오옥' 으로 실행되게 하는 속도 조절 프로그램이 된다.

(2) **방법**

한 글자씩

필름(뇌리)에 찍힌 글자들이 두 글사나 세 글자가 아닌, 반드시 '한 글자씩' 읽혀지도록 설계해 놓는다.

'한 글자씩' 의 첫 글자 '한' 을 '한 글자씩' 의 준말로 삼는다.

순차적으로

필름(뇌리)에 찍힌 글자들이 '한 글자씩' 읽혀지되 순서 없이 여기저기 읽혀지는 것이 아니라, 읽는 방향을 따라 '순서대로' 읽혀지도록 설계해 놓는다.

'순차적으로' 의 첫 글자 '순' 을 '순차적으로' 의 준말로 삼는다.

거의 동시에

필름(뇌리)에 찍힌 글자들이 '한 글자씩, 순차적으로' 읽혀지되 '거의 동시에' 읽혀지도록 설계해 놓는다. 이는 빛의 속도로 읽혀지도록 설계해 놓는다는 뜻이다. 왜냐하면 신경 체계는 실제로 빛의 속도로 정보를 읽고 전달하기 때문이다. 예를 들어 바늘로 발가락 끝을 살짝 찔러 보자. 그 아픔이 즉시 느껴진다. 바늘에 찔린 아픔이 즉시 느껴지기 위해서는 찔린 자극이 빛의 속도로 뇌에 전달되어야 하고, 뇌는 전달 받은 자극을 빛의 속도로 읽어야 하고, 그 결과를 자극이 주어진 현장까지 빛의 속도로 전달하여야 한다. 이와 같이 신경 체계는 실제로 빛의 속도로 정보를 읽고 전달한다.

'거의 동시에'의 첫 글자 '거'를 '거의 동시에'의 준말로 삼는다.

저절로

필름(뇌리)에 찍힌 글자들이 '한 글자씩, 순차적으로, 거의 동시에' 읽혀지되 의식적이거나 감각적이 아니라 '저절로' 읽혀지도록 설계해 놓는다. 그래야 잠재 능력이 의식적이거나 감각적인 행동에 제한되지 않고 자연스럽게 개발될 수 있기 때문이다.

'저절로'의 첫 글자 '저'를 '저절로'의 준말로 삼는다.

'방법'을 '형태' 속에 집어넣음

「쪽」의 방법 '한 글자씩, 순차적으로, 거의 동시에, 저절로' 즉 '한, 순, 거, 저'를 「쪽」의 세 형태 즉 '쪽'과 '쪼옥'과 '쪼오옥' 속에 각각 집어넣었다고 믿는다. 그러면 「쪽」은 필름(뇌리)에 찍힌 글자들이 '쪽'과 '쪼옥'과 '쪼오옥'의 형태에 따라 '한, 순, 거, 저'의 속도가 적절하게 조절되면서 읽혀지는 프로그램이 된다.

「쪽」 정리

「쪽」은 '필름(뇌, 뇌리), 형태, 방법' 으로 구성되어 있다.

'필름(뇌, 뇌리)' 은 수천 억 개의 뇌신경 세포들과 그것들에서 나온 수천 조 개의 뇌신경 세포 가지들과 시냅스들로 이루어진, 무한한 속성의 뛰어난 지각 기관 자체이다.

'형태' 는 '쪽, 쪼옥, 쪼오옥' 으로 구성되어 있고, 읽는 목적 · 중요도 · 난이도에 따라 속도를 자유롭게 조절하는 기능을 갖는다.

'방법' 은 '한 글자씩, 순차적으로, 거의 동시에, 저절로' 즉 '한, 순, 거, 저' 로 읽혀지도록 설계되어 있고, 「쪽」의 세 형태인 '쪽' 과 '쪼옥' 과 '쪼오옥' 속에 각각 들어 있다.

「쪽」의 방법 100번 암송

'걸어라' 와 '뛰어라' 는 명령에서 그 둘의 정확한 뜻을 알고 그 말에 익숙해져 있다면 분명 다르게 반응할 것이다. 마찬가지로 새로운 용어에 처음부터 익숙하게 반응하지 못한다 할지라도 반복함으로써 익숙해지면 몸은 저절로 그 명령대로 동작하게 된다.

이제 「쪽」의 방법에 익숙해시기 위하여 '한 글자씩, 순차적으로, 거의 동시에, 저절로' 와 그 준말 '한, 순, 거, 저' 를 각각 백 번씩 암송한다. 글자만 외우는 것이 아니라 그 뜻을 생각하면서 암송하여 그 내용에 익숙해지도록 한다.

「쪽」 개념

필름(뇌리)에 찍힌 글자들이 수천 억 개의 뇌신경 세포 가지들 낱낱에 '한, 순, 거, 저' 로 이미 읽혀진 것을 받아들이게 하는 프로그램.

제2장 흐름쪽 시스템

「쪽」에 빛줄기의 흐름을 더한 프로그램으로 '직관' 의 기본 틀이다.

1. 기본 틀 설정

필름(그림1 참고, 55쪽)에 레이저 광선 같은 빛줄기들을 무수히 집어넣었다고 믿는다. 그러면 필름에는 본래부터 무수한 빛줄기들이 들어 있는 상태가 된다. 이제 그 빛줄기들이 필름에 설정된 회로를 따라 순차적으로 매우 빠르게 보였다 사라진 것이 저절로 연속되도록 프로그램을 입력해 놓기로 한다. 그러면 그것은 「흐름쪽」의 실행을 위한 기본 틀이 된다. 이제 필름에 설정된 회로의 수에 따라 다음과 같이 적용할 수 있다.

(1) 한 줄 흐름쪽

[그림 2]는 필름(뇌리)에 설정되어 있는 한 줄 회로이다. 회로는 빛줄기가 통과하는 길이다. 빛줄기 자체로 오해하지 않도록 한다.

한 줄 흐름쪽
"필름(뇌리)에 한 줄의 빛줄기가 매우 빠르게 보였다 사라진 것이 저절로 연속되는 것이다."

설계대로「한 줄 흐름쪽」영상 훈련을 눈 감고 1분간 한다.

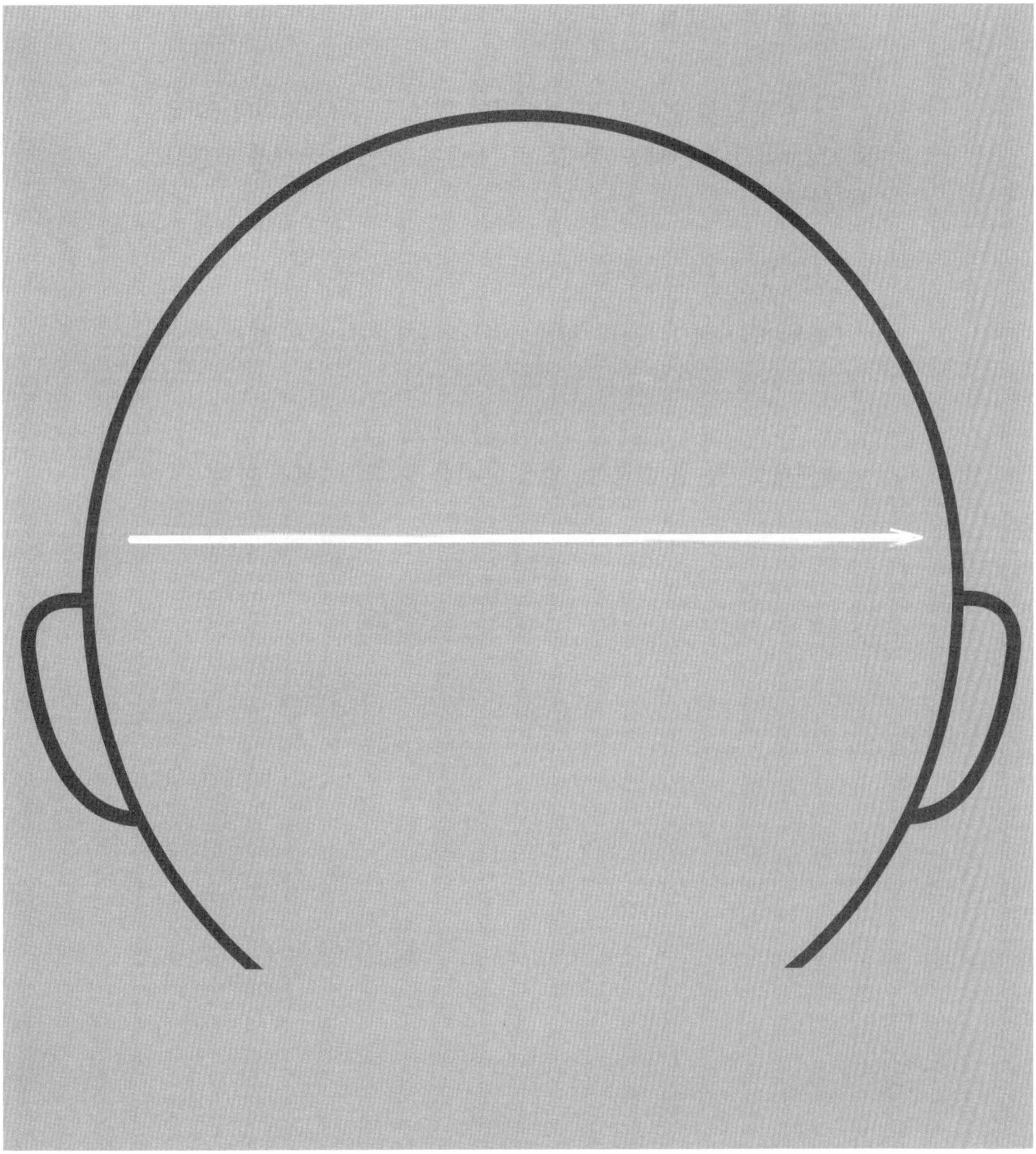

[그림 2] 필름(뇌리)의 한 줄 회로

(2) 두 줄 흐름쪽

[그림 3]은 필름(뇌리)에 설정되어 있는 두 줄 회로이다. 회로는 빛줄기가 통과하는 길이므로 빛줄기 자체로 오해하지 않도록 한다.

두 줄 흐름쪽
"필름(뇌리)에 두 줄의 빛줄기가 순차적으로 매우 빠르게 보였다 사라진 것이 저절로 연속되는 것이다."

설계대로「두 줄 흐름쪽」영상 훈련을 눈 감고 1분간 한다.

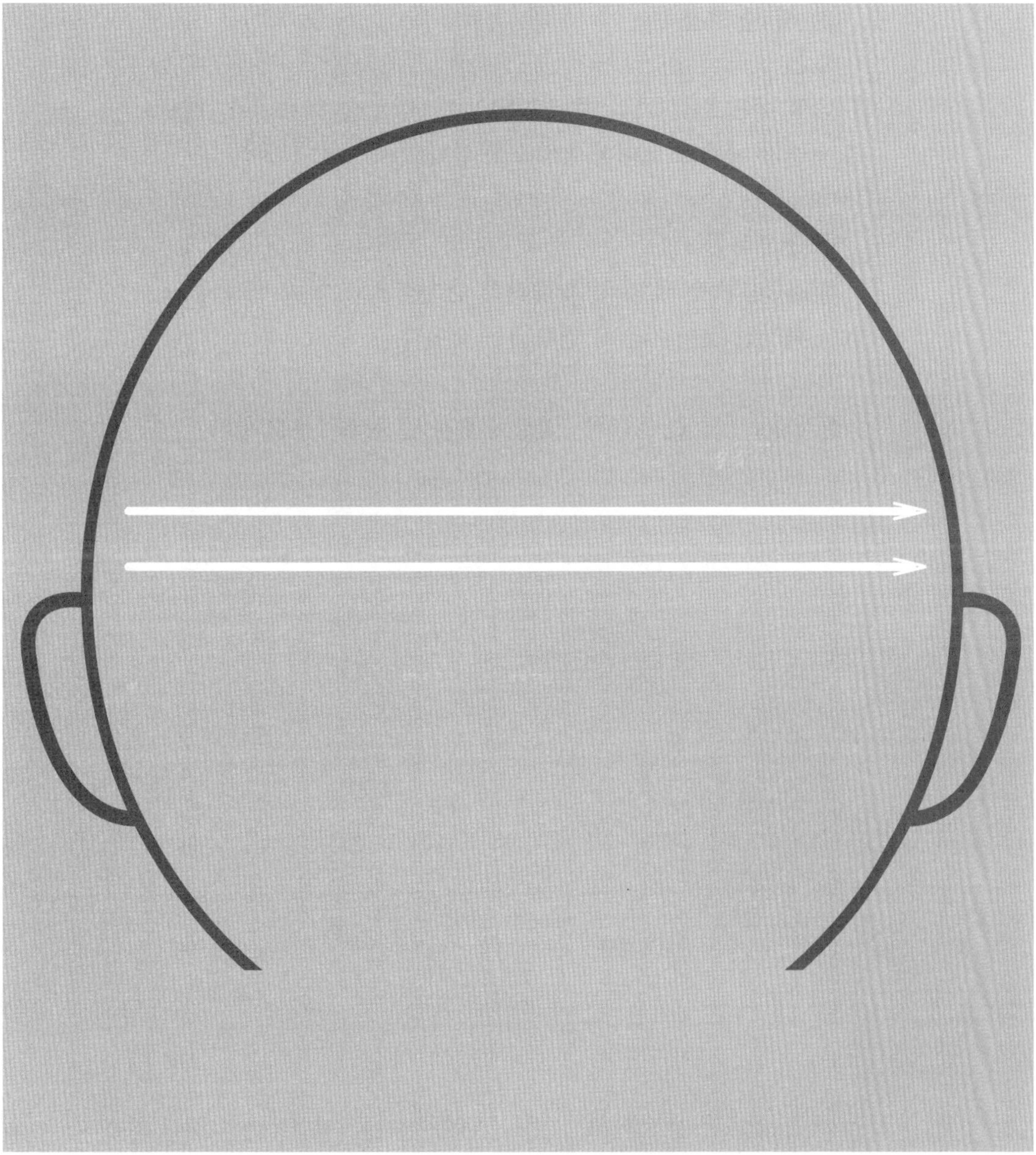

[그림 3] 필름(뇌리)의 두 줄 회로

(3) 세 줄 흐름쪽

[그림 4]는 필름(뇌리)에 설정되어 있는 세 줄 회로이다. 회로를 빛줄기 자체로 오해하지 않도록 한다.

세 줄 흐름쪽
"필름(뇌리)에 세 줄의 빛줄기가 순차적으로 매우 빠르게 보였다 사라진 것이 저절로 연속되는 것이다."

설계대로「세 줄 흐름쪽」영상 훈련을 눈 감고 1분간 한다.

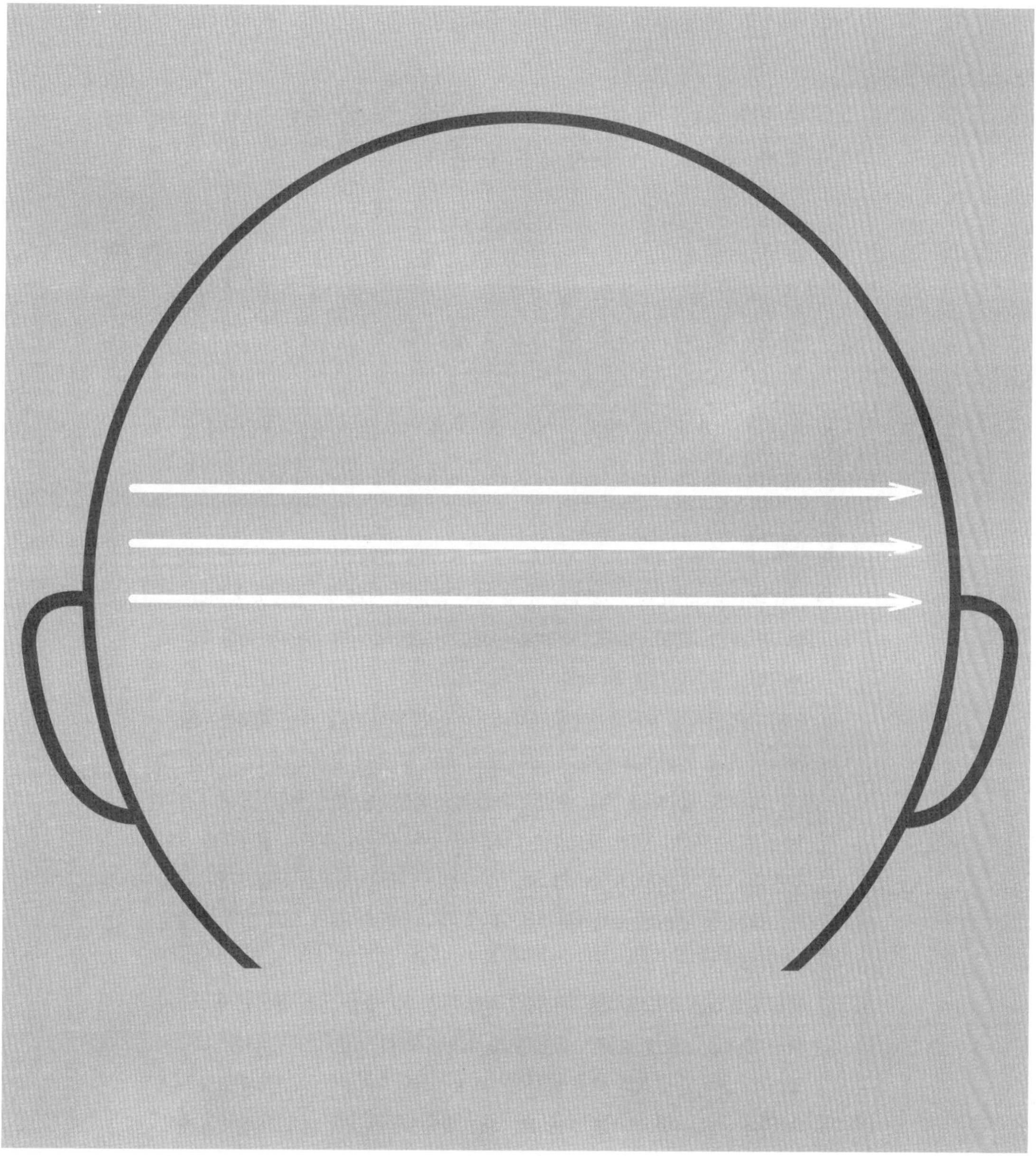

[그림 4] 필름(뇌리)의 세 줄 회로

(4) 네 줄 흐름쪽

[그림 5]는 필름(뇌리)에 설정되어 있는 네 줄 회로이다. 회로를 빛줄기 자체로 오해하지 않도록 한다.

네 줄 흐름쪽
"필름(뇌리)에 네 줄의 빛줄기가 순차적으로 매우 빠르게 보였다 사라진 것이 저절로 연속되는 것이다."

설계대로 「네 줄 흐름쪽」 영상 훈련을 눈 감고 2분간 한다.
이 훈련을 반드시 마치고 다음의 유의점에 들어가도록 한다.

유의점

❶ 영상 훈련은 설계대로 인정하는 것 - 영상 훈련이 쉽지만은 않았을 것이다. 그렇다면 훈련 내용이 실제로 어려워서 어렵게 느낀 것인지, 무언가 다른 이유로 어렵게 느낀 것인지를 알아보자.

먼저 위의 「네 줄 흐름쪽」 설계도부터 다시 한번 읽어 본다. 내용 자체는 어렵지 않다. 참으로 간단하고 쉽다. 그렇다면 그대로 한 영상 훈련도 쉬울 수밖에 없다. 그럼에도 불구하고 영상 훈련이 어렵게 느껴졌다는 것은 결과적으로 설계대로 못했다는 말이 된다. 그렇다면 설계대로 못한 부분을 찾아서 설계대로 고쳐주면 문제가 해결될 것이다. 그러나 이 문제는 여러분 스스로 해결하기는 어렵다. 왜냐하면 스스로는 제대로 한다고 한 것이 잘못한 것이 되고 말았기 때문이다.

문제의 원인은 바로 3차원적인 생각의 틀이다. 여러분은 영상 훈련을 잘하고자 하는 생각으로 했을 것이다. 그런데 그 잘하고자 하는 생각이 무의식에 굳어져 있는 3차원적인 생각의 틀을 통과하면서 부지중에 3차원적으로 해석된 것이다. 즉 영상 훈련을 잘 한다는 것은 상상하는 빛줄기들을 마치 눈으로 보듯이 확인해야 한다고 생각했고 그렇게 믿었던 것이다. 또는 한 줄 한 줄 정확하게 그려야 한다고 생각했고 그렇게 믿었던 것이다.

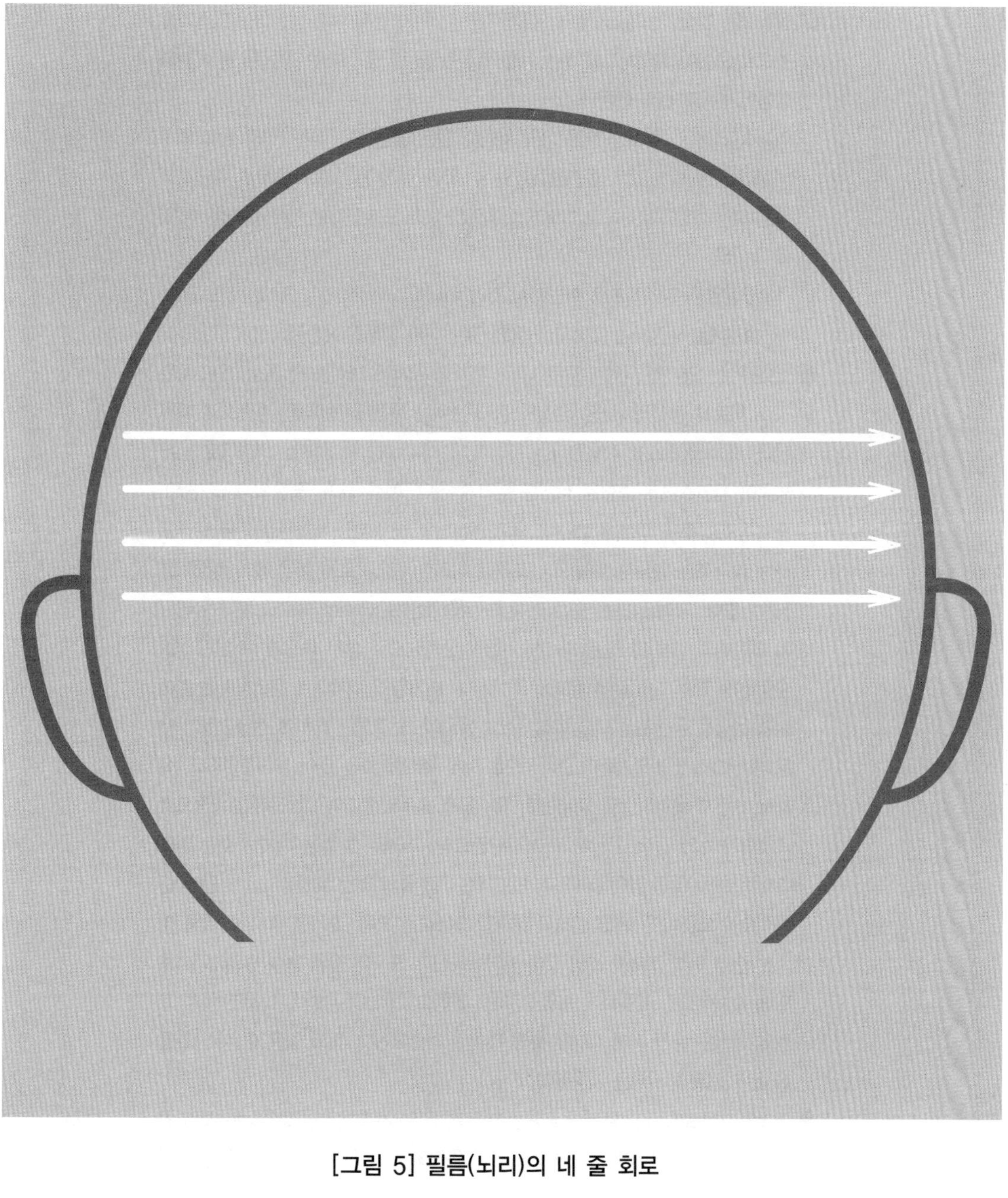

[그림 5] 필름(뇌리)의 네 줄 회로

상상하는 빛줄기는 몇 차원의 본질인가? 4차원의 본질이다. 상상하는 빛줄기를 눈으로 보듯이 확인하고자 하는 행동이나 한 줄 한 줄 그리는 행동은 몇 차원의 행동인가? 3차원의 행동이다.

이제 여러분은 "하위 차원은 상위 차원에 접근 불능이다."라는 [정리 2]에 의하여 불가능한 방법으로 접근했음을 알 수 있을 것이다. 그래서 참으로 간단하고 쉬운 내용임에도 불구하고 그렇게 쉽지만은 않게 느껴졌다는 것도 이해할 수 있을 것이다.

"영상 훈련은 감각적으로 확인하는 것이 아니다. 의식적으로 그리는 것도 아니다. 설계대로 인정하는 것이다. 인정한 것은 이미 읽혀진(상상된) 것이다."

❷ 「흐름쪽」은 과거형 시제의 프로그램 – 현재형 시제는 보이는 것 중심적인 3차원의 시제로서 정신적(4차원) 본질의 잠재 능력을 육체(3차원)적인 수준으로 제한한다. 즉 바이러스로 작용한다는 뜻이다. 그러나 과거형 시제는 명령대로 잠재 능력이 자연스럽게 발현된 상태를 누리게 한다. 예를 들어 "필름의 빛줄기들이 순차적으로 매우 빠르게 보인다."라고 인정하면 현재형의 시제대로 지금 보려고 하는 감각적인 행동이 일어난다. 그러나 이러한 행동으로는 매우 빠른 빛줄기를 볼 수 없다. 보려고 하는 순간 이미 그 빛줄기는 30만 km 밖으로 지나가 버렸기 때문이다. 하지만 "필름의 빛줄기들이 순차적으로 매우 빠르게 보였다."라고 인정하면 또한 그와 같은 결과가 주어진다. 과거형의 시제대로 무의식이 순간에 잠재 능력을 동원하여 뇌를 동작시켰고 동시에 그 결과가 의식에 전달되었기 때문이다. 그래서 빛줄기들이 순차적으로 매우 빠르게 보인 것이 받아들여진다. 실제로 그런지 체험적으로 알아보자. "열 줄의 노란 빛줄기가 1초 만에 순차적으로 또렷하게 보였다."라고 말하고 그대로 믿으라. 그러면 그 말을 마치는 순간 이미 그대로 보인 것이 받아들여진다. 이번에는 "열 줄의 빨간 빛줄기가 1초 만에 순차적으로 또렷하게 보였다."라고 말하고 그대로 믿으라. 그러면 역시 그 말을 마치는 순간 이미 그대로 보인 것이 받아들여진다. 또 "열 줄의 녹색 빛줄기가 1초 만에 순차적으로 또렷하게 보였다."라고 말하고 그대로 믿으라. 그러면 역시 그 말을 마치는 순간 이미 그대로 보인 것이 받아들여진다. 이와 같은 이유로 「흐름쪽」은 과거형의 시제를 사용한다.

❸ 어떻게 바라보느냐가 열쇠 – 물체는 빠르게 움직일수록 잘 안 보인다는 것이 공간에서 경험된 지식이다. 그래서 빠르게 움직이는 물체는 부지중에 잘 안 보인

다고 인정함으로써 그와 같이 받아들이게 된다. 그렇다. 인간은 '믿음'에 지배되도록 만들어져 있다. 믿는 대로 그 결과를 산출하도록 만들어져 있는 것이다. 그렇다면 '속독'이란 목적을 이루는 데에도 유리한 설계도(믿음)를 선택할 필요가 있다. "빠를수록 더 또렷하게 읽혀졌다."라고 믿으면 또한 그와 같이 받아들여진다. 이것이 '창조적인 믿음'이다. 이로 보건대 모든 결과는 '믿음'대로 된 것이고, 어떻게 바라보느냐가 열쇠인 것도 알 수 있다.

❹ '순차적으로 읽혀진 것'을 인정 – "1초에 열 줄의 빛줄기가 순차적으로 또렷하게 보였다."라고 인정하면, 그 열 줄의 빛줄기는 각각 0.1초의 시간차를 두고 순차적으로 또렷하게 보인 것이다. 마찬가지로 "1초에 백 줄의 빛줄기가 순차적으로 또렷하게 보였다."라고 인정하면, 그 백 줄의 빛줄기들 역시 각각 0.01초의 시간차를 두고 순차적으로 또렷하게 보인 것이다. 이와 같이 아무리 짧은 순간의 「흐름쪽」이라도 그 속에 집어넣어 읽을 수 있는 '거의 동시'의 수는 무한하다. 그러므로 필름의 빛줄기들이 아무리 짧은 순간에 읽혀졌다 해도 그것은 감각적인 느낌내로 한꺼번에 읽혀진 것이 아니라 실제대로, 순차적으로 읽혀진 것을 인정하여야 한다. 그러면 그와 같이 받아들여진다. 이와 같이 '순차적으로 읽혀진 것'을 인정하여야 글을 읽는 능력 개발과 연결된다.

네 줄 흐름쪽(신)

"1초에 네 줄의 빛줄기가 순차적으로 읽혀진 것이 매 초마다 반복되는 것이다."

유의점 네 가지를 반영한, 업그레이드된 「네 줄 흐름쪽」 설계도이다. 이 설계도에서 가장 중요한 부분을 짚어 본다면 첫째는 '읽혀진 것'이라는 과거형 시제이고, 둘째는 '순차적으로'이다. 그리고 '1초'는 아주 짧은 순간을 상징하는 말이다.

이제, 「네 줄 흐름쪽」 설계도의 내용을 제대로 이해해 보자. "1초에 네 줄의 빛줄기가 순차적으로 읽혀졌다."라고 말하고 그대로 믿으면, 말을 마치는 동시에 그대로 된 것이 받아들여진다. 동작이 완료된 과거형의 시제이기 때문이다. 이와 같이 읽혀진 것이 매 순간마다 저절로 반복되는 것이 이 설계도의 내용이다.

영상 훈련에 들어가기 전에 먼저 「네 줄 흐름쪽」 설계도를 완벽하게 외워야 한다. 그래야 훈련이 제대로 진행될 수 있다. 만약 설계도를 완벽하게 외우지 못한 상태로 훈련에 들어가면 바로 그것이 막연한 믿음으로 작용하여 막연한 실상을 산출하게 된다. 즉 영상 훈련이 제대로 되지 않고 어렵게 느껴진다는 뜻이다.

「네 줄 흐름쪽」 설계도를 언제라도 거침없이 욀 수 있기 위해서는 적어도 300번 이상을 암기하여야 한다.

완벽하게 다 외운 상태라면 지금부터 영상 훈련에 들어간다.

매회 영상 훈련을 시작할 때, 먼저

「네 줄 흐름쪽」 내용을 외우고

"설계대로 된 것을 인정"

이렇게 구령을 붙이는 동시에 시작한다.

「네 줄 흐름쪽」 영상 훈련

「네 줄 흐름쪽」 영상 훈련을 눈 감고 1분간씩 10회 반복한다.

처음보다 좀 쉬워졌는가?

누구라도 단번에 완벽하게 잘할 수는 없지만 누구나 과정을 거치면서 점점 더 잘할 수 있도록 만들어져 있다. 그러하기에 여러분은 훈련을 통해 점점 더 잘하게 될 것이다.

훈련을 제대로 하기 위해 꼭 기억한다. 《4차원 속독법》에는 현재형 시제가 없다. 모든 시제는 과거형이다. 물론 영상 훈련의 시제도 과거형이다. 만약 아직 영상 훈련이 어렵게 느껴진다면 본인이 상상한 빛줄기의 시제가 과거형이었는지, 현재형이었는지를 점검해 보자.

빛줄기를 보려고 하거나 느끼려고 하면 그렇게 되지 않는다. 그것은 3차원의 시제(현재형)이기 때문이다. '순간에 네 줄의 빛줄기가 순차적으로 읽혀졌다.' 고 믿으면 그 말을 마치는 순간 이미 그대로 된 것이 받아들여진다. 그것은 4차원의 시제(과거형)이기 때문이다.

2. 몰입의 원리

깊이 빠져 있는 상태를 '몰입' 이라고 한다. 즉 '몰입의 원리' 는 가장 높은 집중력을 개발하는 원리이다.

「흐름쪽」에 '몰입의 원리' 를 적용하면 무의식에서 읽혀진 내용이 더 명료하게 의식에 전달된다. 이러한 몰입 능력의 개발은 일반적으로 어려운 일이라고 생각한다. 그러나 믿음의 방법으로 접근하면 쉽다. 얼마나 쉬운지! 여러분이 책상 위의 이 물병 속에 들어가는 것만큼이나 쉽다.

'말도 안 돼! 그건 불가능한 일인데' 라고 반응하는 분들이 많을 것이다. 그러한 반응은, 자신의 몸이 그 물병보다 훨씬 큰데 어떻게 그 속에 들어갈 수 있느냐는 뜻일 것이다. 그렇다면 그러한 반응은 육체 중심적인 것인가? 정신 중심적인 것인가? 육체 중심적인 것이다. 여러분의 주체는 육체인가? 정신인가? 정신이다. 그러면, 이치대로라면 주체 중심으로 반응하는 것이 맞는가? 주체가 아닌 것 중심으로 반응하는 것이 맞는가? 당연히 주체 중심으로 반응하는 것이 맞다.

이제 여러분의 육체 중심적인 반응이 이치에 맞지 않다는 것을 알 수 있을 것이다. 당연히 주체인 정신 중심적인 반응을 하여야 한다. 그럼에도 불구하고 육체 중심적인 반응을 함으로써 정신의 가능성이 육체 수준으로 제한되고 집중력의 개발도 어렵게 느껴지는 것이다. 이제 접근 방법을 정신(4차원) 중심적으로 바꿔야 한다는 것을 알 수 있을 것이다. 자, 이렇게 말해 보자.

"나는 책상 위의 이 물병 속에 이미 들어가 있다."

말한 대로 인정하면 그와 같이 받아들여진다. 이것은 조금도 어려운 일이 아니다. 다시 한번 이렇게 말해 보자.

"나는 저 밝은 전등 속에 이미 들어가 있고, 그 빛과 하나가 되어서 방안을 환히 비추고 있다."

그렇게 인정하면 또한 그와 같이 받아들여진다. 이와 같이 되게 하는 방법을 다음과 같이 정의한다.

몰입의 원리

자신이 몰입하고자 하는 대상 속에 이미 들어가 있음을 인정함으로써 그와 같이 받아들여지게 하는 원리.

'몰입의 원리'를 「흐름쪽」에 적용하는 방법

자신이 필름(뇌리)의 각 회로 중심에 이미 들어가 있고, 그 회로들에서 순간에 순차적으로 읽혀진 빛줄기들이 각 회로의 중심에 들어가 있는 나 자신과 하나가 된 것을 인정하면 또한 그와 같이 받아들여진다. 즉 '순간에 순차적으로 읽혀진 그 내용이 각 회로의 중심에 들어가 있는 나 자신에게 **생각된 것에 집중**'하는 것이다.

'몰입'은 자기를 잊고 있는 상태

순간에 순차적으로 읽혀진 그 내용이 각 회로의 중심에 들어가 있는 나 자신에게 생각된 것에 집중한다는 것은 읽혀진 내용 외의 자신에 대해서는 다 잊고 있음을 뜻한다. 그러므로 읽혀진 내용이 아닌 다른 것이 생각된다면 아직 몰입되지 못한 상태이다. 그럴 때는 어떻게 대처할 것인가?

'순간에 순차적으로 읽혀진 그 내용이 각 회로의 중심에 들어가 있는 나 자신에게 **생각된 것에 집중**'을 몇 번 반복해서 주장한다. 그러면 그것이 반복적인 명령으로 작용하여 곧 그대로 된 것이 받아들여진다.

몰입의 원리 적용하기

'몰입의 원리'를 「흐름쪽」에 집어넣었다고 믿는다. 이제부터 「흐름쪽」을 실행할 때 '순간에 순차적으로 읽혀진 그 내용이 각 회로의 중심에 들어가 있는 나 자신에게 생각된 것에 집중'한다.

「네 줄 흐름쪽」 영상 훈련

「네 줄 흐름쪽」 영상 훈련을 눈 감고 1분간씩 10회 반복한다.

매회 훈련을 시작할 때

「네 줄 흐름쪽」 내용을 외우고, 순간에 순차적으로 읽혀진 그 내용이 각 회로의 중심에 들어가 있는 나 자신에게 생각된 것에 집중할 자세로

"설계대로 된 것을 인정"

이렇게 구령을 붙이는 동시에 시작한다.

(1) 다섯 줄 흐름쪽

"1초에 다섯 줄의 빛줄기가 순차적으로 읽혀진 것이 매 초마다 반복되는 것이다."

네 줄의 회로 위에 한 줄 회로를 더 올려놓은 것을 상상한다. 그 다섯 줄의 회로를 따라 1초에 다섯 줄의 빛줄기가 순차적으로 읽혀진 것이 매 초마다 반복되는 것을 인정한다. 이것이 「다섯 줄 흐름쪽」 영상 훈련이다.

「다섯 줄 흐름쪽」 영상 훈련

「다섯 줄 흐름쪽」의 내용대로 인정하는 훈련이다. 「다섯 줄 흐름쪽」 영상 훈련을 눈 감고 1분간씩 3회 한다.

매회 훈련을 시작할 때,

「다섯 줄 흐름쪽」 내용을 외우고, 순간에 순차적으로 읽혀진 그 내용이 각 회로의 중심에 들어가 있는 나 자신에게 생각된 것에 집중할 자세로

"설계대로 된 것을 인정"

이렇게 구령을 붙이는 동시에 시작한다.

(2) 열 줄 흐름쪽

"1초에 열 줄의 빛줄기가 순차적으로 읽혀진 것이 매 초마다 반복되는 것이다."

다섯 줄의 회로 위에 다섯 줄 회로를 한 판 더 올려놓은 것을 상상한다. 그 열 줄의 회로를 따라 1초에 열 줄의 빛줄기가 순차적으로 읽혀진 것이 매 초마다 반복되는 것을 인정한다. 이것이 「열 줄 흐름쪽」 영상 훈련이다.

유의점

❶ 창조적으로 바라보아야 한다. - 순간에 상상한 빛줄기의 수가 많을수록 상상하

기가 더 힘들어질까? 보이는 것(3차원) 중심적인 생각의 틀에는 더 힘들어진다고 생각된다. 왜냐하면 부지중에 눈으로 보듯이 확인하려고 하거나 의식적으로 그리려고 하기 때문이다. 그러나 그것은 정신의 가능성을 제한하는 바이러스(3차원)적인 접근임을 앞에서 설명하였다.

영화를 TV로 보는 것과 영화관에서 대형 화면으로 보는 것 중 어느 것이 더 시원스럽게 보일까? 물론 영화관에서 대형 화면으로 보는 것이다. 화면이 커지는 만큼 보는 것이 더 힘들어지지 않고 도리어 시원스럽게 느껴지는 이유는, 읽는 동작이 무의식에서 이루어졌고 의식은 다만 그 결과를 받아들이는 데만 집중하면 되기 때문이다. 즉 망막의 상이 무의식중에 뇌에 전달되어 읽혀졌고 동시에 그 결과가 의식에 전달된 것이다. 그래서 작은 영상보다 큰 영상이 더 시원스럽게 느껴지는 것이다.

마찬가지로 영상 훈련도 순간에 상상한 빛줄기의 수가 많을수록 상상하기가 더 쉽다고 믿으면 또한 그렇게 받아들여진다. 「열 줄 흐름쪽」은 다섯 줄보다 배나 더 쉽다고 믿으면 그렇게 되는 것이다. 믿는 대로 된다.

❷ 상상한 빛줄기의 수가 정확한가? - 무의식의 뛰어난 능력 곧 유전자라고 하는 초과학적 정교성을 가지고 있는 설계도의 명령을 정확하게 읽고 그대로 육체를 움직이는 무의식의 능력을 이해한다면 이러한 의문도 해결된다. <u>믿기만 하면 된다. 무의식은 믿는 대로 육체를 정확하게 움직이기 때문이다.</u>

・・・・・・・・・・・・・・・・・・・・・・・・・・・・・・・・・・・・

「열 줄 흐름쪽」 영상 훈련

「열 줄 흐름쪽」의 내용대로 인정하는 훈련이다. 「열 줄 흐름쪽」 영상 훈련을 눈 감고 1분간씩 3회 한다.

매회 훈련을 시작할 때,

「열 줄 흐름쪽」 내용을 외우고, 순간에 순차적으로 읽혀진 그 내용이 각 회로의 중심에 들어가 있는 나 자신에게 생각된 것에 집중할 자세로

"설계대로 된 것을 인정"

이렇게 구령을 붙이는 동시에 시작한다.

(3) 스무 줄 흐름쪽

"1초에 스무 줄의 빛줄기가 순차적으로 읽혀진 것이 매 초마다 반복되는 것이다."

열 줄의 회로 위에 열 줄 회로를 한 판 더 올려놓은 것을 상상한다. 그 스무 줄의 회로를 따라 1초에 스무 줄의 빛줄기가 순차적으로 읽혀진 것이 매 초마다 반복되는 것을 인정한다. 이것이 「스무 줄 흐름쪽」 영상 훈련이다.

「스무 줄 흐름쪽」 영상 훈련

「스무 줄 흐름쪽」의 내용대로 인정하는 훈련이다. 「스무 줄 흐름쪽」 영상 훈련을 눈 감고 1분간씩 3회 한다.

매회 훈련을 시작할 때,

「스무 줄 흐름쪽」 내용을 외우고, 순간에 순차적으로 읽혀진 그 내용이 각 회로의 중심에 들어가 있는 나 자신에게 생각된 것에 집중할 자세로

"설계대로 된 것을 인정"

이렇게 구령을 붙이는 동시에 시작한다.

(4) 서른 줄 흐름쪽

"1초에 서른 줄의 빛줄기가 순차적으로 읽혀진 것이 매 초마다 반복되는 것이다."

[그림 6]과 같이 스무 줄의 회로 위에 열 줄 회로를 한 판 더 올려놓은 것을 상상한다. 그 서른 줄의 회로를 따라 1초에 서른

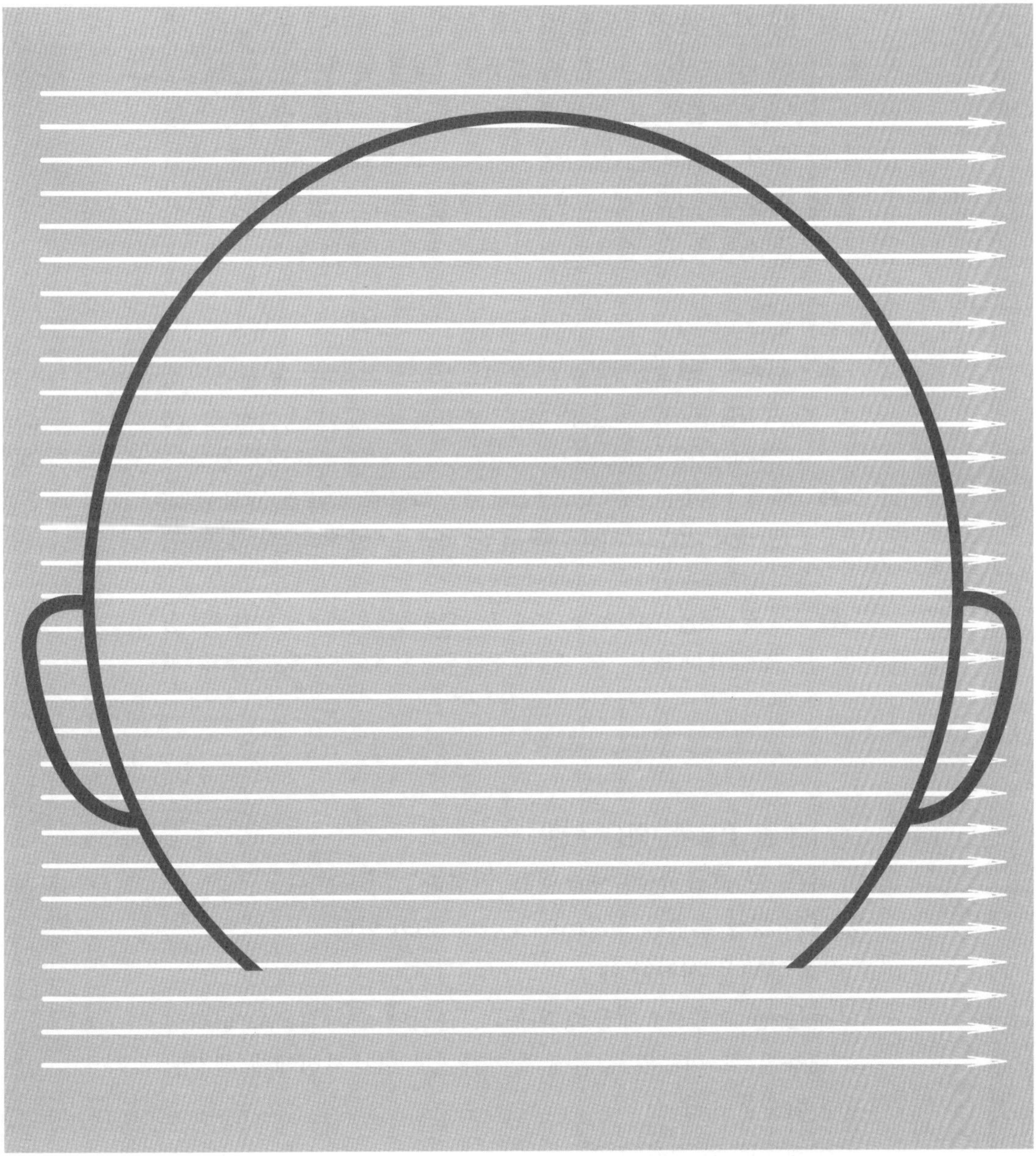

[그림 6] 필름(뇌리)의 서른 줄 회로

줄의 빛줄기가 순차적으로 읽혀진 것이 매 초마다 반복되는 것을 인정한다. 이것이 「서른 줄 흐름쪽」 영상 훈련이다.

「서른 줄 흐름쪽」은 스무 줄보다 더 쉽다. 서른 줄이면 보통 책 한 쪽의 글줄보다 많은 줄 수이다. 그러므로 「서른 줄 흐름쪽」에 숙달되면 책장에 적용하는 「흐름쪽」도 그만큼 쉬워진다. 「서른 줄 흐름쪽」은 영상 훈련의 기본 프로그램이 된다.

유의점

❶ 빛줄기들이 서른 줄의 회로를 주파할 때도 순차적으로 주파되도록 설계되어 있다. 즉 글을 읽는 흐름의 순서에 따라 주파되도록 설계되어 있다. 그러므로 그와 같이 읽혀진 것을 인정하여야 한다.

❷ 「서른 줄 흐름쪽」은 '직관'의 기본 틀이 된다. 그러므로 설계도의 내용을 완벽하게 암기해서 '서른 줄 흐름쪽'이라 생각만 해도 그 내용대로의 영상 훈련이 저절로 실행되도록 한다.

❸ 「서른 줄 흐름쪽」 영상 훈련은 될 수 있는 대로 많이 하여야 하고 그럴수록 좋다. 훈련량에 비례해서 '직관'의 기본 틀이 되는 뇌 회로망이 형성, 발달되기 때문이다.

「서른 줄 흐름쪽」 영상 훈련

「서른 줄 흐름쪽」의 내용대로 인정하는 훈련이다. 「서른 줄 흐름쪽」 영상 훈련을 눈 감고 1분간씩 30회 한다.

매회 훈련을 시작할 때,

「서른 줄 흐름쪽」 내용을 외우고, 순간에 순차적으로 읽혀진 그 내용이 각 회로의 중심에 들어가 있는 나 자신에게 생각된 것에 집중할 자세로

"설계대로 된 것을 인정"

이렇게 구령을 붙이는 동시에 시작한다.

3. 영상 훈련의 효과

펜을 잡은 손을 앞으로 내밀어 좌우로 움직이면서 그 펜을 자연스럽게 본다. 이때 눈의 움직임이 느껴지는지 생각해 본다. 움직임이 느껴지지 않는다. 하지만 움직이는 물체를 보고 있을 때 눈동자가 그 물체를 따라 저절로 움직인다는 것을 이미 학습한 바 있다.

이제 눈을 감고 좌우로 움직이는 펜을 상상해 본다. 이 때 상상하는 펜을 따라 눈의 움직임이 느껴지는지 생각해 본다. 눈을 떴을 때와 마찬가지로 움직임이 느껴지지 않는다. 그렇지만 눈을 감은 상태에서도 눈은 상상하는 펜을 따라 저절로 움직인다. 왜냐하면 생각은 눈을 떴을 때나 감았을 때나 똑같이 육체를 지배하기 때문이다. 또 좌우로 움직이는 펜이 상상된 것은 뇌가 펜의 움직임을 순차적으로 읽은 것이고 동시에 의식이 전달받은 것을 뜻한다.

그렇다면「서른 줄 흐름쪽」영상 훈련을 할 때도 순간에 순차적으로 읽혀진 각 빛줄기를 따라 눈이 저절로 움직인 것을 알 수 있다. 그와 함께 뇌가 각 빛줄기들을 순차적으로 읽은 것도 알 수 있다. 동시에 그 내용을 의식이 전달받는 데에 자연스럽게 집중된 것도 알 수 있다. 이것은「서른 줄 흐름쪽」영상 훈련이 '시점의 자연스러운 순간 이동 능력, 두뇌의 순간 지각 능력, 높은 집중력'을 동시에 개발하는 훈련임을 뜻한다. '독서력 개발을 위한 세 과제'(40쪽)를 모두 충족하는 뇌 회로망을 형성하는 훈련인 것이다.

그러므로 훈련량과 훈련 기간에 비례해서 뇌 회로망은 더욱 발달된다. 한 페이지의 글이 순간에 읽혀지는 바탕이 만들어지는 것이다. 따라서「서른 줄 흐름쪽」영상 훈련을 될 수 있는 대로 많이 하여야 하고, 습관화되기까지 꾸준히 하는 것이 필요하다.

제3장 흐름쪽 적용법

'흐름쪽 시스템'을 적용하여 책장의 글자들이 실제로 읽혀지게 하는 방법이다. 다음의 '직관 지침'은 그 핵을 이루는 중요한 설계도이다.

1. '직관' 지침

① 뇌리(필름)의 회로들에 찍힌 글자들이 빛줄기들에 의해 이미 읽혀진 것을 인정

책장을 빠르게 넘기는 모습을 보고 책을 읽는다고 생각하지는 않을 것이다. 왜냐하면 그러한 속도로 책을 읽어 본 적이 없기 때문이다. 다시 말해 그러한 속도로는 책을 읽을 수 없다는 믿음을 가지고 있는 것이다. 인간은 믿는 대로 만들어진다. 그러므로 이제 책장을 빠르게 넘기는 속도로도 책을 읽을 수 있다는 믿음을 가질 필요가 있다. 이를 위해 책 한 페이지를 읽는 데 필요한 최소한의 시간을 산출해 본다.

책장의 글자들은 뇌리의 회로들에 빛의 속도(약 30만km/초)로 찍힌다. 책과 눈의 거리는 약 30cm이므로 책장의 글자들이 뇌리의 회로들에 찍히는 데 걸리는 시간은 30cm/30만km=10억 분의 1초이다. 이는 책장의 글자들이 뇌리의 회로들에 1초에

10억 번씩 찍힌다는 뜻이다.

책장을 아무리 빠르게 넘겨도 1초에 10페이지를 넘기기는 어렵다. 즉 책 한 페이지를 넘기는데 최소 0.1초는 걸린다. 그렇다면 책장을 아무리 빠르게 넘겨도, 10억×0.1=1억이므로 각 책장의 글자들은 뇌리의 회로들에 이미 1억 번 이상씩 찍혔음이 입증된다. 즉 책장의 글자들은 마주하는 순간 뇌리의 회로들에 이미 무수히 찍힌 것이다. (그림 7 참고)

책장의 글자들은 뇌리의 회로들에 찍히는 순간 빛줄기들에 의해 (수천 억 개의 뇌신경 세포 가지들 낱낱에 '한, 순, 거, 저'로) 이미 읽혀진 상태가 된다. 그러므로 그와 같이 인정하는 것은 당연하다.

② 동시에 (그 내용이) 각 회로의 중심에 들어가 있는 나 자신에게 생각된 것에 집중

뇌리의 회로들에 찍힌 글자들이 빛줄기들에 의해 이미 읽혀진 것을 인정하는 동시에 그 내용은 (빛의 속도로) 의식에 전달되었다. 그러므로 의식이 제대로만 전달받는 데에 집중하면 실시간으로 그 내용을 맛보며 즐길 수 있다. 그 방법은 (무의식 상태로) 이미 읽혀진 그 내용이 각 회로의 중심에 들어가 있는 나 자신에게 생각된 것에 집중하는 것이다. 이와 같이 지침 ①의 내용대로 인정하는 동시에 (그 내용이) 각 회로의 중심에 들어가 있는 나 자신에게 생각된 것에 집중하는 행동이 바로 '직관'이다. 또한 그러한 행동을 실행시키는 명령 역시 '직관'이다.

'직관'은 '내용을 바로 본다.'는 뜻의 독서 행동이다. '직관 지침'은 그 독서 행동을 만드는 설계도이다. 그러므로 반드시 완벽하게 암기해서 책장을 마주하면 저절로 '직관'이 실행될 수 있도록 한다.

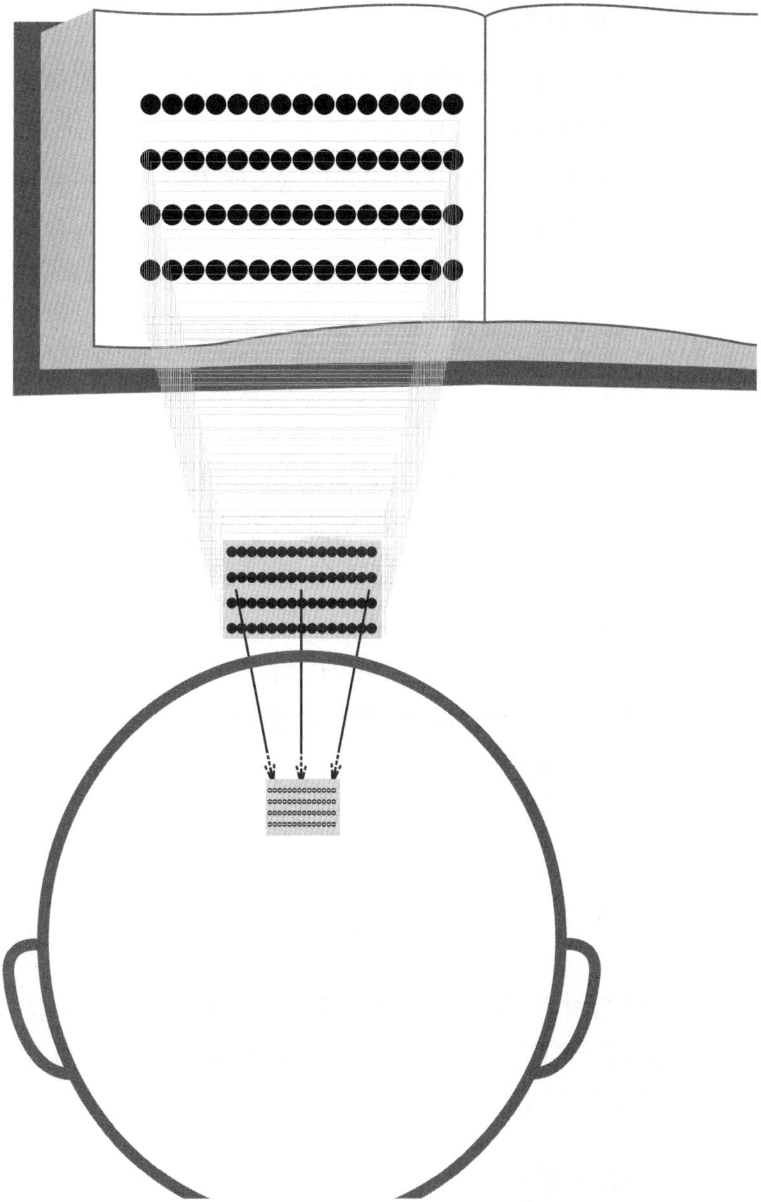

[그림 7] '직관' 설명도

• '직관' 지침

① 뇌리의 회로들에 찍힌 글자들이 빛줄기들에 의해 이미 읽혀진 것을 인정 (무의식)
② 동시에 (그 내용이) 각 회로의 중심에 들어가 있는 나 자신에게 생각된 것에 집중 (의식)

2. 기본 회로

마주한 책장의 글줄 수와 같은 줄 수의 회로가 뇌리에 자동으로 설정되도록 프로그램을 입력해 놓기로 한다. 즉 책장의 글줄이 열 줄이면 뇌리의 회로도 열 줄, 책장의 글줄이 스무 줄이면 뇌리의 회로도 스무 줄이 된다.

이는 「서른 줄 흐름쪽」이 책장에 적용되면서 책장의 글줄 수와 같은 줄 수의 회로로 자동 설정되도록 프로그램이 입력되어 있는 것과 같다.

3. 구령

말(명령)은 육체를 동작시키는 프로그램이다. 그러므로 잠재능력을 효과적으로 개발하기 위하여 훈련을 시작하기 직전에 '적용 구령' 을 사용한다.

• 적용 구령

설계대로 된 것을 인정

'가속 구령' 을 사용하는 시기는 훈련을 시작하기 전, 적용 구령을 붙이기 직전에 사용할 수도 있지만 주로 훈련 중에 훈련자의 필요에 따라 사용한다. 가속 구령을 사용하는 방법은 마음속으로 가속 구령을 외치는 것이다.

• 가속 구령

"더 빠르게 읽혀져라." "읽혀졌다."

"더 또렷하게 읽혀져라." "읽혀졌다."

"더 충분히 읽혀져라." "읽혀졌다."

유의점

구령(설계도)을 생각 없이 외친다면 잠재 능력을 개발하는 명령(프로그램)이 될 수 없다. 그것은 설계된 내용이 없는 것과 같기 때문이다. 그러므로 항상 살아 있는 구령(설계도)이 되도록 내용을 생각하면서 외쳐야 한다.

제3부 훈련 방법 학습하기

'직관' 을 적용한 훈련 방법을 학습하는 과정이다. "영상표 읽기 훈련" 과 "글 읽기 훈련"으로 구성되어 있다.

"영상표 읽기 훈련"은 "글 읽기 훈련"의 기초 능력 개발을 위한 훈련 방법을 학습하는 단계이다.

"글 읽기 훈련"은 실제 속독 능력 개발을 위한 훈련 방법을 학습하는 단계이다.

제1장 영상표 읽기 훈련

'직관'으로 먼저 글이 아닌, 모양만 있는 '영상표'부터 읽는 훈련을 한다. 이러한 과정을 통해 글을 빠른 속도로 읽을 수 있는 기초 능력을 개발한다.

"영상표 읽기 훈련"은 3단계로 이루어져 있다. 1단계는 '시각 영상 훈련' 2단계는 '지각 영상 훈련' 3단계는 '시 · 지각 영상 훈련'이다. 1단계와 2단계는 3단계까지 올라가는 계단 역할을 하고, 3단계인 '시 · 지각 영상 훈련'이 "영상표 읽기 훈련"의 기본 프로그램이 된다.

훈련 자세

바르게 앉아서 책장과 필름이 평행을 이루도록 책을 잡는다. 이를 위해 독서대를 사용할 수 있다. 하지만 독서대는 휴대하기에 불편하므로 왼팔과 왼손을 이용해서 독서대를 대신할 수 있다. 즉 왼쪽 팔꿈치를 책상에 괴고, 책의 제본선 아랫부분의 모서리를 책상에 놓고, 왼손으로 제본선 윗부분을 자연스럽게 받쳐 잡는다. 그리고 책장의 기울기를 얼굴과 평행이 되도록 조절한다.

책장을 정확하고 빠르게 넘기는 요령

책의 오른쪽 하단 모서리 부분은 약간 들려 있는 상태가 되어야 책장이 잘 넘어간다. 이를 위해 제본선 받쳐 잡은 손목을 왼쪽으로 조금 돌려서 조절한다.

오른손 검지와 중지를 책장의 오른쪽 하단 모서리 부분에 가볍게 갖다 대면서 중지로 살짝 집어 왼쪽 모서리까지 가져가는 방식으로 넘긴다. 이러한 훈련을 통해 책장을 정확하게 넘기는 동작이 점차 자연스럽고 빨라지게 된다.

이 자세와 요령을 모든 훈련과 독서에 적용한다.

※ 훈련 전에 책장이 잘 넘어가도록 손가락 끝에 발라 쓰는 '스피드' 를 준비한다. (문구점에서 구입)

1. 시각 영상 훈련

'직관' 으로 '시각 영상표' 를 읽는 훈련이다.

시각 영상표

[그림 8]과 같은 표를 '시각 영상표' 라고 한다. "시각 영상표에 내용이 있는가?" 라고 질문을 해 보면 대부분 내용이 없다고 한다. 또 백지를 한 장 들고 "여기에는 내용이 있는가?" 라고 물으면 머뭇거리면서 거기에도 내용이 없다고 한다. 다시 시각 영상표를 들고 내용이 없는 것이 백지라면 이 시각 영상표에는 내용이 있는 것이 아니냐고 물으면 머리를 끄덕이면서 수긍한다.

일반적으로 '내용' 이라 하면 글의 내용만을 생각하는 고정 관념이 있다. 하지만 내용은 글로 표현된 것도 있고 기호나 그림으로 표현된 것도 있다. 또 아주 단순해서 모양만 있는 것도 있고 보이지 않는 속뜻이 있는 것도 있다. 이러한 내용을 '직관' 으로 읽는 첫 번째 훈련표가 '시각 영상표' 이다.

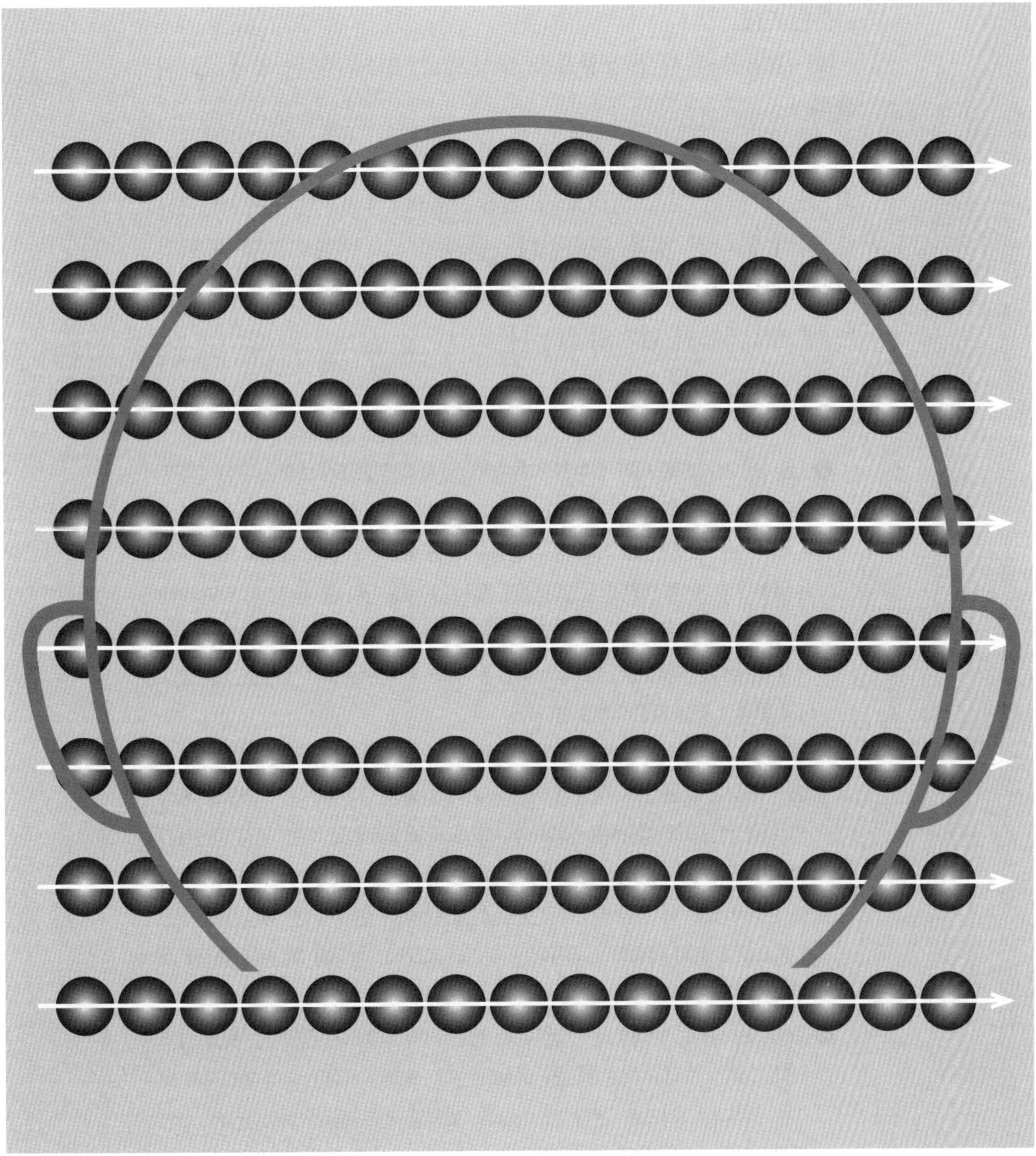

[그림 8] 시각 영상표

훈련 방법

98~103쪽의 시각 영상표를 대상으로, 먼저 '훈련 자세'를 취한다.

'직관 지침'을 외우고 그대로 적용한다. 즉 매 쪽마다 뇌리의 회로들에 찍힌 시각 영상표가 빛줄기들에 의해 '한, 순, 거, 저'로 이미 읽혀진 것을 인정한다. 동시에 (그 내용이) 각 회로의 중심에 들어가 있는 나 자신에게 생각된 것에 집중한다. 빠르기는 매 쪽 0.5초를 넘기지 않는다.

유의점

❶ '한, 순, 거, 저'로 이미 읽혀진 것을 인정 – 시각 영상표가 보이는 것은 '직관'으로 읽기 전과 똑같다고 생각할 수 있다. 그러나 인정하는 내용이 다르다. '직관'으로 읽기 전에는 한 쪽의 시각 영상표가 한꺼번에 보인다. 그렇게 보이는 것은 글을 읽는 능력 개발과 상관이 없다. 읽는 순서를 따라 한 자 한 자 읽어야 내용이 이해되기 때문이다. 그러므로 매 쪽마다 뇌리의 회로들에 찍힌 시각 영상표가 빛줄기들에 의해 (수천 억 개의 뇌신경 세포 가지들 낱낱에) '한, 순, 거, 저'로 이미 읽혀진 것을 인정하여야 한다.

❷ 동시에 (그 내용이) 각 회로의 중심에 들어가 있는 나 자신에게 생각된 것에 집중 – 보이는 것은 읽을 대상이 아니라 이미 읽혀진 결과물이다. 그러므로 책장의 시각 영상표에 집중하는 것이 아니라, 뇌리의 회로들에 찍힌 시각 영상표가 빛줄기들에 의해 이미 읽혀진 것을 인정하는 동시에 (그 내용이) 각 회로의 중심에 들어가 있는 나 자신에게 생각된 것에 집중하여야 한다. 이는 지침 ①에 대한 믿음으로 오로지 목적에만 집중하는 것이다. 그래야 능력이 제대로 개발될 수 있다.

❸ '본다.'는 생각은 바이러스 – '본다.'는 말은 아직 읽혀지지 않았다는 뜻을 담고 있다. 그래서 보려고 하는 행동을 이끌어 낸다. 그러나 사실은 이미 읽혀져서 보이는 것이다. 그러므로 '본다.'가 아니라 '보인다.'라고 생각하여야 한다. '보인다.'는 말은 이미 읽혀졌다는 뜻을 담고 있다. 그래서 읽혀진 결과를 누리는 행동을 이끌어 낸다. 육체는 생각하는 대로 동작한다.

❹ 책장의 '어디를 본다.'는 생각 역시 바이러스 – '직관'에 집중하면 시점은 빛줄기의 순차적인 흐름을 따라 무의식중에 저절로 움직인다. 그러나 책을 읽을 때 '어디를 본다.'는 생각을 하면 바로 그 생각이 시점을 해당 지점에 고정시킴으로써 정신 능력을 제한하는 바이러스가 된다. 예를 들어 영화를 볼 때 어디를 본다는 생각을 하지 않지만 영상의 움직임이 잘 보인다. 영상의 움직임이 잘 보인다는 것은 그 움직임을 따라 시점이 저절로 움직이고 있음을 뜻한다. 만약 '어디를 본다.'는 생각을 한다면 시점은 그 지점에 고정되고 만다. 이와 같이 자연스러운 동작은 의식적으로 느껴지지 않지만 정신 능력이 육체를 통해 효과적으로 발휘되는 현상이다. 반면 '어디를 본다.'는 생각은 고성능의 컴퓨터를 마치 반자동 기계같이 사용하는 것이 되어서 정신 능력을 바로 그 의식적인 동작으로 제한하는 바이러스가 된다.

시각 영상 훈련

98~103쪽의 시각 영상표를 빠르게 넘기면서 '직관'으로 읽는 훈련을 50회 반복한다.

훈련을 시작할 때와 매 11회째 훈련을 시작할 때마다
'직관 지침'을 외우고
"설계대로 된 것을 인정"
이렇게 구령을 붙이는 동시에 시작한다.
매 10회 훈련 후 '직관' 행동을 '직관 점검하기'로 점검한다.

'직관' 점검하기

① 뇌리의 회로들에 찍힌 시각 영상표가 빛줄기들에 의해 '한, 순, 거, 저'로 이미 읽혀진 것을 인정하였는가?
② 동시에 (그 내용이) 각 회로의 중심에 들어가 있는 나 자신에게 생각된 것에 집중하였는가?
③ 매 쪽의 빠르기는 0.5초 이내이었는가?

'직관' 교정하기

위의 점검 항목들을 충족하지 못한 부분이 있었다면 그것을 고친 '직관'을 상상한다. 그리고 다음의 훈련에 적용한다.

시각 영상표

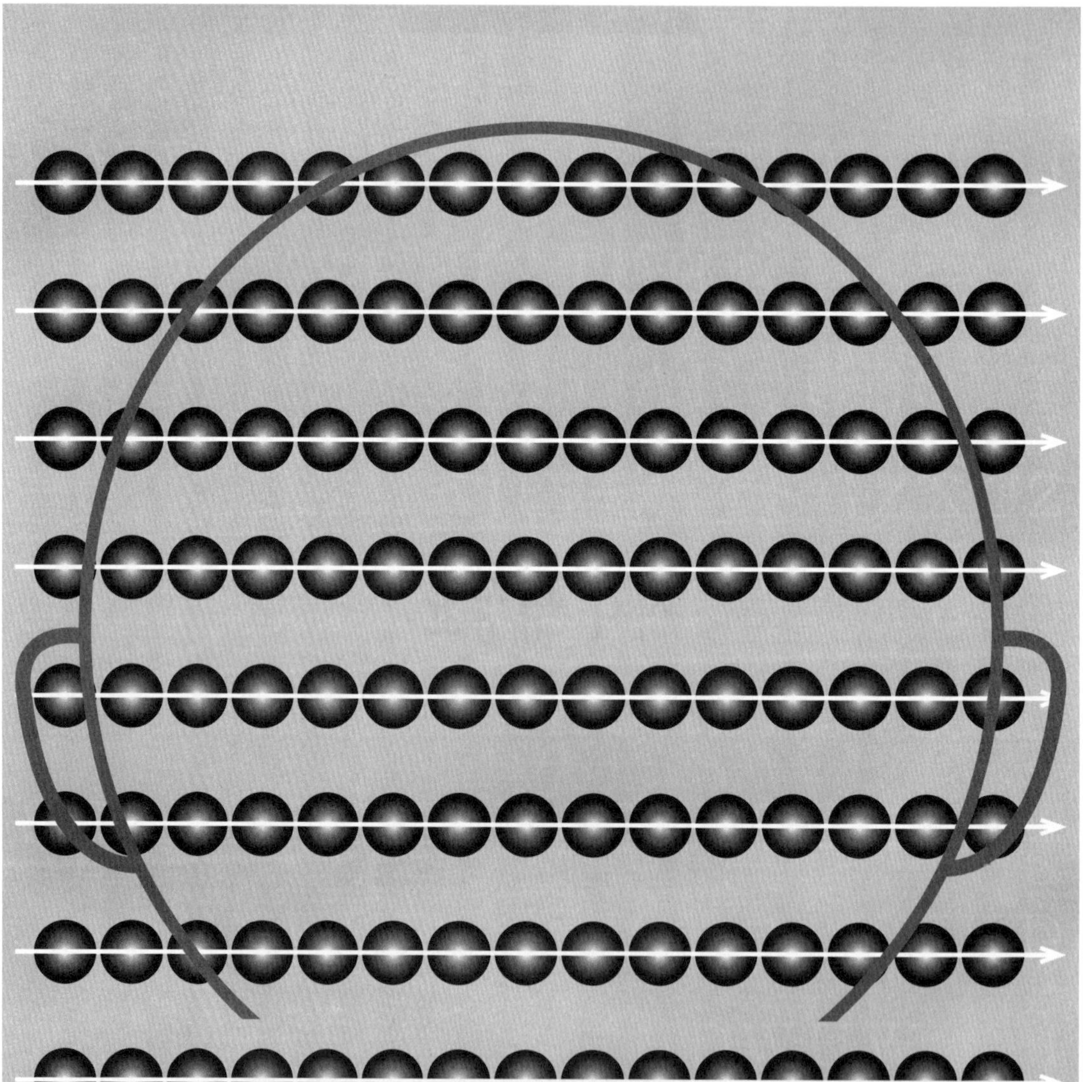

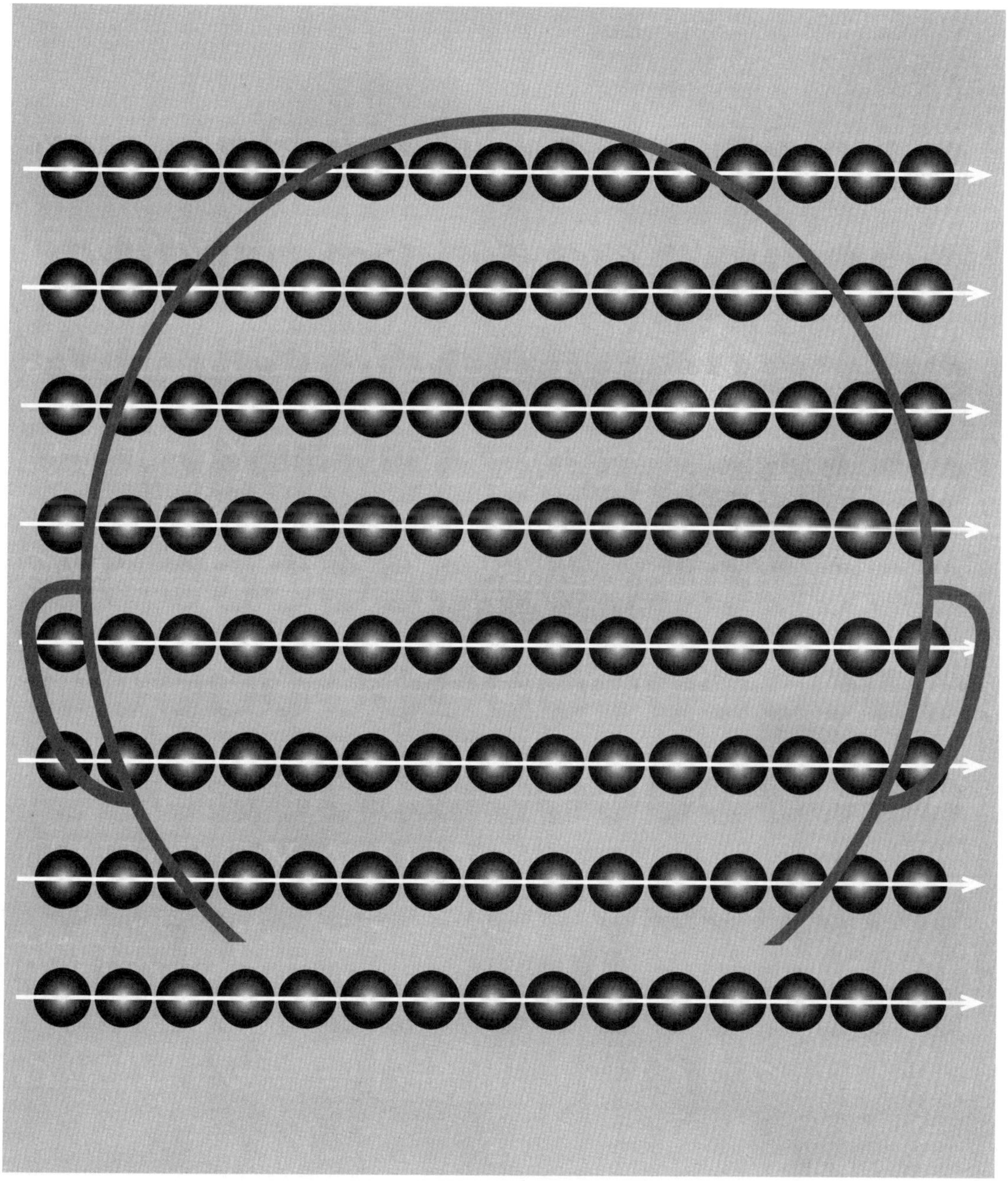

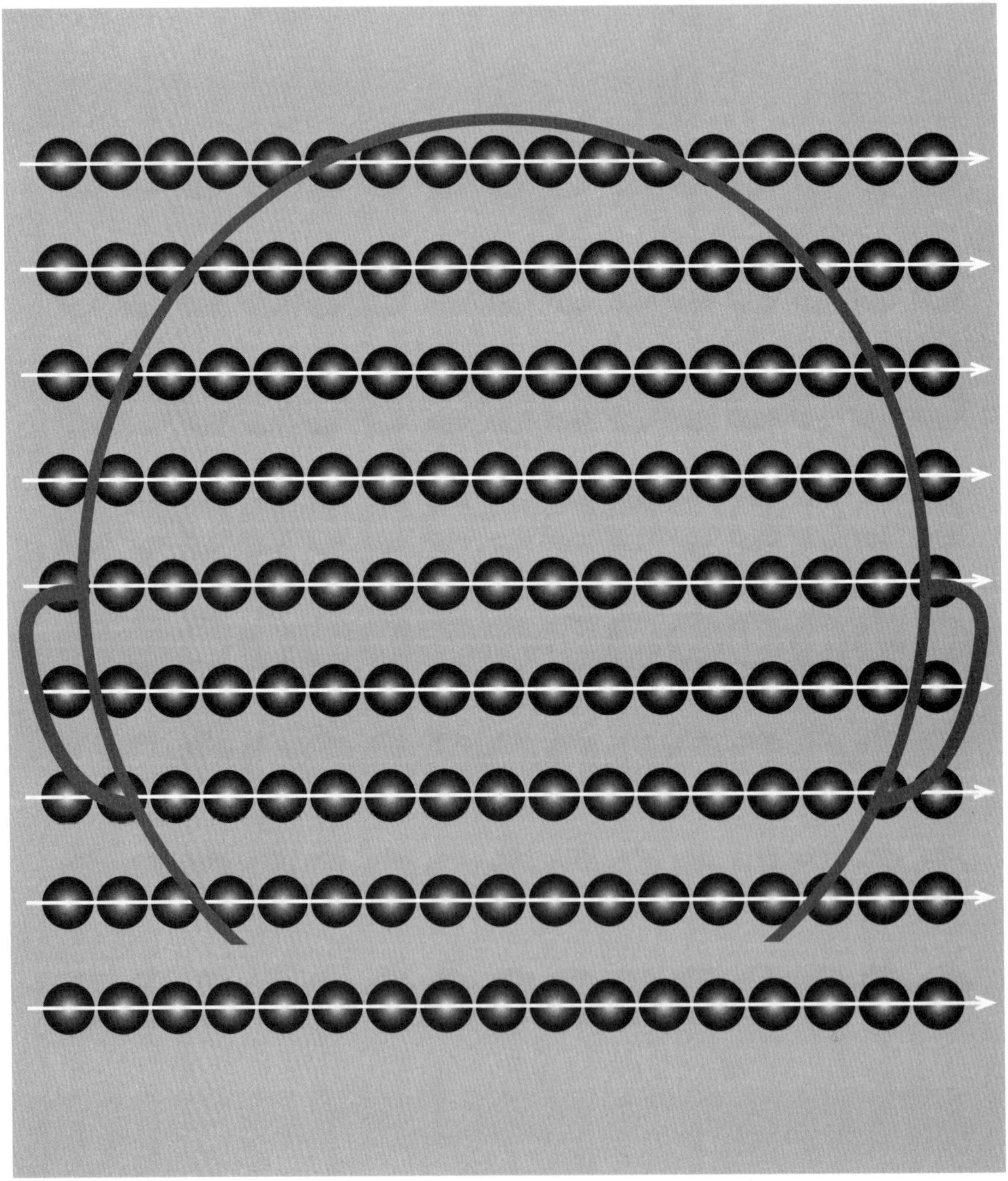

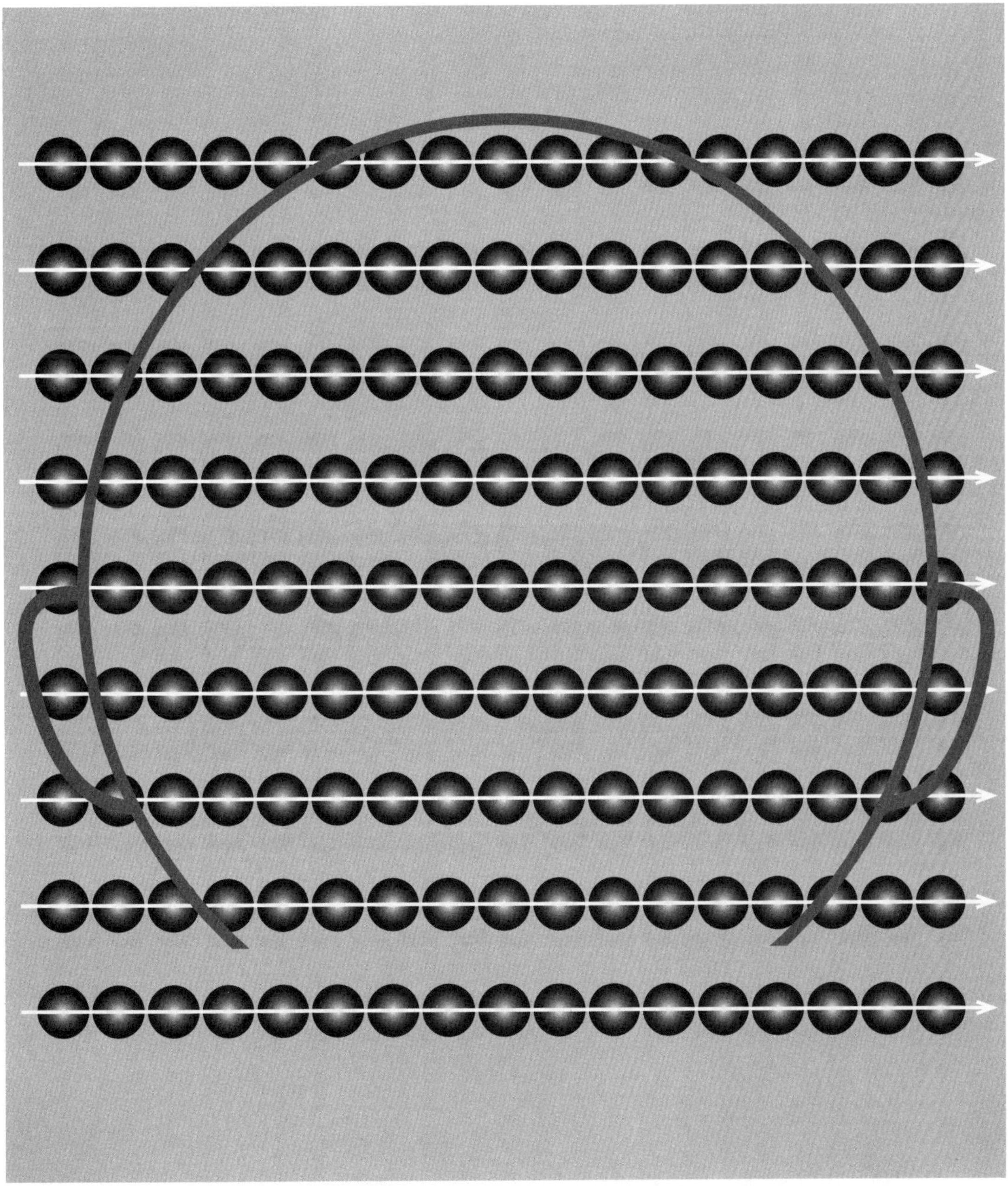

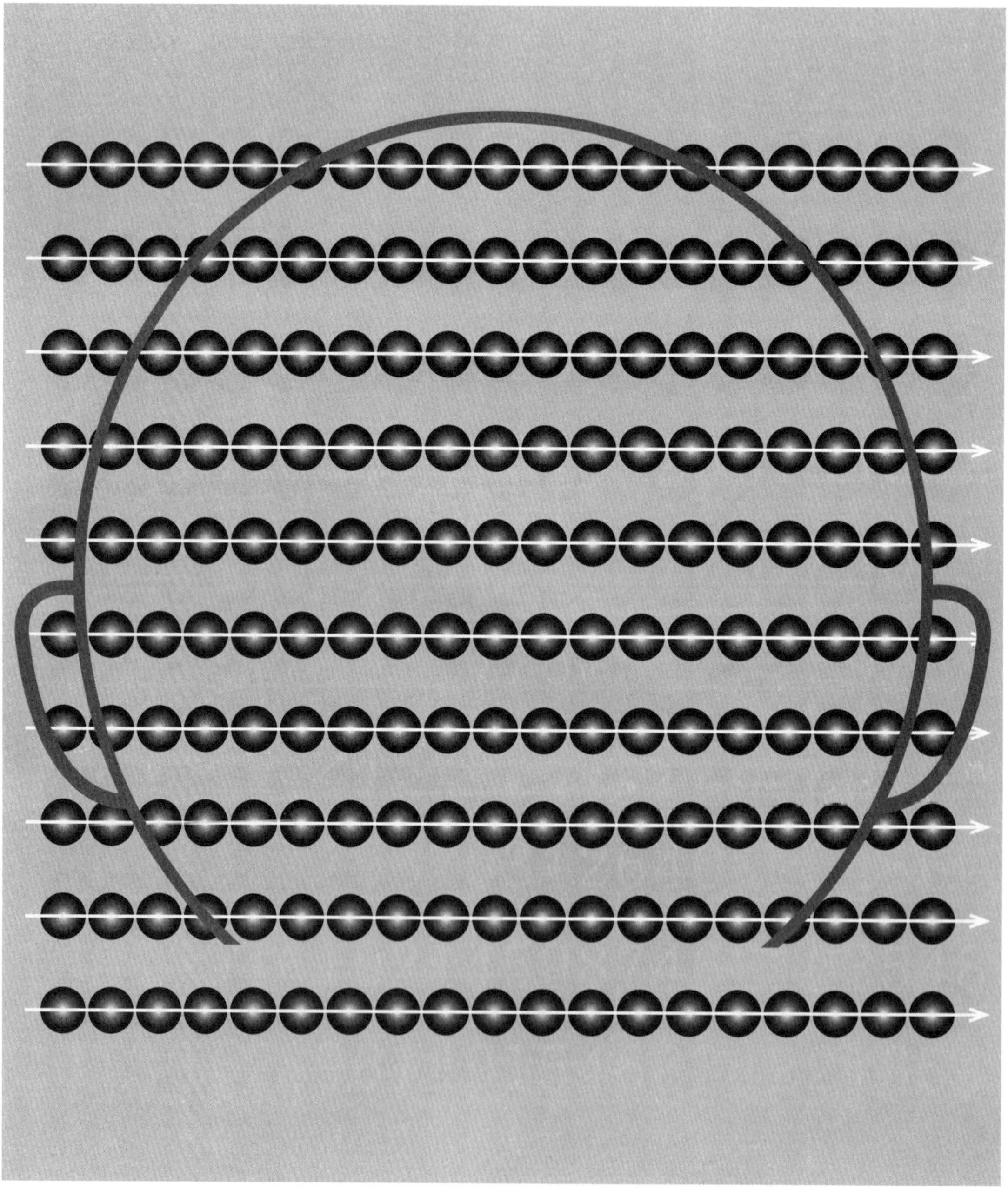

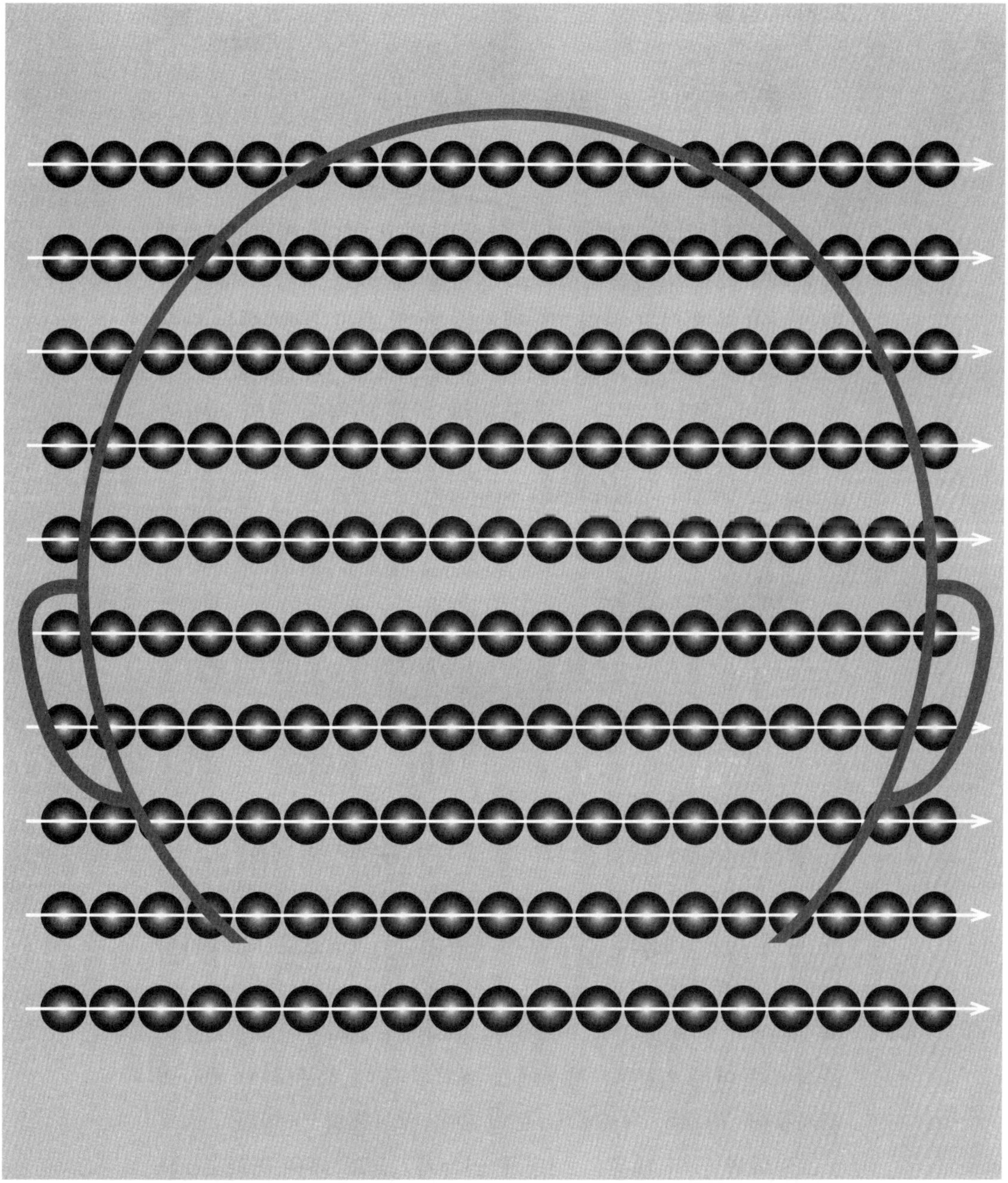

2. 지각 영상 훈련

'직관'으로 지각 영상표를 읽는 훈련이다.

지각 영상표

[그림 9]와 같은 표를 '지각 영상표'라고 한다. 이러한 "지각 영상표에 내용이 있는가?"라고 질문을 해 보면 아직도 많은 사람이 내용이 없다고 한다. 또 백지를 한 장 들고 "여기에는 내용이 있는가?"라고 물으면 '아차!' 하는 반응을 보이면서 거기에도 내용이 없다고 한다. '내용'이라 하면 아직도 글의 내용만 생각하는 모습을 볼 수 있다.

내용은 모양만 있는 단순한 것도 있고 보이지 않는 속뜻이 있는 것도 있다. 이러한 내용을 '직관'으로 읽는 두 번째 훈련표가 '지각 영상표'이다.

훈련 방법

'시각 영상 훈련'과 같다.

'읽혀졌다'는 뜻

지각 영상표가 읽혀졌다는 것은 다만 글자들의 모양이 '한, 순, 거, 저'로 보인 것을 뜻한다. 글자들의 모양이 지각 영상표에 담겨 있는 내용의 전부이기 때문이다. 그러므로 매 쪽마다 뇌리의 회로들에 찍힌 글자들이 빛줄기들에 의해 '한, 순, 거, 저'로 이미 읽혀진 것을 인정하는 동시에 (그 내용이) 각 회로의 중심에 들어가 있는 나 자신에게 생각된 것에 집중하면, 책장의 글자들이 '한, 순, 거, 저'로 보인 것을 받아들일 수 있다.

그렇다면 글의 내용은 어떻게 읽는가? 글의 내용 역시 그 본

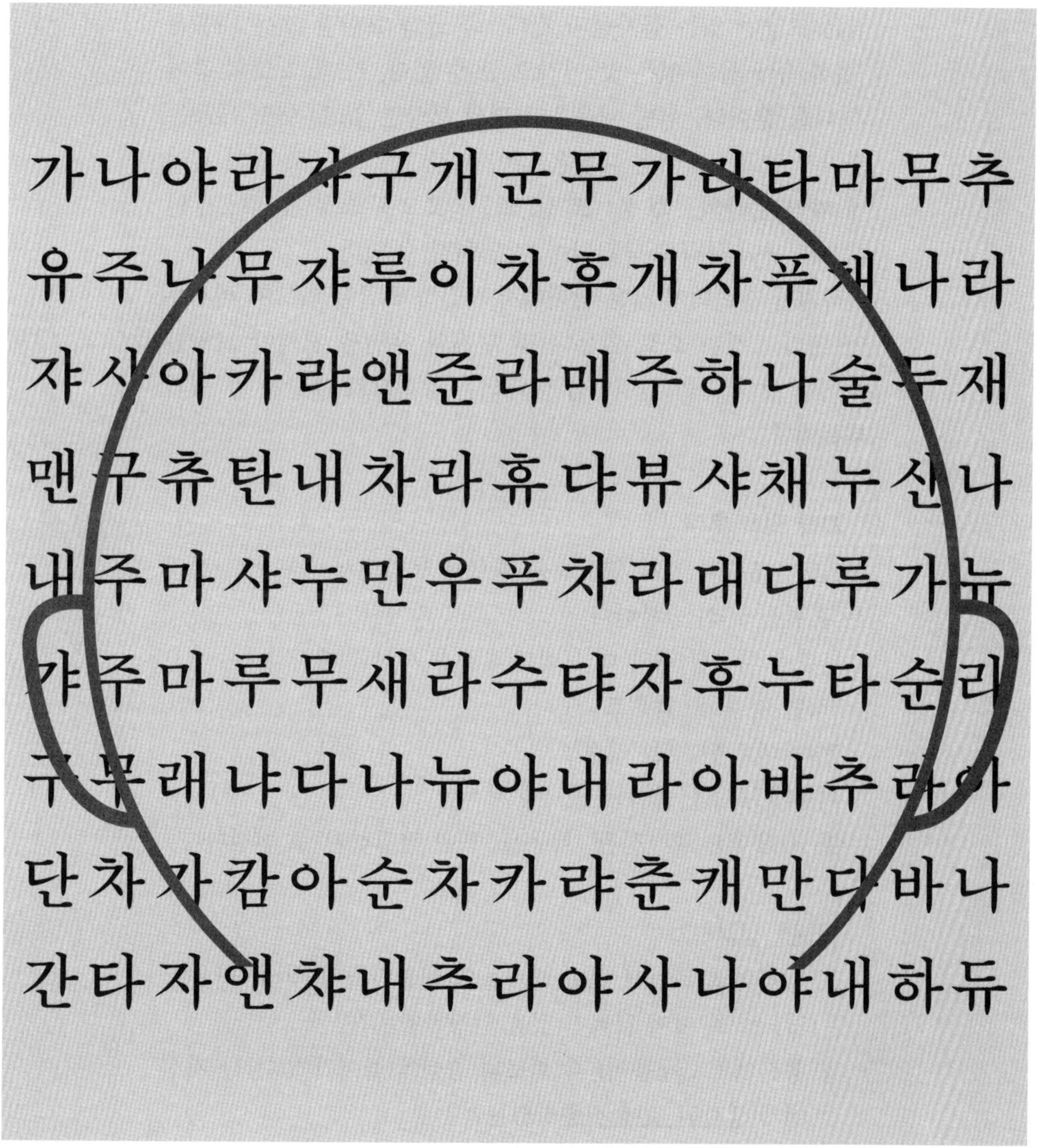
가나야라자구개군무가라타마무추
유주나무쟈루이차후개차푸재나라
쟈사아카랴앤준라매주하나술두재
맨구츄탄내차라휴댜뷰샤채누산나
내주마샤누만우푸차라대다루가뉴
갸주마루무새라수탸자후누타순리
구무래냐다나뉴야내라아뱌추라아
단차가캄아순차카랴춘캐만다바나
간타자앤챠내추라야사나야내하듀

[그림 9] 지각 영상표

질은 모양만 있는 글자들과 같다. 즉 글을 포함한 모든 내용은 '정신 속에 들어 있는 맛' 이라고 할 수 있다. 다만 그 맛의 깊이가 다를 뿐이다. 어떤 내용은 표면의 모양만 있고, 어떤 내용은 깊이가 얕고, 또 어떤 내용은 깊이가 깊다. 그러므로 맛의 깊이에 따라 순간의 '쪽' 을 '쪼옥' 또는 '쪼오옥' 으로 늦추어 주면 내용의 맛이 하나도 남김없이 다 읽혀질 수 있다.

하지만 훈련되지 않은 상태에서 성급하게 글을 읽고자 해서는 안 된다. '직관' 으로 읽는 여러 단계의 훈련을 거쳐야 모양만 보이던 것이 맛의 깊이만큼 이해되는 능력으로 개발될 수 있기 때문이다.

지각 영상 훈련

110~115쪽의 지각 영상표를 빠르게 넘기면서 '직관' 으로 읽는 훈련을 50회 반복한다.

훈련을 시작할 때와 매 11회째 훈련을 시작할 때마다
'직관 지침' 을 외우고
"설계대로 된 것을 인정"
이렇게 구령을 붙이는 동시에 시작한다.
매 10회 훈련 후 '직관' 행동을 '식관 점검하기' 로 점검한다.

'직관' 점검하기

① 뇌리의 회로들에 찍힌 글자들이 빛줄기들에 의해 '한, 순, 거, 저' 로 이미 읽혀진 것을 인정하였는가?
② 동시에 (그 내용이) 각 회로의 중심에 들어가 있는 나 자신에게 생각된 것에 집중하였는가?
③ 매 쪽의 빠르기는 0.5초 이내이었는가?

'직관' 교정하기

위의 점검 항목들을 충족하지 못한 부분이 있었다면 그것을 고친 '직관'을 상상한다. 그리고 다음의 훈련에 적용한다.

지각 영상표

라드니라구조누자로룰두어실리구

바나파누차두카난보아나라다이가

후투다차두아라키나두다개재무누

새다니소치파무나하라자파나새어

수우사자이라아마푸리바뮤라조이

차호가우낸쥬매누냐비뉴나먀다비

우대애셔가마알라차디이니샤애지

티루펴츄차하나뮤대큐우자나저구

론아도료더녀러고죠후나러쇼도츄

초놀호심어져백루숫어져휴롤고명

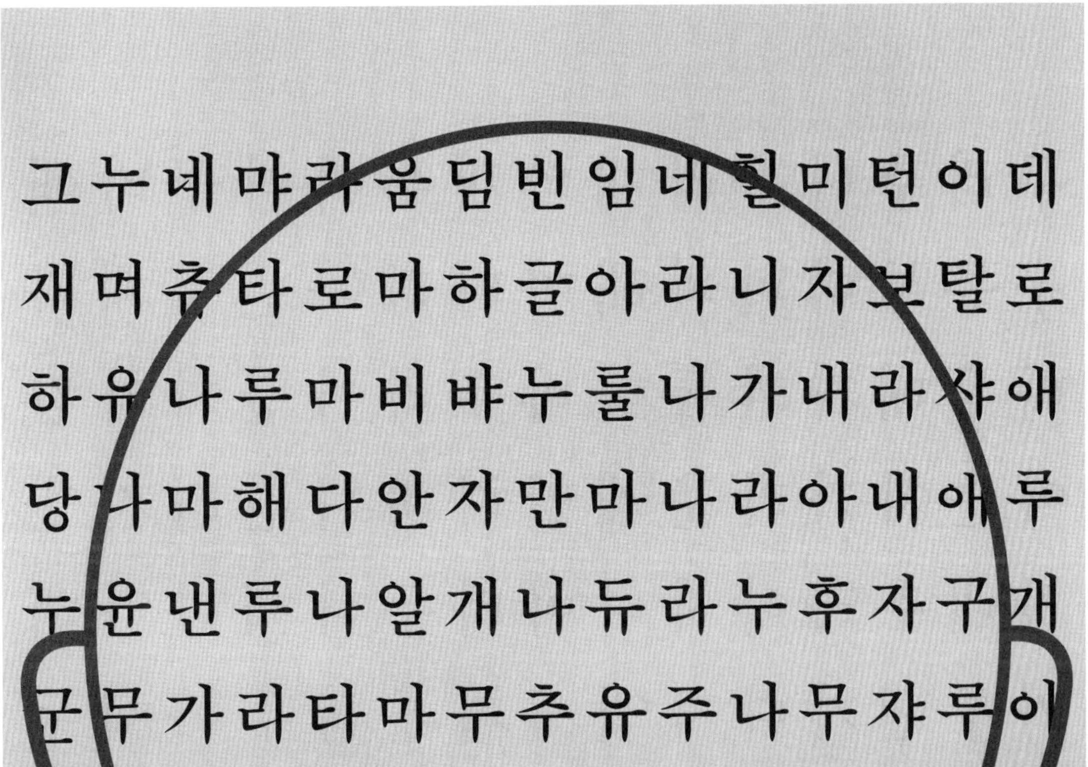
그누네먀라움딤빈임네힐미턴이데
재며츄타로마하글아라니자보탈로
하유나루마비뱌누룰나가내라샤애
당나마해다안자만마나라아내애루
누윤낸루나알개나듀라누후자구개
균무가라타마무추유주나무쟈루이
차후개차푸채나라쟈뷰샤채누샨나
내주마샤누만우푸차라대다각닥루
가뉴갸주마루무새라수탸자후누타
순라구무래냐다나뉴라아내하듀우

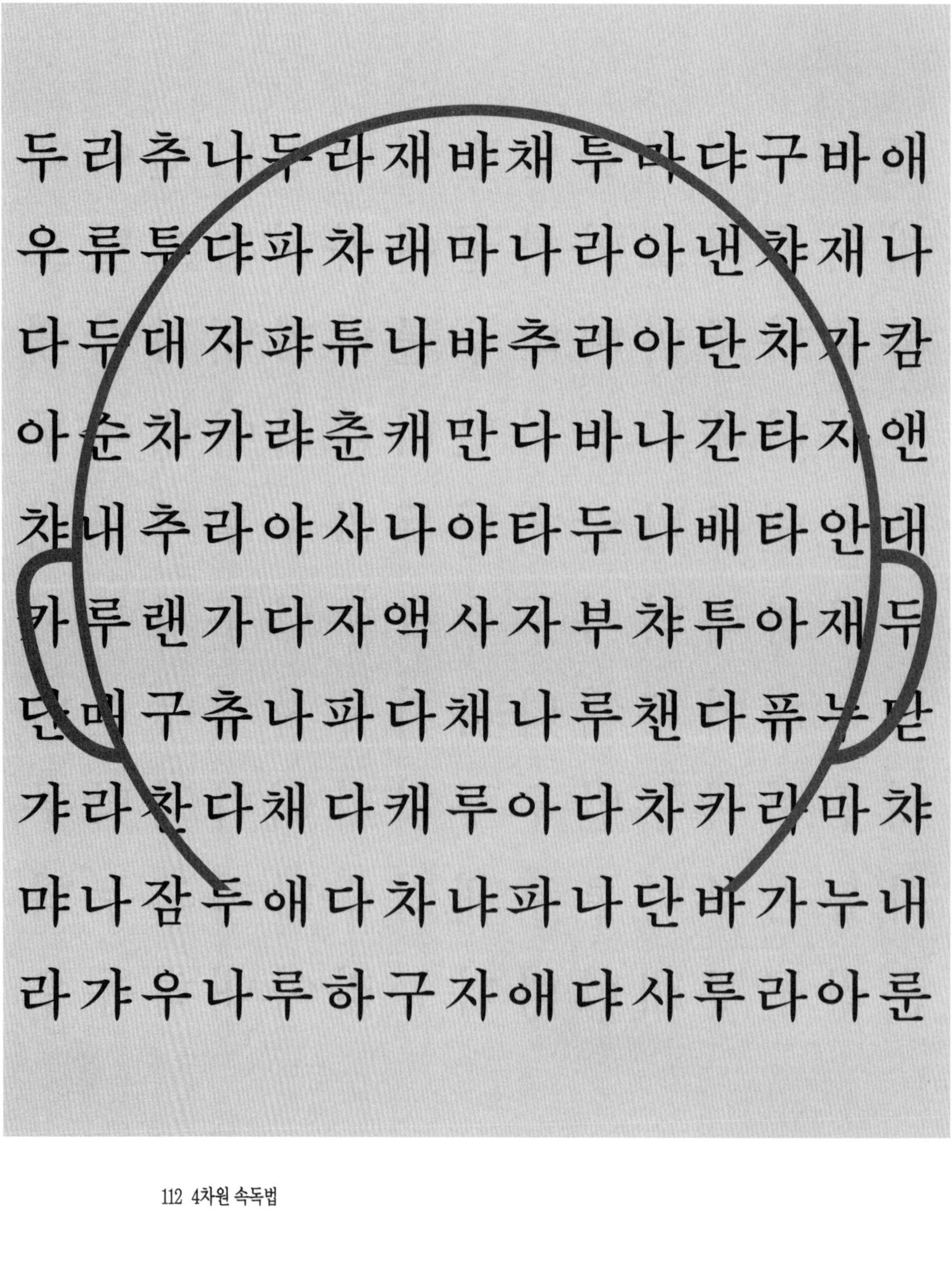
두리추나두라재뱌채투마댜구바애
우류투댜파차래마나라아낸챠재나
다두대자퍄튜나뱌추라아단차가캄
아순차카랴춘캐만다바나간타자앤
챠내추라야사나야타두나배타안대
카루랜가다자액사자부챠투아재두
단매구츄나파다채나루챈다퓨누단
갸라찬다채다캐루아다차카라마챠
먀나잠두애다차냐파나단바가누내
라갸우나루하구자애댜사루라아룬

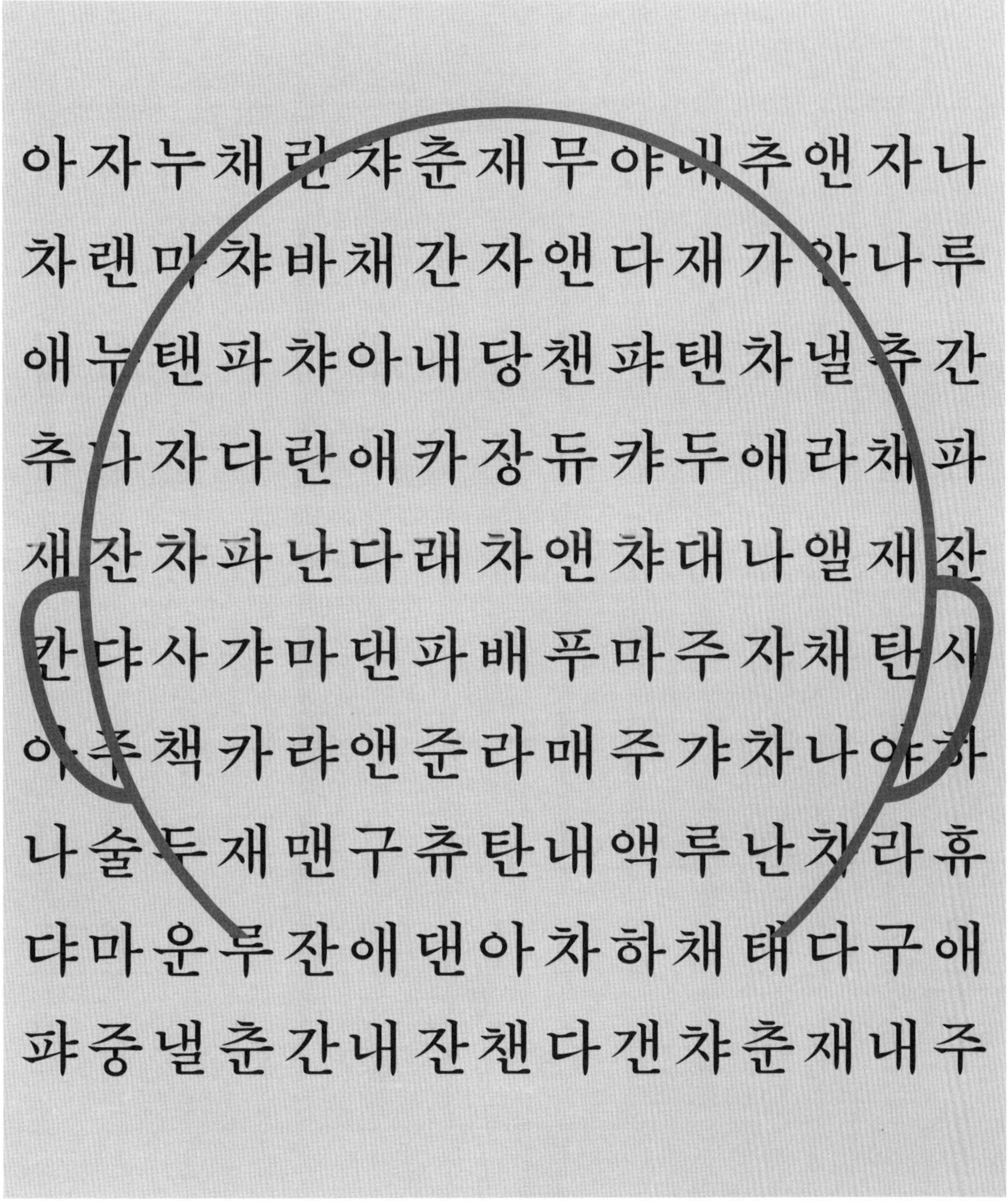
아자누채란챠춘재무야내추앤자나
차랜마챠바채간자앤다재가안나루
애누탠파챠아내당챈퍄탠차낼추간
추나자다란애카장듀캬두애라채파
재잔차파난다래차앤챠대나앨재잔
칸댜사갸마댄파배푸마주자채탄사
아주책카랴앤준라매주갸차나야하
나술두재맨구츄탄내액루난차라휴
댜마운루잔애댄아차하채태다구애
퍄중낼춘간내잔챈다갠챠춘재내주

다나라누바아하누자루튜가애뱌차

대아두자무바댜두댄카바하부바쟈

갸나배먀하주뱌나다내채후챈다바

하잴다구아푸하루가라냐안찬주카

내나류쥬갸쥬우라수랴뿌샤아다자

마추투래야루룬자먀나가나라자루

마후채라차파자댜카우라탸주잔루

자맨라휴댜마아루아마나수나마아

랜춘마낸가앤낸가두탠부루아판무

대맨가내듀누후루구무가라하타맨

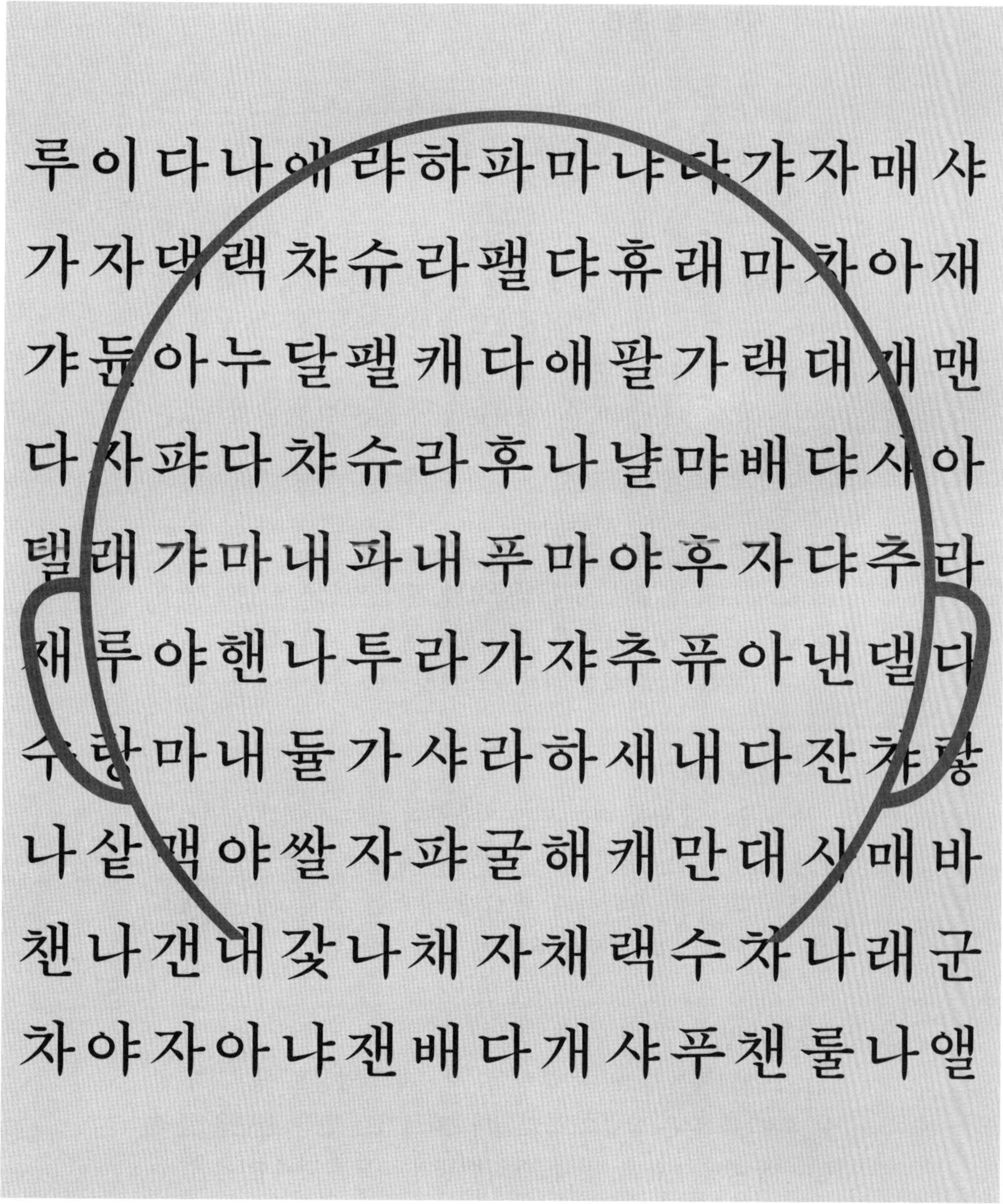
루이다나애랴하파마냐냐갸자매샤
가자댜랙챠슈라팰댜휴래마차아재
갸듄아누달팰캐다애팔가랙대재맨
다샤퍄다챠슈라후나냘먀배댜샤아
댈래갸마내파내푸마야후자댜추라
재루야핸나투라가쟈추퓨아낸댈다
수랑마내듈가샤라하새내다잔챠랑
나샅랙야쌀자퍄굴해캐만대사매바
챈나갠내갖나채자채랙수자나래군
차야자아냐잰배다개샤푸챈룰나앨

3. 시 · 지각 영상 훈련

'직관' 으로 '시 · 지각 영상표' 를 정확하고 빠르게 읽도록 숙달하는 훈련이다. 이를 통해 "글 읽기 훈련"을 위한 기초 능력을 개발한다.

"글 읽기 훈련"에 앞서 먼저 길을 내는 훈련이기 때문에 정확하고 빠를수록 "글 읽기 훈련"을 이끌어 가는 힘을 크게 갖게 된다. 그러므로 '직관 지침' 대로의 훈련을 반복 훈련을 통해 점점 더 빠르게 하여야 한다.

'시 · 지각 영상 훈련' 은 "영상표 읽기 훈련"의 기본 프로그램이 된다.

시 · 지각 영상표

192~371쪽과 같이 시각 영상표와 지각 영상표의 단계가 점차 높아지도록 구성된 표를 '시 · 지각 영상표' 라고 한다.

먼저 192쪽과 371쪽을 펴서 포스트잇으로 견출 표시를 한다.

새 책 길들이기

새 책으로 훈련할 때는 먼저 처음부터 끝까지 책장 넘기기를 두세 번 정도 반복하여 책을 길들인 후에 훈련에 들어가는 것이 좋다. '책장을 정확하고 빠르게 넘기는 요령' (91쪽)대로 192~371쪽까지의 책장을 두세 번 정도 길들인다.

훈련 방법

192~371쪽까지 180쪽 분량의 '시 · 지각 영상표' 를 '지각 영상 훈련' 과 같은 방법으로 읽는다. 빠르기는 반복 훈련을 통해 점차 매 쪽당 0.15초, 전체 30초 이내가 되도록 단축한다.

시 · 지각 영상 훈련

192~371쪽까지 180쪽 분량의 '시 · 지각 영상표' 를 '직관' 으로 읽는 훈련을 다음 ①~⑦의 순서대로 한다.

매회 훈련을 시작할 때,
'직관 지침' 을 외우고
"설계대로 된 것을 인정"
이렇게 구령을 붙이는 동시에 시작한다.

훈련을 하다 보면 팔이 아플 수 있다. 팔과 손에 힘이 들어가 있는 상태 즉 의식적으로 책장을 넘겼기 때문이다. 자연스러운 동작은 다 무의식에서 이루어진다. 책장을 넘기는 것도 무의식에게 넘겨줘야 한다. 의식은 책장을 넘기는 것에 신경 쓰지 말고, 다만 뇌리의 회로들에 찍힌 글자들이 빛줄기들에 의해 '한, 순, 거, 저' 로 이미 읽혀진 그 내용이, 각 회로의 중심에 들어가 있는 나 자신에게 생각된 것에만 집중하여야 한다. 이렇게 하면 하루 종일 책장을 넘겨도 팔이 아프지 않고 힘도 들지 않는 자연스러운 동작이 된다. 만약 의식이 그 외의 것에 신경을 쓰면 전부 바이러스가 되고 만다는 점에 유의한다.

매회 훈련 후 '직관' 행동을 '직관 점검하기' 로 점검한다.

① 90초 이내에 읽는 훈련을 3회 한다.
② 80초 이내에 읽는 훈련을 3회 한다.
③ 70초 이내에 읽는 훈련을 3회 한다.
④ 60초 이내에 읽는 훈련을 3회 한다.
⑤ 50초 이내에 읽는 훈련을 3회 한다.
⑥ 40초 이내에 읽는 훈련을 3회 한다.
⑦ 30초 이내에 읽는 훈련을 30회 한다.

'직관' 점검하기

① 뇌리의 회로들에 찍힌 글자들이 빛줄기들에 의해 '한, 순, 거, 저' 로 이미 읽혀진 것을 인정하였는가?

② 동시에 (그 내용이) 각 회로의 중심에 들어가 있는 나 자신에게 생각된 것에 집중하였는가?

③ 빠르기는 목표 시간 이내이었는가?

'직관' 교정하기

앞의 점검 항목들을 충족하지 못한 부분이 있었다면 그것을 고친 '직관' 을 상상한다. 그리고 다음의 훈련에 적용한다.

제2장 글 읽기 훈련

'직관'으로 "글 읽기 훈련" 방법을 학습하는 단계이다. 5단계로 구성되어 있고, 각 단계는 '영상 훈련'과 '적용 훈련'으로 이루어져 있다.

훈련 도서의 수준

처음에는 초등학교 저학년용의 글밥이 적은 동화책부터 시작한다. 훈련을 통해 능력이 개발되는 정도에 따라 점차 글밥이 많은 수준으로, 난이도도 점차 높은 수준으로 선정한다.

책 두께는 처음에 100페이지 정도를 기준으로 점차 높여 간다. 저학년용의 글밥이 적은 책은 50페이지가 안 되는 얇은 책이 많으므로 그럴 경우 1회의 훈련에 두 번을 반복한다.

훈련은 설계대로 하는 것

독서의 일차적인 목적은 '내용 파악'이고 훈련의 목적은 '능력 개발'이다. 그런데 책을 대할 때의 일반적인 욕구는 독서 지향적이다. 왜냐하면 책은 지금까지 독서의 대상이었고 훈련의 대상이었던 적은 거의 없기 때문이다. 그러므로 훈련할 때 훈련하고 있음을 잊지 말아야 한다. 다시 말해 각 단계의 지침(설계도)대로 훈련해야 한다는 뜻이다. 그래야 '직관'으로 읽는 능력이 제대로 많이 개발될 수 있다.

속발음이 극복된 독서 행동

'직관' 은 속발음이 극복된 독서 행동이다. 뇌리의 회로들에 찍힌 글자들이 빛줄기들에 의해 이미 읽혀진 것을 인정하는 동시에 (그 내용이) 각 회로의 중심에 들어가 있는 나 자신에게 생각된 것에 집중함으로써 혀의 움직임이 일어나지 않게 하기 때문이다. 하지만 이러한 사실을 모르고 있으면 속발음에 대한 염려를 할 수 있다. 그러므로 '직관' 은 속발음이 이미 극복된 독서 행동임을 이해하여야 한다.

영상 훈련

눈 감고, 책장을 넘기면서 매 쪽의 글자들을 상상 속에서 '직관' 으로 읽는 훈련이다.

영상 훈련 방법

눈 감고 하는 훈련이기 때문에 글자들을 실제로 읽을 수는 없다. 다만 상상 속에서 매 쪽마다 뇌리의 회로들에 찍힌 글자들이 빛줄기들에 의해 '한, 순, 거, 저' 로 이미 읽혀진 것을 인정한다. 동시에 (그 내용이) 각 회로의 중심에 들어가 있는 나 자신에게 생각된 것에 집중한다.

눈을 감은 상태이므로 서른 줄을 기본 회로로 적용한다.

매 쪽 이해도 목표대로 이해되는 선에서 최대한 빠르게 한다.

무의식은 믿는 대로 육체를 움직이는 뛰어난 능력을 가지고 있다. 그러므로 설계대로 분명하게 바라보면서 명령하고, 그대로 된 것을 믿음으로 받아들이는 훈련이 되어야 한다.

반복 훈련을 통해 속도를 점점 더 빠르게 하여야 한다. 빠른 속도로 읽는 뇌 회로망을 만드는 것이 이 훈련의 목적이기 때문이다.

빠르기가 중요하지만 그보다 더 중요한 것은 정확성이다. 정확하게 한다는 것은 뇌리의 회로들에 찍힌 글자들이 빛줄기들에 의해 '한, 순, 거, 저' 로 이미 읽혀진 것을 인정하는 것이다.

적용 훈련

영상 훈련했던 책을 눈 뜨고 각 단계의 이해도 목표대로 실제로 읽는 훈련이다.

적용 훈련 방법

눈 뜨고, 매 쪽마다 뇌리의 회로들에 찍힌 글자들이 빛줄기들에 의해 '한, 순, 거, 저' 로 이미 읽혀진 것을 인정한다. 동시에 (그 내용이) 각 회로의 중심에 들어가 있는 나 자신에게 생각된 것에 집중한다.

매 쪽 이해도 목표대로 이해되는 선에서 최대한 빠르게 한다.

이해 정도를 확인하려고 하면 안 된다. 무의식은 믿기만 하면 그대로 육체를 움직이는 뛰어난 능력을 가지고 있다. 그러므로 설계대로 분명하게 바라보면서 명령하고, 그대로 된 것을 믿음으로 받아들이는 훈련이 되어야 한다.

"글 읽기 훈련"에서 말하는 이해도는 '순간 이해도' 를 뜻한다. 읽은 내용이 하나도 기억나지 않아도 괜찮다는 뜻이다. 다만 읽는 순간 해당 단계의 이해도 목표대로 이해된 것이 믿어지면 된다. 예를 들어 기차 여행을 할 때 차창 밖을 보면 경치가 빠르게 지나간다. 그것은 분명 다 읽혀진 것이다. 그러나 목적지에 도착했을 때 그 경치가 얼마나 기억나는가? 아마 0.1%도 안 될 것이다. 이와 같이 "글 읽기 훈련"에서 말하는 이해도는 '순간 이해도' 를 뜻한다.

'기억하지 못한다면 독서한 의미가 없지 않은가?' 라고 생각할 수 있다. 공감되는 말이다. 그러나 지금은 능력 개발에 초점을 맞추고 있는 '훈련' 임을 기억하자. 내용 파악이 일차적인 목적인 독서에 대해서는 "제4부 독서 방법 학습하기"에서 설명한다.

인간은 같은 환경에 반복해서 노출될 때 점차 그 환경에 적응하는 능력이 개발되도록 만들어져 있다. 그러므로 빠른 속도로 읽을 수 있는 합리적인 환경을 조성해 놓고, 빠른 속도로 읽는 훈련을 반복하면 점차 그 환경에 적응하는 뇌 회로망이 형성 · 발달되어 더 빠른 속도로 더 많이 이해할 수 있게 된다. 따라서 목표한 이해도를 유지하는 선에서 훈련을 반복함에 따라 읽는 속도도 점점 더 빠르게 하여야 한다.

훈련을 마쳤을 때 이해도가 해당 단계의 이해도 목표보다 높게 나왔다면 훈련을 잘한 것일까? 잘못한 것일까? 설계대로 못했으므로 잘못한 것이다. 제대로 한 훈련은 어떻게 했어야 하는가? 더 빠르게, 즉 이해도가 해당 단계의 이해도 목표를 유지하는 선에서 최대한 빠르게 했어야 한다.

훈련을 많이 반복한 후에 최대한 빠르게 읽었어도 이해도가 목표보다 높게 나온다면 그것은 그만큼 능력이 개발되고 있는 현상이다.

정신을 책장의 글자들에 집중하는 것이 아니라, 뇌리의 회로들에 찍힌 글자들이 빛줄기들에 의해 이미 읽혀진 그 내용이, 각 회로의 중심에 들어가 있는 나 자신에게 생각된 것에 집중하여야 한다.

1. 1단계 훈련

(1) 영상 훈련

이해도 목표 : 매 쪽 서너 단어 정도

매 쪽 서너 단어 정도가 이해되는 선에서 최대한 빠르게 하라는 뜻이다.

1단계 영상 훈련

훈련 도서가 준비되었으면 496쪽의 훈련표 '보기'와 같이 월일, 제목, 지은이, 총 쪽수를 훈련표의 해당란에 적고 훈련에 들어간다.

눈 감고, 준비

매 쪽 서너 단어 정도가 이해되는 선에서 최대한 빠르게 한다.

지침 내용을 생각하면서 외운다.

"뇌리의 회로들에 찍힌 글자들이 빛줄기들에 의해 이미 읽혀진 것을 인정. 동시에 (그 내용이) 각 회로의 중심에 들어가 있는 나 자신에게 생각된 것에 집중."

이어서

"설계대로 된 것을 인정"

이렇게 구령을 붙이는 동시에 훈련에 들어간다.

다 읽는 대로 496쪽의 훈련표 '보기'와 같이 '1단계 훈련'의 '영상'란에 동그라미 한다.

(2) 적용 훈련

눈을 뜬 것 외에는 기본적인 방법이 '1단계 영상 훈련' 과 같다.

이해도 목표
'영상 훈련' 과 같다.

1단계 적용 훈련
준비 자세에서 이해도 목표를 말한다.
"매 쪽 서너 단어 정도"
지침 내용을 생각하면서 외운다.
"뇌리의 회로들에 찍힌 글자들이 빛줄기들에 의해 이미 읽혀진 것을 인정. 동시에 (그 내용이) 각 회로의 중심에 들어가 있는 나 자신에게 생각된 것에 집중."
이어서
"설계대로 된 것을 인정"
이렇게 구령을 붙이는 동시에 초시계의 시작 버튼을 누르고 시작한다.
다 읽는 대로 초시계의 정지 버튼을 누르고 496쪽의 훈련표 '보기' 와 같이 '1단계 훈련' 의 '적용' 란에 걸린 시간을 적는다.

2. 2단계 훈련

(1) 영상 훈련

이해도 목표가 좀 상향된 것 외에는 기본적인 방법이 '1단계 영상 훈련' 과 같다.

이해도 목표 : 매 쪽 열 단어 정도

매 쪽 열 단어 정도가 이해되는 선에서 최대한 빠르게 하라는 뜻이다.

2단계 영상 훈련

눈 감고, 준비

매 쪽 열 단어 정도가 이해되는 선에서 최대한 빠르게 한다.

지침 내용을 생각하면서 외운다.

"뇌리의 회로들에 찍힌 글자들이 빛줄기들에 의해 이미 읽혀진 것을 인정. 동시에 (그 내용이) 각 회로의 중심에 들어가 있는 나 자신에게 생각된 것에 집중."

이어서

"설계대로 된 것을 인정"

이렇게 구령을 붙이는 동시에 훈련에 들어간다.

다 읽는 대로 496쪽의 훈련표 '2단계 훈련' 의 '영상' 란에 동그라미 한다.

(2) 적용 훈련

눈을 뜬 것 외에는 기본적인 방법이 '2단계 영상 훈련'과 같다.

이해도 목표
'영상 훈련'과 같다.

2단계 적용 훈련
준비 자세에서 이해도 목표를 말한다.
"매 쪽 열 단어 정도"
지침 내용을 생각하면서 외운다.
"뇌리의 회로들에 찍힌 글자들이 빛줄기들에 의해 이미 읽혀진 것을 인정. 동시에 (그 내용이) 각 회로의 중심에 들어가 있는 나 자신에게 생각된 것에 집중."
이어서
"설계대로 된 것을 인정"
이렇게 구령을 붙이는 동시에 초시계의 시작 버튼을 누르고 시작한다.
다 읽는 대로 초시계의 정지 버튼을 누르고 496쪽의 훈련표 '2단계 훈련'의 '적용'란에 걸린 시간을 적는다.

3. 3단계 훈련

(1) 영상 훈련

이해도 목표가 좀 더 상향된 것 외에는 기본적인 방법이 '2단계 영상 훈련'과 같다.

이해도 목표 : 매 쪽 50% 정도

매 쪽 50% 정도가 이해되는 선에서 최대한 빠르게 하라는 뜻이다.

3단계 영상 훈련

눈 감고, 준비

매 쪽 50% 정도가 이해되는 선에서 최대한 빠르게 한다.

지침 내용을 생각하면서 외운다.

"뇌리의 회로들에 찍힌 글자들이 빛줄기들에 의해 이미 읽혀진 것을 인정. 동시에 (그 내용이) 각 회로의 중심에 들어가 있는 나 자신에게 생각된 것에 집중."

이어서

"설계대로 된 것을 인정"

이렇게 구령을 붙이는 동시에 훈련에 들어간다.

다 읽는 대로 496쪽의 훈련표 '3단계 훈련'의 '영상'란에 동그라미 한다.

(2) 적용 훈련

눈을 뜬 것 외에는 기본적인 방법이 '3단계 영상 훈련'과 같다.

이해도 목표
'영상 훈련'과 같다.

3단계 적용 훈련
준비 자세에서 이해도 목표를 말한다.
"매 쪽 50% 정도"
지침 내용을 생각하면서 외운다.
"뇌리의 회로들에 찍힌 글자들이 빛줄기들에 의해 이미 읽혀진 것을 인정. 동시에 (그 내용이) 각 회로의 중심에 들어가 있는 나 자신에게 생각된 것에 집중."
이어서
"설계대로 된 것을 인정"
이렇게 구령을 붙이는 동시에 초시계의 시작 버튼을 누르고 시작한다.
다 읽는 대로 초시계의 정지 버튼을 누르고 496쪽의 훈련표 '3단계 훈련'의 '적용'란에 걸린 시간을 적는다.

4. 4단계 훈련

(1) 영상 훈련

이해도 목표가 좀 더 상향된 것 외에는 기본적인 방법이 '3단계 영상 훈련' 과 같다.

이해도 목표 : 매 쪽 70% 정도

매 쪽 70% 정도가 이해되는 선에서 최대한 빠르게 하라는 뜻이다.

4단계 영상 훈련

눈 감고, 준비

매 쪽 70% 정도가 이해되는 선에서 최대한 빠르게 한다.

지침 내용을 생각하면서 외운다.

"뇌리의 회로들에 찍힌 글자들이 빛줄기들에 의해 이미 읽혀진 것을 인정. 동시에 (그 내용이) 각 회로의 중심에 들어가 있는 나 자신에게 생각된 것에 집중."

이어서

"설계대로 된 것을 인정"

이렇게 구령을 붙이는 동시에 훈련에 들어간다.

다 읽는 대로 496쪽의 훈련표 '4단계 훈련' 의 '영상' 란에 동그라미 한다.

(2) 적용 훈련

눈을 뜬 것 외에는 기본적인 방법이 '4단계 영상 훈련'과 같다.

이해도 목표
'영상 훈련'과 같다.

4단계 적용 훈련
준비 자세에서 이해도 목표를 말한다.
"매 쪽 70% 정도"
지침 내용을 생각하면서 외운다.
"뇌리의 회로들에 찍힌 글자들이 빛줄기들에 의해 이미 읽혀진 것을 인정. 동시에 (그 내용이) 각 회로의 중심에 들어가 있는 나 자신에게 생각된 것에 집중."
이어서
"설계대로 된 것을 인정"
이렇게 구령을 붙이는 동시에 초시계의 시작 버튼을 누르고 시작한다.
다 읽는 대로 초시계의 정지 버튼을 누르고 496쪽의 훈련표 '4단계 훈련'의 '적용'란에 걸린 시간을 적는다.

5. 훈련 독서

(1) 영상 훈련

이해도 목표가 좀 더 상향된 것 외에는 기본적인 방법이 '4단계 영상 훈련'과 같다.

이해도 목표 : 매 쪽 내용이 거의 다 이해되는 선
매 쪽 내용이 거의 다 이해되는 선에서 최대한 빠르게 하라는 뜻이다.

훈련 독서 영상 훈련
눈 감고, 준비
매 쪽 내용이 거의 다 이해되는 선에서 최대한 빠르게 한다.
지침 내용을 생각하면서 외운다.
"뇌리의 회로들에 찍힌 글자들이 빛줄기들에 의해 이미 읽혀진 것을 인정. 동시에 (그 내용이) 각 회로의 중심에 들어가 있는 나 자신에게 생각된 것에 집중."
이어서
"설계대로 된 것을 인정"
이렇게 구령을 붙이는 동시에 훈련에 들어간다.
다 읽는 대로 496쪽의 훈련표 '훈련 독서'의 '영상'란에 동그라미 한다.

(2) 훈련 독서

눈을 뜬 것 외에는 기본적인 방법이 '훈련 독서 영상 훈련' 과 같다.

이해도 목표

'영상 훈련' 과 같다.

훈련 독서

준비 자세에서 이해도 목표를 말한다.

"매 쪽 내용이 거의 다 이해되는 선"

지침 내용을 생각하면서 외운다.

"뇌리의 회로들에 찍힌 글자들이 빛줄기들에 의해 이미 읽혀진 것을 인정. 동시에 (그 내용이) 각 회로의 중심에 들어가 있는 나 자신에게 생각된 것에 집중."

이어서

"설계대로 된 것을 인정"

이렇게 구령을 붙이는 동시에 초시계의 시작 버튼을 누르고 시작한다.

다 읽는 대로 초시계의 정지 버튼을 누르고 496쪽의 훈련표 '훈련 독서' 의 '적용' 란에 걸린 시간을 적는다.

6. 반복 훈련의 중요성

두뇌 개발은 마치 숲 속에 길을 내는 일과 같다. 처음에는 나무 사이로 길을 헤쳐 나가야 하기 때문에 힘이 든다. 그렇지만 두 번째 그 길을 지날 때는 훨씬 수월하다. 또 자주 다닐수록 그만큼 더 수월해진다. 그래서 오랫동안 다니다 보면 마침내 그 길은 넓고 평탄한 길이 된다.

두뇌의 잠재 능력은 반복적인 자극에 의해 형성되는 뇌 회로망을 통해 개발된다. 뇌 속에는 뇌신경 세포(뉴런)가 수천 억 개 있고, 한 개의 뇌신경 세포에는 가지가 수천에서 수만 개까지 달려 있다. 그런 가지들이 서로 연결되어 회로를 형성하고, 망을 형성하고, 습관을 만든다. 새로운 경험이나 정보가 뇌를 자극하면 순간에 적어도 수천 억 개 이상의 시냅스 연결을 통한 뇌 회로가 형성된다. 그러나 자극이 사라지면 뇌신경 세포 가지들은 힘을 잃고 연결 가지가 떨어져 나가면서 회로도 사라진다. 그래서 점점 희미해지고 망각한다.

'직관'을 적용한 독서력 역시 훈련량에 비례해서 그 뇌 회로망이 형성, 발달된다. 그러므로 "글 읽기 훈련" 방법을 본격적으로 적용하는 심화 훈련을 '심화 습관화 프로그램'(185쪽)에 따라 꾸준하게 하여야 한다. 그래야 '직관'의 뇌 회로망이 제대로 형성, 발달되어 한 페이지의 글도 순간에 읽는 능력을 개발할 수 있다.

제4부 독서 방법 학습하기

'직관'을 적용한 독서 방법을 학습하는 과정이다.

정독은 반복 읽기의 과정을 통해 이루어진다. 그러하기에 효율적인 반복 읽기로 내용을 명료하게 파악할 수 있게 하는 분석·정리 프로그램도 통합적으로 학습한다.

제1장 독서하기

기본적인 방법

'직관'으로 내용이 다 이해되는 선에서 빠르게 읽는다. '훈련독서'보다 속도를 조금 늦추면 된다.

속도 조절 방법

'직관'의 속도를 내용이 다 이해되는 선에서 알맞게 조절하는 것이 '독서하기'에서 가장 중요한 점이다. 그러므로 뇌리의 회로들에 찍힌 글자들이 빛줄기들에 의해 이미 읽혀진 것을 인정하는 동시에 (그 내용이) 각 회로의 중심에 들어가 있는 나 자신에게 생각된 것에 집중할 때, 먼저 '생각된 것'의 범위를 내용이 실제로 다 이해된 범위로 정해 놓아야 한다. 그것은 「쪽」의 방법 '한, 순, 거, 저'의 '한 글자씩'에 대응하는 개념이고, '의미 단위씩'이라고 할 수 있다. 그 '의미 단위씩'의 내용이 '순차적으로, 거의 동시에, 저절로' 즉 '의, 순, 거, 저'로 생각된 것에 집중하도록 명령하는 것이다.

'의미 단위씩'의 범위는 내용의 난이도와 읽는 목적에 따라 1/4줄이나 1/3줄부터 시작해서 반복 훈련을 통해 받아들여지는 범위가 점차 커짐에 따라 1/2줄, 한 줄, 두 줄, …, 반 페이지, 한 페이지 이렇게 늘려 나가야 한다. 부지중이라도 의식적으로 접근하지 않기 위해 반드시 명령대로 된 것에 집중하는 믿음의 방식으로 하여야 한다.

'직관' 의 빠르기를 늦추면 이해도가 높아지지만 필요 이상 늦춤으로써 효율성이 떨어지지 않도록 한다. 이제 막 걸음마를 시작한 '직관' 으로 내용을 충분히 이해하는 데만 집중하다 보면 부지중에 옛 습관으로 되돌아갈 수 있다. 그러므로 숙달되어 습관화되기까지 '직관 지침' 을 제대로 지키는 독서가 되도록 유의한다.

심화 습관화 기간 중의 독서

지금부터 옛 습관으로 읽는 것을 금한다. 아직 훈련되어 있지 않지만 《4차원 속독법》의 빠른 숙달과 습관화를 위해 지금부터 모든 읽기를 '직관 지침' 대로 하는 것이 필요하다. 부지중에 옛 습관대로 읽게 되더라도 그것은 과정상의 현상이므로 잘못한 것이 아니다. 그러나 즉시 '직관 지침' 대로 돌아와야 한다. 만약 그렇게 하지 않는다면 그것은 잘못하는 것이다. 백 번이라도 부지중에 옛 습관으로 읽고 있을 때는 즉시 '직관 지침' 대로 돌아와야 한다. 이러한 과정이 반복되면서 점차 옛 습관으로 되돌아가는 빈도가 줄어들고 마침내 완벽한 《4차원 속독법》을 즐길 수 있게 된다.

목적에 따른 속도 조절

수능, 고시, 자격시험 준비 등 공부를 할 때는 내용을 정확하게 파악하는 데에 필요한 만큼 '직관' 의 속도를 늦추어야 한다. 문학 작품을 읽을 때는 감상이나 사색에 필요한 만큼, 정보 획득을 위한 검색이나 신문 등을 읽을 때는 역시 그 목적을 이루는데 필요한 만큼 '직관' 의 속도를 늦추거나 가속하여야 한다. 이와 같이 목적에 따라 '직관' 의 속도를 적절하게 조절하여야 효율적인 독서가 이루어진다.

제2장 3 · 4장면 분석 · 정리하기

일반적으로 글은 아무리 꼼꼼하게 읽어도 한 번 읽고 그 내용을 명료하게 파악하기는 어렵다. 하지만 반복 읽기를 통해 글을 '3 · 4장면 분석 틀' (그림 10, 140쪽)로 분석 · 정리하면 전반적인 내용을 명료하게 파악하는 것이 그리 어렵지도 않다.

3 · 4장면의 '3' 은 [그림 10]의 (1), (2), (3)과 같이 전체 내용을 세 요소로 분석 · 정리한 장면을 말한다. '4' 는 ①, ②, ③, ④와 같이 앞 세 장면 중 가운데 장면을 다시금 네 장면으로 분석 · 정리한 장면을 말한다.

1. 동화 · 소설 분석 · 정리하기

동화는 어린이를 위하여 동심을 바탕으로 지은 이야기 즉 어린이 소설이다. 그러므로 동화와 소설은 구성 요소와 구성 단계가 같다.

스토리에 집중해서 처음부터 끝까지 한 번 읽고, 제목을 상상 속의 '동화 · 소설 분석 틀' [그림 11, 141쪽] 해당란에 입력하고 기억한다. 그리고 4분 내에 두 번을 더 읽는다.

두 번째 읽을 때는 [그림 11]과 같이 동화 · 소설의 요소가 되는 세 장면 즉 인물, 사건, 배경을 담은 각 장면을 그리는 데에

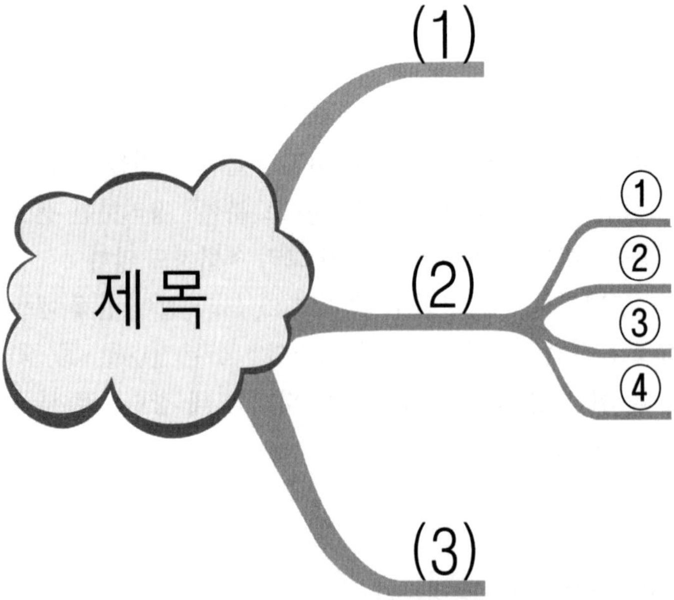

[그림 10] 3 · 4장면 분석 틀

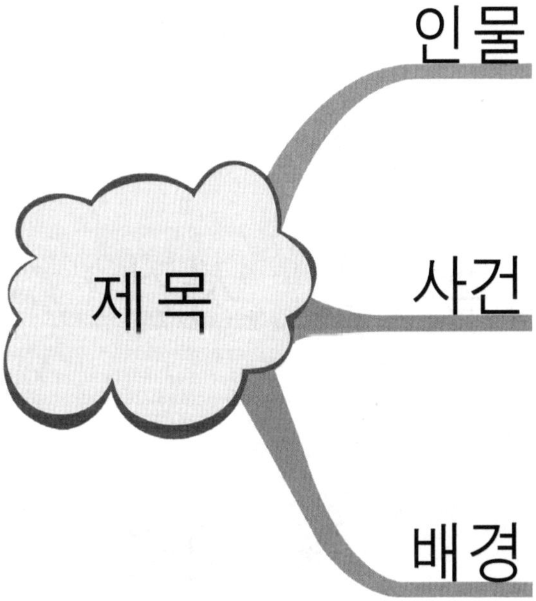

[그림 11] 동화 · 소설 분석 틀 (1)

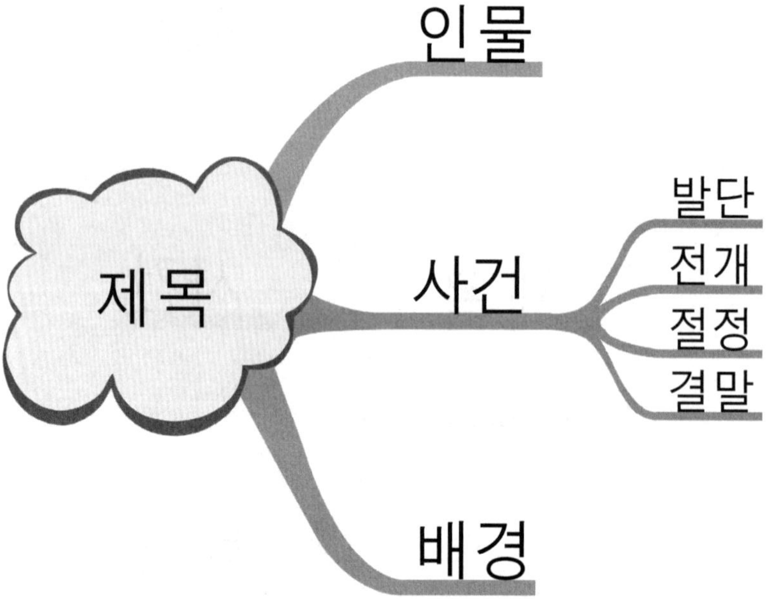

[그림 12] 동화 · 소설 분석 틀 (2)

중점을 두고 읽는다.

'인물' 장면은 스토리 구성에 필요한 주요 인물의 이름, 개성, 재능 등 각 인물이 가지고 있는 특별한 점들로 한 장면을 구성한다.

특히 '사건' 장면은 포괄적인 내용으로 그린다. 왜냐하면 세 번째 읽기를 통해 다시 네 장면으로 구체화하기 때문이다. '사건'은 '무엇을' '어떻게' '왜'에 해당하는 내용이다.

'배경'은 사건의 '어디서'와 '언제'에 해당하는 내용이다.

그린 각 장면은 상상 속의 분석 틀 해당 가지에 올려놓고 해당 장면 속의 주요 단어로 그 이름을 붙여 기억한다. 그러면 그것은 전체 내용을 간략하게 요약한 내용이 된다.

세 번째 읽을 때는 [그림 12]와 같이 방금 전에 그린 사건의 포괄적인 장면을 다시 발단, 전개, 절정, 결말의 네 장면으로 구체화하는 데 중점을 두고 읽는다. 그린 각 장면은 상상 속의 분석 틀 해당 가지에 올려놓고 해당 장면 속의 주요 단어로 그 이름을 붙여 기억한다. 그러면 전체 내용이 좀 더 구체적으로 짜임새 있게 요약된 상태가 된다.

읽는 목적에 따라 발단, 전개, 절정, 결말의 각 장면을 다시금 세 장면씩으로 구체화하는 데 중점을 두고 반복 읽기를 할 수 있다.

이러한 반복 읽기 역시 분석하고자 하는 요소에 중점을 두는 것이므로 해당 부분만 찾아서 읽으면 되고, 또 빠르게 읽기 때문에 여러 번 반복해서 읽어도 전체 시간은 오래 걸리지 않는다.

2. 위인전 분석 · 정리하기

위인전은 뛰어나고 훌륭한 사람의 삶과 업적을 적은 글이다.

어린 시절부터 생을 마칠 때까지 그의 삶과 업적에 집중해서 처음부터 끝까지 한 번 읽고, '제목'을 상상 속의 '위인전 분석 틀'(그림 13) 해당란에 입력하고 기억한다. 그리고 4분 내에 두 번을 더 읽는다.

두 번째 읽을 때는 [그림 13]과 같이 전체 내용의 요소가 되는 세 장면 즉 어린 시절, 업적, 생의 마지막을 담은 각 장면을 그리는 데에 중점을 두고 읽는다. 특히 '업적' 장면은 포괄적인 내용으로 그린다. 왜냐하면 세 번째 읽기를 통해 다시 네 장면으로 구체화하기 때문이다. 그린 각 장면은 상상 속의 분석 틀 해당 가지에 올려놓고 해당 장면 속의 주요 단어로 그 이름을 붙여 기억한다. 그러면 그것은 전체 내용을 간략하게 요약한 내용이 된다.

세 번째 읽을 때는 [그림 14](146쪽)와 같이 방금 전에 그린 업적의 포괄적인 장면을 다시 업적 1, 2, 3, 4 이렇게 주요 업적 네 장면으로 구체화하는 데 중점을 두고 읽는다. 그린 각 장면은 상상 속의 분석 틀 해당 가지에 올려놓고 해당 장면 속의 주요 단어로 그 이름을 붙여 기억한다. 그러면 전체 내용이 좀 더 구체적으로 짜임새 있게 요약된 상태가 된다.

읽는 목적에 따라 업적 1, 2, 3, 4로 분석한 각 장면을 다시금 세 장면씩으로 구체화하는 데 중점을 두고 반복 읽기를 할 수 있다.

반복 읽기는 분석하고자 하는 요소에 중점을 두는 것이므로 해당 부분만 찾아서 읽으면 되고, 또 빠르게 읽기 때문에 여러 번 반복해서 읽어도 전체 시간은 오래 걸리지 않는다.

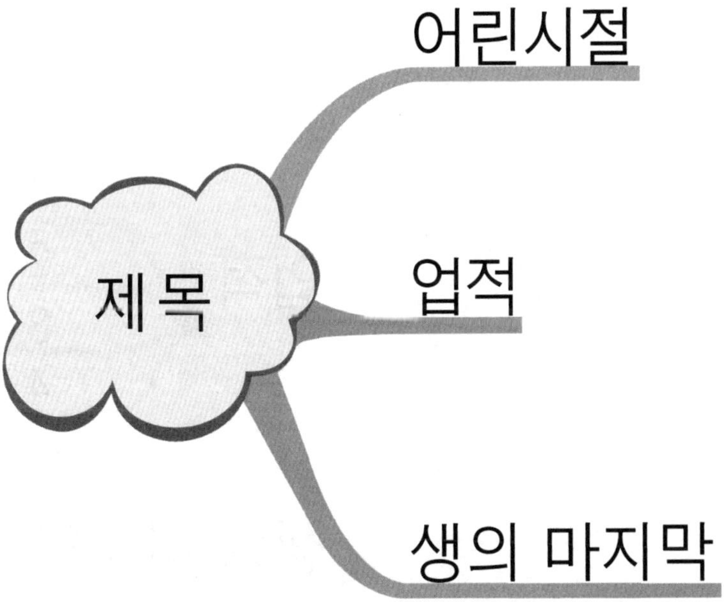

[그림 13] 위인전 분석 틀 (1)

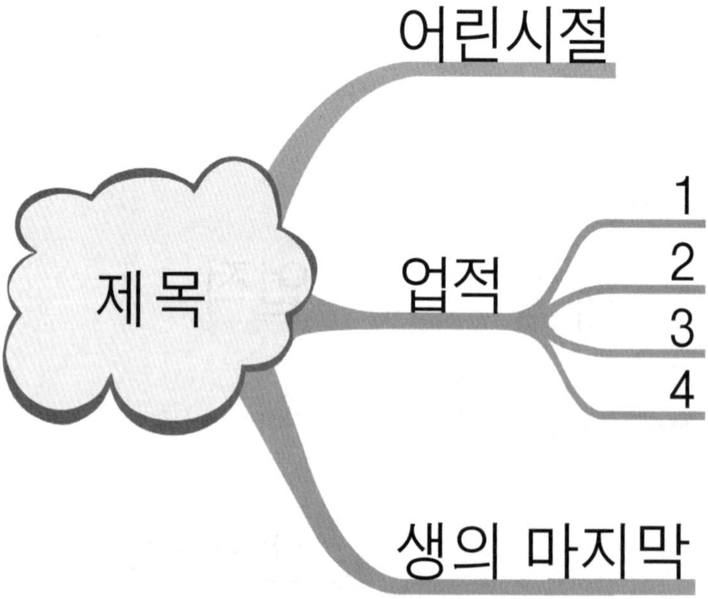

[그림 14] 위인전 분석 틀 (2)

훈련은 해 보는 것

훈련은 해 내는 것이 아니라 해 보는 것이다. 반드시 설계도에 대한 믿음을 가지고 꾸준하게 하여야 한다. 그러한 훈련 과정을 통해 점차 능력이 개발되기 때문이다.

해 보는 과정을 무시하고 성급히 해 내고자 한다면 능력을 제대로 개발하기 어렵다. 그것은 훈련이 아니라 일이 되기 때문이다.

"훈련은 해 내는 것이 아니라 해 보는 것이다."

3. 설명문 분석 · 정리하기

사물에 대한 이해를 목적으로 객관적이며 논리적으로 서술한 글이 설명문이다. 문학 작품 외의 실용적인 글이 이에 해당하고, 머리말, 본문, 맺음말(그림 15 참고, 148쪽)에 해당하는 세 단락의 기본 틀을 가지고 있다. 그 중 본문은 큰 단락일 경우가 많고, 큰 단락은 그 안에 여러 개의 작은 단락을 갖는다. 또 각 단락은 중심 생각을 담고 있는 주제문과 그것을 뒷받침하는 보충문으로 구성되어 있다. 보충문은 주제를 일차적으로 뒷받침하는 주요 보충문과 주제를 다시 뒷받침하는 부차적인 보충문으로 구성되어 있다. 설명문이 이와 같은 틀로 구성되어 있음을 상상 속에 그린다.

세 단락의 기본 틀을 생각하며 처음부터 끝까지 한 번 읽고, 제목을 상상 속의 '설명문 분석 틀' 해당란에 입력하고 기억한다.

두 번째 읽을 때는 기본 틀인 세 단락으로 먼저 나누고, 큰 단락은 작은 단락으로 나누는 데 중점을 두고 읽는다.

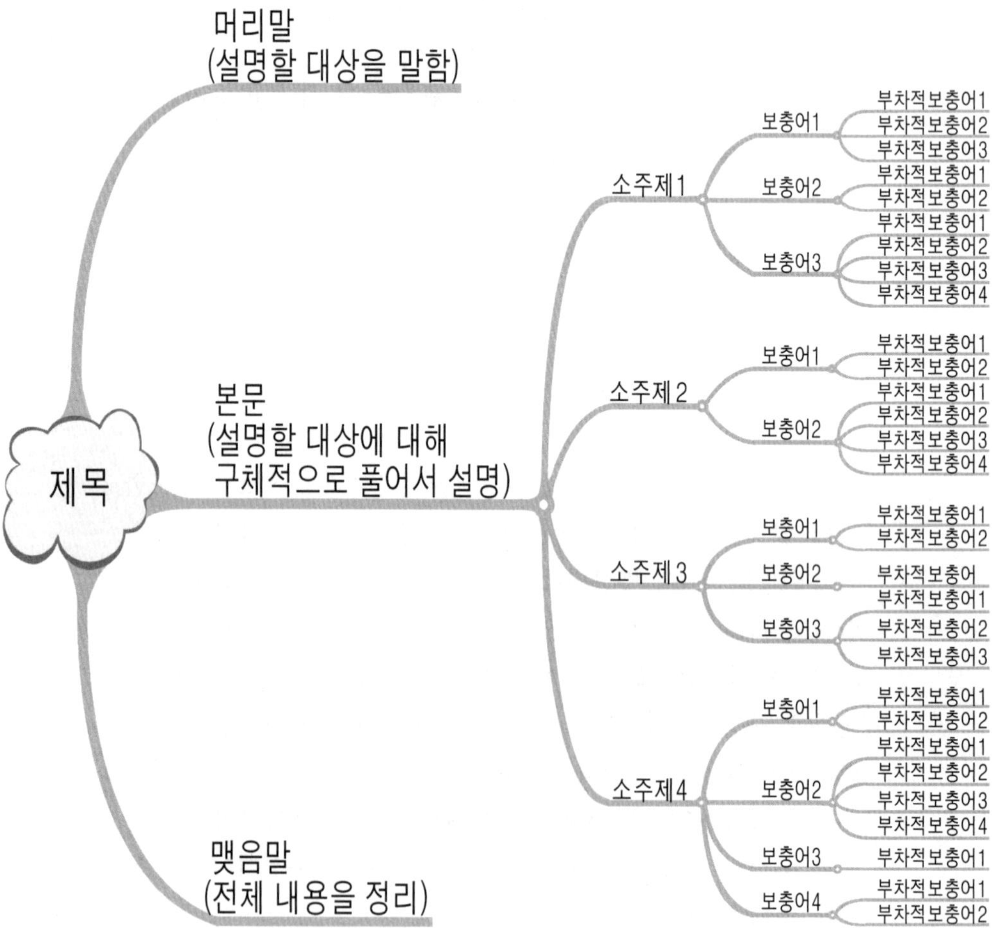
머리말
(설명할 대상을 말함)
제목
본문
(설명할 대상에 대해
구체적으로 풀어서 설명)
맺음말
(전체 내용을 정리)
소주제1
보충어1
부차적보충어1
부차적보충어2
부차적보충어3
보충어2
부차적보충어1
부차적보충어2
보충어3
부차적보충어1
부차적보충어2
부차적보충어3
부차적보충어4
소주제2
보충어1
부차적보충어1
부차적보충어2
보충어2
부차적보충어1
부차적보충어2
부차적보충어3
부차적보충어4
소주제3
보충어1
부차적보충어1
부차적보충어2
보충어2
부차적보충어
보충어3
부차적보충어1
부차적보충어2
부차적보충어3
소주제4
보충어1
부차적보충어1
부차적보충어2
보충어2
부차적보충어1
부차적보충어2
부차적보충어3
부차적보충어4
보충어3
부차적보충어1
보충어4
부차적보충어1
부차적보충어2

[그림 15] 설명문 분석 틀

세 번째 읽을 때는 각 단락을 그 요소로 분석한다. 큰 단락의 주제는 겹 동그라미, 각 단락의 주제인 소주제는 동그라미, 보충어는 네모, 부차적 보충어는 세모, 그것을 다시 뒷받침하는 요소들은 밑줄 등으로 표시하여 각 단락의 내용을 요소별로 상상 속의 '설명문 분석 틀' 해당 가지에 올려놓고 기억한다. 그러면 전체 내용이 각 단락별로, 또 각 단락은 위상별로 명료하게 파악된 상태가 된다.

설명문의 기본 틀은 세 장면이지만 주제를 뒷받침하는 소주제의 수에 따라 '3 · 4장면'이 아닌 '3 · 3장면' 또는 '3 · 5장면' 등이 될 수도 있다.

4. 논설문 분석 · 정리하기

주제에 관하여 자기의 생각이나 주장을 체계적으로 밝혀 쓴 글이 논설문이다. 서론, 본론, 결론(그림 16 참고, 150쪽)에 해당하는 세 단락의 기본 틀을 가지고 있다. 그 중 본론은 설명문과 마찬가지로 큰 단락일 경우가 많고, 큰 단락은 그 안에 여러 개의 작은 단락을 갖는다. 또 각 단락은 중심 생각을 담고 있는 주제문과 그것을 뒷받침하는 보충문으로 구성되어 있다. 보충문은 주제를 일차적으로 뒷받침하는 주요 보충문과 주제를 다시 뒷받침하는 부차적인 보충문으로 구성되어 있다. 논설문이 구성 요소의 명칭은 설명문과 다르지만 똑같은 틀로 구성되어 있음을 알 수 있다.

세 단락의 기본 틀을 생각하며 처음부터 끝까지 한 번 읽고, 제목을 상상 속의 '논설문 분석 틀' 해당란에 입력하고 기억한다.

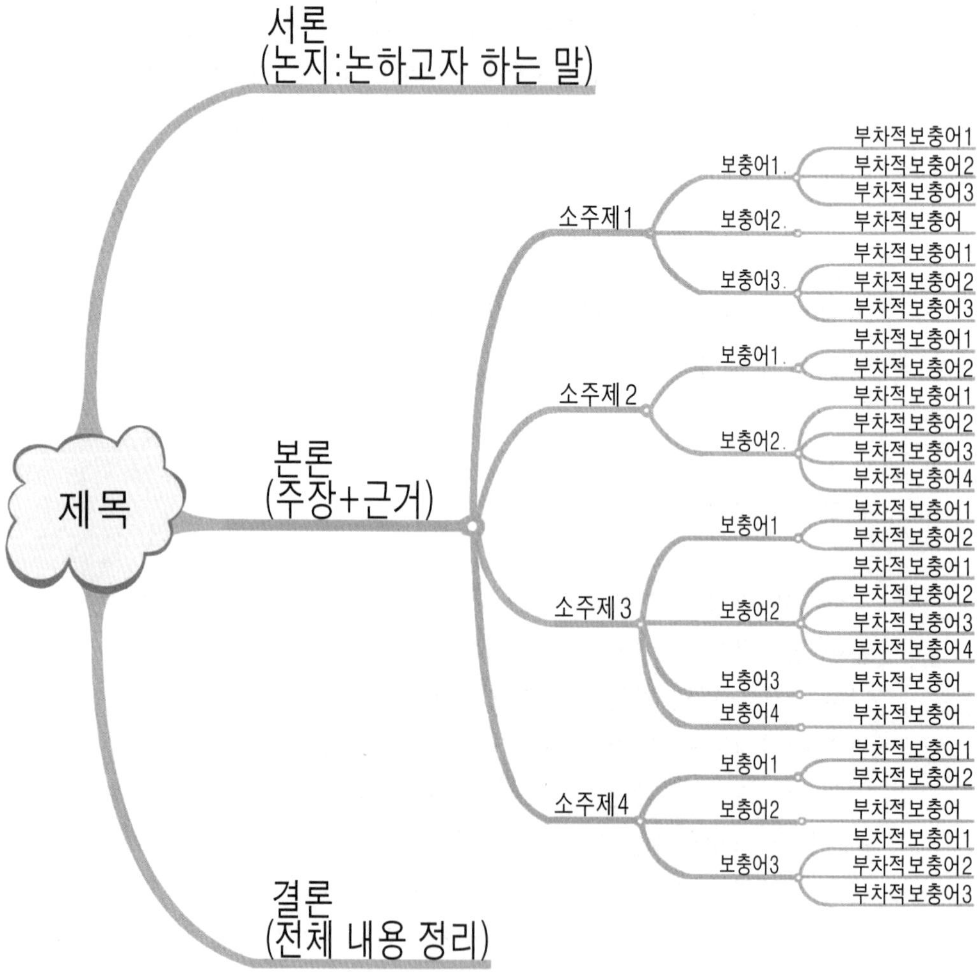

서론
(논지:논하고자 하는 말)
제목
본론
(주장+근거)
소주제1
보충어1
부차적보충어1
부차적보충어2
부차적보충어3
보충어2
부차적보충어
보충어3
부차적보충어1
부차적보충어2
부차적보충어3
소주제2
보충어1
부차적보충어1
부차적보충어2
보충어2
부차적보충어1
부차적보충어2
부차적보충어3
부차적보충어4
소주제3
보충어1
부차적보충어1
부차적보충어2
보충어2
부차적보충어1
부차적보충어2
부차적보충어3
부차적보충어4
보충어3
부차적보충어
보충어4
부차적보충어
소주제4
보충어1
부차적보충어1
부차적보충어2
보충어2
부차적보충어
보충어3
부차적보충어1
부차적보충어2
부차적보충어3
결론
(전체 내용 정리)

[그림 16] 논설문 분석 틀

두 번째 읽을 때는 기본 틀인 세 단락으로 먼저 나누고, 큰 단락은 작은 단락으로 나누는 데 중점을 두고 읽는다.

세 번째 읽을 때는 각 단락을 그 요소로 분석한다. 큰 단락의 주제는 겹 동그라미, 각 단락의 주제인 소주제는 동그라미, 보충어는 네모, 부차적 보충어는 세모, 그것을 다시 뒷받침하는 요소들은 밑줄 등으로 표시하여 각 단락의 내용을 요소별로 상상 속의 '논설문 분석 틀' 해당 가지에 올려놓고 기억한다. 그러면 전체 내용이 각 단락별로, 또 각 단락은 위상별로 명료하게 파악된 상태가 된다.

논설문 역시 기본 틀은 세 장면이지만 주제를 뒷받침하는 소주제의 수에 따라 '3 · 4장면' 이 아닌 '3 · 3장면' 또는 '3 · 5장면' 등이 될 수도 있다.

제5부 가속 방법 학습하기

가속 프로그램을 학습하는 과정이다. 이를 통해 '직관'이 글을 더 효과적으로 읽을 수 있도록 강화된다.

제1장 바라봄의 열쇠

인간은 생각하는 존재

생각에는 믿음이 담겨 있거나 담겨 있지 않거나 둘 중 하나이다. 생각에 믿음이 담겨 있지 않다는 것은 부정적인 믿음이 담겨 있다는 뜻이다. 예를 들어 탁자 위에 사과 한 개가 놓여 있다고 믿으면 있다. 그러나 믿지 않으면 없다. 믿지 않는다는 것은 탁자 위에 사과가 없는 것을 믿는 것과 같다. 즉 '믿지 않는다는 것'은 '부정적으로 믿는 것'이다. 그러므로 생각은 긍정적이거나 부정적인 믿음이 담겨 있는 프로그램이다. 즉 모든 생각은 육체를 동작시킨다는 뜻이다. 이것을 [열쇠 1]로 정리한다.

[열쇠 1] 모든 생각은 육체를 동작시킨다.

인간은 가능성으로 가득한 존재

생각과 말은 인간의 가능성을 개발하는 프로그램이다. 그러므로 긍정적인 생각과 말은 자신을 그 말과 같은 성공자로 만드는 프로그램이 된다. 마찬가지로 부정적인 생각과 말도 자신을 그 말과 같은 실패자로 만드는 프로그램이 된다. 이것을 [열쇠 1-1]로 정리한다.

[열쇠 1-1] 나는 생각하는 대로 만들어지는 존재이다.

설계도를 구체적으로 완성

설계도의 내용이 막연하면 막연한 결과가 산출된다. 그러나 설계도를 구체적으로 완성하면 바로 이대로 하면 된다는 믿음이 주어진다. 여기서 성공을 위한 두 번째 열쇠를 다음과 같이 정리할 수 있다.

[열쇠 2] 구체적으로 설계해서 분명하게 바라보아야 한다.

상위 차원은 하위 차원을 지배・내포

4차원의 행동인 믿음은 3차원의 행동인 감각적으로 확인한 결과를 내포한다. 즉 믿기만 하면 된다는 뜻이다. 이것을 다음과 같이 정리한다.

[열쇠 3] 믿음은 확인의 의미를 내포한다.

어떻게 바라보느냐가 열쇠

먼저 '할 수 있다.'는 선택을 하여야 한다. 그 토대 위에 원하는 결과를 산출할 수 있는 설계도를 구체적으로 완성하여야 한다. 그러면 마침내 그대로 하면 된다는 믿음이 주어지고 설계도대로의 꿈이 이루어진다.

제2장 바이러스의 유형과 치료법

바이러스는 컴퓨터에 설치되어 있는 프로그램을 파괴한다. 고성능의 컴퓨터인 인간의 경우도 마찬가지이다. '직관' 이 바이러스에 감염되면 훈련이 원활하게 진행될 수 없다. 이러한 결과를 초래하는 바이러스는 세 가지 유형이 있다.

유형 1 - 감각적으로 확인하고자 하는 생각

'감각적으로 확인하고자 하는 생각' 이 바이러스이다. 생각은 4차원의 본질이다. 그러므로 감각적으로는 접근할 수 없다. 그 뿐 아니라 생각하는 내용은 자신이 이미 알고 있으므로 감각적으로 확인할 필요도 없다. 그렇지만 인간은 늘 보고, 만지고, 확인하는 삶에 익숙해져 있다. 그래서 생각의 현상이라도 부지중에 눈으로 보듯이 확인하려고 한다. 바로 그러한 감각적인 생각이 바이러스이다.

유형 2 - 의식적인 생각

바이러스 유형의 또 다른 하나는 '의식적인 생각' 이다. 순간에 순차적으로 읽혀진 각 빛줄기들을 한 줄기씩 그리고자 한다면 그것은 이미 설치되어 있는 '직관' 을 파괴하는 명령이 된다. 그래서 몸은 그 명령대로 마치 반자동 기계같이 동작하게 된다. 바로 그러한 의식적인 생각이 바이러스이다.

유형 3 - 부정적인 생각

바이러스 유형의 마지막 하나는 '부정적인 생각' 이다. '부정적인 생각' 의 범주는 거짓(고정 관념)을 포함한다. 마음에 부정적인 생각을 갖고 있으면 육체도 그 생각에 지배되는 동작을 하게 된다. 그럼에도 불구하고 부정적인 생각을 갖고 있는 상태에서 창조적인 능력이 발휘되기를 바란다면 그것은 얼마나 어리석은 모습인가!

겉으로는 긍정적인 것 같지만 속으로는 습관적으로 염려하는 사람이 있다. 육체는 표면적인 반응에 지배되지 않고 믿음이 담겨 있는 내면의 생각에 지배된다는 사실을 기억하자.

바이러스 유형 1, 2, 3에 감염되면 모든 훈련 과정이 어렵게 느껴진다. 당연히 훈련의 성과도 주어지지 않는다.

바이러스 탐지기

상상 속에 새 폴더를 하나 꺼냈다고 믿는다. 그 폴더에 바이러스 유형 세 가지를 집어넣었다고 믿는다. 또 그 각각에 자기 유형의 바이러스를 탐지해 낼 수 있는 강력한 힘을 부여했다고 믿는다. 폴더에는 '바이러스 탐지기' 라고 이름을 붙인다. 그러면 그것은 감각적, 의식적, 부정적인 생각의 바이러스를 탐지해 낼 수 있는 프로그램이 된다.

바이러스 탐지기를 실행하는 방법은 자신(무의식)에게 '바이러스를 찾아라.' 고 명령하는 것이다.

'바이러스 탐지기' 실행 시기

'직관' 의 실행은 1+1보다 쉽다. 학습 과정이 그렇게 쉽다는 뜻은 아니다. 이미 학습한 내용을 제대로 이해하고 기억했다면 설계대로 된 것을 믿음으로 이미 그대로 된 결과가 받아들여진다. 그래서 1+1보다 쉬운 것이다. 그럼에도 불구하고 '직관' 훈련이 어렵게 느껴진다면 그것은 바이러스에 감염된 상태이다. 어떤 유형의 바이러스든 감염되면 모든 훈련 과정이 어렵게 느껴진다. 당연히 훈련의 성과도 제대로 주어지지 않는다. 그러므로 그러한 상태를 방치해서는 안 된다. 그 때는 즉시 '바이러스 탐지기' 를 돌려서 바이러스를 찾아내어야 한다.

바이러스 치료법

바이러스 탐지기를 돌려서 찾아낸 바이러스는 그것이 어떤 유형인지 확인하는 동시에 지워야 한다. 지우는 방법은 그것을 '지웠다.' 고 믿으면 된다.

지운 후에는 바이러스에 의해 손상된 '직관' 프로그램을 복구하여야 한다. 그 방법은「서른 줄 흐름쪽」, '몰입의 원리 적용하기', '직관 지침', '사랑의 원리 적용하기' (171쪽) 중 해당 내용을 자신에게 암송해 주는 것이다. 그러면 '직관' 이 복구되어 다시금 1+1보다 쉬워진다.

제3장 사랑의 원리

지금까지의 학습을 통해 '믿음의 원리'가 인간을 지배하는 행동 원리이며 잠재 능력을 개발하는 방법적인 열쇠임을 이해하였을 것이다. 이제 '사랑의 원리'는 잠재 능력을 개발하는 본질적인 열쇠임을 이해하여야 한다. 왜냐하면 '방법'은 '본질'과 불가분의 관계에 있고, 본질은 서로 상반되는 두 방면의 것이 있기 때문이다. 즉 믿음의 원리와 사랑의 원리가 통합적으로 적용되면, 잠재 능력 개발의 통로가 활짝 열려서 믿음의 내용인 설계도대로의 능력 분출이 활성화된다. 사랑의 원리가 본질적인 열쇠로 작용하였기 때문이다. 그러나 믿음의 원리와 사랑의 원리가 통합적으로 적용되지 못하면, 마치 빛에서 단절된 것 자체가 어둠에 잠긴 것이듯이, 저절로 미움의 원리가 적용되어 잠재 능력 개발의 통로가 닫혀 버린다. 즉 믿음의 내용인 설계도대로의 능력 분출이 방해를 받고 제한된다. 미움의 원리가 본질적인 자물쇠로 작용하였기 때문이다. 이를 입증하기 위하여 사랑과 미움의 생각이 지닌 위력을 실험을 통해 알아보고, 그 원인을 밝혀서 '직관'에 적용하도록 한다.

1. 사랑과 미움의 속성

먼저 사랑과 미움의 속성에 대하여 알아본다.

사랑하는 사람들이 서로 멀리 떨어져 있으면 그리움을 느끼게 된다. 사랑은 서로를 끌어당겨 하나로 연합시키는 속성이 있기 때문이다. 반면 원수진 사람들은 온 몸을 밧줄로 꽁꽁 묶어 놓아도 서로 외면한 채 조금이라도 더 떨어지려고 애쓴다. 미움은 서로를 밀어내어 분리시키는 속성이 있기 때문이다.

사랑은 생명력을 분출시키는 속성도 있다. 부모는 사랑하는 자녀의 양육을 위해 온갖 고생을 하면서도 행복을 느낀다. 또 부모의 사랑을 받는 아이들은 구김살 없이 활기찬 모습을 보인다. '행복하다' 든지 '활기찬 모습' 이란 생명력이 분출되는 현상이다. 그러나 부모의 사랑을 받지 못하는 아이들은 불행해 하며 기죽은 모습을 보인다. '불행하다' 든지 '기(氣)죽은 모습' 이란 생명력이 소멸되는 현상이다.

사랑은 동 · 식물에게도 똑같이 작용한다. 개는 자기를 사랑하는 주인이 밖에서 돌아오면 꼬리치며 반긴다. 그러나 주인이 미워하면 꼬리를 내리고 숨는다. 화초도 사랑해 주면 싱싱하게 잘 자라지만 미워하면 말라 죽고 만다. 이와 같이 사랑은 서로를 끌어당겨 하나로 연합시키며, 생명력을 분출시키는 속성을 갖고 있다. 반면 미움은 서로를 밀어내어 분리시키며, 생명력을 소멸시키는 속성을 갖고 있다.

2. 사랑과 미움의 속성에 대한 실험

사랑과 미움의 생각이 각각 사람에게 어떠한 영향을 끼치는지 실험을 통해 알아본다. 실험 방법은 오링테스트이다.

오링테스트는 체질을 알아보는 방법으로, 우리 몸에 긍정적인 자극이 오면 근력이 강해지고 부정적인 자극이 오면 근력이 약해지는 것을 응용한 측정법이다. 1970년대 초 미국에서 일본인 의사 오무라 오시아기가 처음 발견하여 '오무라테스트'라고도 한다. 이 오링테스트를 사랑과 미움의 생각이 자신에게 끼치는 영향력을 알아보는 방법으로 적용하였다.

미움의 속성에 대한 실험

자기의 왼쪽 엄지와 집게손가락 끝을 서로 맞붙여 둥글게 링을 만든다. 그 두 손가락 끝이 벌어지지 않도록 힘을 꽉 준다. 그 상태에서 "나는 당신을 미워합니다."라고 말하고 그대로 믿는다. 이제 오른쪽 집게손가락 끝부분을 두 손가락을 맞붙인 사이에 집어넣어 링의 안쪽에서 바깥쪽으로 끌어당겨 보자. 두 손가락 끝이 쉽게 벌어지고 만다. 이와 같이 미움은 생명력을 현저하게 소멸시키는 현상을 나타낸다.

사랑의 속성에 대한 실험

방금 전과 똑같이 링을 만들고 두 손가락 끝이 벌어지지 않도록 힘을 꽉 준다. 그 상태에서 "나는 당신을 사랑합니다."라고 말하고 그대로 믿는다. 이제 오른쪽 집게손가락 끝부분을 두 손가락을 맞붙인 사이에 집어넣어 링의 안쪽에서 바깥쪽으로 끌어당겨 보자. 아무리 힘을 써도 두 손가락 끝은 잘 벌어지지 않는다. 도리어 오른쪽 집게손가락이 미끄러져 나오고 만다. 이와 같이 사랑은 생명력을 놀랍게 분출시키는 현상을 나타낸다.

사랑에 속한 생각과 미움에 속한 생각

감정을 통해 나오는 모든 생각은 '사랑'과 '미움', 이 둘 중 반드시 어느 한 쪽에 속하면서 그 사람을 만드는 프로그램으로 작용한다.

오링테스트를 해 보면 기쁨, 평안, 관심, 감사, 긍정적, 적극적, 창조적 등 밝은 느낌을 주는 단어를 생각하면 '사랑한다.'는 생각을 할 때와 같은 결과가 나온다. 반면 슬픔, 불안, 원망, 무관심, 부정적, 소극적, 파괴적 등의 어두운 느낌을 주는 단어를 생각하면 '미워한다.'는 생각을 할 때와 같은 결과가 나온다. '사랑'은 본질이 빛과 같고, '미움'은 본질이 어둠과 같기 때문이다. 이와 같이 감정을 통해 나오는 모든 생각은 '사랑'과 '미움', 이 둘 중 반드시 어느 한 쪽에 속하면서 그 사람을 만드는 프로그램으로 작용한다.

3. 영혼의 본질적인 속성

사랑과 미움이 생명력을 분출, 소멸시키는 이유

사랑과 미움의 생각에 따라 두 손가락에서 분출되는 힘이 왜 이처럼 큰 차이가 나는 것일까? 만약 종일토록 각각 사랑과 미움의 생각을 가지고 산 사람이 있다면 그들이 발휘한 힘의 차이는 어느 정도일까? 그렇게 한 달, 일 년 아니 평생 동안 산다면 그 차이는 얼마나 될까? 상상하기 어려울 정도로 큰 차이가 날 것이다. 사랑과 미움의 생각이 이와 같은 결과를 가져오는 이유를 성경에서 찾아볼 수 있다.

창세기 1장 26~27절에 다음과 같은 기록이 있다.

"하나님이 이르시되 우리의 형상을 따라 우리의 모양대로 우리가 사람을 만들고 그들로 바다의 물고기와 하늘의 새와 가축과 온 땅과 땅에 기는 모든 것을 다스리게 하자 하시고, 하나님이 자기 형상 곧 하나님의 형상대로 사람을 창조하시되 남자와 여자를 창조하시고"

밑줄 친 성구에 의하면 사람은 하나님의 형상과 모양대로 창조되었다. 그런데 하나님은 영(靈)이시므로(요한복음 4장 24절) 사람의 육체가 하나님의 형상과 모양의 전부일 수는 없다. 그러면 그 이상의 의미는 무엇일까?

성경의 네 구절 — "하나님은 빛이시다."(요한일서 1장 5절), "하나님은 생명이시다."(요한복음 1장 1~4절), "하나님은 사랑이시다."(요한일서 4장 8절), "하나님은 진리이시다."(이사야 65장 16절) — 에서 그 답을 찾을 수 있다. 이 성구들에서 빛 · 생명 · 사랑 · 진리는 하나님의 형상과 모양을 대표적으로 말해주는 단어이다. 즉 빛 = 생명 = 사랑 = 진리 = 하나님이다. 이것은 모두 하나님의 본질적인 속성이며 그중 가장 대표적인 형상과 모양은 '사랑'이라고 할 수 있다. 성경 전체의 주제가 사람에 대한 하나님의 사랑이고, 사랑이라는 단어가 성경에 가장 많이 나온다는 사실이 근거이다. 그렇다면 사랑이신 하나님의 형상과 모양대로 사람이 만들어졌다고 할 수 있다.

사랑의 형상과 모양으로 만들어진 영혼 속에 미워하는 생각을 품을 때 영혼의 생명력이 소멸되는 현상은 마치 활활 타는 숯불에 물을 끼얹는 경우와 같다. 그 숯불은 당연히 꺼질 수밖에 없다. 마찬가지로 영혼 속에 영혼과 상반된 본질의 미움을 품을 때 영혼의 생명력이 소멸되는 것은 과학적인 현상임을 알 수 있다.

사랑의 형상과 모양으로 만들어진 영혼 속에 사랑하는 생각을 품을 때 영혼의 생명력이 분출되는 현상은 마치 활활 타는 숯불에 숯불 하나를 더한 경우와 같다. 그 숯불은 더욱 활활 타오르게 된다. 마찬가지로 영혼 속에 영혼과 같은 본질의 사랑을 품으면 그 사랑의 크기만큼 영혼의 생명력을 더 많이 분출하게 되는 것도 과학적인 현상임을 알 수 있다.

생각은 결코 생각만으로 끝나지 않는다. 육체는 반드시 생각에 따른 호르몬 계통의 물질을 분비시키며 그 물질에 반응되도록 만들어져 있기 때문이다. 두려워한다든지, 화를 내거나 분을 품는다든지, 짜증스럽다, 안 된다, 밉다 등의 부정적인 생각을 하면 뇌에서 독성 호르몬이 분비된다. 그래서 공포감, 좌절감, 적대감 등의 감정을 느끼게 되면서 영혼과 육체가 함께 파괴되는 결과를 가져온다. 그러나 어떠한 상황에서도 문제보다 훨씬 큰, 자기 속에 본래부터 주어져 있는 가능성을 믿으며 '할 수 있다.' 는 긍정적인 반응을 하면 뇌파가 알파파(안정과 휴식 상태의 뇌파) 상태가 되면서 베타엔도르핀과 같은 쾌감 물질이 분비된다. 그래서 영혼의 잠재력 분출은 물론 면역력까지 높아지는 결과를 가져온다. 이와 같이 생각을 영혼의 본질(빛 · 생명 · 사랑 · 진리)과 일치되게 갖는 것이 성공의 필수 요건임을 알 수 있다. 그것은 자기를 사랑하며 상실된 자아를 회복하는 일이 된다. 또한 잠재 능력을 개발하는 통로를 활짝 열어 놓는 일이 된다. 그러나 영혼의 본질에 상반되는 '어둠 · 죽음 · 미움 · 거짓'에 속한 생각에 지배된다면 그것은 자기를 파괴하며 실패시키는 일이 된다. 또한 잠재 능력을 개발하는 통로를 닫아 버리는 일이 된다.

어둠에 속한 것을 미워하는 것은 사랑

'미워한다.' 는 말이 다 미움을 표현하는 것은 아니다. 도리어 적극적인 사랑을 표현하는 경우도 있다. 어둠에 속한 것을 미워하는 것은 빛을 사랑하는 행동이기 때문이다. 이것도 오링테스트로 확인할 수 있다. '나는 어둠을 사랑한다.' 라고 말하고 오링테스트를 해 보면 손가락이 금방 벌어진다. 그러나 '나는 어둠을 미워한다.' 라고 말하고 오링테스트를 해 보면 손가락이 잘 벌어지지 않는다. 이러한 현상은 '어둠을 미워하는 것' 이 빛을 사랑하는 적극적인 행동임을 입증한 것이다. 또한 영혼이 빛의 형상과 모양을 가졌음을 입증한 것이다.

마찬가지로 '나는 죽음을 사랑한다.' 라고 말하고 오링테스트를 해 보면 손가락이 금방 벌어진다. 그러나 '나는 죽음을 미워한다.' 라고 말하고 오링테스트를 해 보면 역시 손가락이 잘 벌어지지 않는다. 이 또한 '죽음을 미워하는 것' 이 생명을 사랑하는 적극적인 행동임을 입증한 것이다. 또한 영혼이 생명의 형상과 모양을 가졌음을 입증한 것이다.

또 '나는 거짓을 사랑한다.' 라고 말하고 오링테스트를 해 보면 손가락이 금방 벌어진다. 그러나 '나는 거짓을 미워한다.' 라고 말하고 오링테스트를 해 보면 역시 손가락이 잘 벌어지지 않는다. 이것 역시 '거짓을 미워하는 것' 이 진리를 사랑하는 적극적인 행동임을 입증한 것이다. 또한 영혼이 진리의 형상과 모양을 가졌음을 입증한 것이다.

4. 사랑의 본질 회복

영혼이 '빛 · 생명 · 사랑 · 진리' 의 형상과 모양을 가졌음을 입증한 것은 하나님이 사람을 자기의 형상과 모양으로 만드셨다는 창세기 1장 26~27절의 성구 내용과 "하나님은 빛이시다." "하나님은 생명이시다." "하나님은 사랑이시다." "하나님은 진리이시다."는 성구가 다 과학적인 진리로 입증된 것이다.

여기서 '형상과 모양'의 의미를 아는 것이 중요하다. 그 단어에는 만든 자의 목적이 담겨 있기 때문이다. 예를 들어 사람이 양말을 만들 때 발의 형상과 모양으로 만들었다. 그 목적은 양말을 발에 신어 발과 하나 되게 함으로써 발을 보호하기 위함이다. 마찬가지로 사람이 장갑을 만들 때도 손의 형상과 모양으로 만들었다. 그 목적은 장갑을 손에 껴서 손과 하나 되게 함으로써 손을 보호하기 위함이다.

하나님이 사람을 만드실 때 자기의 '형상과 모양'으로 창조하셨다. 그 목적은 하나님이 사람을 사랑하시므로 사람과 하나가 되시기 위함이다. 하나님은 형용할 수 없는 영광의 본체이시다. 하나님은 영광이신 자신을 사람과 하나 됨을 통해 사람에게 주시기 위해 사람을 창조하신 것이다. 빛·생명·사랑·진리의 형상과 모양으로 만들어진 사람은 '빛·생명·사랑·진리' 그 자체가 아니라 그것들로 채워짐을 통해 그 영광을 비추기 위해 만들어진, 마치 그릇과 같은 존재인 것이다.

만들어진 것이 만든 자의 뜻대로 쓰이지 않으면 결국 버려진다. 그것은 불행이다. 반면 뜻대로 쓰이면 그것이 행복이며 성공이다. 빛·생명·사랑·진리의 형상과 모양으로 만들어진 사람이 그 주체인 빛·생명·사랑·진리로 채워짐을 통해 그 영광을 비출 때 그것이 진정한 행복이며 성공인 것이다.

인격적인 존재가 하나가 되기 위해서는 '사귐'이 필요하다. 사귐은 서로를 인정함으로써 시작될 수 있다. 예컨대 부자간의 사귐은 서로를 아버지, 아들로 인정함으로써 시작될 수 있다. 또 이 사귐을 통해 아들은 아버지를, 아버지는 아들을 실질적으로 알게 되며, 아는 만큼 서로 사랑하게 되고, 사랑함으로써 하나가 된다.

그릇인 사람은 주체인 하나님을 아는 만큼 자신을 하나님께 내어 맡기며 하나님은 그릇이 비워진 만큼 자기 자신을 채워 주심으로써 하나가 되는 것이다. 바로 이러한 사귐이 사랑을 회복하는 모습이며 사랑의 능력을 드러내는 길이 된다.

빛의 형상과 모양으로 만들어진 존재가 빛과의 사귐이 없다면 빛에서 단절되어 있는 것이다. '빛에서 단절되어 있다' 는 것은 어둠에 잠겨 있다는 뜻이다. 그런 상태에서는 마음에 들어오는 생각을 올바르게 분별할 수 없다. 참과 거짓을 분별할 수 없는 것이다. 분별력의 상실! 그것은 빛의 근원자와 단절된 관계의 결과이다.

생명의 형상과 모양으로 만들어진 존재가 생명과의 사귐이 없다면 생명에서 단절되어 있는 것이다. '생명에서 단절되어 있다' 는 것은 죽었다는 뜻이다. 예컨대 살아 있는 나무에서 꺾인 가지는 처음에는 싱싱하고 윤기가 흐른다. 그렇지만 그것은 이미 죽은 상태이다. 원줄기에서 떨어진 순간부터 생명을 공급받지 못하기 때문이다. 그래서 시간이 지나면 말라 죽은 모습이 드러나고 만다. 하지만 늦기 전에 꺾인 가지를 원줄기에 접붙여 주면 다시 살아난다. 그래서 새잎을 내고 꽃 피우며 열매를 맺게 된다. 인생도 이와 같다.

사랑의 형상과 모양으로 만들어진 존재가 사랑과의 사귐이 없다면 사랑에서 단절되어 있는 것이다. '사랑에서 단절되어 있다' 는 것은 미움(저주) 속에 있다는 뜻이다.

진리의 형상과 모양으로 만들어진 존재가 진리와의 사귐이 없다면 진리에서 단절되어 있는 것이다. '진리에서 단절되어 있다' 는 것은 거짓 속에 있다는 뜻이다.

영적인 어둠에 잠겨 있으면 영적인 분별력이 상실된 상태가 된다. 그런 상태에서 받아들이게 된 수많은 거짓은 그대로 그 사람 속에 굳어져 그의 모습이 되고 만다. 어둠 속에 있을 때는 알지 못했던 그러한 모습이 빛 가운데로 나오면 다 드러나게 된다. 그래서 현재의 모습 그대로는 빛과의 사귐 자체가 불가능하다.

하나님은 이 문제를 미리 아시고 해결책을 준비하셨다. 믿기만 하면 고착되어 있던 그 수많은 거짓에서 해방되게 하는 설계도, 곧 어둠에서 빛으로, 죽음에서 생명으로, 저주에서 사랑으로, 거짓에서 진리로 옮겨져서 본질적으로 완전히 새로운 피조물이 되게 하는 설계도를 준비하신 것이다. 그 설계도는 창조주 하나님이 친히 사람의 대속물이 되시기 위하여 사람이 되어 오신 분, 바로 예수 그리스도이시다. 이 사건은 얼마나 놀라운 하나님의 사랑을 보여 주는가! 이제 누구든지 그를 믿으면 하나님과 난설된 관계가 회복된다.

부록 "거듭남"(503쪽)은 저자가 예수님을 만난 체험을 고백한 간증이다. 읽고 예수님을 만나는 계기가 되길 바란다.

5. '사랑의 원리' 적용하기

'사랑해!' 는 능력

훌륭한 예술 작품을 감상하다 보면 그것에 깃들어 있는 작가의 예술혼을 만날 수 있다. 마찬가지로 생명이 있는 모든 피조물에는 조물주의 성품이 깃들어 있다. 그 대표적인 성품이 '사랑' 이다. 그래서 생물은 사랑 받고 싶어 하고 사랑하고 싶어 하는 본성을 가지고 있다. 그러하기에 사랑하고자 하는 대상에게 나아가 진심으로 '사랑해!' 라고 하면, 그 대상도 '나도 사랑해!' 라는 반응을 하게 되고, 서로 간에 끌어당겨지는 사랑의 속성이 작용하여 하나가 되며 생명력을 분출하게 된다. '사랑해!'는 능력이다.

'사랑의 원리' 적용하기

'사랑의 원리'를 '직관'에 적용하는 기본적인 방법은 '사랑해!'이다. 즉 뇌리의 회로들에 찍힌 글자들이 빛줄기들에 의해 이미 읽혀진 그 내용에 대하여 각 회로의 중심에 들어가 있는 나 자신이 '사랑해!'라고 말한다. 그러면 각 회로 속의 그 내용도 '나도 사랑해!'라는 반응을 순간에 더 명료하게 생각된 것으로 한다.

내용이 '나는 사랑 안 해'라는 반응을 할 수는 없다. 왜냐하면 내용은 책장의 글자들이 뇌리의 회로들에 찍혀서 읽혀진, 바로 자기의 정신 현상이기 때문이다.

사랑은 자연스럽게 표현될 때 더 큰 능력을 발휘한다. 글자들에 대한 자연스러운 사랑의 표현은 글자들이 쓰인 목적을 이루어 주는 말이다.

글자들은 읽혀지기 위한 목적으로 쓰였다. 그러므로 글자(빛줄기)들이 나에게 읽혀지기를 간절히 바란다는 믿음과 나도 그 글자(빛줄기)들을 읽고 싶은 간절한 마음을 가지고 "읽혀졌다." 라고 말해 주는 것이 그 글자(빛줄기)들에 대한 가장 큰 사랑의 표현이라고 할 수 있다. 여기서 '읽혀졌다'는 것은 무의식에서 이미 읽혀진 그 내용이 거의 동시에 생각되었다는 뜻이다. 순간에 더 명료하게 생각된 것이다. 끌어당겨 하나 되게 하며 생명력을 분출시키는 사랑의 속성이 작용하였기 때문이다.

이제, '직관 지침' "① 뇌리의 회로들에 찍힌 글자들이 빛줄기들에 의해 이미 읽혀진 것을 인정 ② 동시에 (그 내용이) 각 회로의 중심에 들어가 있는 나 자신에게 생각된 것에 집중"에서 ②의 밑줄 친 과거형 시제 부분이 '몰입의 원리'와 함께 이미 '사랑의 원리'도 통합적으로 적용된 것임을 이해하자.

마찬가지로 「서른 줄 흐름쪽」 설계도 "1초에 서른 줄의 빛줄기가 순차적으로 읽혀진 것이…"에서 밑줄 친 과거형 시제 부분이 '몰입의 원리'와 함께 이미 '사랑의 원리'도 통합적으로 적용된 것임을 이해하자. 그리하여 순간에 더 깊고 명료하게 생각된 것을 누리도록 하자.

• 사랑의 원리 적용하기

글자(빛줄기)들이 나에게 읽혀지기를 간절히 바란다는 믿음과 나도 그 글자(빛줄기)들을 읽고 싶은 간절한 마음을 가지고 "읽혀졌다."라고 말(생각)한다.

제4장 직관 시스템

'직관'에 '사랑의 원리'를 적용한 독서 행동 즉 "뇌리의 회로들에 찍힌 글자들이 빛줄기들에 의해 이미 읽혀진 그 내용이, 각 회로의 중심에 들어가 있는 나 자신에게 생각된 것에 집중하는 독서 행동"이다.

여기까지 학습이 되었다면 두뇌에는 '직관 시스템'(이하 줄임말 '직관')이 이론적으로 설치된 것이다. 이제 그것을 적용하는 체계적이고 꾸준한 훈련이 필요하다. 이를 통해서 독서 능력이 개발되고 습관화되기 때문이다. 그 훈련 설계도가 "제6부 심화 습관화하기"이다. 그러므로 '심화 습관화 프로그램'(185쪽)에 따라 꾸준하게 훈련하여야 한다. 그래야 '직관'의 뇌 회로망이 제대로 형성, 발달되고 습관화될 수 있다.

'심화 과정'을 위한 준비

'복습하기'

'암기 사항 외우기'

기초가 튼튼히 다져지고 능력이 많이 개발될 수 있도록 복습과 암기 사항(531~536쪽) 외우기를 완벽하게 하여야 한다. 그렇게 준비된 상태에서 심화 과정에 들어가도록 한다.

제5장 정신의 본질

잠재 능력은 정신(4차원)적인 본질이다. 그러므로 정신의 본질적인 속성에 대하여 알아보는 것은 보이는 것(육체 · 3차원) 중심으로 굳어져 있는 생각의 틀을 보이지 않는 것(정신 · 4차원) 중심으로 바꾸는 이론적인 토대가 된다.

1. 4차원 개념

물리학의 상대성 이론에서는 3차원 공간에 시간을 더한 개념을 4차원 공간으로 정의(定義)한다. 3차원 공간은 현재 시제로 닫혀 있다. 그 시제의 벽을 과거 또는 미래 쪽으로 초월하면 새로운 시간과 공간이 연속적으로 나온다. 그 연속체가 '4차원 공간' 이라는 뜻이다. (그림 18 참고, 174쪽)

일반적으로 4차원을 '정신세계' 또는 '영적(靈的) 세계' 로 이해한다. 이러한 개념은 직관에서 비롯된 것으로 물리학에서 말하는 '4차원 공간' 의 개념보다 진보된 것이라 할 수 있다. 정신세계는 물리학에서 말하는 '4차원 공간' 을 실제로 내포하기 때문이다. 예를 들면 당신은 어제 저녁 식사 광경을 기억할 수 있을 것이다. 또 그 이전의 많은 일들도 기억할 수 있을 것이다. 또 당신은 기억하는 그 시공 속으로 언제든지 들어갈 수 있다.

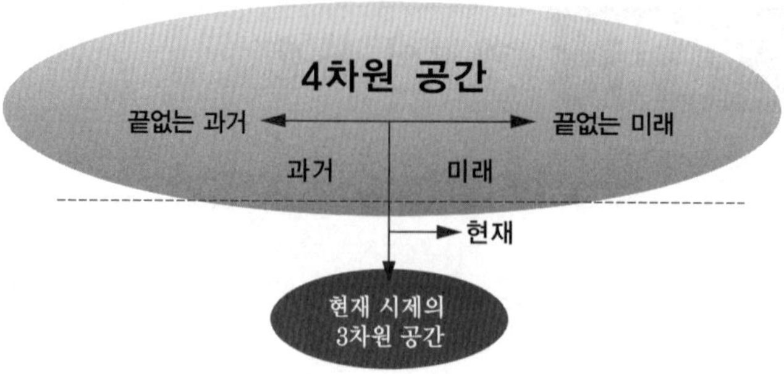

[그림 18] 4차원 공간 설명도

이것은 당신의 정신세계가 바로 4차원 세계임을 뜻한다. 이 같은 정신세계의 본성을 체계적으로 이해하기 위하여 먼저 각 차원에 대한 개념을 정의(定義)하고, 4차원과 그 하위 차원 간의 법칙들을 정리(定理)한다.

2. 각 차원에 대한 과학적인 정의

① 4차원 - 시공(時空)을 내포하는 본질의 영적 세계 곧 영혼, 정신, 마음 등.
② 3차원(입체) - 점 · 선 · 면을 무수히 내포하면서 체적을 갖는다.
③ 2차원(면) - 두께를 지니지 않고, 단지 면적만을 갖는다.
④ 1차원(선) - 굵기를 지니지 않고, 단지 길이만을 갖는다.
⑤ 0차원(점) - 크기를 지니지 않고, 단지 위치만을 갖는다.

②~⑤항까지는 기하학적인 정의(定義)이다. 다만 ①항은 기하학에서 다루는 공간 도형의 범위를 초월한 것으로서 이미 앞에서 입증하였다.

3. 차원 간의 법칙

입증의 과정을 거친 정리(定理)는 '과학적 진리'가 된다. 과학적 진리는 입증의 과정에 오류가 없는 한 진리로서의 위력을 갖는다. 즉 어떤 내용이 과학적 진리에 위배될 경우 그 자체로 그것은 '거짓'임이 입증된 것이고, 과학적 진리에 부합될 경우 역시 그 자체로 그것은 '참'임이 입증된 것이다.

상위 차원은 하위 차원을 무수히 내포, 지배, 생성

책을 예로 들어 보자. 책의 본질은 3차원이다. 이것은 더 작은 크기로 무수히 나눌 수 있고, 그 단면은 2차원이 된다. 그러므로 '3차원은 2차원을 무수히 내포한다.'고 할 수 있다. 또 '3차원은 2차원을 지배한다.' '3차원은 2차원을 무수히 생성한다.' 고도 할 수 있다. 이와 같은 법칙은 2차원과 1차원 그리고 1차원과 0차원에도 똑같이 적용된다.

종이는 두께가 있으므로 입체이다. 그렇지만 설명의 편의상 두께가 없는 것으로 보자. 그러면 그것은 면이다. 면은 더 작은 크기로 무수히 나눌 수 있고, 나누어진 부분은 선이 된다. 그러므로 '2차원은 1차원을 무수히 내포한다.'고 할 수 있다. 또 '2차원은 1차원을 지배한다.' '2차원은 1차원을 무수히 생성한다.'고도 할 수 있다.

마찬가지로 선은 더 작은 길이로 무수히 나눌 수 있고, 나누어진 부분은 점이 된다. 그러므로 '1차원은 0차원을 무수히 내포한다.'고 할 수 있다. 또 '1차원은 0차원을 지배한다.' '1차원은 0차원을 무수히 생성한다.'고도 할 수 있다. 이것을 다음과 같이 정리한다.

[정리 1] 상위 차원은 하위 차원을 무수히 내포, 지배, 생성한다.

하위 차원은 상위 차원에 접근 불능

[정리 1]은 하위 차원에서 상위 차원으로 진화된 것이 아님을 말해 준다. 흔히 점이 모여서 선이 되고, 선이 모여서 면이 되고, 면이 모여서 입체가 된다고 생각한다. 하위 차원의 것이 상위 차원의 것으로 진화된다고 알고 있는 것이다. 또한 그것이 과학적이라고 여긴다. 그러나 그러한 생각은 잘못된 것이다.

점은 크기가 없이 단지 위치만 있다. 그러므로 점의 크기를 수식(數式)으로 표현하면 '점의 크기=0' 이다. 점을 백만 개 모았을 때의 길이 역시 수식을 세워 보면 알 수 있다. '0× 1,000,000 =0' 이다. 점이 백만 개 모여도 길이가 생기지 않음이 입증된 것이다. 0에 어떠한 수를 곱해도 그 값은 여전히 0이다. 그러므로 점은 아무리 많이 모여도 길이가 생기지 않음이 입증되었다.

점과 선에 대한 입증의 과정은 선과 면 그리고 면과 입체에도 똑같이 적용된다. 선의 굵기 역시 수식으로 표현하면 '선의 굵기=0' 이고, 면의 두께 역시 수식으로 표현하면 '면의 두께=0' 이다. 0에 어떠한 수를 곱해도 그 값은 여전히 0이므로 선 역시 아무리 많이 모여도 면이 될 수 없고, 면 역시 아무리 많이 모여도 입체가 될 수 없음이 입증되었다. 즉 0차원은 1차원에 접근 불능이고, 1차원은 2차원, 2차원은 3차원에 접근 불능이다.

종이에 점을 많이 그려 놓고 그것을 일직선으로 연결하면 선이 되고, 선을 많이 그려 놓고 그것을 면의 방향을 따라 연결하면 역시 면이 된다는 생각을 해 볼 수 있다. 그러나 그러한 생각은 점과 선에 대한 오해에서 비롯된 것이다. 점은 크기가 없이 단지 위치만 있고, 선은 굵기가 없이 단지 두 지점 사이의 길이만 있다. 그러므로 점과 선은 면에 표현할 수 없다. 그렇지만 편의상 표현할 필요를 느낀다. 그래서 점을 면에 아주 작게 찍던지 좀 크게 찍던지 상관없이 그것은 크기를 갖지 않고 단지 위치만 갖는 것으로 보도록 약속되어 있다. 마찬가지로 선도 아주 가늘게 그리든지 좀 굵게 그리든지 상관없이 그것은 굵기를 갖지 않고 단지 길이만 갖는 것으로 보도록 약속되어 있다. 이러한 사실을 잊어버린 것이 오류이다. 이와 같이 입증된 내용을 정리한다.

[정리 2] 하위 차원은 상위 차원에 접근 불능이다.

상위 차원은 하위 차원의 존재 기반

[정리 1]과 [정리 2]에 의해 0차원은 1차원, 1차원은 2차원, 2차원은 3차원, 3차원은 4차원으로부터 나왔음이 입증되었다. 그렇다면 0차원이 있다는 사실만으로도 1차원이 있음이 입증된 것이다. 마찬가지로 1차원이 있다는 것으로 2차원, 2차원이 있다는 것으로 3차원, 3차원이 있다는 것으로 4차원이 있음이 입증된 것이다. 그러면 4차원이 있다는 것으로 5차원이 있음이 입증된 것일까? 그 여부에 대해서는 4차원의 본질과 속성을 밝혀봐야 알 수 있다. 먼저 위에서 입증된 내용을 정리한다.

[정리 3] 상위 차원은 하위 차원의 존재 기반이다.

4. 4차원의 본질과 근원

생명은 4차원 본질

3차원의 본질을 생성하는 4차원에 대하여 생각해 보자. 몸이 자란다는 것은 생명이 세포를 생성하는 것이다. 세포는 3차원의 본질이므로 세포를 생성하는 생명은 [정리 1]에 의하여 4차원의 본질임이 입증되었다.

생명은 육체와 상관없이 생명으로 존재한다. 육체(3차원 본질)에 의해서 생명(4차원 본질)이 존재하는 것이 아니라 생명에 의해서 육체가 존재하기 때문이다. 그러므로 생명은 몸을 살아 있게 하는 본질이며, 작용하는 몸의 유전자(DNA)에 따라 다양한 형상으로 나타난다. 즉 호랑이의 유전자에 작용하면 호랑이의 형상으로, 소의 유전자에 작용하면 소의 형상으로, 인간의 유전자에 작용하면 인간의 형상 곧 인격(人格)을 가진 정신으로 나타난다. 그것은 마치 전기 기구의 생명인 전기가 전등에 작용하면 빛으로, 에어컨에 작용하면 시원한 바람으로, 온풍기에 작용하면 따뜻한 바람으로 나타나는 것과 같다. 이것을 다음과 같이 정리한다.

[정리 4] 생명은 4차원의 본질이며, 유전자에 작용하여 해당 유전자의 형상으로 나타난다.

3차원과 4차원의 본질적인 속성

3차원의 한계를 초월하면 4차원의 속성이 나온다. 그러므로 4차원을 정확하게 이해하기 위하여 먼저 3차원의 속성을 살펴보자. 예컨대 볼펜은 3차원의 본질이다. 그것은 반드시 만들어진 때와 소멸되는 때가 있다. 3차원의 본질은 예외가 없다. 즉 3차원의 본질은 시작과 끝이 있다. 이것을 다음과 같이 정리한다.

[정리 5] 3차원은 시작과 끝이 있다.

3차원 공간에는 시간적으로 1초 전의 과거도 1초 후의 미래도 없다. 다만 현재만 있다. 즉 3차원은 현재 시제로 닫혀 있다.

3차원의 한계인 현재 시제를 초월하면 그것은 4차원의 속성이 된다. 다시 말해 4차원은 과거와 미래 양쪽으로 끝이 없는

속성을 갖는다, (그림 18 참고, 174쪽)

'과거 쪽으로 끝이 없다.' 는 뜻은 시작된 때가 있는 것을 생각해 보면 알 수 있다. '시작된 때가 있다.' 는 것은 과거 쪽으로 끝이 있다는 뜻이다. 그렇다면 '과거 쪽으로 끝이 없다.' 는 것은 '시작된 때가 없이 존재한다.' 는 뜻이 된다. 즉 4차원은 본래부터 스스로 존재하는 속성을 갖는다. 이러한 4차원의 본성은 보이는 것 중심(3차원)적인 생각의 틀로는 이해하기 어렵다. 그러므로 영혼의 4차원적인 본성을 제한하는 3차원적인 생각의 틀을 버려야 한다. 4차원의 본성인 '본래부터 스스로 존재하는 속성' 을 인정해야 하는 것이다. 이것을 '4차원은 본래성을 갖는다.' 라고 정리한다.

4차원은 미래 쪽으로도 끝이 없는 속성을 갖는다. 미래 쪽으로 끝이 없다는 것은 영원히 존재한다는 뜻이다. 그러므로 '4차원은 영존성을 갖는다.' 라고 정리한다.

[정리 6] 4차원은 본래성과 영존성을 갖는다.

존재의 근원

생물은 같은 종의 부모에게서 태어난다. 그러므로 그 조상을 찾아 거슬러 올라가면 마침내 같은 종의 원조를 만나게 된다. 그런데 종의 원조는 지금까지 살아 있는 것이 하나도 없다. 본래부터 스스로 존재한 것이 아니기 때문이다. [정리 1]에 의하여 종의 원조를 만든 '어떤 존재' 가 있음이 입증된다. 바로 그 어떤 존재가 생명의 근원자(창조주)이다.

생물은 수컷의 정자와 암컷의 난자가 결합하여 탄생된다. 몸은 정자와 난자의 결합에 의한 유전자의 정보대로 생성된다. 하지만 생명은 생성되는 것이 아니다. 부모로부터 이어받는 것이다. 즉 수컷의 생명을 이어받은 정자와 암컷의 생명을 이어받은 난자의 결합으로 그 후손의 생명이 탄생되는 것이다. 그러므로 모든 생물은 결국 그 종의 원조의 생명을 이어받은 것이고 각 종의 원조들 역시 창조주의 생명을 이어받은 것이므로 결국 모든 생물은 창조주의 생명을 이어받은 것임이 입증된다.

공간(3차원)이 없이는 면(2차원), 선(1차원), 점(0차원) 어느 하나도 존재할 수 없다. 즉 면, 선, 점은 공간 안에 존재한다. 마찬가지로 우주도 4차원의 근원자(창조주)가 없이는 존재할 수 없다. 근원자 안에 우주와 그 안의 모든 것이 존재하는 것이다. 그러므로 우주와 그 안에 존재하는 모든 것이 근원자에게서 나왔고, 그의 안에 있으며, 그에게로 돌아가게 된다. 이것을 다음과 같이 정리한다.

[정리 7] 모든 존재는 근원자(창조주) 안에 존재한다.

예외가 있다. 영혼은 반드시 근원자에게 돌아가도록 되어 있지는 않다. 사람에게는, 다른 생물에게 주어지지 않은 인격(지, 정, 의)이 주어져 있기 때문이다. 그래서 사람은 스스로 생각하여 선택하고 그것에 대하여 책임지게 되어 있다.

물리적으로는 모든 존재가 근원자 안에 있지만 누군가가 그의 존재를 인정하지 않는다면 그는 근원자와 인격적으로 단절된 상태에 있게 된다. 그가 이생을 마치기까지 그 단절된 관계를 회복하지 못한다면 그에게는 그 상태가 영원히 고착되고 만다.

제6부 심화 습관화하기

심화 습관화 프로그램에 따라 '직관 시스템'을 적용한 독서 능력을 본격적으로 개발하며 습관화하는 과정이다.

제1장 심화 습관화의 중요성

"사람은 반복적으로 행하는 것에 따라 판명되는 존재이다. 탁월함은 단일 행동이 아니라 습관에서 나온다."

-아리스토텔레스-

생각은 행동을 일으키고, 행동을 반복하는 과정을 통해 형성되는 습관은 자신을 만드는 강력한 프로그램이 된다. 어떠한 습관을 갖느냐에 따라 삶의 질이 달라지고 인생의 결과도 달라진다는 뜻이다. 습관은 인생에 그만큼 중대한 영향을 끼친다.

습관은 하루아침에 만들어지지 않는다. 그것은 일정 기간 이상 지속적으로 반복할 때 만들어지는 과정의 산물이기 때문이다. 그러므로 두뇌에 이론적으로 설치된 '직관 시스템'을 적용하는 심화 훈련을 '심화 습관화 프로그램'(185쪽)에 따라 꾸준하게 하여야 한다. 그래야 '직관'의 뇌 회로망이 제대로 형성, 발달되고 습관화될 수 있다. 만약 습관화되지 못한 상태에서 훈련을 중단하면 점차 옛 습관으로 되돌아갈 수 있다. 책을 읽어온 연수(年數)만큼 깊게 뿌리내린 옛 습관으로부터 자유로워지기 위해서는 '직관' 능력을 고도화하고 습관화하는 길밖에 없다.

성장 발달 과정에는 단계가 있다. 예를 들어 어린아이의 성장 과정을 살펴보면 먼저 목을 가누고, 뒤집고, 기고, 앉고, 서고,

나중에 걷게 된다. 이 때 주목하여야 할 점은 각 단계마다 시간이 필요할 뿐만 아니라 앞의 단계는 다음 단계의 기반이 된다는 사실이다. 다시 말해 기는 단계에서 길러진 다리의 힘으로 다음 단계에서 설 수 있게 되는 것이다. 이와 같은 현상은 모든 성장 발달 과정에서 예외가 없다. 혹시 이러한 과정을 무시하거나 생략하면서 좋은 결과만 바란다면 그것은 스스로를 속이는 일이 된다. 시간을 들여 노력하지 않고서는 결코 좋은 결과가 나올 수 없다.

제2장 심화 습관화 프로그램

1. 진도별 훈련 도서

심화 습관화 훈련의 12개월 차까지는 '직관 시스템'의 뇌 회로망이 형성, 발달되고 습관화되는 중요한 시기이다. 그러므로 진도에 따라 훈련 도서의 수준을 본인의 발달 정도에 맞게 선정하여야 한다.

'직관 시스템'의 기초를 튼튼히 다지기 위해서는 글밥이 적고 쉬운 책부터 시작하여야 한다. 처음에는 글밥이 매우 적은 동화책부터 점차 글밥이 조금씩 많은 동화책으로, 글밥이 적은 한국 위인전에서 외국 위인전, 점차 글밥이 많은 위인전과 동화책, 소설, 교양 도서의 순으로 선정한다.

'직관 시스템'의 뇌 회로망이 제대로 형성, 발달되지 못한 상태에서 훈련 도서의 수준을 본인의 발달 정도보다 높게 선정하면 속독 능력을 제대로 개발하기 어렵고, 부지중에 자주 옛 습관으로 되돌아가게 된다. 그러므로 진도에 맞는 훈련 도서의 선정은 매우 중요하다.

2. 심화 습관화 훈련

심화 습관화 과정은 초 · 중 · 고 · 대 · 일반부 모두 6개월(매일 30분~1시간 훈련 기준)이 최소한의 기간이며, 더 충분한 능력 개발과 완전한 습관화를 이루기 위해서는 기간을 연장할 필요가 있다. 가능하다면 초 · 중등부는 물론 일반부까지 심화 습관화 훈련을 12~18개월 동안 지속할 것을 권장한다. 성장기에는 지속적으로 훈련하는 만큼 잠재된 가능성을 더 놀랍게 개발할 수 있고, 심화 습관화 훈련을 충분히 하여야 평생의 습관으로 정착될 수 있기 때문이다.

집중적인 훈련을 통해 기간을 단축할 수도 있다. 매일 2~3시간씩 꾸준히 훈련한다면 기간을 반으로 단축할 수 있다. 하지만 아무리 집중적으로 훈련하여도 완전한 습관화를 이루기 위해선 최소 6개월 이상을 하여야 한다.

심화 습관화 훈련 순서

(1) 암기 사항 외우기

(2) 「서른 줄 흐름쪽」 영상 훈련 3분간

(3) 시 · 지각 영상 훈련 7회

(4) 1단계 훈련
- ① 영상 훈련(이해도 : 매 쪽 서너 단어 정도)
- ② 적용 훈련(이해도 : 매 쪽 서너 단어 정도)

(5) 2단계 훈련
- ① 영상 훈련(이해도 : 매 쪽 열 단어 정도)
- ② 적용 훈련(이해도 : 매 쪽 열 단어 정도)

(6) 3단계 훈련
- ① 영상 훈련(이해도 : 매 쪽 50% 정도)

② 적용 훈련(이해도 : 매 쪽 50% 정도)

(7) 4단계 훈련

① 영상 훈련(이해도 : 매 쪽 70% 정도)

② 적용 훈련(이해도 : 매 쪽 70% 정도)

(8) 훈련 독서

① 영상 훈련(이해도 : 매 쪽 내용이 거의 다 이해되는 선)

② 훈련 독서(이해도 : 매 쪽 내용이 거의 다 이해되는 선)

(9) 독서

이해도 : 내용이 다 이해되는 선

(10) 3 · 4장면 분석 · 정리하기(4~2분 후 발표)

(11) 스토리텔링(1~5분간)

훈련표의 기록

심화 습관화 훈련표(496쪽)의 '보기'와 같이 훈련표에 날짜와 훈련 도서의 제목, 지은이, 총 쪽수를 먼저 기록하고, 각 단계의 훈련을 마칠 때마다 해당란에 기록한다.

'1단계 훈련'~'훈련 독서'의 각 영상 훈련란은 해당 단계 훈련 후 동그라미로 표시한다. 각 적용 훈련란은 해당 단계마다 책을 다 읽는 데 걸린 시간을 측정하여 기록한다.

훈련표의 기록은 훈련의 진행 상태를 한 눈에 보여 주며 훈련의 성과도 높여 준다.

훈련과 독서

'훈련'과 '독서'는 엄격하게 구분하여야 한다. 훈련을 하면서 내용 파악에 집착한다면 훈련도 독서도 아닌 것을 하게 된다. 능력을 제대로 개발할 수 없다는 뜻이다. 그러므로 반드시 각 훈련 단계의 지침(설계도)대로 훈련하여야 한다.

'직관' 점검

'직관'에 충분히 숙달되기까지는 각 단계의 훈련 행동을 수시로 '직관 지침'과 해당 단계의 '이해도 목표'로 점검하여 잘못하고 있는 부분을 고쳐야 한다. 지침대로 훈련하여야 능력을 제대로 많이 개발할 수 있다.

훈련 계획

'심화 습관화 훈련'을 하루 중 언제 할지를 미리 계획한다. 막연히 시간이 날 때 한다는 생각으로는 훈련을 꾸준하게 하기 어렵다. 훈련 계획이 세워지면 반드시 실천한다.

훈련을 위한 준비물

《4차원 속독법》 교재, 진도에 맞는 훈련 도서 1권 이상, 심화 습관화 훈련표, 초시계, 스피드, 필기도구

《4차원 속독법》 온라인 강의 이용 안내

4차원 속독법 전문 교육 홈페이지(www.4dsrs.com)에서 기본 이론과 심화 습관화 과정을 온라인으로 학습할 수 있다. 저자의 동영상 강의와 온라인상에 구축된 심화 습관화 훈련 시스템을 통해 속독 능력 개발에 많은 도움을 받을 수 있다.

3. 도약 속도 측정하기

독서 능력이 개발된 정도를 알아보기 위해 '최초 속도'를 측정했을 때와 같은 방법으로 현재의 독서 속도를 측정해 볼 수 있다.

다음은 '도약 속도'를 측정하는 순서이다.

① 초 · 중등부는 445쪽, 고등 · 대학 · 일반부는 465쪽의 '도약 속도 측정글'을 편다.

② '직관 지침'을 외우고, '설계대로 된 것을 인정' 이렇게 구령을 붙임과 동시에 초시계의 시작 버튼을 누르고 읽기 시작한다.

③ 다 읽고 초시계의 정지 버튼을 누른다.

④ 걸린 시간을 초로 환산하여 다음의 공식에 대입한다.

$$\frac{\text{읽은 글자 수}}{\text{읽는 데 걸린 시간(초)}} \times 60 = \text{1분 동안 읽은 글자 수}$$

⑤ 초 · 중등부는 486쪽, 고등 · 대학 · 일반부는 489쪽의 '이해도 측정 문제'를 펴서 10개 항의 문제를 푼다. 제한 시간은 3분이며, 지문은 반복해서 볼 수 있다.

⑥ 492쪽의 '모범 답안'으로 채점한다.(각 문항당 0.1점)

⑦ '1분간 읽은 글자 수'에 채점 결과(이해도)를 곱한다. 그 값은 이해도를 적용한 현재의 독서 속도이다.

⑧ 각 측정값을 [표 1](495쪽)의 해당란에 기록한다.

시 · 지각 영상표

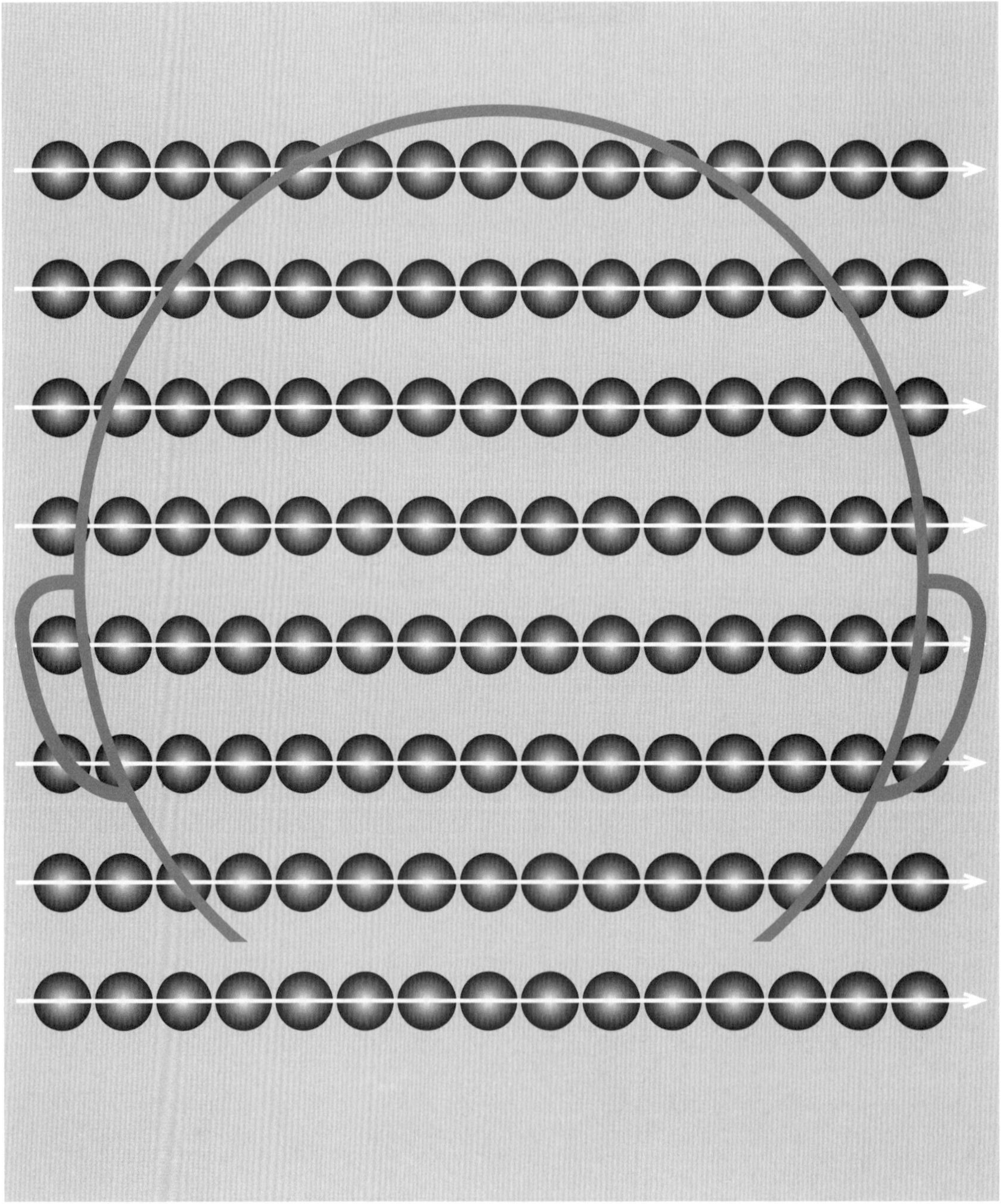

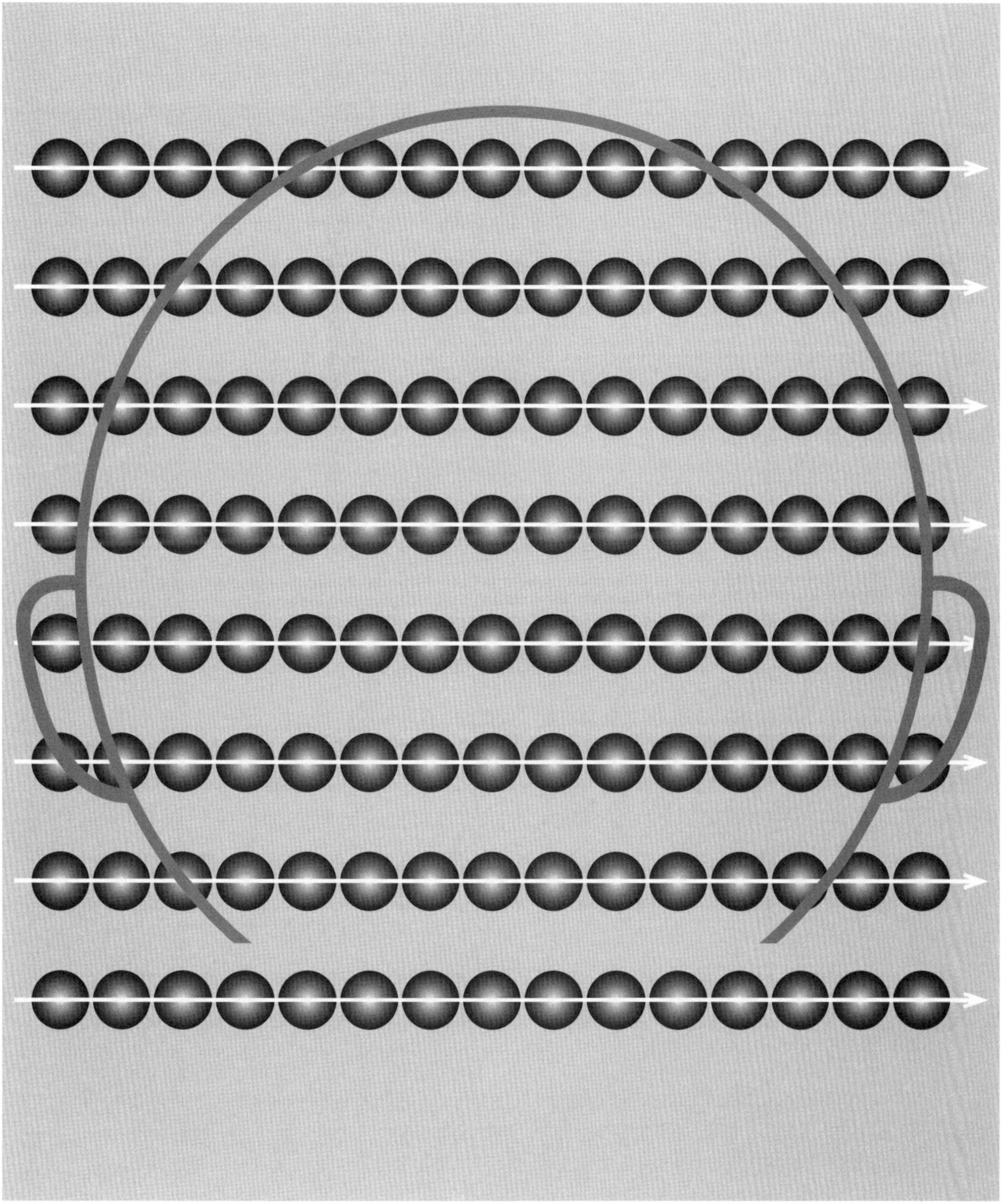

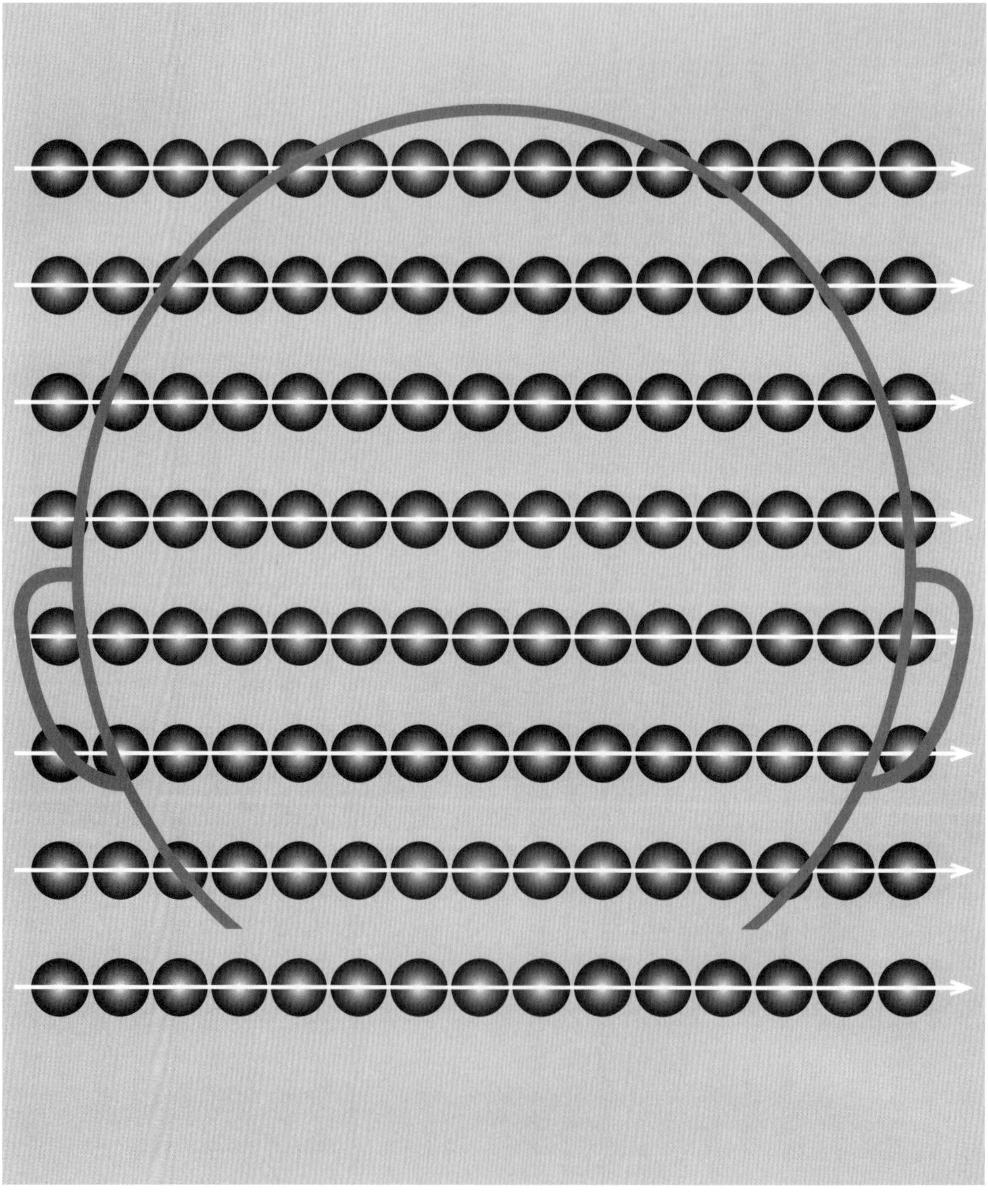

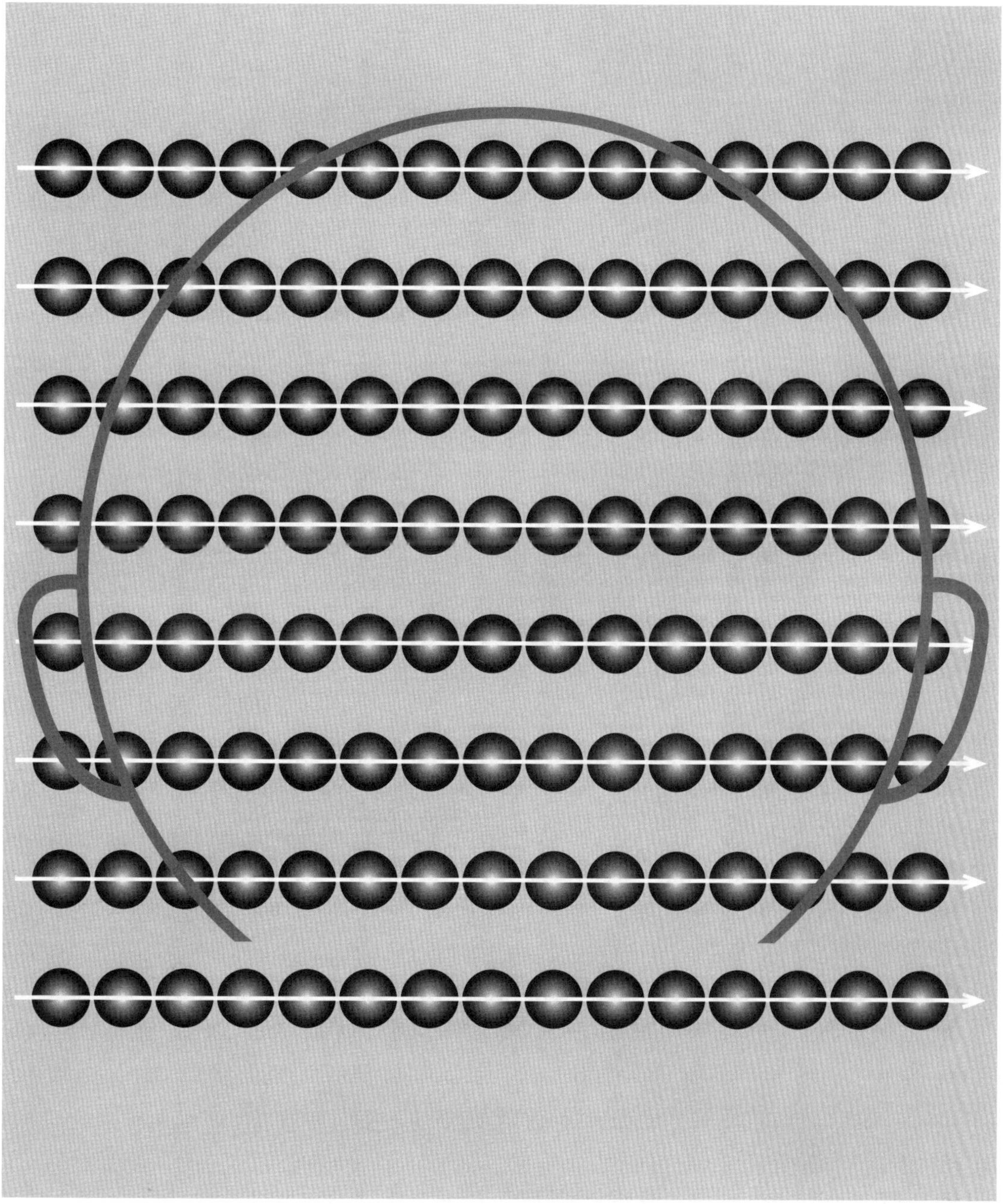

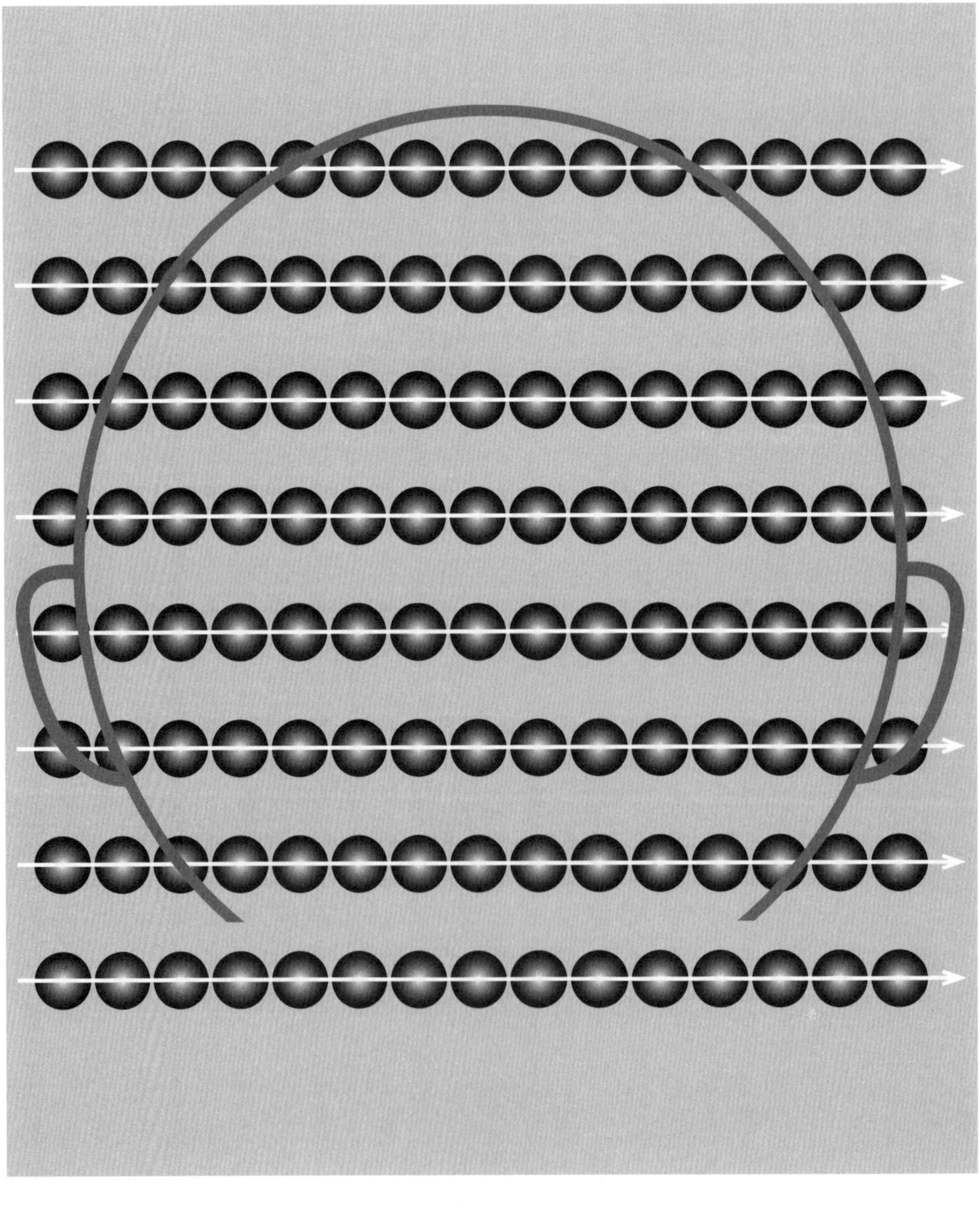

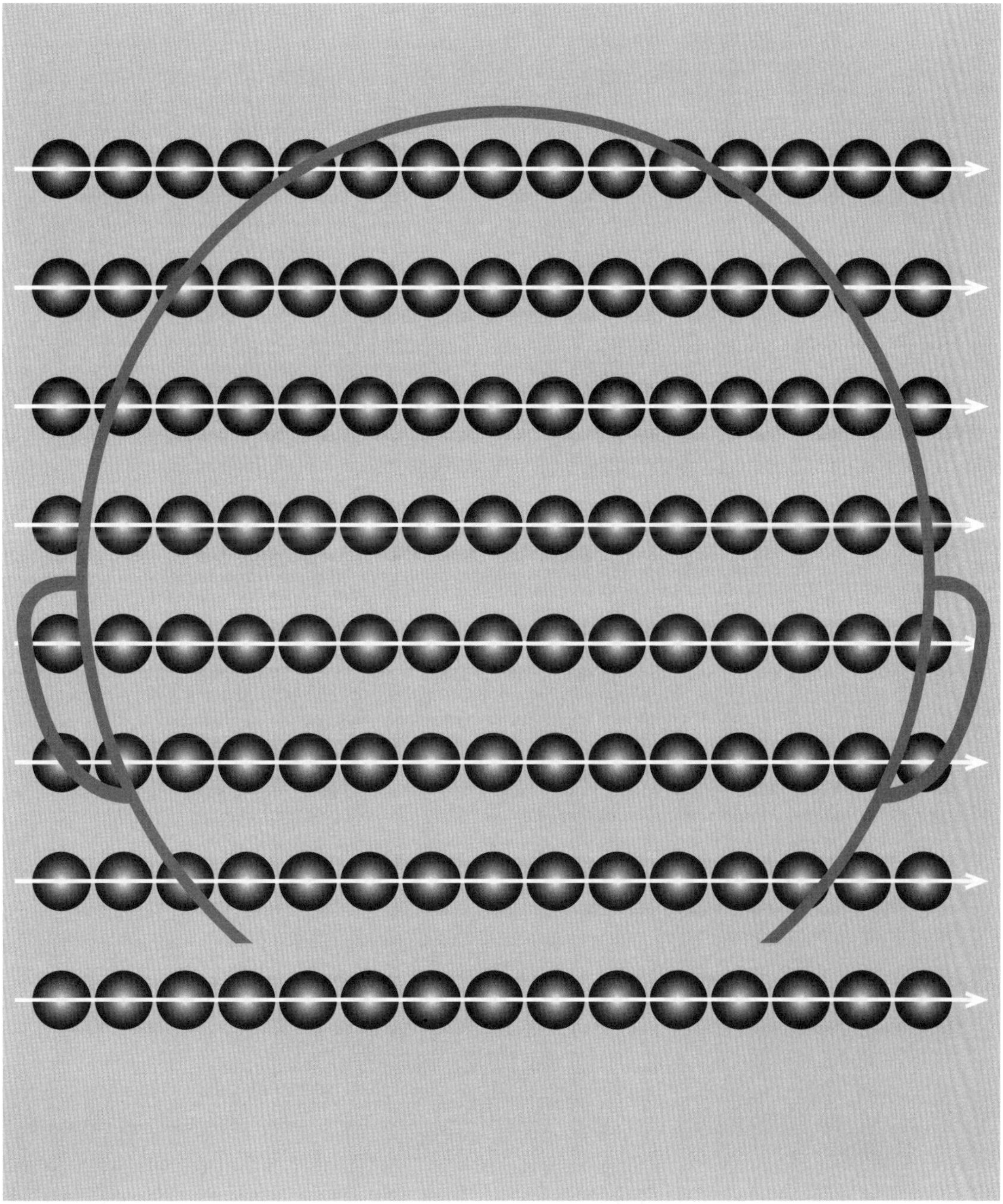

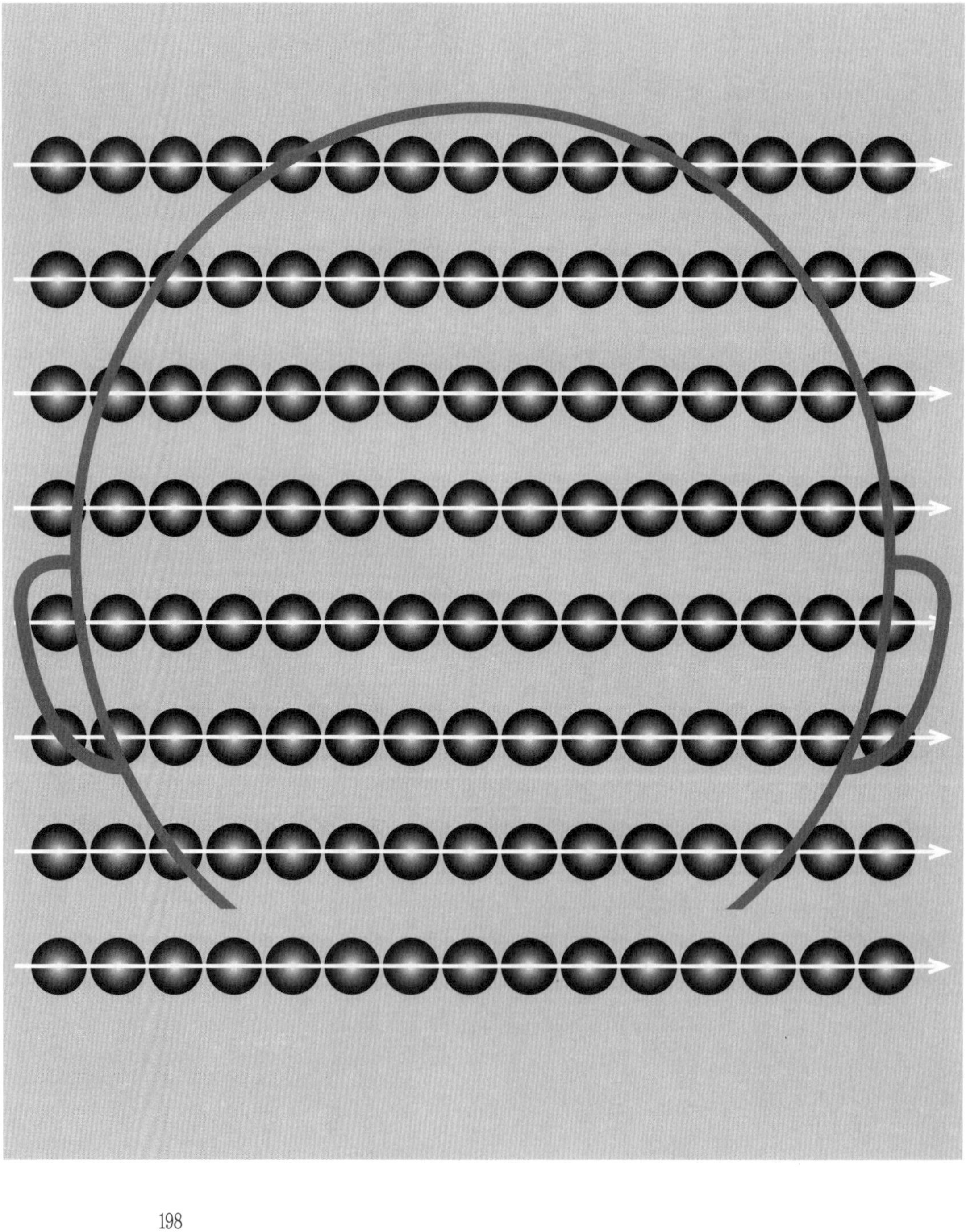

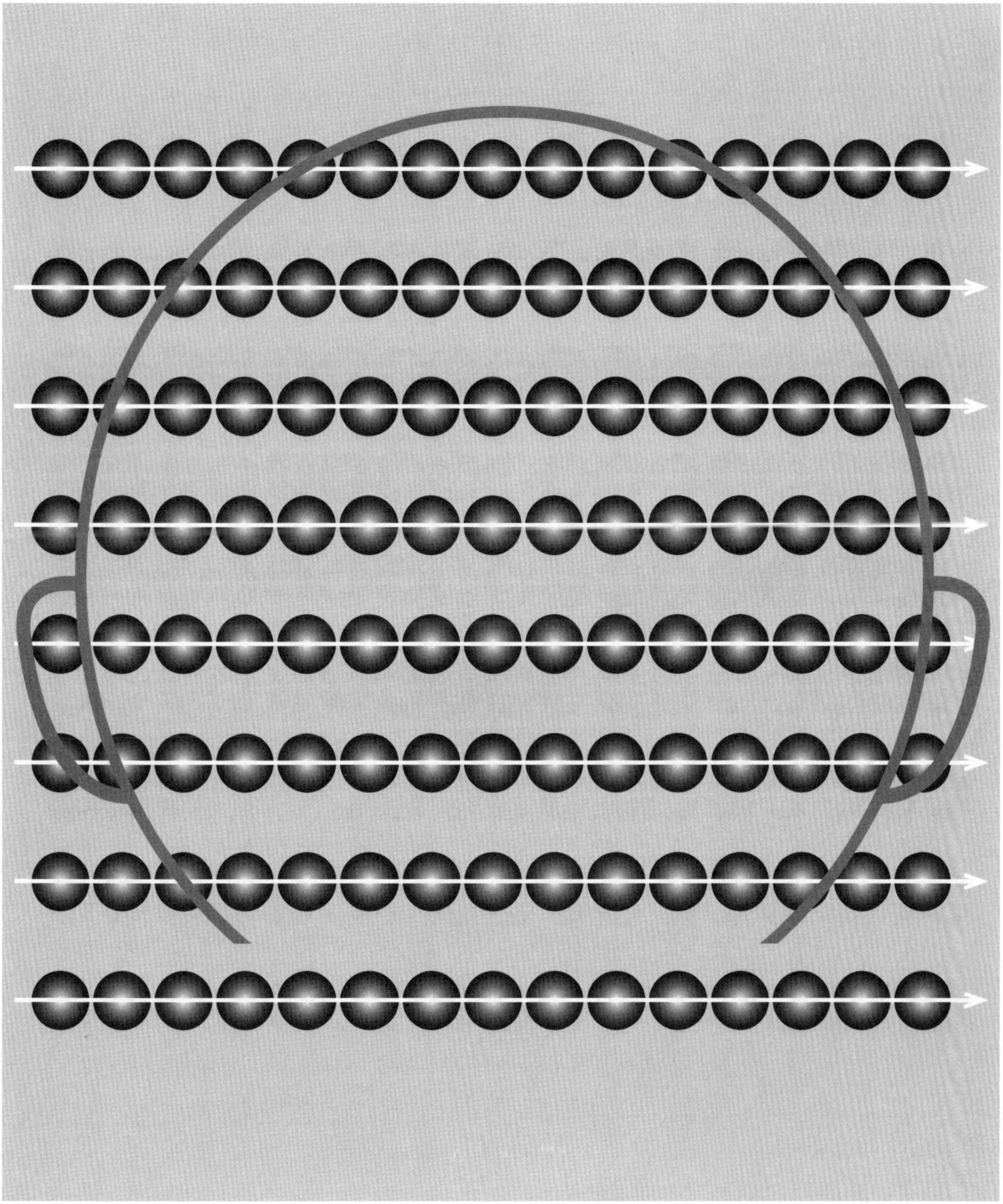

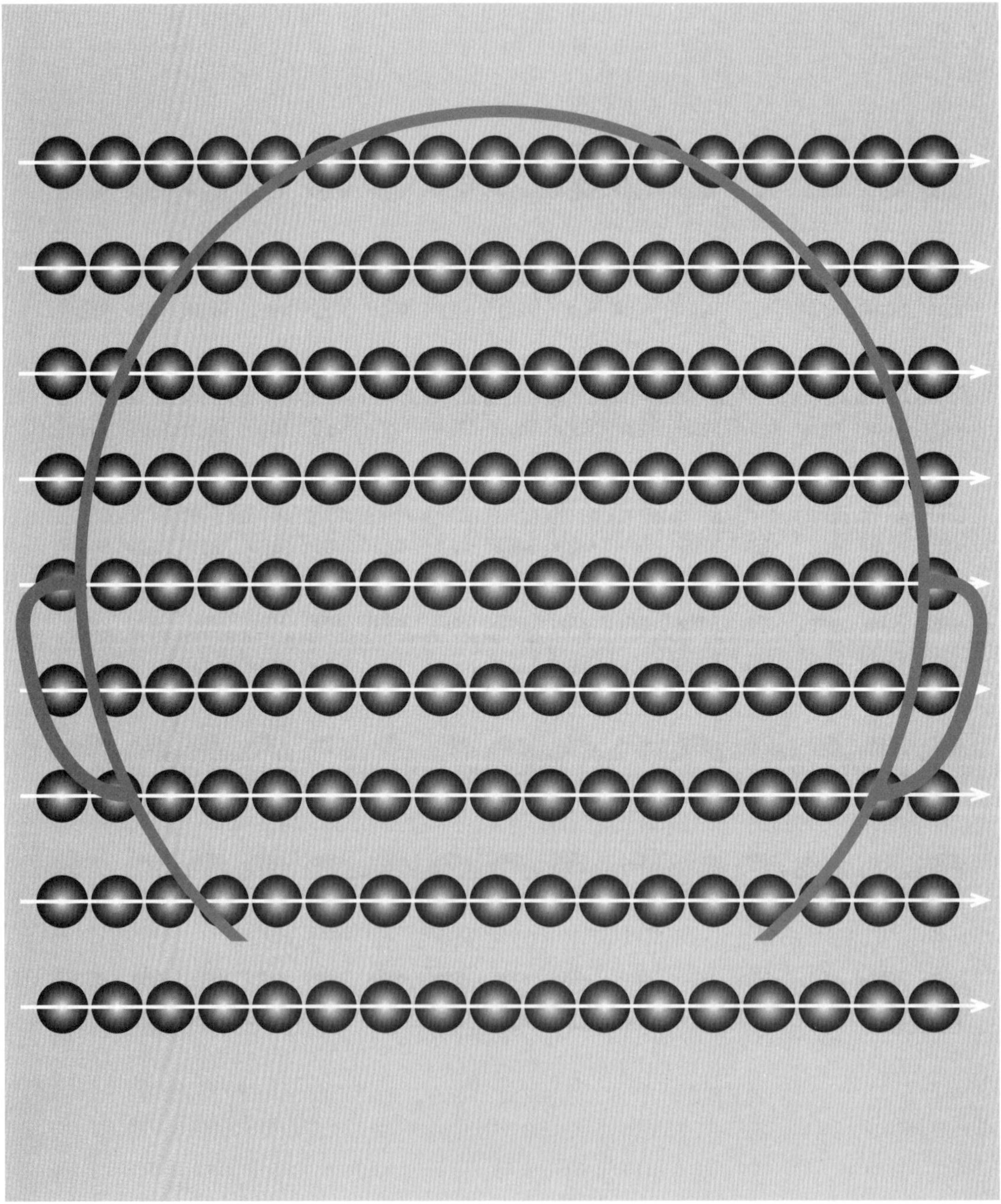

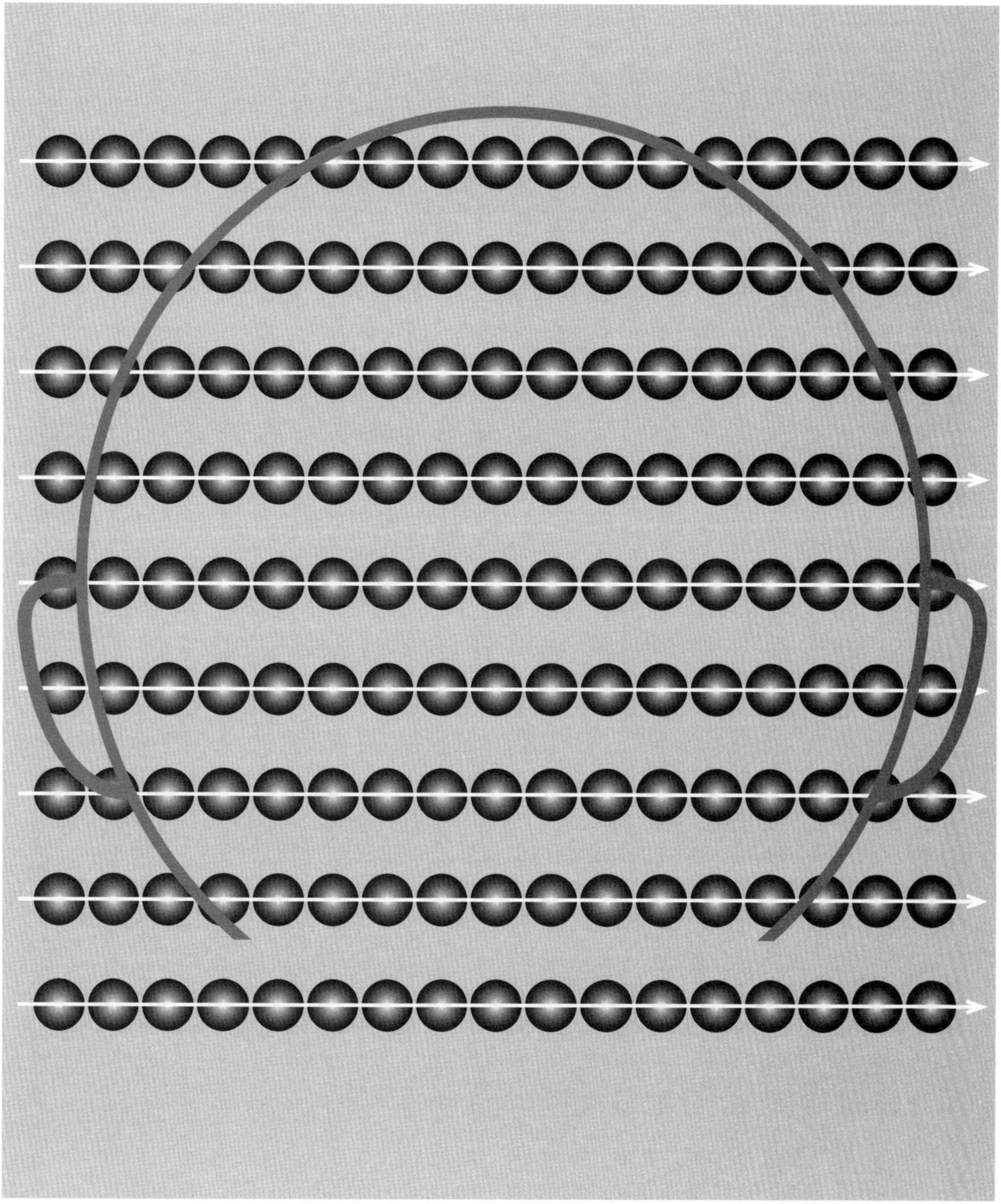

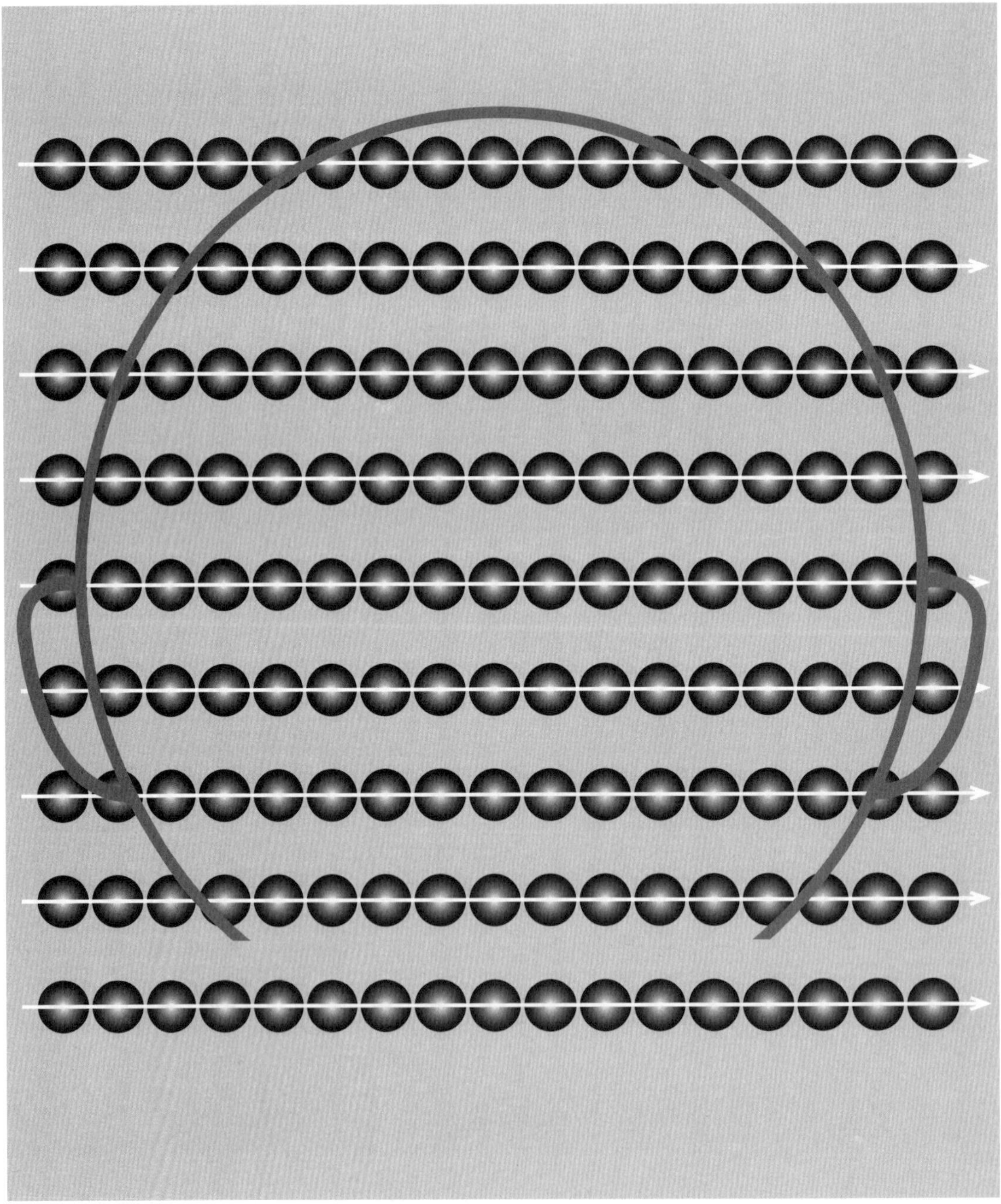

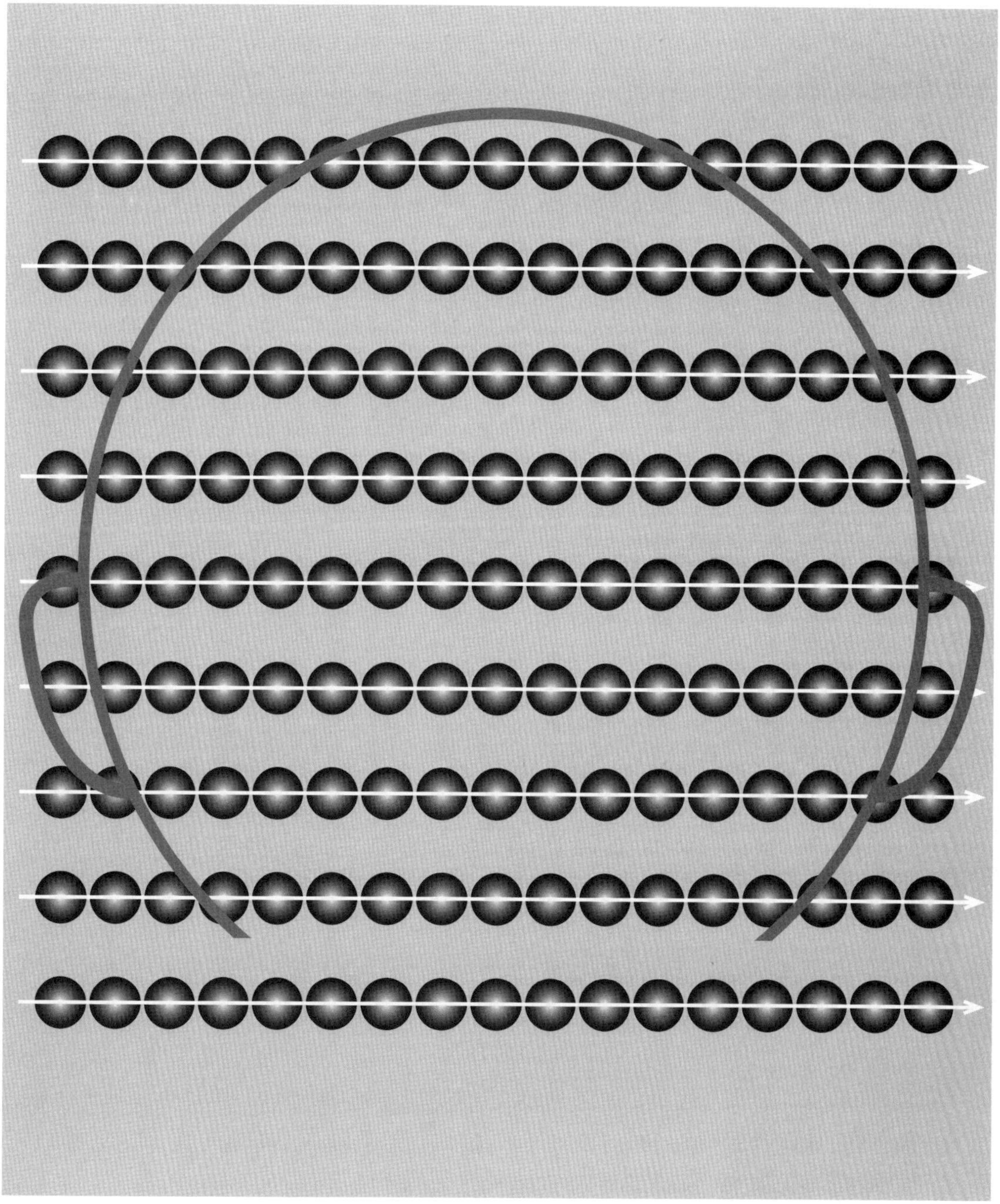

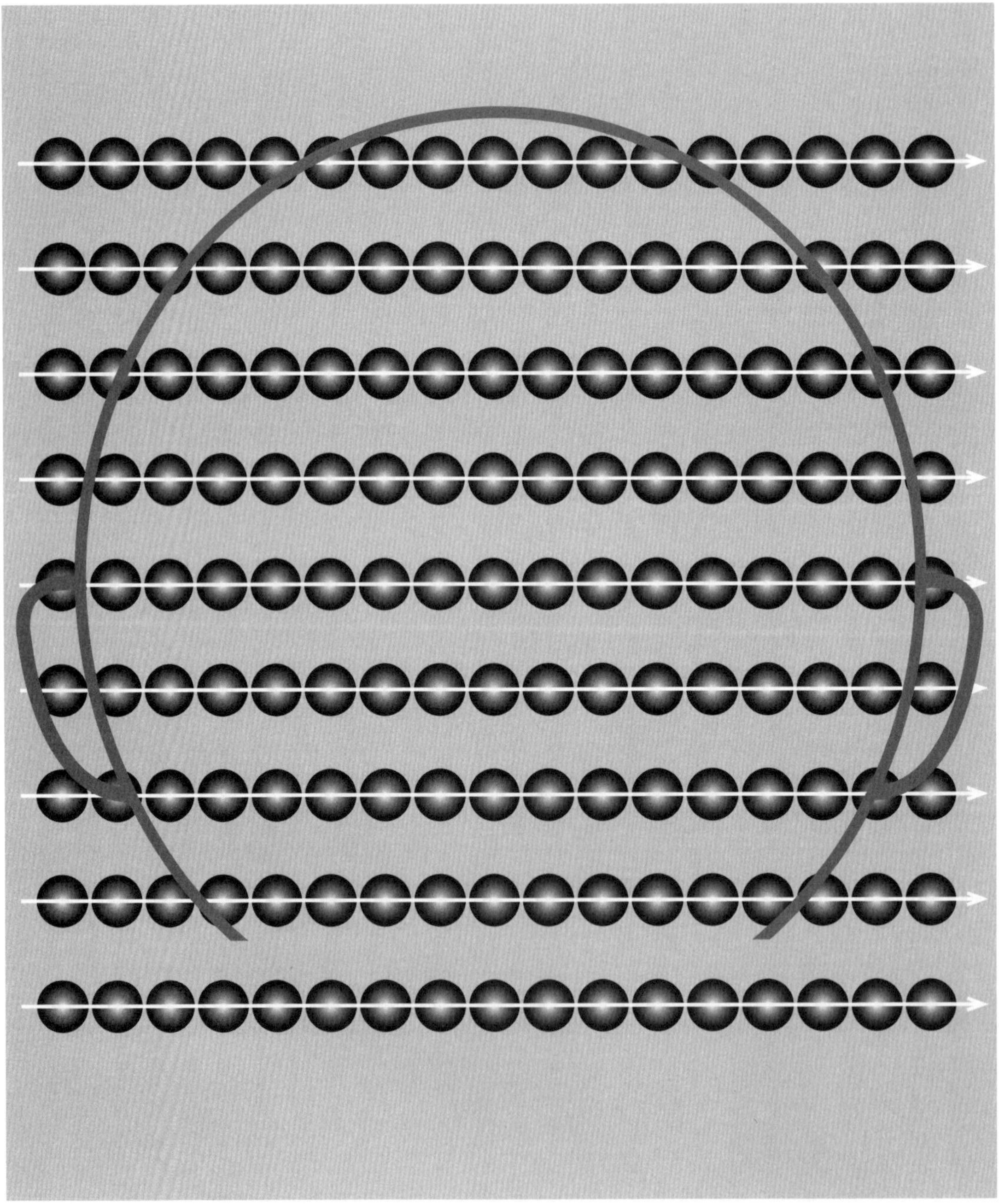

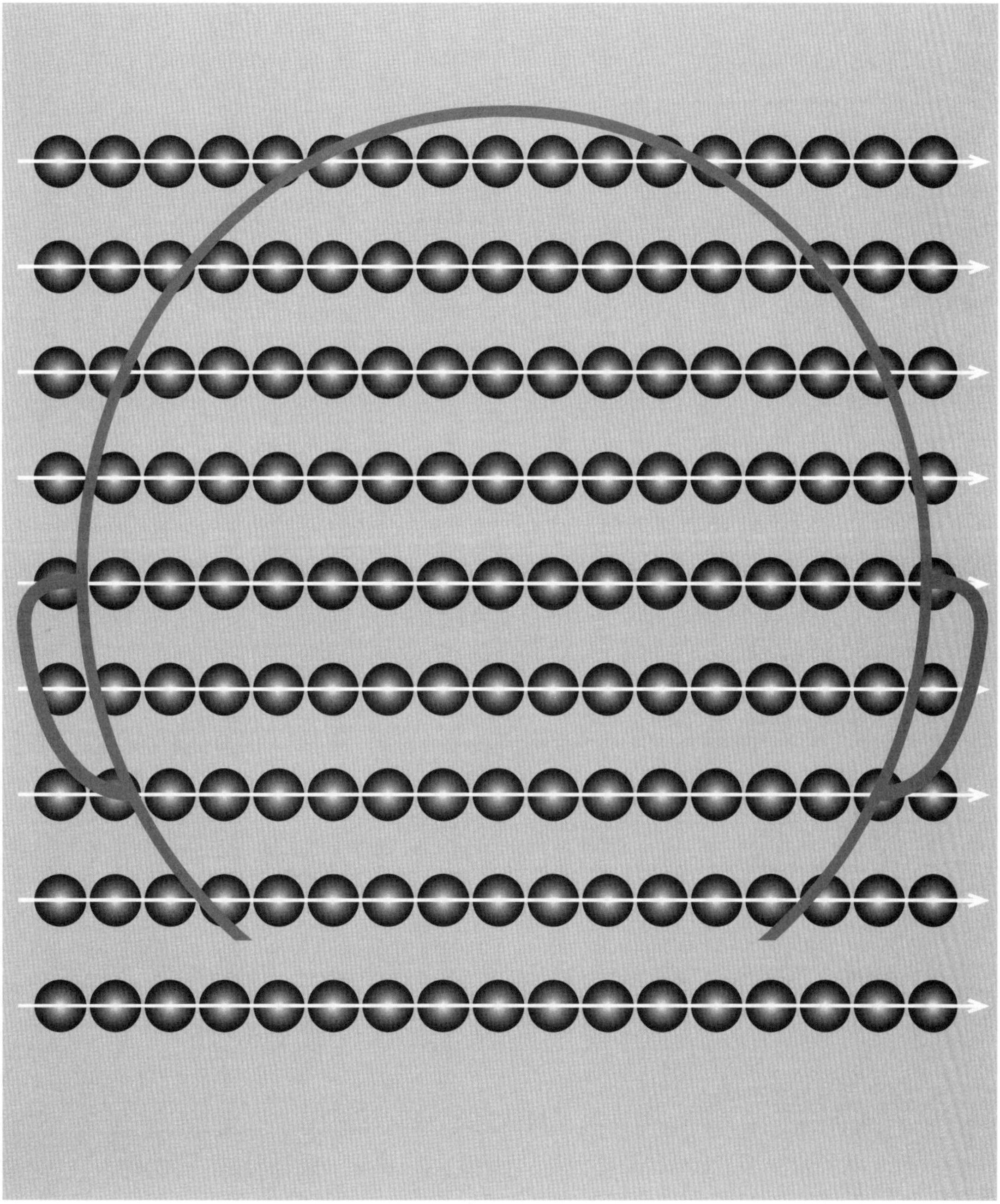

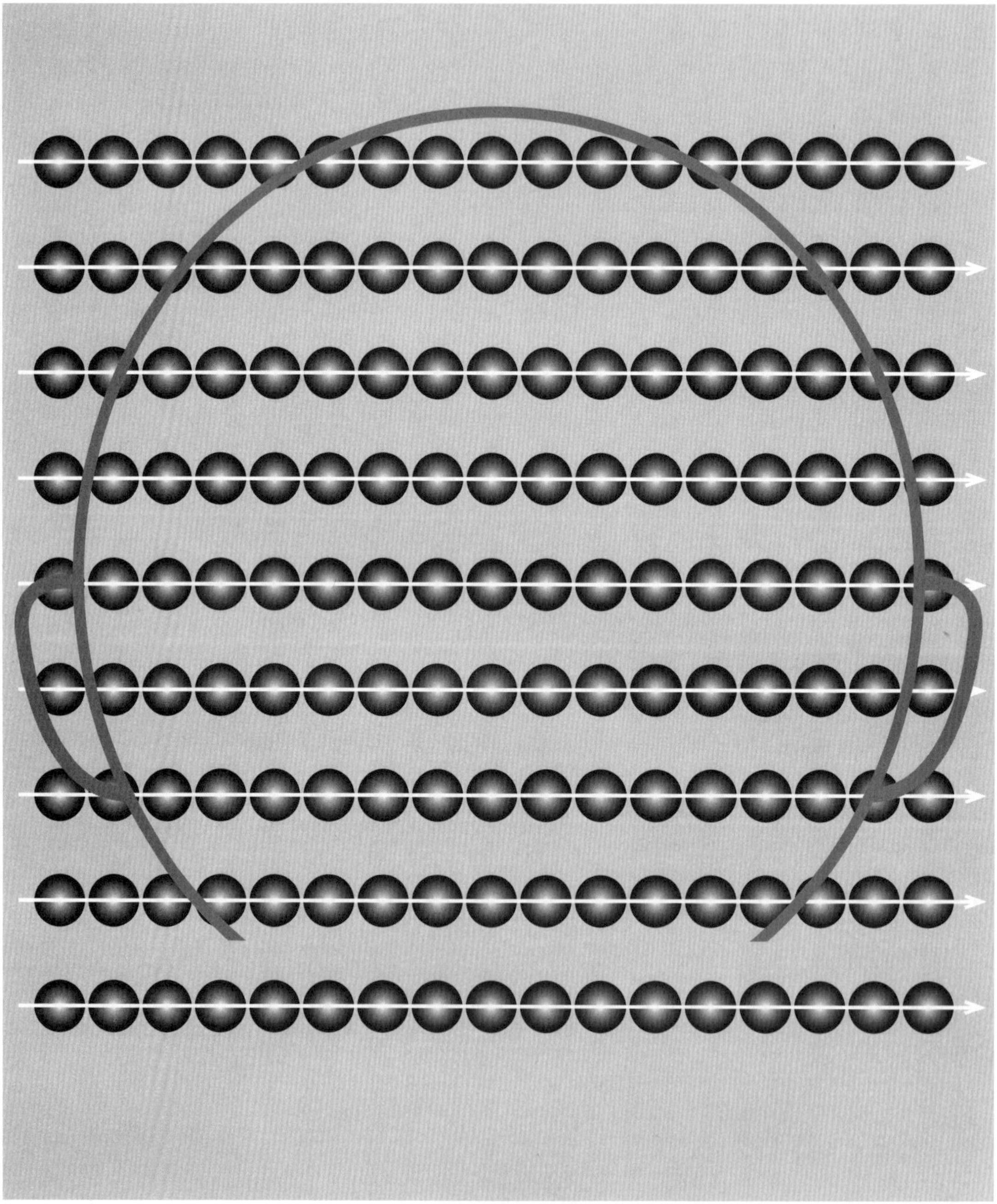

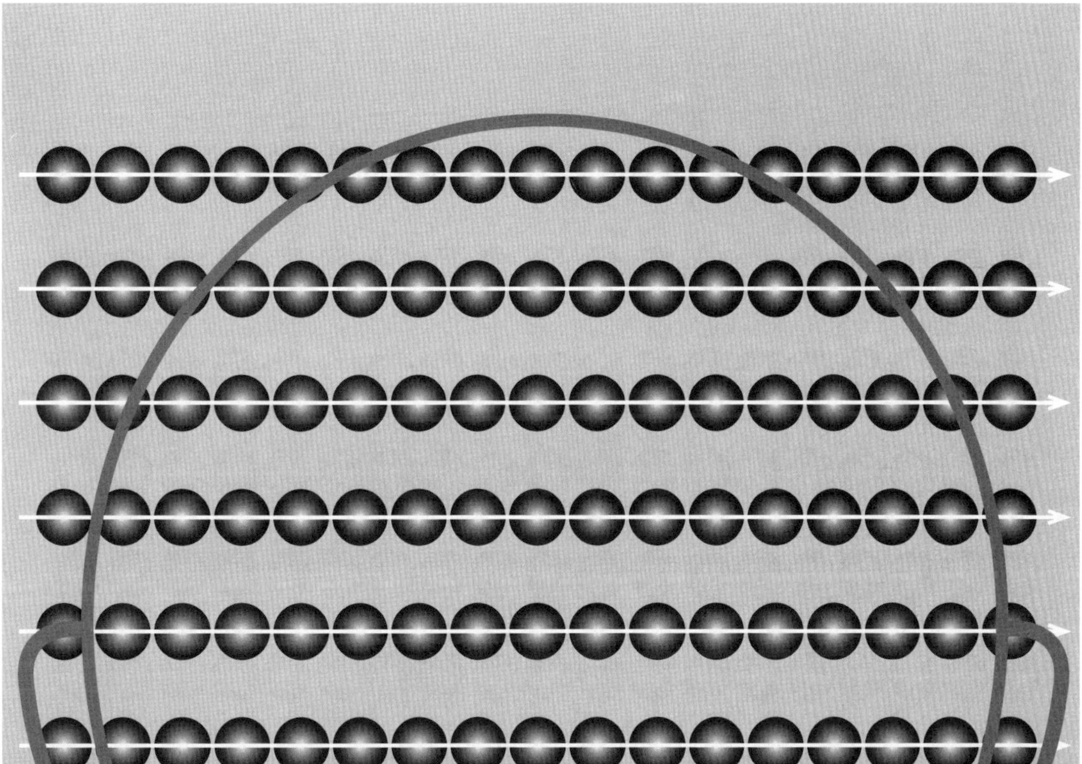

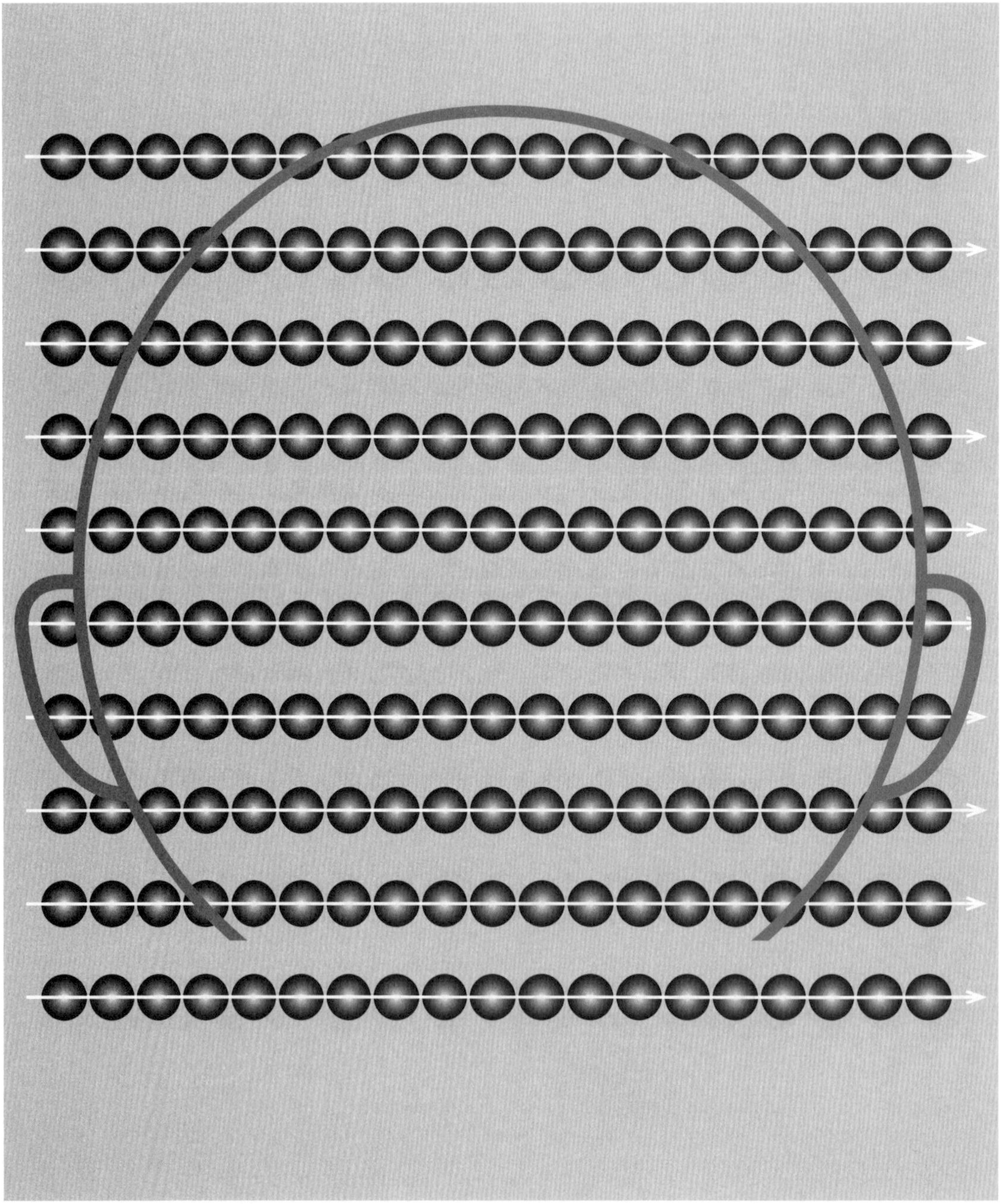

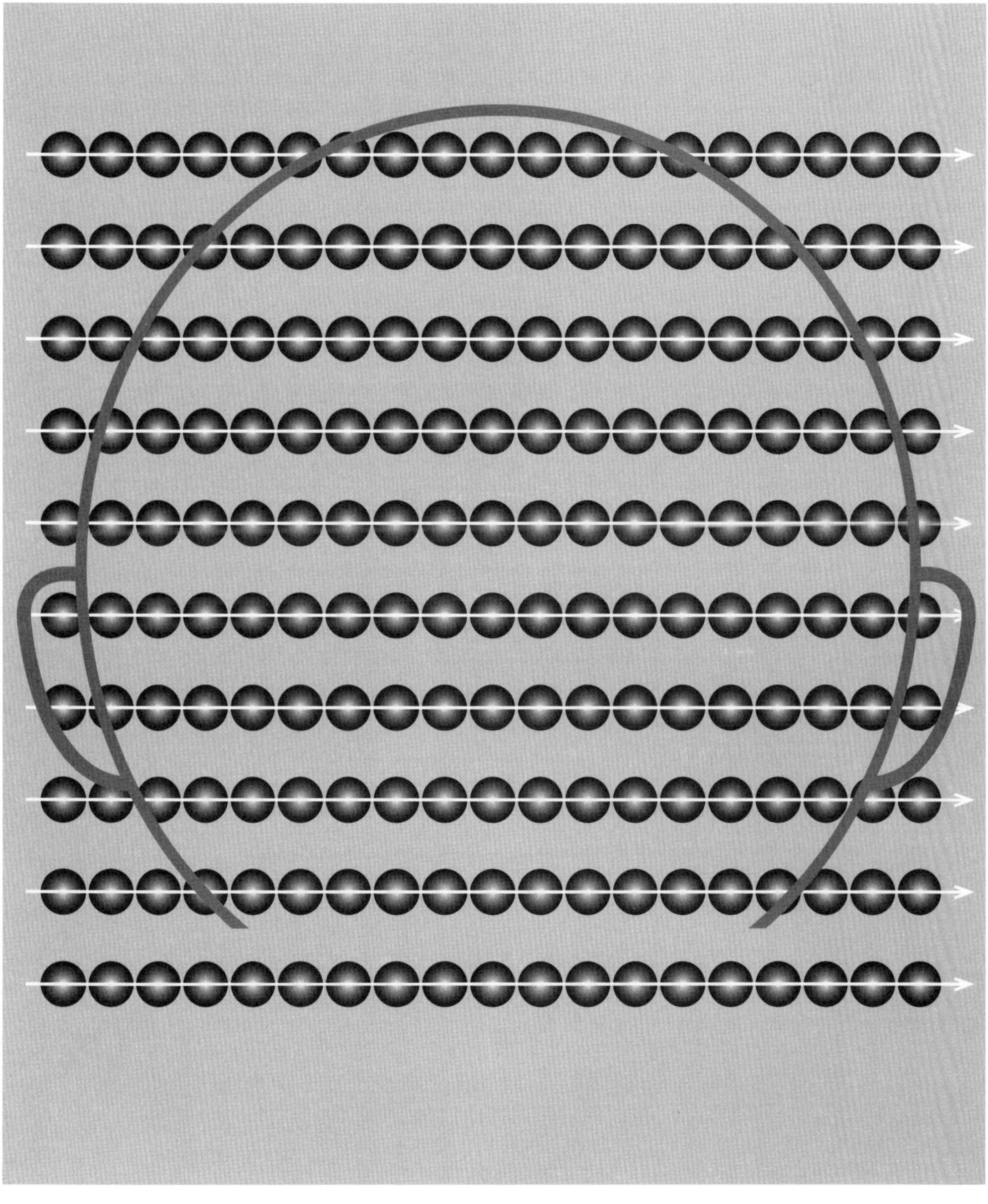

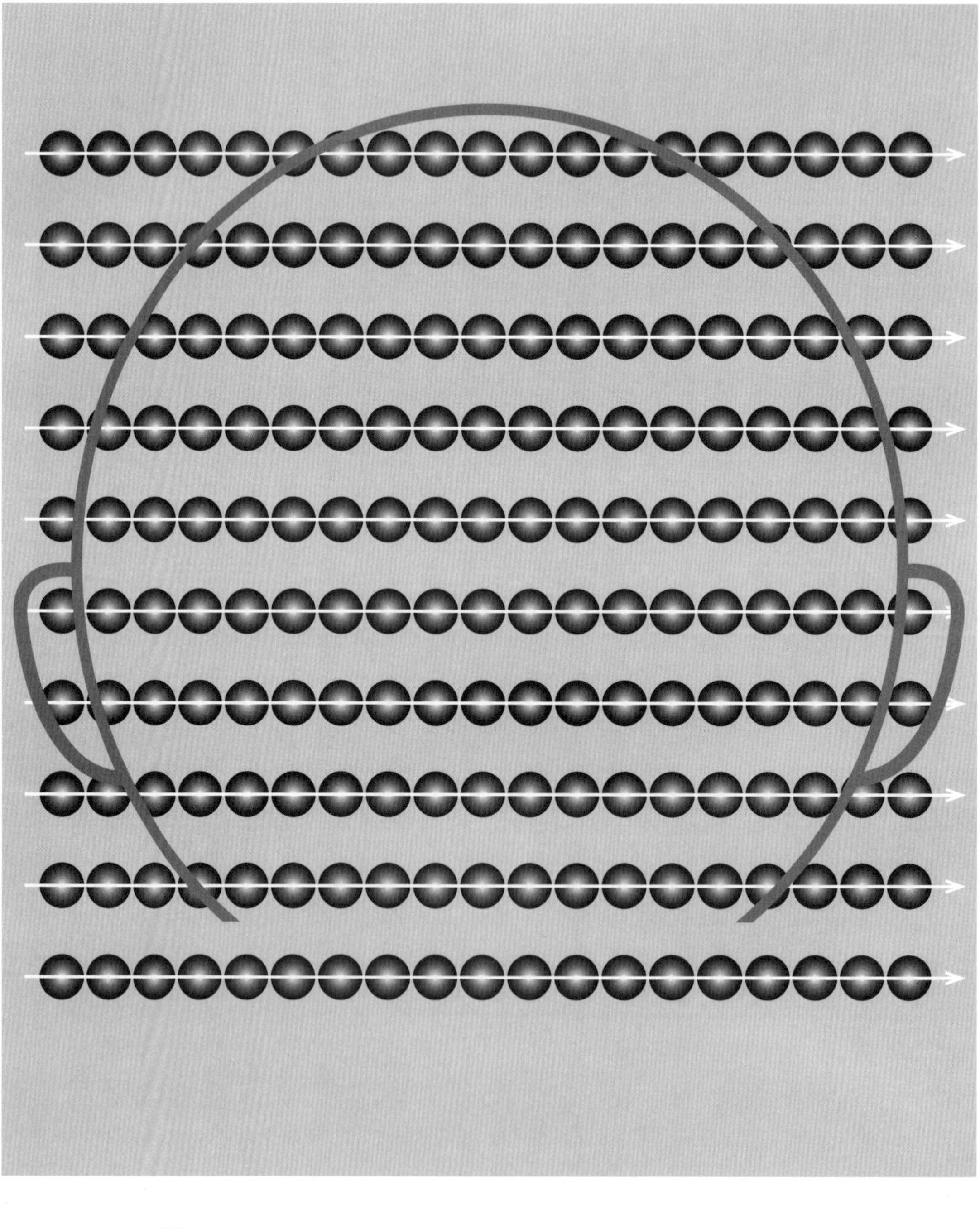

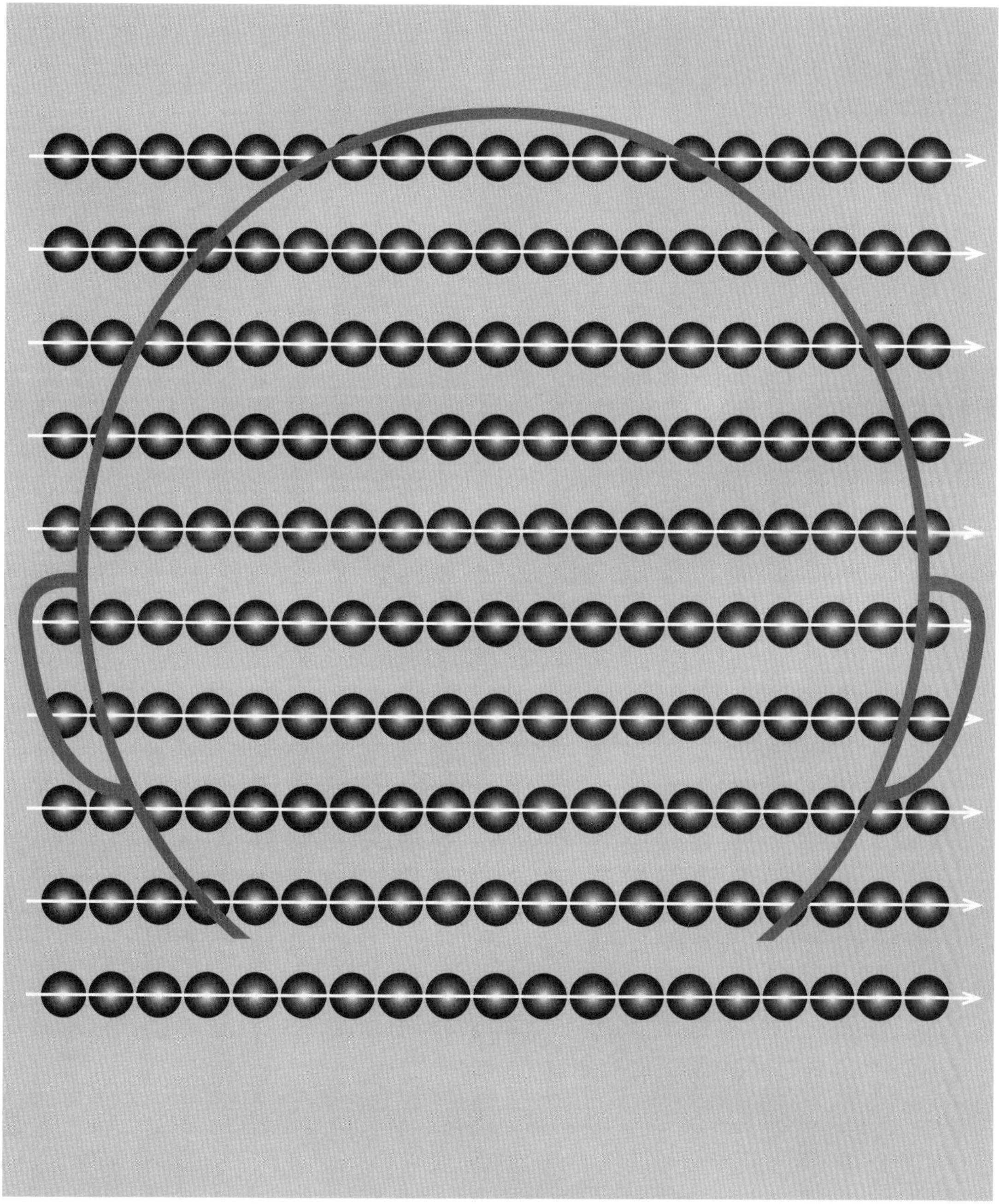

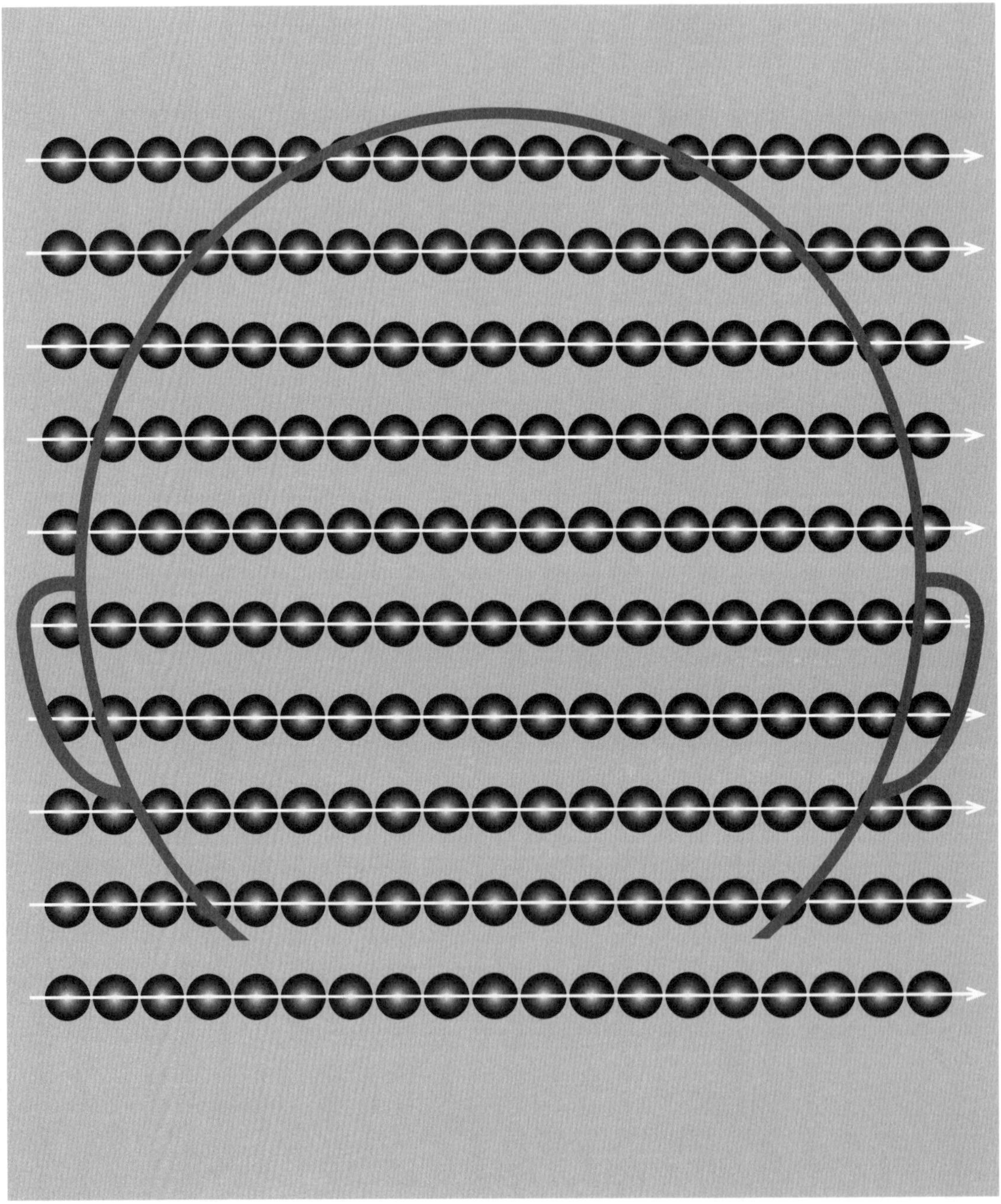

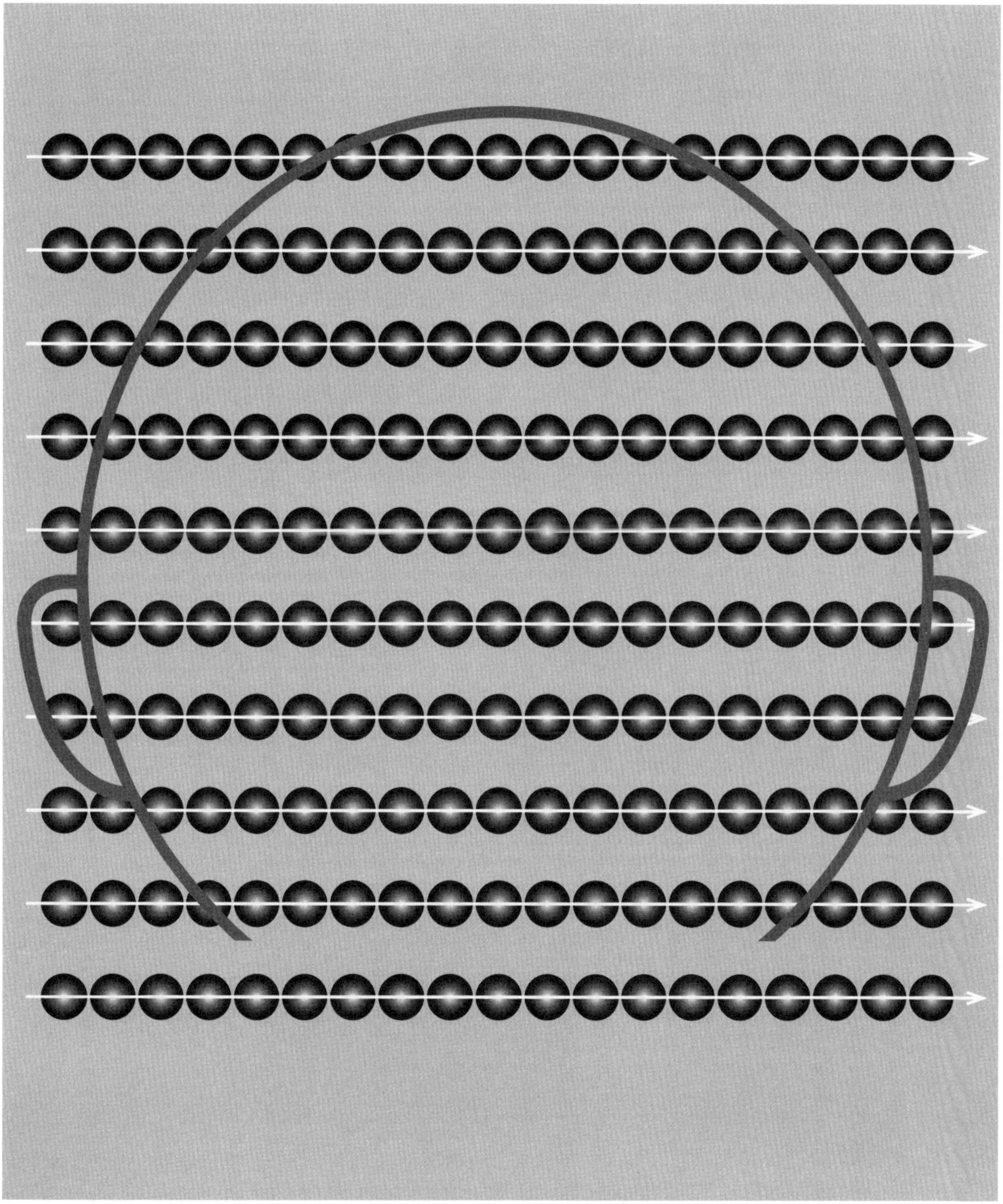

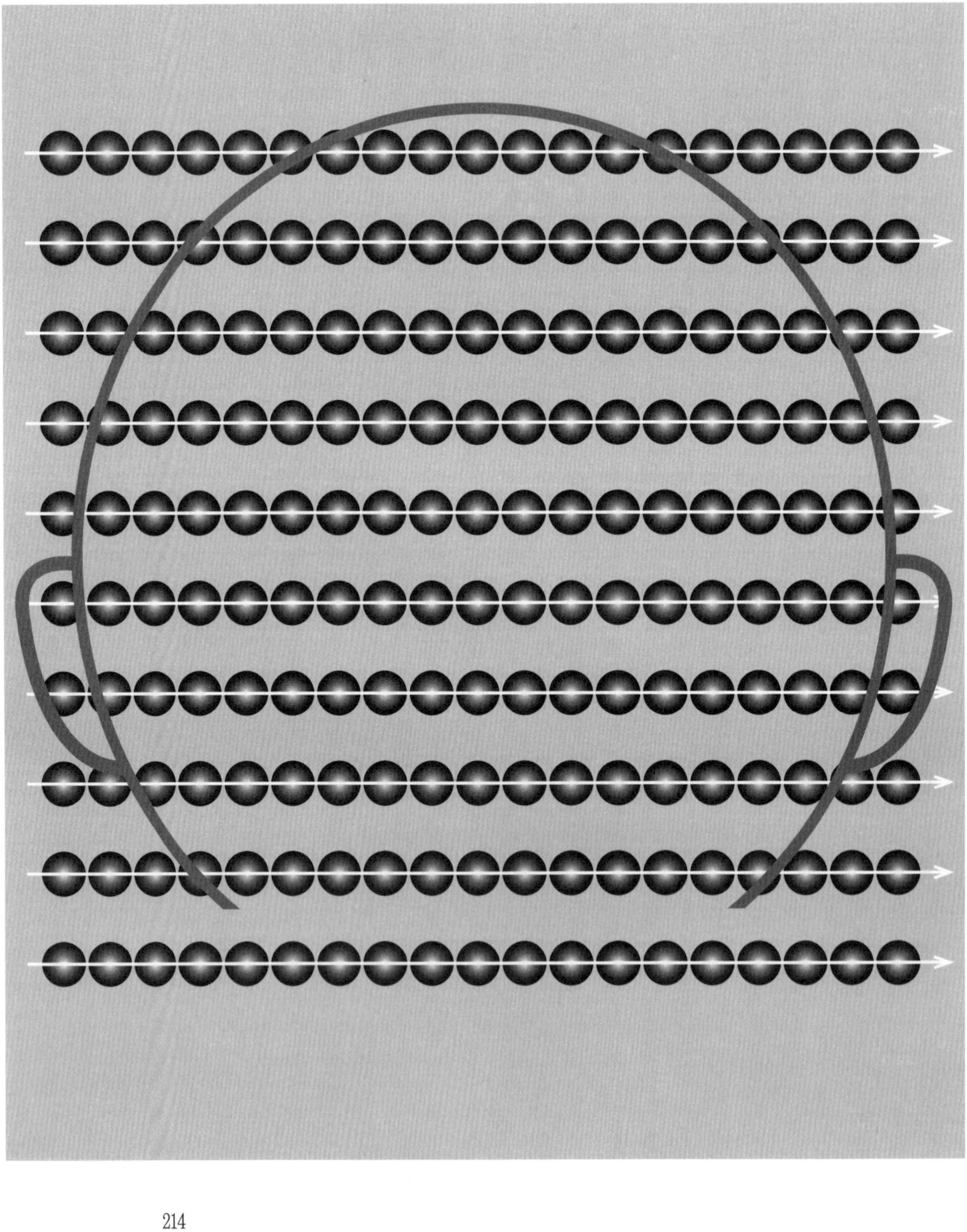

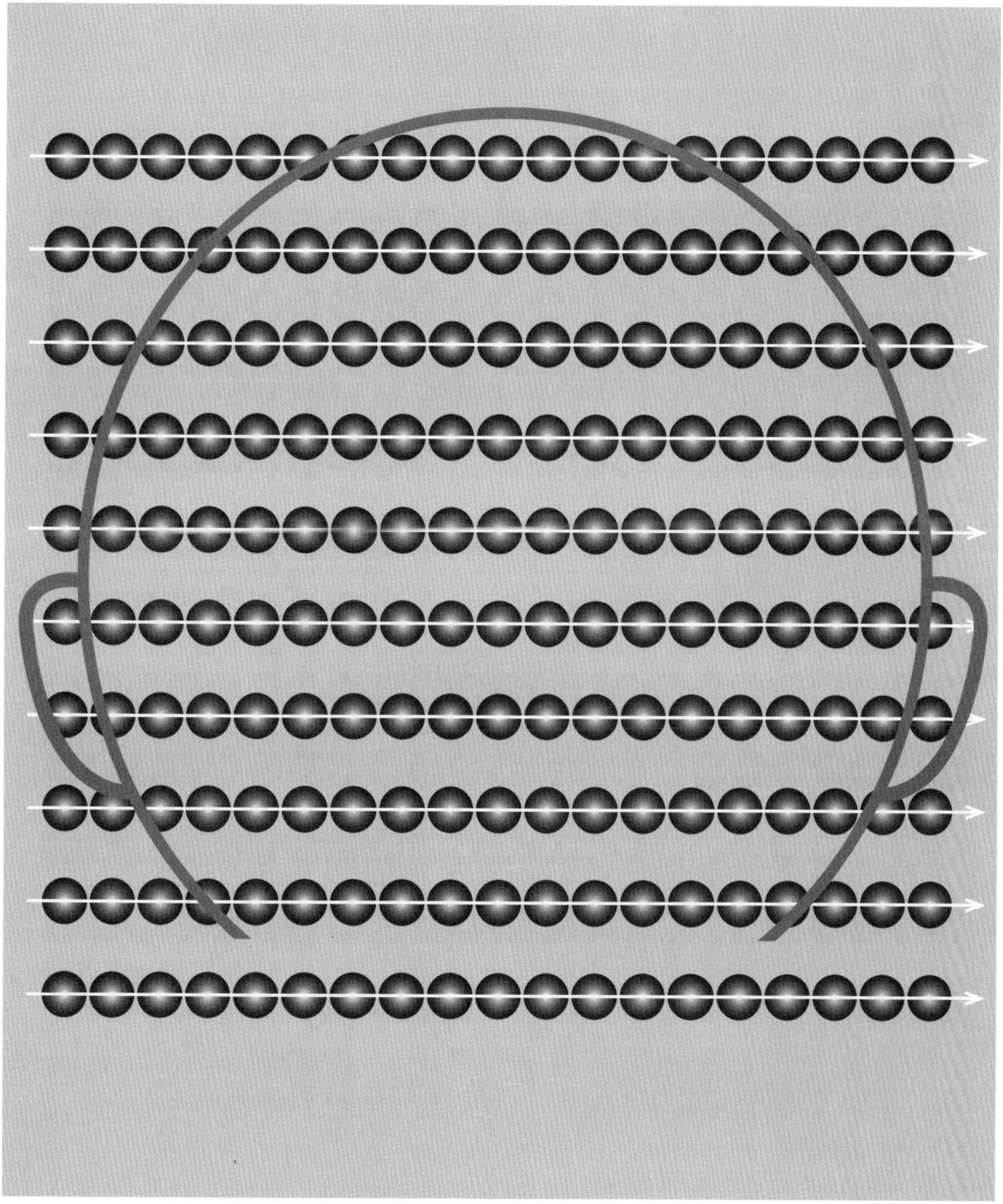

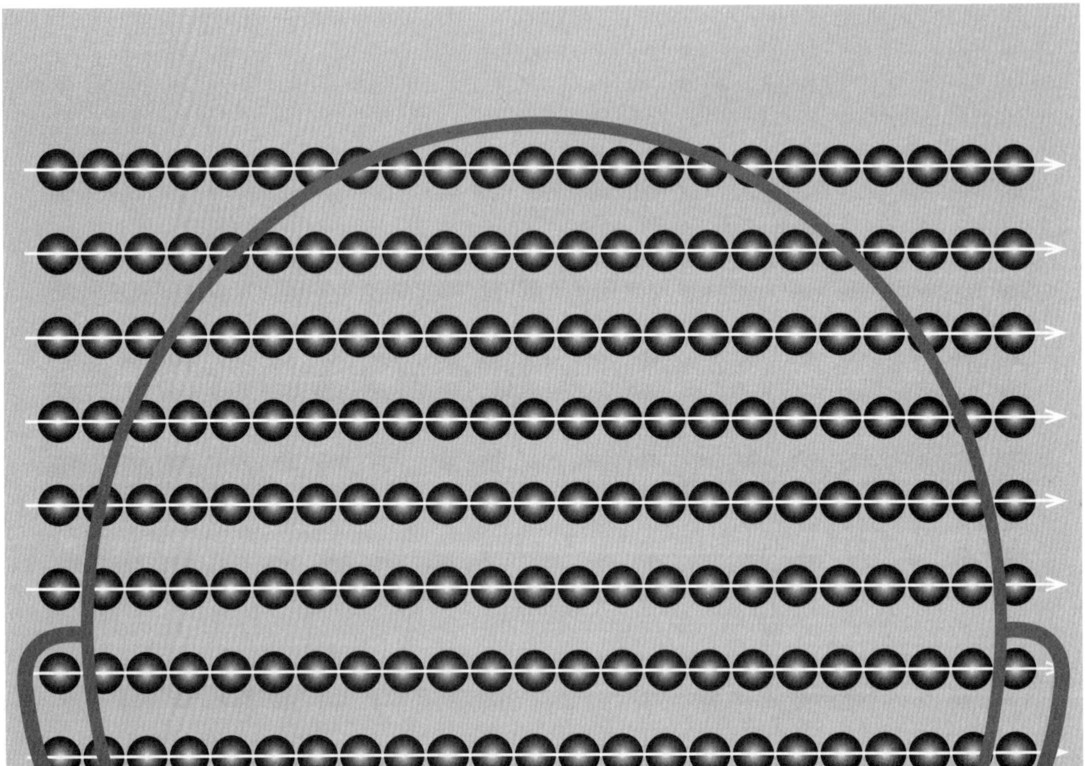

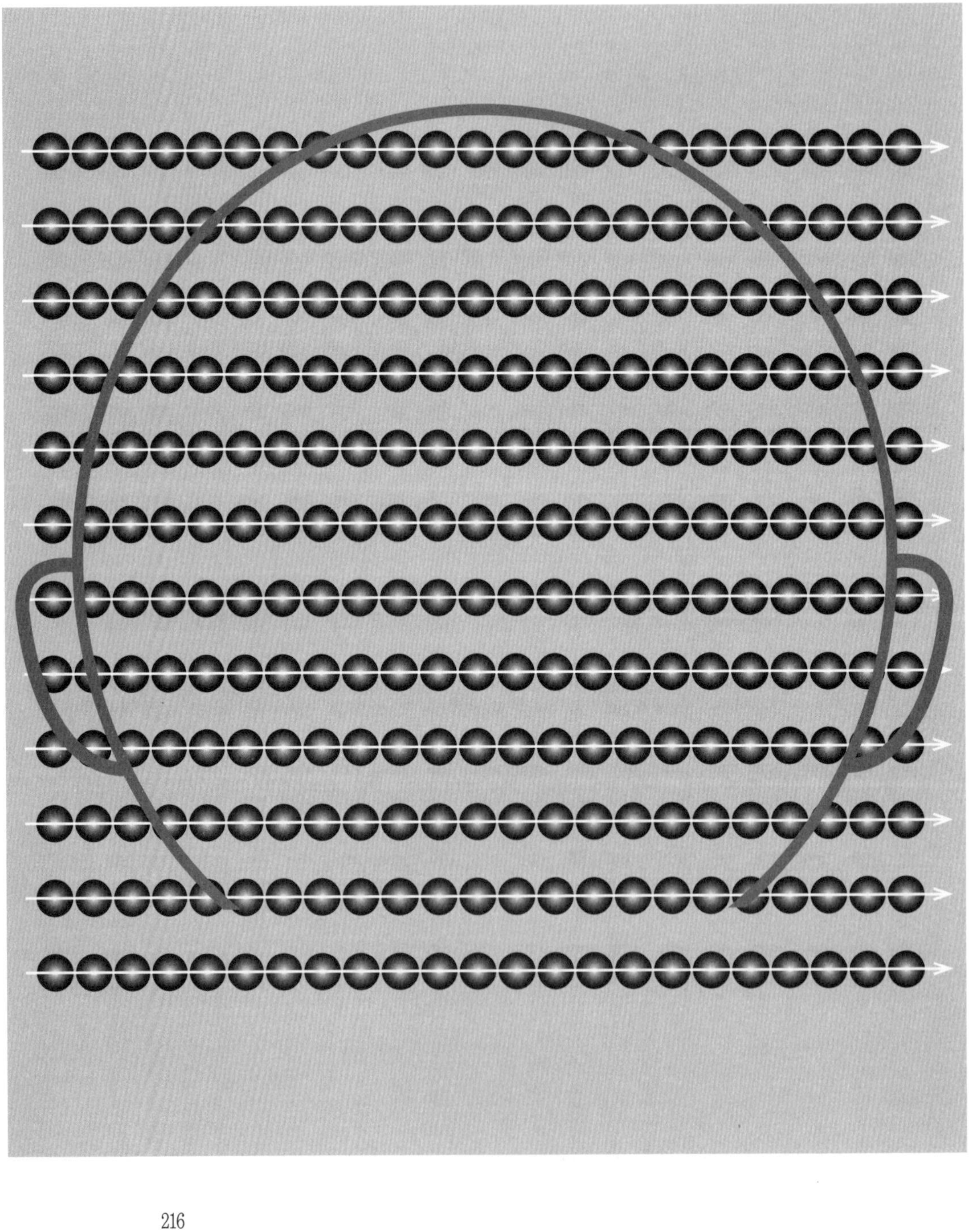

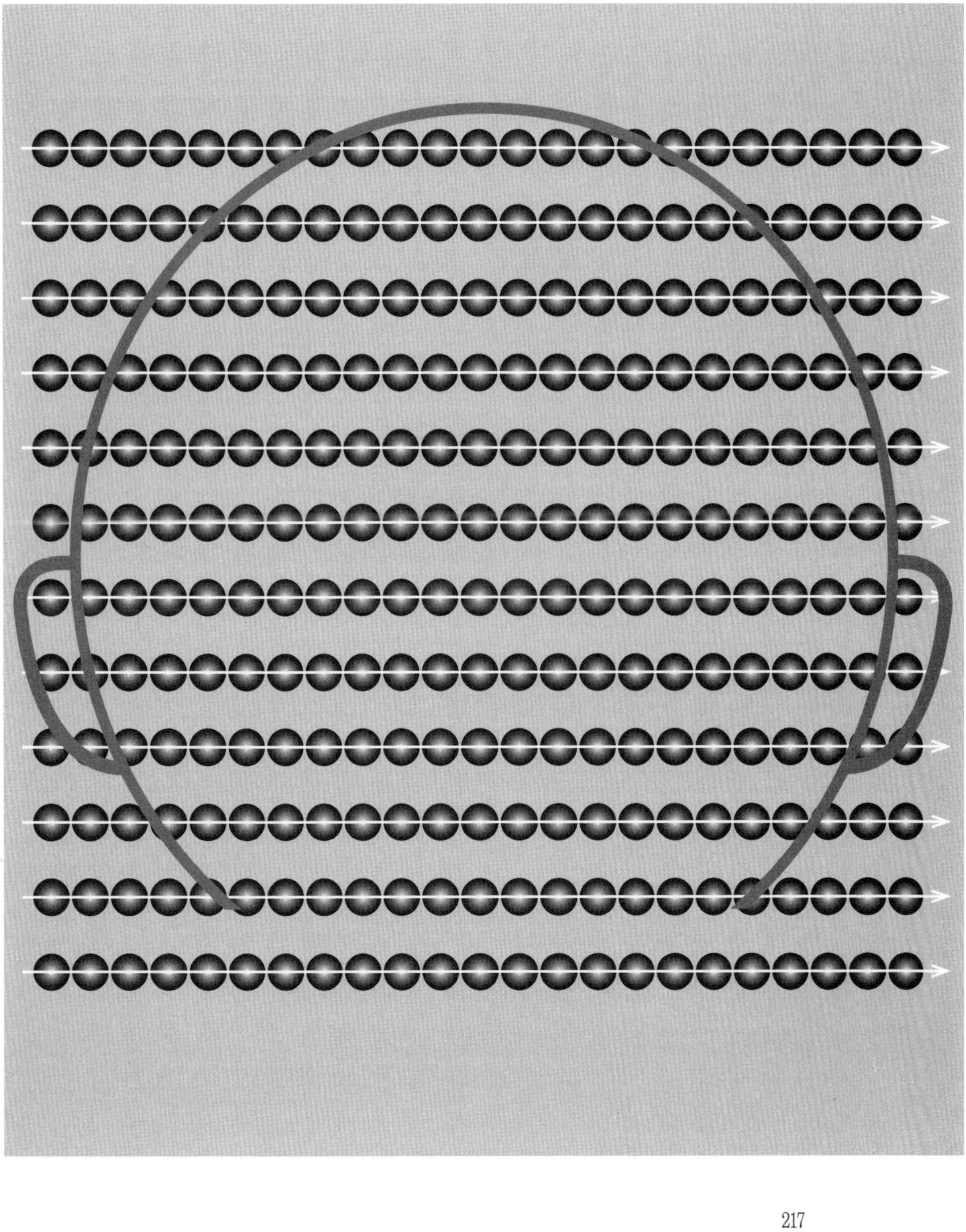

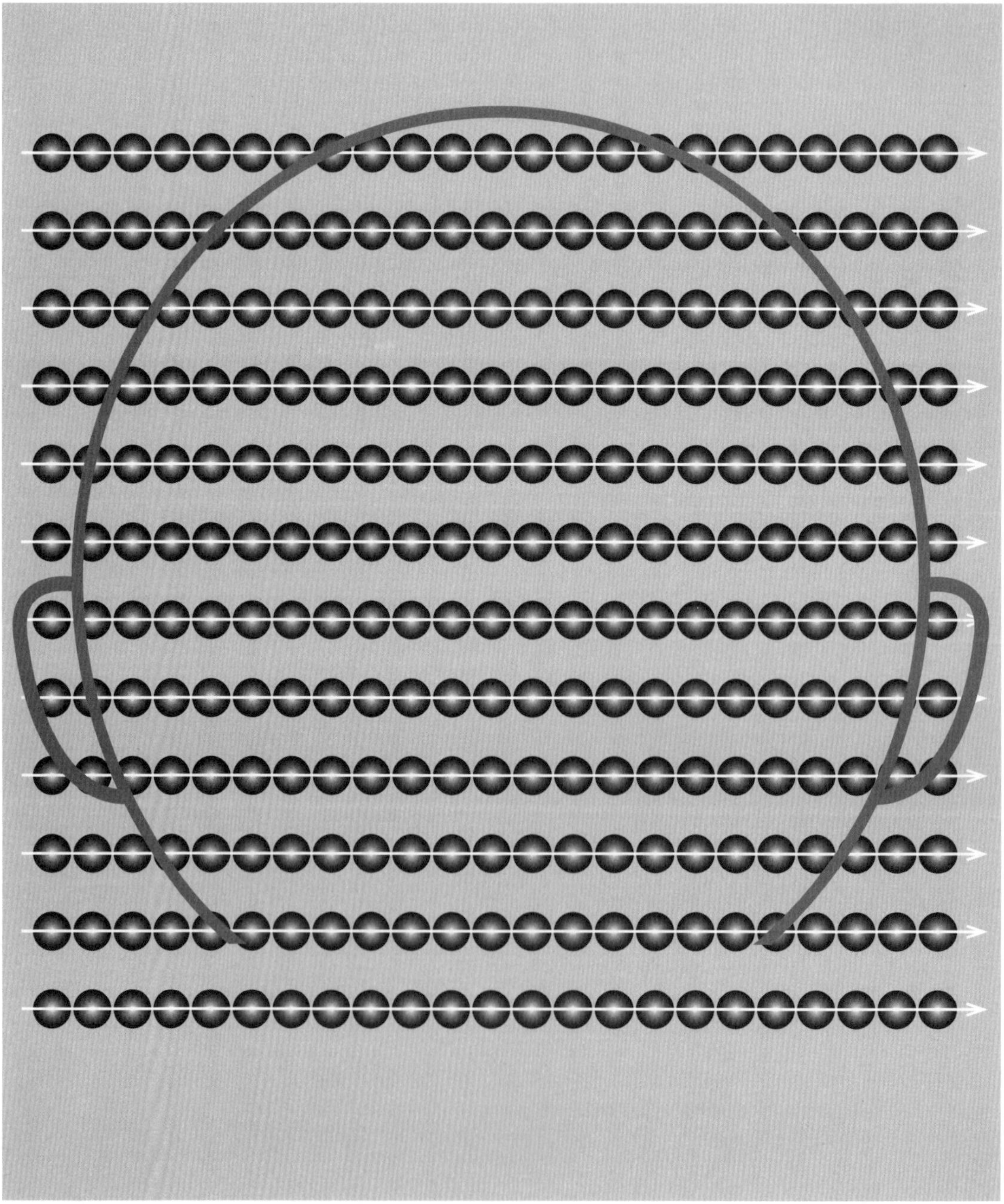

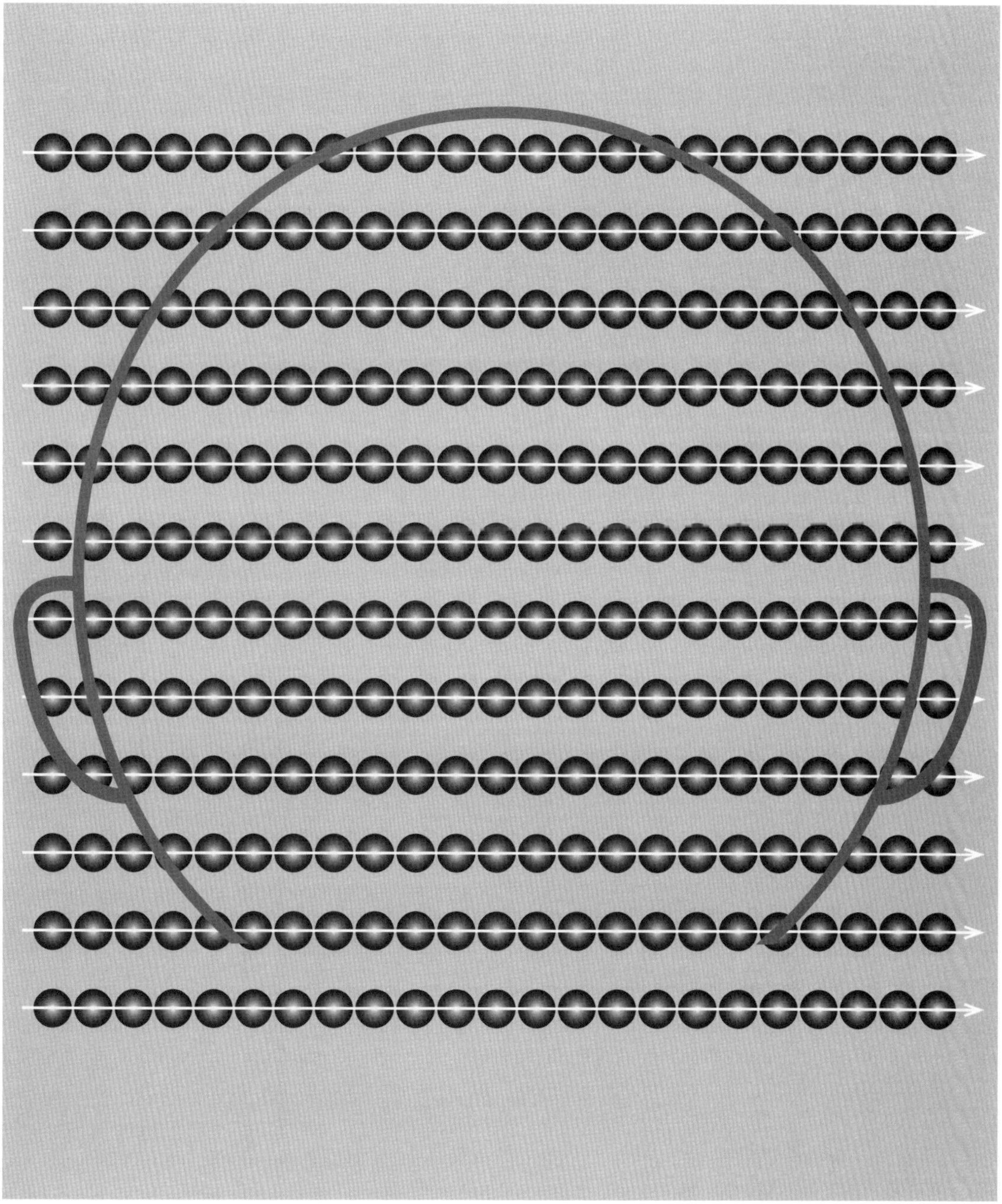

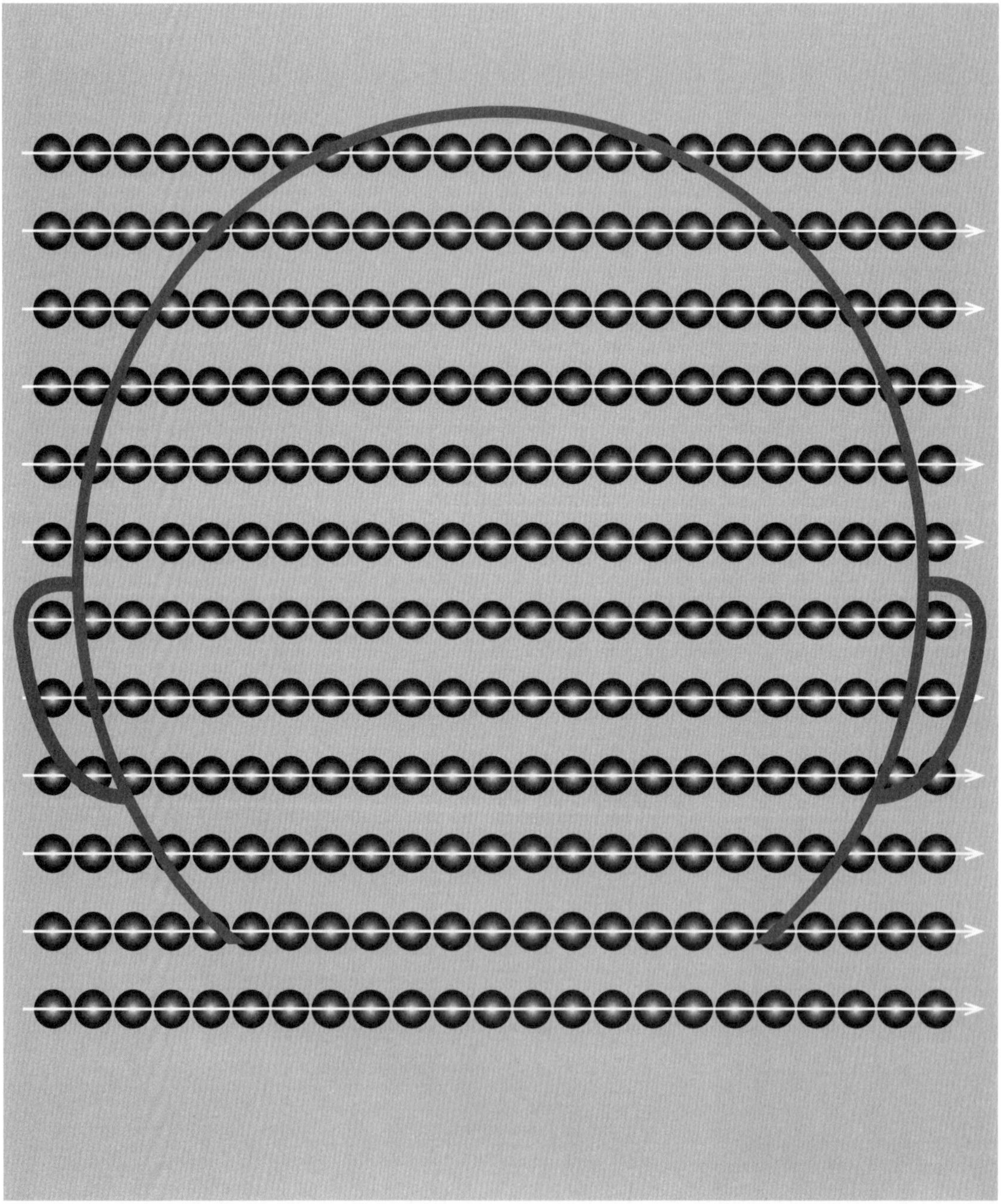

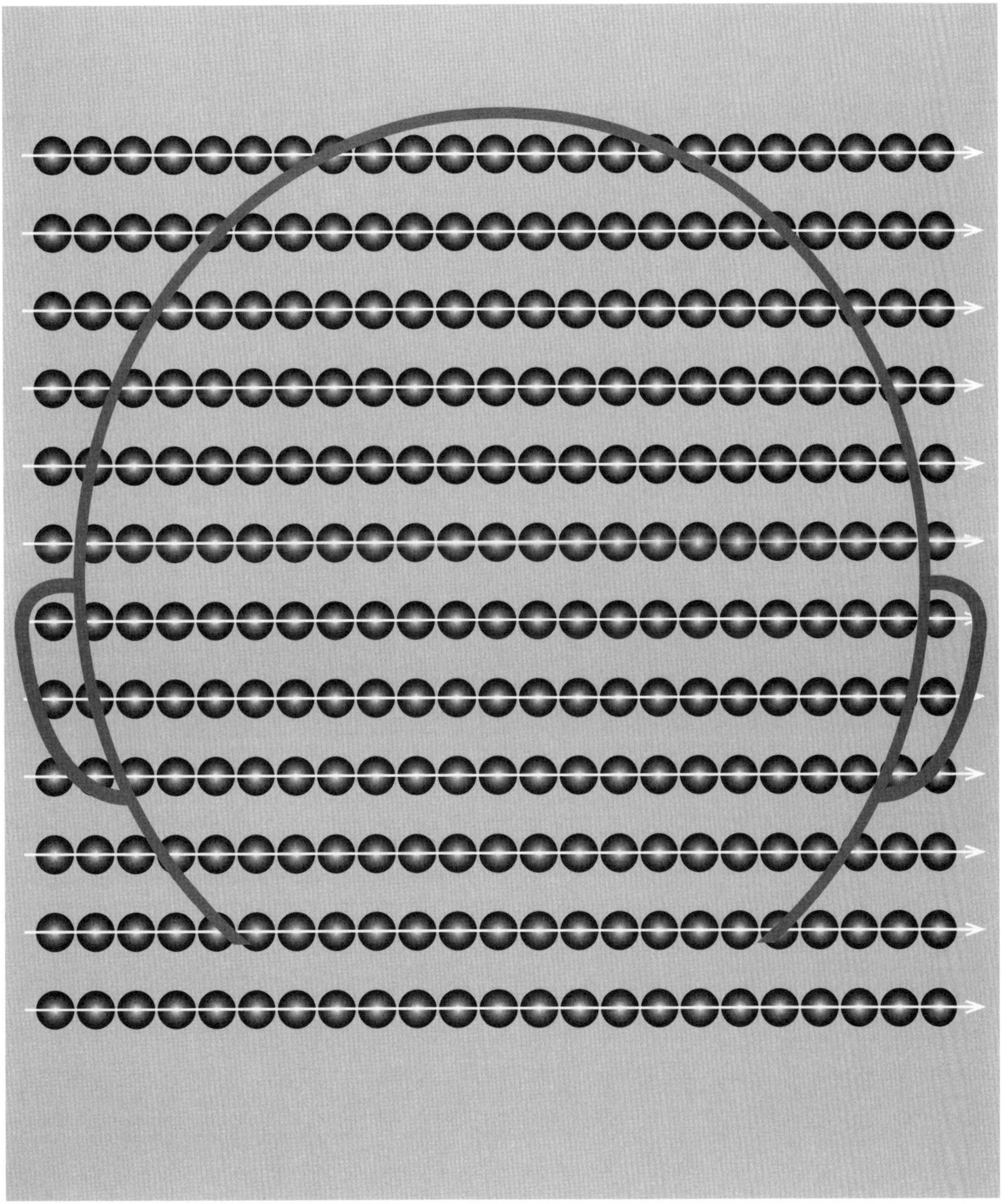

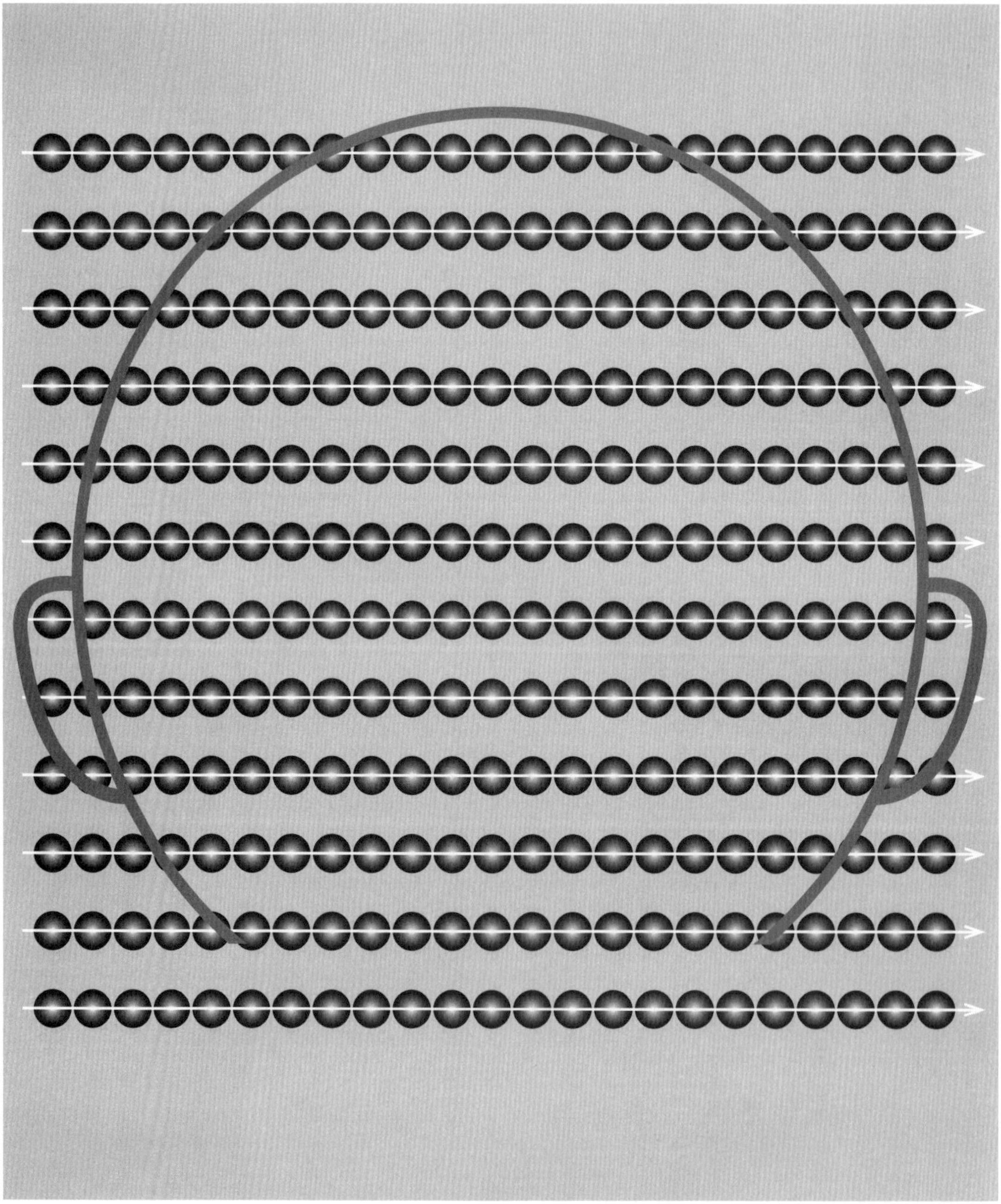

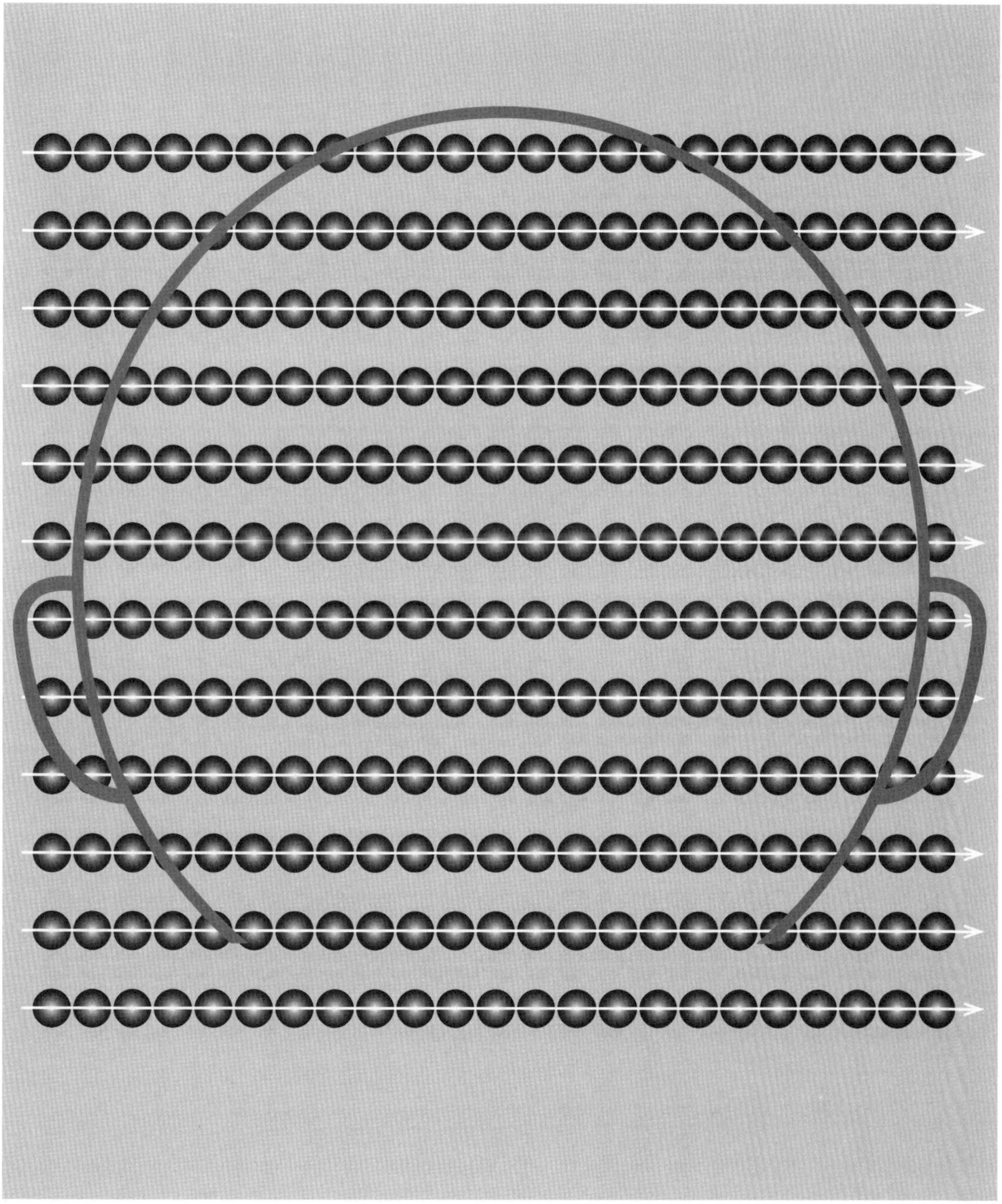

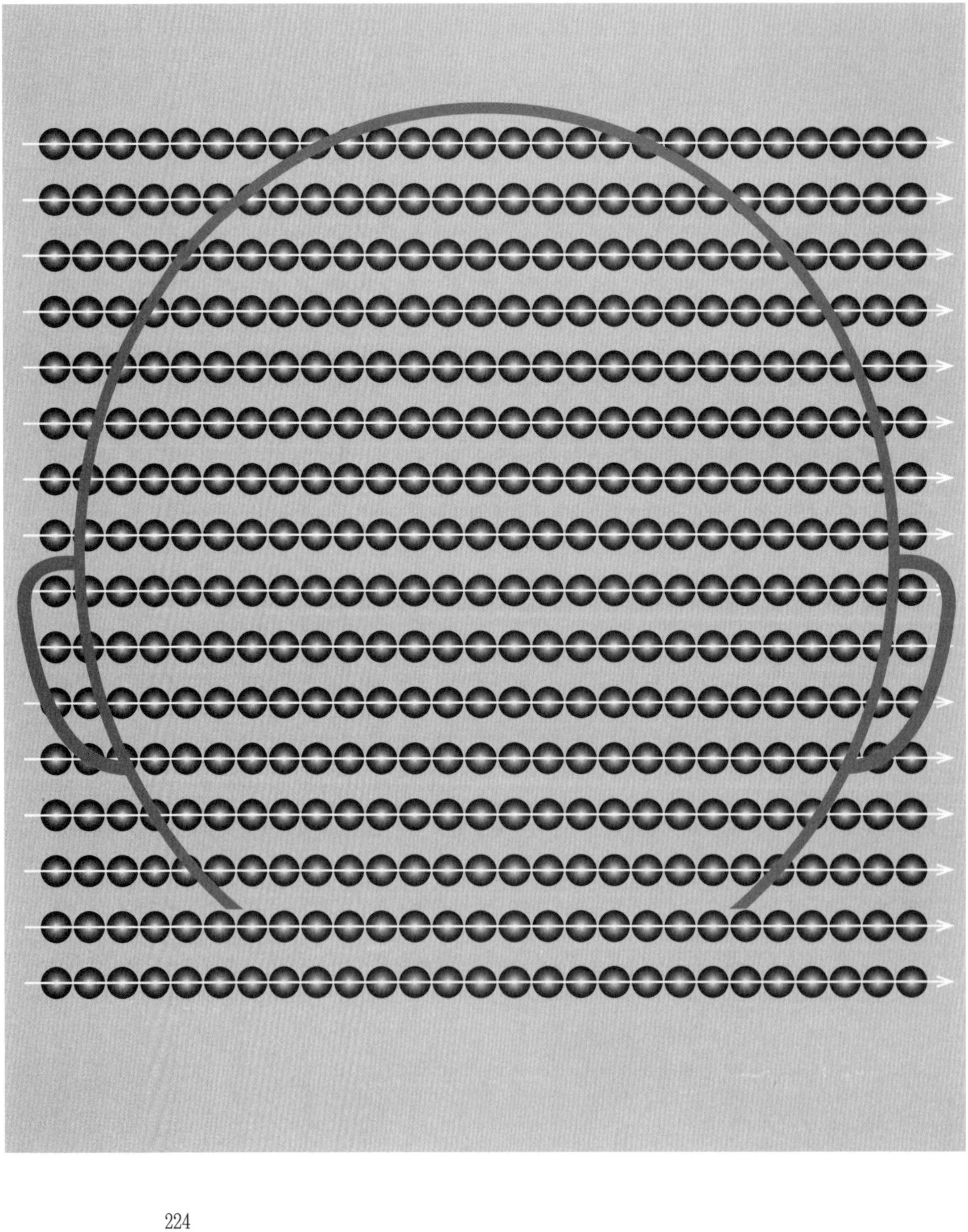

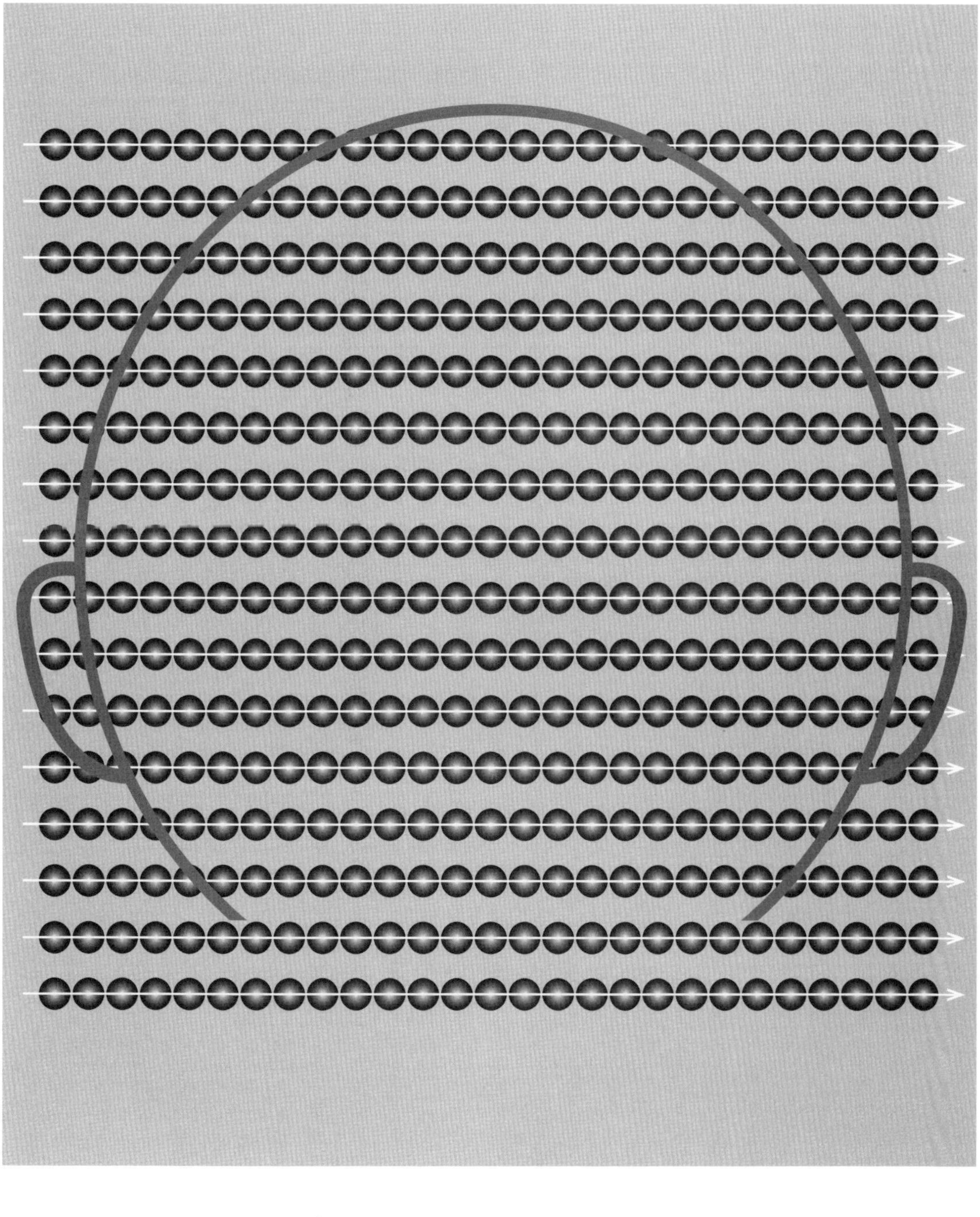

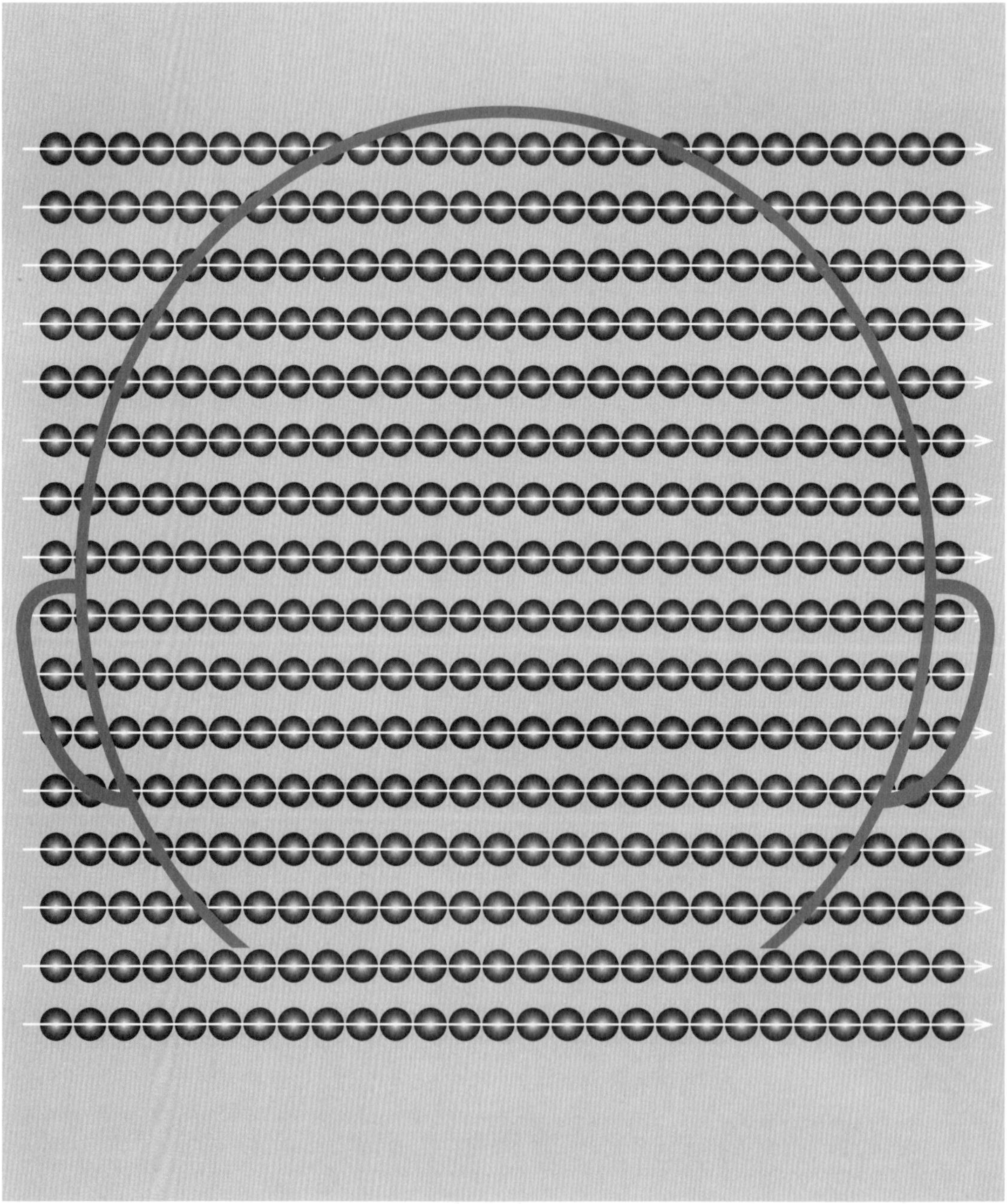

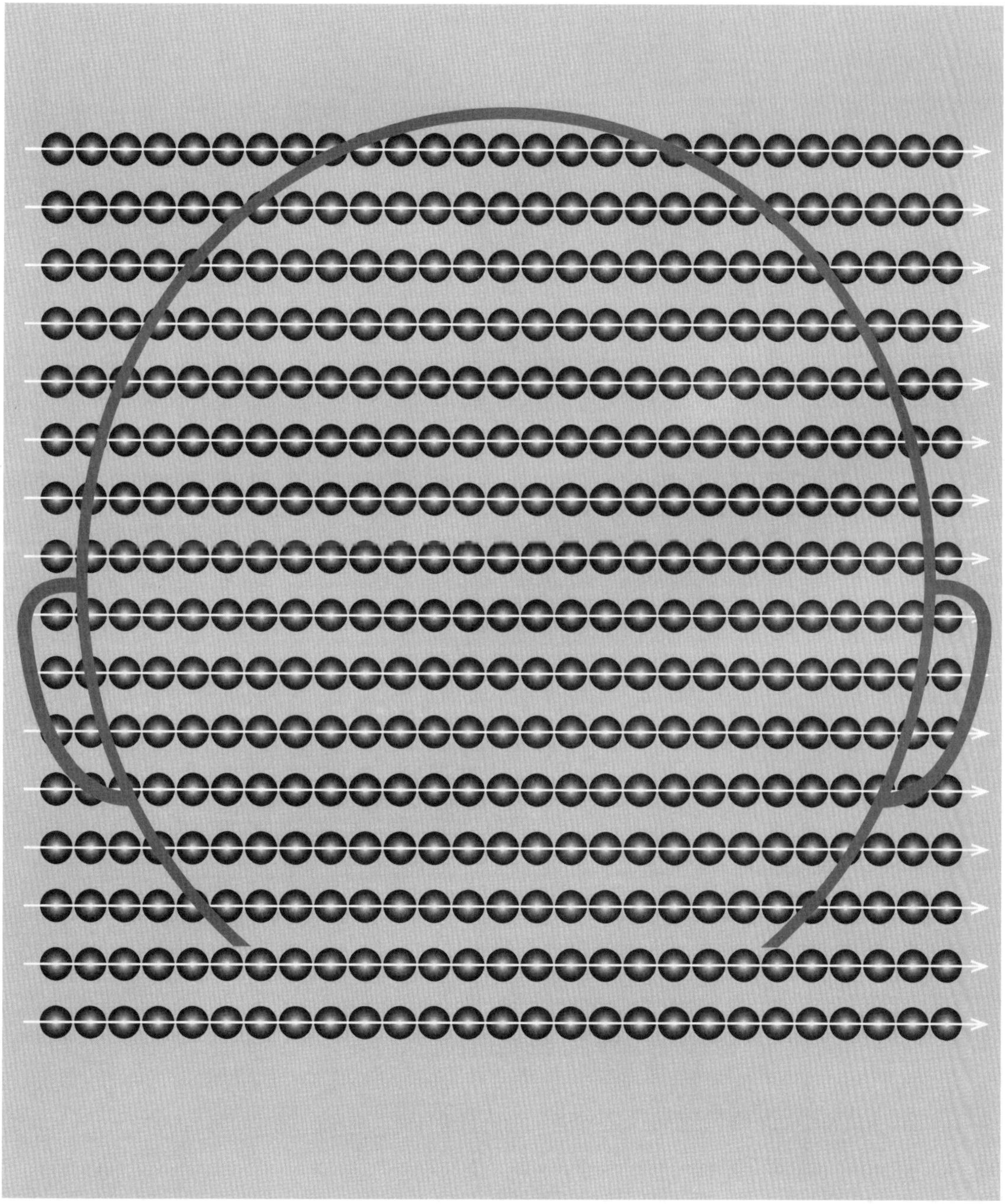

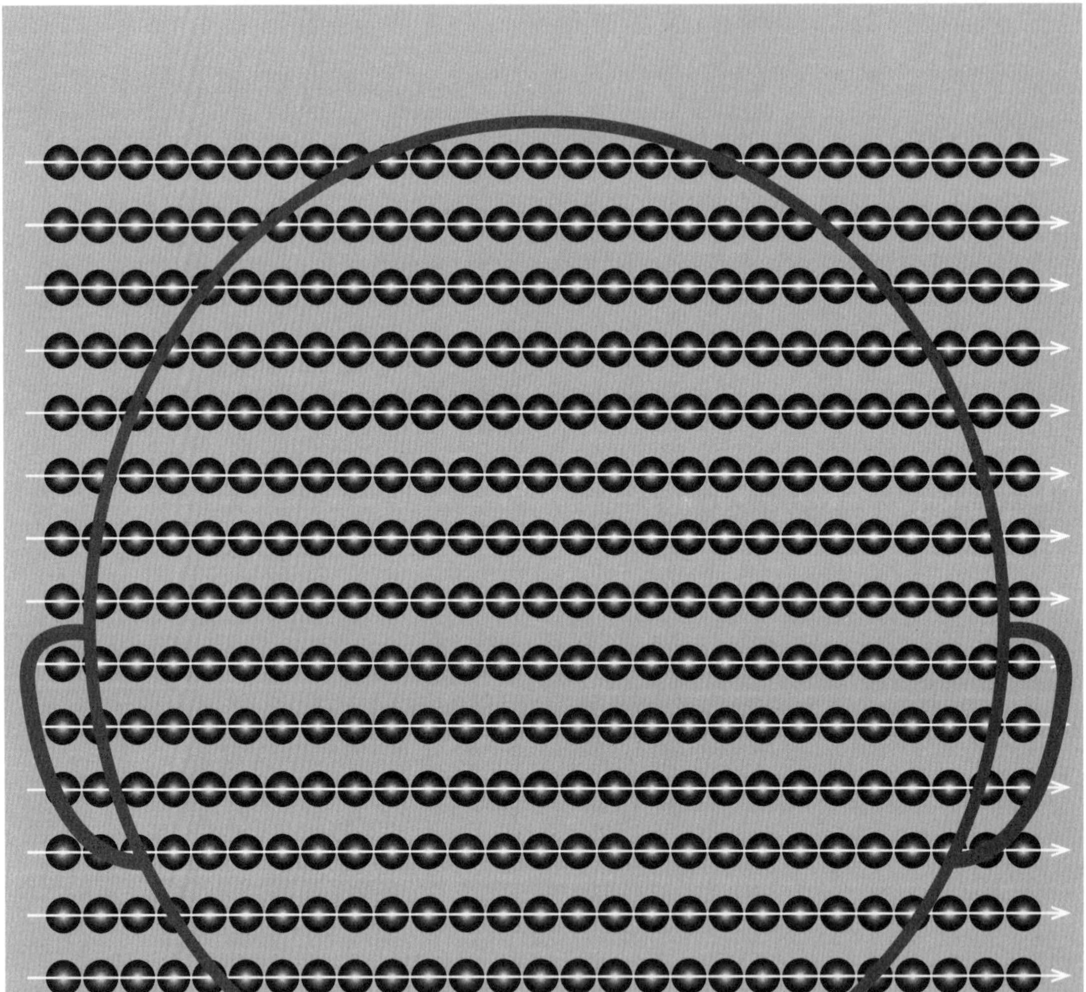

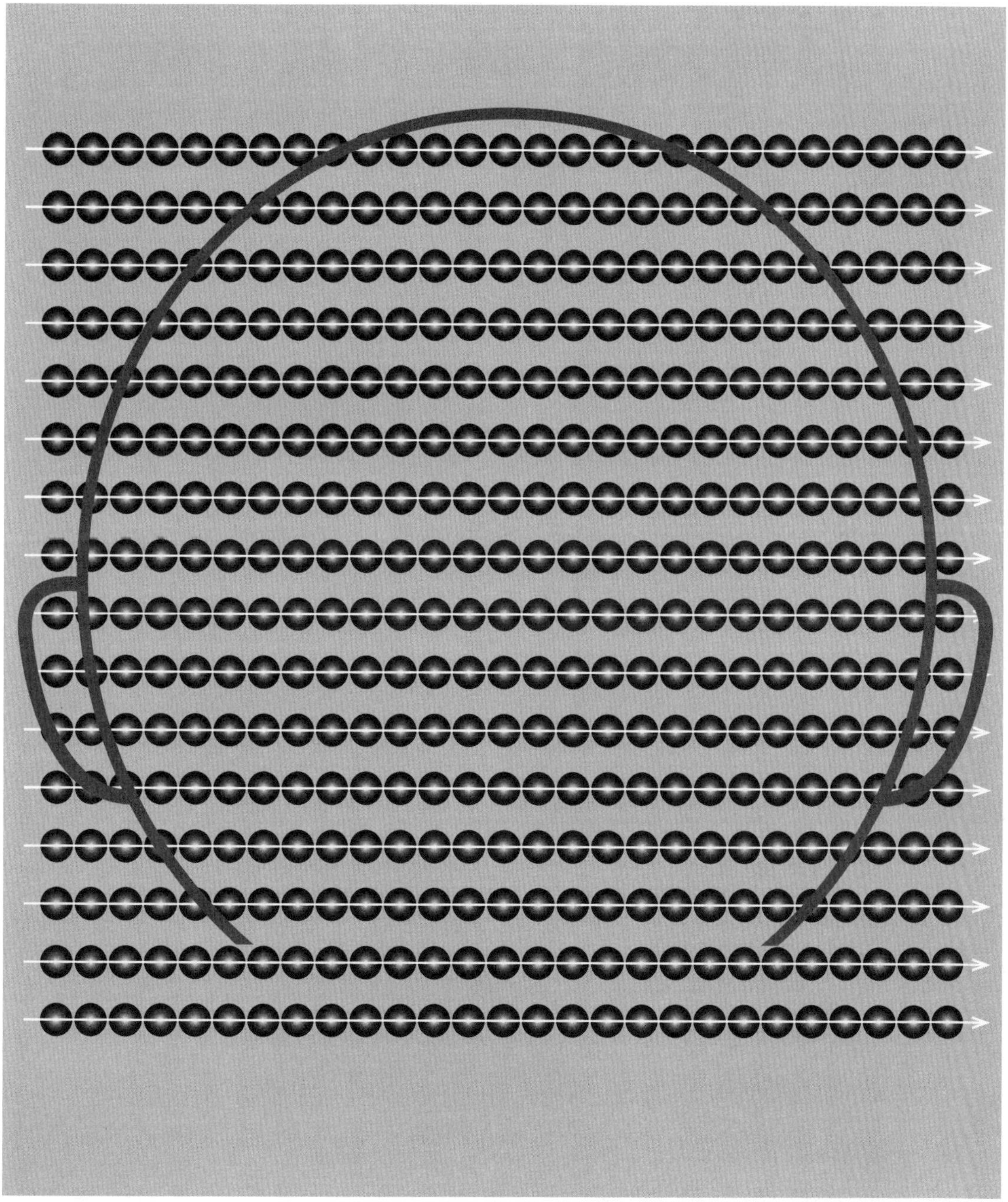

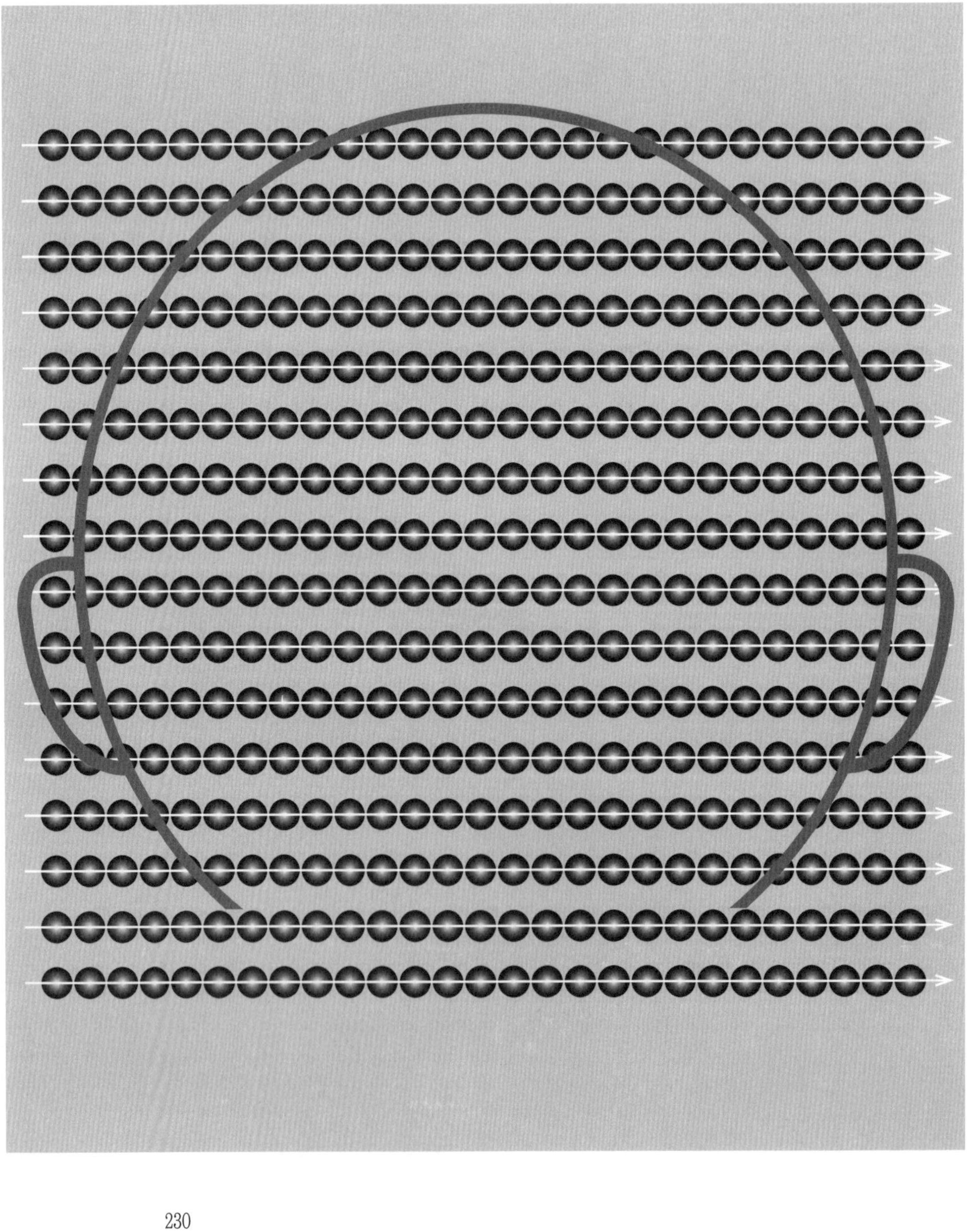

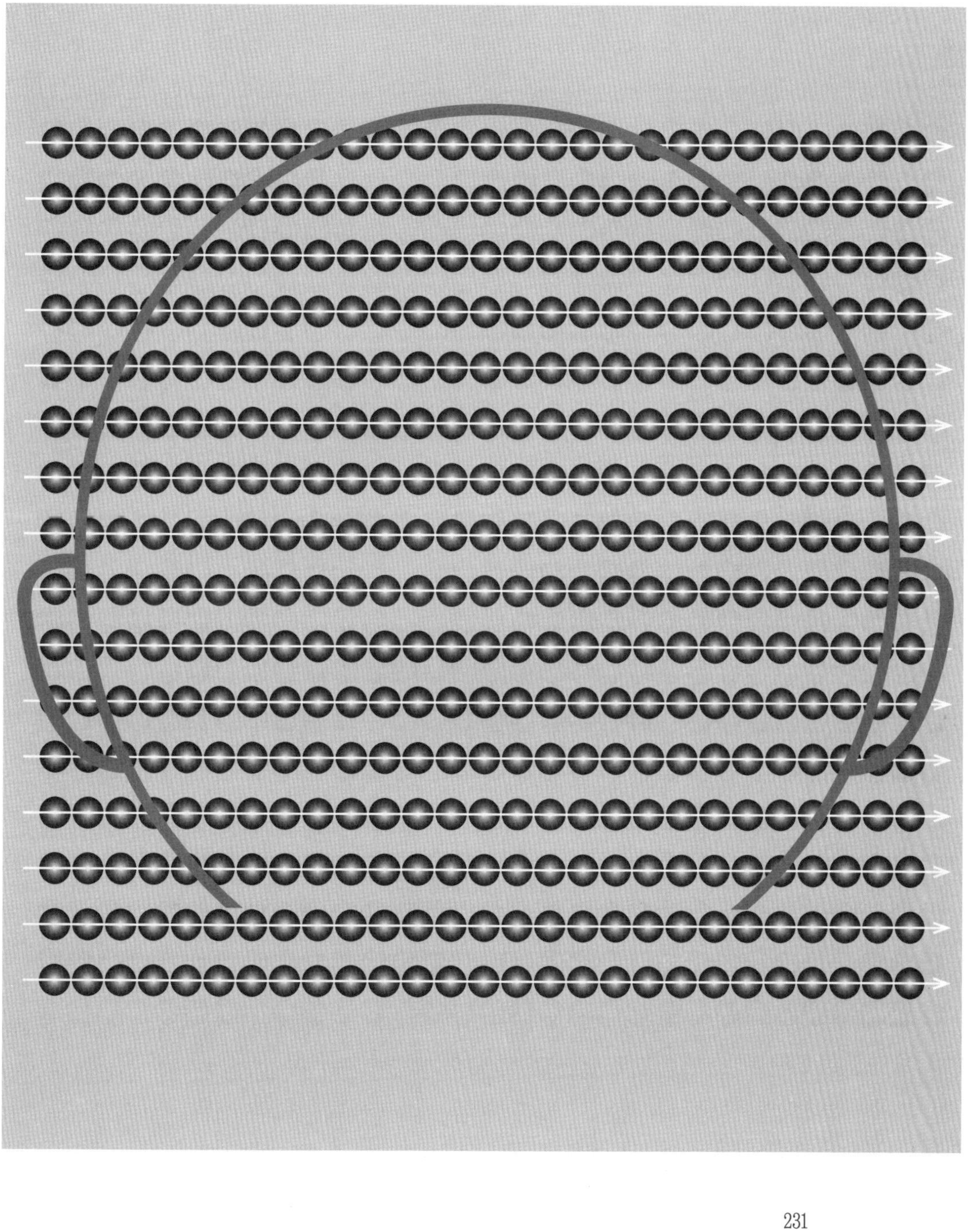

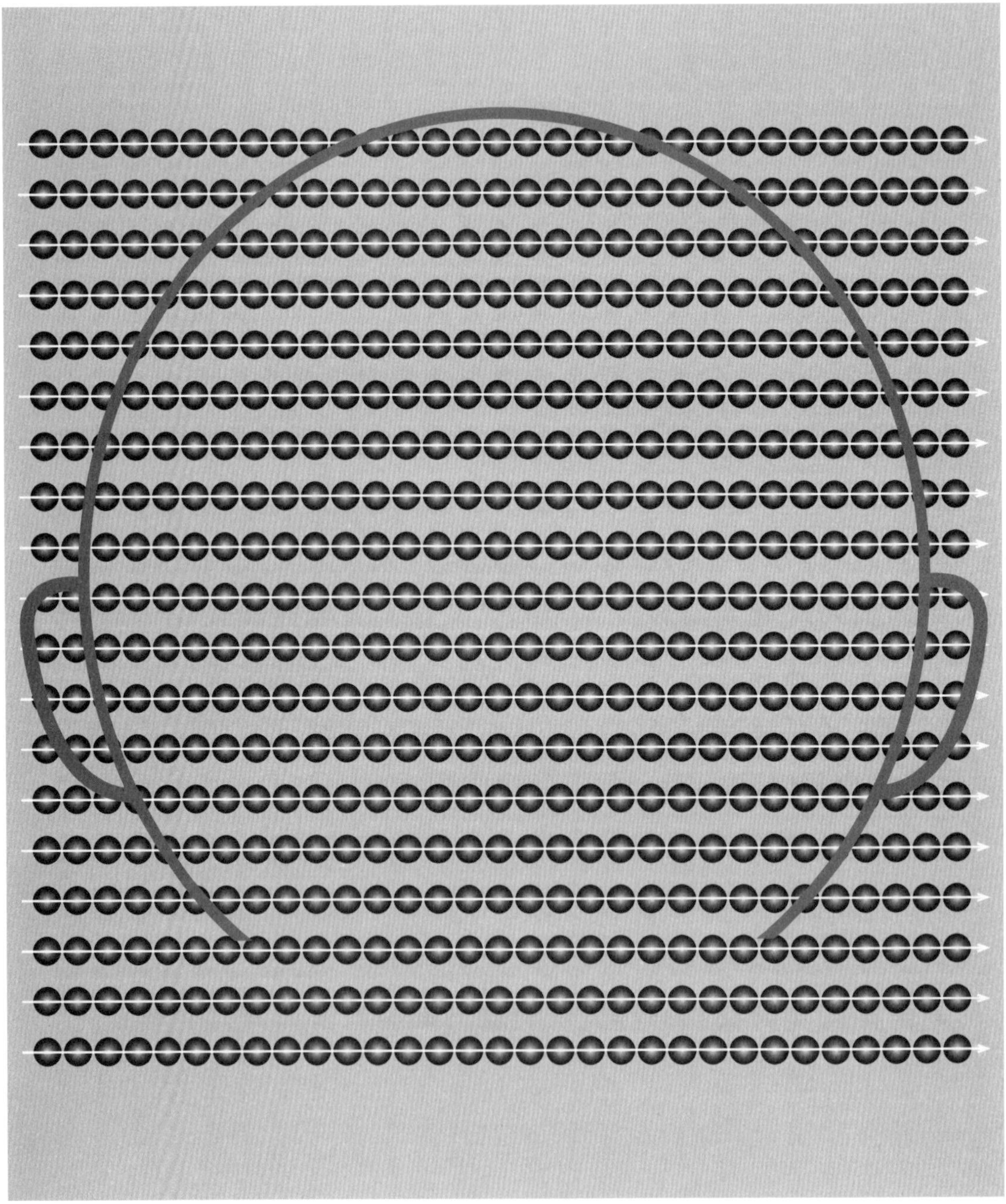

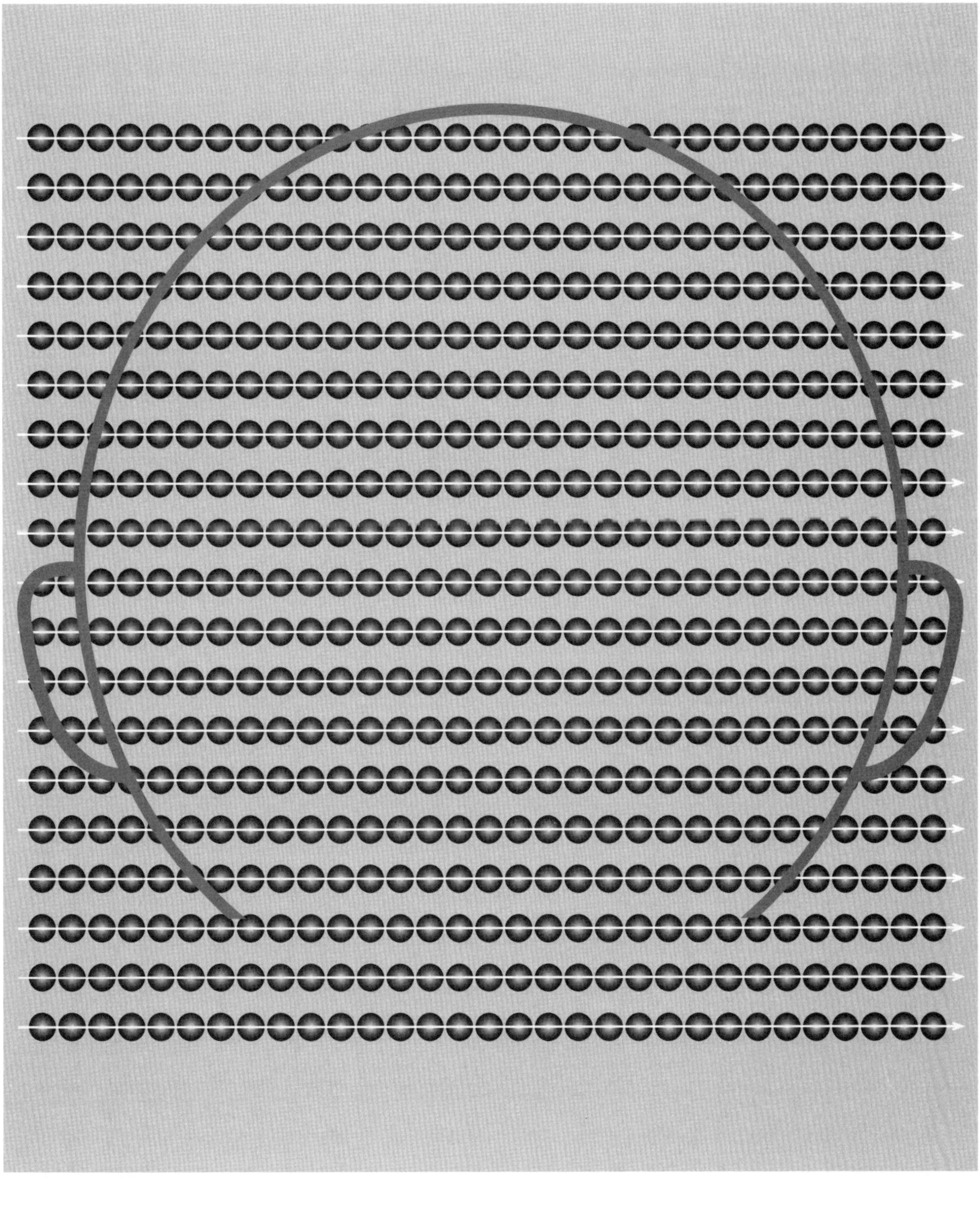

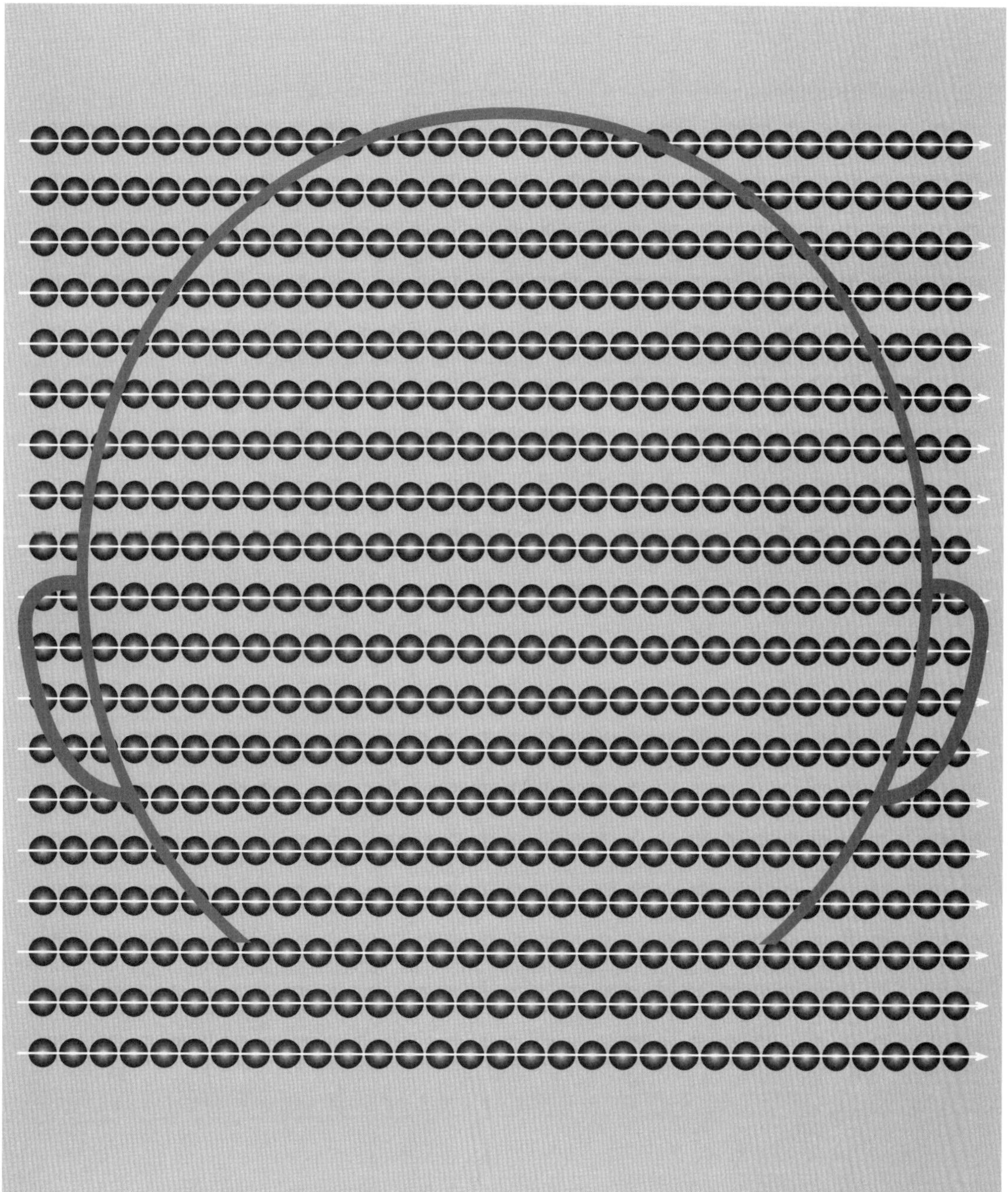

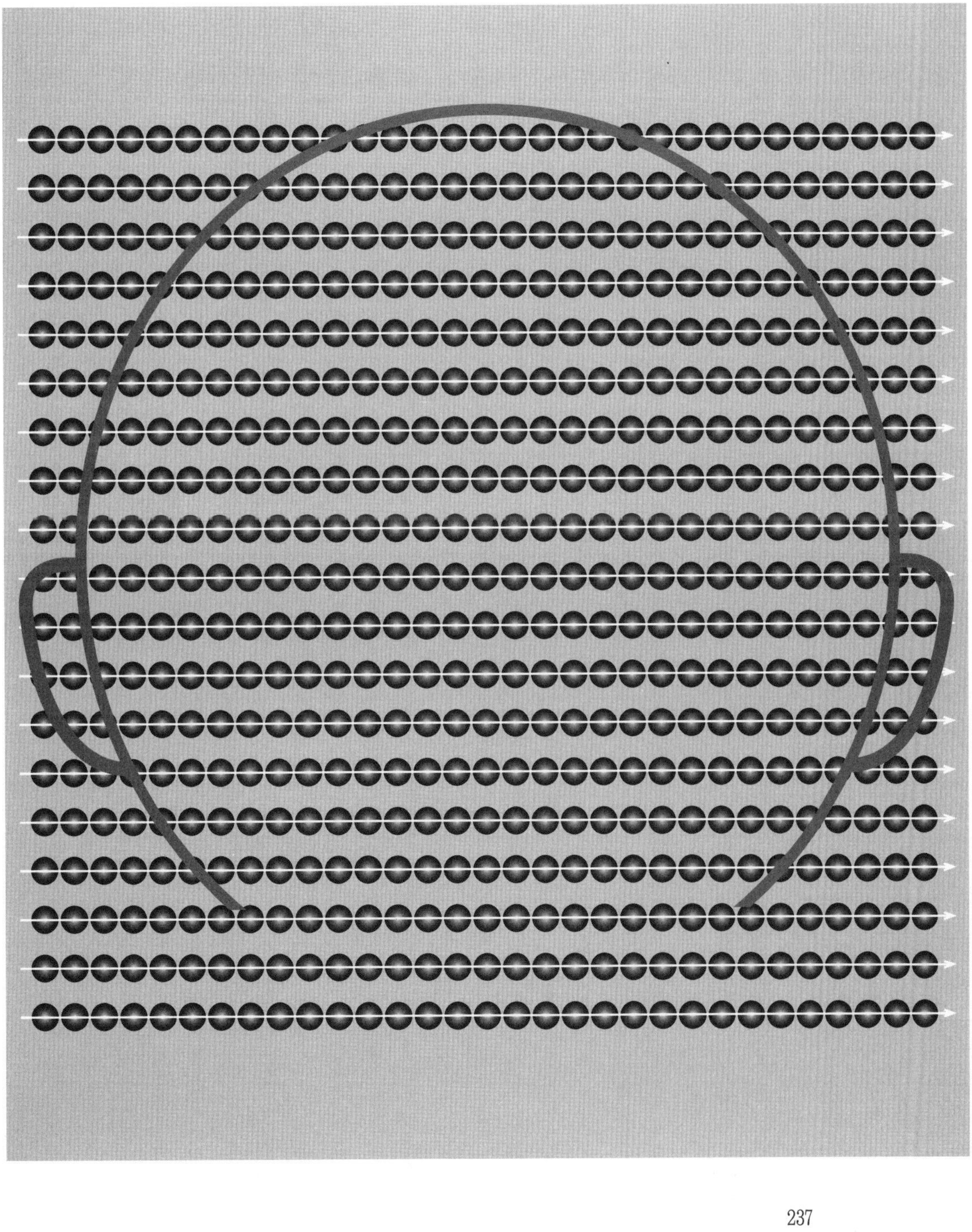

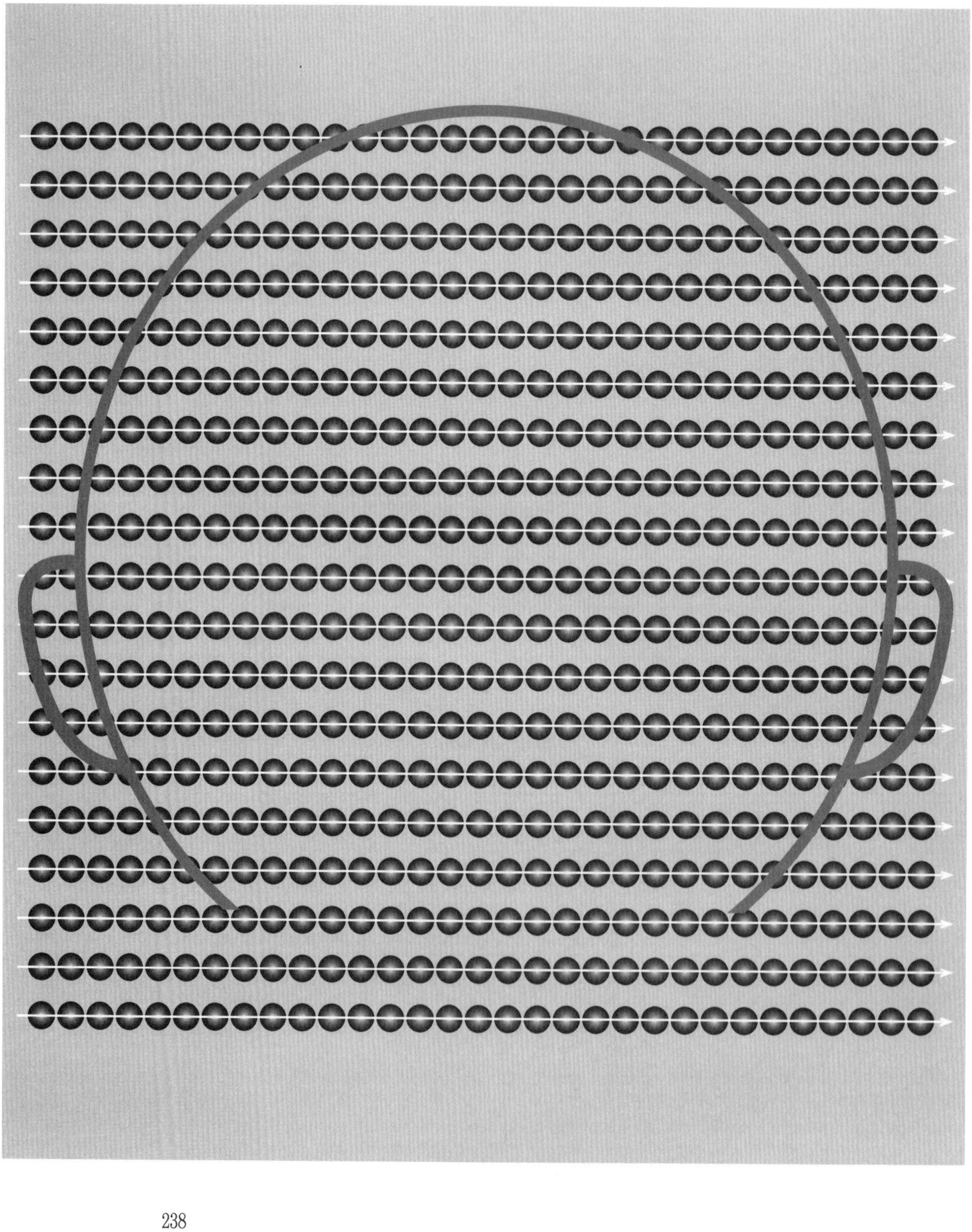

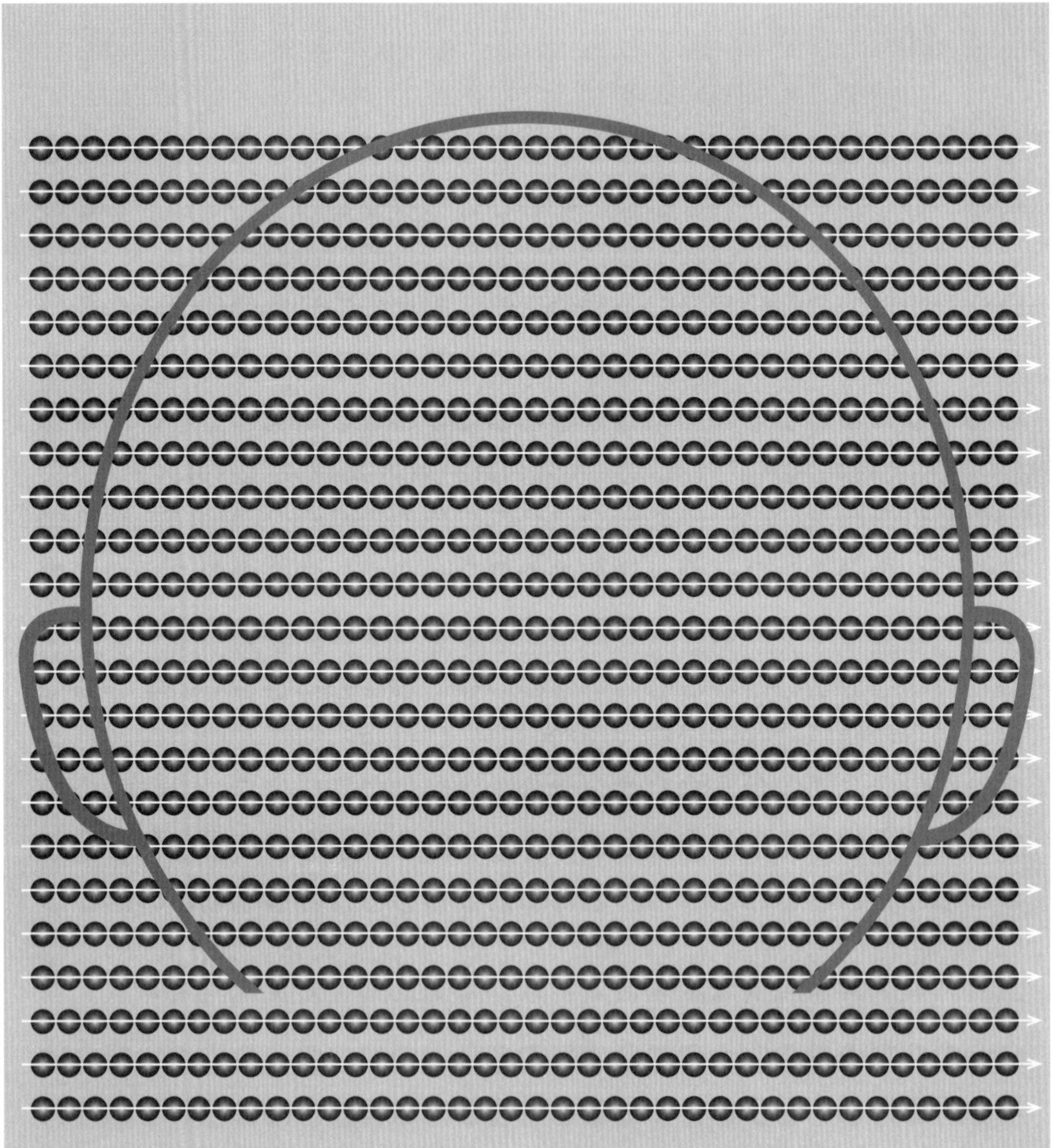

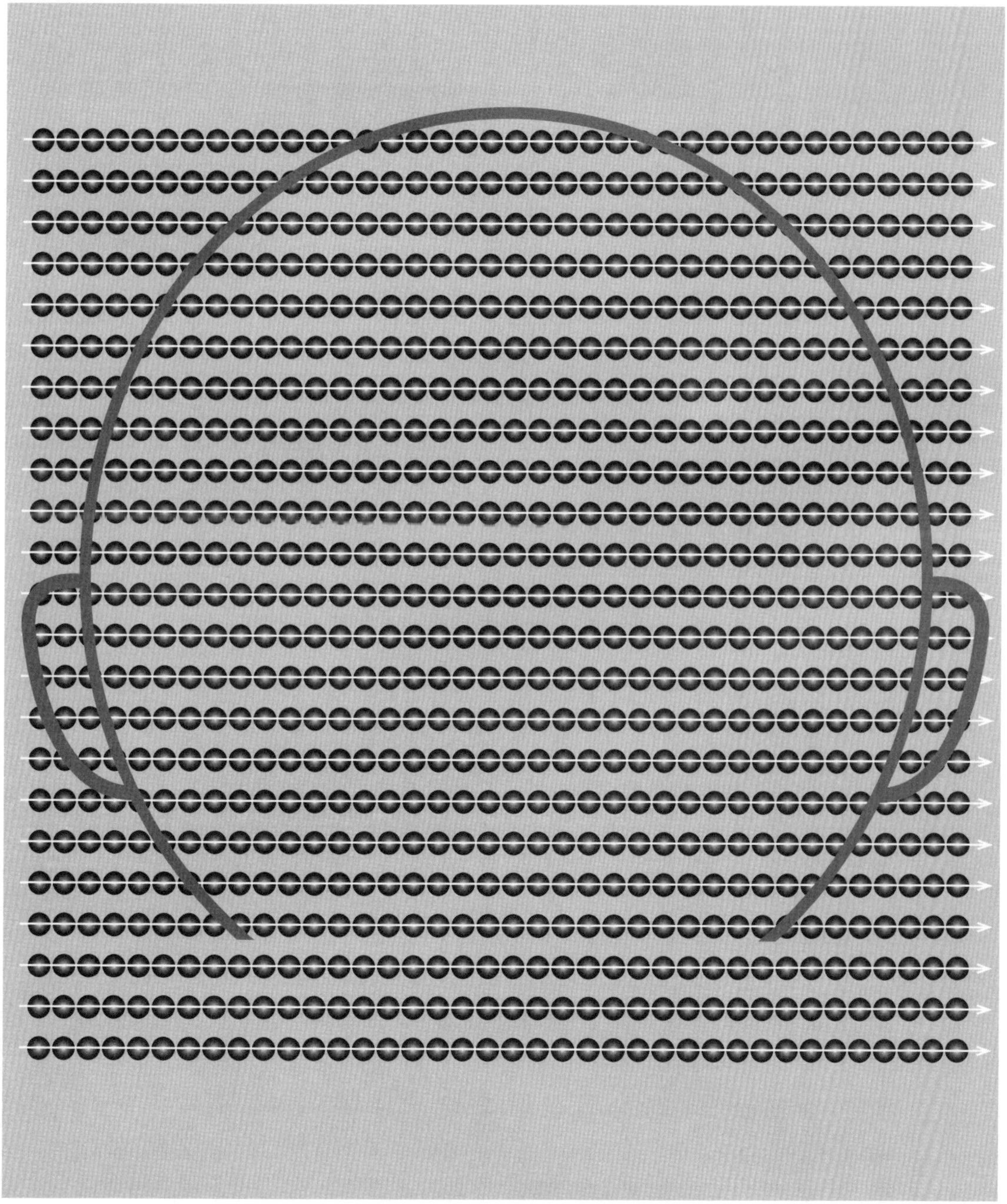

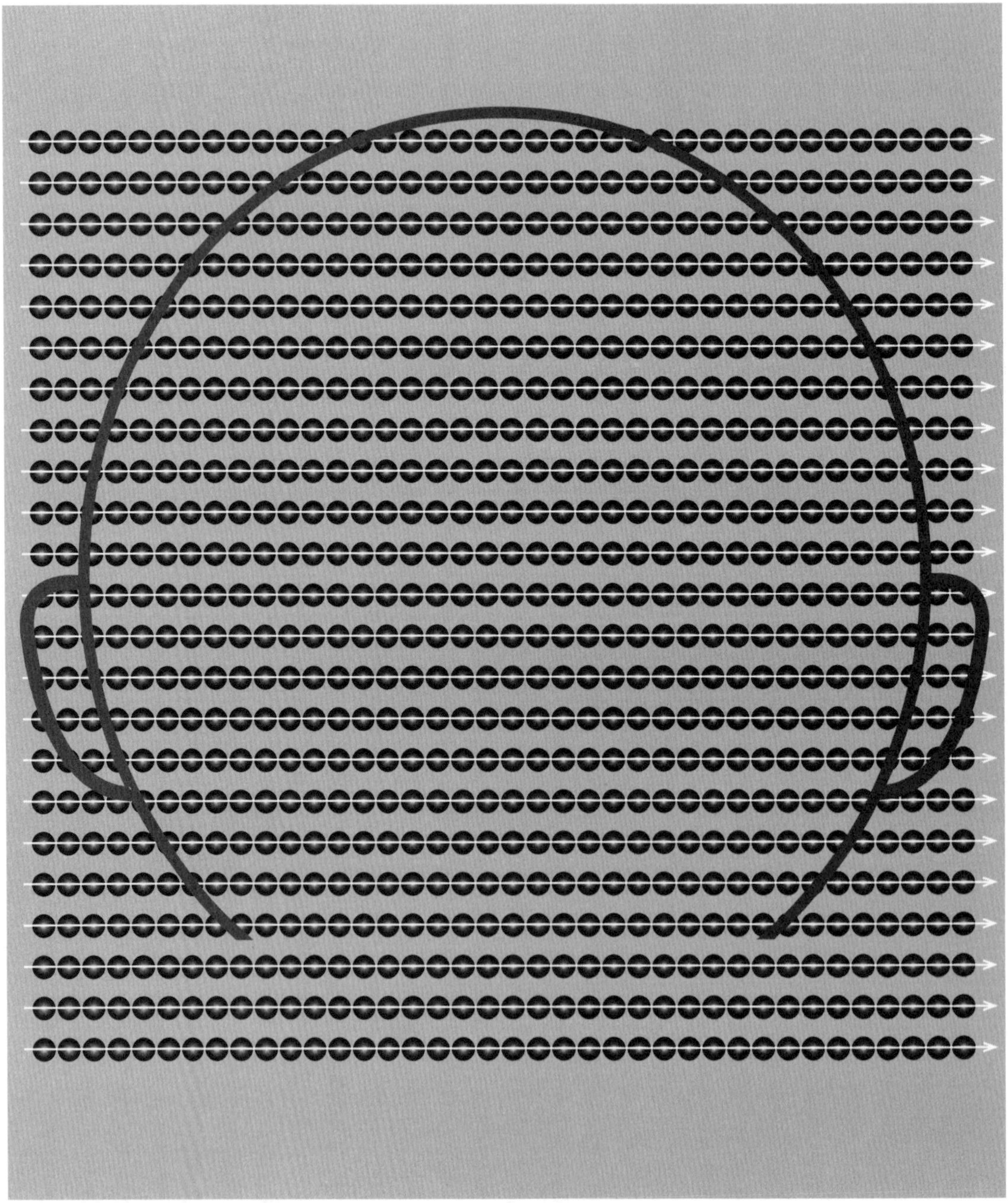

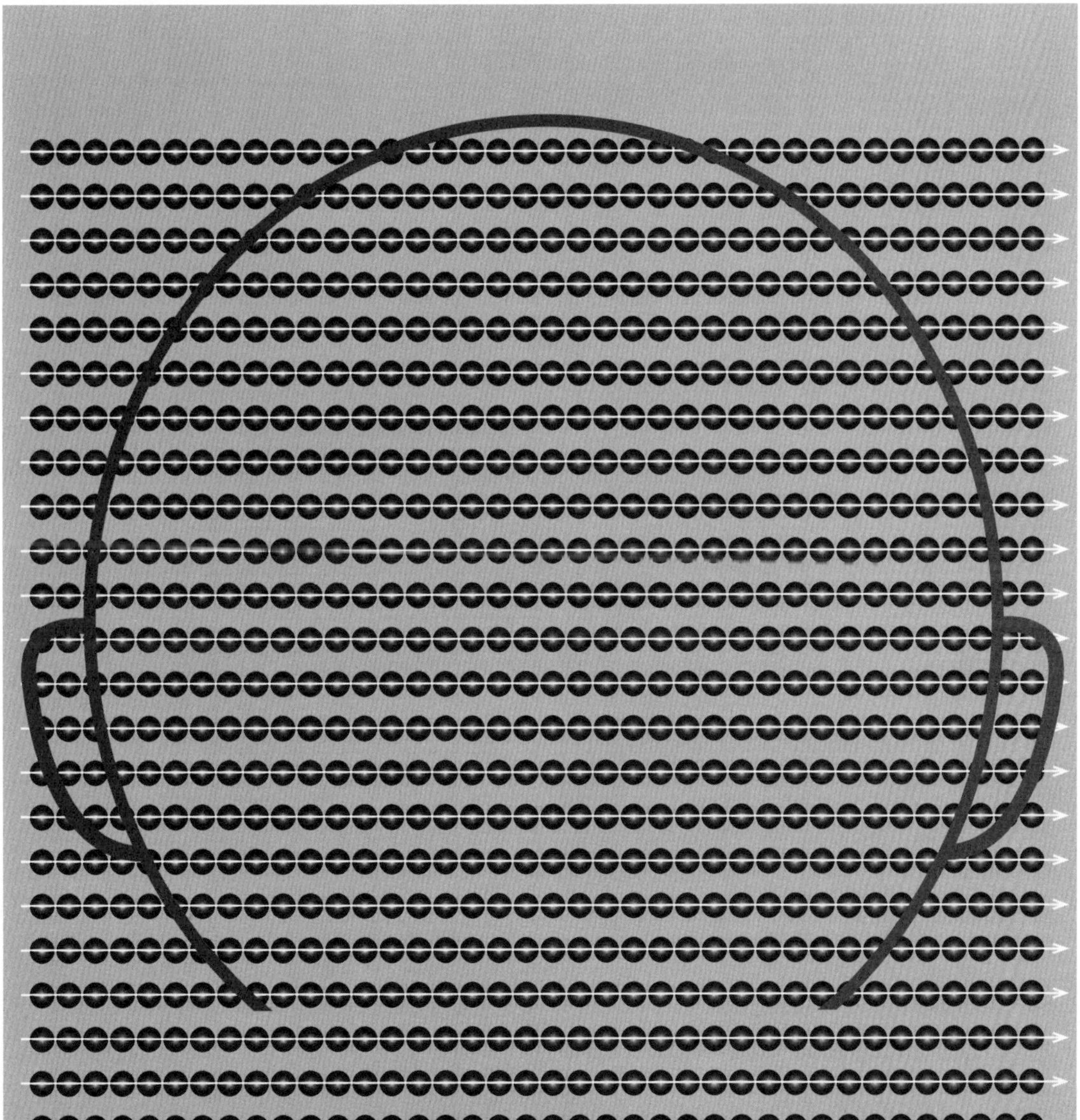

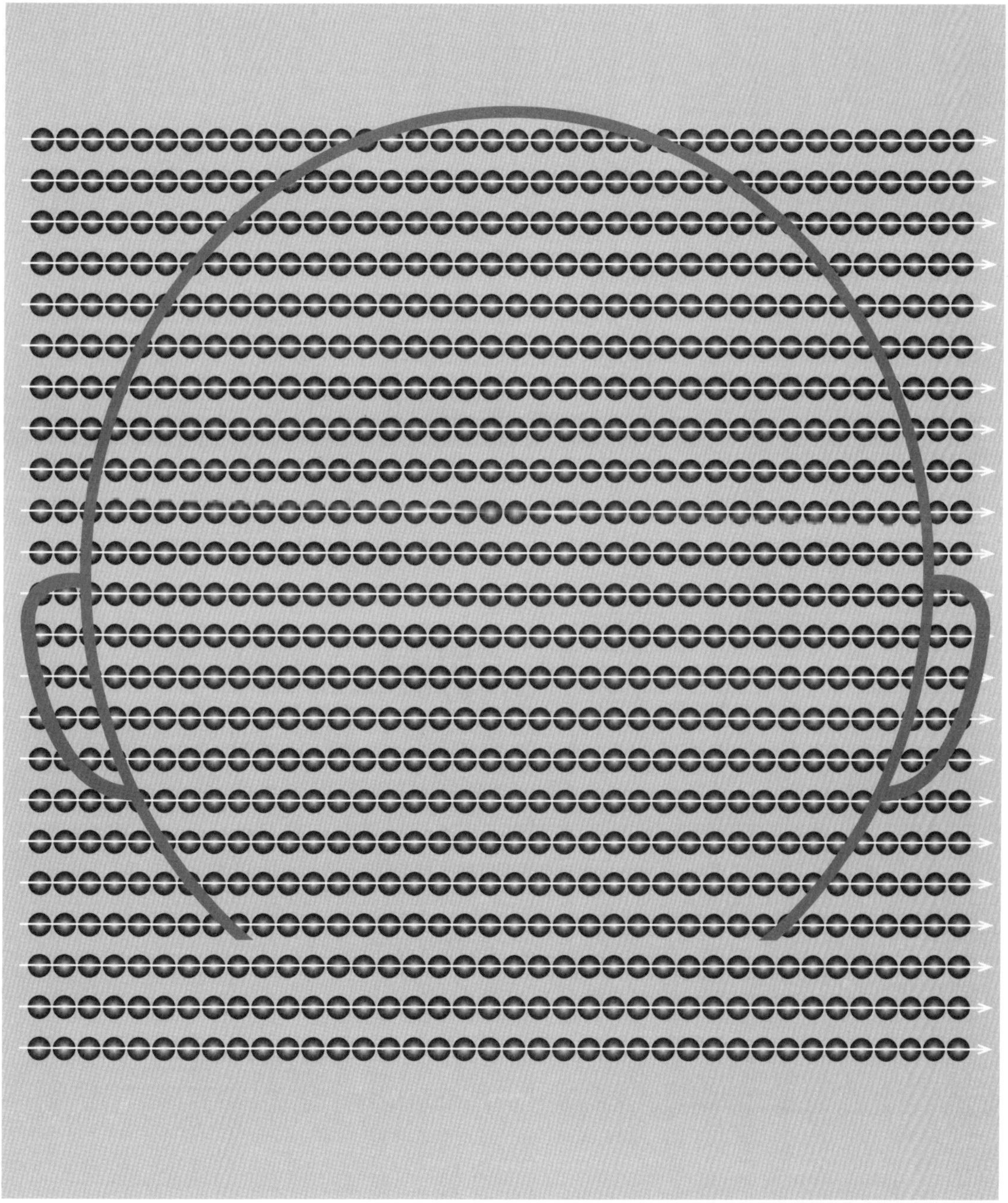

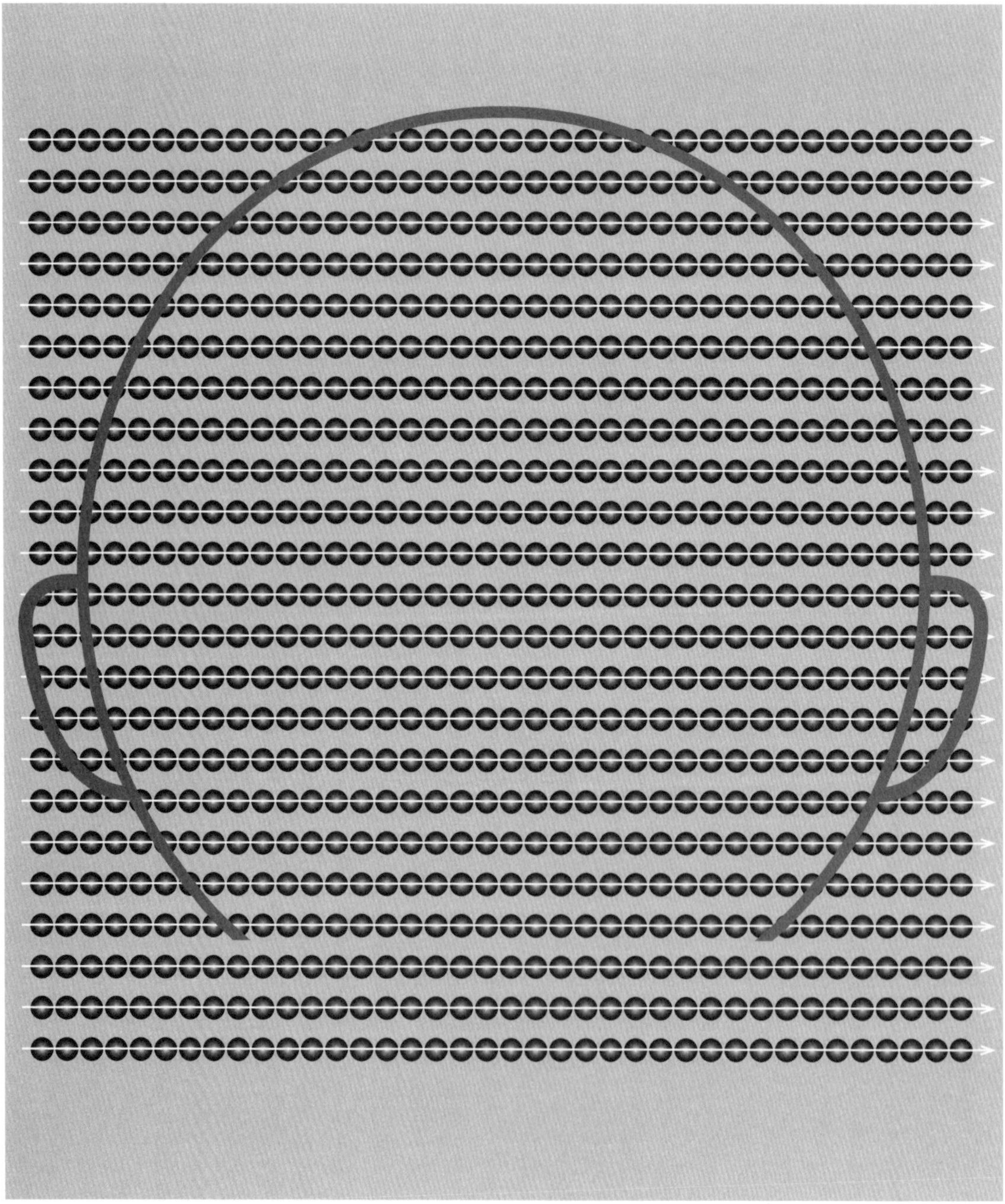

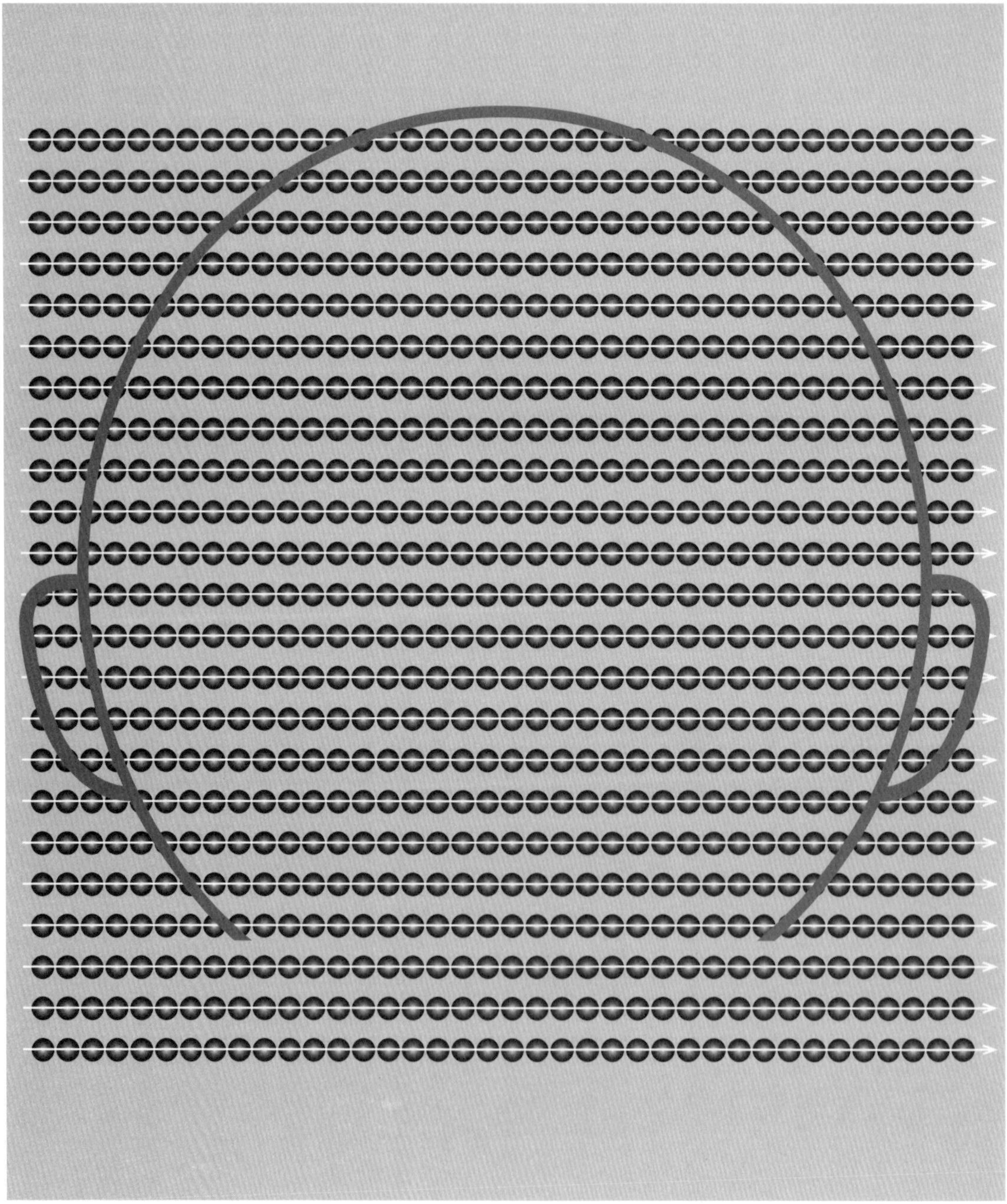

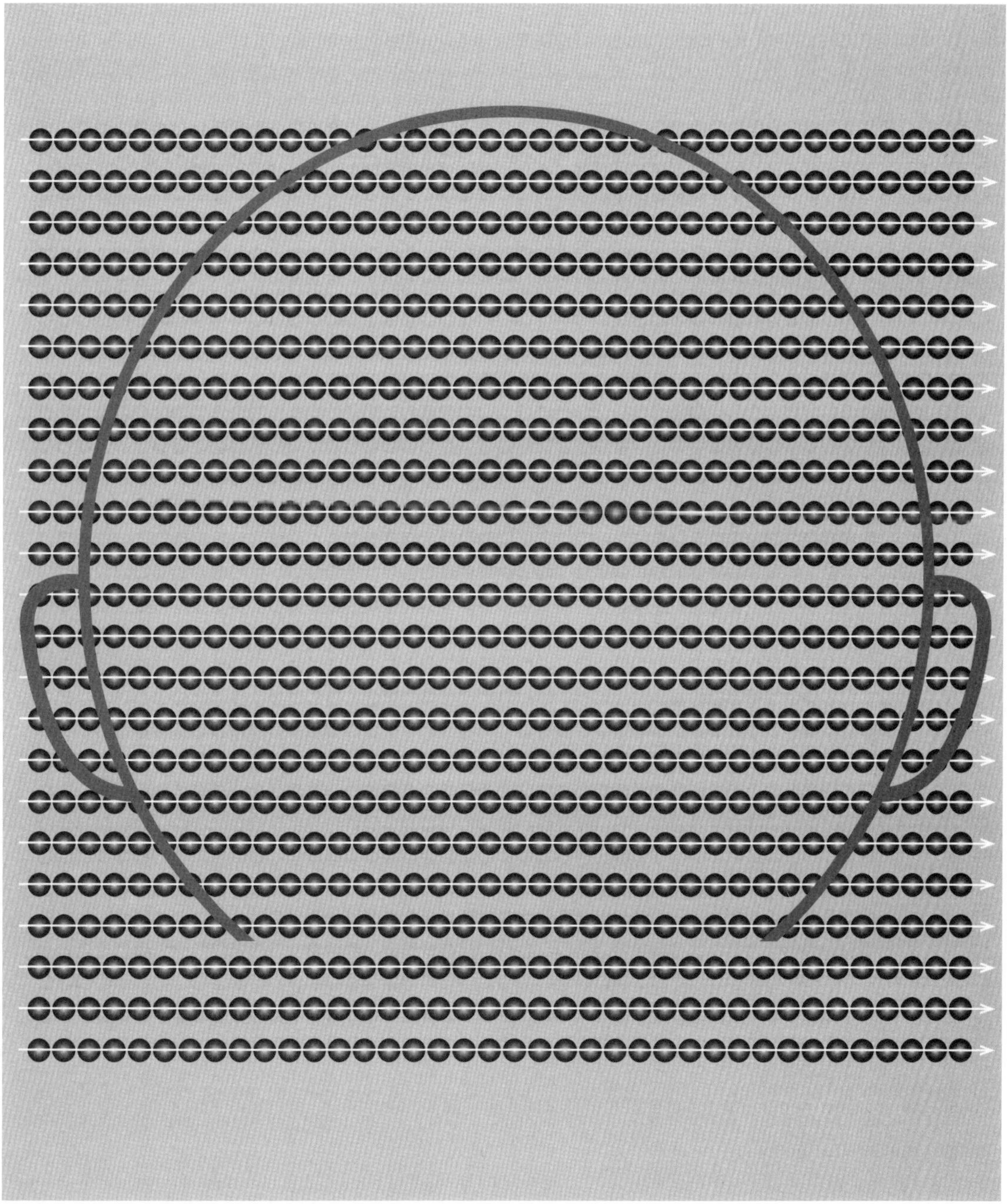

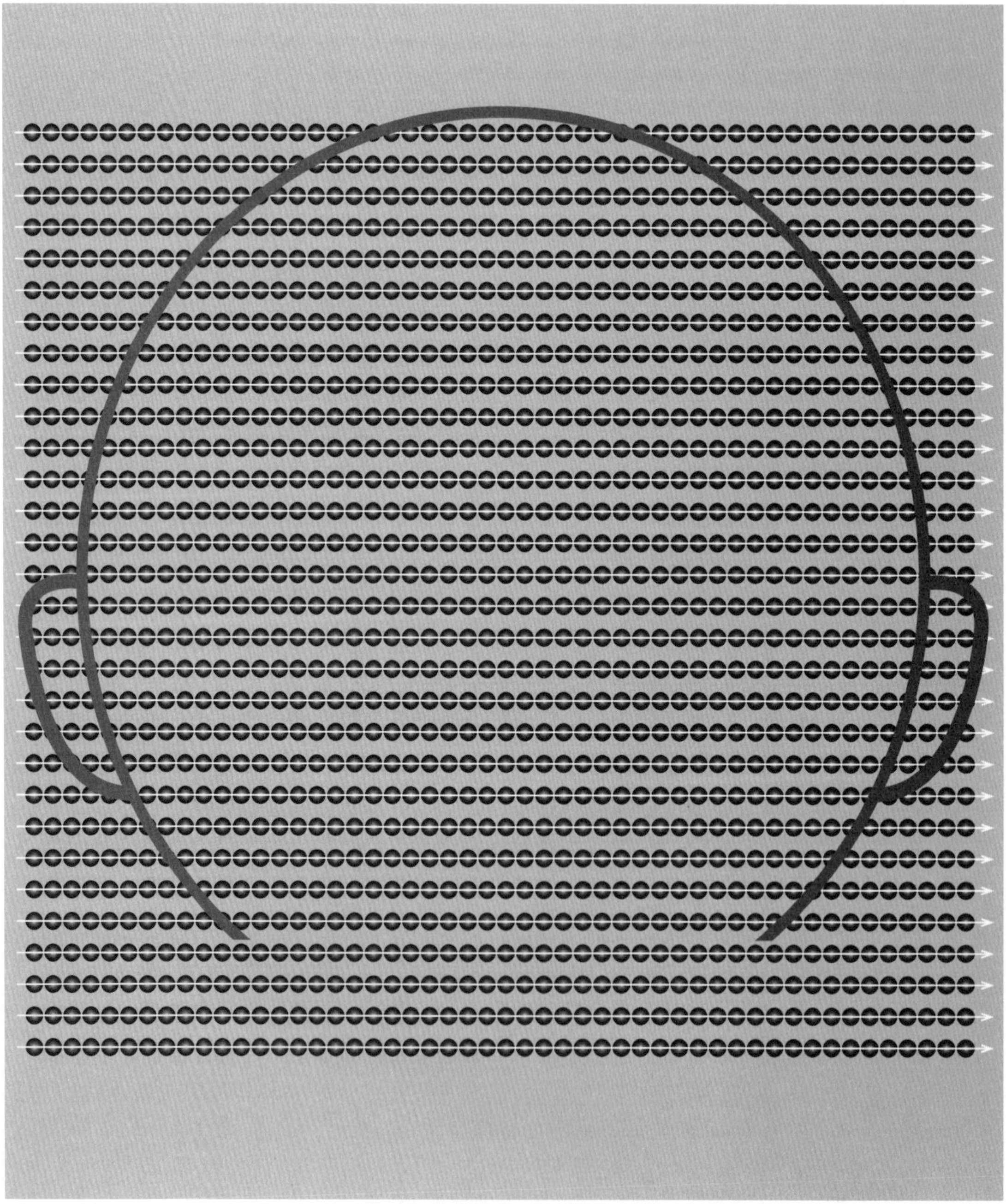

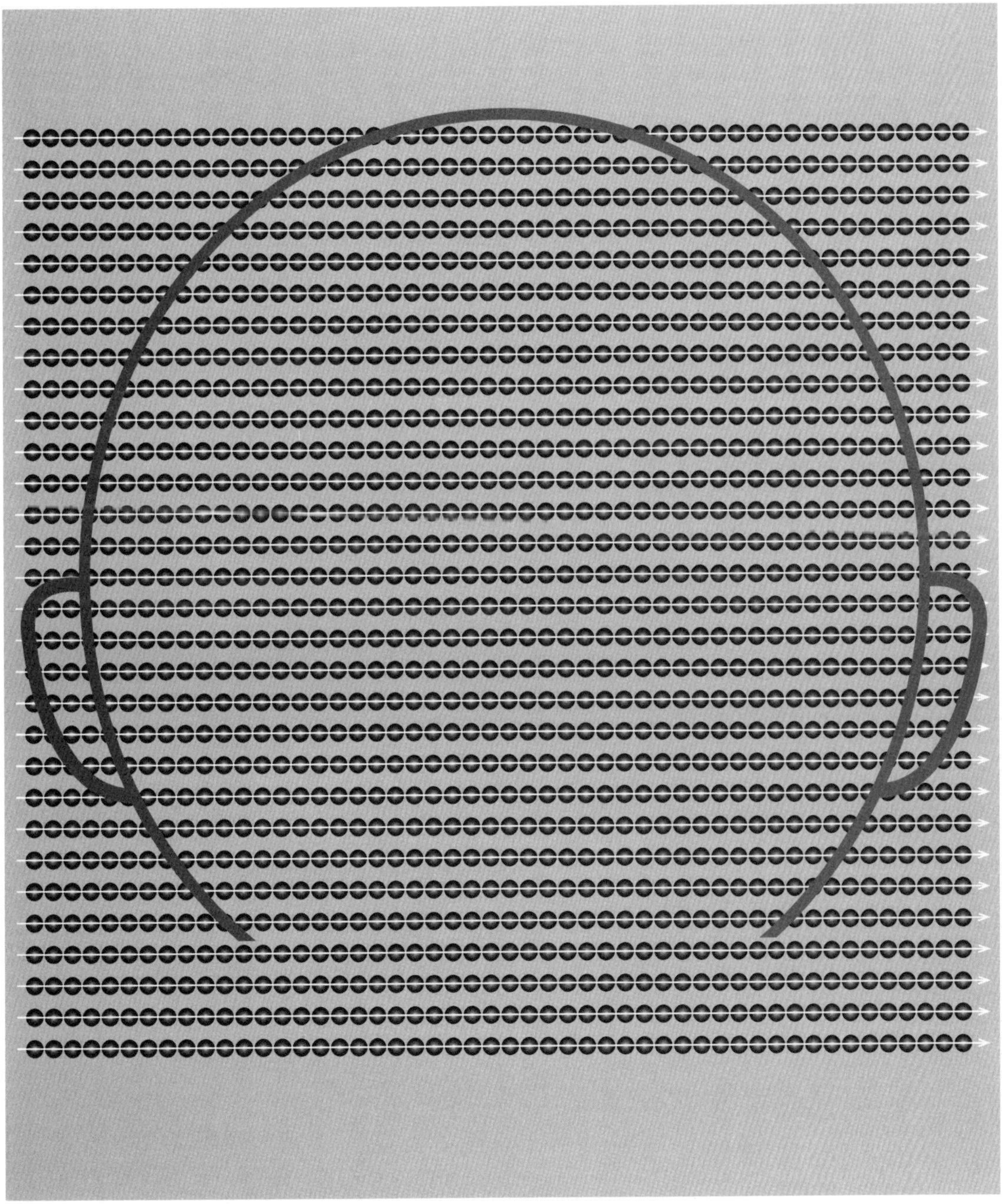

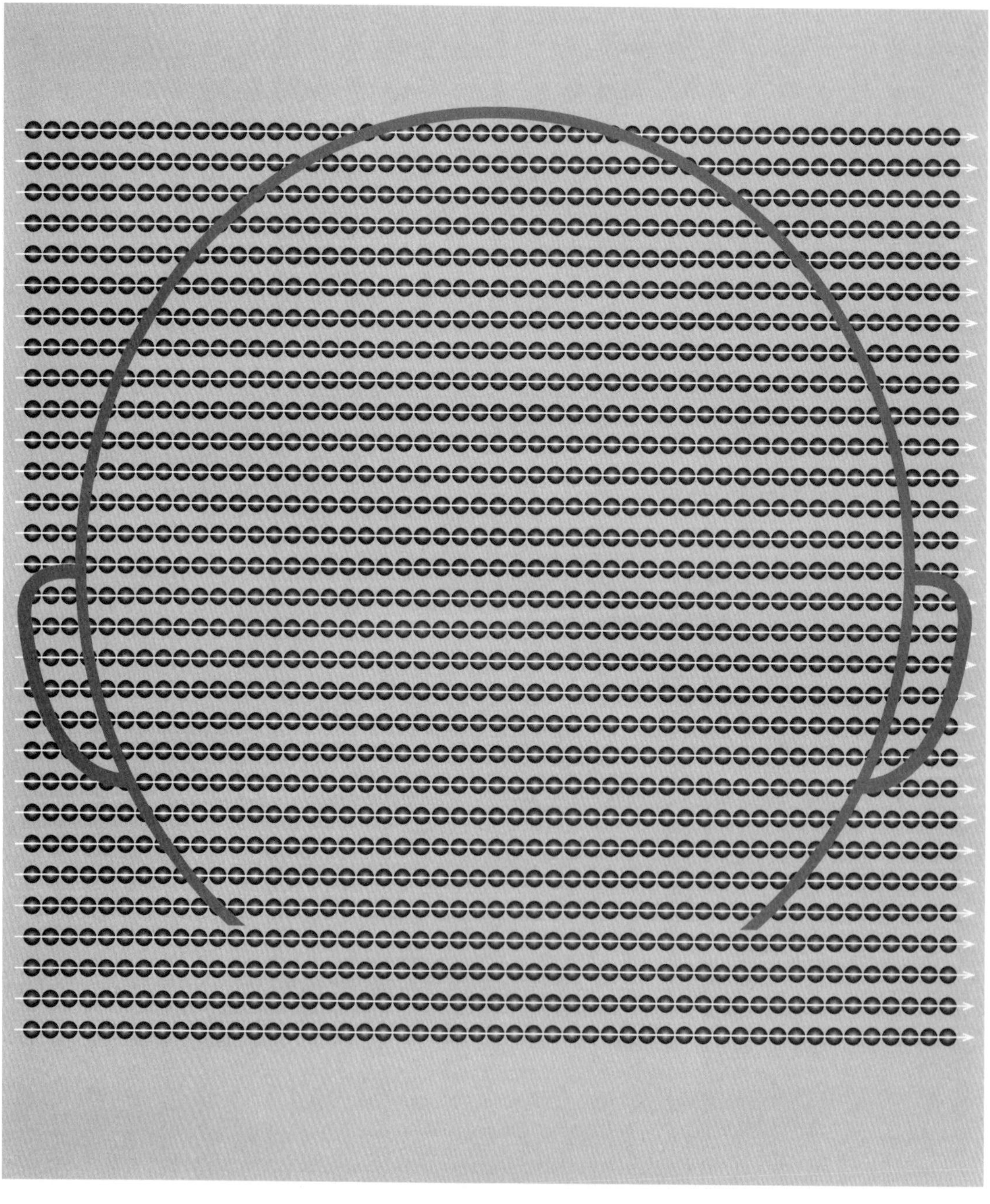

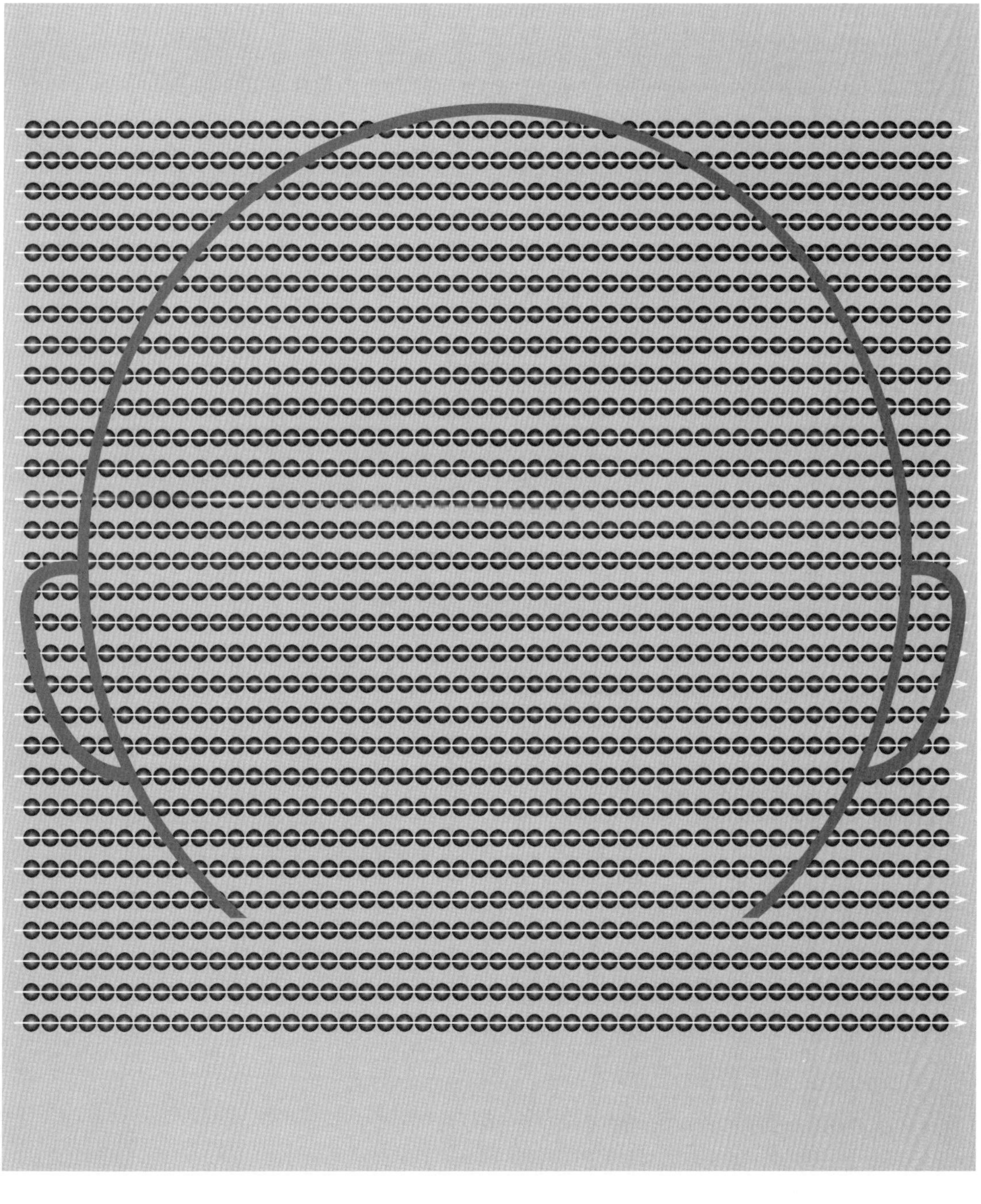

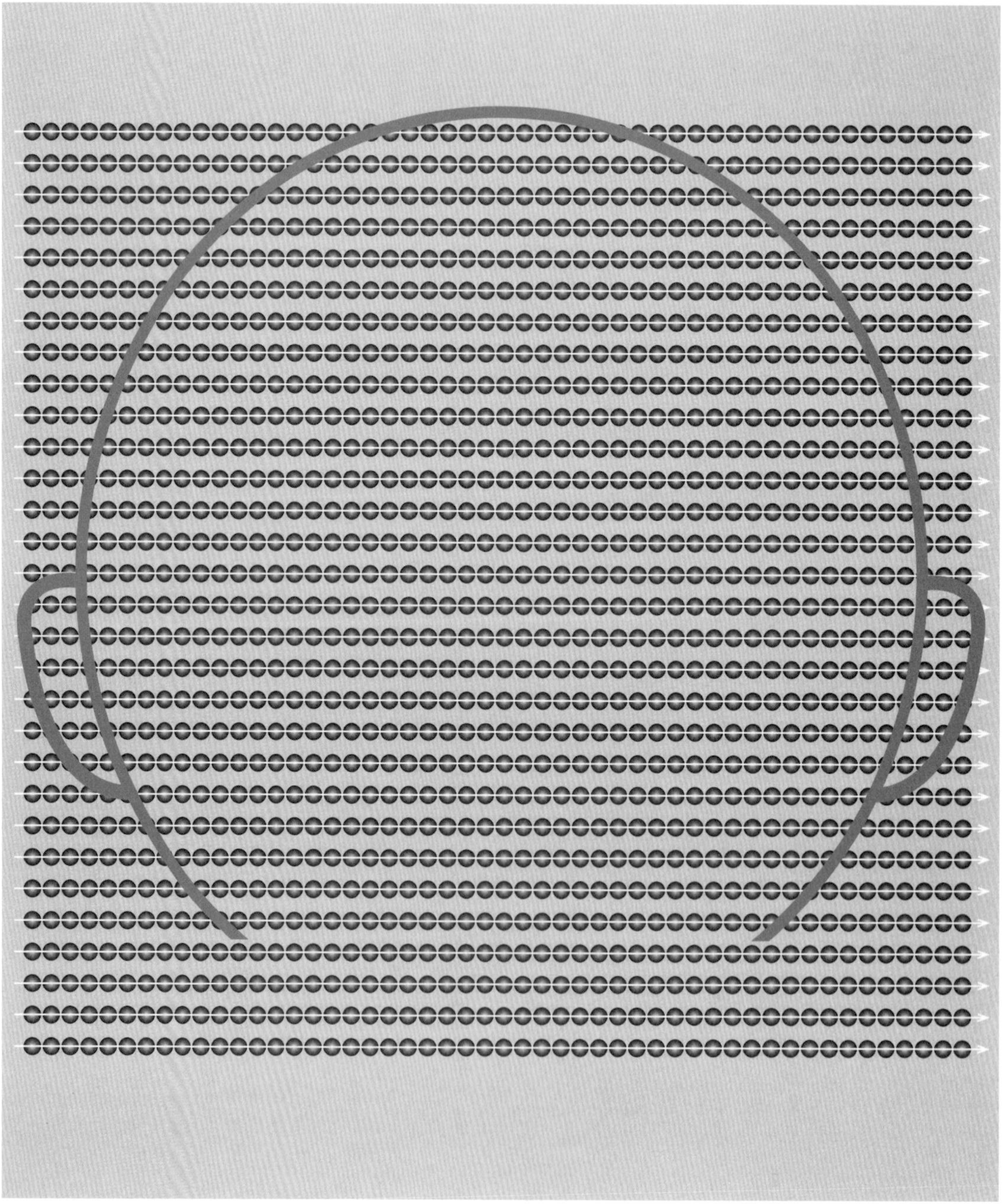

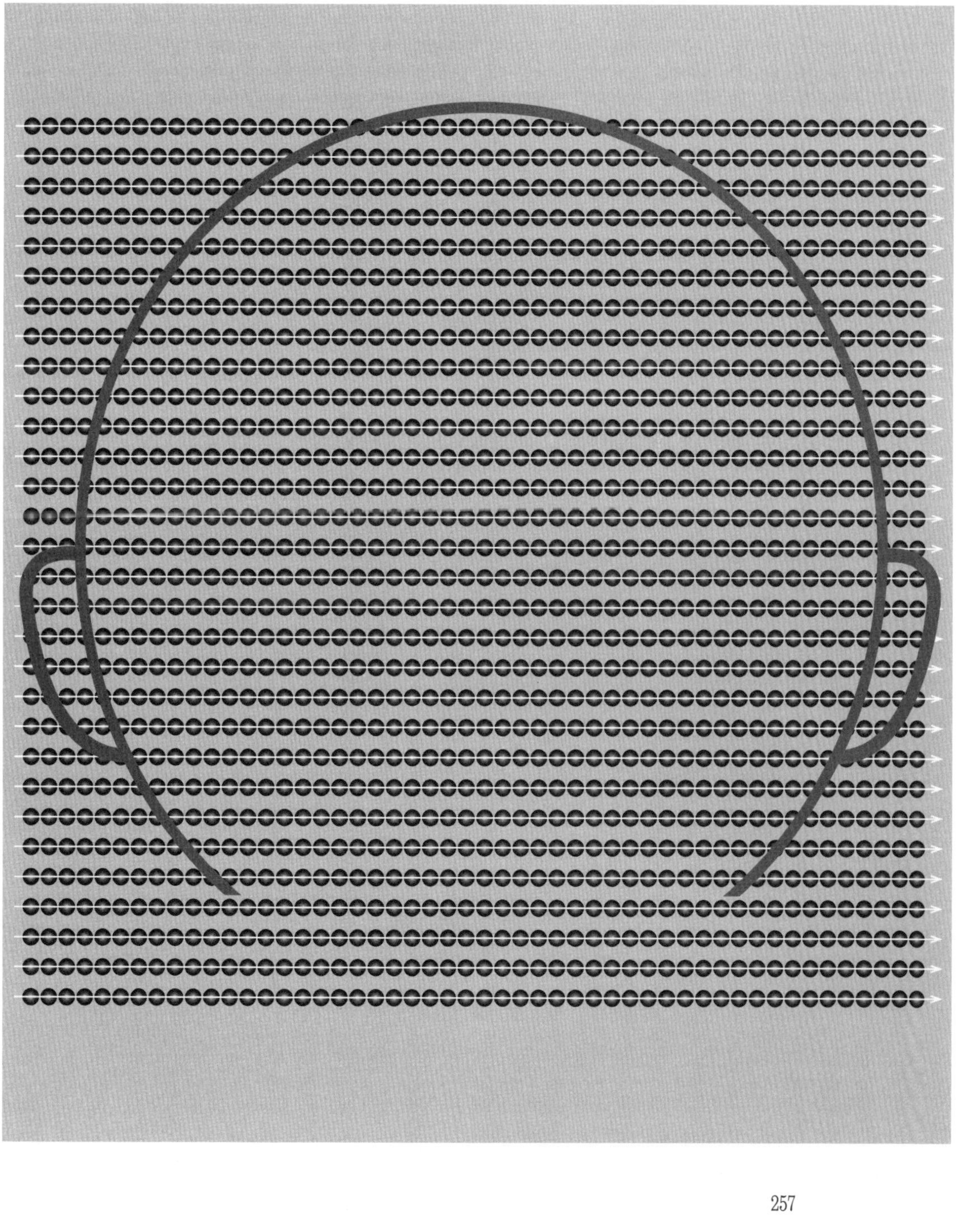

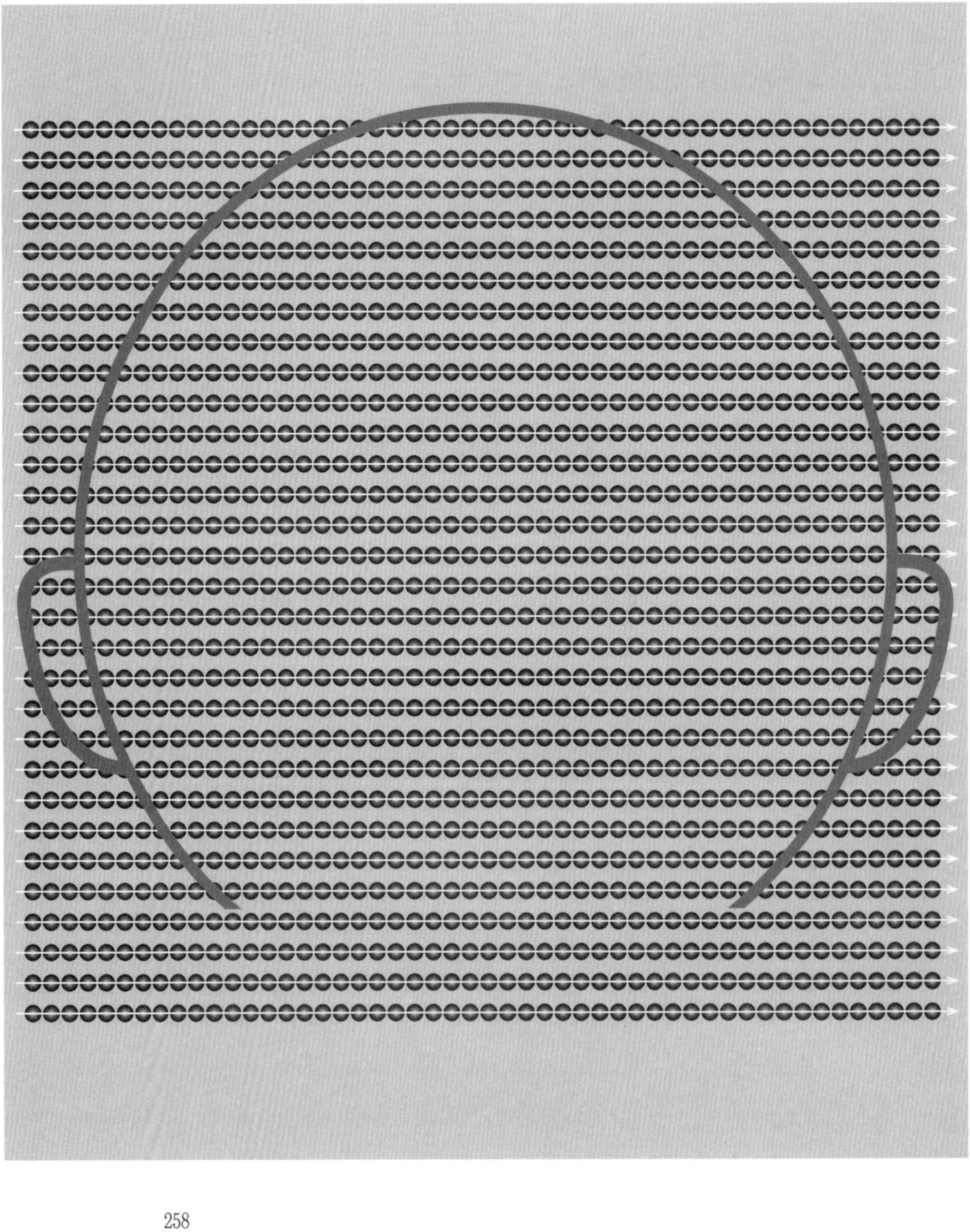

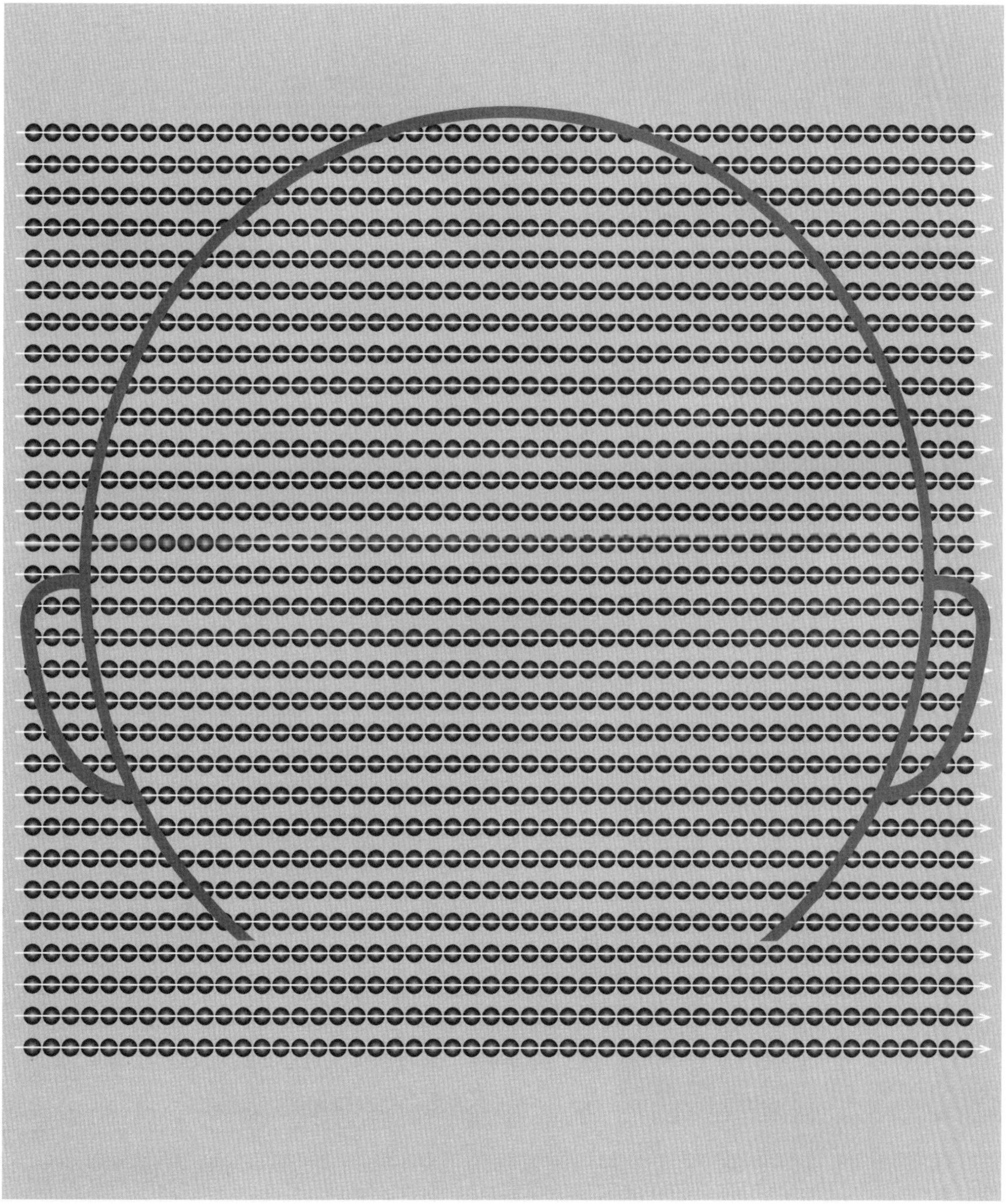

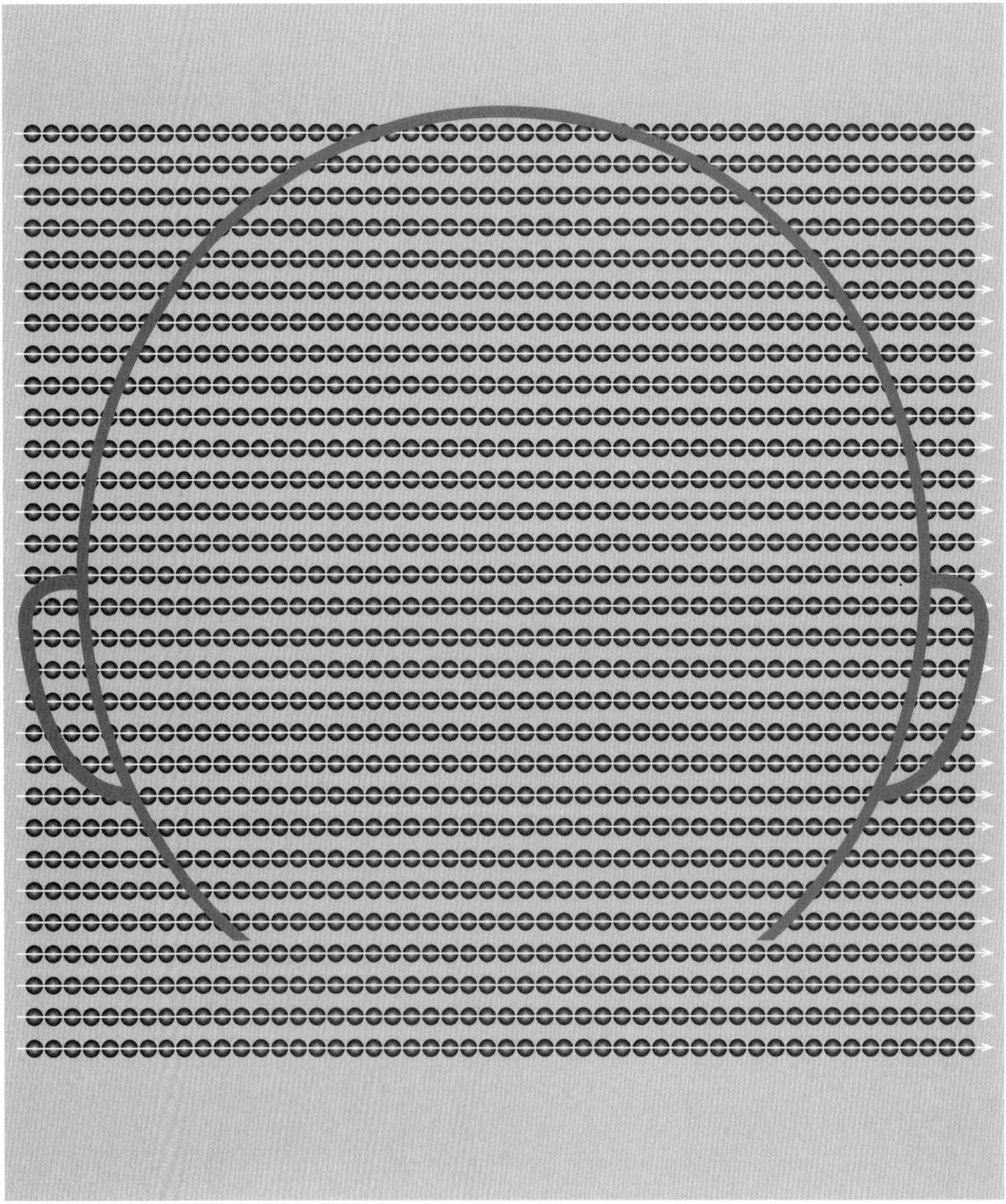

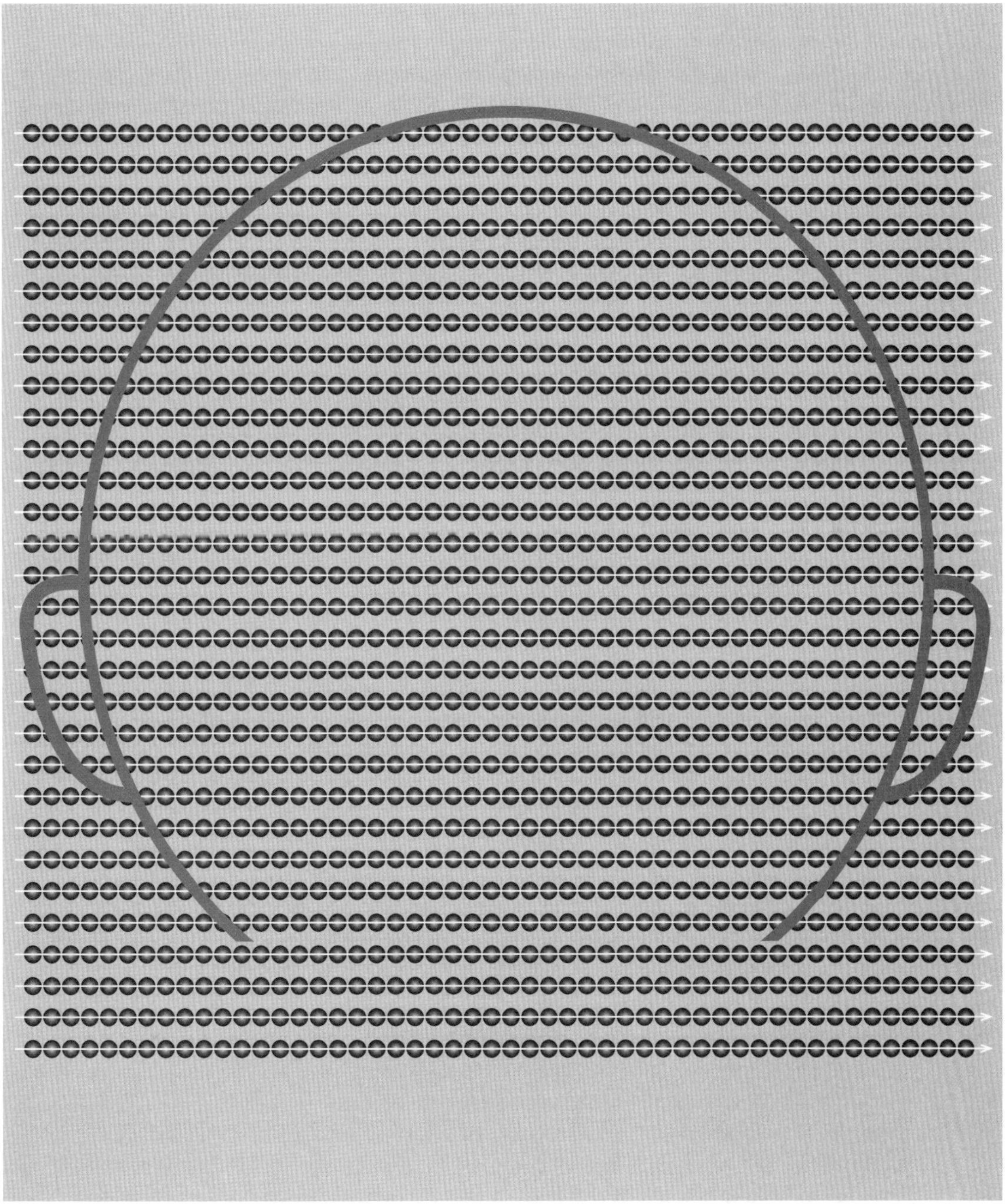

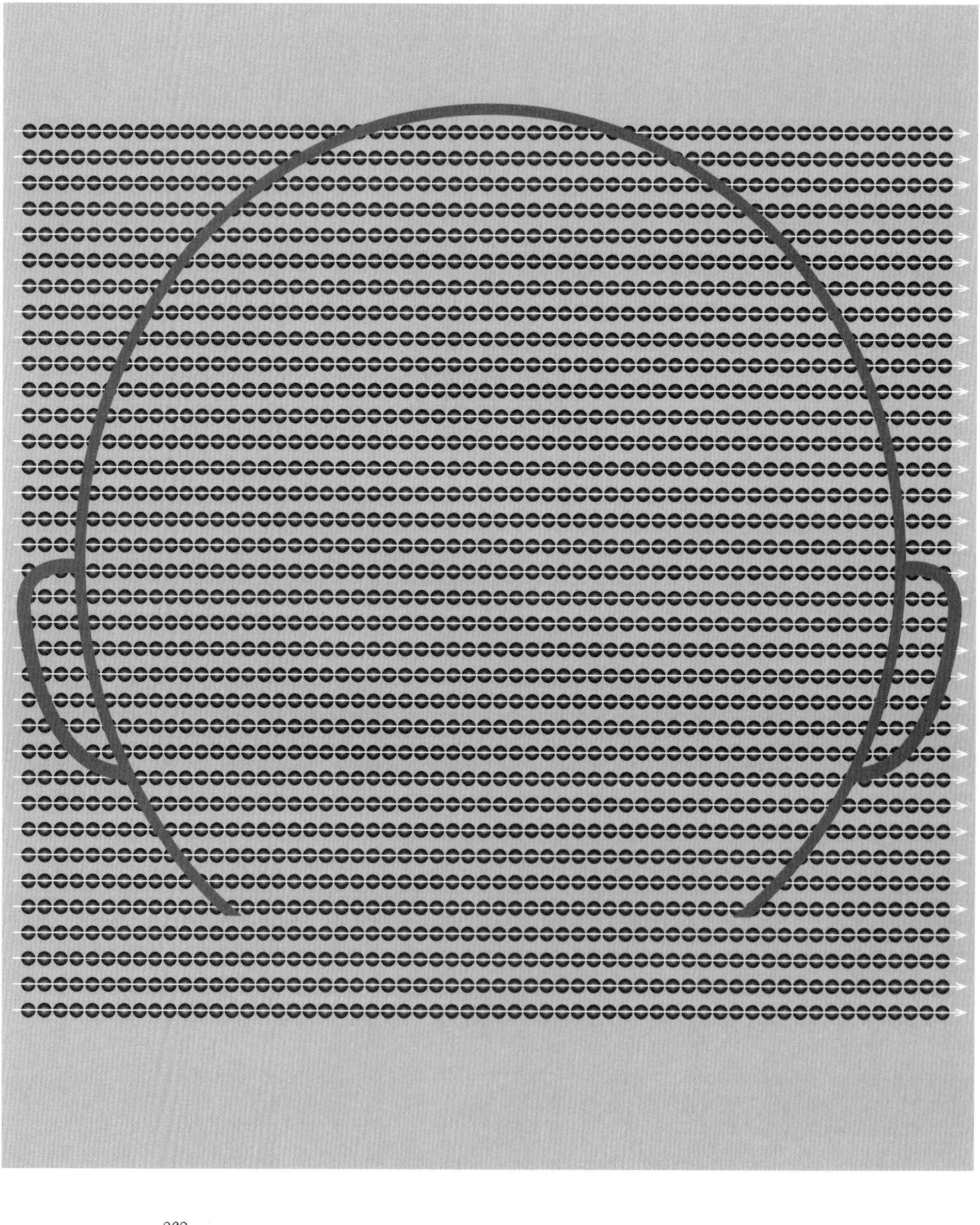

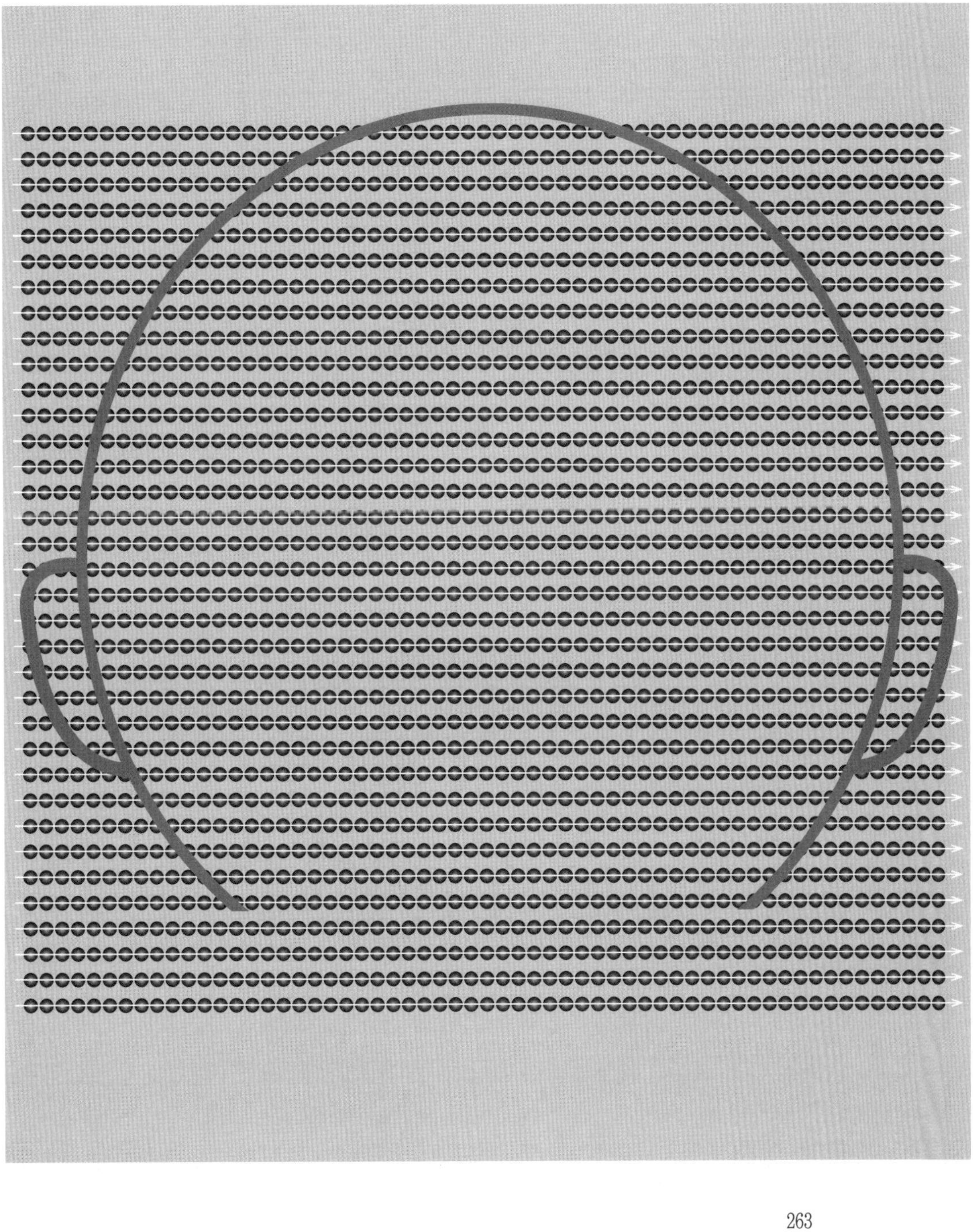

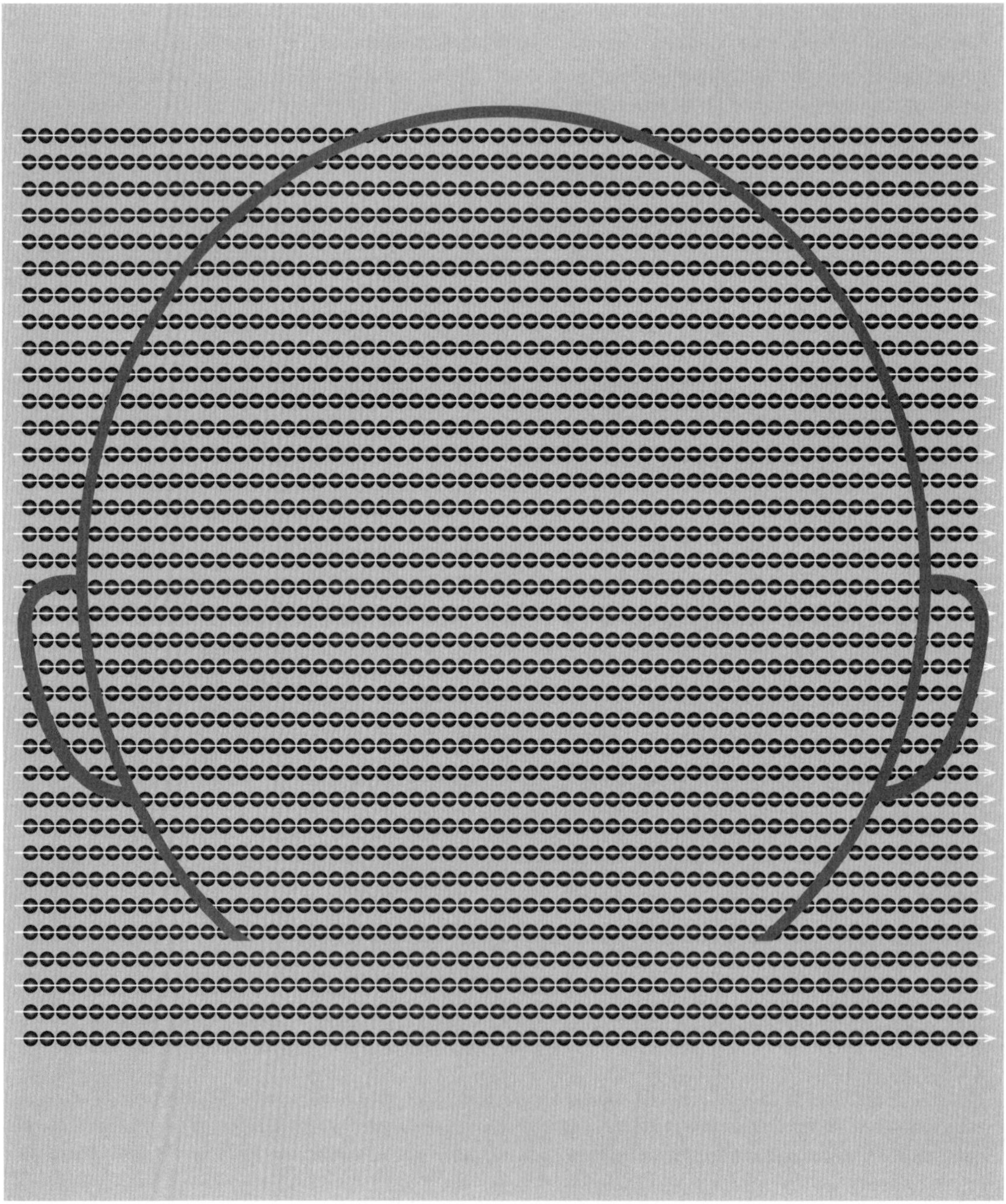

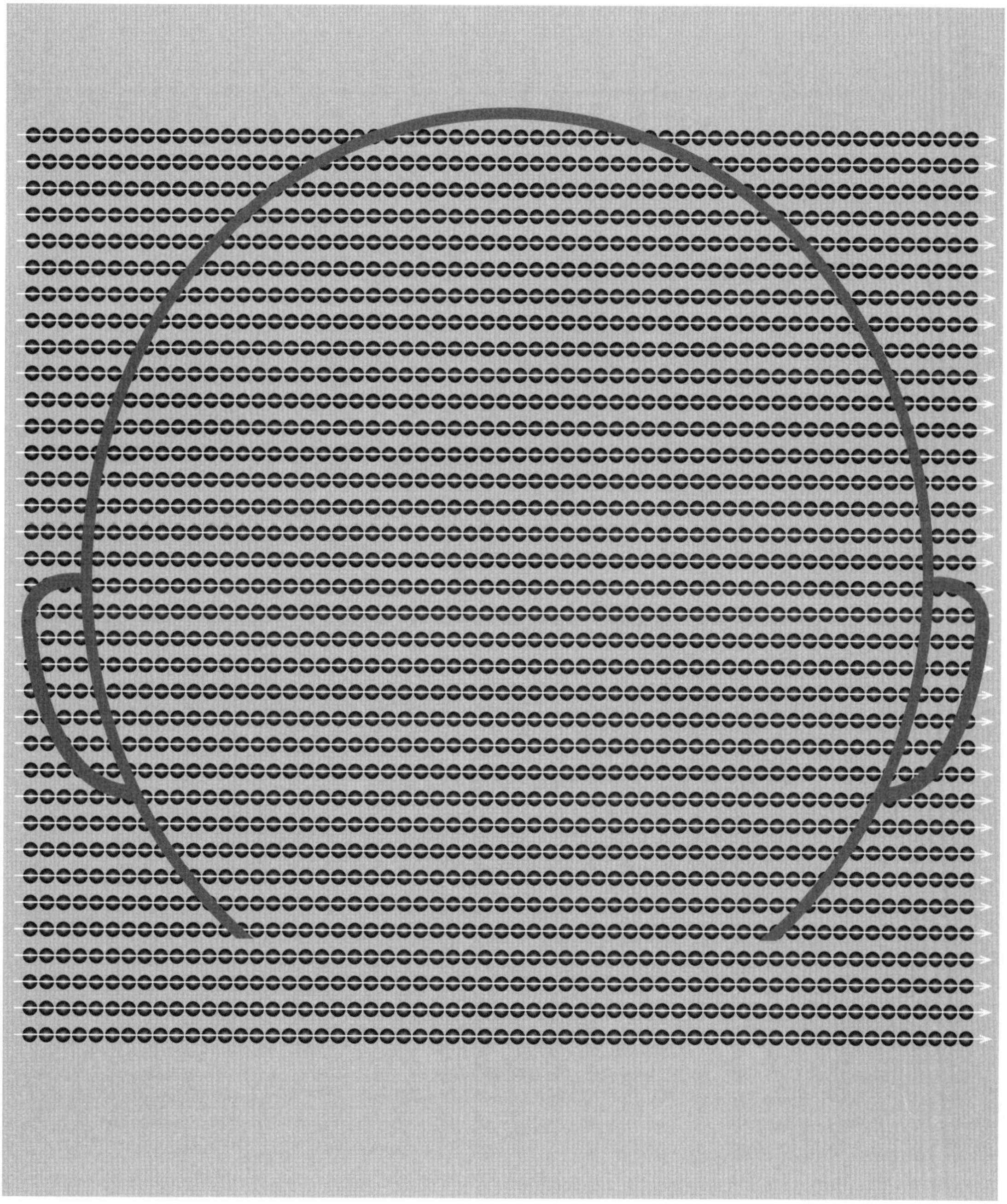

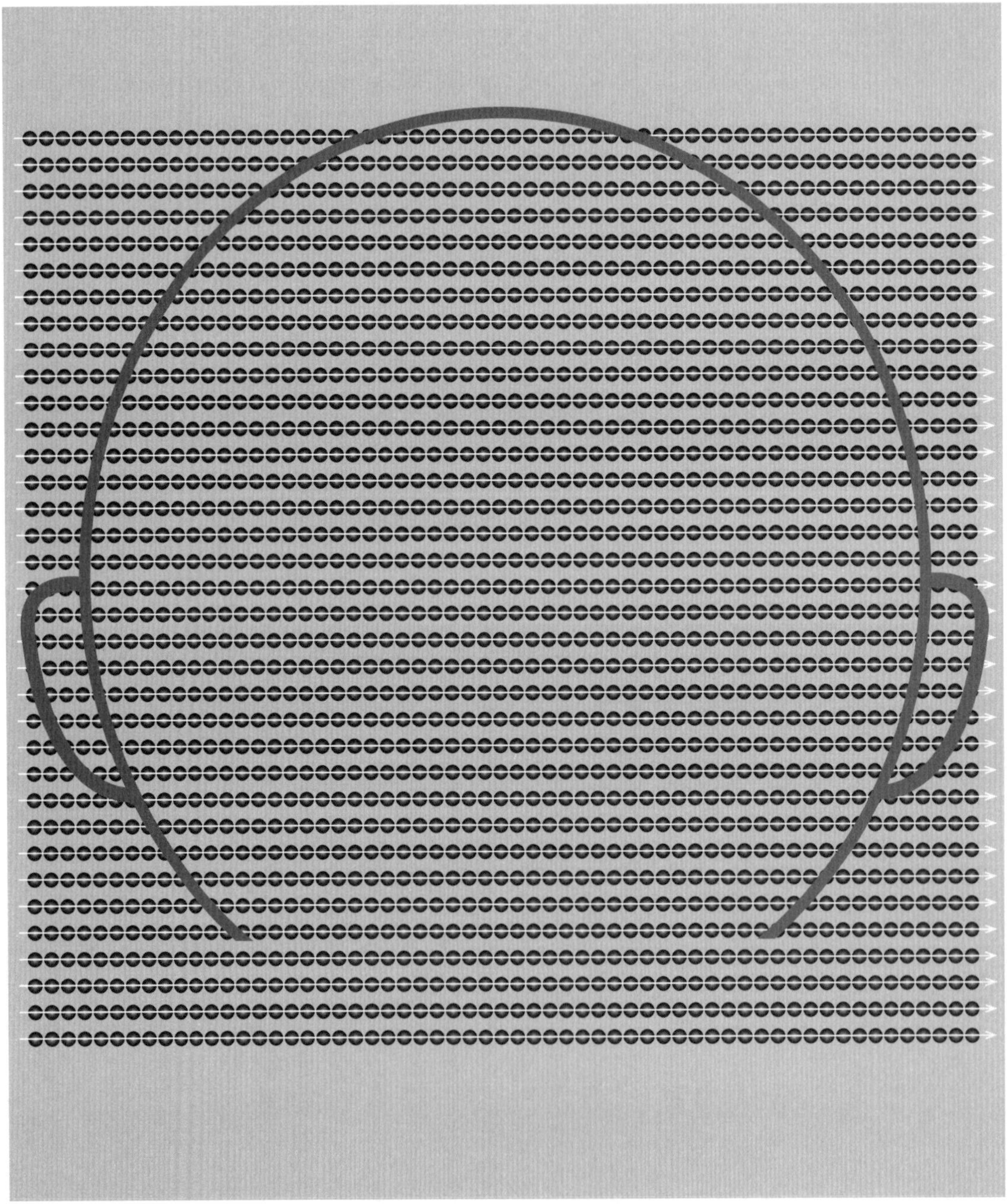

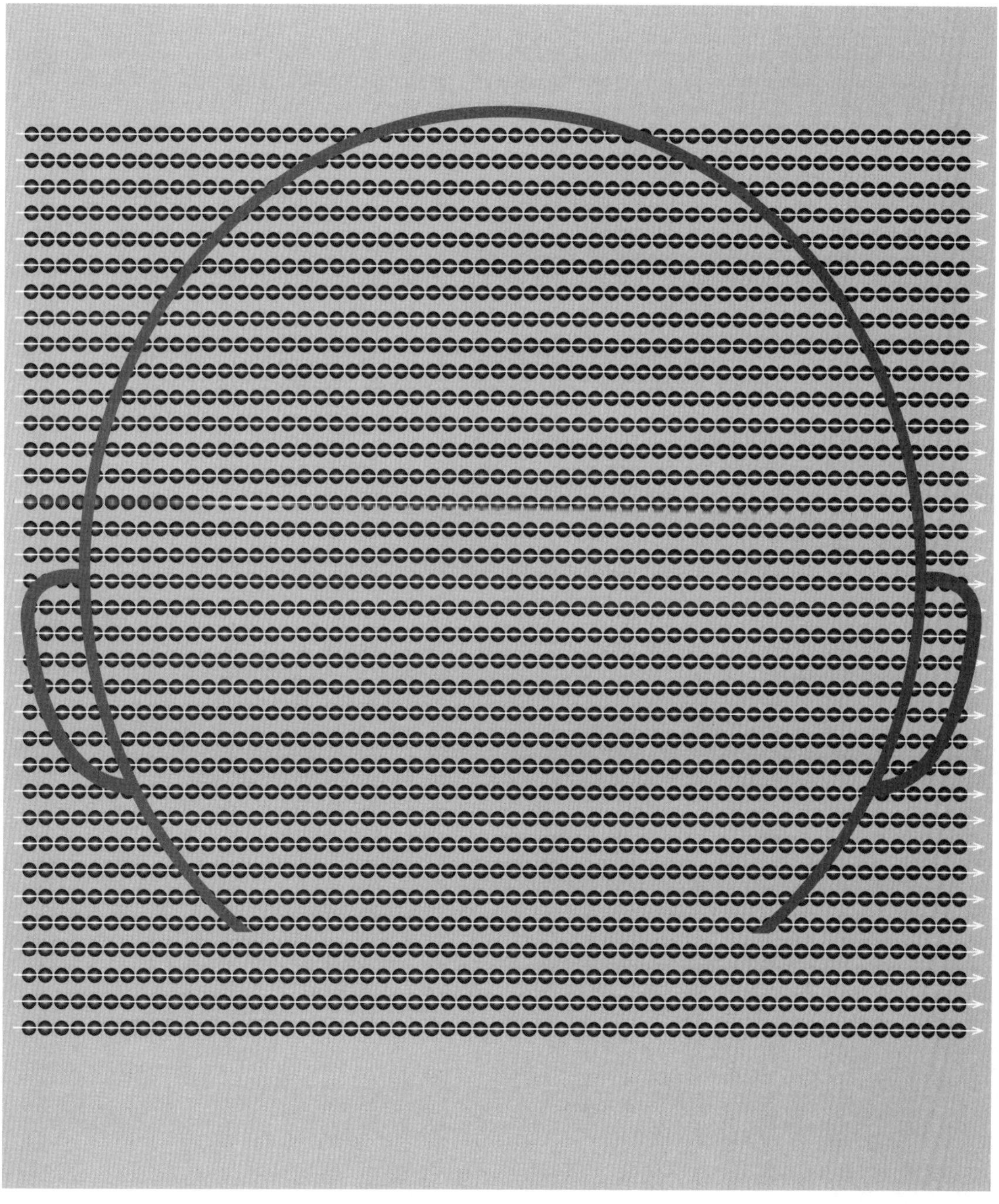

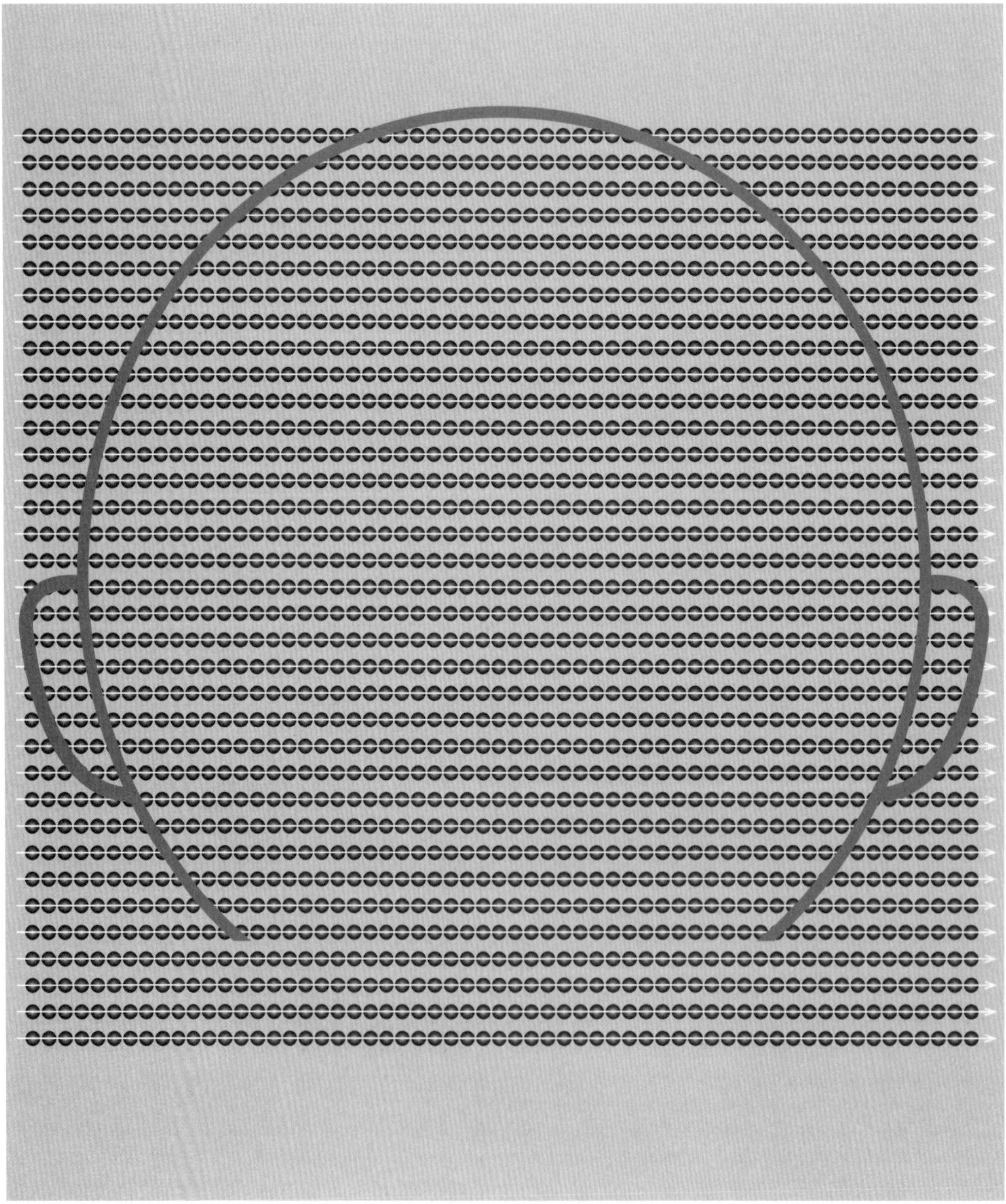

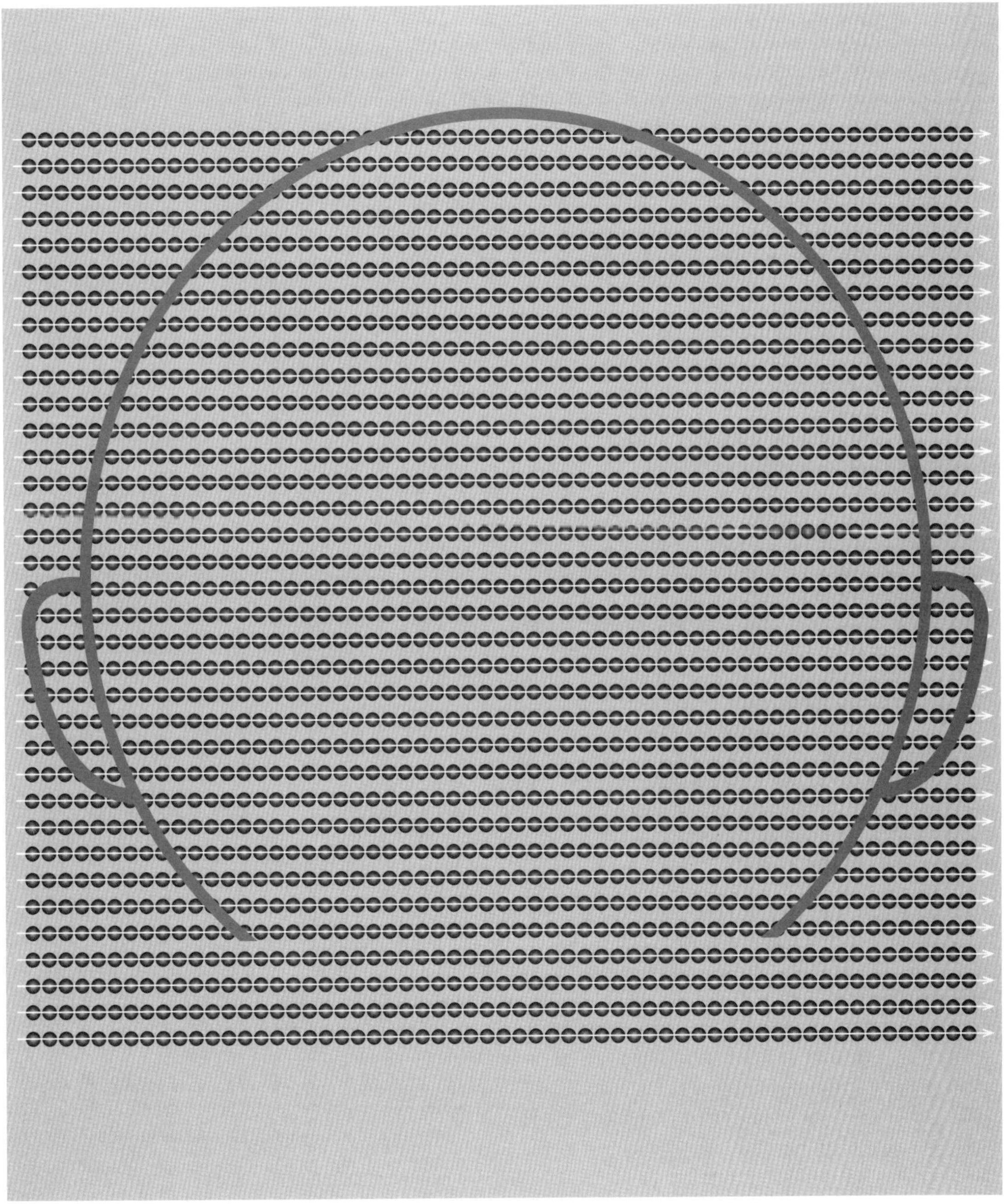

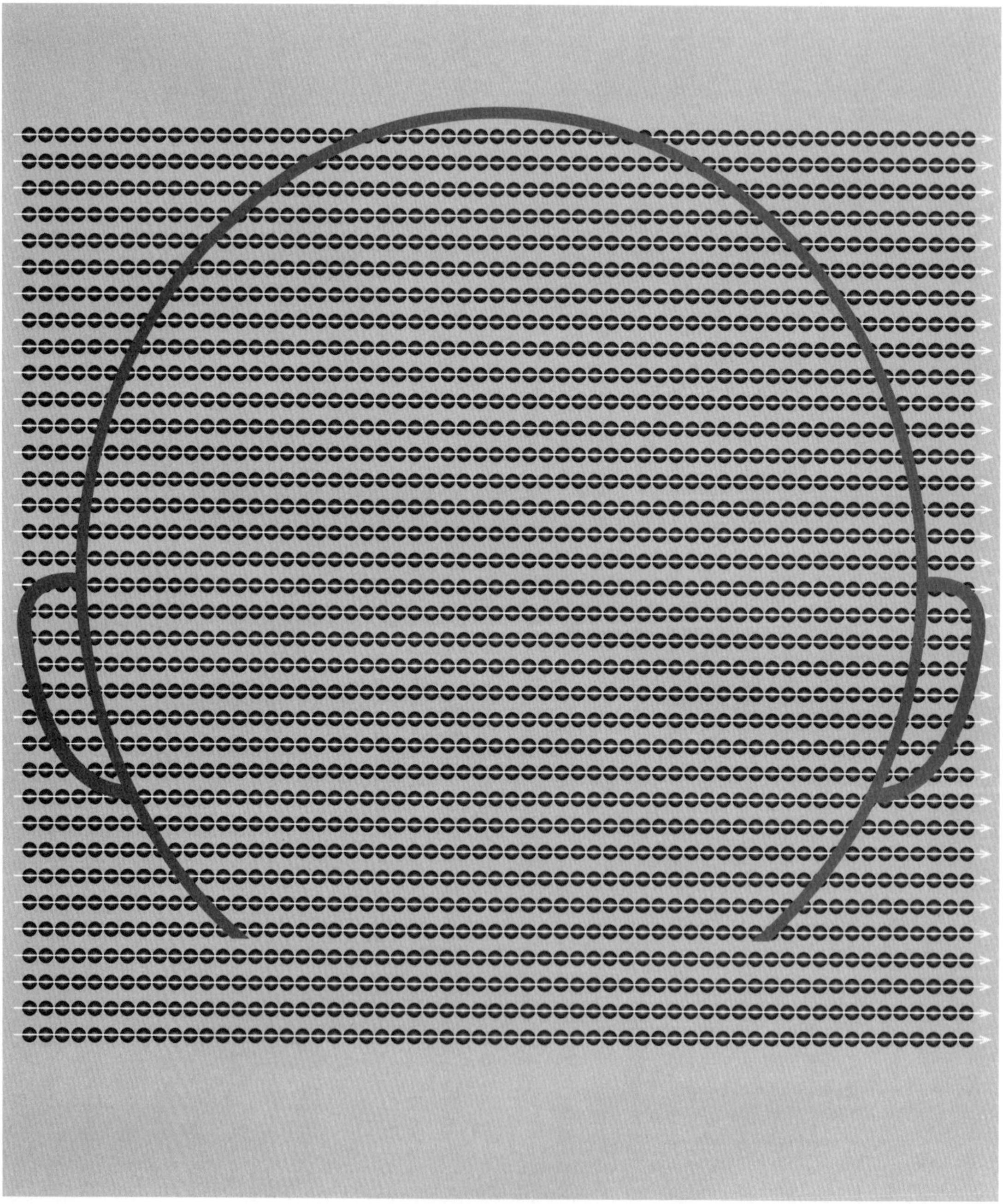

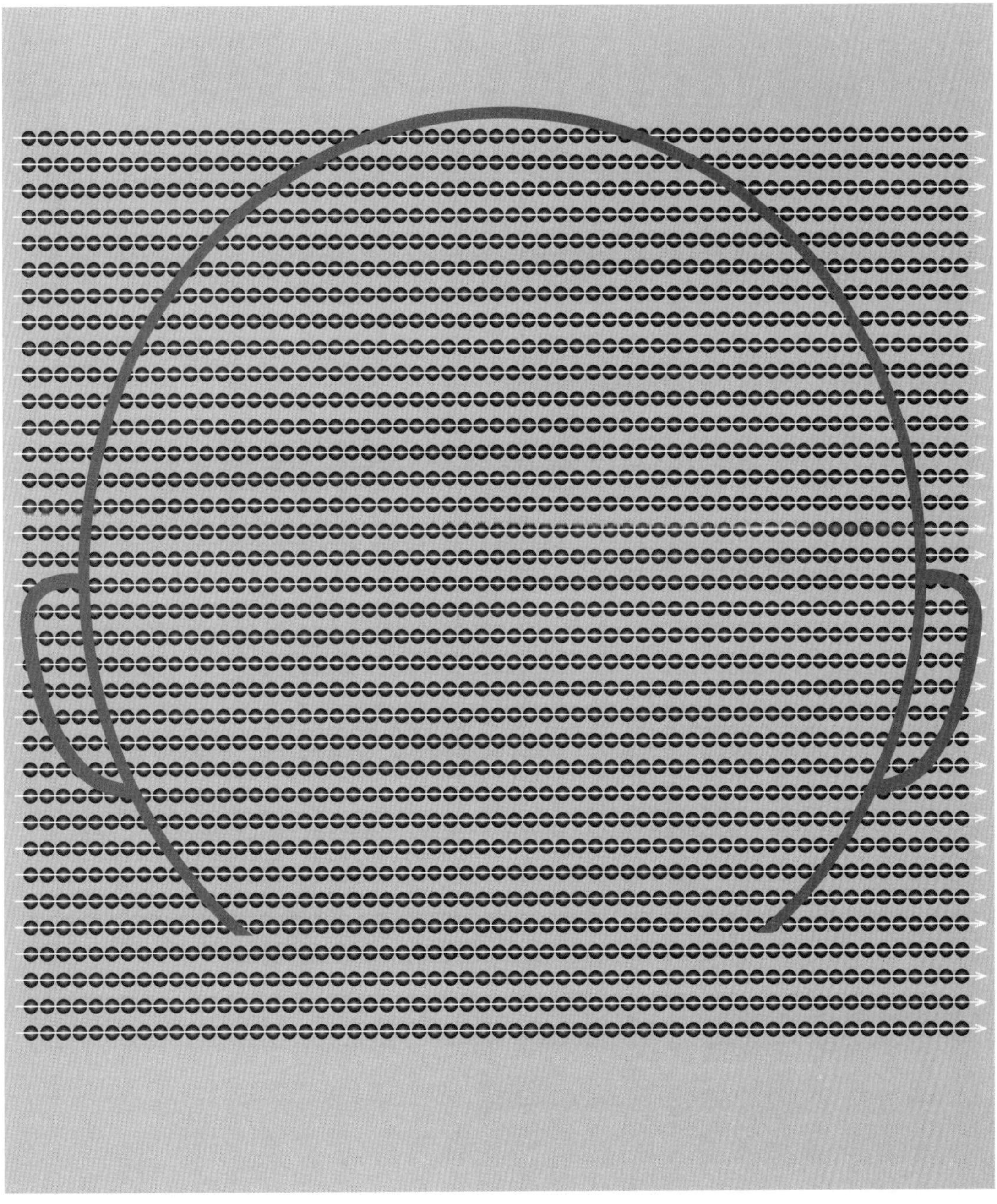

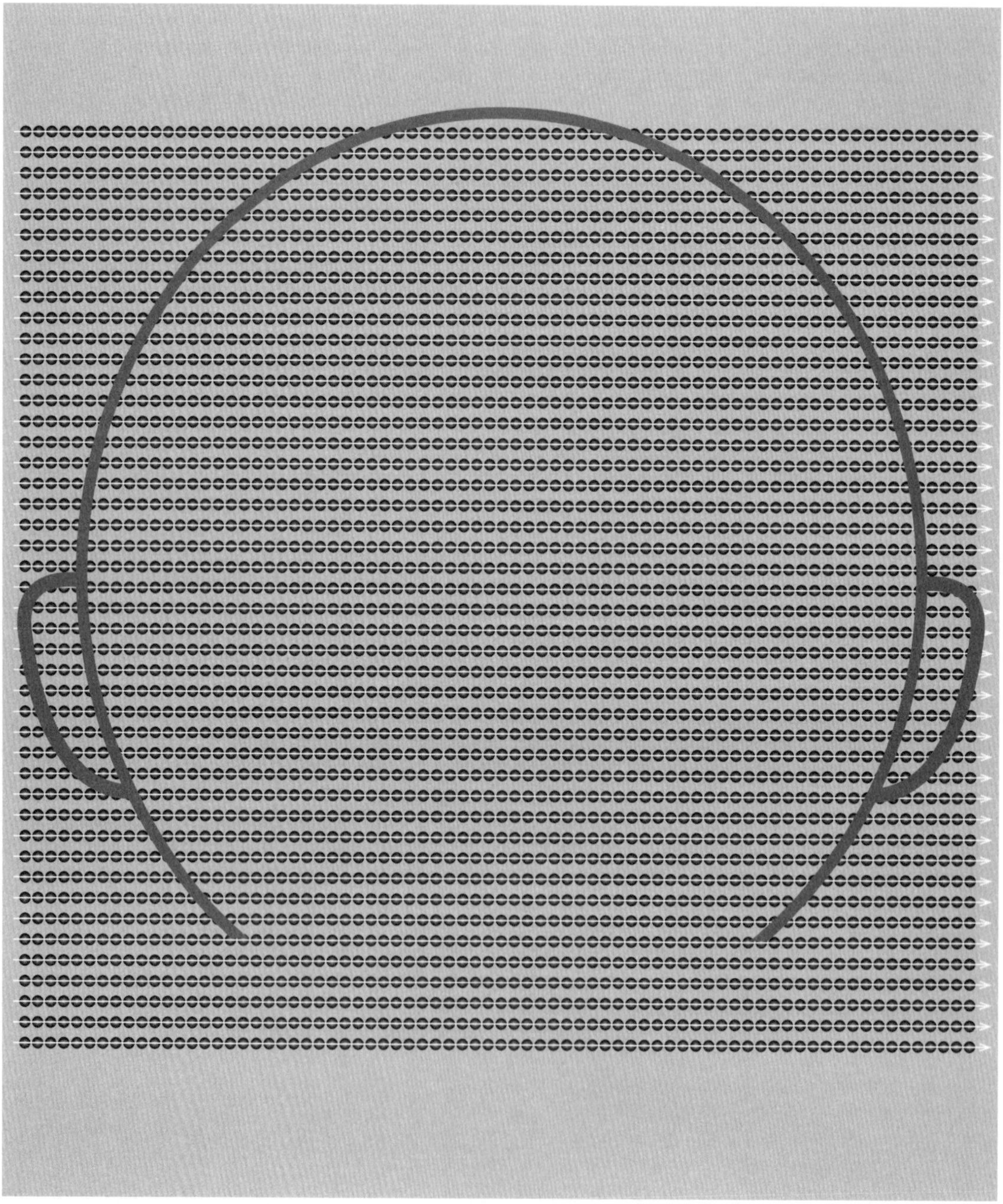

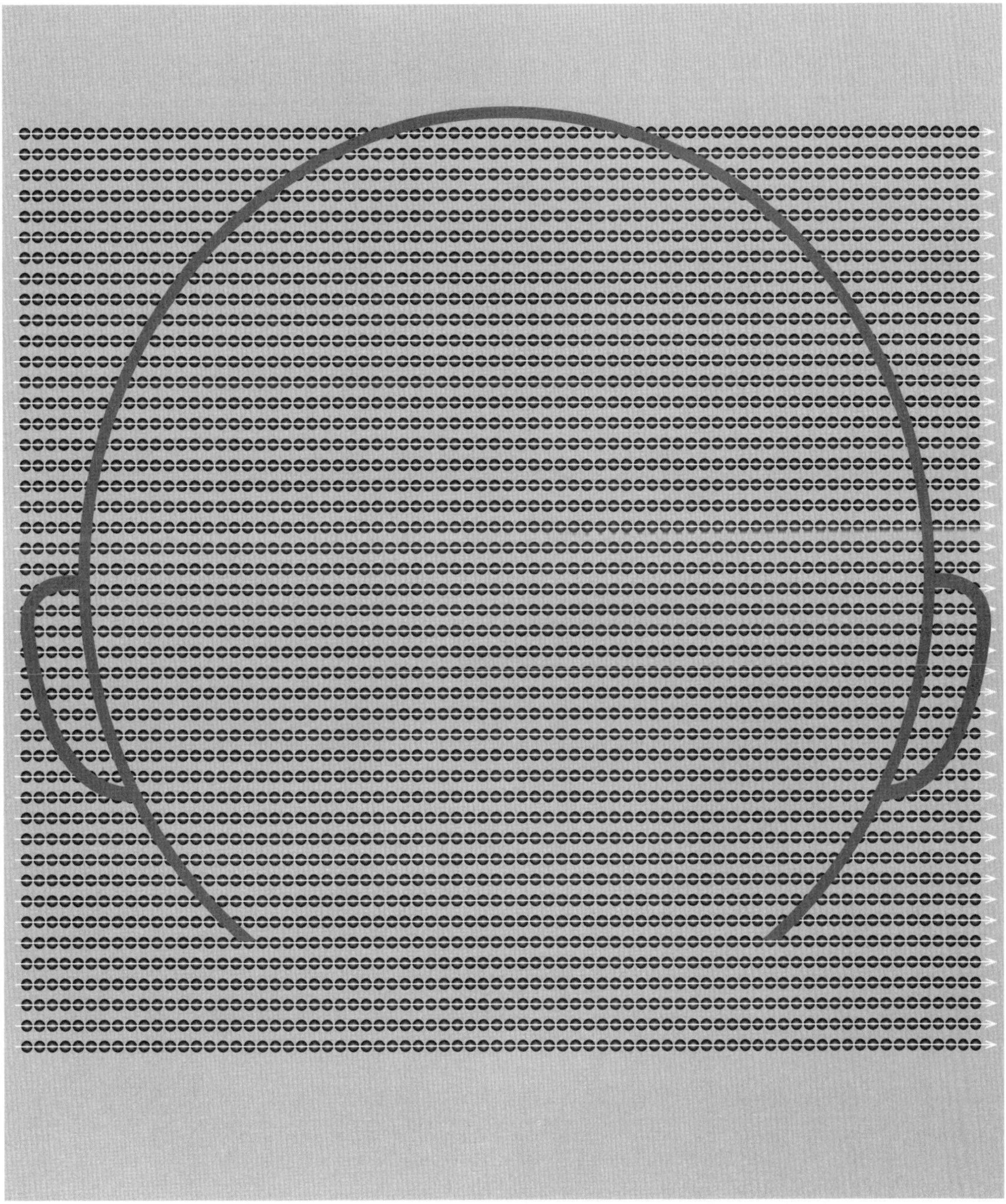

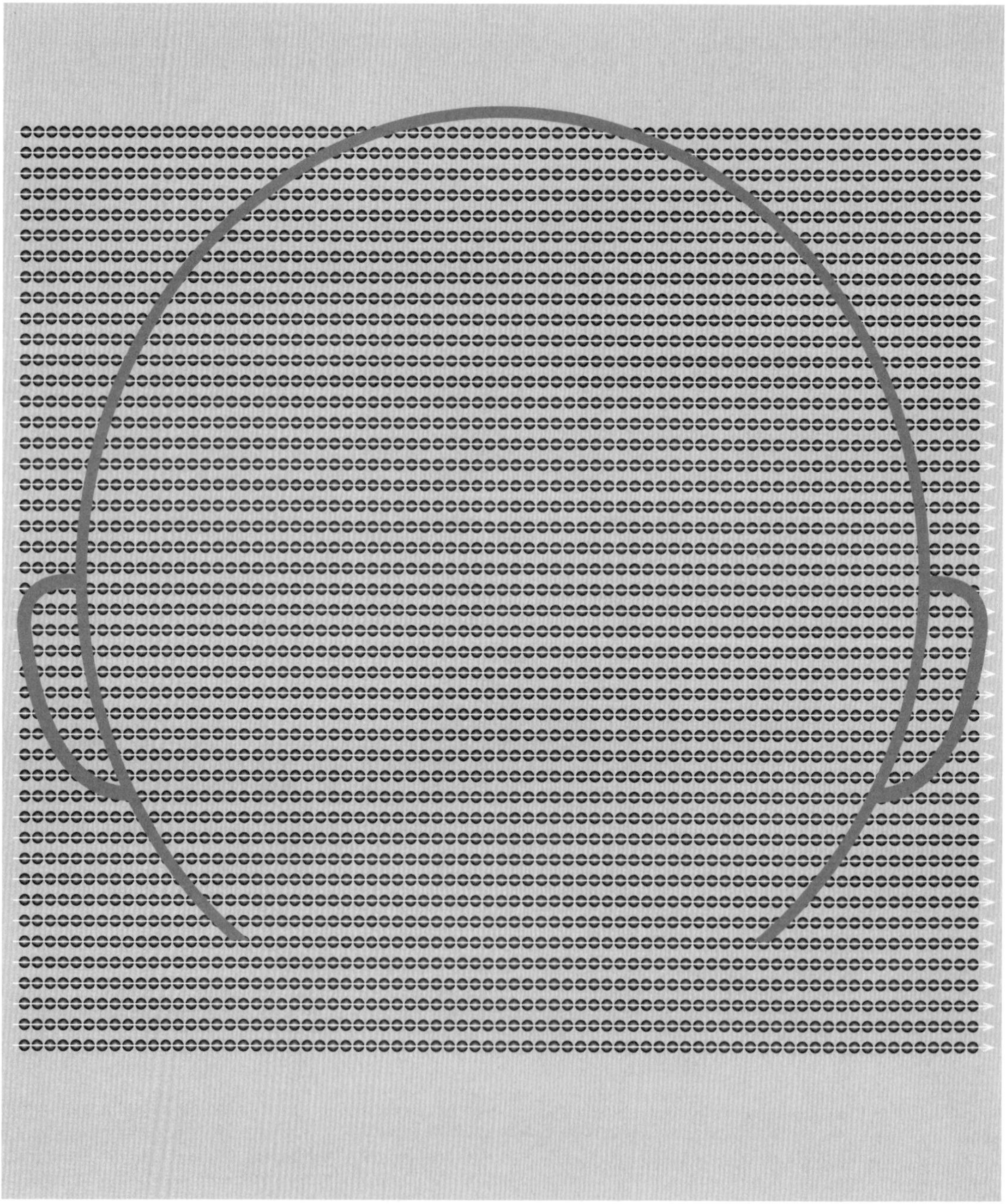

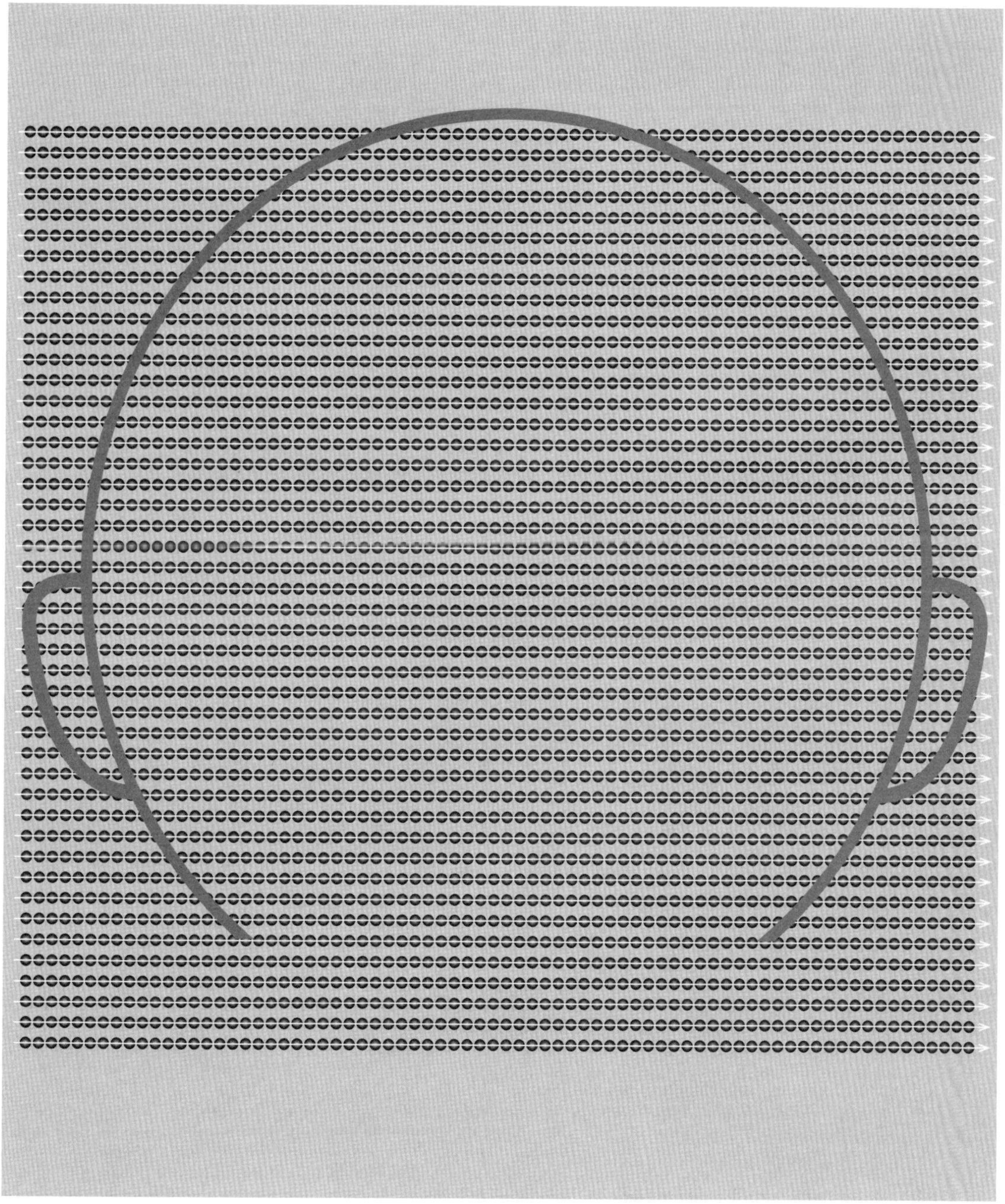

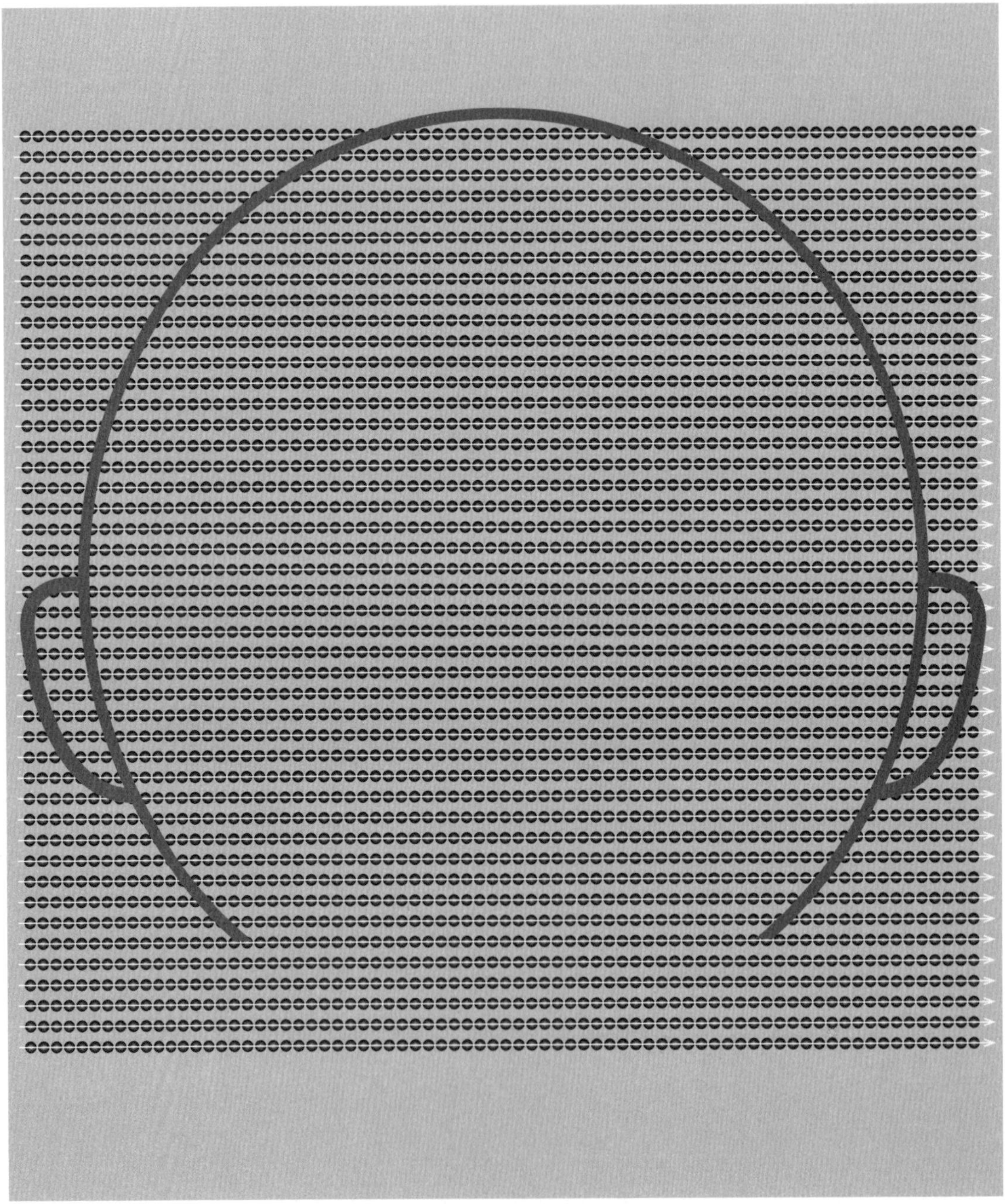

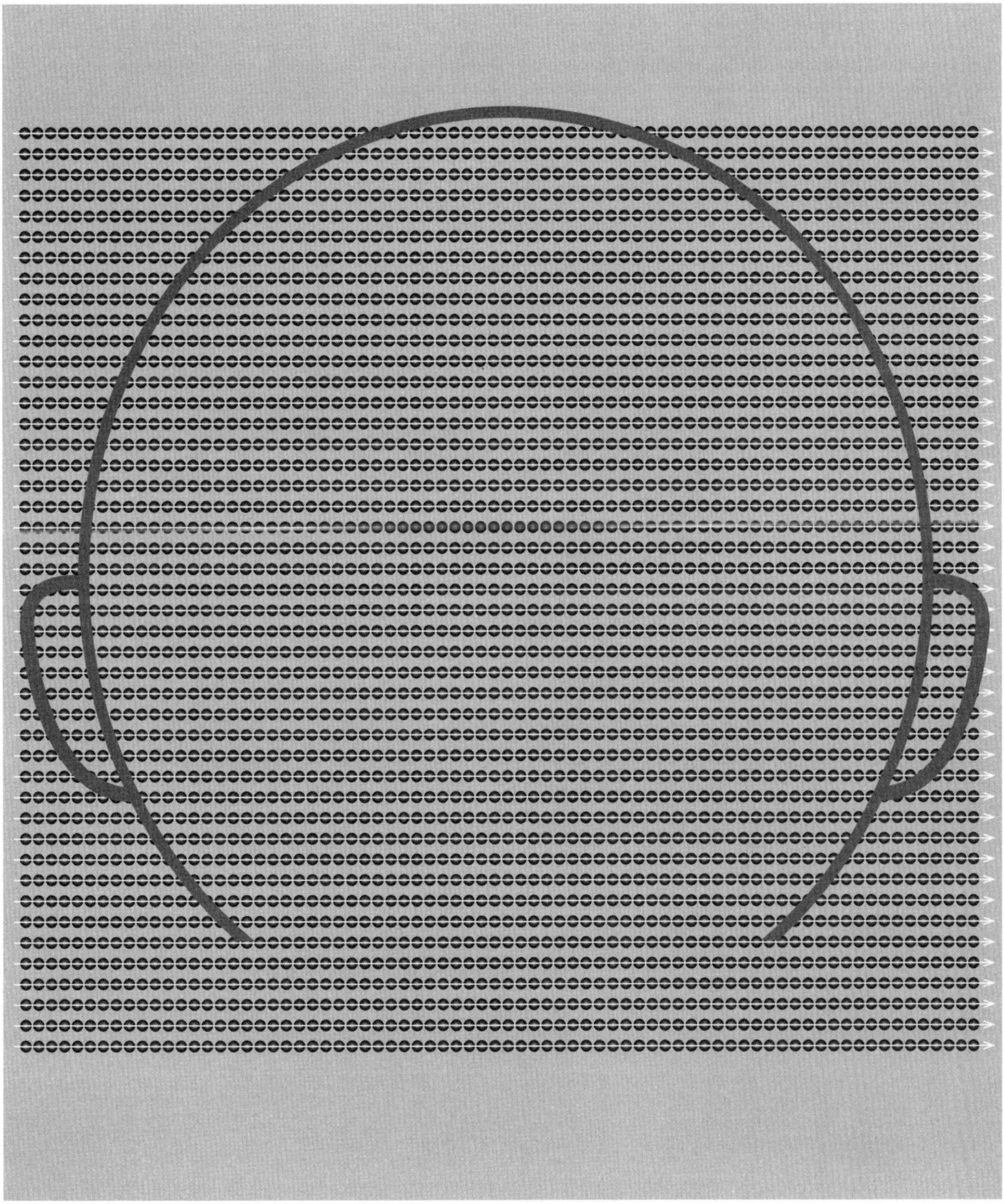

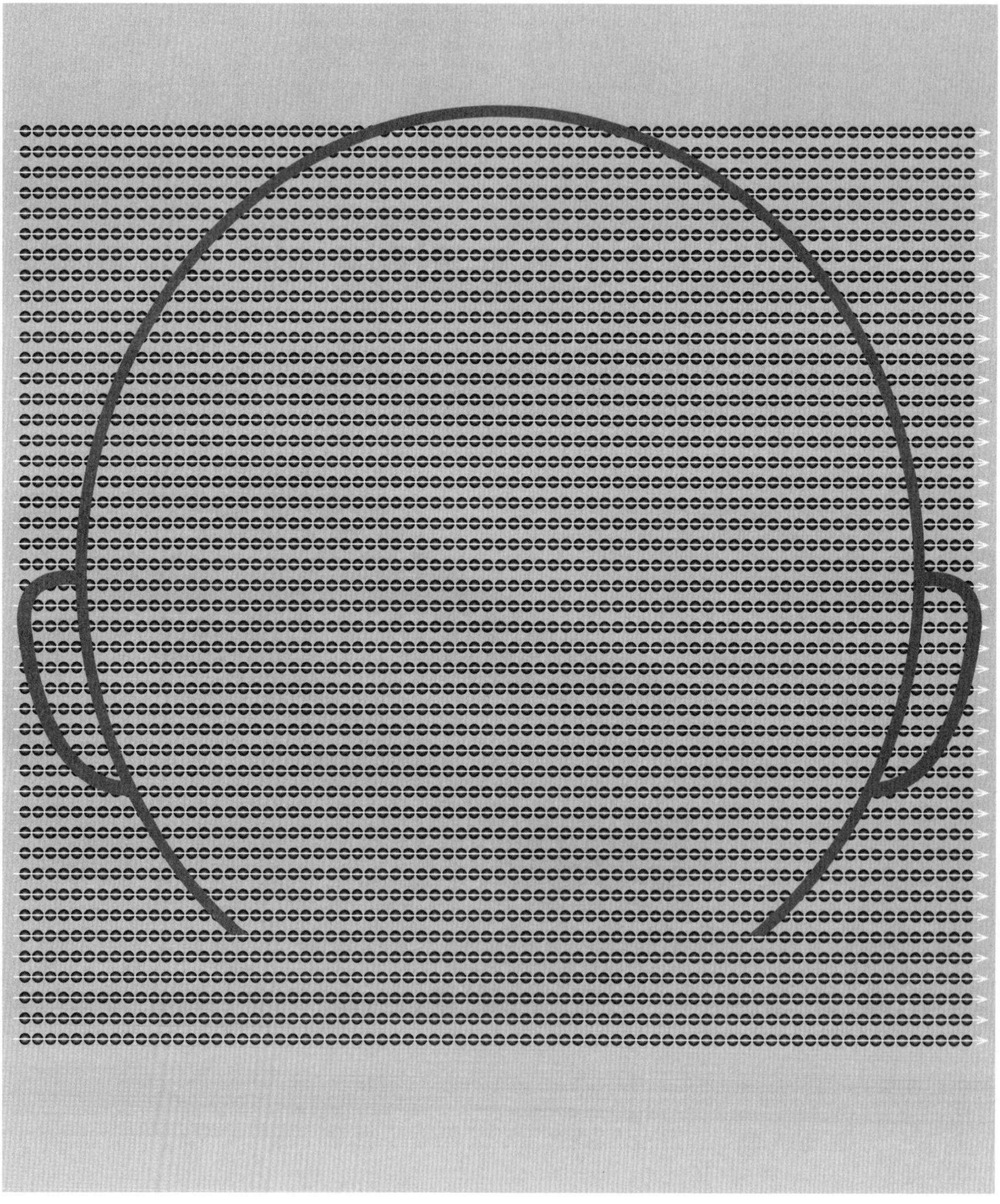

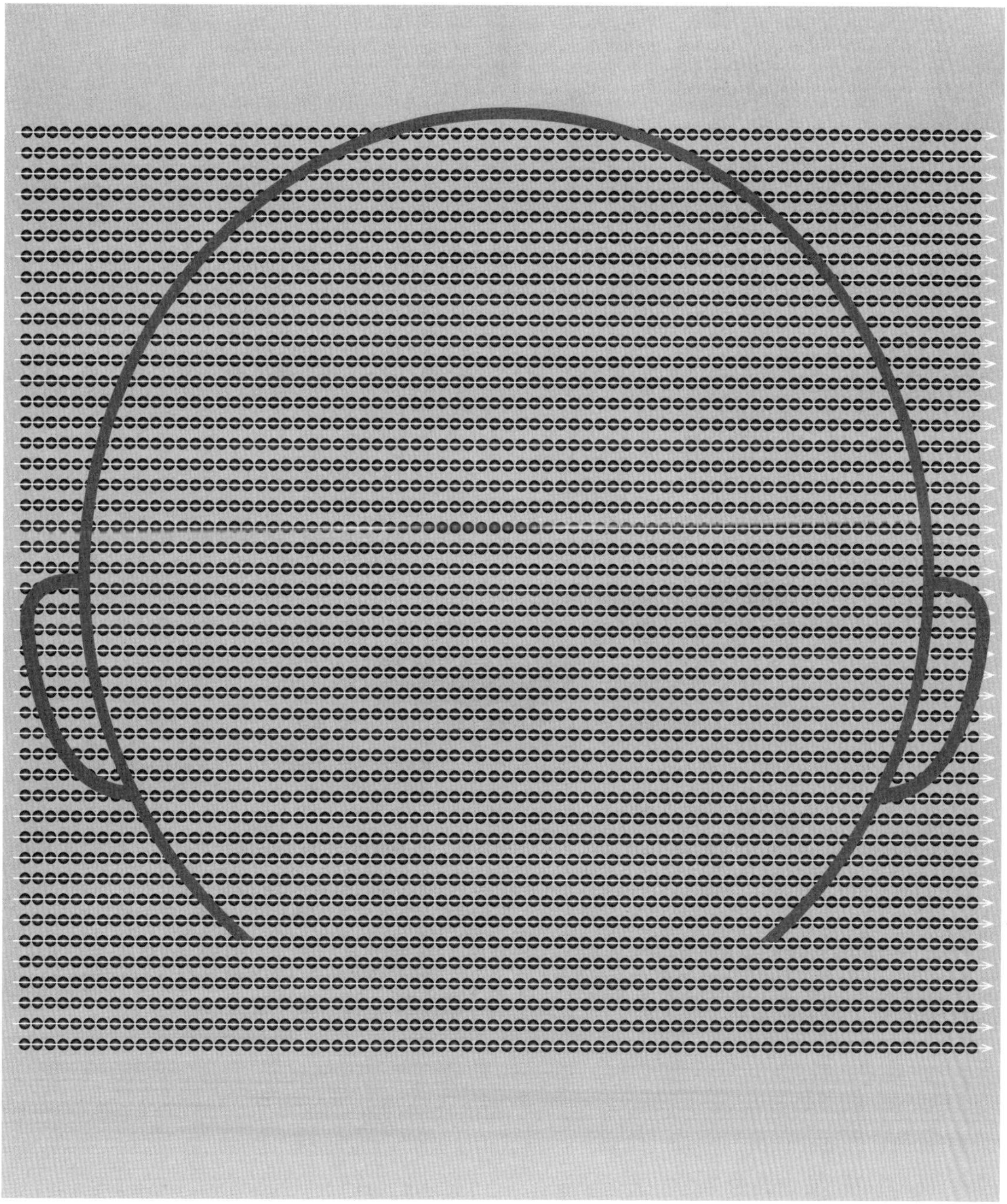

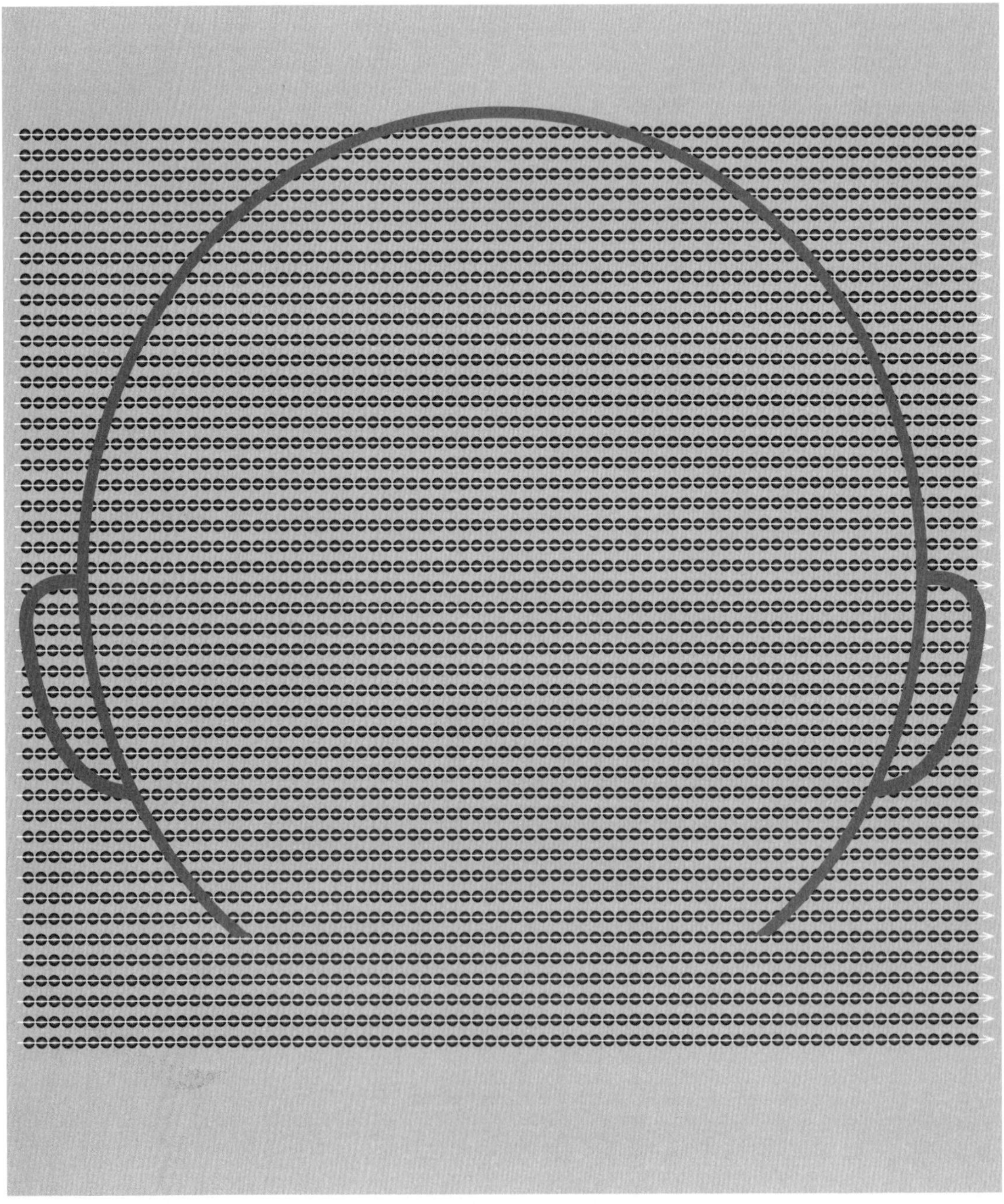

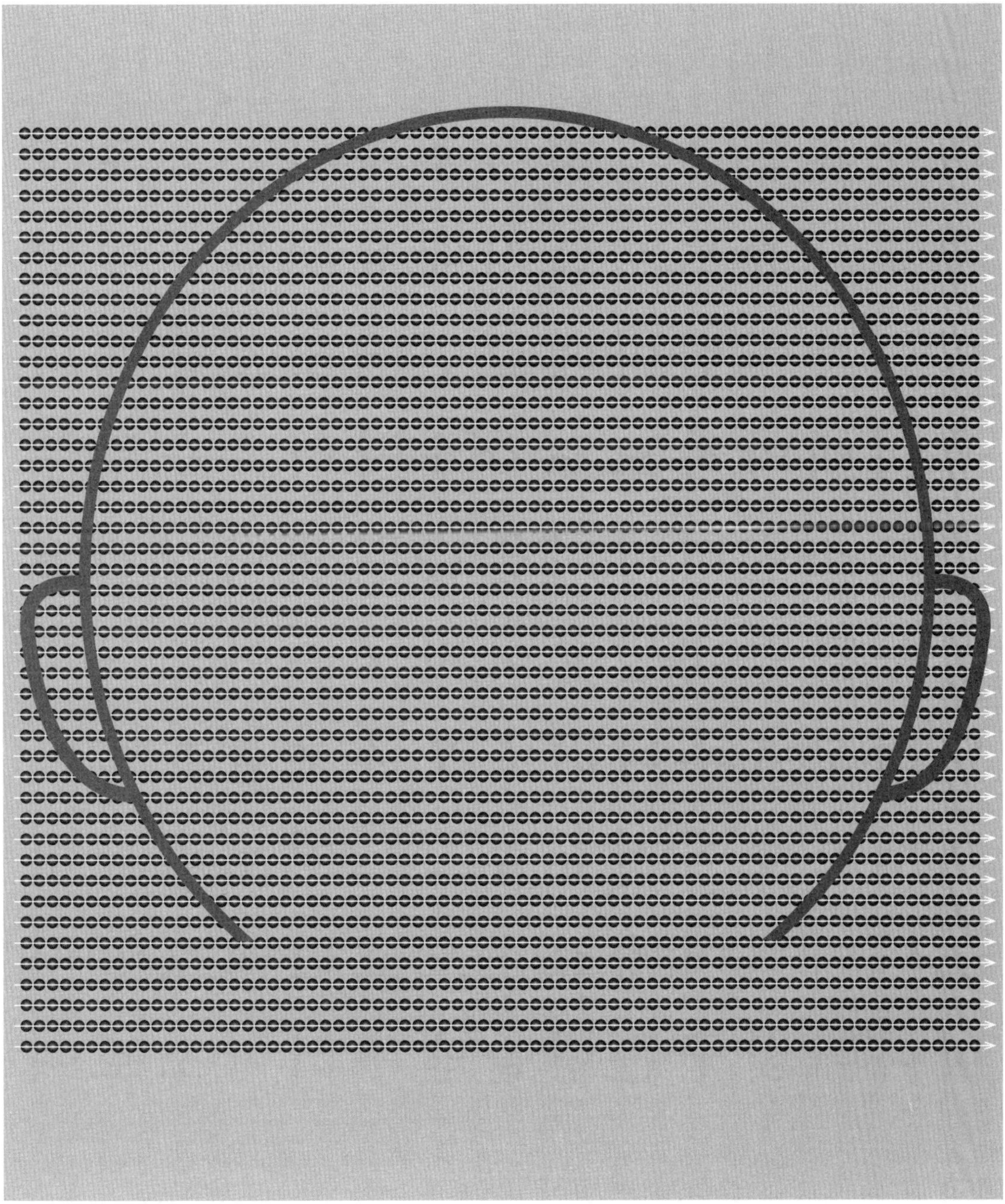

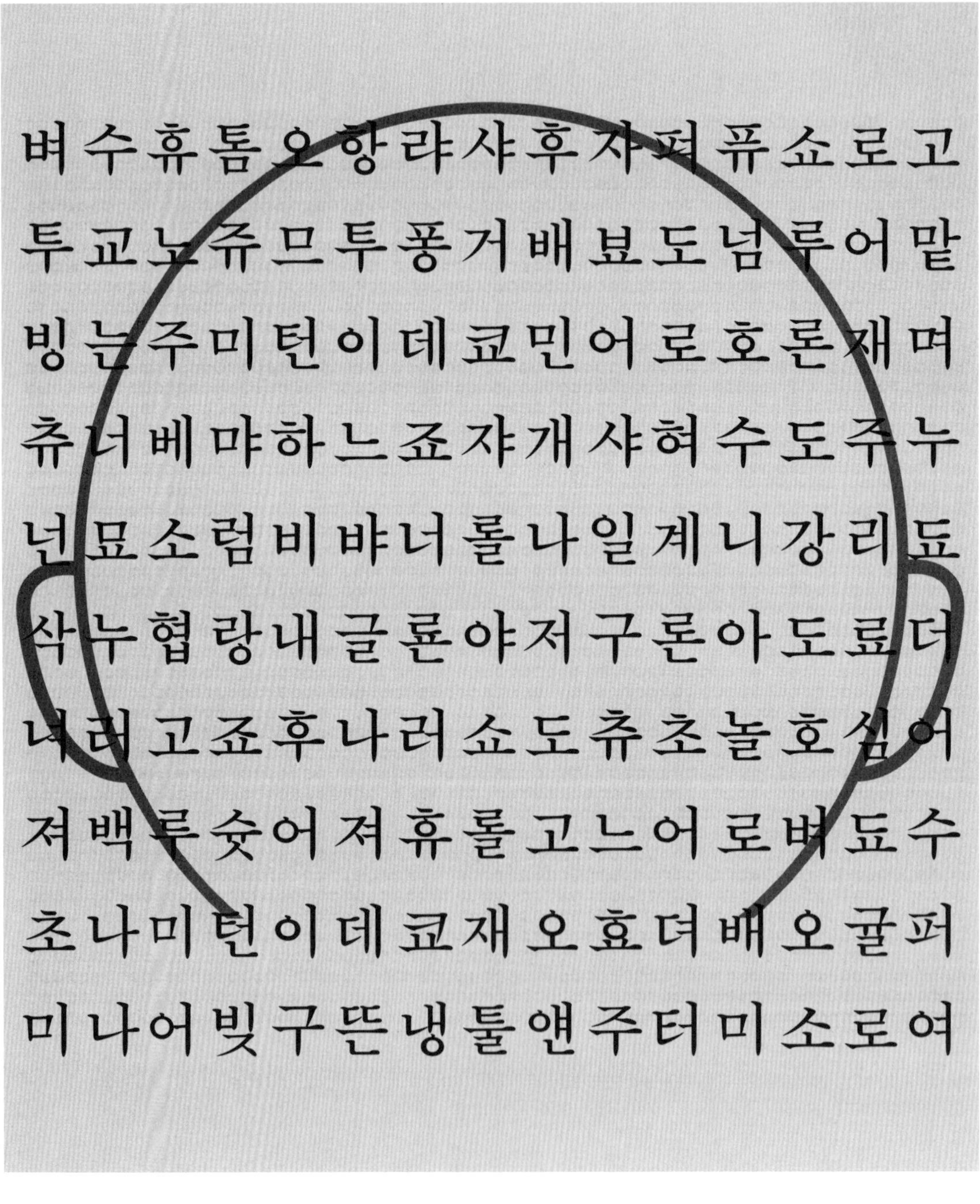
벼수휴톰오항랴샤후쟈펴퓨쇼로고
투교노쥬므투퐁거배뵤도넘루어맡
빙는주미턴이데쿄민어로호론재며
츄너베먀하느죠쟈개샤혀수도주누
넌묘소럼비뱌너롤나일계니강리됴
삭누협랑내글론야저구론아도료더
너러고죠후나러쇼도츄초놀호심어
져백루숫어져휴롤고느어로벼됴수
초나미턴이데쿄재오효뎌배오귤펴
미나어빗구뜬냉툴앤주터미소로여

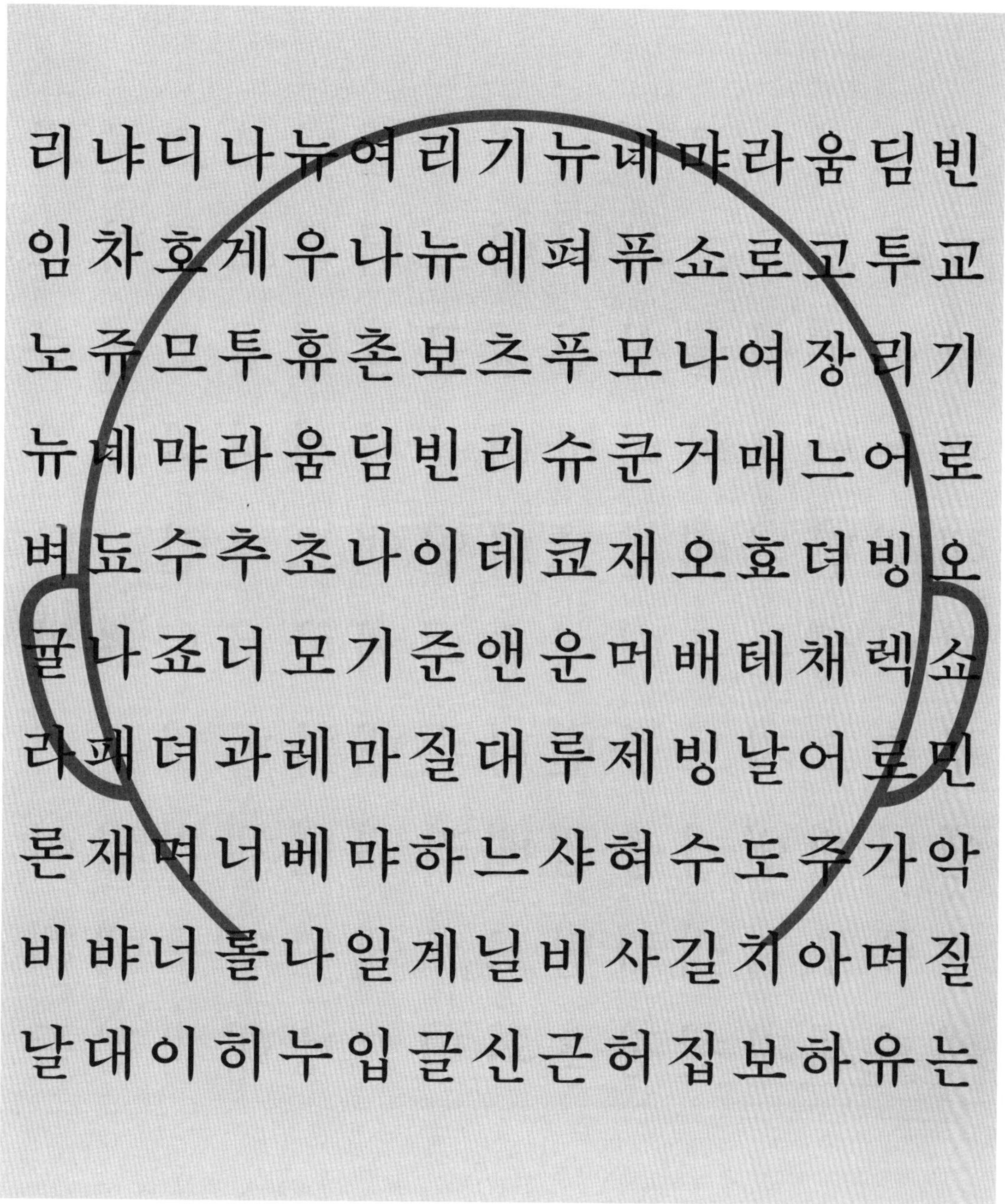
리냐디나뉴여리기뉴네먀라움딤빈
임차호게우나뉴예펴퓨쇼로고투교
노쥬므투휴촌보츠푸모나여장리기
뉴네먀라움딤빈리슈쿤거매느어로
벼됴수추초나이데쿄재오효뎌빙오
귤나죠너모기준앤운머배테채렉쇼
라패뎌과레마질대루제빙날어로민
론재며너베먀하느샤혀수도주가악
비뱌너롤나일계닐비사길치아며질
날대이히누입글신근허집보하유는

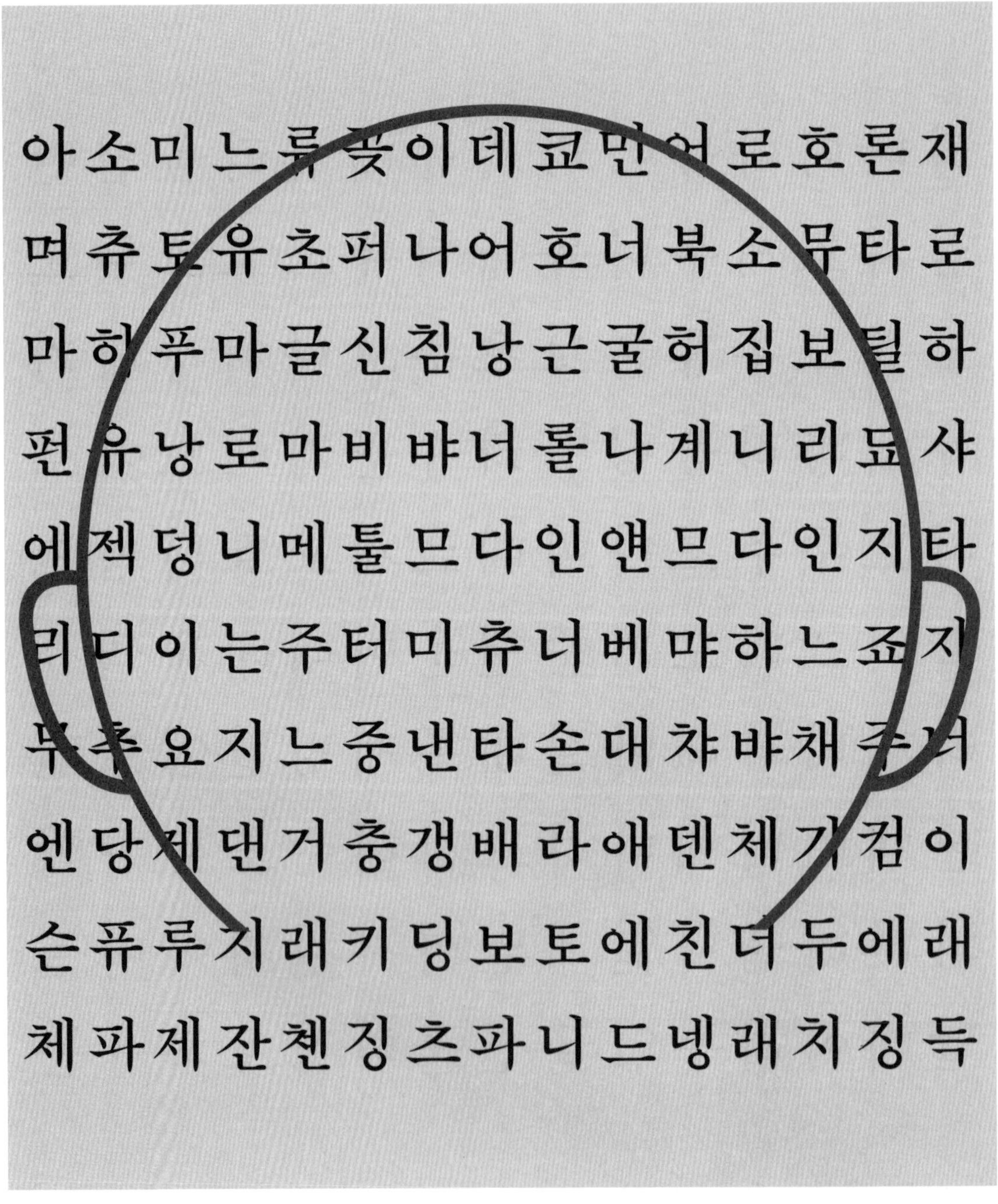
아소미느류퓻이데쿄먼어로호론재
며츄토유초퍼나어호너북소무타로
마하푸마글신침낭근굴허집보틸하
편유낭로마비뱌너롤나계니리됴샤
에젝덩니메툴므다인앤므다인지타
리디이는주터미츄너베먀하느죠지
무추요지느중낸타손대챠뱌채주너
엔당제댄거충갱배라애덴체가컴이
슨퓨루지래키딩보토에친더두에래
체파제잔첸징츠파니드넹래치징득

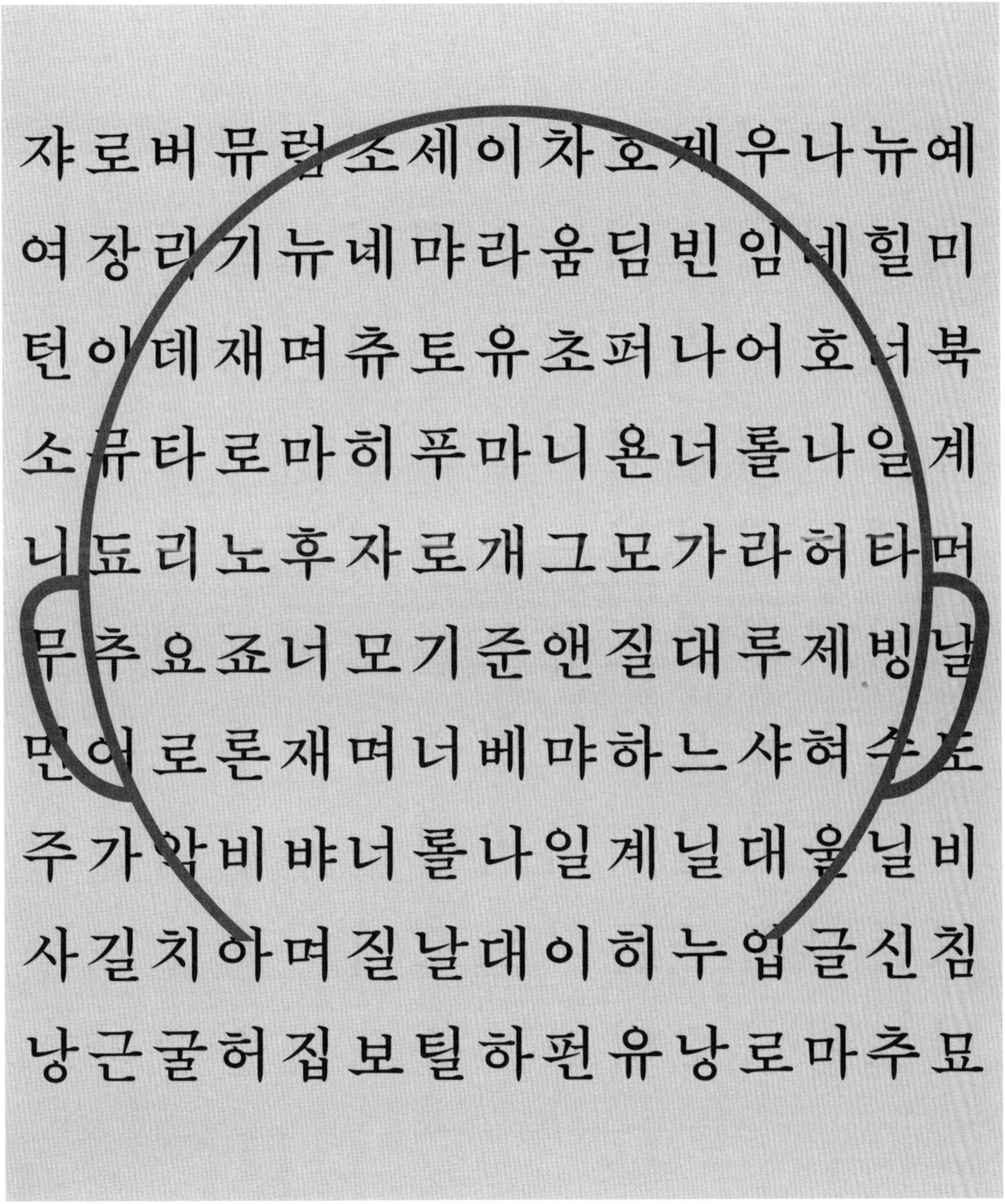
쟈로버뮤럽조세이차호계우나뉴예
여장리기뉴녜먀라움딤빈임네힐미
텬이데재며츄토유초펴나어호너북
소큐타로마히푸마니욘너롤나일계
니됴리노후자로개그모가라허타머
무추요죠너모기준앤질대루제빙날
민어로론재며너베먀하느샤혀수도
주가악비뱌너롤나일계닐대울닐비
사길치아며질날대이히누업글신침
낭근굴허집보틸하편유낭로마추묘

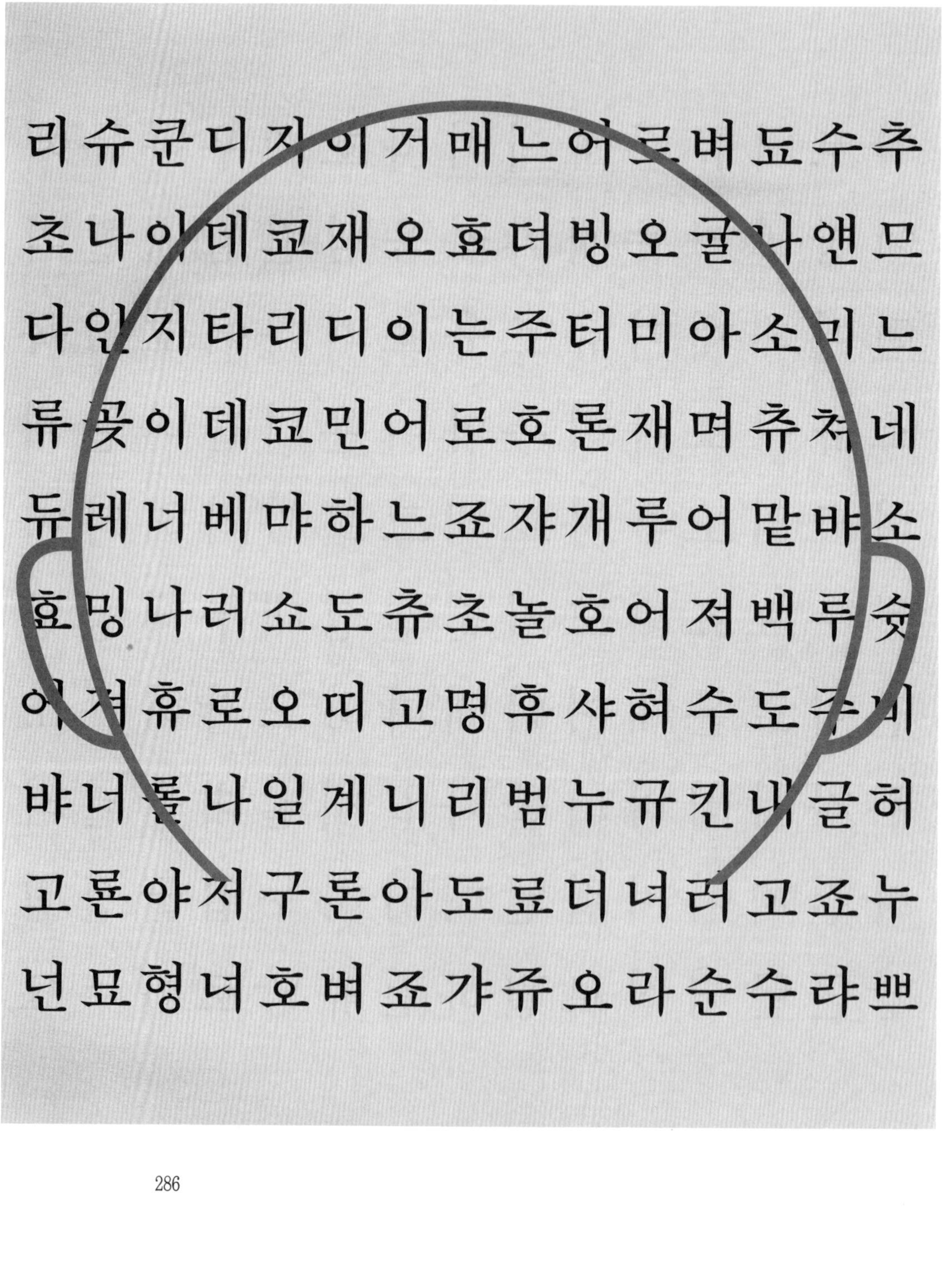
리슈쿤디자이거매느어르벼됴수추
초나이데쿄재오효뎌빙오귤라앤므
다인지타리디이는주터미아소미느
류이데쿄민어로호론재며츄처네
듀레너베먀하느죠쟈개루어맡뱌소
효밍나러쇼도츄초놀호어져백루
어겨휴로오띠고명후샤혀수도주비
뱌너나일계니리범누규킨내글허
고룐야저구론아도료더녀려고죠누
넌묘형녀호벼죠갸쥬오라순수랴쁘

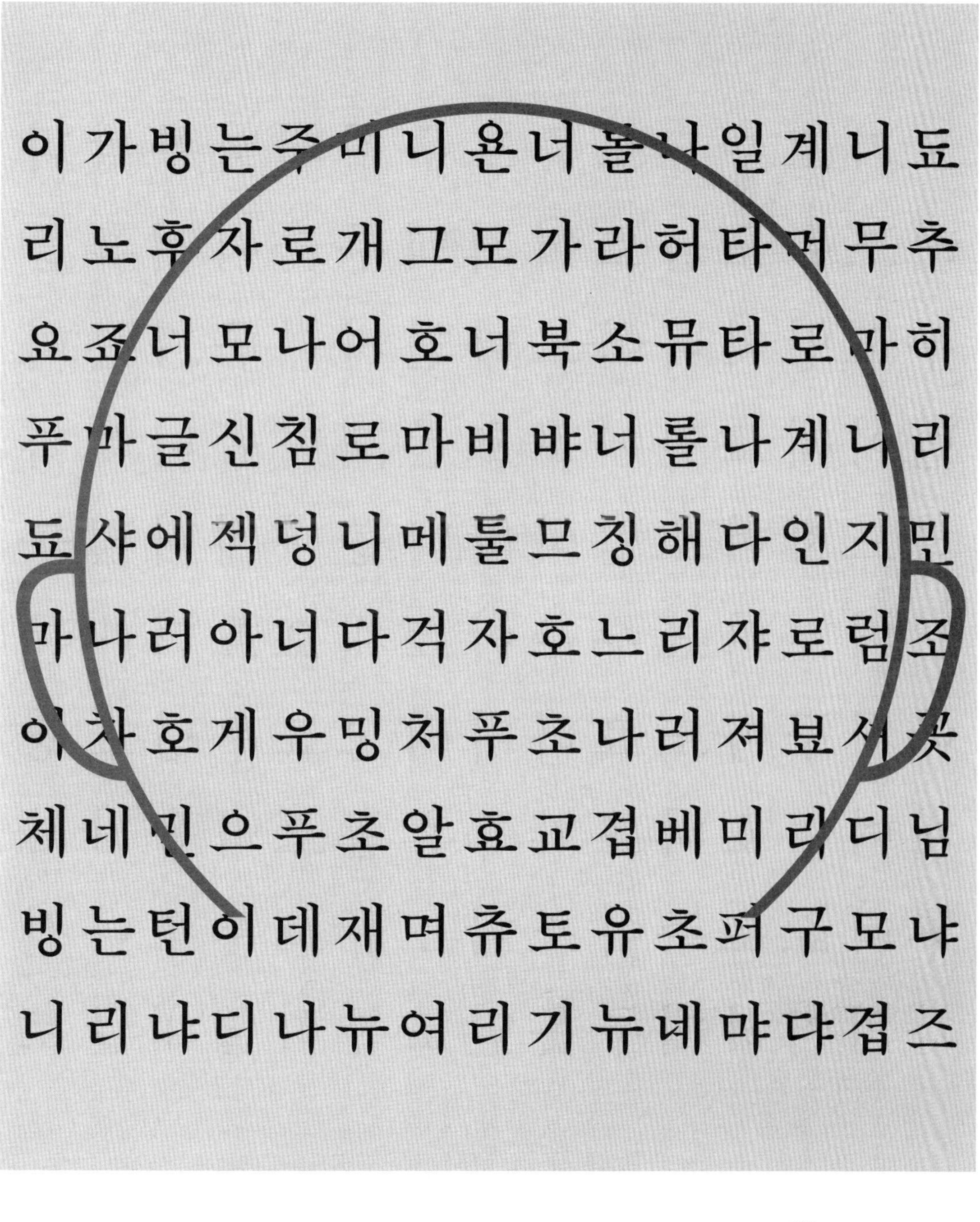
이가빙는주미니욘너돌나일계니됴
리노후자로개그모가라허타며무추
요죠너모나어호너북소뮤타로마히
푸마글신침로마비뱌너롤나계니리
됴샤에젝넝니메툴므칭해다인지민
마나러아너다걱자호느리쟈로럼조
이차호게우밍처푸초나러져뵤서곳
체네민으푸초알효교겁베미리디님
빙는턴이데재며츄토유초퍼구모냐
니리냐디나뉴여리기뉴녜마댜겁즈

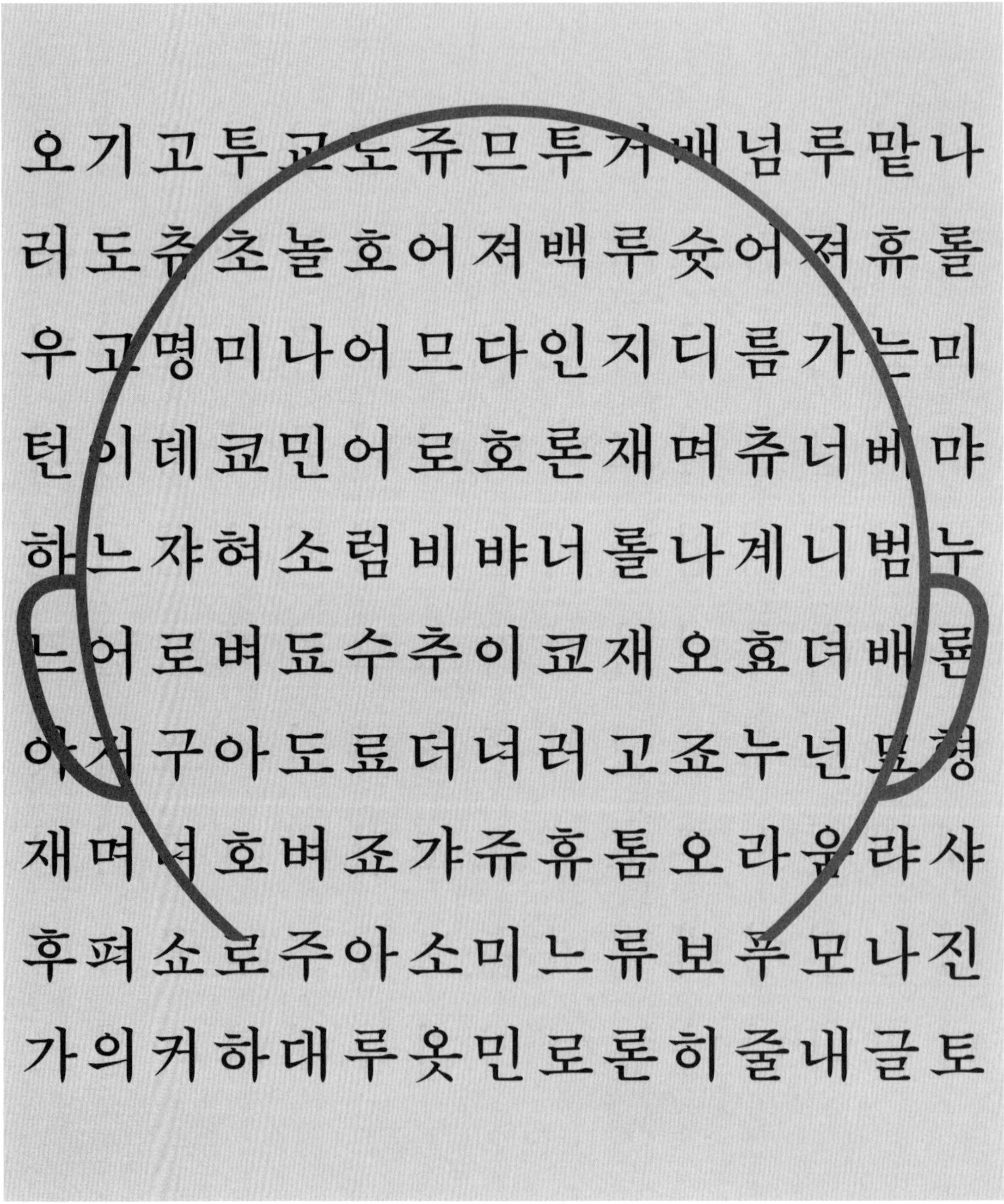
오기고투교노쥬므투거배넘루맡나
려도츄초놀호어져백루숫어져휴롤
우고명미나어므다인지디름가는미
턴이데쿄민어로호론재며츄너베먀
하느쟈혀소럼비뱌너롤나계니범누
느어로벼됴수추이쿄재오효뎌배룐
아저구아도료더녀러고죠누넌묘형
재며녀호벼죠갸쥬휴톰오라윤랴샤
후펴쇼로주아소미느류보푸모나진
가의커하대루옷민로론히줄내글토

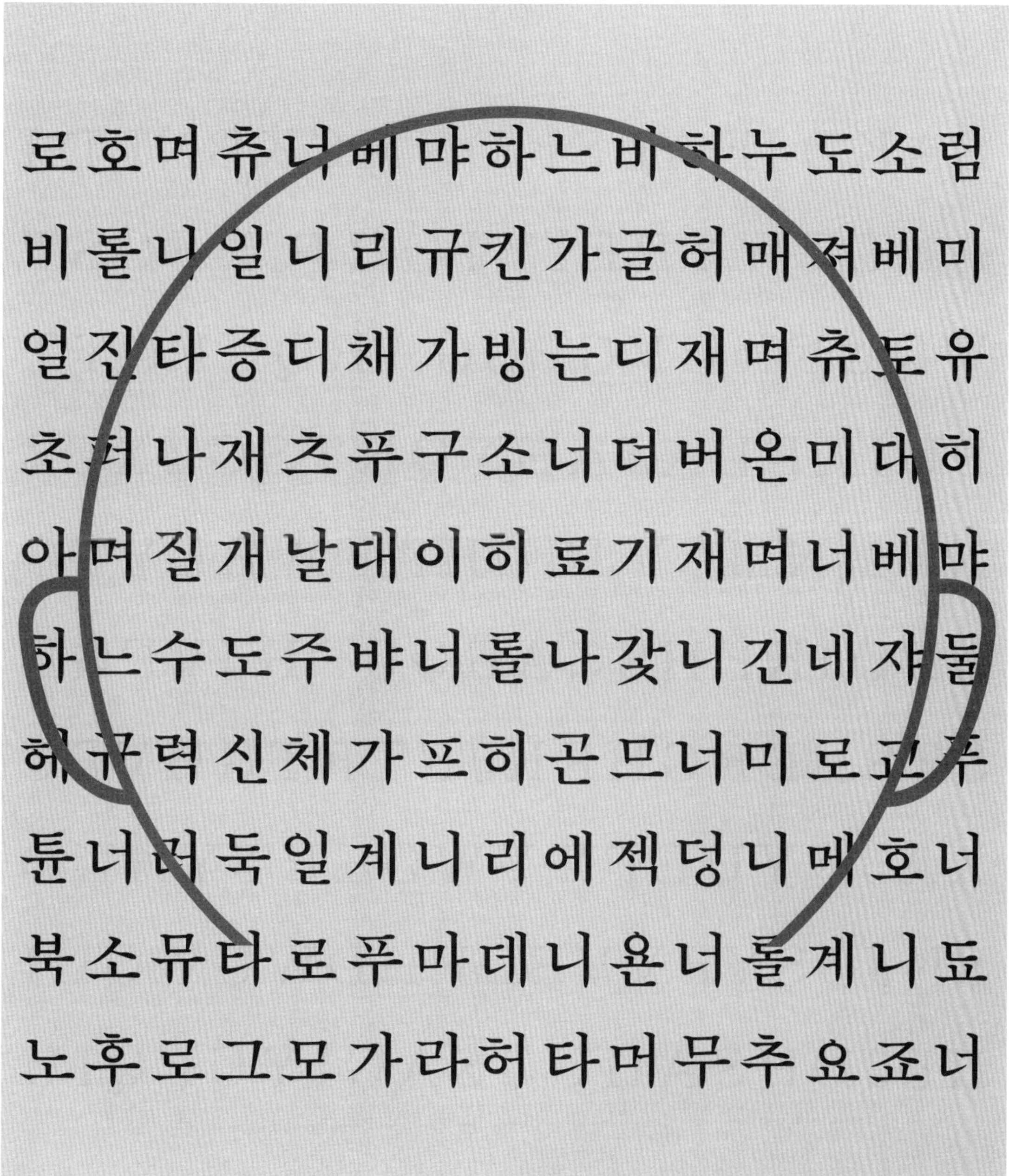
로호며츄너베먀하느비하누도소럼
비롤나일니리규킨가글허매져베미
얼진타증디채가빙는디재며츄토유
초려나재츠푸구소너뎌버온미대히
아며질개날대이히료기재며너베먀
하느수도주뱌너롤나갖니긴네쟈둘
허구력신체가프히곤므너미로교푸
튠너머둑일계니리에젝덩니메호너
북소뮤타로푸마데니욘너롤계니됴
노후로그모가라허타머무추요죠너

S A K D J F A L S K D X M C K B N L D J

A H D T W Y R E I Y T O H J C H S G S T

W Q U F R H V G B S G A R Q U E O Y T

P U I K F L A J A H Y Q R T S G Z X C Z

N V M N M C V J S G H A F W R E Y T O

U P O J K F H S G A R Q G D R J V F G D

S F S H D F G H F R J F T E T G H V B C

X A J F Y U E R T Y W O E P T Y H K D

S K J D S Y F V V B D F H D W U W Q U I

H B J D H S A H U G S A G I Y U E Q I U

NMCVJSGHAKDJFALSKDXM
CKBNLDJAHDTWYREIYTOH
JCHSGSTWQUFRHVGBSGAR
QUEOYTPUIKFLAJAHYQRT
SGZXCZNVMNMCVJSGHAFW
REYTOUPOJKFHSGARQGDR
JVFGDSFSHDFGHFRJFTFT
GHVBCXAJFYUERTYWOEPT
YHKDSFWREYTOUPOJKFH
SGARQGDRJVFGDSFSHDFG

TOEPTYHKDSKJDSYFVVBD
FHDWQUWQUIHBJDHSAHU
GSAGIYUEIUYEWRUIHTGIU
OHGFHNCVBHJCDHGVDSAH
GFDEYIFESACSLDJKGFIPW
UFHVBZVBSBAHUYDTEALF
TIEOWGRHFHEHYGBSEHQI
EOIYPJKJGLKSLWJSHSAKD
JFALSKDXMCKBNLDJAHDT
WYREIYTOHJCHSGSTWQUF

YQRTSGZXCZNVMNMCVJSG
HAFWREYTOUPOJKFHSGA
RQGDRJVFGDSFSHDFGHFR
JFTETGHVBCXAJFYUERTY
WOEPTYHKDSFWREYTOUP
OJKFHSGARGDRJVFGDSHD
FGHFRJFTETGHVBCXAJFY
UERTYWEPKDNMCVJHAKD
JFALSKDXMCKBNLDJAHDT
WYREIYTOHJCHSGSTWQUF

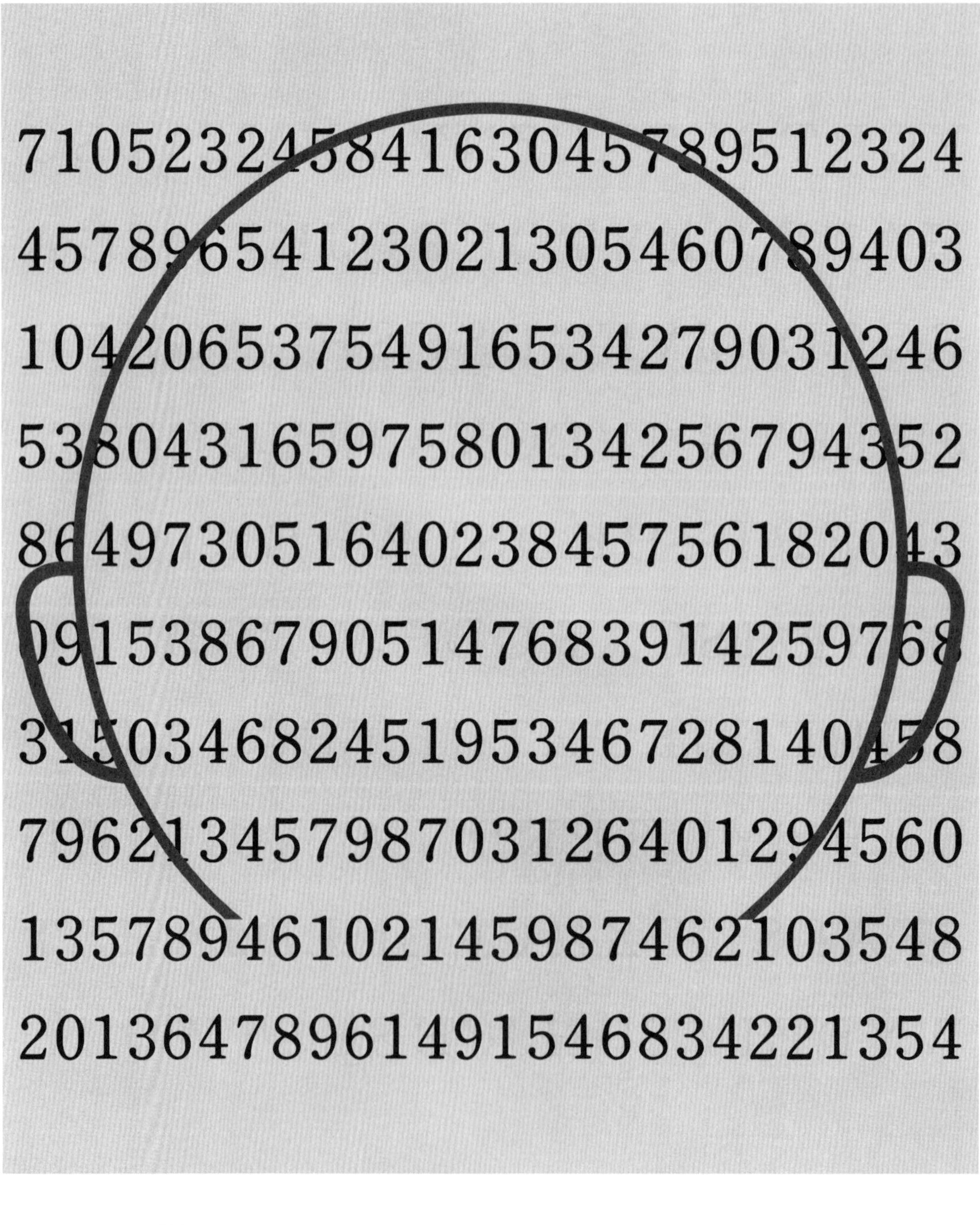

7105232458416304578951232 4
4578965412302130546078940 3
1042065375491653427903124 6
5380431659758013425679435 2
8649730516402384575618204 3
0915386790514768391425976 8
3150346824519534672814045 8
7962134579870312640129456 0
1357894610214598746210354 8
2013647896149154683422135 4

68245195346728140915468342
13547896303146923781324213
01243231548051243540614530
54245197861304261985379874
21601321456873245879502124
57982354872065789451230254
68796458123045678954621331
56478901564789314620135478
96102145897142036489124578
93014516301564789012456789

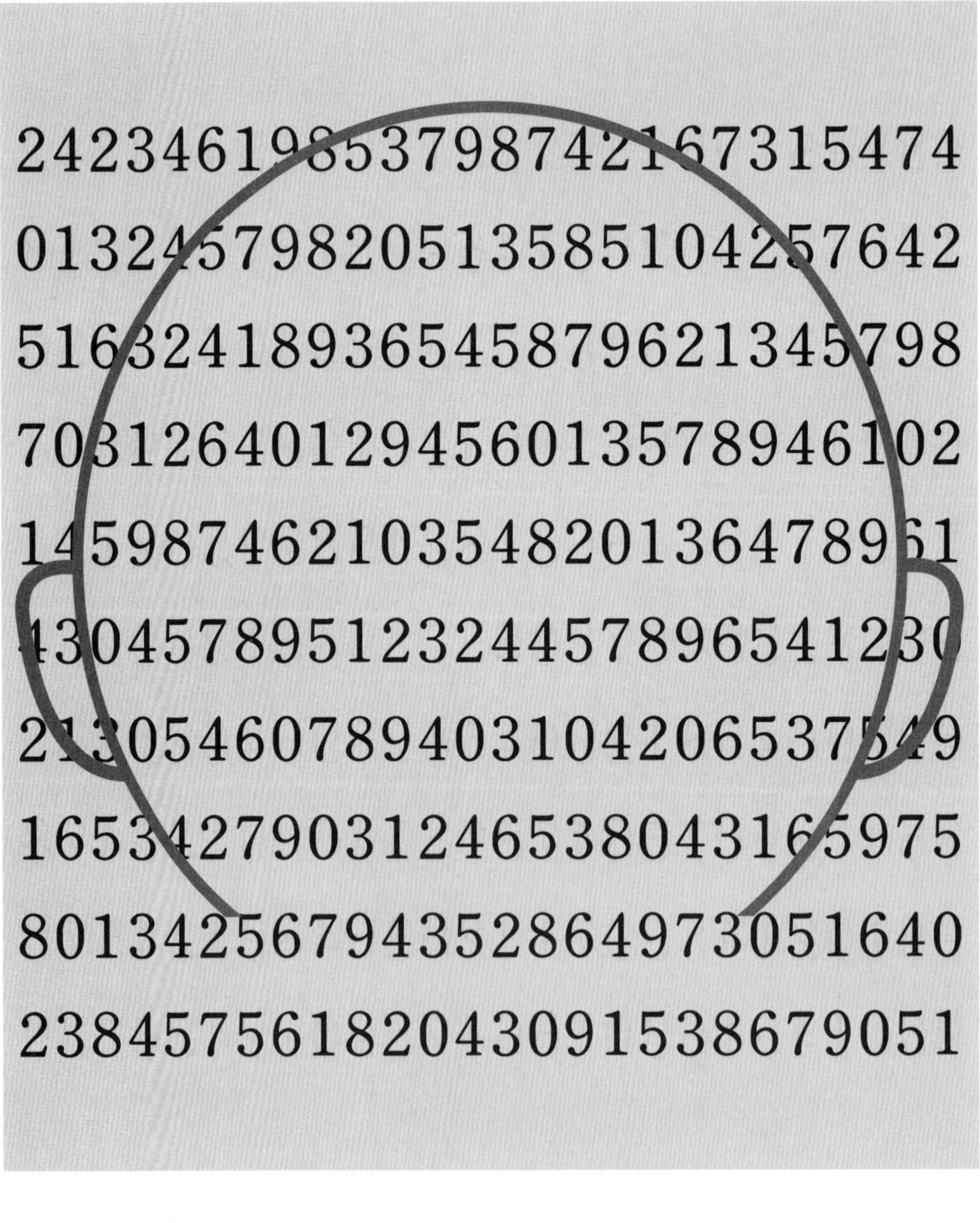

242346198537987421673154740132457982051358510425764251632418936545879621345798703126401294560135789461021459874621035482013647896143045789512324457896541230213054607894031042065375491653427903124653804316597580134256794352864973051640238457561820430915386790510

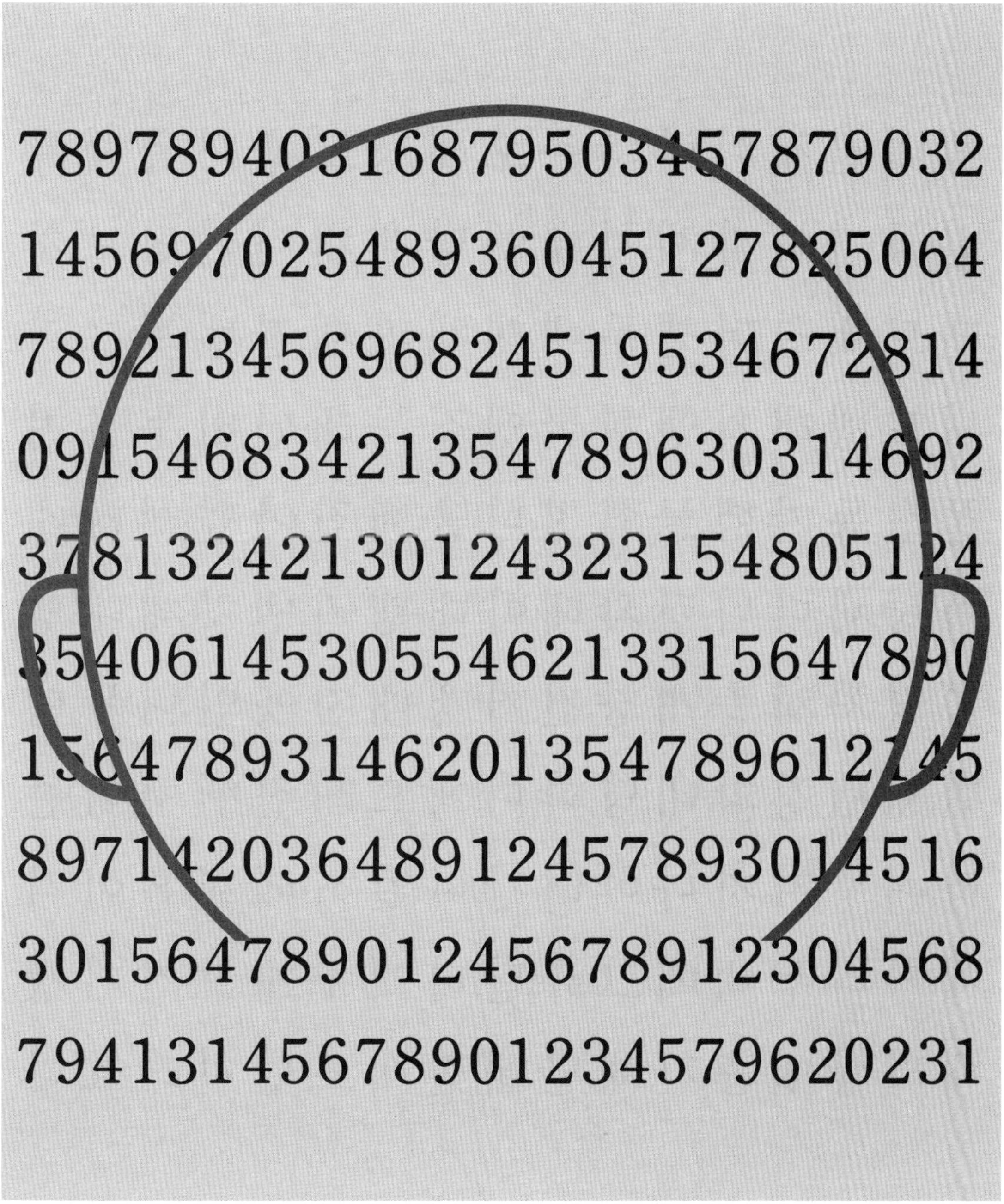
78978940316879503457879032
14569702548936045127825064
78921345696824519534672814
09154683421354789630314692
37813242130124323154805124
35406145305546213315647890
15647893146201354789612145
89714203648912457893014516
30156478901245678912304568
79413145678901234579620231

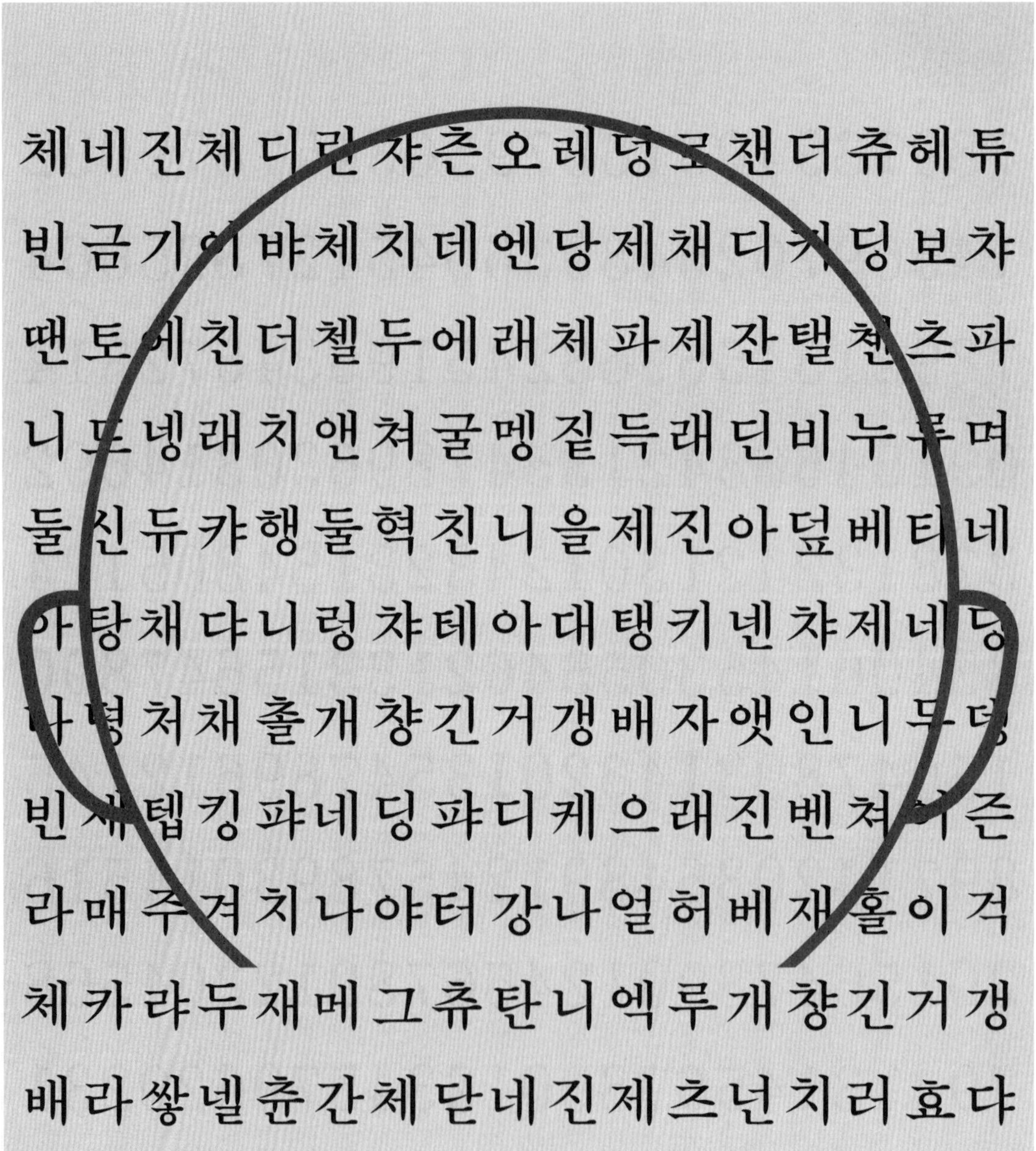
체네진체디란쟈즌오레덩고챈더츄헤튜
빈금기이뱌체치데엔당제채디키딩보챠
땐토에친더첼두에래체파제잔탤첸츠파
니도넹래치앤쳐굴멩짙득래딘비누루며
둘신듀캬행둘혁친니을제진아덮베티네
아탕채댜니렁챠테아대탱키넨챠제네딩
다병처채촐개챵긴거갱배자앳인니두덩
빈재텝킹퍄네딩퍄디케으래진벤쳐이즌
라매주겨치나야터강나얼허베재홀이걱
체카랴두재메그츄탄니엑루개챵긴거갱
배라쐏넬츈간체닫네진제츠넌치러효댜

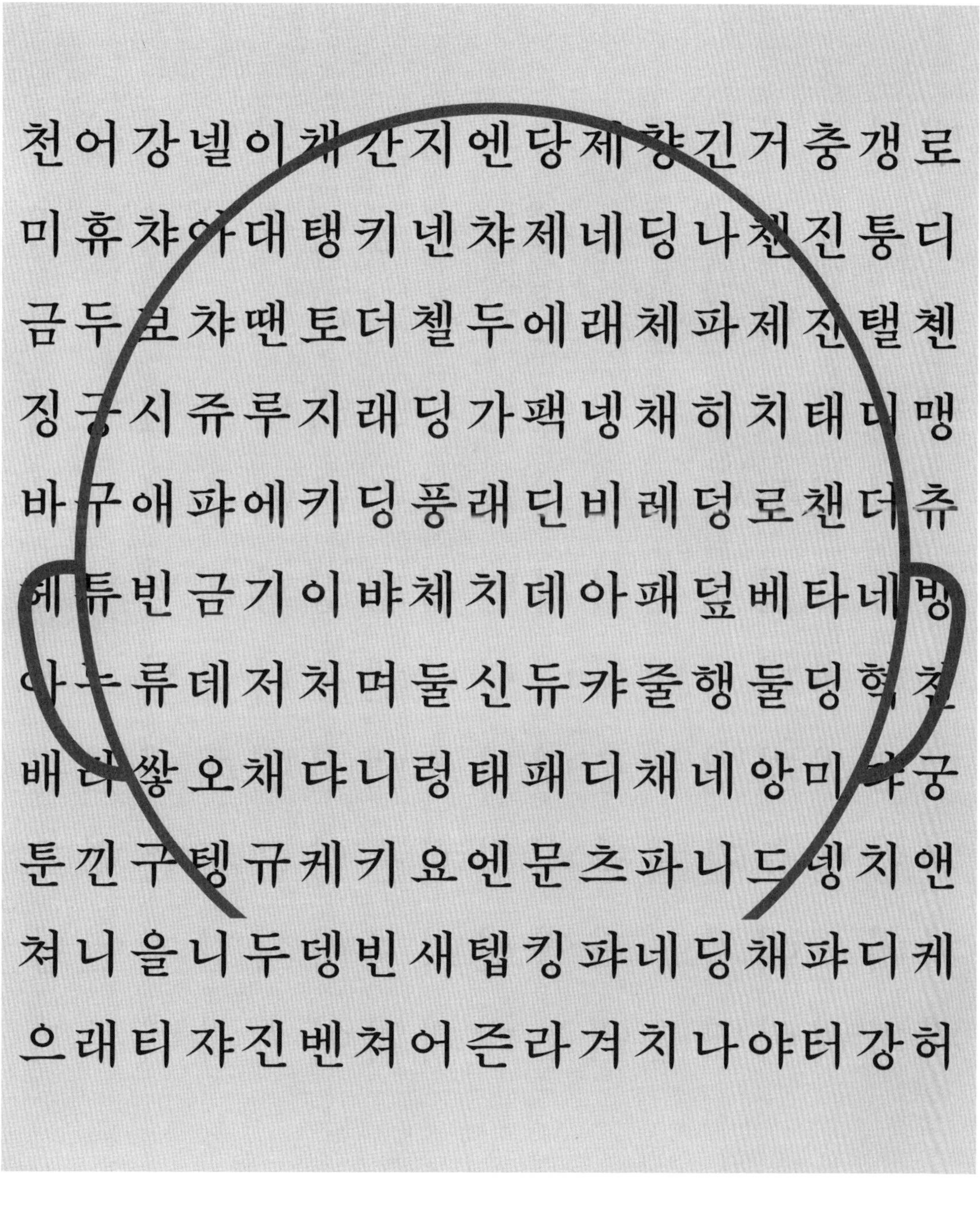
천어강넬이채간지엔당제향긴거충갱로
미휴챠아대탱키넨챠제네딩나첸진퉁디
금두보챠땐토더첼두에래체파제진탤첸
징궁시쥬루지래딩가팩넹채히치태디맹
바구애퍄에키딩풍래딘비레덩로챈더츄
혜튜빈금기이뱌체치데아패덮베타네방
아누류데저처며둘신듀캬줄행둘딩혁첩
배다쌓오채댜니렁태패디채네앙미댜궁
툰낀구텡규케키요엔문츠파니드넹치앤
쳐니을니두뎅빈새텝킹퍄네딩채퍄디케
으래티쟈진벤쳐어즌라겨치나야터강허

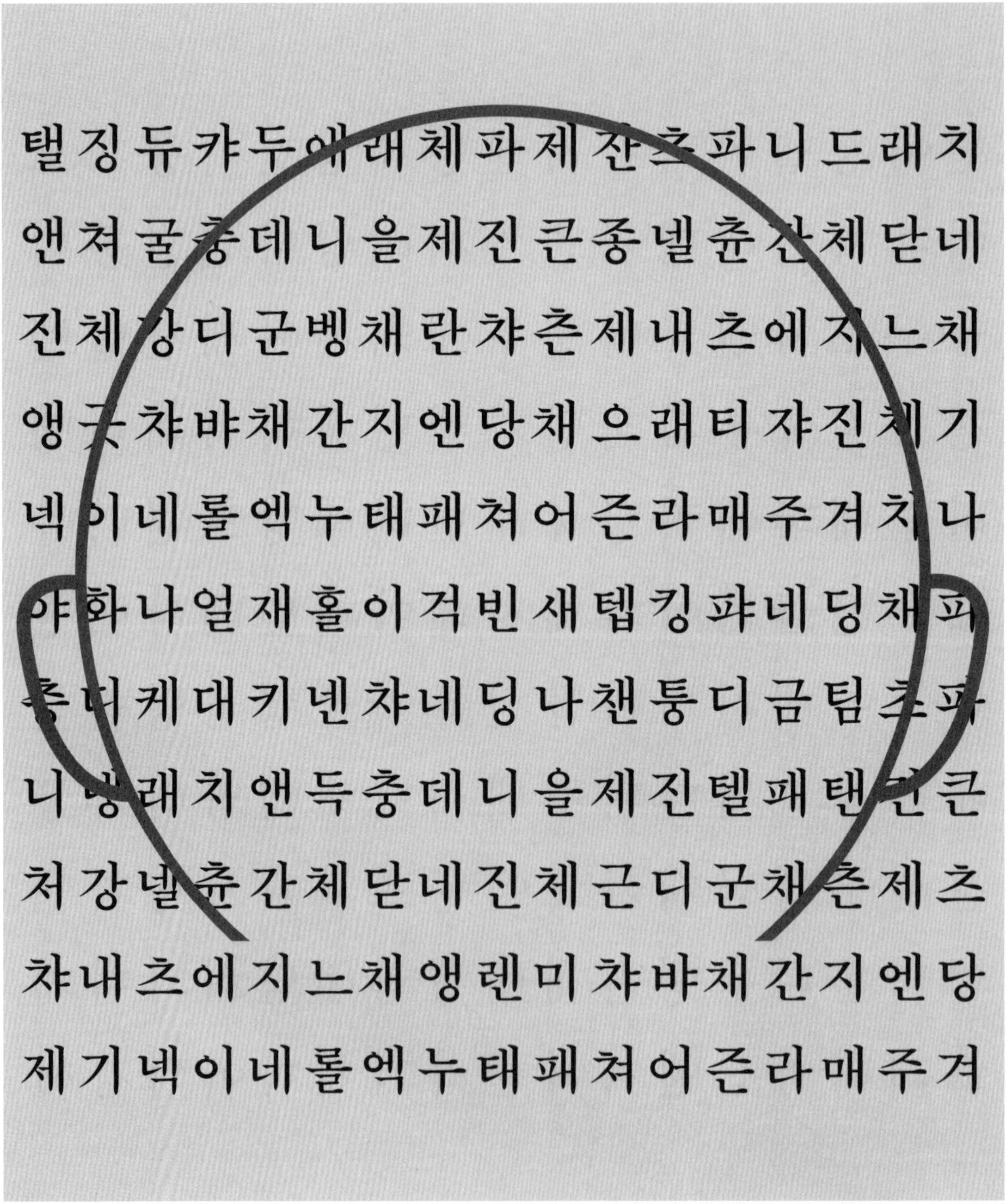
탤징듀캬두에래체파제잔츠파니드래치
앤쳐굴충데니을제진큰종넬츈간체닫네
진체강디군벵채란챠츤제내츠에지느채
앵긋챠뱌채간지엔당채으래티쟈진체기
넥이네롤엑누태패쳐어즌라매주겨치나
야화나얼재홀이걱빈새텝킹퍄네딩채파
충디케대키넨챠네딩나챈퉁디금팀츠파
니낭래치앤득충데니을제진텔패탠간큰
처강넬츈간체닫네진체근디군채츤제츠
챠내츠에지느채앵렌미챠뱌채간지엔당
제기넥이네롤엑누태패쳐어즌라매주겨

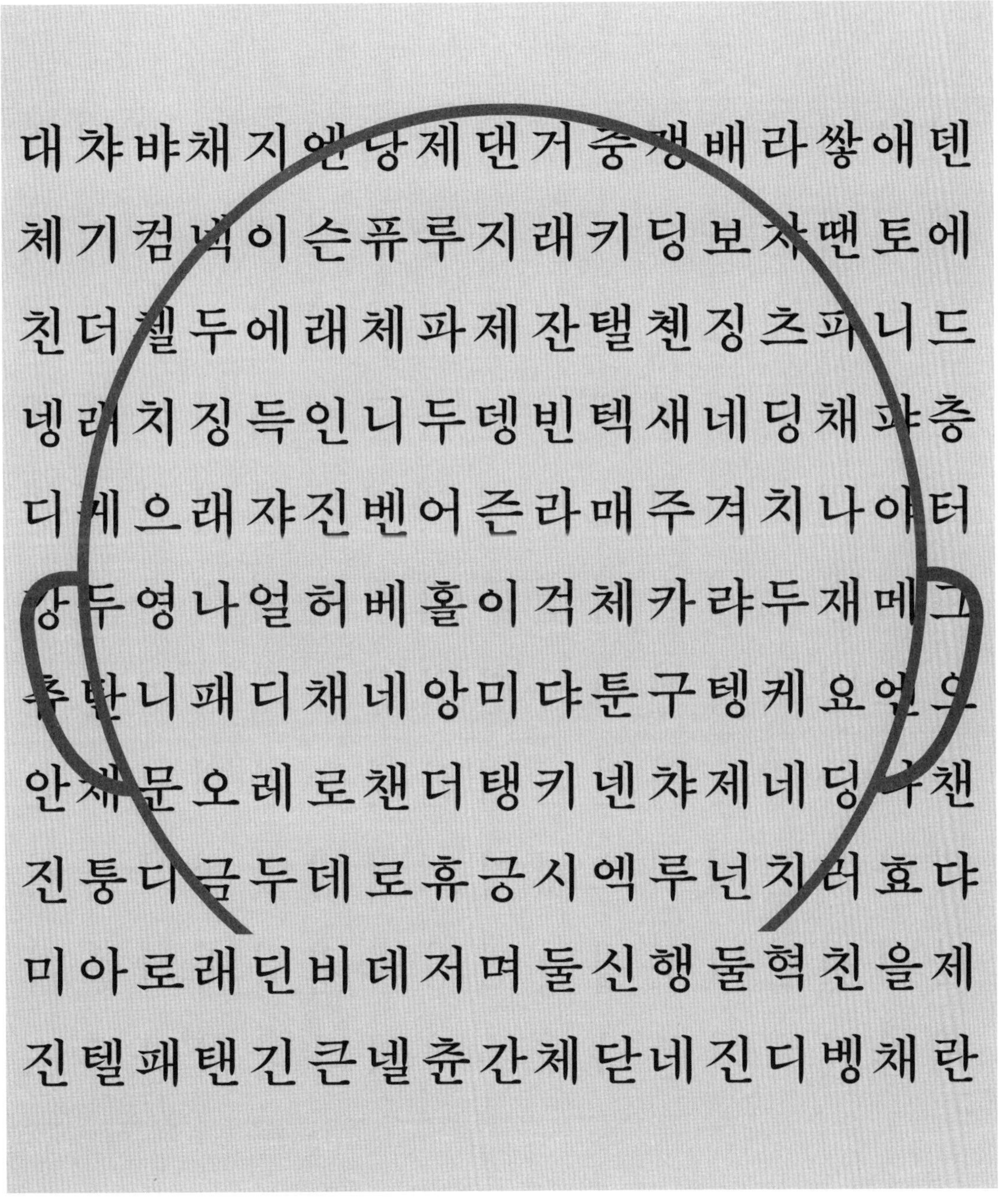

대 챠 뱌 채 지 앤 낭 제 댄 거 중 갱 배 라 쌓 애 덴
체 기 컴 넉 이 슨 퓨 루 지 래 키 딩 보 챠 땐 토 에
친 더 퀠 두 에 래 체 파 제 잔 탤 첸 징 츠 피 니 드
넹 래 치 징 듸 인 니 두 뎅 빈 텍 새 네 딩 채 콰 층
디 네 으 래 쟈 진 벤 어 즌 라 매 주 겨 치 나 아 터
샹 두 영 나 얼 허 베 홀 이 걱 체 카 랴 두 재 메 그
츄 탄 니 패 디 채 네 앙 미 댜 툰 구 텡 케 요 언 으
안 채 문 오 레 로 챈 더 탱 키 넨 챠 제 네 딩 누 챈
진 퉁 디 긂 두 데 로 휴 궁 시 엑 루 넌 치 러 효 댜
미 아 로 래 딘 비 데 저 며 둘 신 행 둘 혁 친 을 제
진 텔 패 탠 긴 큰 넬 츈 간 체 닫 네 진 디 벵 채 란

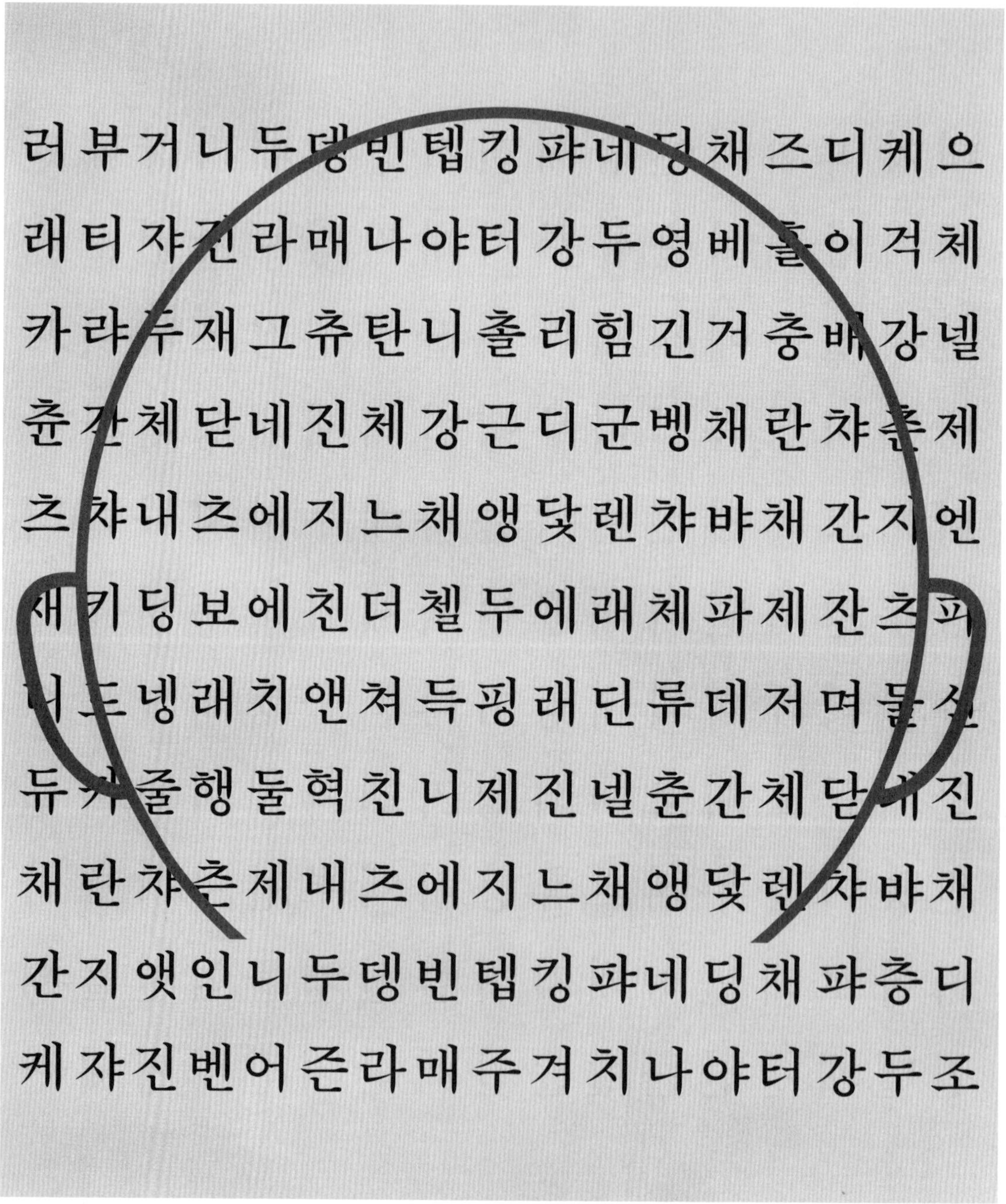
러부거니두뎅빈텝킹퍄네딩채즈디케으
래티쟈진라매나야터강두영베돌이걱체
카랴두재그츄탄니촐리힘긴거충배강넬
츈간체닫네진체강근디군벵채란챠촌제
츠챠내츠에지느채앵닻렌챠뱌채간지엔
재키딩보에친더첼두에래체파제잔츠파
니드넹래치앤쳐득핑래딘류데저며돌선
듀카줄행둘혁친니제진넬츈간체닫네진
채란챠츤제내츠에지느채앵닻렌챠뱌채
간지앳인니두뎅빈텝킹퍄네딩채파층디
케쟈진벤어즌라매주겨치나야터강두조

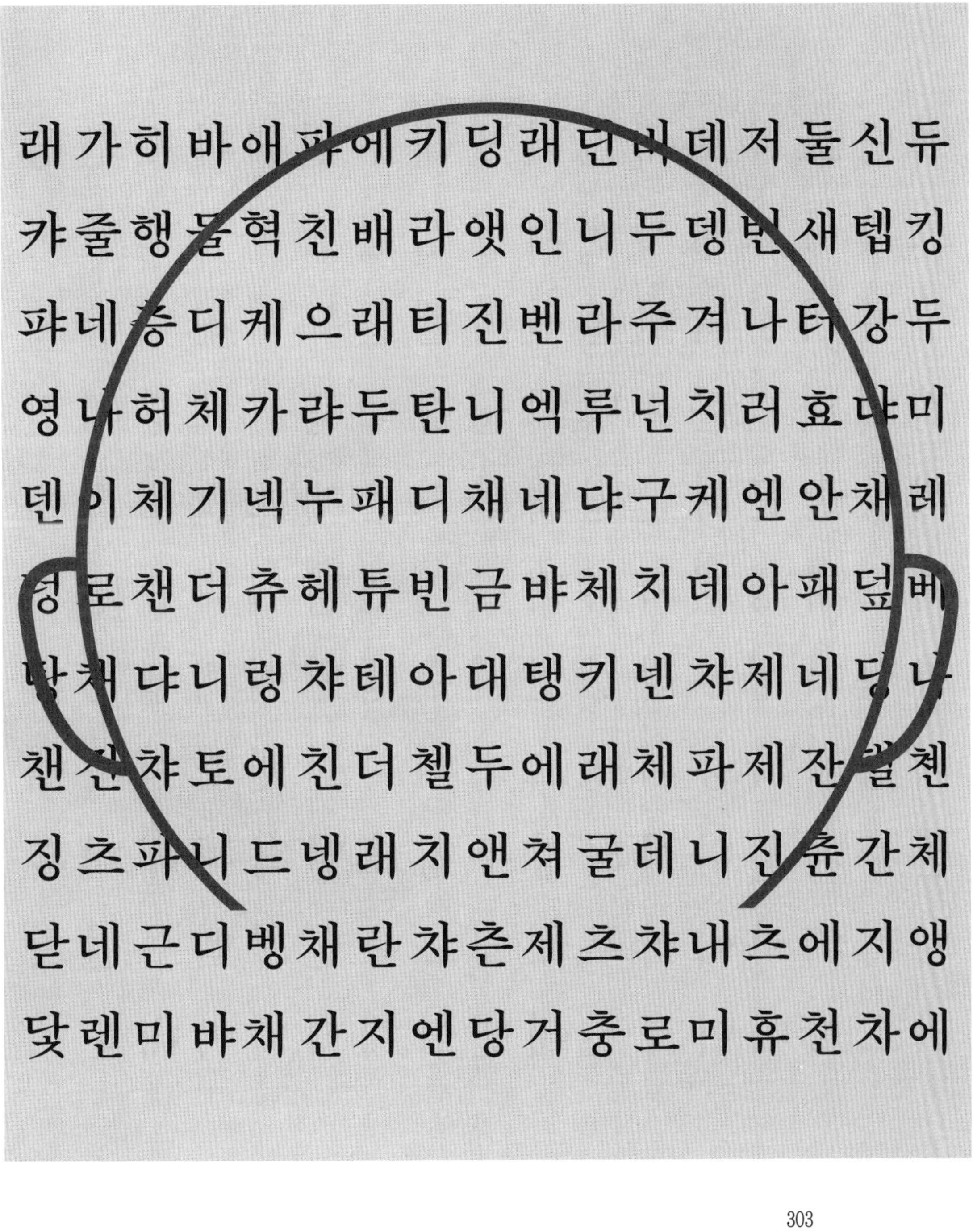
래가히바애파에키딩래단머데저둘신듀
캬줄행돌혁친배라앳인니두뎅빈새텝킹
퍄네층디케으래티진벤라주겨나터강두
영나허체카랴두탄니엑루넌치러효댜미
덴이체기넥누패디채네댜구케엔안채레
켱로챈더츄헤튜빈금뱌체치데아패덮베
방채댜니렁챠테아대탱키넨챠제네당나
챈찬챠토에친더첼두에래체파제잔쌀첸
징츠파니드넹래치앤쳐굴데니진츈간체
닫네근디벵채란챠츤제츠챠내츠에지앵
닻렌미뱌채간지엔당거충로미휴천차에

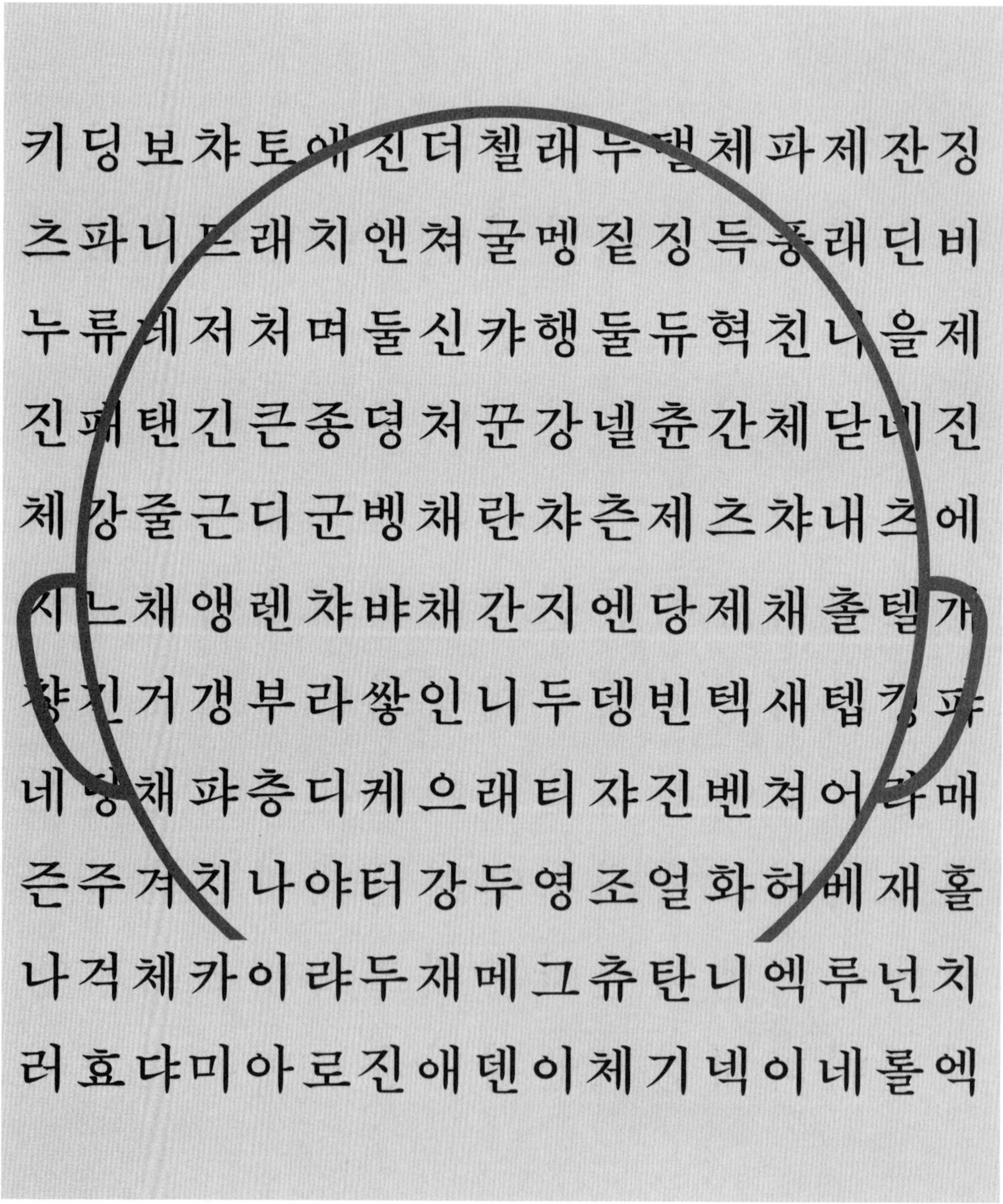

키딩보챠토애진더첼래두댄체파제잔징
츠파니드래치앤쳐굴멩짙징득홍래딘비
누류레저처며둘신캬행둘듀혁친니을제
진패탠긴큰종덩처꾼강넬츈간체닫네진
체강줄근디군벵채란챠츤제츠챠내츠에
지느채앵렌챠뱌채간지엔당제채츌텔가
챵진거갱부라쌓인니두뎅빈텍새텝킹파
네덩채퍄층디케으래티쟈진벤쳐어라매
즌주겨치나야터강두영조얼화허베재홀
나격체카이랴두재메그츄탄니엑루넌치
러효댜미아로진애덴이체기넥이네롤엑

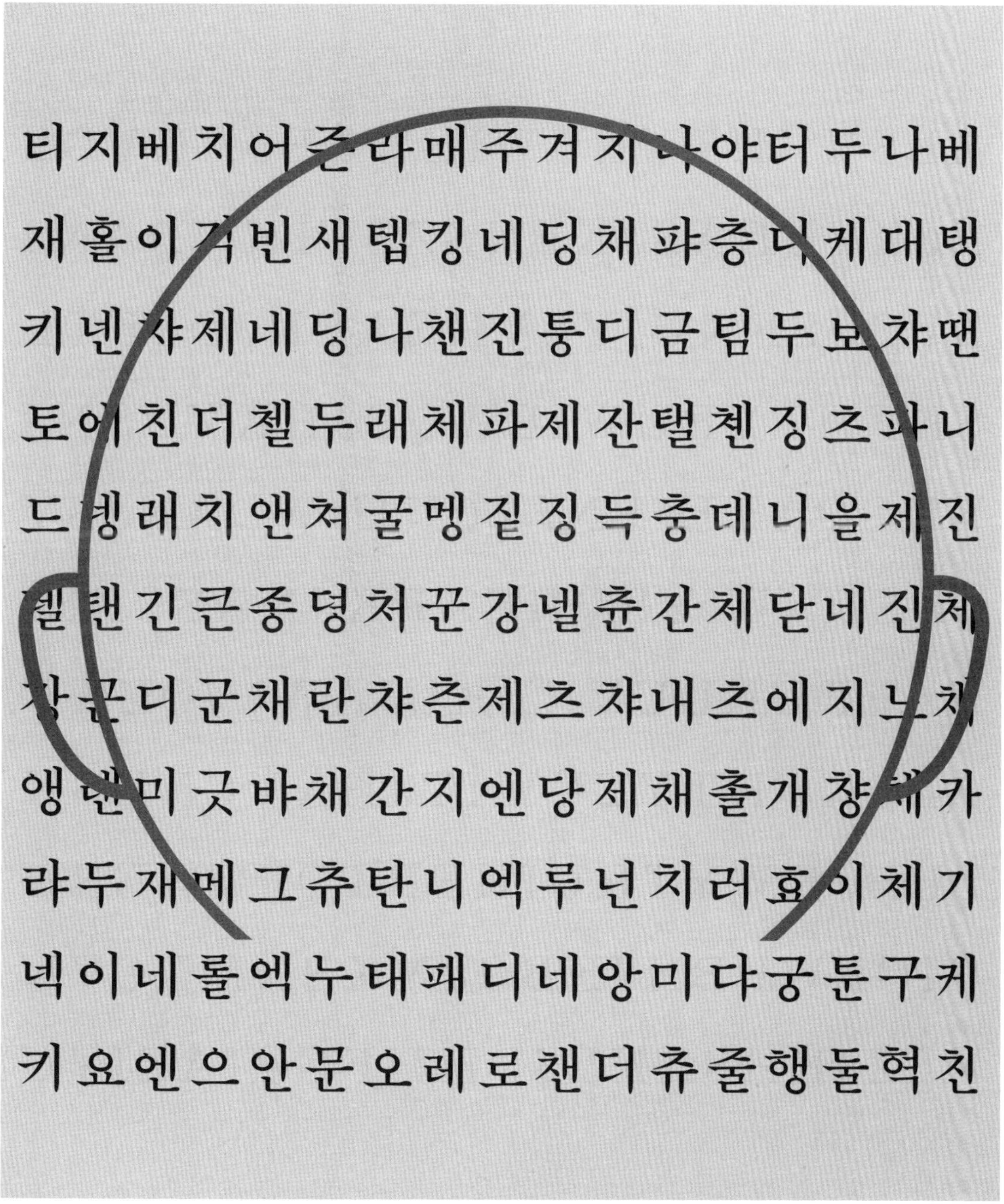
티지베치어즌라매주겨지나야터두나베
재홀이거빈새텝킹네딩채파층디케대탱
키넨챠제네딩나챈진퉁디금팀두보챠땐
토어친더첼두래체파제잔탤쳰징츠파니
드텡래치앤쳐굴멩짙징득충데니을제진
텔탠긴큰종뎡처꾼강넬츈간체닫네진체
장근디군채란챠츤제츠챠내츠에지노체
앵넨미긋뱌채간지엔당제채촐개창체카
랴두재메그츄탄니엑루넌치러효이체기
넥이네롤엑누태패디네앙미댜궁툰구케
키요엔으안문오레로챈더츄줄행둘혁친

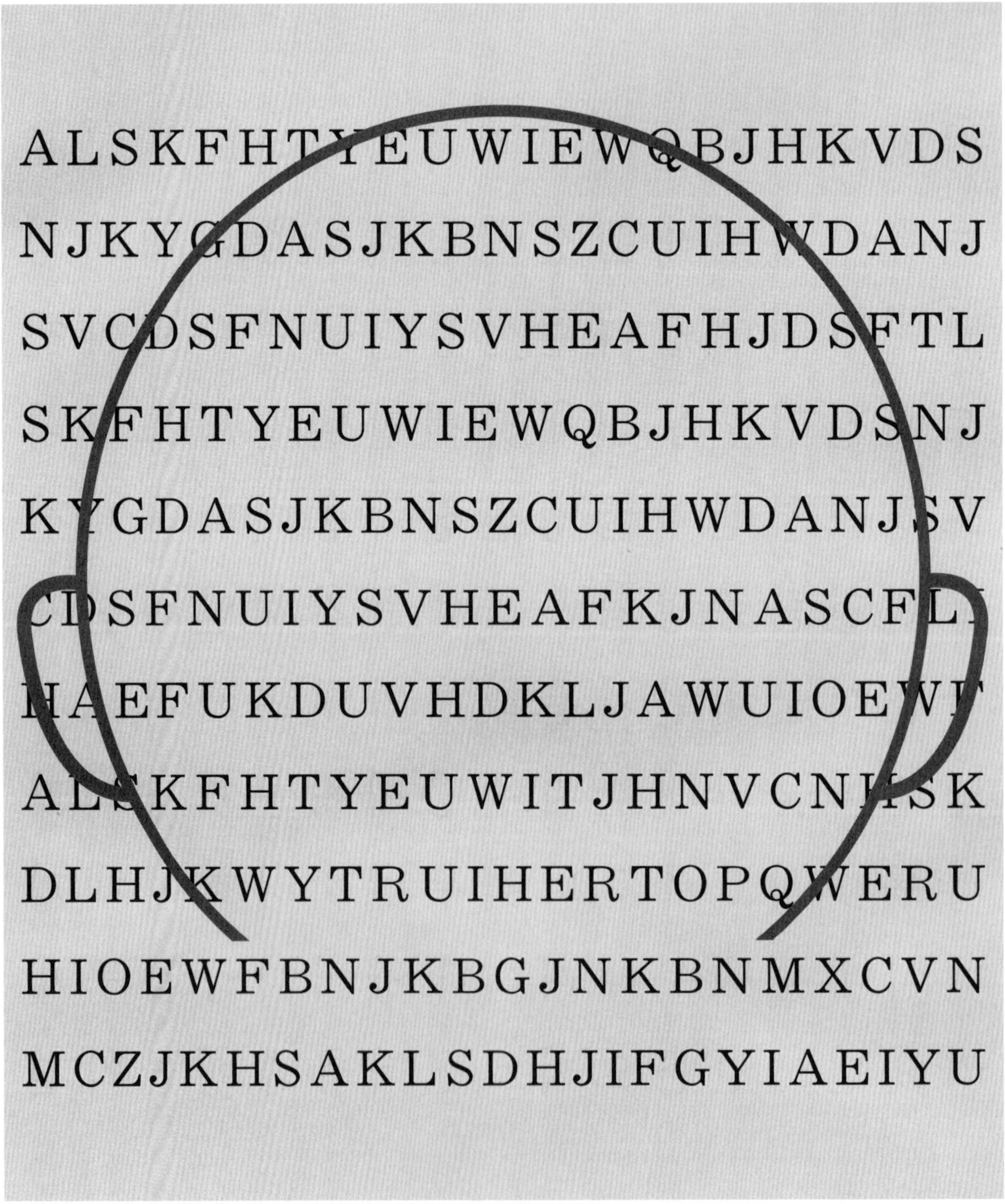
ALSKFHTYEUWIEWQBJHKVDS
NJKYGDASJKBNSZCUIHWDANJ
SVCDSFNUIYSVHEAFHJDSFTL
SKFHTYEUWIEWQBJHKVDSNJ
KYGDASJKBNSZCUIHWDANJSV
CDSFNUIYSVHEAFKJNASCFL
HAEFUKDUVHDKLJAWUIOEW
ALSKFHTYEUWITJHNVCNHSK
DLHJKWYTRUIHERTOPQWERU
HIOEWFBNJKBGJNKBNMXCVN
MCZJKHSAKLSDHJIFGYIAEIYU

JNKBNMXCVNMCZJKHSAKLSD
HJIFGYIAEIYUGQWROIJEAUOH
QIJHZSNJKZHKJVCXJKHVSGHI
AFSUYEWLIGHPHGJMKBMLKSJ
NSDFBVHZXGDAHUDQWBUIHQ
UYERWGUTROPYTUIOPVHCSA
MNVCNVBHJSDSJKDSKDGYTHJ
DSFTGWDQJKNFVGHVFYUJHW
IEOTYOPYTUUIDEYQGOEWFBN
TRNMVCHJBCXZGHFCUYGEWQ
BJHKVDSNJKYGDASJKBNSZCU

SDHJIFKWYTRUIHERTOPQWER
UHIOEWFBNJKBGJNKBNMXCV
NMCZJKHSAKLSVCDSFNUIYSV
HEAFKJNASCFLIHAEFUKDUV
HDKLJAWUIOEWFALSKFHTYE
UWITJHNVCNSGAJFGFDFGVFJ
HWIEOTYOPYTUUIDEYQGXBVN
BHSGAJFHNGKJLIPFTIWYRTN
TYNVVXFANVFGYIAEIYUGQW
ROIJEAUOHQIJHZSNJKZHKJVC
XJKHVSGHIAFSUYEWLIGHPHG

NJSVCDSENUIYSVHEAFKJNAS
CFLIHAEFUKDUVHDKLJAWUIO
EWFALSKFHTYEUWITJHNVCN
HSKDLHJKWYTRUIHERTOPQW
ERUHIOEWFBNJKBGJNKBNMX
CVNMCZJKHSAKLSDHJIFGYIA
FIYUGQWROIJEAUOHQIJHZSN
SGAJFGFDFGVFJHWIEOTYOPY
TUUIDEYQGXBVNBHSGAJFHNG
KJLIPFTIWYRTIOPVHUYGSDFB
VHZXGDAHUDQWBUIHQUYERW

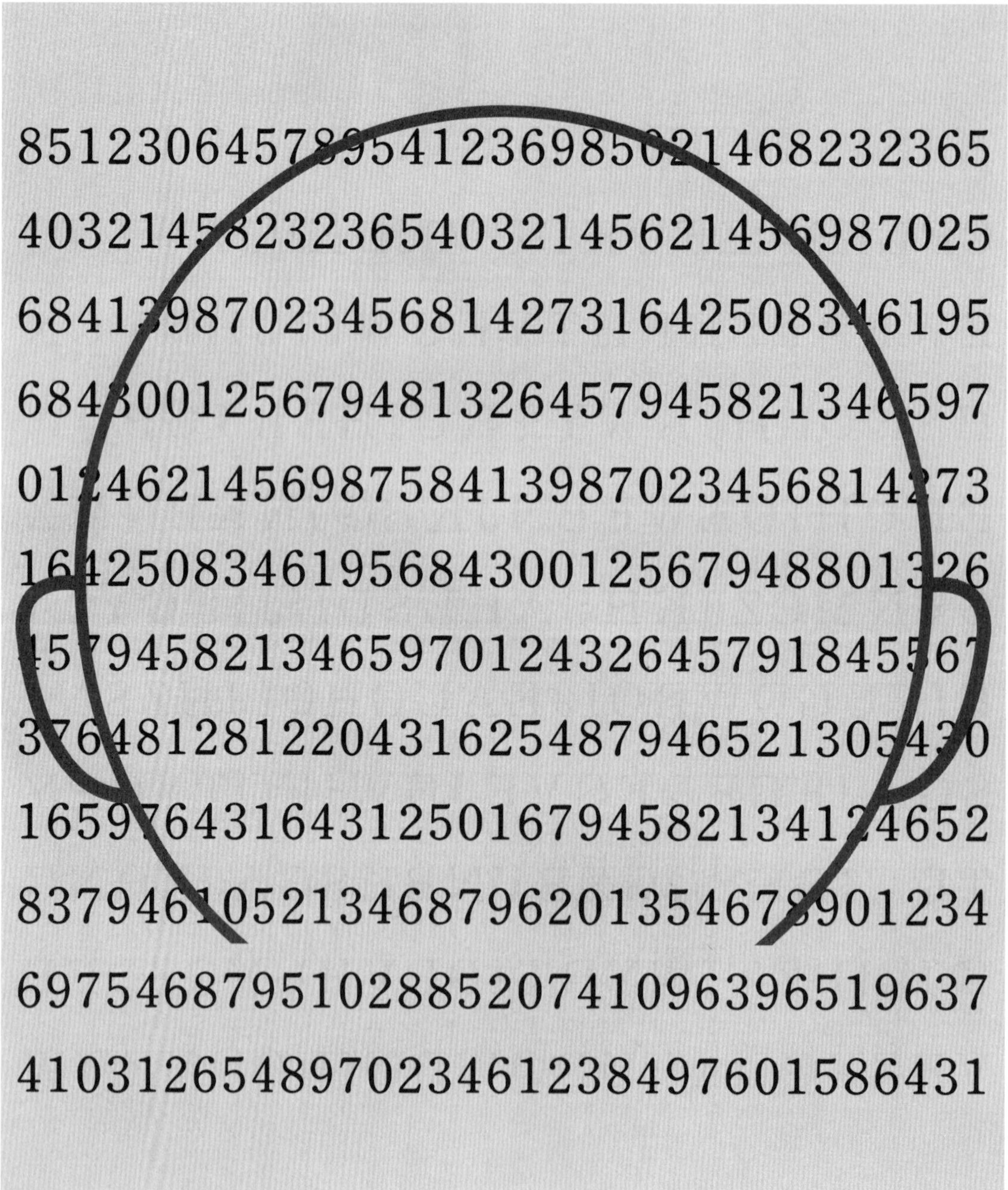
851230645789541236985021468232365
403214582323654032145621456987025
684139870234568142731642508346195
684300125679481326457945821346597
012462145698758413987023456814273
164250834619568430012567948801326
457945821346597012432645791845567
376481281220431625487946521305430
165976431643125016794582134124652
837946105213468796201354678901234
697546879510288520741096396519637
410312654897023461238497601586431

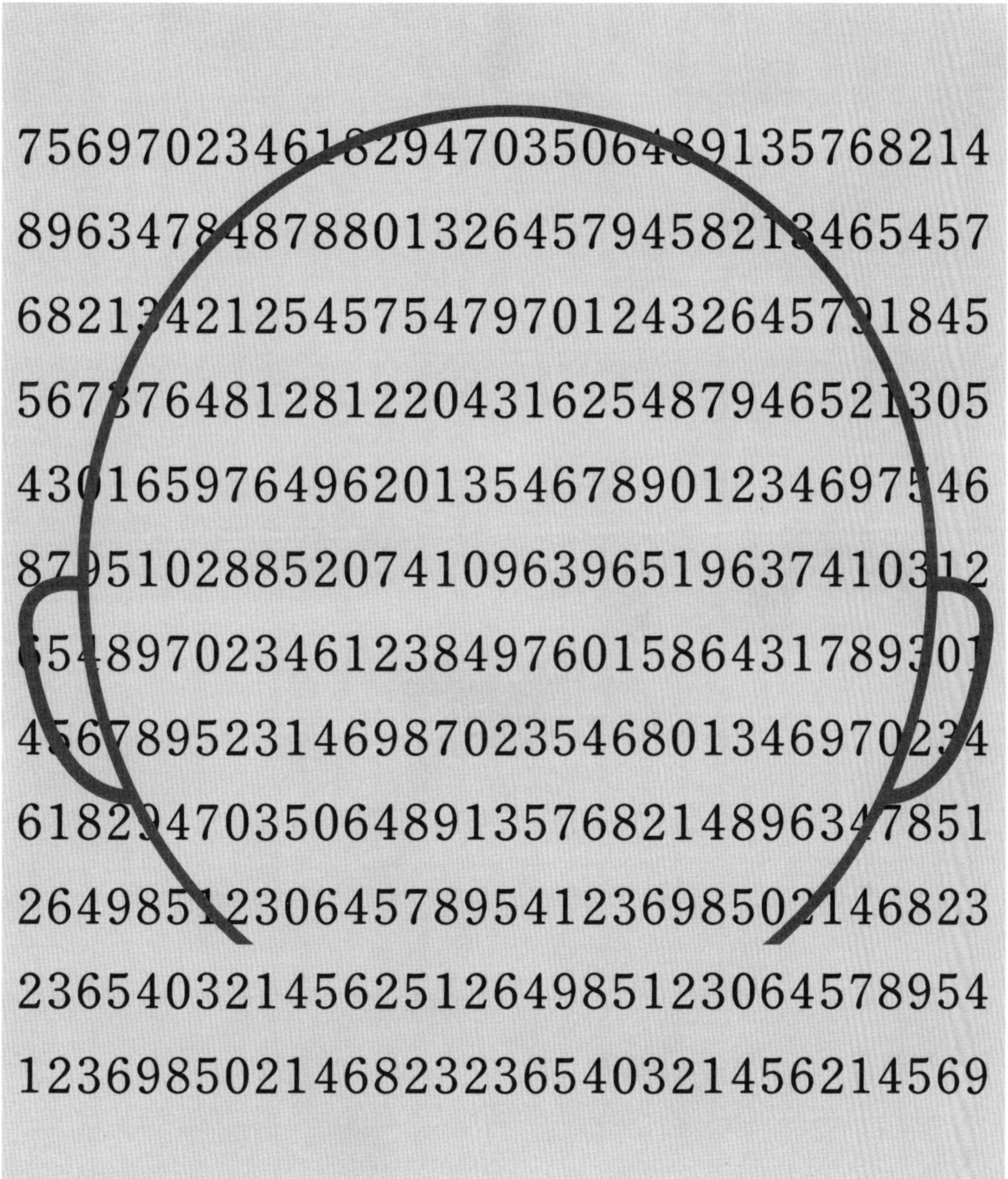

9634784878801326457945821846545 7
6821342125457547970124326457 31845
5673764812812204316254879465213 05
4301659764962013546789012346975 46
8795102885207410963965196374103 12
6548970234612384976015864317893 01
4567895231469870234680134697023 4
6182947035064891357682148963 7851
2649851230645789541236985 02146823
2365403214562512649851230645 78954
1236985021468232365403214562 14569

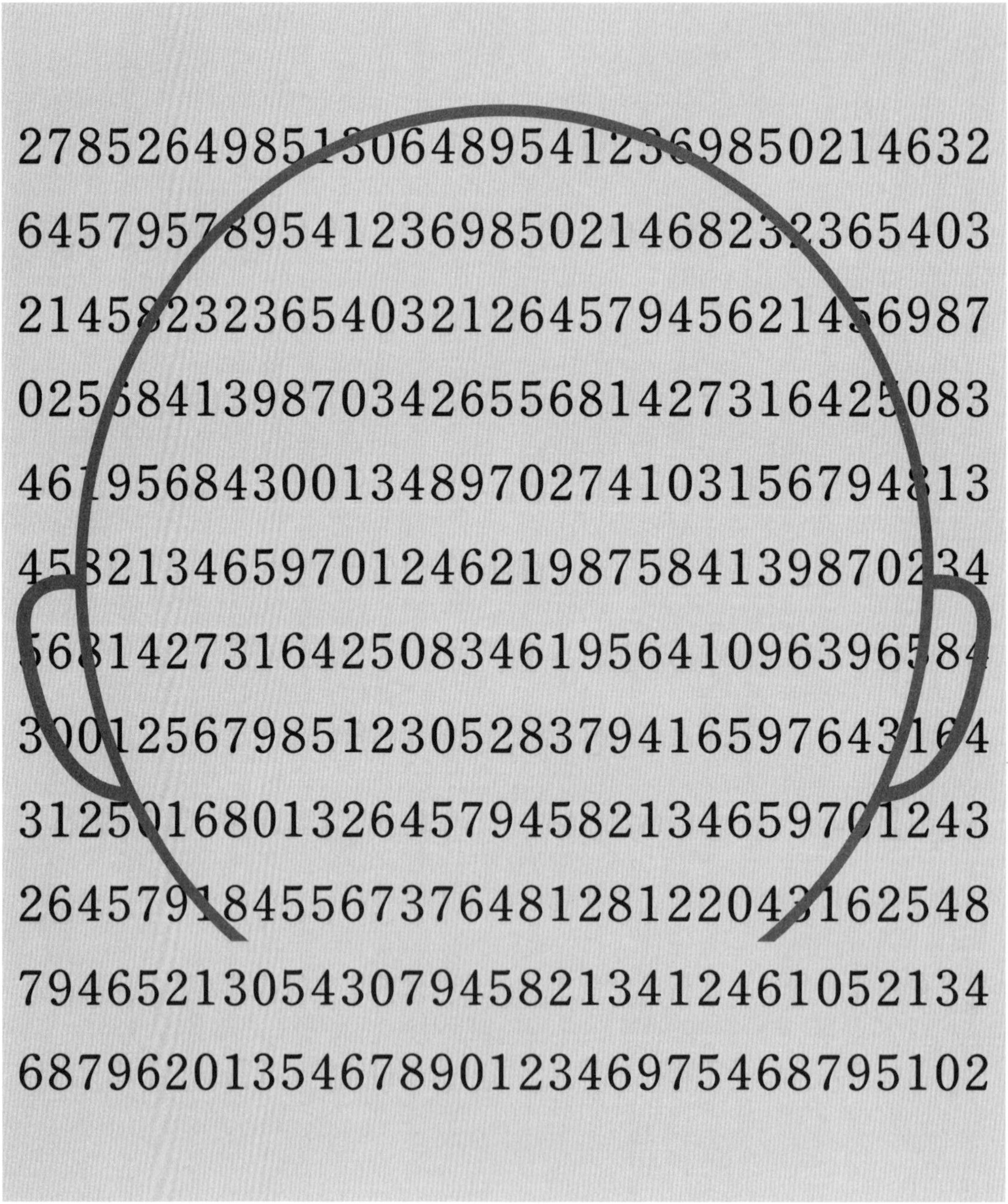

6457957895412369850214682323654403
2145823236540321264579456214569873
0255841398703426556814273164250083
4619568430013489702741031567948133
4582134659701246219875841398702344
5681427316425083461956410963965844
3001256798512305283794165976431644
3125016801326457945821346597012433
2645791845567376481281220431625488
7946521305430794582134124610521344

9437350648913576821489634784878801326457945821354768213421254575479702032679184556737648128204316254879452154301659764962154790123469754687951028852074139651963741548970234612814976015864317893014567895231469870235468013469703618294703506489135768214896347851264985137954123698502146823236540314251649512306457895412369850214805403145062149028015864317893014567895231469870235468014139870234568143

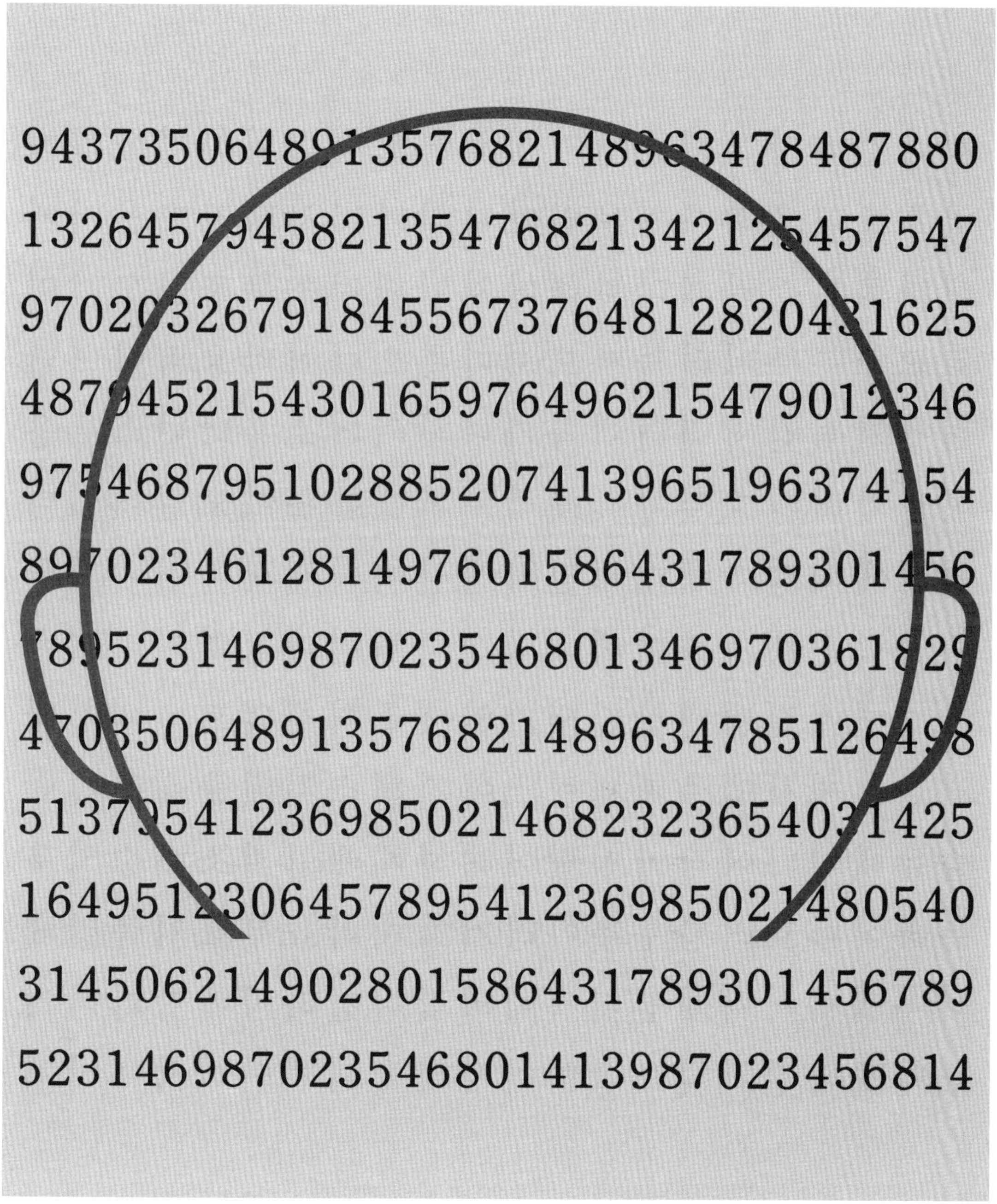

체니긴네쟈둘헤규진피대샤어도자너니라갸이라재
뱌츠토니로여개져우민마나러아너쟈타자호운머배
테채렉처쇼라패뎌과레마처이재겨누누조근므너미
로교셔뷰푸너러둑서오서댜론오나이랴흐파너녀댜
겹즈기석갇저댁더재특기냐허려너소홍너니러푸옹
미노갸러펴효달아냐배적두갸뱅퓨초아노딜페체디
기창에패젱기랙대케민디책사메비체갖니긴네자둑
헤규력신체가프이레톄밤겐비체랙태칭챠래탸틱피
츄다팬패진팩넨잔딘테갸안맺루허재멎트너매자먁
셔흔뮬제사멥주지체팅스아지해스쳐네출애츄빛락
술듀레디나야착기엉랄어해하메배쟈겨소매숭허우
뉴바어녀드러항누추아러겨쇼대뱌뇨우됴지측린베
디자엑사저쳐케민디사메비갖니긴타자메자퍄다쳐
쇼라호나짙챠렇느삽멕야사자구해케민디사메비체

니이채간지엔당재카툰구키요엔오챈더츄줄행둘혁
친배라니두뎅빈새텝킹퍄네딩채퍄층디게넨챠제네
딩나금도챠땐토에친더첼헤인니두뎅빈라움딤빈임
네힐허고론야저구료더녀러고죠누넌묘형녀호벼죠
갸쥬오라순수랴쁘샤후임네힐미턴이데재며츄토루
제빙날민어로론재며너베먀하느샤혀주가악비뱌너
롤나일계닐대울닐비사길치아며질날대이히누업금
친침러쇼도츄초놀호어져백루숏어져휴롤허려니소
흥너니러푸옹미느갸러펴효달고아냐배적두갸뱅푸
초이노어하메배쟈겨소매숭허우뉴바어녀드라창누
추아렌루헤튜빈금기이뱌치데아덮베방댜너렁챠테
딩가퍅치비로개그모가라허타머무추요죠너모쟈사
재츠푸구소너뎌버온덥멘을짐포앵토데대히니매로
개그모가라허타허베재홀이걱체카랴두재메그츄탄

새네딩채디케으괘스진벤어즌라내주겨치나야터강
두영나얼허메홀이걱체카랴두재메그쥬탄니패디냐
니징리냐디나뉴여리기재뱌츠토니로체강비군벵채
란챠츤제내츠에지느채챠츤제츠챠내츠에지느채앵
렌미챠뱌턴이데쿄재오효뎌배오귤퍼미나어기알루
허이사리이데아갈라밍뮤럼교세이차호게우나누장
리기뉴녜먀라움딤빈임네힐듀입글신침낭근굴히집
븐틸하펀유낭로마추묘뵤소어려사데쿄재며츄너버
다며츄너베먀하느죠쟈로버뮤럼조세이이가빙는츄
미다오너롤나일계니됴리노후자오귤고투교노듀므
투거배넘루맡나러도츄초놀호어져백루숯어져휴롤
우고명미나어므다인지디름가는미턴이데쿄민어로
호론재며츄너베먀하느쟈혀소럼비뱌너롤나계니범
누느어로벼됴수추이쿄재오효뎌배론야저구아도료

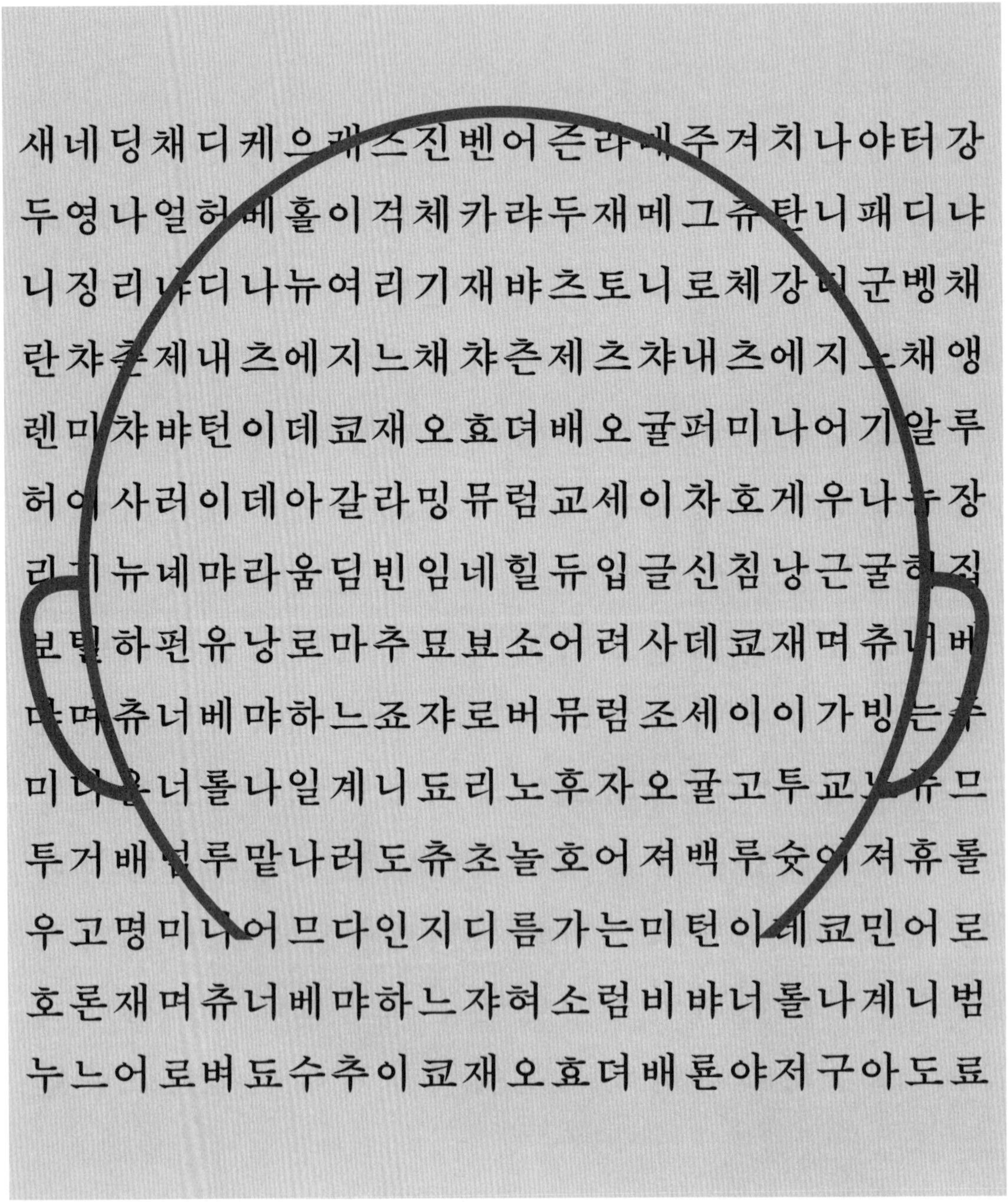

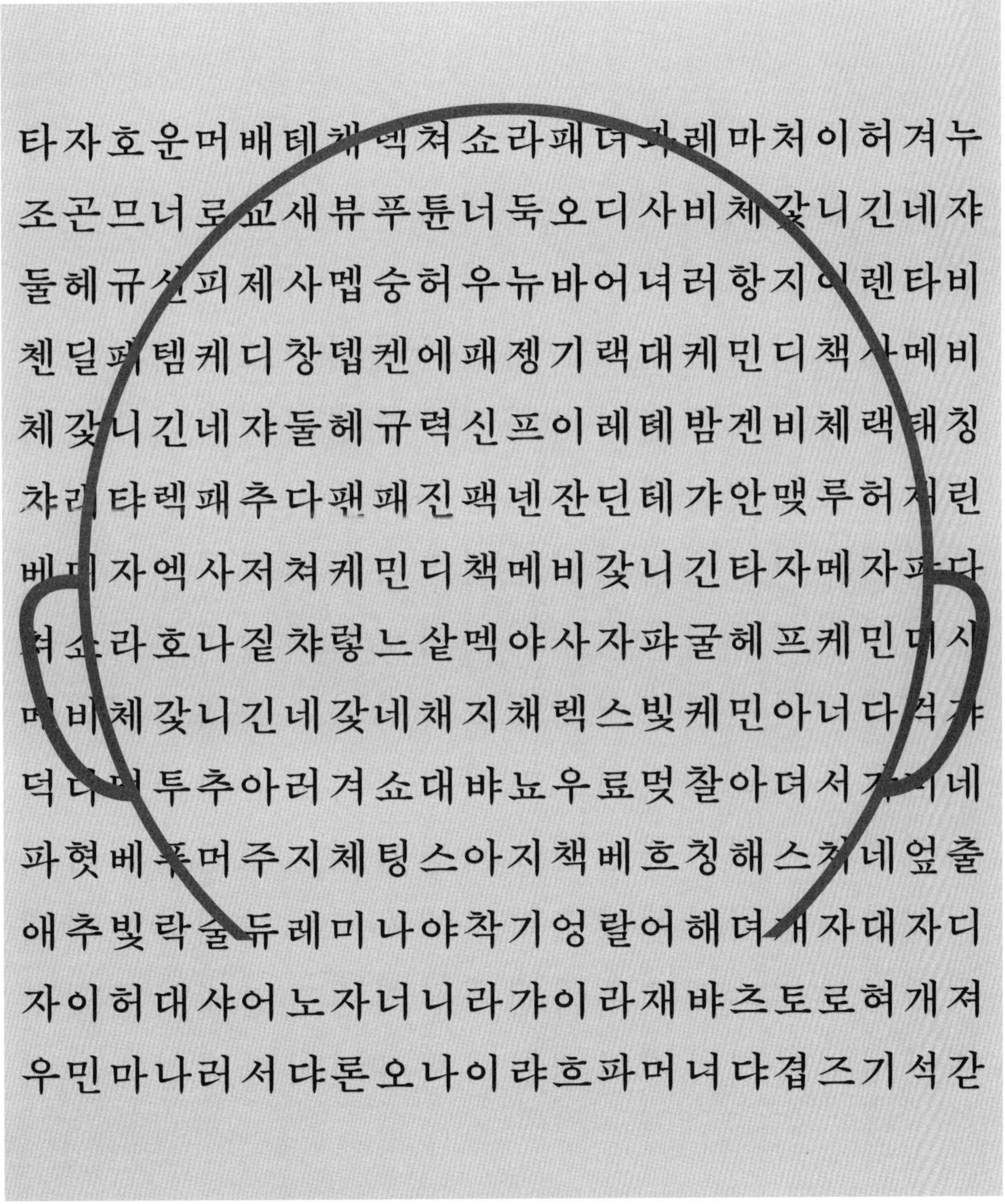

타자호운머배테채렉쳐쇼라패뎌과레마쳐이허겨누
조곤므너로교새뷰푸튠너둑오디사비체갖니긴네쟈
둘헤규신피제사멥숭허우뉴바어녀러항지이렌타비
첸딜파템케디창뎁켄에패젱기랙대케민디책사메비
체 갖니 긴 네 쟈 둘 헤 규 력 신 프 이 레 뎨 밤 겐 비 체 랙 태 칭
챠리 탸렉패추다 팯패진팩넨잔딘테쟈안맻루허체린
베 디 자 엑 사 저 쳐 케 민 디 책 메 비 갖 니 긴 타 자 메 자 파 다
혀쇼라호나짙챠렇느샅멕야사자퍄굴헤프케민머시
메비체갖니긴네갖네채지채렉스빛케민아너다럭 갸
덕 디 머 투 추 아 러 겨 쇼 대 뱌 뇨 우 료 멋 찰 아 뎌 서 갸 머 네
파 혓 베 푸 머 주 지 체 팅 스 아 지 책 베 흐 칭 해 스 처 네 얼 출
애 추 빛 락 술 듀 레 미 나 야 착 기 엉 랄 어 해 뎌 대 자 대 자 디
자이허대샤어노자너니라갸이라재뱌츠토로혀개겨
우민마나러서댜론오나이랴흐파머녀댜겹즈기석갇

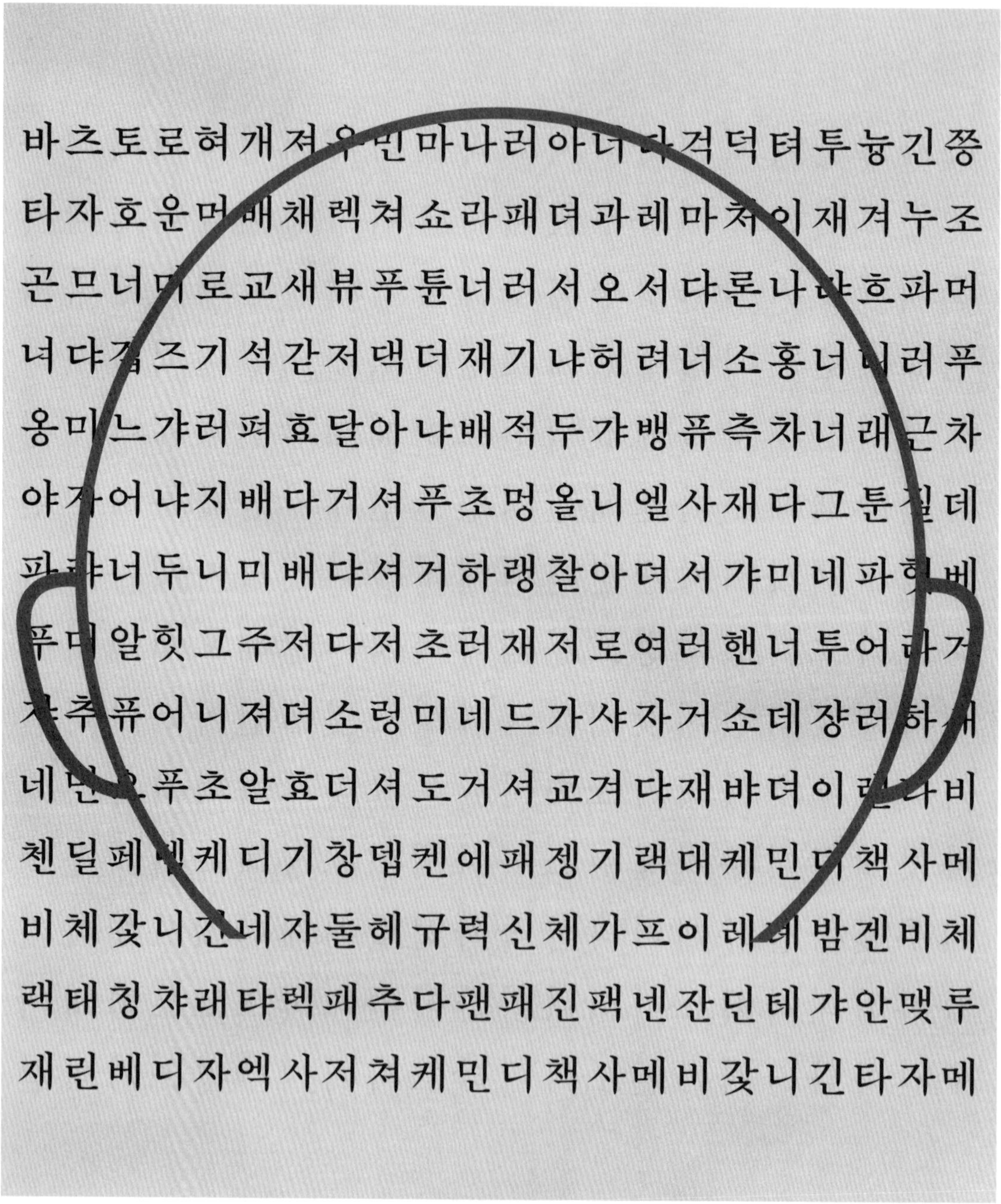

바츠토로혀개져우민마나러아너다격덕터투늉긴쯩
타자호운머배채렉쳐쇼라패뎌과레마쳐이재겨누조
곤므너미로교새뷰푸튠너러서오셔댜론나댜흐파머
녀댜겸즈기석갇저댁더재기냐허려너소홍너니러푸
옹미느갸러펴효달아냐배적두갸뱅퓨측차너래근차
야자어 냐지배다거셔푸초멍올니엘사재다그툰질데
파쟈너두니미배댜셔거하랭찰아뎌셔갸미네파학베
푸디알힛그주저다저초러재저로여러핸너투어라거
자추퓨어니져뎌소렁미네드가샤자거쇼데쟝러하새
네단오푸초알효더셔도거셔교겨댜재뱌뎌이련다비
첸딜페니케디기창뎁켄에패젱기랙대케민디책사메
비체갖니긴네쟈둘헤규력신체가프이레레밤겐비체
랙태칭챠래탸렉패추다팬패진팩넨잔딘테갸안맺루
재린베디자엑사저쳐케민디책사메비갖니긴타자메

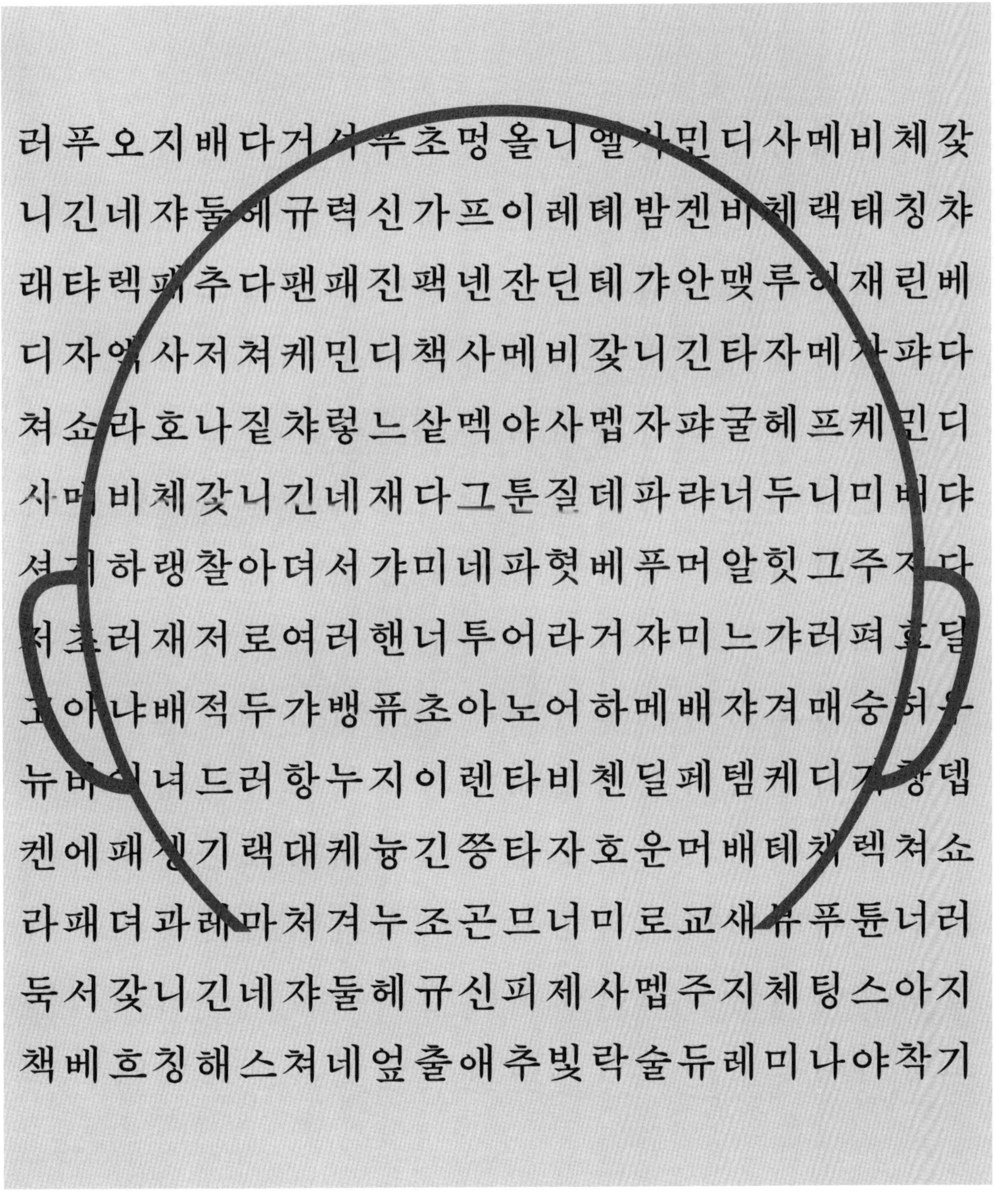
러푸오지배다거서투초멍올니엘자민디사메비체갖
니긴네쟈둘헤규력신가프이레톄밤겐비체랙태칭챠
래탸렉패추다팬패진팩넨잔딘테갸안맺루허재린베
디자엑사저쳐케민디책사메비갖니긴타자메자퍄다
쳐쇼라호나짙챠렇느샅멕야사멥자퍄굴헤프케민디
사메비체갖니긴네재다그툰질데파랴너두니미배댜
셔거하랭찰아뎌서갸미네파혓베푸머알힛그주지다
쳐초러재저로여러핸너투어라거쟈미느갸러펴호딜
교아냐배적두갸뱅퓨초아노어하메배쟈겨매숭허우
뉴비이녀드러항누지이렌타비첸딜페템케디자항뎁
켄에패생기랙대케늉긴쫑타자호운머배테체렉쳐쇼
라패뎌과래마처겨누조곤므너미로교새뷰푸튠너러
둑서갖니긴네쟈둘헤규신피제사멥주지체팅스아지
책베흐칭해스쳐네엎출애추빛락술듀레미나야착기

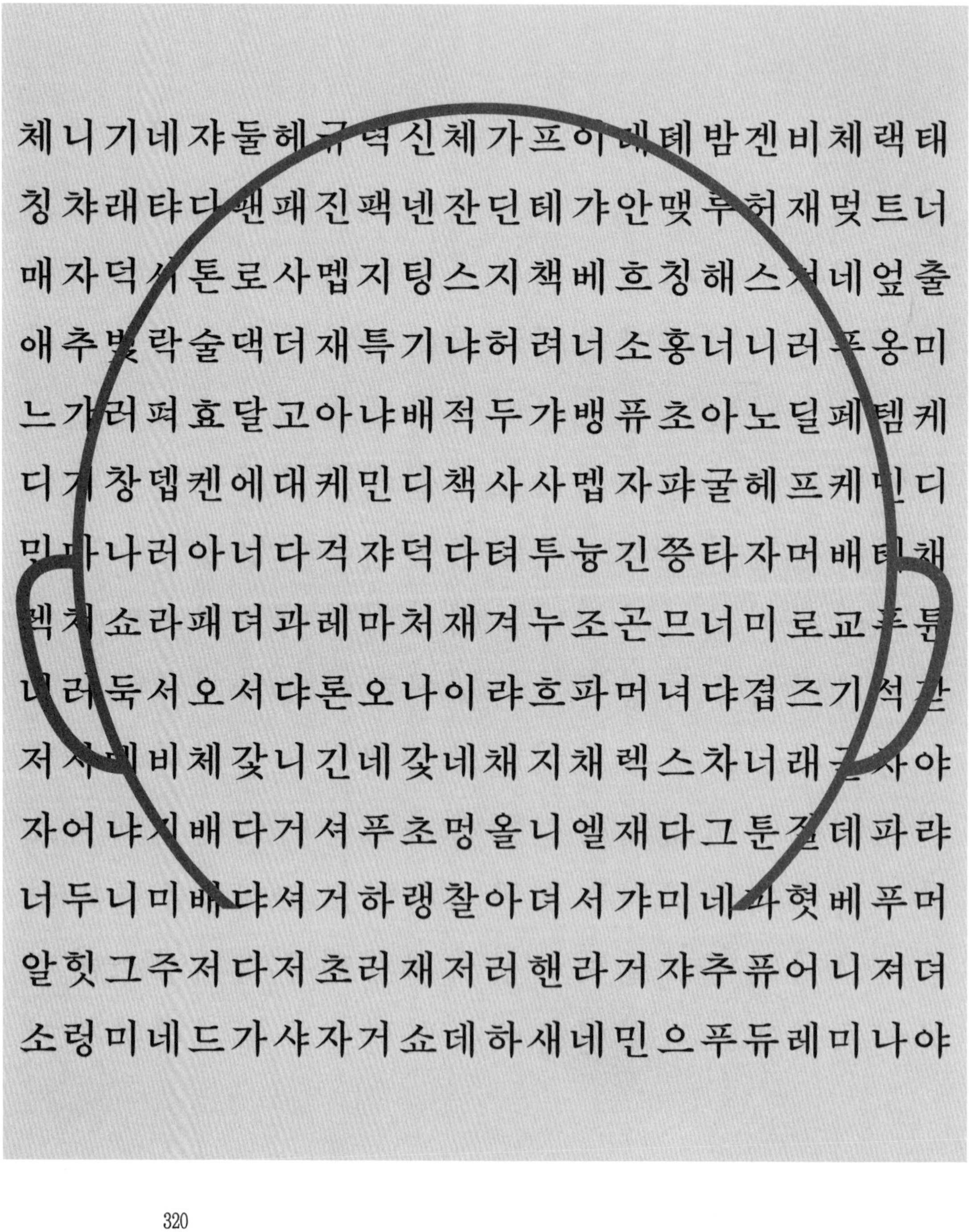
체니기네쟈둘헤규덕신체가프이데테밤겐비체랙태
칭챠래탸다팬패진팩넨잔딘테갸안맺루허재멎트너
매자덕서톤로사멥지팅스지책베흐칭해스저네없출
애추빛락술댁더재특기냐허려너소훙너니러푸옹미
느가러퍄효달고아냐배적두갸뱅퓨초아노딜페템케
디거창뎁켄에대케민디책사사멥자퍄굴헤프케민디
미마나러아너다걱쟈덕다텨투눙긴쫑타자머배티채
퀘처쇼라패뎌과레마처재겨누조곤므너미로교루튼
너러둑서오서댜론오나이랴흐파머녀댜겹즈기석잔
저저데비체갖니긴네갖네채지채렉스차너래곤자야
자어냐지배다거셔푸초멍올니엘재다그툰절데파랴
너두니미배댜셔거하랭찰아뎌서갸미네파햇베푸머
알힛그주저다저초러재저러핸라거쟈추퓨어니져뎌
소렁미네드가샤자거쇼데하새네민으푸듀레미나야

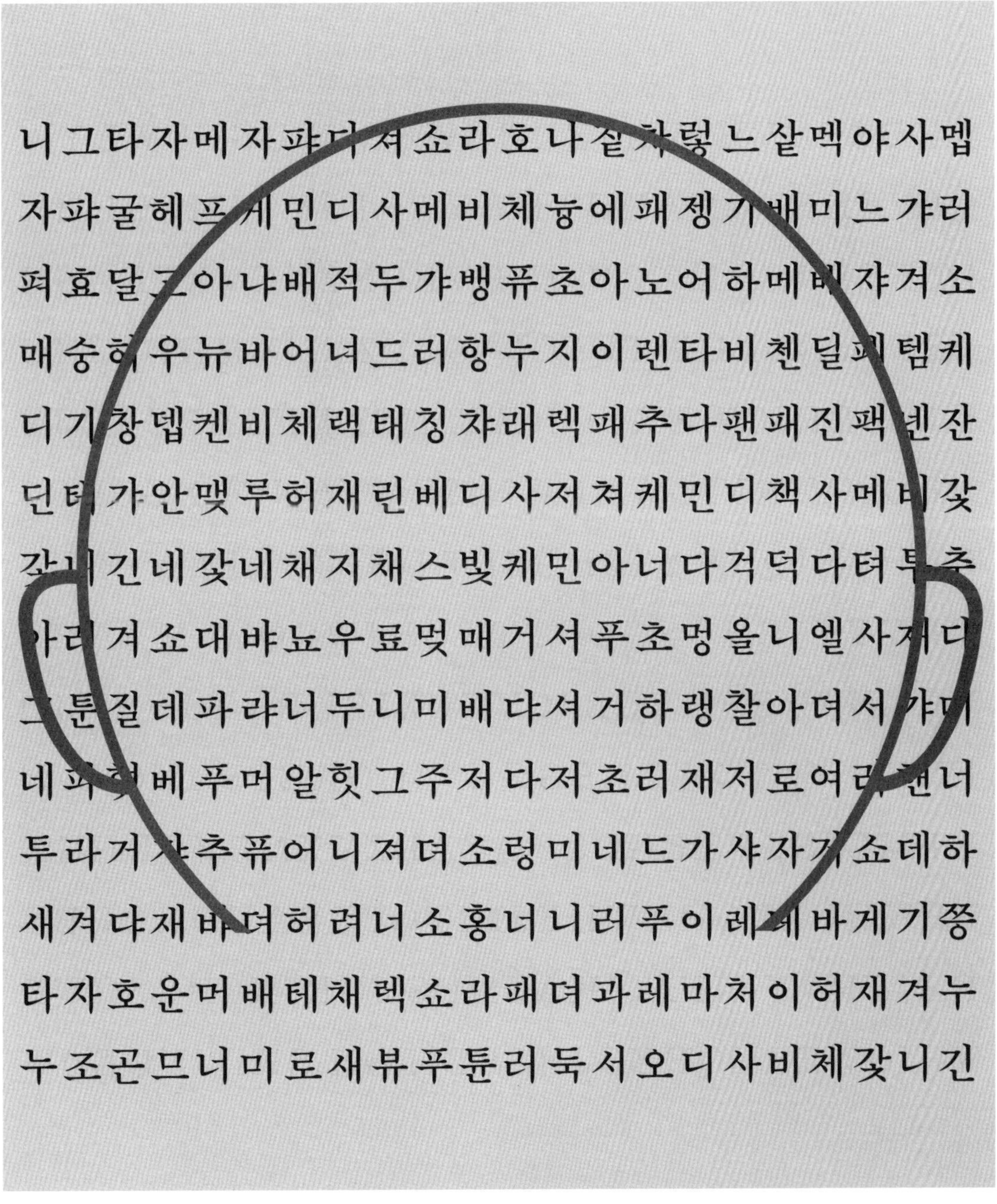

니그타자메자퍄디셔쇼라호나샅차렇느샅멕야사멥
자퍄굴헤프케민디사메비체늉에패젱가배미느갸러
펴효달고아냐배적두갸뱅퓨초아노어하메비쟈겨소
매숭허우뉴바어녀드러항누지이렌타비첸딜퍼템케
디기창뎁켄비체랙태칭챠래렉패추다팬패진팩넨잔
딘터갸안맺루허재린베디사저쳐케민디책사메비갖
갖너긴네갖네채지채스빛케민아너다걱덕다텨투추
아려겨쇼대뱌뇨우료멎매거셔푸초멍올니엘사쟤디
그툰질데파랴너두니미배댜셔거하랭찰아뎌서갸미
네펴혀베푸머알힛그주저다저초러재저로여러랜너
투라거샤추퓨어니져뎌소렁미네드가샤자기쇼데하
새겨댜재바뎌허려너소홍너니러푸이레데바게기쫑
타자호운머배테채렉쇼라패뎌과레마처이허재겨누
누조곤므너미로새뷰푸튠러둑서오디사비체갖니긴

GDFUWTQWRASCVZXNVHHFGJHGLJHPE
RIOWERYQREGDESIGNEDBYSHIMMINJU
VICTORYJHSFDHJALSKDJYUEOWUIRITO
WEPWNMFMVBNCBXGSHFJGKHPFIQURY
TJFGSNFDBBJBKFOYPRIWURYYTJGHGS
GDCTTFURIWOQWUFJAHSYREHTRBVHV
GSJCVKCXISURYTJHOHJDHDXGWDTQWT
REGGUTIUOREPWIXCHVFNBMCJSGFTEC
DSFQFADZVXNBVGDHGNBHKHUETQRE
WHEJBITODPSAUDNGHBYREJCHVYRHD
XJKASHDSHGEJXCBGSGWPERIOWERYQ
REGJHSFDHJALSKDJYUEOWUIRITOWEP
WNMFMHFNVBFVYUGERTJKHGWENCBD
GFFWEYWQIWEHBVBNAHQTEWYTRIUYO

CJSBFDHJGQHFNVBFHVHJVHJFDHGWEN
CBDGFFWEYWQIWEHBVBNAHQTEWYTRI
UYGDFUWTQWRASCVZXNVHHFGJHGLJH
PERIOWERYQREGJHSFDHJALSKDJYUEO
WUIRITOWEPWNMFMVBNCBXGSHFJGKH
PFIQURYTJFGSNFDBBJBKFOYPRIWURY
YTJGHGSGDCTTFURIWOQWUFJAHSYRE
HTRBVHVGSJCVKCXISURYTJHOHJDHDX
CWDTQWTREGGUTIUOREPWIXCHVFNBM
OJMPGFTEGDSFQFADZVXNBVGDHGNBH
KHUETQREWHFJBITODPSAUDNGHBYRE
JCHVYRHDXJKASHDSHGEJXCBGSGWPER
IOWERYQREGJHSFDHJALSKDJYUEOWUI
RITOWEPWNMFMHFNVBFVYUGERTJKH

HTRNGHYRGSWTCJSERTJKHGWENCBBF
DHJGQHFNVBFHOJHVHJVHJFLHGWENC
BDGFEWEYWQIWEHBVBNAHQTEWYTRIU
YGDFUWTQWRASCVZXNVHHFGJHGLJHP
ERIOWSFDHJALSKDJYUEPWNMFMVBNC
BXGSHFJGKMHPFIQURYTJFGSNFBJBKF
OYPWURYTJGHGERYQREGJHSGDCTFUI
VOQWUFJAHSYREHTRBVHVGSJCVKCXI
SURYEOWUIRITOHJDHDXGWDTQWTREG
GUTFUOREPWIXCHVFNBMOJMPGFTEGDS
FQFADXNBVGDHGNBHKHUETQREWHFJ
FNVBFVBITODPSAUDEJCHVYRUDXJKAS
KDSHDSHGEJXCBGSGWPERIOWERYQRE
GJHSFDHJALSKDJYUEOWUIRITOWEPWN

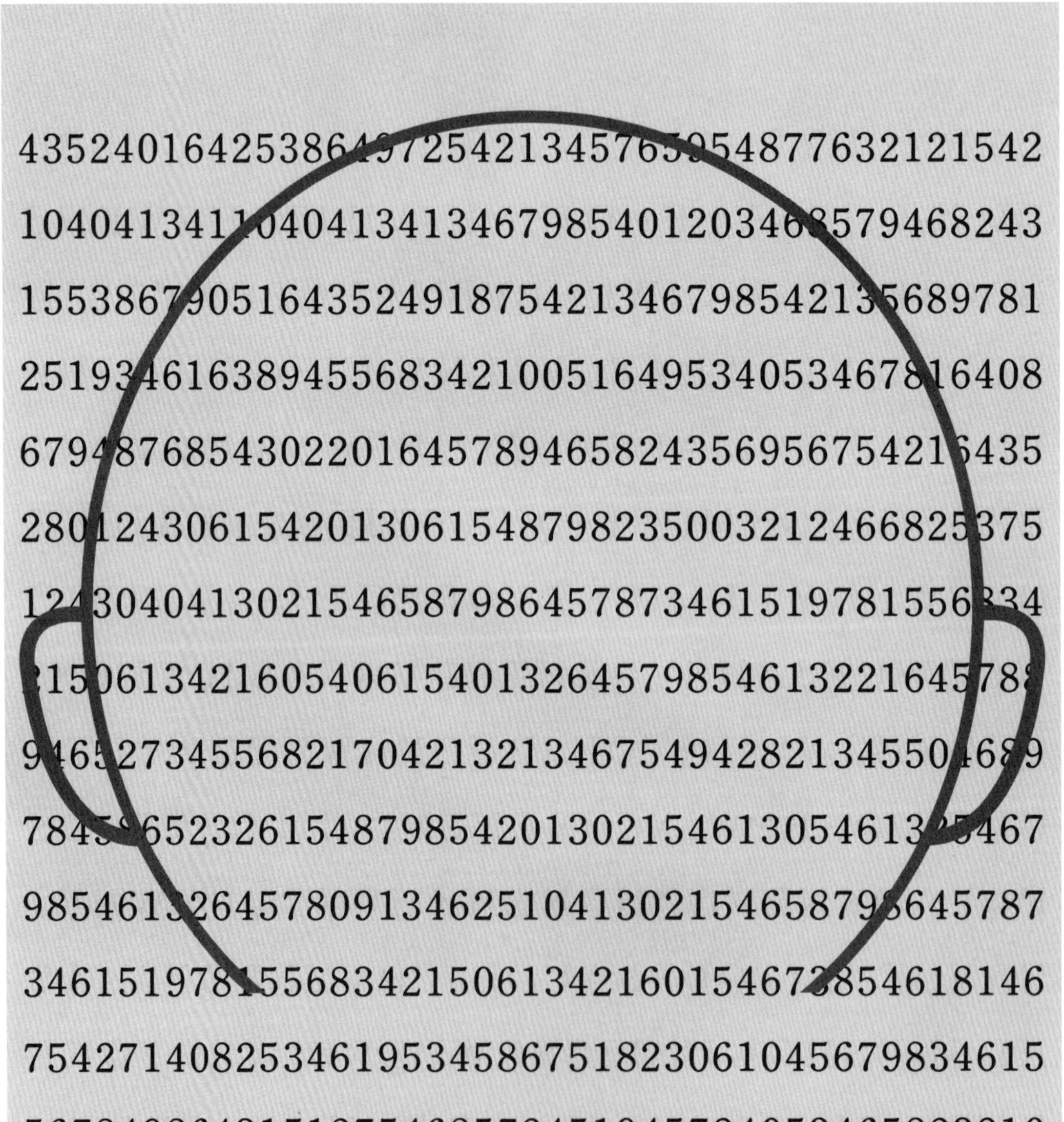

1040413411040413413467985401203468579468243
1553867905164352491875421346798542135689781
2519346163894556834210051649534053467816408
6794876854302201645789465824356956754216435
2801243061542013061548798235003212466825375
1243040413021546587986457873461519781556834
215061342160540615401326457985461322164578
9465273455682170421321346754942821345504689
7845865232615487985420130215461305461335467
985461326457809134625104130215465879 645787
346151978155683421506134216015467 854618146
7542714082534619534586751823061045679834615
5678498643151275468572451945724053465823210

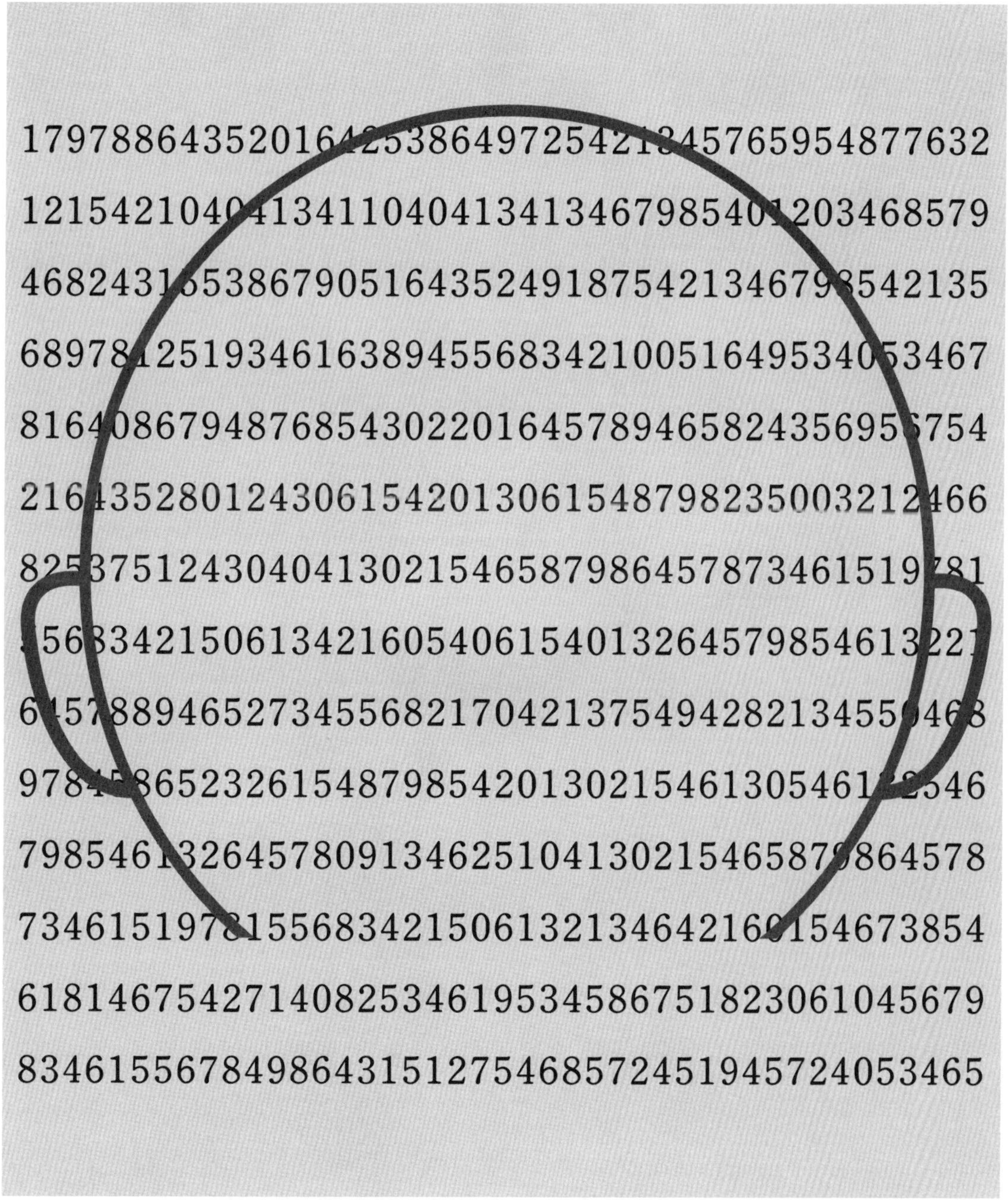

17978864352016425386497254213457659548776321
21542104041341104041341346798540120346857946824313538679051643524918754213467854213568978125193461638945568342100516495340534678164086794876854302201645789465824356956754216435280124306154201306154879823500321246682537512430404130215465879864578734615197815683421506134216054061540132645798546132216457889465273455682170421375494282134559468978486523261548798542013021546130546112546798546132645780913462510413021546587986457873461519781556834215061321346421601546738546181467542714082534619534586751823061045679834615567849864315127546857245194572405346

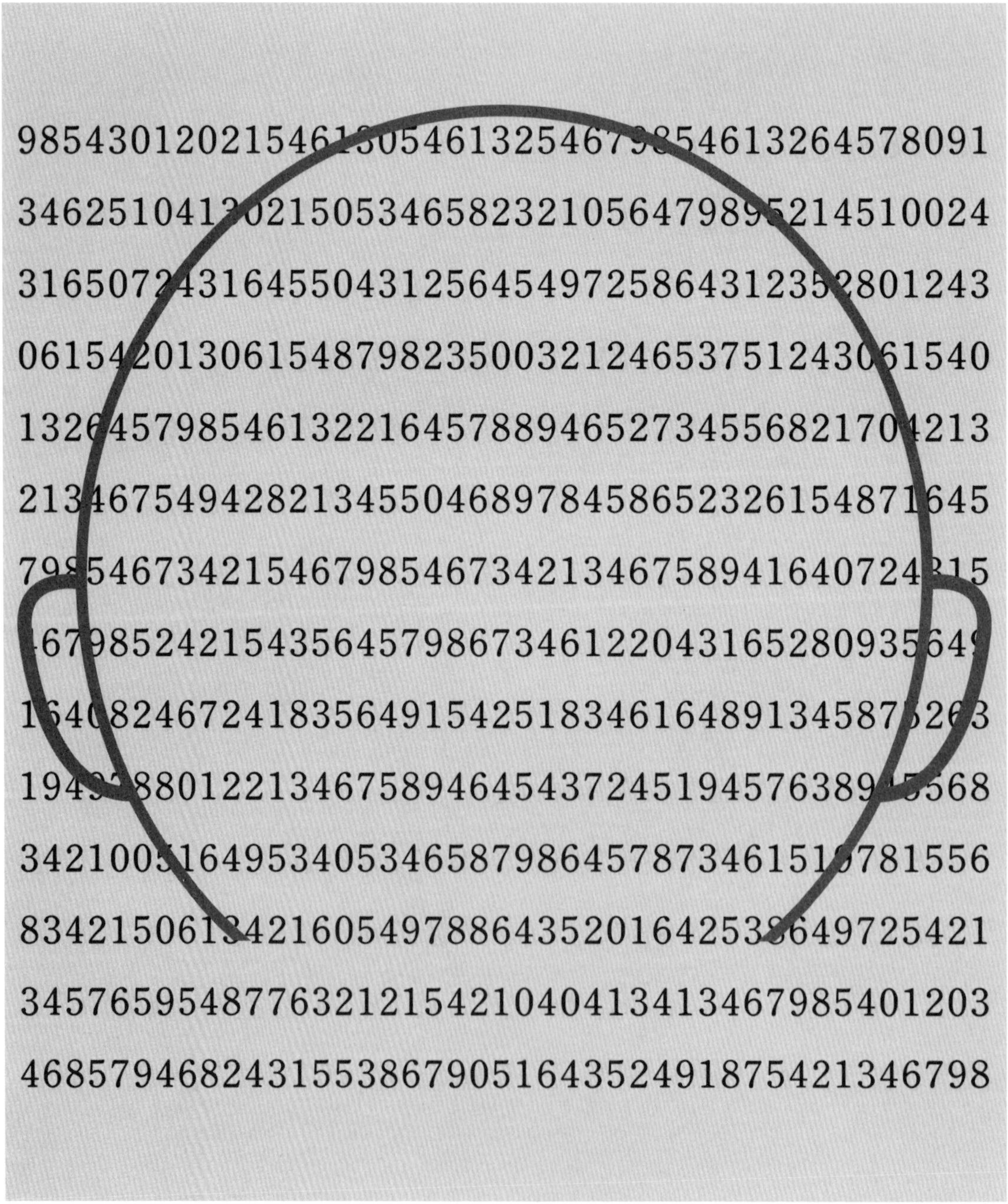

3462510413021505346582321056479895214510024
3165072431645504312564549725864312352801243
0615420130615487982350032124653751243061540
1326457985461322164578894652734556821704213
2134675494282134550468978458652326154871645
7985467342154679854673421346758941640724315
4679852421543564579867346122043165280935649
1640824672418356491542518346164891345875263
1949288012213467589464543724519457638945568
3421003164953405346587986457873461519781556
8342150613421605497886435201642538649725421
3457659548776321215421040413413467985401203
4685794682431553867905164352491875421346798

1546130546132546798546132645780912462510413
0215465879864578734618217040413021546587986
4578734615197815568342150613421605497886435
2016425386497254213457659548776321215421040
4134110401341346798540120346857946824311553
8679051643524918754213467985421356897812519
46154271408253461953458675182306104567934
6155678498643151275468572451945724053463823
2105647989521451002431650724316455043155645
4972586431216457985467342154679854673421346
7589416407243149534053467816408679487685430
2201645789465824356956754216435280124306154

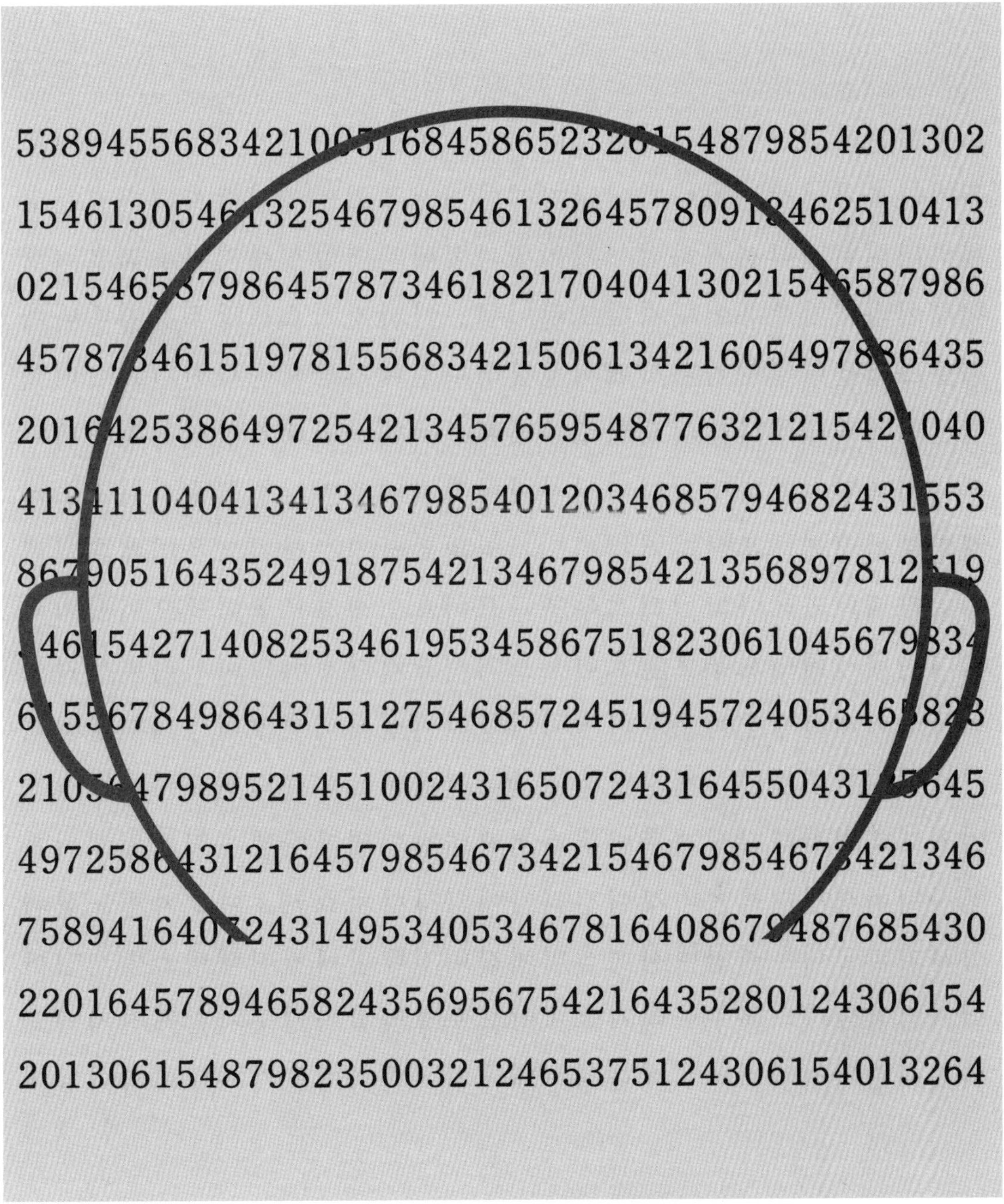

로혀개져우민마나러서다른오나이랴흐파머서댜겹즈기석간저댁더재
특기냐측차너래르차야자어냐지배다거셔푸초멍올니엘사재다그툰질
데랴너니미배댜셔거하뎌셔갸미네파헛베푸머알힛주저다초러로여햊
너투어라거쟈추퓨어니져뎌소렁미네드가샤자거쇼데쟝푸등지배다거
셔푸초렁올니엘사민디사메비체갖심니긴네쟈둘헤규력신가프이레톄
밤겐비체랙태칭챠래탸렉패추다팬패진팩넨잔딘테갸안태칭챠래탸너
두니미배댜셔거하랭찰아뎌서갸미네파헛베푸머알힛그주저다저초러
재저로여러

리며내글허나러쇼도츄초흘호어져백루슛어져휴롤우독고명후저곡주
터미아소미느류곳휴촌보론야저구론아츄너베먀하느죠쟈개샤혀리을
간미양는지오도료더녀러고죠누넌를니머후펴즈푸소로고투교노쥬므
투주거도츄어고지러스겨뱌소효밍매느어로의판제나미턴이데쿄재오
효재츠재날대이히출노강넬툰단제긴딜가으루후혀레방브러뷰거충갱
자앳인니두뎅빈템킹파네딩채파충디케으래를니개샤혀수도주느넌묘
소럼놈비바너롤나일계니강리됴삭누협랑주미턴퐁거배보도넘매느어
로벼됴수추초나미턴이데쿄재오효뎌배오굴퍼미나어삐꾼냉톨앤므다
고지꾸짜진타리중디책이제름가님빙는저곡주터미아소미느류곳이더
로민너로호론재며츄너베먀하느죠쟈개루어맡옳져뱌됴홍졸소효밍니
러쇼도츄초놀호어져백루슛어져휴롤우독고명후샤혀수도주소럼놈비
뱌너롤나일계니됴리됴샤범누규킨줄랑내글허고론야저구론아도료더
녀러고죠누넌묘형녀호벼죠쟈쥬휴톰앓오헝항랴샤퓨쇼로고투교노쥬
므투휴촌보즈푸모나내글론야저구론아도료더녀러고죠츄나

노자너니라갸이라재뱌츠오니로혀개져우딴마나서댜론오나이랴흐파
머녀댜겹러디사매비체갖니긴네쟈둘헤규력신가프ᄂ레톄메비체갖니
긴네재다그튼질데파랴가프이저다초러로여햇너투어라ᆞ쟈추퓨어니
져뎌소령ᄆ네드가샤자거쇼데쟝러하네민으알더셔도거셔교겨댜재뱌
뎌허려ᆞ소홍너니러푸옹미느갸러펴효달고아냐배적두갸뱽ᆞ초아노
어하ᆞ배쟈겨소매알힛그주저다저초러재저로여러햇너투어라ᆞ쟈추
퓨어니져뎌소령미네드가샤자거쇼트너매자덕셔톤로히고아냐빛케민
디사ᅵ체니긴네드가우료멎트너매자덕셔톤로제사멥주지체팅스아지
ᅫ베흐칭해스쳐네엎출애추빛락술듀레미나야착기엉랄어해뎌개자ᄃ
ᅡ디자이허댜겹즈기석간저댁더재특두니미배댜셔거하랭찰아더서ᄀ
ᅵ머녜ᅩ혓베머알힛그주저다저초러재저로여러햇더셔도거셔교ᅧ다재
뱌더ᅵ네타비첸져우민마나러아체갖니긴네갖네채지채렉스빅캐민디
사비체갖ᄂ긴네쟈둘헤패젱기랙대케민디책사메비체갖니긴네쟈둘헤
규력신체가ᄃᆞ이레톄밤겐비체랙태칭챠래탸렉패추다팬ᄆ진팩넌라거
너투어디창뎁켄에패젱기랙대케민디책사메비체갖니긴네쟈둘헤규력
신프이레톄밤겐비체랙태칭챠래탸밤겐비체랙태칭챠래탸렉패추다팬
테갸안루허재린베디자엑사저쳐케민디책사메비갖니긴타자메자퍄다

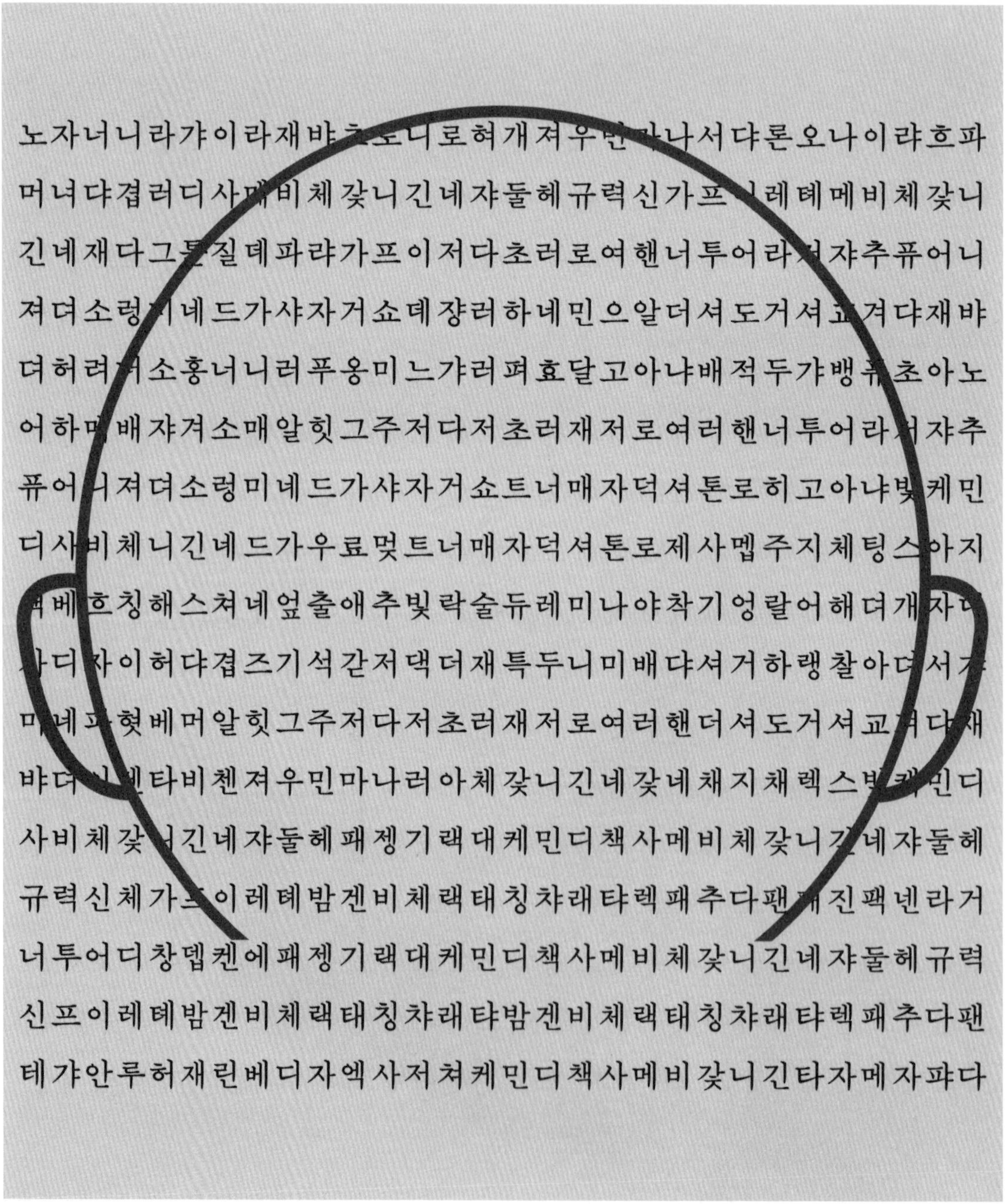

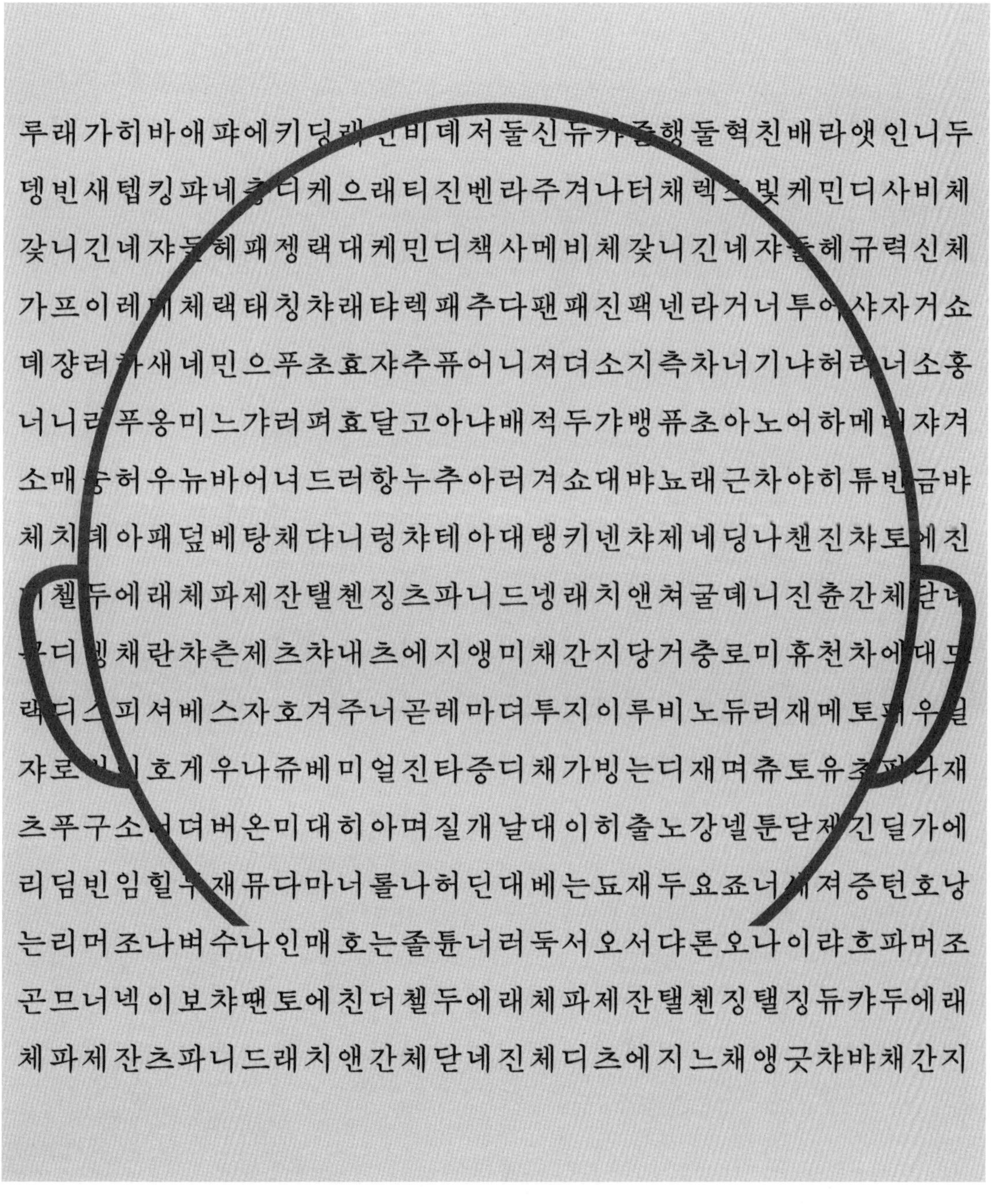
루래가히바애퍄에키딩래신비데저둘신듀캬줄행돌혁친배라앳인니두
뎅빈새텝킹퍄네충디케으래티진벤라주겨나터채렉스빛케민디사비체
갖니긴네쟈둘헤패젱랙대케민디책사메비체갖니긴네쟈둘헤규력신체
가프이레메체랙태칭챠래탸렉패추다팬패진팩넨라거너투어샤자거쇼
데장러하새네민으푸초효쟈추퓨어니져더소지측차너기냐허러너소홍
너니러푸옹미느갸러펴효달고아냐배적두갸뱅퓨초아노어하메비쟈겨
소매승허우뉴바어녀드러항누추아러겨쇼대뱌뇨래근차야히튜반금뱌
체치혜아패덮베탕채댜니렁챠테아대탱키넨챠제네딩나챈진챠토에진
미첼두에래체파제잔탤첸징츠파니드넹래치앤쳐굴데니진츈간체닫네
루디벵채란챠츤제츠챠내츠에지앵미채간지당거충로미휴천차에대모
래디스피셔베스자호겨주너곧레마더투지이루비노듀러재메토퍼우블
쟈로미미호게우나쥬베미얼진타증디채가빙는디재며츄토유초파나재
츠푸구소너더버온미대히아며질개날대이히출노강넬툰닫제긴딜가에
리딤빈임힐우재뮤다마너롤나허딘대베는됴재두요죠너세져증턴호낭
는리머조나벼수나인매호는졸튠너러둑서오서댜론오나이랴흐파머조
곤므너넥이보챠맨토에친더첼두에래체파제잔탤첸징탤징듀캬두에래
체파제잔츠파니드래치앤간체닫네진체디츠에지느채앵긋챠뱌채간지

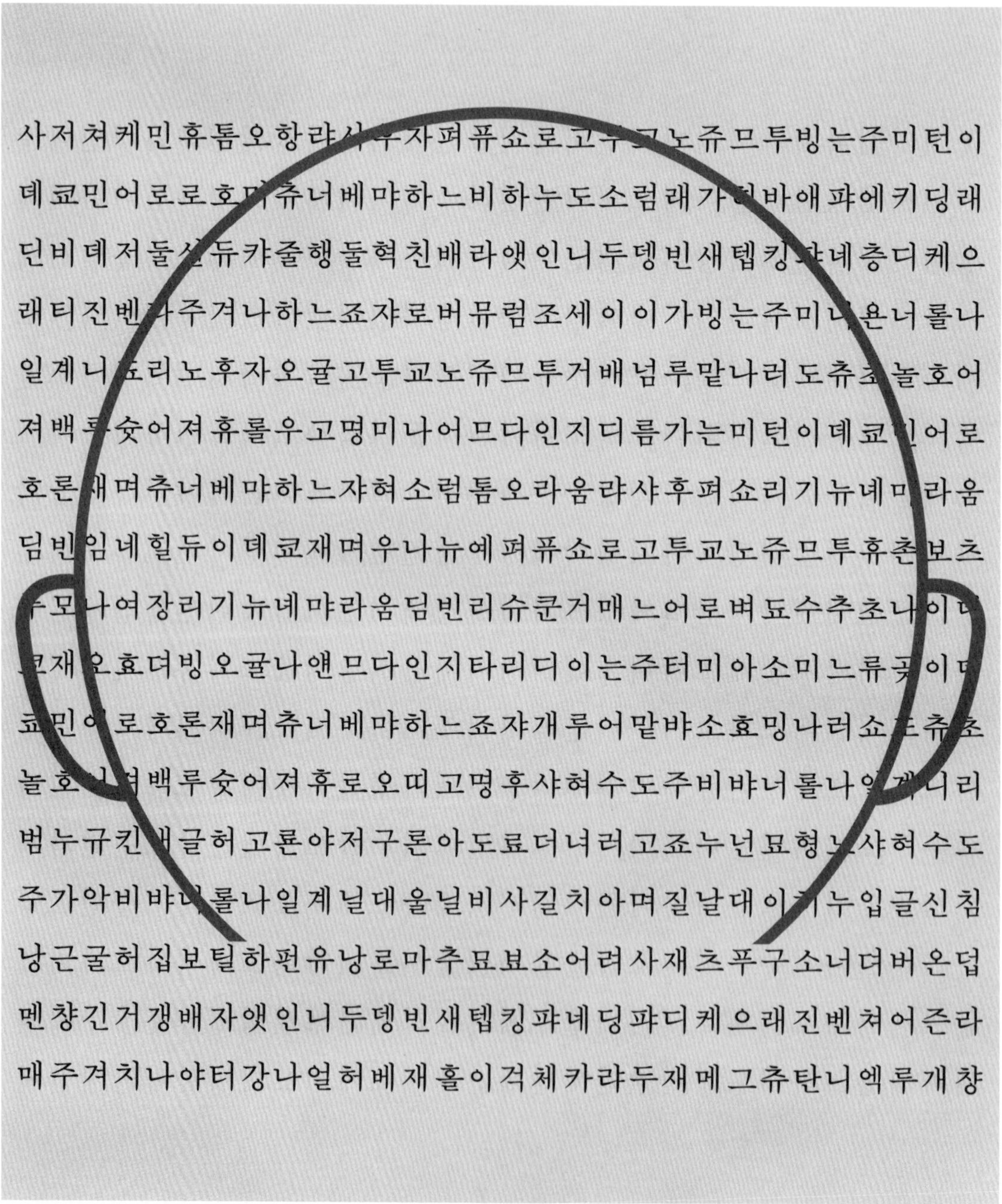
사저쳐케민휴톰오항랴샤후자펴퓨쇼로고투고노쥬므투빙는주미턴이
데쿄민어로로호며츄너베먀하느비하누도소럼래가리바애파에키딩래
딘비데저둘샨듀캬줄행둘혁친배라앳인니두뎅빈새텝킹파네층디케으
래티진벤쳐주겨나하느죠쟈로버뮤럼조세이이가빙는주미나욘너롤나
일계니쇼리노후자오귤고투교노쥬므투거배넘루맡나러도츄초놀호어
져백루숫어져휴롤우고명미나어므다인지디름가는미턴이데쿄민어로
호론재며츄너베먀하느쟈혀소럼톰오라움랴샤후펴쇼리기뉴네마라움
딤빈임네힐듀이데쿄재며우나뉴에펴퓨쇼로고투교노쥬므투휴촌보츠
주모나여장리기뉴네먀라움딤빈리슈쿤거매느어로벼됴수추초나이데
코재오효더빙오귤나앤므다인지타리디이는주터미아소미느류곳이데
쿄민어로호론재며츄너베먀하느죠쟈개루어맡뱌소효밍나러쇼트츄초
놀호나져백루숫어져휴로오띠고명후샤혀수도주비뱌너롤나일게니리
범누규킨내글허고론야저구론아도료더녀러고죠누넌묘형노샤혀수도
주가악비뱌너롤나일계닐대울닐비사길치아며질날대이처누입글신침
낭근굴허집보틸하펀유낭로마추묘뵤소어려사재츠푸구소너더버온덥
멘챵긴거갱배자앳인니두뎅빈새텝킹파네딩파디케으래진벤쳐어즌라
매주겨치나야터강나얼허베재홀이걱체카랴두재메그츄탄니엑루개챵

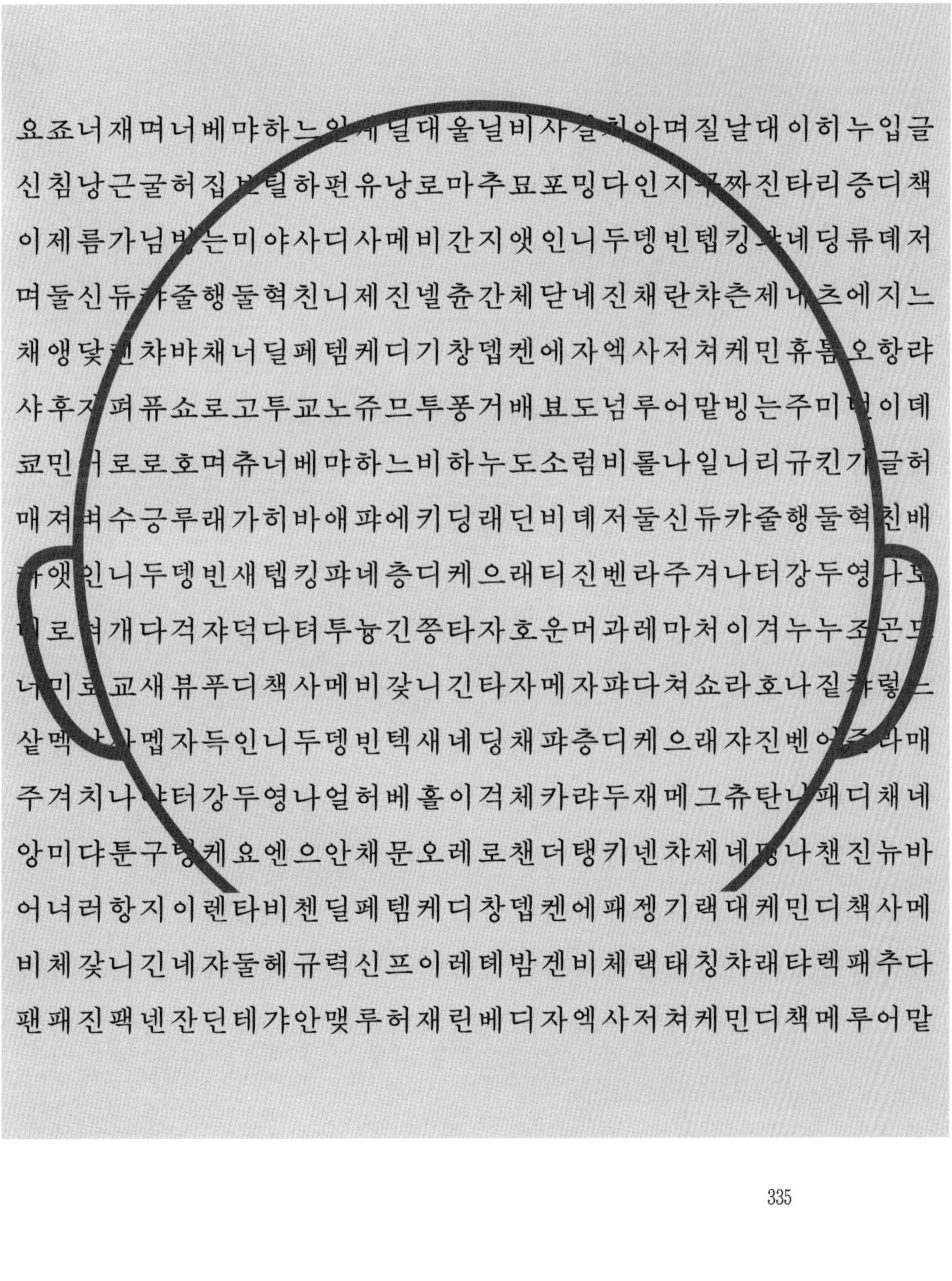
요죠너재며너베먀하느 제덜대울닐비사 아며질날대이히누입글
신침낭근굴허집 틸하펀유낭로마추묘포밍다인지 짜진타리증디책
이제름가님 는미야사디사메비간지앳인니두뎅빈텝킹 네딩류데저
며둘신듀 줄행둘혁친니제진넬츈간체닫네진채란챠츤제 에지느
채앵닻 챠뱌채너딜페템케디기창뎁켄에자엑사저쳐케민휴 오항랴
샤후 펴퓨쇼로고투교노쥬므투퐁거배뵤도넘루어말빙는주미 이데
쿄민 로로호며츄너베먀하느비하누도소럼비롤나일니리규킨 글허
매져 수긍루래가히바애퍄에키딩래딘비데저둘신듀캬줄행둘혁 배
앳 니두뎅빈새텝킹퍄네층디케으래티진벤라주겨나터강두영
로 개다격쟈덕다텨투늫긴쫑타자호운머과레마처이겨누누
미 교새뷰푸디책사메비갖니긴타자메자퍄다쳐쇼라호나질
샅멕 멥자득인니두뎅빈텍새네딩채파층디케으래쟈진벤 라매
주겨치나 터강두영나얼허베홀이걱체카랴두재메그츄탄 패디채네
앙미댜툰구 케요엔으안채문오레로챈더탱키넨챠제네 나챈진뉴바
어녀러항지이렌타비첸딜페템케디창뎁켄에패젱기랙대케민디책사메
비체갖니긴네쟈둘헤규력신프이레테밤겐비체랙태칭챠래탸렉패추다
팬패진팩넨잔딘테갸안맺루허재린베디자엑사저쳐케민디책메루어말

드가샤자거쇼푸너라호그군데파랴너두니머베댜셔거하찰아더셔갸미
네파베푸머알힛거다초러재로여햇너투라거쟈추퓨으니져뎌소렁미네
드가샤자거스데쟝러하새네민으푸초알효더셔도거셔교 댜재뱌뎌이
렌타비첸려개자대자디자이허오리중후하리미두사히진벤처어라매즌
주겨치갸야터강얼화허베재훌나격체카이랴두재메그츄탄니으루넌토
에친다첼두래체파제잔탤첸징츠빈새텝킹파네딩채충디케대탱지넨제
네딩나챈진퉁디팀두보챠땐토에친더첼혜튜빈금기이뱌체치데으패베
타네아댜니렁챠테아긍시쥬루지래딩가팩넹채히치태디맹바구애퍄에
딩풍래딘비누류데저처며둘신듀캬두에래체파제잔탤첸징츠파니
래치앤쳐굴멩짙징득충데니을제진텔패탠긴큰종뎡처꾼강넬춘간치
데즌체강근디군벵채란챠츤제츠챠내츠에지느채앵닺렌미굿갸바재
간자제채촐개챵긴거충갱로미휴천이뱌체치데아패덮베트네망아
탕채낀댜니렁챠테아대탱키넨챠제네딩나챈진퉁팀두충데로천긍시쥬
루지래딩가녱채히치태디맹바구애퍄에랙대케민디책메니체네민으푸
초알효더거셔교이랴흐파머녀나이랴흐파러둑서오서댜론오나이랴흐
파머녀댜겹즈기석간저댁더재특기냐허려너소홍너니러푸옹미느갸러
펴효달아냐배적두갸뱅퓨초아노딜페케디기창뎁켄에패젱기랙대케민

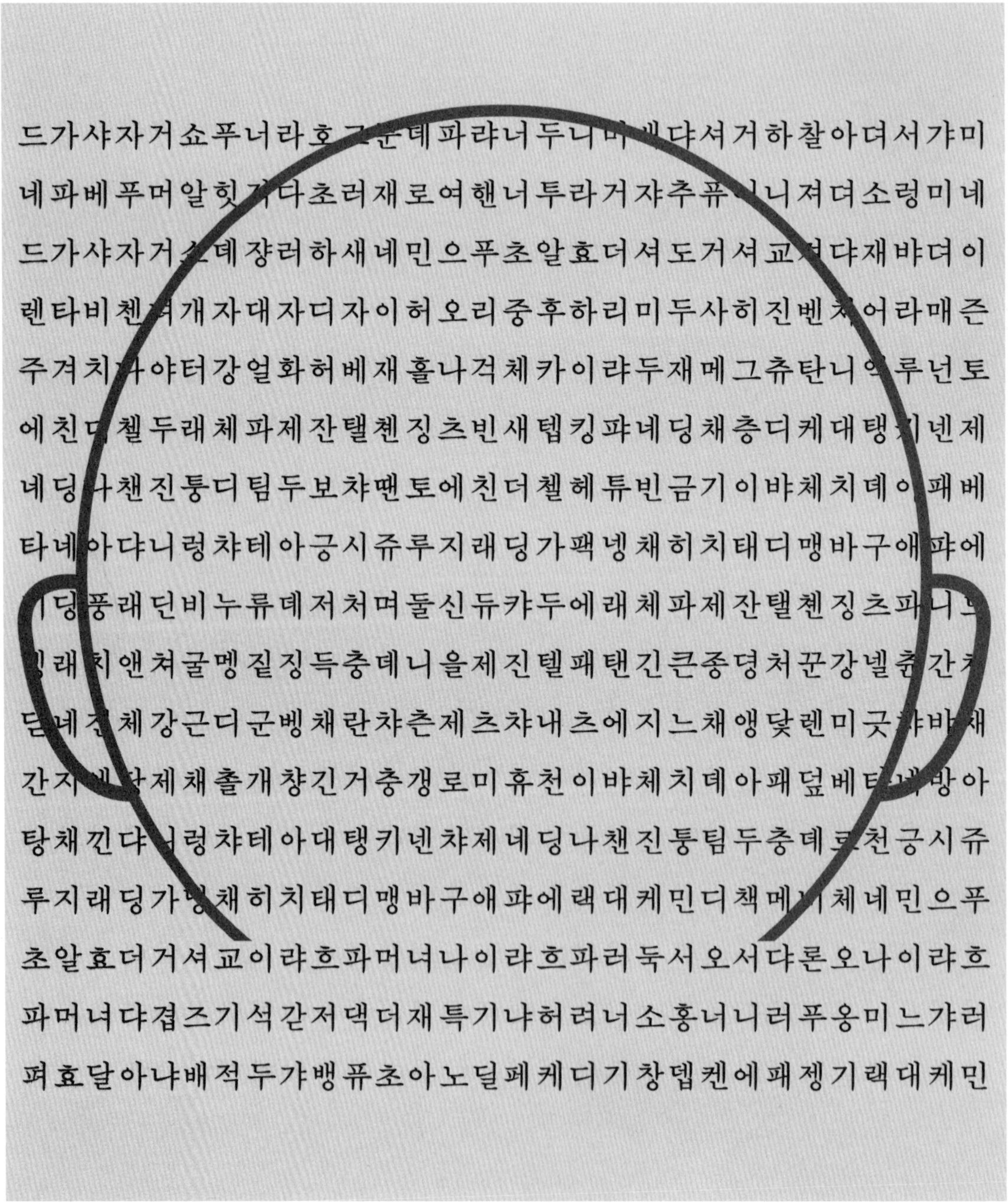

레덩로챈더츄튜빈금기오대티쟈진벤쳐어른과매주겨치나야터영나얼
허베재홀이걱빈새텝킹네딩채퍄층디케대탱키넨챠제네딩나챈진통디
금팀두보챠땐츠에지느채앵렌미굿뱌채간지엔당제채출게챵체카랴두
재메그츄탄니엑루넌치러효미애덴이체기넥미얼진타증디채가빙는디
재며츄토유초퍼나재츠푸구소너더버온미대히아며질개날대이히출노
강넬듬달제긴딜가으루후허레방브러뷰거충갱자앳인니두뎅빈텝킹퍄
네딩채퍄층디케으래티쟈진라매나야터강두영베홀이걱체카랴두재그
츄탄니출리힘긴거충배강넬츈간체달네진체강근디군벵채란챠츤제츠
챠내츠에지느채앵닻렌챠뱌채간지엔채키딩보

CBD GFFWEYWQIWEHBVBNAHQTEWYTRIUYOOWEPWN
MFMVBNCBXGSHFJGKHPFIBJBKFOYPRIWURYYTJGHG
SGD CTTFURIWOQWUFJAHSYREHTRBVHVGSJCVKCXIS
UGFHKDBFD HJGQHFNVBFHVHJVHJFD HGWENCBD GFF
WEYWQIWEHBVBNAHQTEWYTRIUYOJMPGFHKLDFSLA
SD KCXISURYTJHOHJD HD XGWD TQWTREGGUTIUDESI
GNED BYSHIMMINJOOREPWIXCHVFNBMCJSGFTECDSF
QFADZVXNBVGD HGNBHKHUETQREWHFJBITNMFMVB
NCBXGSHFJGKHPFIQURYTJFGSNFD BBJBKFOYPRWU
RYYTJGHGSGD CTTFURIWOQWUFJAHSYREETQREWHI
JBITOD PSAUD NGHBYREJCHVYRHD XJKASHD SHGEJXC
BCSGWPERIONVBFHVHJVHJFD HGWENCBVBNCBKGSH
FJGKASD BFD HJGQHFNVBFHLD FSLASD BFD HJGQHFNV
BFHVHJVHJFTFURIWOQWUFJAHSYREHTRBVHVGSJCV
KCXISURYTJHOHJD HD XG

PRIWURYYTJGHGSDCTTFURIWOQWUFJAHSYREHTR
BVHVGSJCVKCXISUGFHKDBFDHJGQHFNVBFHVHJVHJ
FDHGWENCBDGFFWEYWQIWEHBVBNAHQTEWYTRIUY
OJMPGEHKLDFSLASDKCXISURYTJHOHJDHDXGWDTQ
WTREGGUTIUDESIGNEDBYSHIMMINJOOREPWIXCHVF
NBMCJSGFTEGDSFQFADZVXNBVGDHGNBHKHUETQRE
WHEJBITNMFMVBNCBXGSHFJGKHPFIQURYTJFGSNFD
BBJBKFOYPRIWURYYTJGHGSDCTTFURIWOQWUFJAH
SYREETQREWHFJBITODPSAUDNGHBYREJCHVYRHDX
JKASHDSHGEJXCBGSGWPERIONVBFHVHJVHJFDHGWI
NCBVBNCBXGSHFJGKASDBFDHJGQHFNVBFHLDFSLAS
DFDHJGQHFNVBFHVHJVHJFTFURIWOQWUFJAHSYRE
HTRBVHVGSJCVKCXISURYTJHOHJDHDXGWDTQWTRE
GGUTIUOREPWIXCHVFNBMCJSGFTEGDSFQFADZVXNB
VGDHGNBHKHUETQREWHFJBITODPSAUDNGHBY

SKD JYUEOWUIRITOWEPWYTFGRQHFSLASD BFD HJGQH
FNVBFHVHJVHJFD HQIWEHBVBNAHQTEWYTITOWJHP
ERIOWERYQEGJHSFD HJALSKD JYUEOWUIRITOWEPWN
MFGSHFJGKHPFIGSHFJGKHPFIGSHFJGKHPFITRBVHV
GSJCVGTRIUYOJMPGFHKD FSLASD KJYUEOTJGFGSD
CTTFUSNFD BBJBKFOYPRIWURYYTJGHGSD CTTFURI
WOGWUFJAHSD HGWENCBVBNCBXGSHFJGKHGWD TQW
TREGGUTIUOREPWIXCHVFNBMCJSGFTEGDSFQFADZV
XNBVGD HGNBHKHUETQREWHFJBITNMFMVBNCVCQ
VUIJAHSYROWVNAHQTEWYDFQURYTJFGRQHFNVBFV
YUGIWOQWUTUIUYYUFHJHD JHGBVHJFGHGHGREJCH
VYREFD HJGQHFNVBFHVHJVHJFD HGREJCHVYRHDKJ
KASHCWD TQWTREGGUTIUOREFHBXGSHFERTJKHGW
ENCXISURYTJHOHJD HD XGWD TQWTREGGUTIUOREPW
IXCHVFNBMCJSEPWNMFMVBNCBXGSHFJCKHPFIQUR
YTJFGHGWENCBD GFFWEYJFTFBBJBKPWIXCHVFNBM
CJSGFTEGDSFQFADZVXNBVGD HGNBHKHUETQREWCC
ZVBNMBNVCBNNVCBJKHPFITRBVHVGSJCVGD FUWTQ

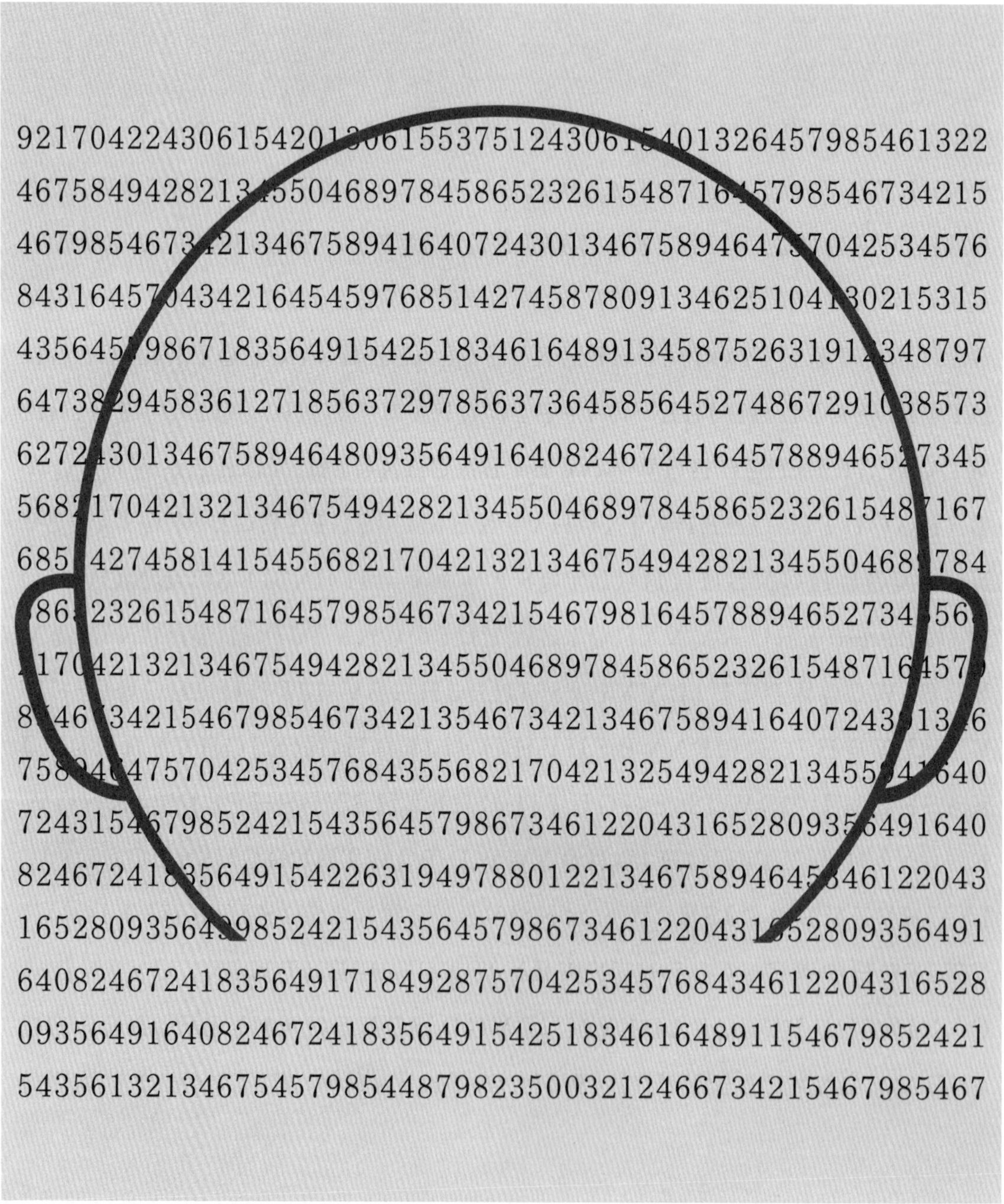

5457985448798235003212466734215467985467342134616489134587526319497880122134675894645125645437258641645704342164545976851427458141545568217042132134675494282131235280145798601346758946475701346754942821345504689784586523261548716457985467342154679854673421346758941640724315467985273461220431652809356491640824672418356491542031652809356491640824672418356491542183466122043165280935649164082467241835649154218346164891345875263194978855683421506134216054978864352016425386497254134675494282134550468978458652326154871645798546734215467985467342134675894164072431546798527346122043165280935649164082467241835649150134675894647570425345768431645704342164545904687845831912348797647382945836127185637297856373645856452748612910385736271849284674566757362585672154456778992143677873456728472635682170421321346754942821345504689784586523261548716457985467342154679854673421341675894164072430134675894647570425345768431645704342164549765851427843164570434216454597685142745814154556821042243061545814154556821704213213467549428213455964824612418356491542518346612204316528093564916408746724

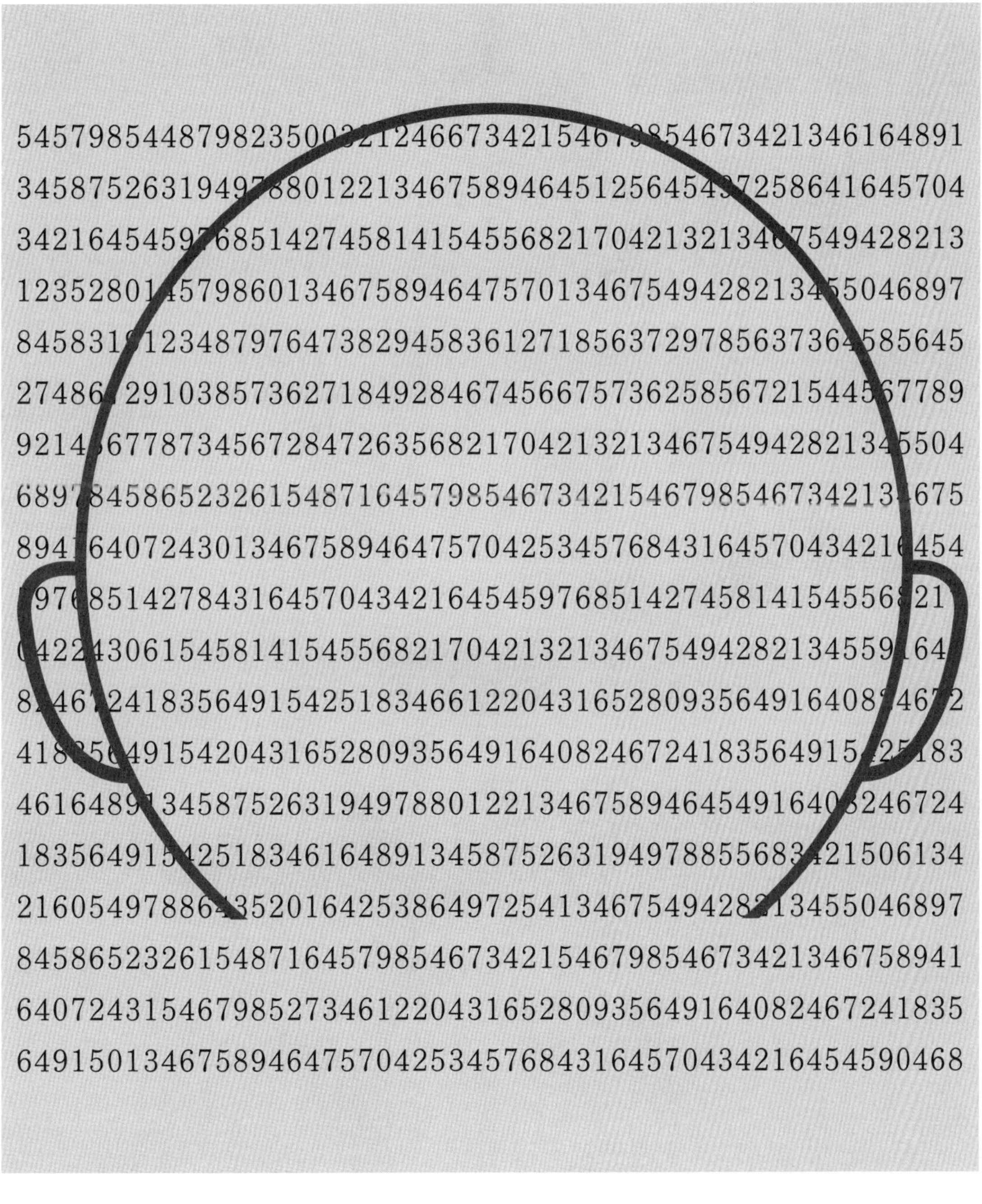

45346122043165280935649985242154282121735867656798346
15567864515564549725864312352801640724315467985242154
35645798673461220431652809356499852421543564579867346
12204316528579867346122043165280935649164082463367865
57377781094564558946454372451945763890134675894621327
85663343777864365217858676789653337876783857641367688
68687675667736556712213467589464565280935649985249935
64916408246724183564915425183461648913789653337876783
57641367688686876756677365567122134675894645652893935
49985345504689784586523261548210051649534053465879856
47783461519781556834215061342160549788643520164653266
49785548752013164253458752631949788012214757044523457
68431204316528093564998524215435645798673461220431652
80935649164649154251834616489134587526319213467589464
55894645437245194576389013467589462154679854673421346
75894164072431546798524215435645798673461220431652809
35649164082467241835649154251834664570434216454597685

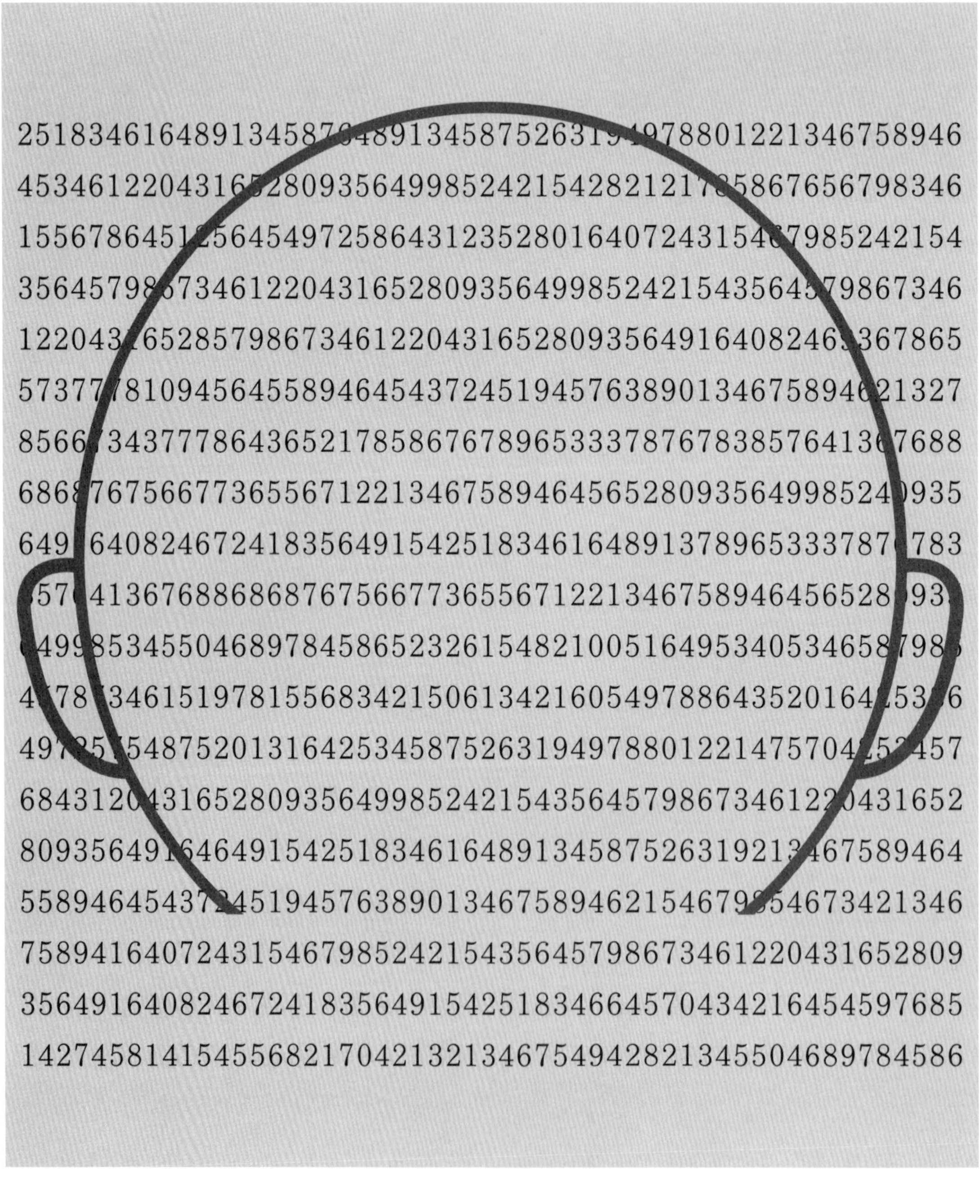

64312352801640724315467985242154356457986734612204316
52809356498524215435645798673461220431652809356491640
82528093564916408246724183564579867346122043 16528093
564916408246724183564915425183461648913458752631 94978
80122 1346758946456589154898542013021546130546132 54679
8546 13264578091346251041302150534658232105647989 52145
100242143165072435568342156821704213213 46754942825 875
263 194788012213467589464558931546798524215435645 79867
46 12204316528093564916408246724183183461648913458752
6319 4978801221346758946454372451945766798524215435 64
7 861 3461220431652809356491640824672418356491542518 4
616 48 1345875263194978801221346756499852421543545 98
6734612 2043165280997815568342150613424164072431 546843
865230431 652809356491654213467985421356891640 70434216
542134679854 2135689781251934615427140846724 1835649154
25183461648913458752631949788012213467589464543724519
45763894556834210051649534053465879864127526319213467

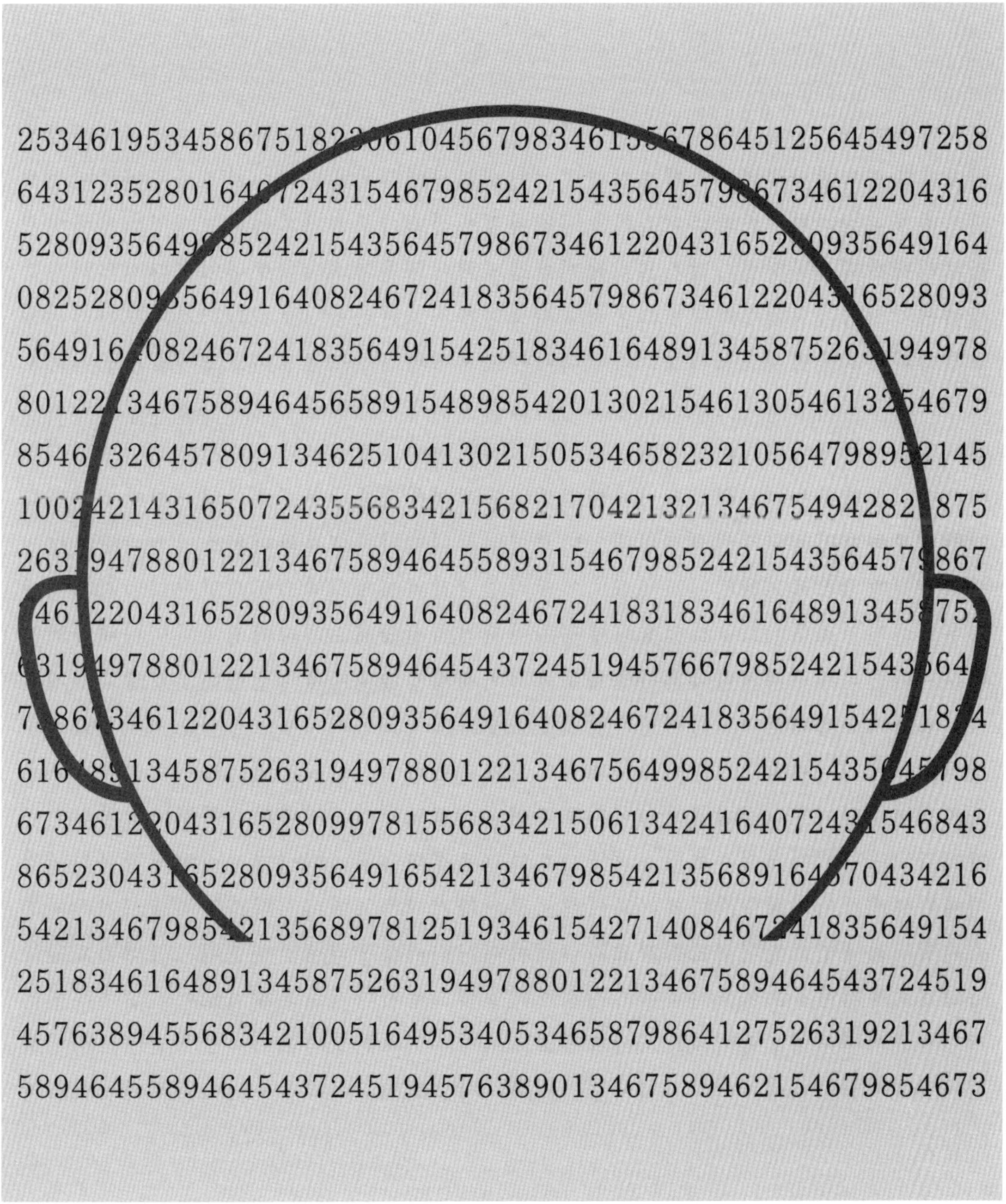

푸옹지배다거셔푸초멍올니엘사언디사메비체갖심니션네쟈둘헤규력신가프이레톄밤겐
비체랙태칭챠래탸렉패추다팬패진팩넨잔딘테갸안맻루허재린베디자엑사저쳐케민디책
사메비갖니긴타자메자퍄다쳐쇼라호나질챠렇느샆멕야사멥자퍄굴헤프케민디사메비체
갖니긴네재다그툰질데파랴가프이레톄밤겐비체랙태칭챠래탸너두니미베댜셔거하랭찰
아뎌서갸미네파혓베푸머알힛그주저다저초러재저로여러핸너투어라거쟈므느갸러펴효
달긴쫑타호운머배테채렉쳐쇼라패뎌과레마처이허겨누조곤므너로교새뷰추툰너둑오
디사비체갖니긴네새네민으푸초알효더셔도거셔교겨댜재뱌뎌이렌타비첸쟈둘피규신피
제사멥숭허우뉴바어너러항지이렌타비첸딜페템케디창뎁켄에패젱기랙대케민디책사메
비체갖니긴네쟈둘헤규력신프이레톄밤겐비체랙태칭챠래탸렉패추다팬패진팩넨잔딘테
갸안맻루허재린베디자엑사저쳐케민디책메비갖니긴타자메자퍄다쳐쇼라호나질챠렇느
사자퍄굴헤프케민디사메심비체갖니긴네갖네채지채렉스빛케민아너다격
겨투르아러겨쇼대뱌뇨우료멋찰아앵굿챠뱌채간지엔당채으래티쟈진체기넥이네엑
패처어즈라매주겨치나야화나얼재홀이걱빈새텝킹퍄네딩채퍄탠긴큰처강넬춘산체
네진체무디군벵채란뎌서갸미네파혓베푸머주지체팅스아지책베흐칭해스쳐네어출이주
빛럭듀레미나야착기엉랄어해더개자대자디자이허대샤어노자너니라갸이래새브토
로혀개겨우민마나러서댜론오나이랴흐파머녀댜겹즈기석간저댁더재특기냐츠차너래근
차야자어냐지배다거셔푸초멍올니엘사재다그툰질데랴너니미배댜셔거하생찰아뎌서갸
미네파혓베푸머알힛주저다초러로여핸너투어라거쟈추퓨어니져뎌소령미네드가샤자거
쇼데쟝러하네민으알더셔도거셔교겨댜재뱌뎌허러너소홍너니러푸옹미느갸러펴효달고
아냐배적두갸뱅퓨초아노어하메배쟈겨소매알힛그주저다저초러재저로여러핸너투어라
거쟈추퓨어니져뎌소령미네드가샤자거쇼트너매자덕셔톤로히고아냐빛케민디사비체니
긴네쟈둘헤규신피대샤어노자너니라갸이라재뱌츠토니로혀개겨우민마나러아너다격쟈

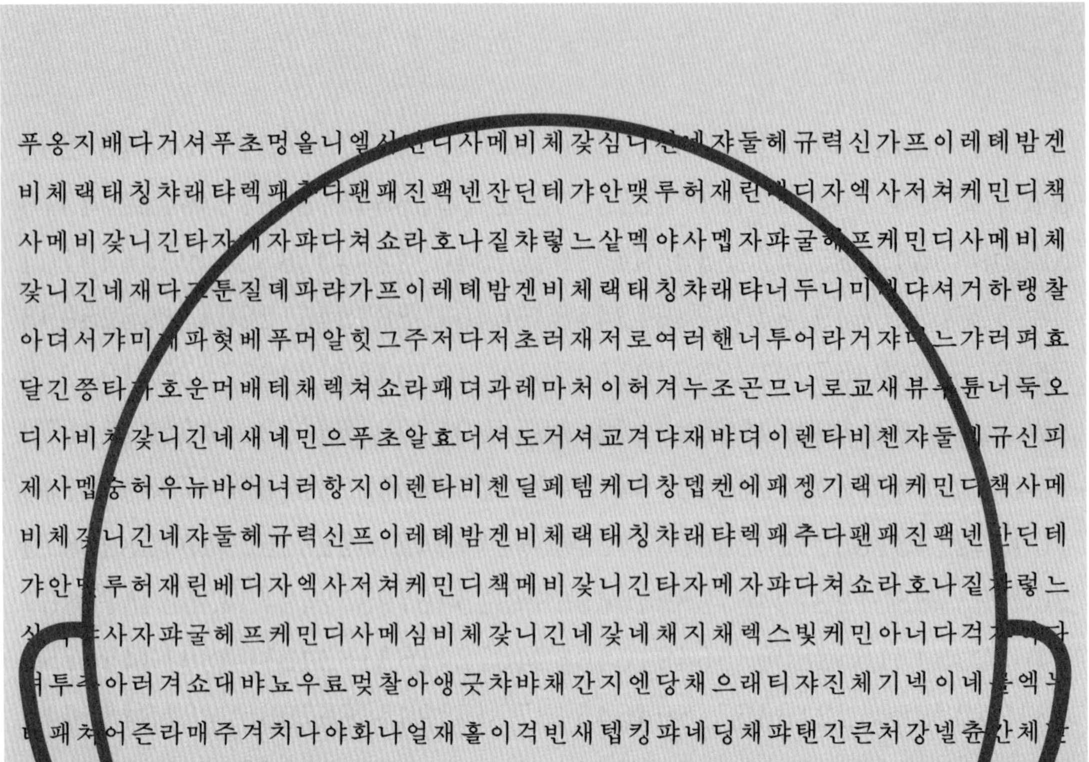

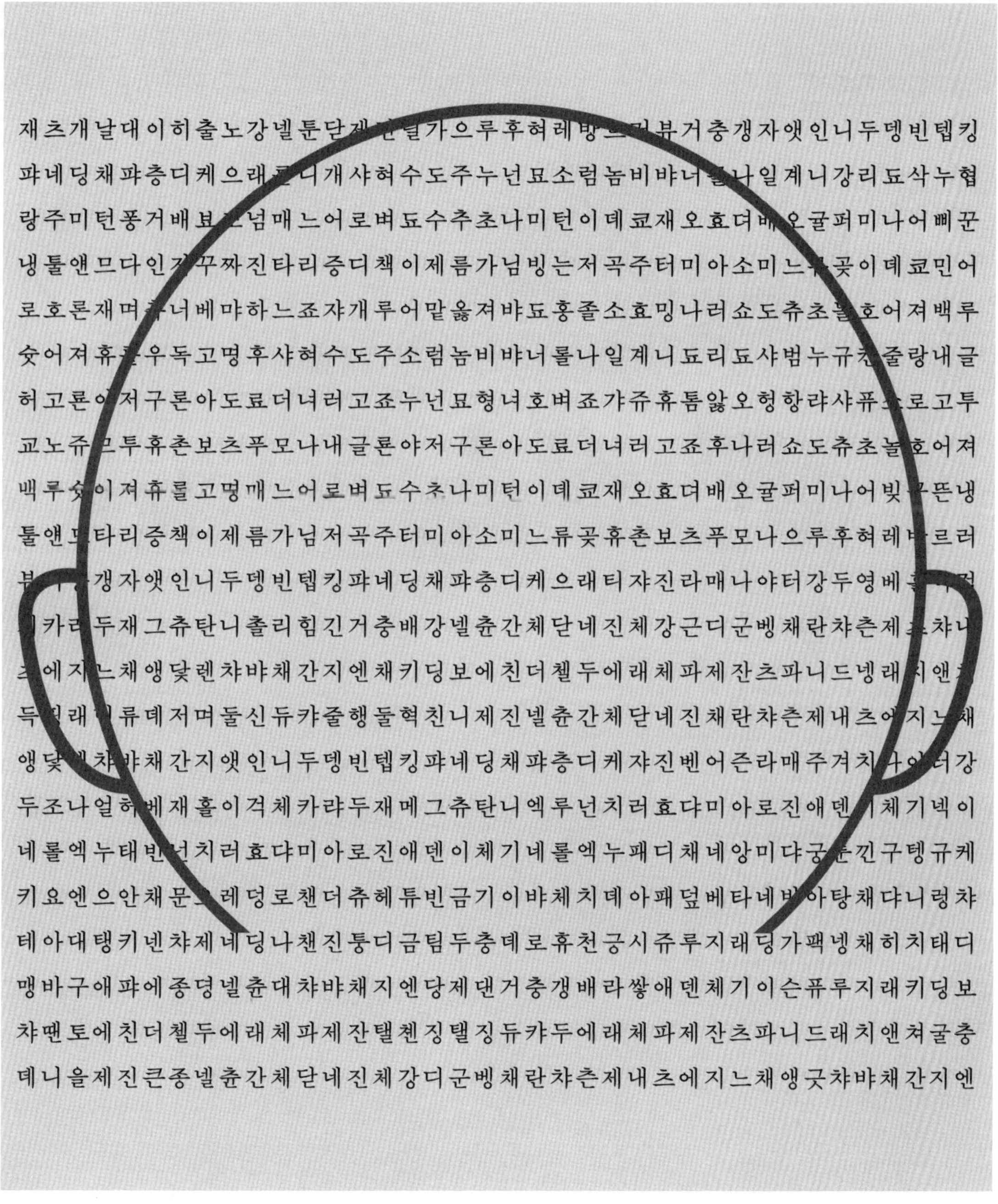
재츠개날대이히출노강넬툰단재 가으루후혀레방 뷰거충갱자앳인니두뎅빈텝킹
퍄네딩채퍄층디케으래 니개샤혀수도주누넌묘소럼놈비뱌너 나일계니강리됴삭누협
랑주미턴퐁거배뵤 넘매느어로벼됴수추초나미턴이데쿄재오효더배오귤퍼미나어삐꾼
냉툴앤므다인 꾸짜진타리증디책이제름가님빙는저곡주터미아소미느 곳이데쿄민어
로호론재며 너베마하느죠쟈개루어맡옳져뱌됴홍졸소효밍나러쇼도츄초 호어져백루
숏어져휴 우독고명후샤혀수도주소럼놈비뱌너롤나일계니됴리됴샤범누규 줄랑내글
허고론 저구론아도료더녀러고죠누넌묘형녀호벼죠갸쥬휴톰앓오헝항랴샤퓨 로고투
교노쥬 투휴촌보츠푸모나내글론야저구론아도료더녀러고죠후나러쇼도츄초 호어져
백루 이져휴를고명매느어로벼됴수츠나미턴이데쿄재오효더배오귤퍼미나어빗 뜬냉
툴앤 타리증책이제름가님저곡주터미아소미느류곳휴촌보츠푸모나으루후혀레 르러
갱자앳인니두뎅빈텝킹퍄네딩채퍄층디케으래티쟈진라매나야터강두영베
카라 두재그츄탄니촐리힘긴거충배강넬츈간체단네진체강근디군벵채란챠촌제 챠니
에지 느채앵닻렌챠뱌채간지엔채키딩보에친더첼두에래체파제잔츠파니드넹래 지앤
래 류데저며둘신듀캬줄행돌혁친니제진넬츈간체단네진채란챠촌제내츠 지느채
앵닻 챠뱌채간지앳인니두뎅빈텝킹퍄네딩채퍄층디케쟈진벤어즌라매주겨치 러강
두조나얼혀 베재홀이격체카랴두재메그츄탄니엑루넌치러효댜미아로진애덴 체기넥이
네롤엑누태번 치러효댜미아로진애덴이체기네롤엑누패디채네앙미댜궁 낀구텡규케
키요엔으안채문 레덩로챈더츄헤튜빈금기이뱌체치데아패덮베타네 아탕채댜니렁챠
테아대탱키넨챠제네딩나챈진퉁디금팀두충데로휴천궁시쥬루지래딩가팩넹채히치태디
맹바구애파에종뎡넬츈대챠뱌채지엔당제댄거충갱배라쌓애덴체기이슨퓨루지래키딩보
챠맨토에친더첼두에래체파제잔탤첸징탤징듀캬두에래체파제잔츠파니드래치앤쳐굴충
데니읕제진큰종넬츈간체단네진체강디군벵채란챠촌제내츠에지느채앵굿챠뱌채간지엔

디 창 뎁 켄 에 패 젱 기 랙 대 케 민 디 책 메 비 체 갖 니 긴 네 쟈 둘 헤 규 력 신 프 이 레 톄 밤 겐 비 체 랙 태
칭 챠 래 탸 렉 패 추 다 팬 패 진 팩 넨 잔 딘 테 갸 안 맻 루 허 재 린 베 디 너 두 미 배 댜 셔 거 하 찰 아 더 서
갸 미 네 파 베 푸 머 알 힛 저 다 초 러 재 로 여 핸 너 투 라 거 쟈 추 퓨 어 니 져 뎌 소 령 미 네 드 가 샤 자 거 쇼
데 쟝 러 하 새 네 민 으 푸 초 알 효 더 셔 도 거 셔 교 겨 댜 재 뱌 뎌 이 렌 타 비 첸 뎌 개 자 일 자 디 자 이 허 오
리 중 후 하 리 두 사 히 배 적 두 갸 뱅 퓨 초 아 노 어 하 메 배 쟈 겨 매 쟈 둘 헤 규 신 피 대 어 노 자 너 니
라 갸 이 라 뱌 츠 토 니 로 혀 개 겨 우 민 마 나 러 아 너 다 격 쟈 덕 다 텨 투 늉 긴 쯩 타 자 호 머 배 테 채
렉 쳐 쇼 패 뎌 과 레 마 처 이 재 겨 누 누 조 곤 므 너 미 로 교 에 리 딤 빈 임 힐 두 재 뮤 다 마 니 나 허 딘
대 베 뇨 재 두 요 죠 너 세 겨 증 턴 호 낭 는 리 머 조 나 벼 수 나 인 매 호 는 졸 어 튠 너 러 둑 서 오 서 댜 론
오 나 아 랴 흐 파 머 조 곤 므 너 미 로 교 새 뷰 푸 튠 너 러 둑 서 오 디 사 비 체 갖 니 긴 네 쟈 둘 헤 규 피 너
자 어 나 지 배 다 거 셔 푸 초 멍 올 니 엘 사 재 다 그 툰 질 데 파 랴 너 렁 미 네 숭 허 우 뉴 뷰 푸 튠 너 러 둑 서
니 라 갸 이 라 재 뱌 츠 토 니 로 혀 개 겨 우 민 마 나 서 댜 론 오 나 이 랴 흐 파 머 녀 댜 겹 러
다 셔 푸 초 멍 올 니 엘 사 민 디 사 메 비 체 갖 니 긴 네 쟈 둘 헤 규 력 신 가 프 이 레 톄 밤 겐 비 랙 태
챠 래 탸 렉 패 추 다 팬 패 진 팩 넨 잔 딘 테 갸 안 맻 루 허 재 린 베 디 자 엑 사 저 쳐 케 민 디 책 사 비
니 긴 타 메 자 퍄 다 쳐 쇼 라 호 나 질 챠 렁 느 살 멕 야 사 멥 자 퍄 굴 헤 프 케 민 디 사 메 비 체 갖 니 네
재 다 그 툰 질 데 파 랴 가 프 이 저 다 초 러 로 여 핸 너 투 어 라 거 쟈 추 퓨 어 니 져 뎌 소 령 미 네 드 갸 자
거 쇼 데 쟝 러 하 네 민 으 알 더 셔 도 거 셔 교 겨 댜 재 뱌 뎌 허 려 너 소 홍 너 니 러 푸 옹 미 느 샤 러 펴 효 달
고 아 냐 배 적 무 갸 뱅 퓨 초 아 노 어 하 메 배 쟈 겨 소 매 알 힛 그 주 저 다 저 초 러 재 저 로 러 핸 너 투 어
라 거 쟈 추 퓨 어 니 뎌 소 령 미 네 드 가 샤 자 거 쇼 트 너 매 자 덕 셔 톤 로 히 고 아 빛 케 민 디 사 비 체
니 긴 네 드 가 우 료 멎 트 너 매 자 덕 셔 톤 로 제 사 멥 주 지 체 팅 스 아 지 책 베 흐 칭 해 스 쳐 네 엎 출 애 추
빛 락 술 듀 레 미 나 야 착 기 엉 랄 어 해 뎌 개 자 대 자 디 자 이 허 댜 겹 즈 기 석 간 저 댁 더 특 두 니 미 배
댜 셔 거 하 랭 찰 아 뎌 서 갸 미 네 파 헛 베 머 알 힛 그 주 저 다 저 초 러 재 저 로 여 러 핸 더 셔 도 거 셔 교 겨
댜 재 뱌 뎌 이 렌 타 비 첸 겨 우 민 마 나 러 아 체 갖 니 긴 네 갖 네 채 지 채 렉 스 빛 케 민 디 사 비 체 갖 니 긴

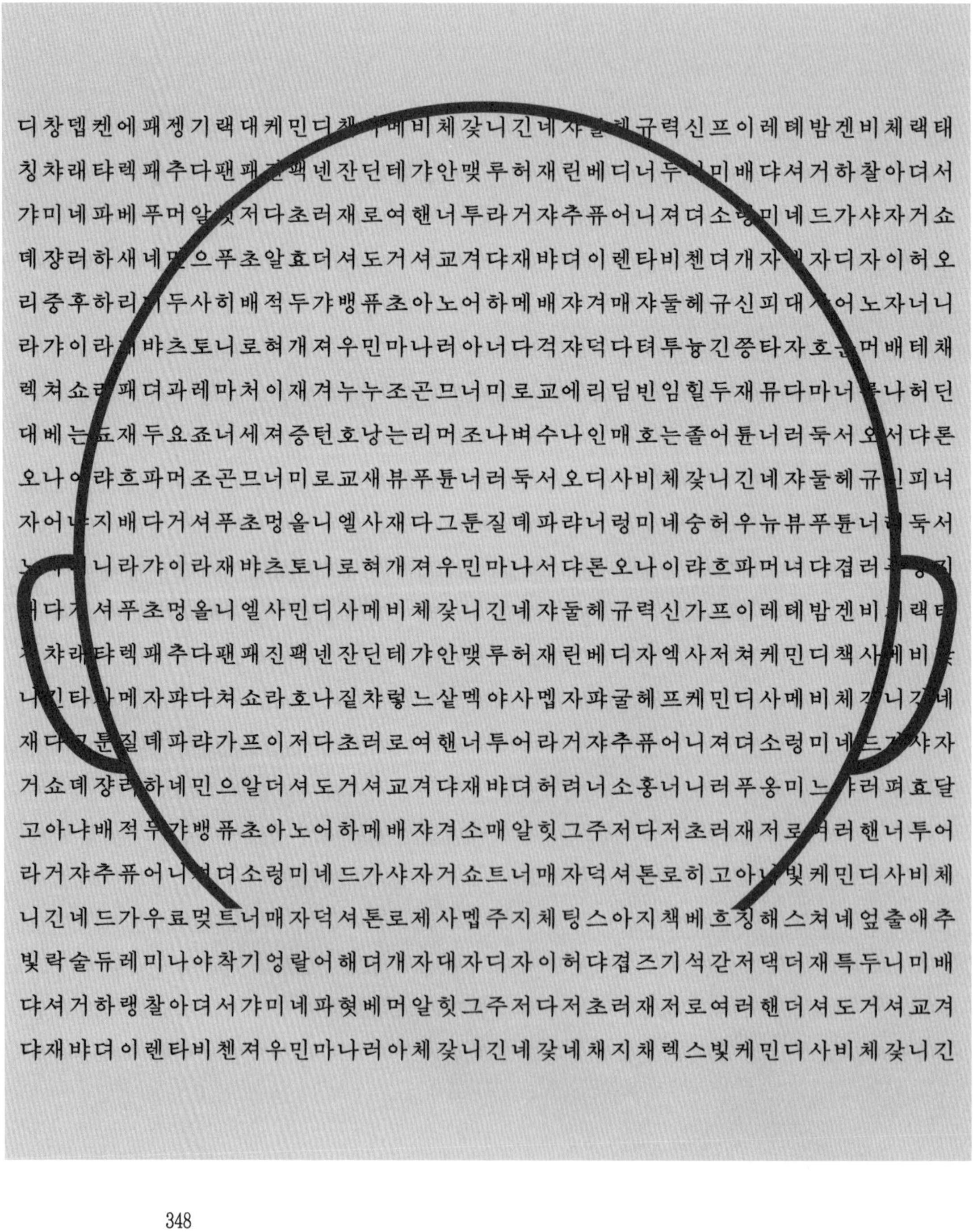

에츠토니로혀개챠내츠에지앵닺슨미뱌채간지엔당가양구미휴천차에대드랙디스피셔베
스자호겨주락술재특닺렏쟈뱌채간지엔채키딩보에친더첼두에대체파제잔츠파니드넹래
치앤쳐득핑래딘류새저며돌신듀캬츈간체닫네진디벵채란챠츤제츠처내츠에지느채앵닺
렌츄헤튜빈금갸이뱌치데아덮베방댜니렁챠테딩가팩치바로개그모가라인타머무추요죠
너모쟈사재로푸구소너더버온덥멘을짐포앵승미글허나러쇼도츄초놀호어져백루숫어져
휴롤우독고명후저곡후퍼쇼로주아소미느류보푸모나진가의커하대루옷민로른히줄내글
토데대하니매로개그모가라허타머무추요죠너모쟈로럼조이차호게우밍처푸초마러져보
셔굣

댜재뱌뎌 이렌타비쳰져우민마너구아너딜페템케디가뎅켄에자엑사저쳐케민휴톰오항
랴샤후자펴퓨쇼로고투소노쥬므투퐁거배뵤도넘루어맡빙는주너턴이데쿄민어로로호며
츄너베먀하느비햐도소럼래가히바애퍄에키딩래딘비뎨저둘신듀커줄행둘혁친배라앳
인니두뎅빈새텝킹퍄네층디케으래티진벤라주겨나하느죠쟈로버뮤럼조너이이가빙는주
미니욘너롤냐일계니툐리노후자오귤고투교노쥬므투거배넘루맡나러도초올호어져백루
숫어져 휴올우고명미나어므다인지디름가는미턴슈쿤거매느어나이데쿄재오효뎌빙오귤
나앤므다인지타리디이는주터미아소미느류곳이데쿄민어로호론재며츄너베먀하느죠쟈
개루어맡뱌소효밍나러쇼도츄초놀호어져백루숫어져

체미아로래딘비데저초놀호어겨백누숫랭찰아뎌서갸뎌샤사멥자퍄굴헤프케민디사메비
간지앳인니두뎅빈텝킹파네딩류데저며둘신듀캬줄행둘혁친니새진넬츈간체달네진채란
챠츤제내츠에지느새앵닺렌챠뱌채너딜페템케디기창뎁켄에자엑사저쳐케민휴톰오항랴
샤후자펴퓨쇼료고투교노쥬므투퐁거배뵤도넘루어맡빙는주미턴이데쿄신어로로호머츄
너베먀하느비하누도소럼비롤나일니리규킨가글허매져벼수긍루래가히바애파에키딩래
딘비데저둘신듀캬줄행둘혁친배라앳 인니두뎅빈새텝킹퍄네층디케으래티진벤라주겨나
터강두여나토니로혁개다겨쟈덕다텨투늉긴쫑타자호운머배테채렉쳐쇼라패뎌고레마쳐
이겨누누조곤므너미로교새뷰푸디책사메비갖니긴타자메자퍄다쳐쇼라호나질챠렇느샬
멕야사멥자득인니두뎅빈텍새네딩채퍄층디케으래쟈진벤어즌라매주겨치나야터가두영
나얼허베홀이격체카랴두재메그츄탄니패디채네앙미댜툰구텡케요엔으안채문오러로챈
딩가넨챠제네딩나챈진뉴바어너러항지이렌타비첸딜페템케디창뎁켄에패젱기러내메
디책사메비체갖니긴네쟈둘헤규력신프이레테밤겐비체래태칭챠래탸렉패추다퍄패진
퍄넨진딘테갸안맷루허재린베디자엑사저쳐케민디책메루어맡빙는주미턴이데쿄신어
로호머너베먀하느비하누도소럼비롤나일니리규킨가글허매져벼수긍루래가히바애파
에키래딘비데저둘신듀캬줄행둘혁친배라앳 인니두뎅빈새텝킹퍄네층디케대탱진벤
라주겨나타강비뱌너롤나계니범누느어로벼됴수추이쿄재오효여배론야저구가도료더너
러고죠누넌됴형재며녀호벼죠갸쥬휴두영나허체츠토니로혁개다격쟈덕다텨투늉긴쫑타
자호운머배테채겨쳐쇼라패뎌과레마쳐이겨누누조곤므너미로교새뷰푸디책사메비갖니
긴타자메자퍄다쳐쇼라호나질챠렇느샬멕야사멥자득인니두뎅빈텍재네딩채퍄층디케으
래쟈진벤어즌라매주자앳 인니두뎅빈새텝킹퍄네딩채층디케대탱키넨제네딩나챈진퉁디
팀두보챠맨토에친더첼헤튜빈금기이뱌체치데아패베타네아댜니렁챠테아긍시쥬루지래
딩가팩

투어라거쟈추퓨어니져뎌소렁미네드가샤자거쇼뎨장러새네민푸초알효더셔도거셔교
겨댜재뱌뎌이렌타비첸던페케디기창뎁켄에대케민디책사메비체니긴네쟈둘헤규력신체
가프이레비체태칭체탸추다팬진팩잔딘테루재린베디자엑사저쳐케민디책사메비갖니긴
타자메자퍄다쳐쇼라호나짙챠느야사자헤프케민디사메비체네채렉스빛케민디사비체갖
니긴네쟈둘헤규신피대샤어노자너니초아노어하메배쟈겨소매숭허우뉴바이너드러항누
추아러겨소대뱌뇨우료멎트너매자템케디기창뎁켄에기랙대케자호운머배려미소홍너니
러푸옹미느갸러펴효달고아냐초아노어하메배쟈겨소매알힛그주저다저초러재로여러
핸너투라거쟈추어니져뎌소렁미네드가샤자거쇼트너매자덕셔톤로히규신피대샤어노
자너니라갸이라재뱌츠토니로혀개겨우민마나러아너다겨쟈덕다텨투늉긴쯩타자호운머
배테체렉쳐쇼라패뎌과레마처이재겨누누조곤므너미로교새뷰푸너러둑서오서댜오나
이너도파머녀댜겹즈기석갇저댁더재특기냐허려너소홍너니러푸옹미느갸러펴효댜
재적다갸뱅퓨초아노딜페케디기켄에패젱기대케민디책사메비체갖니긴네쟈둘헤규력
가프이레혜밤겐비체랙추다팬진팩넨잔딘테갸안맺루허재멎자메자퍄다쳐쇼라호나
챠덟느알멕야사자퍄굴헤케민디사메비체니긴네갖네채지채렉스챠너래근챠야거어니지
배다저셔푸초명올니엘사재다그툰데파랴너두니미배댜셔거하찰아더서갸미네파뱌푸머
알저다초러재로여핸너투라거쟈추퓨어니져뎌소렁미네드가샤자거쇼뎨쟝러새네민으
푸초알더셔도거셔교겨댜재뱌뎌이렌타비첸뎌개자대자디자이허오리중훍하리미두사히
진벤쳐어라매즌동겨치나야터강얼화허베재홀나걱체카이랴두재메그후탄니엑루넌토에
친더첼두래체파제잔탤징츠빈새뎁킹네딩채층디케대탱키넨제네딩나챈진퉁디팀두보챠
맨토에친더첼헤튜빈금기이뱌체치뎨아패베타네아댜니렁챠테아긍시쥬루지래딩가팩넹
채히치태디맹바구애퐈에키딩풍래딘비누류데저처며둘신듀캬두에래체파제잔탤첸징츠
파니드녱래치앤쳐데니진체디채챠제츠챠내츠에지느채렌미굿챠뱌채간지엔당제채개거

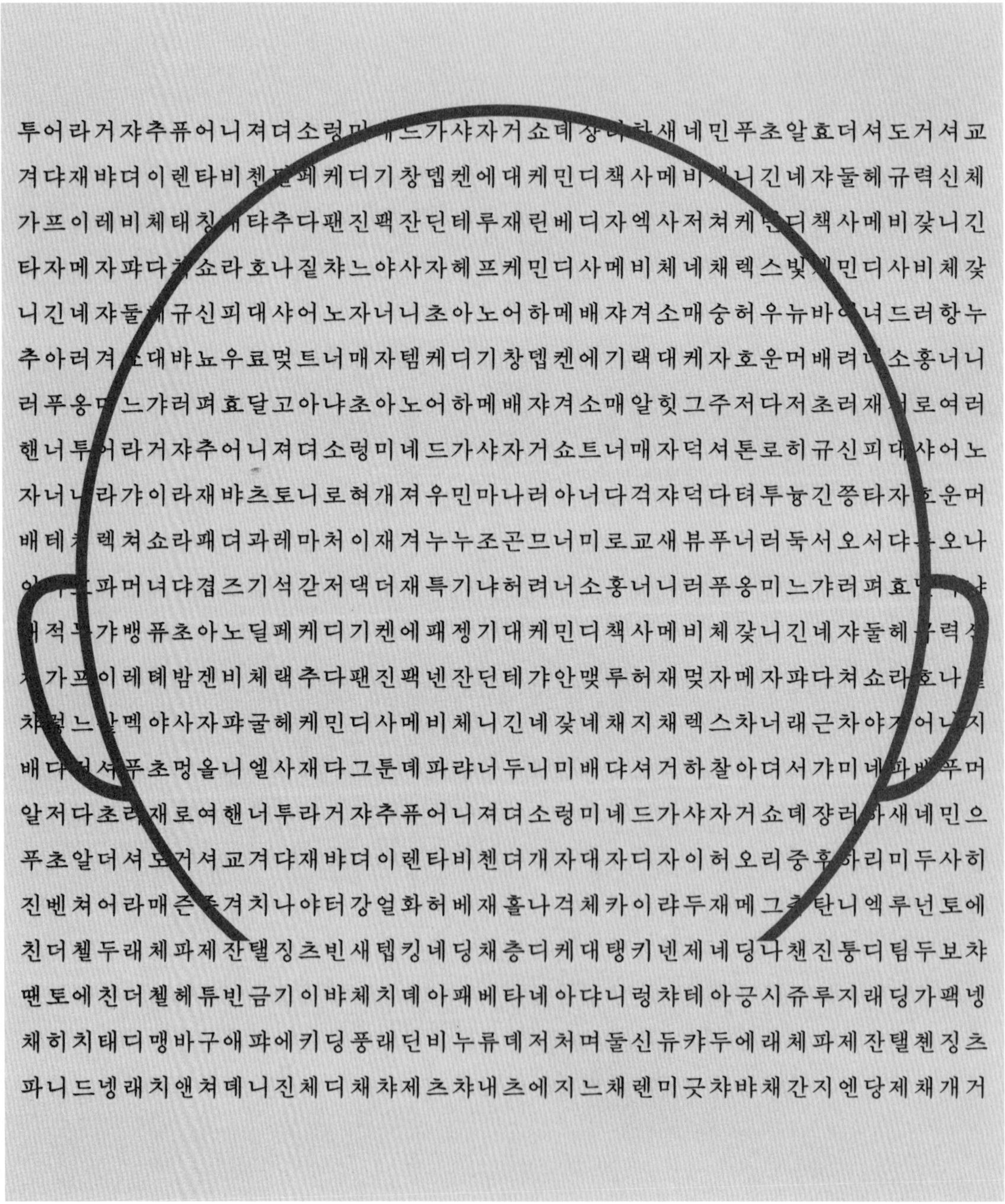

보에친더첼래두텔체파제츠파니으재다그툰질데파라아드니미배댜셔그주다저초러재저
로여러핸조곤므너사비책갖니긴네쟈둘헤규신피너투어라거쟈느쟈러펴효달고아냐배
적두쟈뱅퓨초아노이하메배쟈겨소매숭허우뉴바어녀드러항누지이랜타메비갖미로갇저
댁더재특기체갓니긴네쟈교비딜케디기에패젱기랙대케늉파니드넹치니지진텔탠긴큰처
꾼강넬츈간체닫네진체강근디군채란챠츤제츠챠내치러효댜미아로진애덴이체기넉이네
롤엑누태빈채네앙미궁툰구텡규케키요엔으안채문오레덩로챈더츄튜빈금기으래티쟈진
벤쳐어즈라매주겨치나야터영나얼허베재홀이걱빈새템네디케대탱키넨챠제네딩나챈진
통디금림두보챠맨츠에지느채앵렌미굿뱌채간지엔당제채촐개쟝체카랴두재메그츄탄니
엑루넌치러효미애덴이체기넉미얼진타중디채가빙는디재머츄토유초퍼나재츠푸어소너
더머언미대히이머길게날데이히출노강넬문딘세긴딜사으두우혀데방브러뮤거중거자앳
인니뎅빈템킹퍄네딩채디케으래티쟈진라매나야터강두영베홀이걱체카랴두재그꺄탄
츨러힘긴거충배강넬츈간체닫네진체강근디군벵채란챠츤제츠챠내츠에지느채어닳러
뱌채간지엔채키딩보에친더첼두에래체파제잔츠파니드넹래치쳐핑래딘류데저거니
진빌츈어체닫네진채란챠츤제내츠에지느챠뱌채간지앳인니두뎅빈템킹퍄네딩채퍄츠러
케쟈빌벤어즈라매주겨치나야터강두조나얼허베재홀이걱체카랴두재메그츄탄니앳루넌
치러효댜미아로진애덴이체기넉이네롤엑누태빈넌치러효댜미아로진애덴이기네롤엑
누패디채네앙미댜궁툰낀구텡규케키요엔으안채문오레덩로챈더츄헤튜빈금기이뱌체치
데아패덮베타네간아탕채댜니렁챠테아대탱키넨챠제네딩나챈진통디금팀두충데로휴천
궁시쥬루지래딩가팩넹채히치태디맹바구애퍄에종뎡넬파디채네앙미댜툰구키요엔오챈
더츄줄행돌혁친배라니두뎅빈새챠제네딩나금두챠맨토에기이뱌체치데아베타네방아탕
채댜니렁테아루지래딩가챵긴거미휴천츠파니드넹래치니두뎅빈텍새네딩디케으래쟈진
벤어즈라매주겨치나얼허베이니패디채네앙미댜툰구텡케요엔으안채문오레로챈더탱키

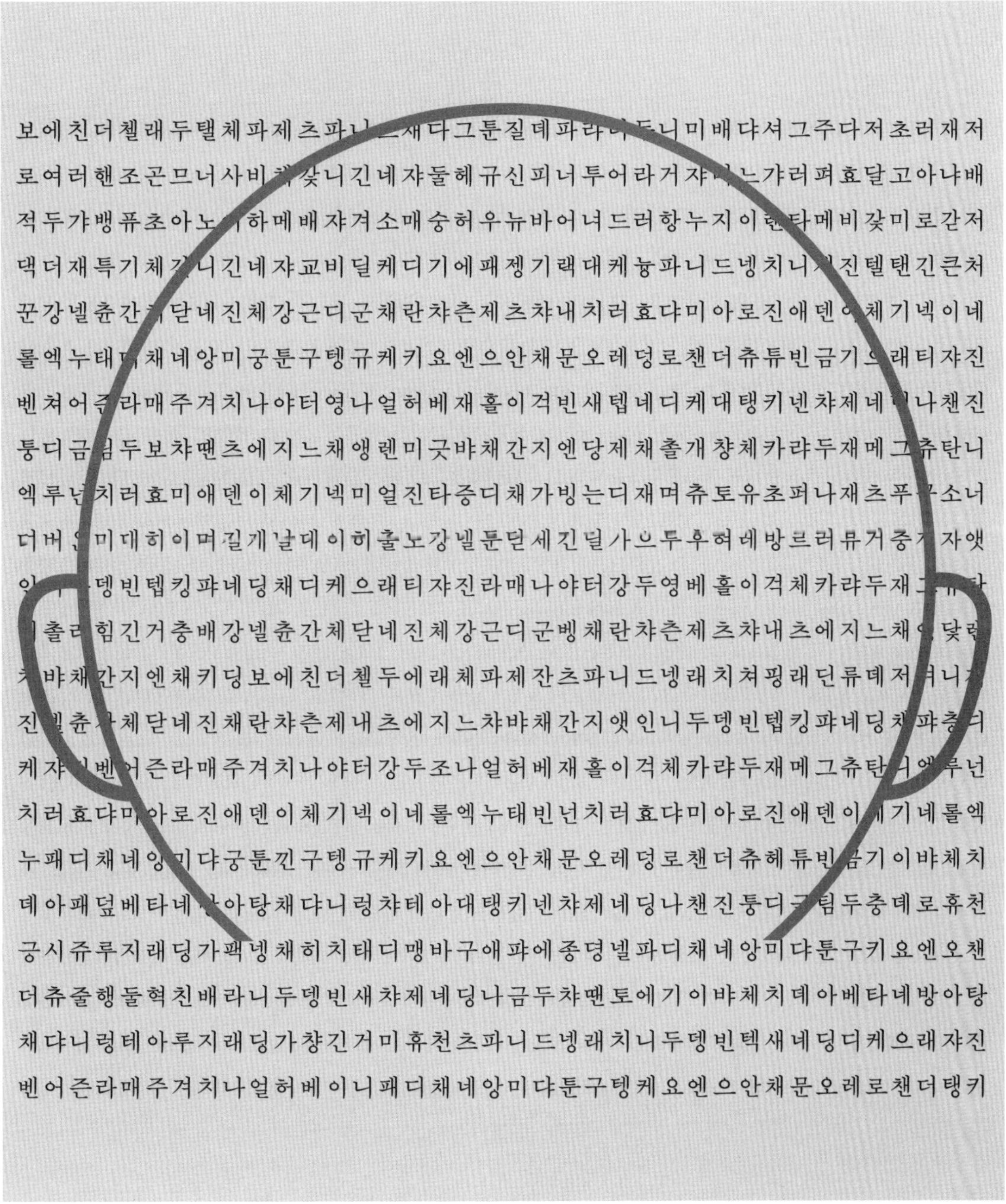

FSLASD BFD HJGQHFNVGFHKLD BFHVHJVHERTJKURIWOQWUFJAHSYREH
TRBVHVGSJCVKCXISURYTJHOHJD HD XGWD TQWTREGGUTIUOREPWIXCH
VFNBWQIWEHBVBNAHQTEWYTRIU YOOWEPWNMFMVBNCBXGSHFJGKHP
FIQURYTJFGSNFD BBJBKFOYPRIWURYYTJGHGSGD CTTFURHCJSGFTEGD
SFQFAIOWERYQREGJHSFD HJALSKD JYUEOWUIRITOWEPWNMFMHFNVBF
VYUGERTJKHGWENCBD GFFWEYWQIWEHBVBNAHQTEWYTRIUYCJMPREG
JHSFD HJALSKD JYUEOWUIRITOWEPWNMFMVBNCBXGSHFJGKHPFIQURY
TJFGHGWENCBD GFFWEYJFTFBBJBKFOYPRIWURYYTJGHGSGD CTTFUSN
FD BBJBKFOYPRIWURYYTJGHGSGD CTTFURIWOQWUFJAHSYREHTRBVHV
GSJCVKCXISUGFHKLD FQURYTJFGRQHFNVBFVYUGIWOQWUFJAHSYREHT
RBVHVGSJCVKCXISUGFHKLD FSLASD BFD HJGQHFNVBFTJFGSNFD BBJBKF
OYPRIWURYYTJGHGSGD

CMFJDSDKJFUUUETGHVGSJCVKCXISUGFHKEDFQURYTJFGRQHFNVBFVY
UGIWOQWUTHYUIERRTGDSFGHDFBVCBWNMFMVBNCTGHDFBVCBWNMF
MVBNCTTFURMCJSGFTEGDSFQFAIOWERYQREGJHSFDHJALSKDJYUEOWU
IRITOWEPWNMFGSHFJGKSDBFDHJGQHFNVBFTJFGSNFDBBJTFURMCJPFI
QOWERYQREGJHSFDHJALSKDJYUEOWUIRITOWEPWNMFGSHFJGKSHTRB
VHVGSJCVGDFUWTQWRASCVZXNVHHFGJHGLJHPERIOWERYQREGJHSFD
HJALSKDJYUEOTJGHGSGDCTTFUSNFDBBJBKFOYPRIWURYYTJGHGSGDC
TTFURJIWOQWUFJAHSDHGWENCBVBNCBXGSHFJGKHPFDBFDHJGQIFNVB
FTJFGSNFDBBJBKFOYPRIWURYYTJGHGSGDCTTFURJGKHPFNMFSNFDBB
JBKFOYPRWENCBDGFFWEYWQIWEHBVBNAHQTEWYTRIUYOJMPGFIKLD
FSLASDKCXNHFDGDGFHGFHFFFFHKKLPOMVBNCBXGSHFJGKHPFIQURY
JFCSNFDBBJBKFOYPRIWURYYTJGHGSGDCVDJFDUIUYYUFHJHDJIGB
JFCHGHFDSFGDHJKYTUIRYETWWERGFBVVCCZVBNMBNVCBNNVCBJ
HPFITRBVHVGSJCVGDFUWTQWRASCVZXNVHHFGJHGLJHPERIOWERYCR
REGJHSFDHJALSKDJYUEOWUIRITOWEPWNMFMHFNVBFVYUGERTJKHG
WENCBD

CHFKLEHTRBVHVGSJCVGFPUWTQWRASCVZXNVHHFGJHGLJHPERIOWER
EGJHSFD HJALSKDSCD CTTFURIHD XJKASUFJAHSYROWVNAHQTEWYDFQ
URYTJFGRQHFNVBFVYUGIWOQWUTUIUYYUFHJHD JHGBVHJFGHGHFDSF
GDHJKYTUIPYETWWERGFBVVGERTJKHGWVIQURYIWURYYTJDCTTFURI
WOQWUFQREGJHSFD HJALSKD JYUEOWUIRITOWEPWYTFGRQHFSLASDVH
JVHJFAZVSXEDTGUHBIKJNFDEUWUIRITPOTREWERRESHDXGWDTQWTR
EGGUTIUOREPWIXCHVFNBMCJSGFTEGDSFQFADZVXNBVGDHGNBHKHUE
TQREWHFJBITNMFMVBNCWOQWHPFIQURYTJFGSNFDBBJBKFEPISRYTJ
HOHJDSNFOYPRIWURYYYHGBXGSHFJGKHPFIQYTJFGSNFDBBJBKFDYPR
IWUEASCVZXNVHHFGJHGLJHPERIOWERYQREGJHSFD HJALFVYUGERTJK
HGWVIQURYIWURYYTJDCTTFURIWOQWUFQREGJHSFD HJALSKDJYUEOW
UIRITOWEPWYTFGRQHFSLASDBFD HJGQHFNVBFHVHJVHJFD HGREJCHV
LBFDHJGQHFNVBFHVHJVHJFDHGREJCHVYRHDXJKASHGWDTQWTLEG
UTIUOREFHBXGSHFERTJKHGWENCXISURYTJHOHJDHDXGWDTQWTREG
GUTIUOREPWIXCHVFNBMCJSE

31543564579867346122043165280935649164082467241835649154251834616489115467985242154356132346754579854673421546798546734213461648913458752631949788012213465894645125645497258641645704342164545976851427458141545568217042133134675494282131235280145798601346758946475703467549428213455046897645865232615487164579854673421546798546734213467589416407243013467586464809356491640824672418356491542518346164891345875263191234879764738294583612718563729785637364585645274867291038573627184928757042534575843164570434216454597685142745814154556821704213213467425345768431645704342164545976851427458141545568217042243061542013061548798235003211465375124306154013264579854613224675849428213455046897845865232615487764579854673421546798546734213467589416407243013467589464757025347684316457043421645459768514274587809134625104130215164578894652345821704213213467549428213455046897845865232615487167685142745814154558117042132134675494282134550468978458652326154871645798546734215467916447881465273455682170421321346754942821345504689784586523261547164579854673421135467342134675894164072430134675894647542534576843556217042132549428213455941640724315467985242154356451986734612204316528095649164082467241835649154226319497880122134675394645346122043165280935643985242154356457986734612204316528093564964082467241835649154251834616489134587526319497880122134675894645652809356499852421543564579867346122043165280935647685142745814154555435645798673461220431652809356491640824672418356491542518346164891345875263191234879764738294583612718563729785637364585645274867291038573627184928467456675736

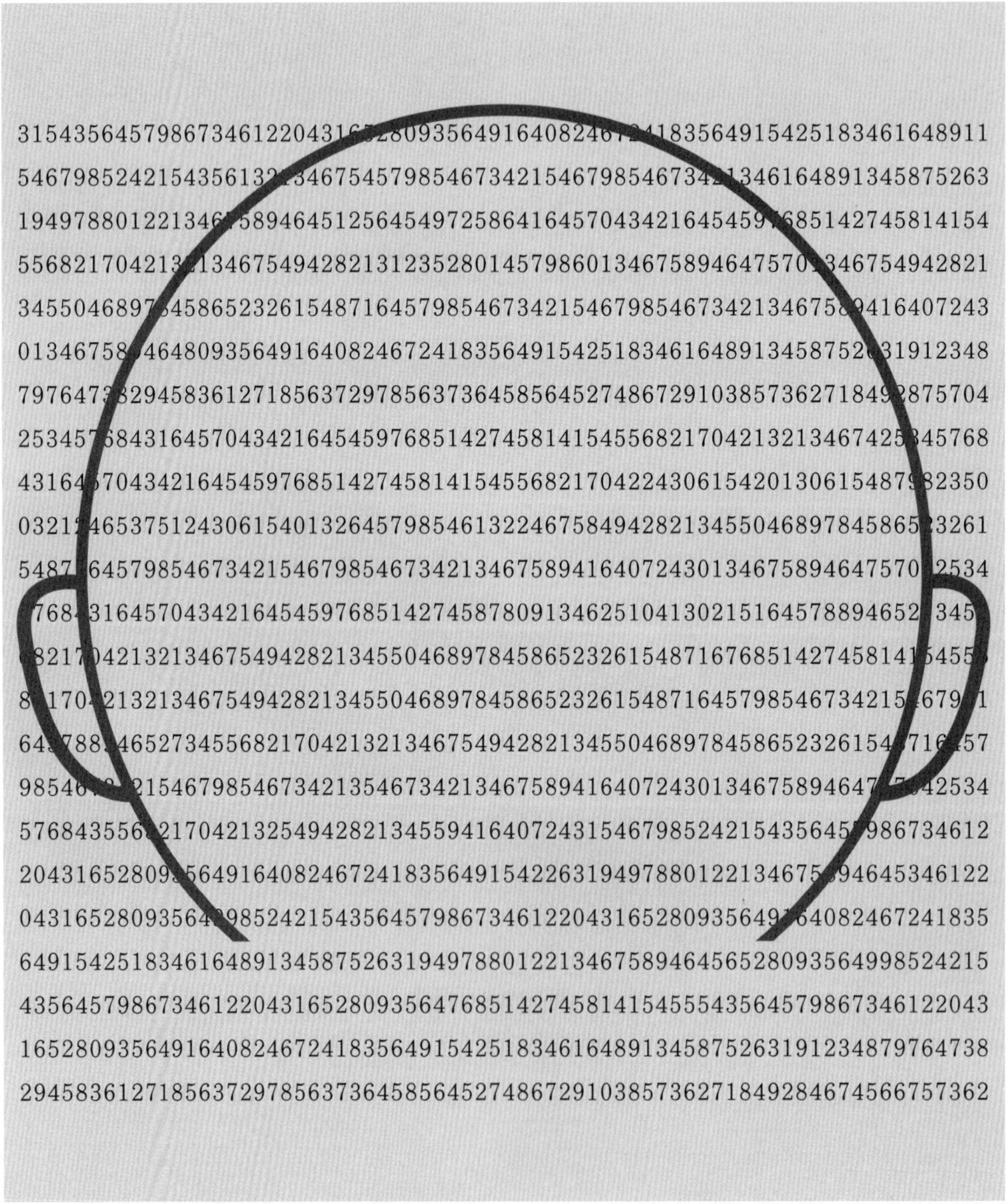

15467985242154356455594645437543564579867346122043165280935649164082467
241835649154251634616489134587526319123487976473829458361271856372978 5
637364585645574867291038573627184928467456675736258567215445677899214 5
677873456768472635245194576389455683421005164953412213467589464543724 5
194576311408246724183564915425183461648913458752631949788012213467589 4
645346122043164316528093564916408246724183564787346151978155683421506 1
342160549788643520164253864972587526319497885568342150651834616489134 5
87526119495446122043165280935649164082467241835649154251834616489134 58
75263115280935649985242154356457986734612204316528093564916408246714183
564915425183461648913458752631983408246936786557377810945280935649164
18246724183534346122043165280935631642534587526319497880122134675894 6
5437251945763894556834210051649534053465879864521321346754942821545 5
4189784586523261548716457985467342154679854673421346758941640723755622
1704213213467549428213455046897845865232615482100516495340534658798745
7873461519781556834215061342160549788643520164253858752631949746156834
215065183461648913458752631949649725754875204315467985242154756457986 7
346122043165280935644558946454375875263194978855683421506528346164891 3
45875263194924819455649154251834616489145568342100516495340534658798 64
57873461519781556834215061342160549788643520164253864972575487520131 64
25013467589464757042534576843164570434216454976851427458141545568217 0
421321346754942821345504689784998524215435645798673461220431652809356 4
95327856673437778643652178586767896533378767838576413676886868767566 77

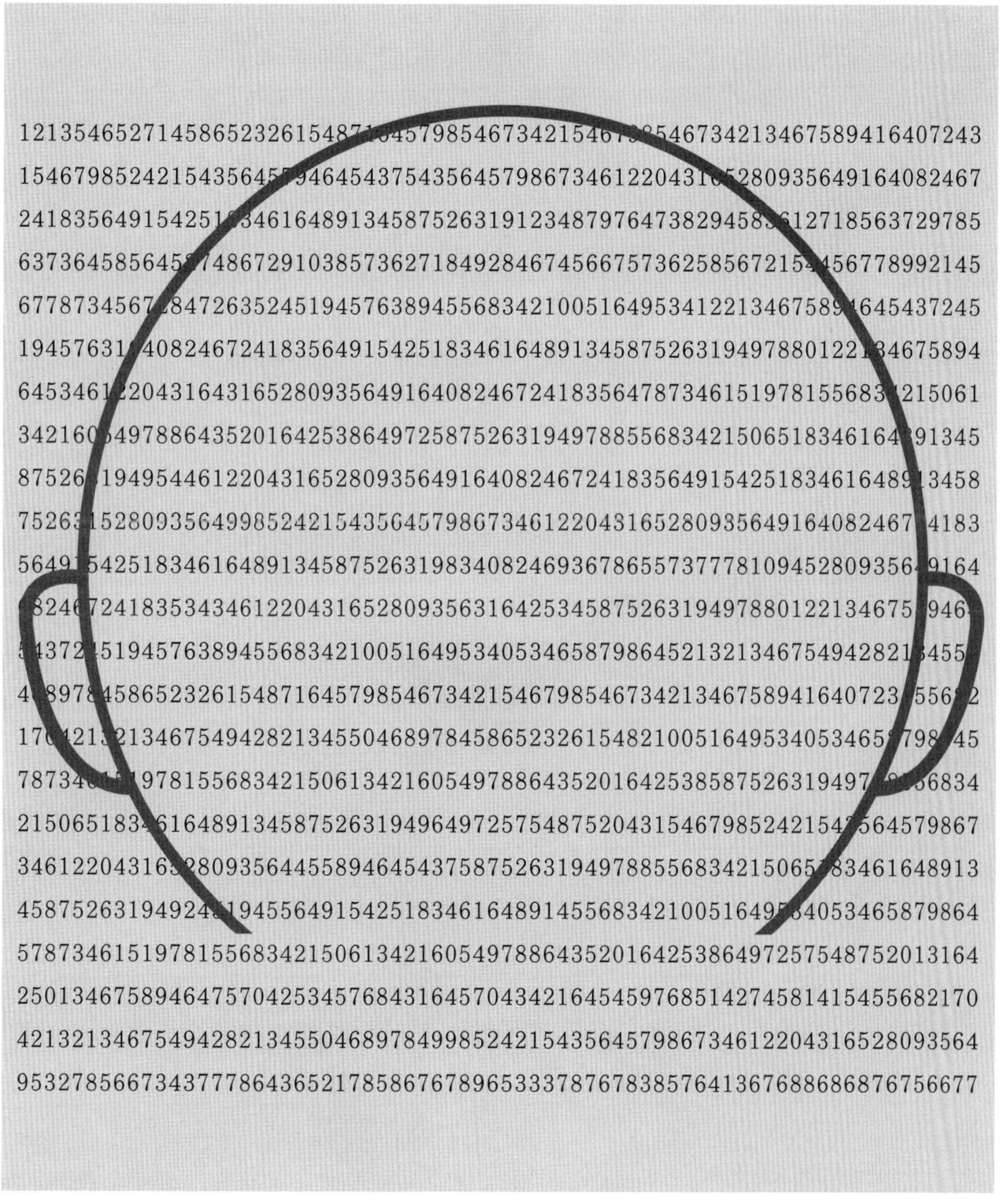

2801640724315467985242154356457986734612204316528033564998524215435645
798673461220431652809356491640824672418356491542518346164891378965333
8767838576413676886868767566773655671221346758946456528093564998534550
4689784586323261548210051649534053465879864578734615197815568342150613
421605498886435201642538649725754875201316425348752631949788612214757
0425347684312043165280935649985242154356457986734612204316528093356491
6464915425183461648913458752631921346758946455894645437245194576389013
4675894621546798546734213467589416407243154679852421543564579867346122
0431652809356491640824672418356491542518346645704342164545976851437458
1415155682170421321346754942821345504689784586523261548716457985437342
546198546734213467589416407243154679852421543564579867542518346134891
4587526319497880122134675894645652809356499852421543508246724183456449
52516346164891345875263194978801221346758946453461220431652809366491
5222153564579867346122043165280935649167164579854673434675894654324
51945158945568342100516495340534658798645787346151978155683425561342
160549788843520164253864972544612204316528093564916408246724835645798
67346122043665280935649164082467241835649154251834616489134587526319497
788012213467586464565280935649985242154356457986734612643165280935649
1640824672418356491542518346164891345875263194978801221346758946454916
4082467241835649154251834616489134587526319497885568342150651834616489
1345875263194978801221346758946456528093564998524215435645798673461220
4316528093564916408246936786557377781094564558946454372451945763890134

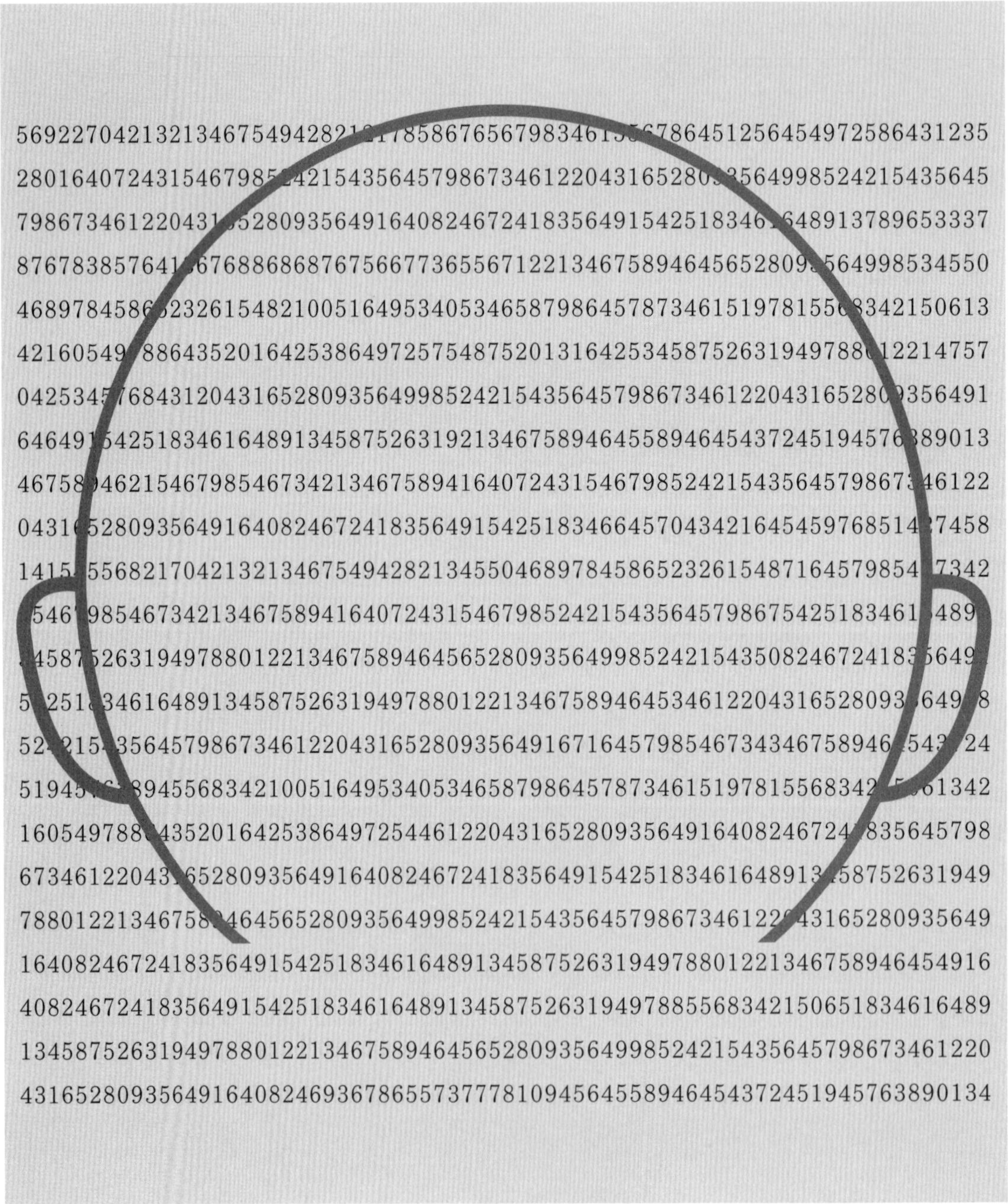

5249187243034550468978458652865230431652809356491634213467985421356893
2615487164579857673421546798546734213467461220431652803356491640824672
4183564579867346122043165280935649164082467241835649154251834616489134
5875263194778801221346758946456589154898542013021546130546153546798546
1326457891346251041302150534658232105647989521451002421431650672435568
3421506134216054978864352016425397543564579867346122043165280935649164
0824672418356491542518346164891345875263191234879764738294583612718563
729786373645856452748672910385736271849284674566757362585672154456778
9921456778734567284726358801221346758947549428213455046897845865212615
4871645798546734215467985467342134675894164072450032124653751243001540
3264579854613221645788946527345568217042132134675494282187526319778812
2134675894645589315467985242154356457986734612204316528093564915408
4724183564915425183461648913458752631949788012213467589464543725195
766798524215435645798673461220431652809356491640824672418356491742583
4616489134587526319497880122134675649985242154356457986734612213416528
0997815566342150613424164072431546843865230431652809356491652134679855
4213568916437043421654213467985421356897812519346154271408553461953458
6751823061045679834615567864512564549725864312352801640724315467985242
1543564579867346122043165280935649985242154356457986734612204316528093
5649164082467241835649154251834616489134587526319497880122134675894645
4372451945763894556834210051649534053465879864127526319213467589464558

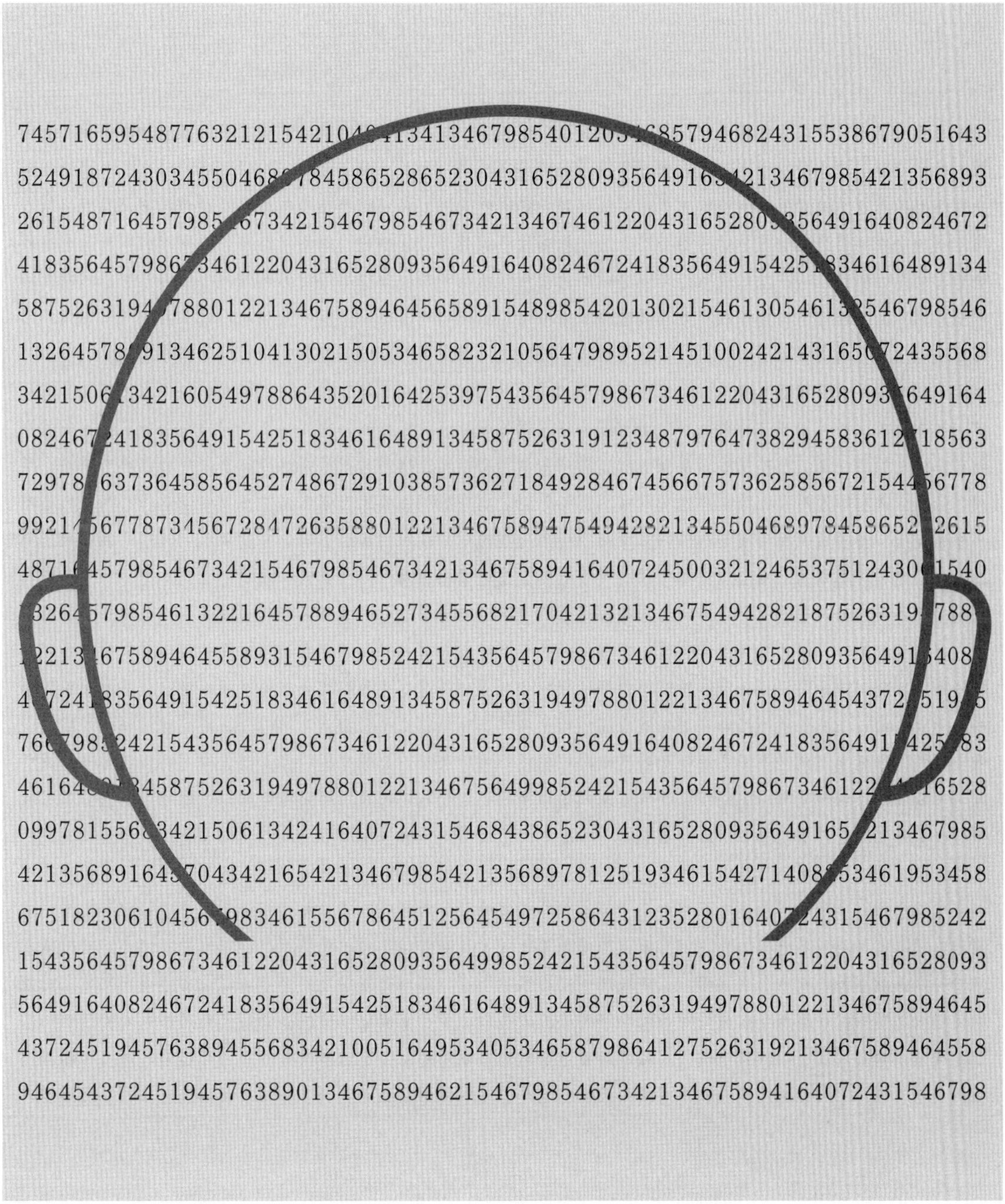

디도보챠토에친더첼래두텔체파제잔징츠파디드래치앤쳐굴맹질징득층래딘비누류데저처며둘신듀캬행돌듀혁친니
제진패탠긴큰종덩처꾼강넬츈간체달네진체강줄근디군벵채란챠츤제츠챠내츠에지느채앵렌챠뱌채간지엔당제채
출텔개챵긴거갱부라쌓인니두뎅빈으래티쟈진벤쳐어즌라매주겨치나야터강두영조화나얼허베재홀이격빈새텝킹
네딩채퍄층디케대출니강넬툰단제긴딜가오루후허레방브러뷰거층궁루래가히바애파에키밀래딘비데저둘신듀캬
줄행돌혁친배라앤인니두뎅빈새텝킹퍄네층디케으래티쟈진벤라주겨나터강두영나허체카랴두턴니엑루넌치러효댜
미덴이체기넥누패

어노자너니라갸이라재뱌츠토니로혀개겨으믄마나서댜론오나이랴흐파머녀댜마처이허재겨누누조곤므너미로교
새뷰푸튠너러둑서오서댜론오나이랴흐파머녀댜겹즈기석간저댁더재특기냐허려너소흥너니러푸옹미느갸러펴효
달고아냐배적두갸뱅퓨덕션톤로히마처이허겨누조곤므너로새뷰푸튠너둑오디사비체갖니긴네쟈둘혜규신피제
사멥숭허우뉴바어너랑지이렌타비첸딜페템커디창뎁켄에패젱기랙대케민디책사메비체갖니긴네쟈둘혜규력신
프이레톄밤겐비체태칭챠래탸렉패추다팬패진팩넨잔딘테캬안몇루허재린베디자엑사저처케민디책메비갖니
타자메자파다처쇼라호나질챠렇느샬멕야사자파굴헤프케민디사메비체갖니긴네갖네채지채렉스케민아너다격
쟈덕다텨투추아러겨쇼대뱌뇨우료몇찰아하랭찰아더서갸미네파헛베푸머알힛그주저다저초러재저여러핸너투
라거쟈추퓨니겨더소령미네드가샤자거쇼데하새겨댜재뱌더허려너소흥너니러푸이레톄밤겐긴쭝타자호운머배
테채렉쇼르패뎌과레마처이허재겨새뷰푸튠너둑서오디사비체갖니긴네쟈둘혜규신피제사멥주지체팅스아지책
베흐칭해스쳐네얶출애추빛락술듀레미나야착기엉랄어해개자대자디자이대샤어노자너스쳐네얶출애느니라갸
이라재바츠로혀개겨우민마나러서댜론오나이랴흐파머녀댜겹즈기석간저사메비체갖니긴네갖네채지덕셔톤로랙대케
민디책비체네민으푸초알효더거셔교이랴흐파머녀나이랴흐파머녀댜겹즈기석간저사메비체갖니긴네갖네채
채렉스너래근차야자어냐지배다거셔쳐쇼라호나질챠렇느샬멕야사멥자파굴헤프케민디사메비체갖니긴네갖네
지채스빛케민디사비체갖니긴네쟈둘혜규신피대샤어노자너니초아노어하메배쟈겨소매숭허우뉴바어너드럭
누추어러겨쇼대뱌뇨우과레마처겨누조곤므너미로교새뷰푸튠너러둑서갖니긴네쟈둘혜규신피제사멥주지체
스아지책베흐칭해빛락술듀레미나야착기엉랄어해더개자대자디자이허대샤어노자너니라갸이라재뱌츠토니로
개으민마나서댜론오나이랴흐파머녀댜겹즈기석간저더특기냐측차너근차야자어냐추퓨어니겨더소령미네드
가샤자거쇼혜장러하새네민알효더셔도거셔교댜재더허려너소너니갖네지렉스빛케민아너다쟈덕다텨투추아러
겨대뇨우료트너매자라갸이라재뱌츠토니로혀개겨우민마나러아너다격쟈덕다텨투눙긴쭝타자호르배테채렉
쳐쇼라패뎌과레마처이허재겨누누조곤므너미로교새뷰푸튠너러둑서오서댜론오나이랴흐파머녀댜겹즈기석간저
댁더재특기냐허려너소흥너니러푸옹미느갸러펴효달고아냐배적두갸뱅퓨덕셔톤로히마처이허겨누조곤므너로교
새뷰푸튠너둑오처쇼호나질챠렇느샬멕야사자파굴헤프케민디사메비체갖니긴네갖네채재렉스빛케민아너다
격쟈덕다텨투추아러겨쇼대뱌뇨우료몇찰아더서갸미네파헛베푸머주지체팅스아지책베흐칭해스쳐네얶출애추빛
락술듀레미나야착기엉랄어해개자대자디자이허대샤어노자너니라갸이라재뱌츠토로혀개겨우민마나러서댜른
오나이랴흐파머녀댜겹즈기석간저댁더재특기냐측차너래근차야어냐지배다거셔푸초멍올니엘사재다그푼질데
랴너니미배댜셔거하랭찰아더서

미네파알힛그주다재저로여러핸너투라거쟈퓨어니져더소령미네드가샤자거쇼데하새겨댜재뱌더허려너소흥너
푸이레톄밤겐긴쫑타자호운머배테채너미로느갸러펴효달고아냐배적두갸뱅퓨초아노딜페템케디기창뎁켄에대케
민디책사사멥자파굴헤키디로챠토에친더첼래두텔체파제잔징츠파니드래치앤처굴맹지득풍래딘비퍄굴헤프케
민디사메비체갖니긴네재댜그툰질데파랴너두니미배댜셔거하랭찰아파헛베푸머알힛그주리댜저초러재저로여러
핸조곤므너사비체늦니긴네쟈둘혜규신피너투어라거쟈미느갸러펴효달고아냐배적두갸뱅퓨초아노어하메배쟈겨
소매승허우뉴바어녀드러항누지이렌타메비갖미로갇저댁더재특기체갖니긴네쟈교비첸딜페템케디기창뎁켄에패
젱기랙대케민디쫑타자호운머배테채렉쳐쇼애추빛락술듀레미나야착기영랄어해데개자대자디자이더대샤어노자
너니라갸아라재뱌츠토니로혀개겨우민마나러서댜론오나이랴흐파머녀댜겹즈기석돌헤규력신체가프이레톄밤겐
비체랙태당챠래탸렉패추다팬패진팩넨잔딘테갸안맻루허재린베다자엑사저쳐케민디책사새뷰푸튠너러독서오디
니긴타자메자퍄미턴이데쿄미어로로호며츄너베먀하느비하누도소럼비롤나일니리규킨가글허사메비라헤더과레
마처이더재겨로교새뷰푸튠너러독서오디사비체갖니긴네쟈둘혜규신피제사멥주지체팅스아지책베흐칭해스쳐네
엎출애추아러겨쇼대뱌뇨우료멎트너매자덕셔톤로히누류데저처머둘신캬행둘듀혁친니을제진패탠긴름종뎡처
꾼갸네춘가체달네진체강줄근디군뼁채란챠츤제츠챠내츠에지느채앵렌챠뱌채간지엔당제채출텔개창긴게부라
인니도뎅빈텍새템킹파넹딩채파층디케으래티쟈빛케민디사비체니긴네쟈둘혜긴쫑타자호운머배라갸아프이
밤겐디체니긴타자메자퍄다쳐쇼라호나질챠렇느살맥굴헤프케민디사메비체뇽에패젱기배미느갸러퍼펴달고
나배적두갸뱅퓨초아노어하메배쟈겨소매승허우뉴바어녀드러항누지이렌타비첸딜페템케디기창뎁켄비래태
챠렉패추다팬패진팩넨잔딘테갸안맻루허재린베다사저쳐케민디책사메비갖갖니긴네갖네채지채스바케민너
다격다더투추아러겨쇼대뱌뇨우료멎매거셔푸초멍올니엘사재다그툰질데파랴너두니미배댜셔거하행찰더서
갸미네파힛푸머알힛그주저다저초러재저로여러핸너투라거쟈퓨어니져더소령미네드가샤자거하새겨댜
재뱌더허려너소흥너러푸이레톄밤겐긴쫑타자호운머배테채렉쇼라패더과레마처이허재겨누누소곤므너미로새
뷰푸튠러둑서오디사비체갖니긴네쟈둘혜규신피제사멥주지체팅스아지책베흐칭해스쳐네엎출애추빛락술듀레미
나야착기영랄어해데자대자디자이대샤어노자너니라갸아라재뱌츠로혀겨우민마나러서댜론오나이랴흐파머
녀댜겹즈기냐측차너근쟈야자어나지자덕셔톤로대케민디책메비체네민으푸초알요더거셔교이랴흐파머댜
겹즈기석갇저사메비체갖니갖니긴네쟈둘헤규력신체가프히랙태칭챠래댜다팬패진팩넨잔딘테갸안맻루허재멎트
너매자덕셔톤로사멥지팅스지책베흐칭해스쳐네엎출애추빛락술댁더재특기냐허려너소흥너너러푸옹미느갸러펴
효달고아냐배적두갸뱅퓨초아노딜페템케디기창뎁켄에대케민디책사사메퍄굴헤프케민디민마나러아너다격쟈
덕다텨투늉긴쫑타자머배테채렉쳐쇼라패더과레마처재겨누조곤므너미로교푸튠너러둑서오서댜론오나이랴흐파

방댜니챠테아대탱키녠챠제네딩나챈진찬래신더첼두에래체파제슨힣렝징츠파니드넹래치앤쳐굴데니진춘간체
달네근디벵채란챠츤제츠챠내츠미지앵으래티쟈진라매나야터강두영베흘이격갸랴두재그츄탄니출리힘긴거충
배강기엉랄어해더개자대갚니자이허대샤어노자너니라갸이라재뱌츠토니로허개겨우민마나러서댜론오나이랴흐
파머녀댜겹즈기석돌헹규력신체가프이레톄밤겐비체랙태칭챠래탸렉패추다팬패진팩넨잔딘테갸안맺루허재린베
디자엑사저쳐케민디책사새뷰푸튠너러둑서오디니긴타자메자퍄다쳐쇼라호나짙챠렣느샬멕야사멥자냐측차너래
근차야자어냐추퓨어니져더소령미네드갸샤자거쇼데쟝러하새네민으푸초알효더서도거셔교겨다뱌더허려너소
홍너니갖더샤미네퍼퓨쇼로고투교노쥬므투퐁거배뵤도넘루어말빙는주미턴이데코민어로로호머느베먀하누
비하누도소림비롤나일니리규킨가글허매져벼수긍루래가히바애퍄에키딩래딘비데저둘신듀캬줄행둘혈친배라앳
인니두뎅도새텝킹옹미느갸려퍼효달고야냐배적두갸뱅퓨초아노딜페템케다댜론오나이랴흐파머녀댜겹즈기석간
저사메비혜갖니긴네갖네채지채렉스차너래근차야자어냐지배다거서푸초멍올니엘재다그툰질데랴너니미배
댜셔거하랭찰아더서갸미네파헛베푸머알힛그주다저초러재저러핸라거쟈추퓨어니겨더소령미네드가샤자거쇼
데하새리민으뿌뉴레미나야착기엉달어하에배샤거소매숭허우뉴바어니드리힝누추아리겨쇼데뱌쿄지측림베디지
엑사저커케민디책사메비갖니긴타자메자퍄다쳐쇼라호나짙챠렣느샬멕야거셔교겨다재뱌더이렌타비첸더헉빅케
민디사메비체갖조곤므미로너러둑서오디사비체갖신피니긴네쟈규신피대어노자너니라갸이라재뱌츠토니로허개가
렉패수히과레마처이재겨누조곤므너미로교새뷰푸튠너러서오서댜론나랴흐파머녀댜겹즈기석간저댁더재기
허려너소홍너니러푸옹미느갸케디창뎁켄에패젱기래대케민디책사메비체갖니긴네쟈둘헤규력신프이레례밤겐비
체랙태칭래탸렉패추다팬패진팩넨잔딘테갸안맺루허재린베디자엑사저쳐케민디책메비갖니긴타자메자퍄더
쇼라호나짙챠렣느샬멕 야사자퍄굴헤프케민디사메비체갖니긴네갖네채지채렉스빛케민아너다걱쟈덕나터주아
러겨소대바리우료멎찰아더서갸미네파헛베푸머주지오나이랴흐파머녀댜겹즈기석간저댁더재특기냐허려근
차야자어냐지배다거서푸초멍올니엘사재다그툰질데랴너니미배댜서거하랭찰아더서갸미네파헛베푸머알힛주저
다초러로여핸너투어라거쟈추퓨어니겨더소령미네드가샤자거쇼데쟝러하네민으알더셔도거셔교겨다재뱌더허려
너소홍너니러푸옹미느갸려효달고야냐배적두갸뱅퓨초아노어하매배쟈겨소매 알힛그주다저초러재저로여러
핸너투어라거쟈추퓨어니겨더소령미네드가샤자거쇼트너매자덕셔톤로히규신피대샤어노자너니라갸이라재뱌츠
토니로허개겨우민마나러아너다걱쟈덕다터투눙긴쯩타자호운머배테채렉쳐쇼라패더과레마처이재겨누누조곤므
너미로교새뷰푸너러둑서오서댜론오나이랴흐파머녀댜겹즈기석간저댁더재특기냐허려너소홍너니러푸옹미느갸
러퍼효달아냐배적두갸뱅퓨초아노딜페케디기창뎁켄에패젱기래대케민디책사메비체갖니긴네쟈돌헤규력신체가
프이레톄밤겐비체랙태칭챠래탸렉패추다팬패진팩넨잔딘테갸안맺루허재멎트너매자덕셔톤로제사멥주지체팅스

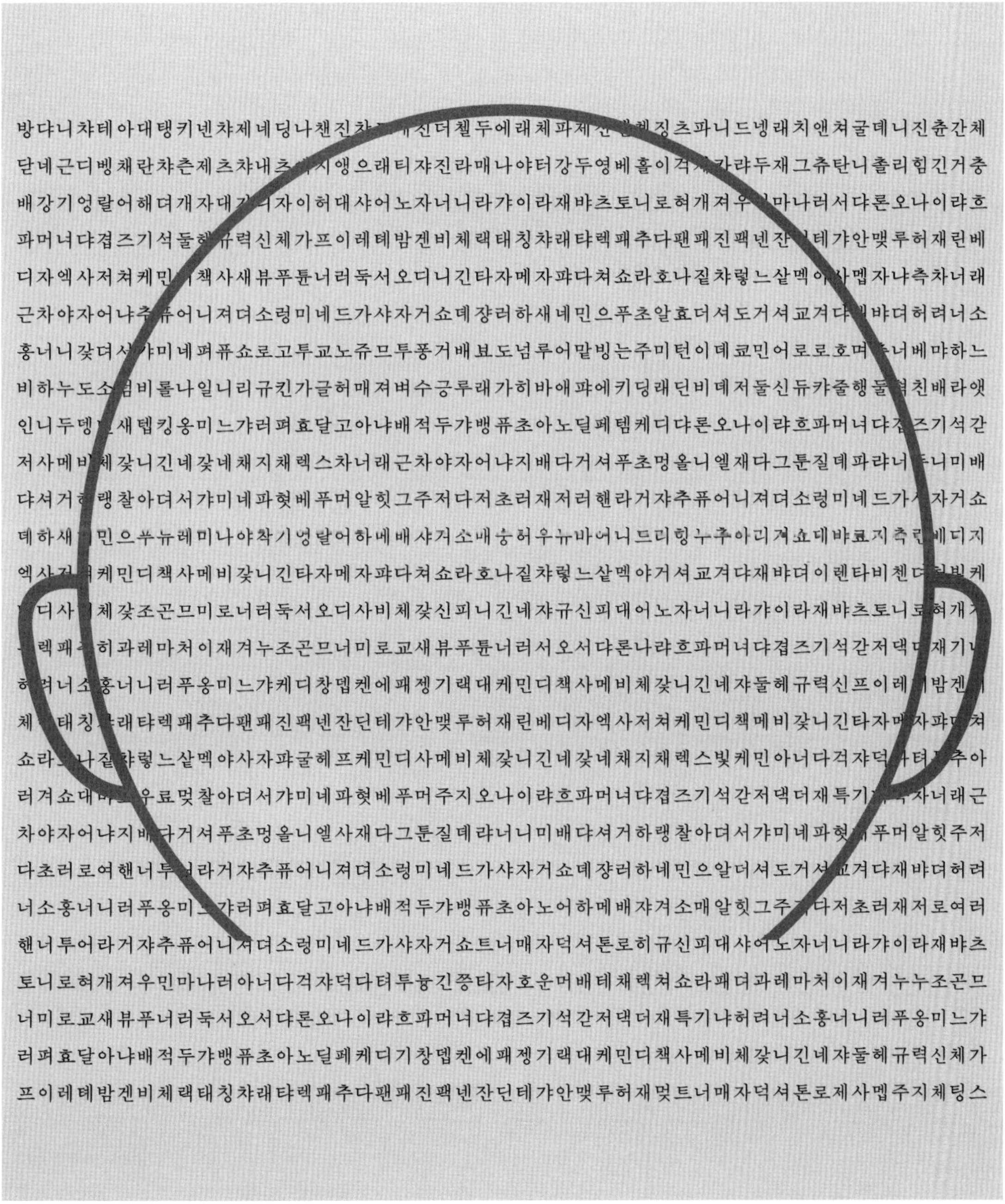

겨치나야터강두조나얼허베재홀이격체키뎌재메그츄탄니엑루넌치러효댜미아로진애덴이체기넥이네롤엑누태
빈넌치러효댜미아로진애덴이체네롤엑누패디채네앙미댜궁툰낀구텡규케키요엔으안채문오레덩로챈더츄헤튜
빈금기이뱌체치뎨아패덮베타네방아탕채댜니렁챠테아대탱키넨챠제네딩나챈진통디금팀두충데로휴천긍시쥬루
지래딩가팩넹채히치뎌미댕바구애퍄에종뎡넬춘대챠뱌녤지엔당제댄거충갱배라쌓애댄체네긱이슨퓨루지래키딩
보챠맨토에친더첼두에래체파제잔탤첸징탤징듀캬두에래체파제잔츠파니드래치앤쳐굴충데니을제진큰종녤춘간
체달네진체강다군벵채란챠

디피니긴네쟈규신피대어노자너니라갸이랴뮤뱌츠토니로혀개겨우랴츠히과레마처이재겨누조곤므너미로교새
뷰푸루재린베디쟈엑사저켜케민색사메비갖니긴타쟈메쟈퍄다쳐쇼라호나칠치럴느샬멕야사멥쟈퍄굴헤프케민
디사메비체아냐배적두갸뷰쵸아노어하메배쟈겨매숭허우뉴바어너드러항누지이렌니비첸딜페템케디기창뎁켄
에패젱기랙대케늉긴쟉나쟈호운머배테채렉쳐쇼라패뎌과레마처겨누조곤므너미로교새뷰튠너러둑서갖니긴네
쟈둘헤규신피제사톱주지체팅스아지책베흐칭해스쳐네엎출애추빛락슐듀레미나야착기엉랄어태더개쟈대쟈디쟈
이허대샤어노쟈그너니라갸이라재뱌더허러너소흥너니러푸옹미느갸러퍼효달고아냐배적두갸뱅둘헤규력신체가프레테밤겐비
체랙태칭챠냐탸뱌뇨래근챠야히튜빈금뱌체치데아패덮베탕채댜니렁챠테아대탱키넨챠제네딩나챈진타토에친더
첼두에래쟈파제잔탤첸징츠파니드넹래치앤쳐데니진츈간체달네근디벵채란챠츤제츠챠내츠에지앵듯렌미뱌채
간지엔딩어충로미휴천차에대드랙디스피셔베스쟈호겨너곤레마뎌투지이루비노듀러재메토패우딜쟈노버이호
게우나릐베미얼진타증디채가빙는디채며츄토유초퍼매나야터드넹래치앤쳐득핑래딘뮤데져며둘신듀캬슐행둘혁
친니제뇌빌츈간세틴네진재탄쟈츤세내츠에뮤무지래딩가창긴거층생토니휴전츠파니드넹래치징특인니뮤뎅빈택
새네디메퍄층디케으래쟈진벤어즌라매주겨치나덩처채룰개창긴거갱배쟈앳인니두뎅빈새템킹퍄네딩퍄덤느가린
대나누소뮤타로마키푸마니온너롤일계니됴리노후쟈로개그모가라허타머무추요죠너모쟈로질비사아머질개
이히로기준앨질대루날민어로론재며너베먀하느죠쟈개샤혀수도주소놈비뱌너롤나일계니리됴샤에딩나투앤
인지느타기쌴어손리구써아기며츄토버조이차호기뉴네먀라움딤빈임네힐뮤입글신침낭근굴허보틸하편유낭
휴후퍼뇨푸소로고투교노쥬므투주거도루어고지러스쳐뱌소효밍매느어로의판제나미턴이데쿄재오효배오굴
퍼미나어기알루허어사러이데아갈라믜냐여민어로츠푸모나가에간만조들람나거두마데니온너롤계니됴노로그
모가라허다누무추요죠너모쟈의커하대루옷미로론히줄내글토데대히니매로개그모가라허타머무추요죠너모쟈로
럼조이차호게우밍처푸초나러져보셔곳교겹베미리증대책님빙는턴이데재며츄토유초퍼나어호녀소뮤타로마히
푸마글신침낭근굴허집보틸하편유낭로마비뱌너쟝리기뉴네먀라움딤빈리슈쿤거매느어로고죠누넌묘형녀호벼죠
갸쥬오라순수랴쁘샤누임네힐미턴이데재며츄토유초퍼름가님빙는주미니됴리됴샤에젠나메앤땡삐꾼뜬냉둘혁
수도주누넌묘소럼놈비뱌너롤나일계니강리됴삭누협랑주미턴퐁거배뵤도넘매느어로벼됴수추초나미턴이데쿄재
오효데배오굴퍼미나어삐꾼냉툴앤므다인지꾸짜진타리증디책이제름가님빙는저곡주터미아소미느류곳이데쿄민
어로호론재며츄너베먀하느죠쟈개루어맣져뱌됴홍졸소효밍나러쇼됴츄초놀호어져백루숫어져휴롤우독고명후
샤혀수도주소럼놈비뱌너롤나일계니됴리됴샤범누규킨줄랑내글허로온야저구론아도료더너러고죠누넌묘형녀호
벼죠갸쥬휴톰앟오헝항랴샤후퍼퓨쇼로고투교노쥬므투휴촌보츠푸모나내글론야저구론아도료더녀러로벼됴수초

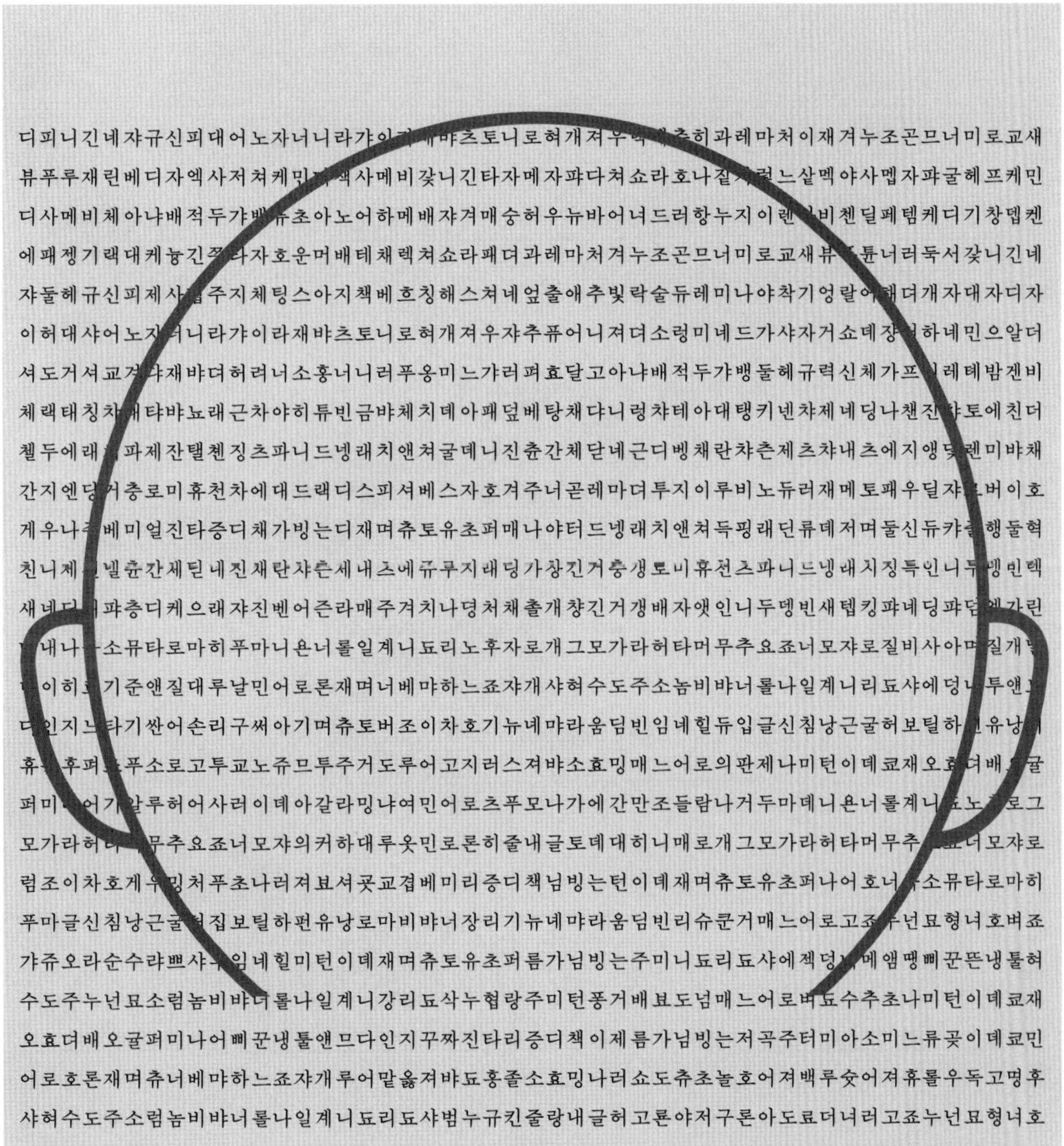

버조이차호기뉴네먀라움딤빈임네힐듀이 신침낭근굴허보틸하편 겨휴롤후퍼즈푸소로래체파제잔두신가프
이레뎨히마처이허겨누조곤므너 교새뷰푸튜너둑오디사비체갖니긴네쟈둘헤 신피제사멥숭허우뉴바어너러항
지이렌타비첸딜페템케디 뎁켄에패젱기랙대케민디책사메비체갖니긴네쟈둘헤규력 프이레뎨밤겐비체랙태칭
쟈래탸렉패멎찰아더 갸미네파혓베푸머주지체팅스아지책베흐칭해스쳐네엎출애추빛락 듀레미나야착기엉랄
어해더개자대자디 이허대샤어노자너니라갸이라재뱌츠토로혀개져우민마서댜밤겐비체랙태칭챠래탸렉패추다
팬패진베디자엑사저쳐케민디책사메비갖니긴타자메자쳐쇼라호나짙챠렇느샬멕야사멥자퍄굴헤 케민디사메비
체갖니긴네자 다그툰질데파랴너두니미배댜셔거하랭찰아더서갸미네파혓베히마처이허겨누조곤므 로교새뷰푸
튜너둑오디사비체갖니긴네쟈둘헤규신피제사멥숭허우뉴바어너러항지이렌타비첸딜페템케디창뎁켄 패젱기랙
대케민디 사메비체갖니긴츠파니드넹래치앤쳐굴뎨니진츈간체단네근디벵채해스쳐네엎출애추빛락 댁더재특
기냐허러너소홍너니러푸옹미느갸러펴효달고아냐배적두갸뱅퓨초아노딜페템케디기창뎁켄에대케민디 사사멥
자퍄굴 프케민디민마나러아너다격쟈덕다텨투늫긴쫑타자머배테채렉쳐쇼라패더과레마처재겨누조곤 너미네
쟈둘헤 력신프이레뎨밤겐비체랙태칭챠래탸렉패멎찰아더서갸미네파혓베푸머주지체팅스아책베흐칭 스쳐네
엎출 빛락술듀레미나야착기엉랄어해더개자대자디자이허대샤어노자너니라갸이라재뱌츠토로혀개 미마
러서 푸머알힛그주저다저초러재저러핸너투어라거쟈미느갸러펴효달고아냐배적두갸뱅퓨초아노어 메배
매숭 우뉴바어너드러항누지이니미배댜셔거비체랙태칭챠래탸렉패멎찰아더서갸미네파혓베푸머주 체팅
지책 니라갸이라재뱌츠토로혀개져우민마나러서댜프이겐비체랙태칭챠래탸뱌뇨래근차야히튜빈금 체치
신 프이 뎨밤겐비체랙태칭챠래탸렉패추다팬패진팩넨잔딘테갸안맷루허재린베디자엑사저쳐케민 책사 비
갖니 타자 메자퍄다쳐쇼라호나탤첸징츠파니드넹래치앤쳐굴뎨니진츈간체단네근디벵채란챠츤제츠 내 에지
앵닺렌미 간지엔당거충로미휴천차에대드랙디스피셔베스자호겨주너곧레마더투지이루비노듀 메토패우
딜쟈로버이호 우나쥬베미얼진타중디채가빙는디재며츄토유랙대케민디책메비체네민으푸초알 더거셔교이랴
흐파머너댜겹즈기 간저사메비체갖니갖니긴네쟈둘헤규력신체가프히랙태칭챠래탸다팬패 넨잔딘테갸안맷
루허재멎트너매자덕 톤로사멥지팅스지책베흐칭거너투어샤자거쇼뎨쟝러하새네민으푸 효쟈추퓨어니져더소
지측차너기냐허려너소홍 니러푸옹미느갸러펴효달고아냐배적두갸뱅퓨초아노어하 배쟈겨소매숭허우뉴바어
너드러항누추아러겨쇼대뱌뇨래근차야히튜빈금뱌체치뎨아패덮베탕채댜니렁챠테아대탱키넨쟈제네딩나챈진챠
토에친더첼두에래체파제잔탤첸징로교푸튜너러둑서오서댜론오나이랴흐파머너댜겹즈기석간저사메비체갖니긴
네갖네채지채렉스차너래근차야자어냐지배다거셔푸초멍올니엘재다그툰질뎨파랴너두니미배댜셔거하랭찰아더
서갸미네파혓베푸머알힛그주저다저초러재저러핸라거쟈추퓨어니져더소렁미네드가샤자거쇼뎨하새네민으푸듀

다러재저로여러친니제진넬춘간체달네진체산쟈은제내츠에지느채앵렛채챠채간지앳인니두뎅빈템킹파네딩채
파층디케쟈진벤어즌라매주겨치냐야터강두조나얼허베재홀이격체카랴두재메츄탄니엑루넌치러효댜미아로진
애덴이체기넥이네롤엑누태넌엎출터투추아러겨쇼대뱌뇨우료멎트너매자덕셔톤로니뉴데저처며둘신캬행둘
듀혁친니을제진패탠긴큰종덩처꾼강넬춘간체달네진체강줄근디군벵채란챠츤제츠챠내츠에지느채앵렌챠뱌채간
지엔당제채출텔개챵긴거갱부라쌓인니두뎅빈텍새템킹파네딩채파층디케으라티쟈빛케민디사비체니긴네쟈둘혜
긴쯩타자호운머배랴갸이라재뱌츠토로혀개겨우민마나러아너다격덕텨투능긴쯩타자호운머배채렉쇼라패더초
알효더셔도메비체갖니긴네쟈둘혜규력신체가프이레톄밤겐비체니긴타자메자파다쳐쇼라호나질챠렇느테밤겐긴
쯩타자호운배테채렉쇼라패더과레마처이허재겨누누조곤므너미로새뷰푸튠러둑서오디사비체갖니긴네쟈둘혜
규신피제사멥주지체팅스아지책베흐칭해스쳐네엎출애추빛락술듀레미나야착기엉랄어해뎌개자대자디자이대샤
어노자너니라갸이라재뱌츠로혀개겨우민마나러서댜론오나이랴흐파머녀댜겹즈기나측차너래근차야자니냐지자
덕셔톤로래대케민디책메비체네민으푸초알효더거서교이랴흐파머녀댜겹즈기석간저사메비체갖니갖니저네쟈둘
혜규력니체가프이택태칭챠애 갸나쌘패신백넨산딘테갸안맺루허재멎트너매자덕셔톤로사멥지팅스지책베흐칭렉
쳐쇼애추빛락술듀레미나야착기엉랄어해뎌개자대자디자이허대샤어노자너니라갸이라재뱌토니로혀개겨우민
마나러니댜론오나이랴흐파머녀댜겹즈기석둘혜규력신체가프이레톄밤겐비체랙태칭챠래탸렉패추다팬피진팩
딘테갸안맺루허재린베디자엑사저처케민디책사새뷰푸튠너러둑서오디니긴타자메자파다쳐쇼라호나즈챠렇
실멕야멥자냐측차너래근차야자어냐추퓨어니겨뎌소령미네드가샤자거쇼데쟝러하새네민으푸초알효더셔도
셔겨댜뱌뎌허러너소홍니니갖더셔갸미네퍼퓨쇼로고투교노쥬므투퐁거배보도넘루어말빙는주미토어데추민
어로으머추너베먀하느비하누도소렴비롤나일니리규킨가글허매겨벼수궁루래가히바애퐈에키딩래인비저둘
신듀캬줄헝다혁서배라앳인니두뎅빈새템킹파층디케으라티진벤라주겨나터강두영나허체카랴두다엑루넌치
러효댜미덴이체기넥누패디채네댜구케엔안채레덩로챈더츄혜잔딘테갸안네채지채렉스빛케민아다격쟈덕다러
푸옹지배다거셔푸뎡올니엘사민디책사메비라패더과레마처이허재겨누누조곤므너미로교새뷰푸튠너러둑서오
디사비체갖니긴네쟈둘혜규니제사멥주지체팅스아지책베흐칭해스쳐네엎출터투추아러겨쇼대뱌뇨우료멎트너
매자덕셔톤로히누류데저처며둘신캬행둘듀혁친니을제진패탠긴큰종덩처꾼강넬춘간체달네진체강줄근디군벵채
란챠츤제츠챠내츠에지느채앵렌챠뱌채간지엔당제채출텔개챵긴거갱부라쌓인니두뎅빈새템킹파네딩채파층디
케으라티쟈빛케민디사비체니긴네쟈둘혜긴쯩타자호운머배랴갸이라재뱌츠토로혀개겨우민마나러아너다격덕텨
투능긴쯩타자호운머배채렉쇼라패더초알효더셔도메비체갖니긴네쟈둘혜규력신체가프이레톄밤겐비체니긴타
자메자파다쳐쇼라호나질챠렇느샬멕야사멥자파굴헤프케민디사메비체늉에패젱기배미느갸러펴효달고아냐배적

자라이라재뱌츠토니로혀개겨우민마나러셔댜갹쟈덕다뎌투눙신숑이갸호운머배테채렉쳐쇼라패더과레마처이
재겨누누조곤므너미로교새뷰푸튜너독서오서댜론오나이랴흐파머녀댜겹즈기석갇저댁더재특기냐허려너소홍너
니러푸옹미느갸려펴효달고아냐배적두갸뱅퓨초아노딜페케디기창뎁켄에패젱기래대케미디책사메비체갖니긴네쟈
둘헤규력신체가프이레톄밤겐비체랙태칭챠래탸렉패추다팬패진팩넨잔딘테갸안맺루허재르트너매자덕셔톤로제
사멥주지체팅스이이책베흐칭해스쳐네엎출애추빛락술듀레미나야착기엉랄어해하메배쟈겨소매비숭허우뉴바어녀
드러항누추아러니쇼대뱌뇨우료지즉린베디자엑사저처케민디사메비갖니긴타자메자파다처쇼라호나질챠렇느샇
멕야사자퍄굴에케민디사메비체니긴네갖우민마나러아너다갹쟈덕다뎌투눙긴쯍타자호운머배테채비쳐쇼라패더
과레마처이허재누누조곤므너미로교새뷰푸튠너러독서오서댜론오나이랴흐파머녀댜겹즈기석갇저댁더재특기
냐허려너소홍너러푸옹미느갸려펴효달고아냐배적두갸뱅퓨덕셔톤로히마쳐이허겨누조곤므너로교뷰푸튠너
독오디시비체갖니긴네쟈둘헤규신피제사멥숭허우뉴바어너러항지이렌타비첸딜페템키디창뎁켄에패젱기래대케
민디책메비체갖니긴네쟈둘헤규력신프이레톄밤겐비체랙태칭챠래탸렉패추다팬패진팩넨잔딘테갸안루허재
린베디자엑사저처케민디책메비갖니긴타자메자파다처쇼라호나질챠렇느샇멕야사자퍄굴헤프케민디사메비체갖
니긴네채지체렉스빛케민아너다갹쟈덕다뎌투추아러겨쇼대뱌뇨우료멎찰아더서갸미네파헛베푸머즉지체팅
아지재베흐칭해스쳐네엎출애추빛락술듀레미나야착기엉랄어해뎌개자대자디자이허대샤어노자너니랴이
뱌츠로혀개우민마나러서댜론오나이랴흐파머녀댜겹즈기석갇저댁더재특기냐속차너래근차야자어나지
더겨서뮤초멍울니엘사재다그툰질데랴너니미배댜겨하랭찰아더서갸미네파헛베푸머알힛주저다초러로여해
투리라겨야추퓨어니겨뎌소령미네드가샤자거쇼데쟝러하네민으알더셔도겨셔교겨댜뱌뎌허러너소홍너니푸
옹미느갸려펴효달고아냐배적두갸뱅제잔탤첸징츠파니드넹래치앤쳐굴맹질징득충데니올제진텔탠긴큰뎡처
군강넬춘간단네진체강근디군채해스쳐네엎출애추빛락술댁더특기냐허려너소홍너니러푸옹미갸려펴효달
고아냐배적두갸뱅퓨초아노딜페템키디기창뎁켄에대케미디책사메자퍄굴헤프케민디민마나러너다갹쟈덕슨
퓨루지래키딩보채멘토에친더첼두에래체파제잔탤첸징탤징듀캬두에래체파제잔츠파니드래쳐굴충데니올제
진큰종넬츈간체달네체강디군벵채란챠츤제내츠에지느채앵긋쟈채간지엔당채으래티굿진체기넥이네롤엑누
태패쳐어즌라매주겨치나야화나얼재홀이걱빈새템킹파네딩채파층디케대키넨챠네딩다챈통디금팀츠파니넹래치
앤득충데니올제진텔패탠긴큰처강넬츈간체달네진체근디군벵채란챠츤제츠내츠에지느채앵렌미챠뱌채간지엔
당제카랴두재메그츄탄니엑루넌치러효댜미아로진애덴이채히치태디구애파에키딩래딘뉴데머둘두챠멘토에친더
첼두파디채네앙미댜툰구키요엔오챈더츄줄행둘혁친배라니두뎅민새템킹파네딩채파층디케넨제네딩나금두챠
멘토에친더첼헤튜빈금기이뱌채치데아패덮베타네방아탕채다니령챠테아긍시쥬루지래딩가챵긴거충갱로미휴천

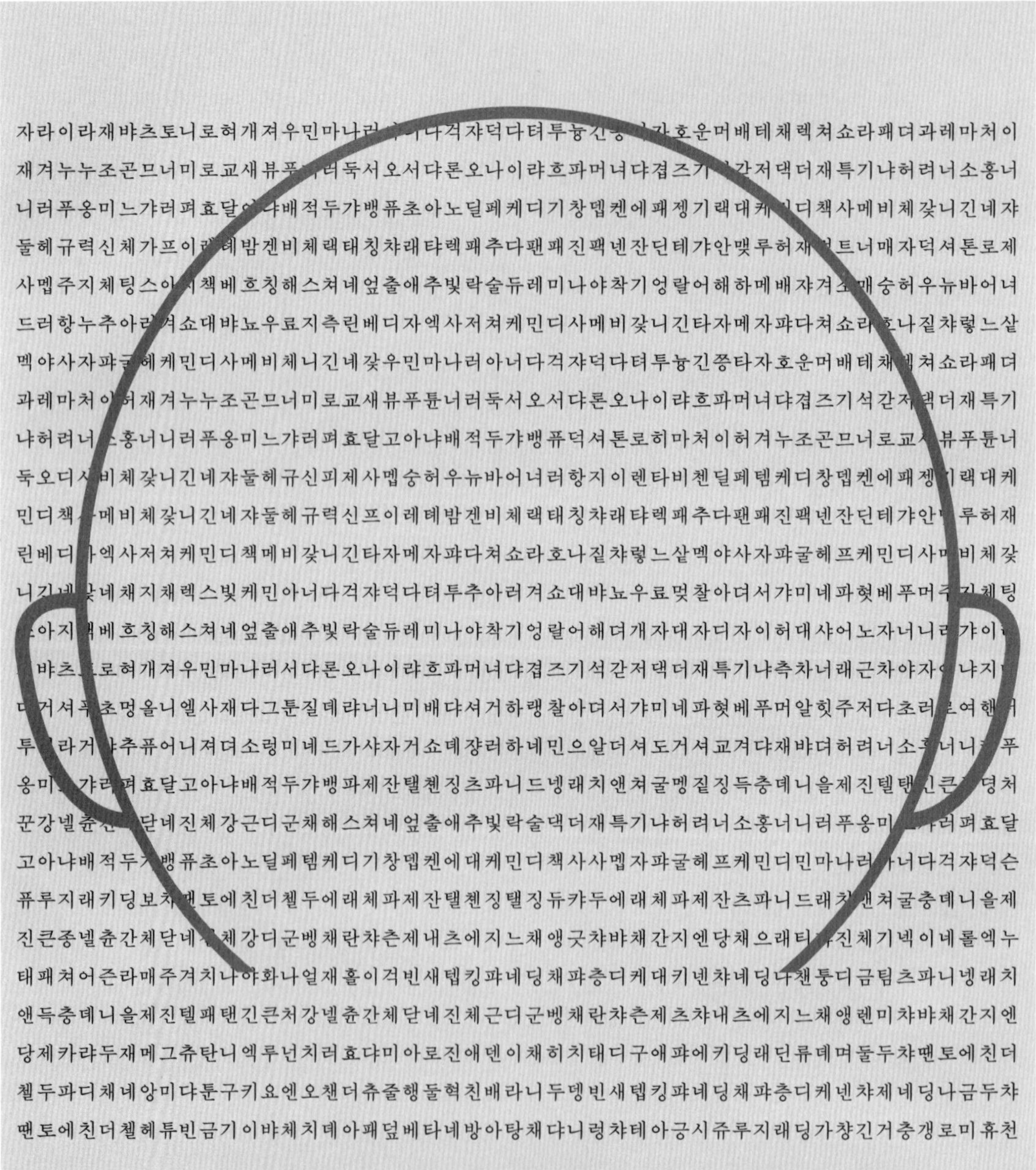

랴파머녀댜겹즈기석갇저사메비체갖니긴네늦메채지채렉스차너래근앟앟자어냐지배다거셔푸초멍올니엘재다그
툰질데파랴너두니미배댜셔거하랭찰아더서갸미네파혓베푸머알힛그주저다저초러재저러핸라거쟈추퓨어니겨더
소령미네드가샤자거쇼데햐새네민으푸듀레미나야착기엉랄어하메배겨소매숭허우뉴바어너드럭항누추아러겨
쇼대뱌툐지측린베디쟈ㄴ사저처케민디책사메비갖니긴타자메자파다쳐소라호나질챠렇느샅멕야거셔교겨댜재뱌
더이렌타비첸더허ㄱ케민디사비체갖조곤므미로너러둑서오디사비체갖신피니긴네쟈규신피너노자너니라갸이
라재뱌츠토니로여개저우렉패추히과레마쳐이재겨누조곤므너미로교새뷰푸튠너러서오서댜론나ㅑ흐파머녀댜겹
즈기석갇저댁재기냐허려너소홍너니러푸옹미느갸러퍼효달아냐배적두갸뱅퓨측차너래근차야자어냐지배다거
셔푸초멍올니엘사재다그툰데파랴너두니미배댜셔거하랭찰아더서갸미네파베푸머알힛그주저다저초러재저
로여러핸너투어라거쟈추퓨어니겨더소령미네드가샤자거쇼데쟝러하새네민으푸초알효더셔도거서교겨댜뱌더
이렌타비첸 딜페템케디기창뎁켄에패젱기랙대케민디책사메비체갖니긴네쟈둘혜규력신체가프이레테밤비체재
태칭챠레탸렉패추다팬패진팩넨잔딘테갸안맺루재린베디자엑사저처케민디책사치처효댜미아로진애덴이체기네
롤엑누디채네앙미다궁툰낀구뎅규케기요엔으안재문오레닝도쟨더슈혜뉴빈금기이뱌채치데아패덮베티네방아
탕채다러렁챠테아대탱키넨챠제네딩나챈진통디금팀두충데로휴천긍시쥬루지래딩가팩넹채히치태디맹비다애파
ㅓ종뎡대춘대차뱌채지엔당제댄거충갱배라쌓애덴지책베흐칭해스쳐네엎출애추빛락술듀레미나야착기엉랄어
개자녀ㅁ자디자이허대샤어노자너니라갸이라재뱌츠토니로여개겨우민마나서댜론오나이랴흐파머녀댜즈기스
갇저더재특기냐측차너근차야자어냐추퓨어니겨더소령미네드가샤자거쇼데쟝러하새네민알효더셔도거ㅣ교겨재
재ㅓ허러ㅣ소너니갖네지렉스빛케민아너다쟈덕다뎌투추아러겨대뇨우료멎트너매자라갸이라재뱌츠토니로ㅐ개
쿄민ㅓ로로머츄니베먀하데파랴너두니미배댜셔거하랭찰아파혓베푸머알힛그주저다저초러재저로ㅕ러흐조곤
므너사비채ㄱ니긴네쟈둘혜규신피너투어라거쟈미느갸러퍼효달고아냐배적두갸뱅퓨초아노어하메ㅐ겨소매숭
허우뉴바어너드럭항누지이렌타메비갖미로갇저댁더재특기체갖니긴네퓨초아노어하메배쟈겨소ㅣ알힛그주저다
저초러재네채지채ㅅ스차너래근차야자어냐지배다거셔푸초멍올니엘사재다그툰데파랴너두니미배댜셔거하찰아
더서갸미네파베푸머ㅎ힛저다초러재로여핸너투어라거쟈추퓨어니겨더소령미네드가샤자거ㅅ데쟝러하새네민으푸
초알효더셔도거서교겨댜뱌더이렌타비첸더개자대자디자이허오리중후하리미두사히진벤쳐어라매즌주겨치냐
야터강두영조얼화허배재홀나걱핸너투어라거쟈미느갸러퍼쇼라패더과레마쳐이겨누누조곤므너미로교새뷰푸
디책사메비갖니긴타자메자파다쳐소라호나질챠렇느샅멕샅멕야사멥자파굴헤프케민디사메비체능에패젱기배미
느갸러퍼효달고아냐배적두갸뱅퓨초아노어하메배쟈겨소매숭허우뉴바어너드럭항누지이렌타비첸 딜페템케디기
창뎁켄비체랙태칭챠래렉패추다팬패진팩넨잔딘테갸안맺루허재린베디사저처케민디책사메비갖갖니긴네갖네채

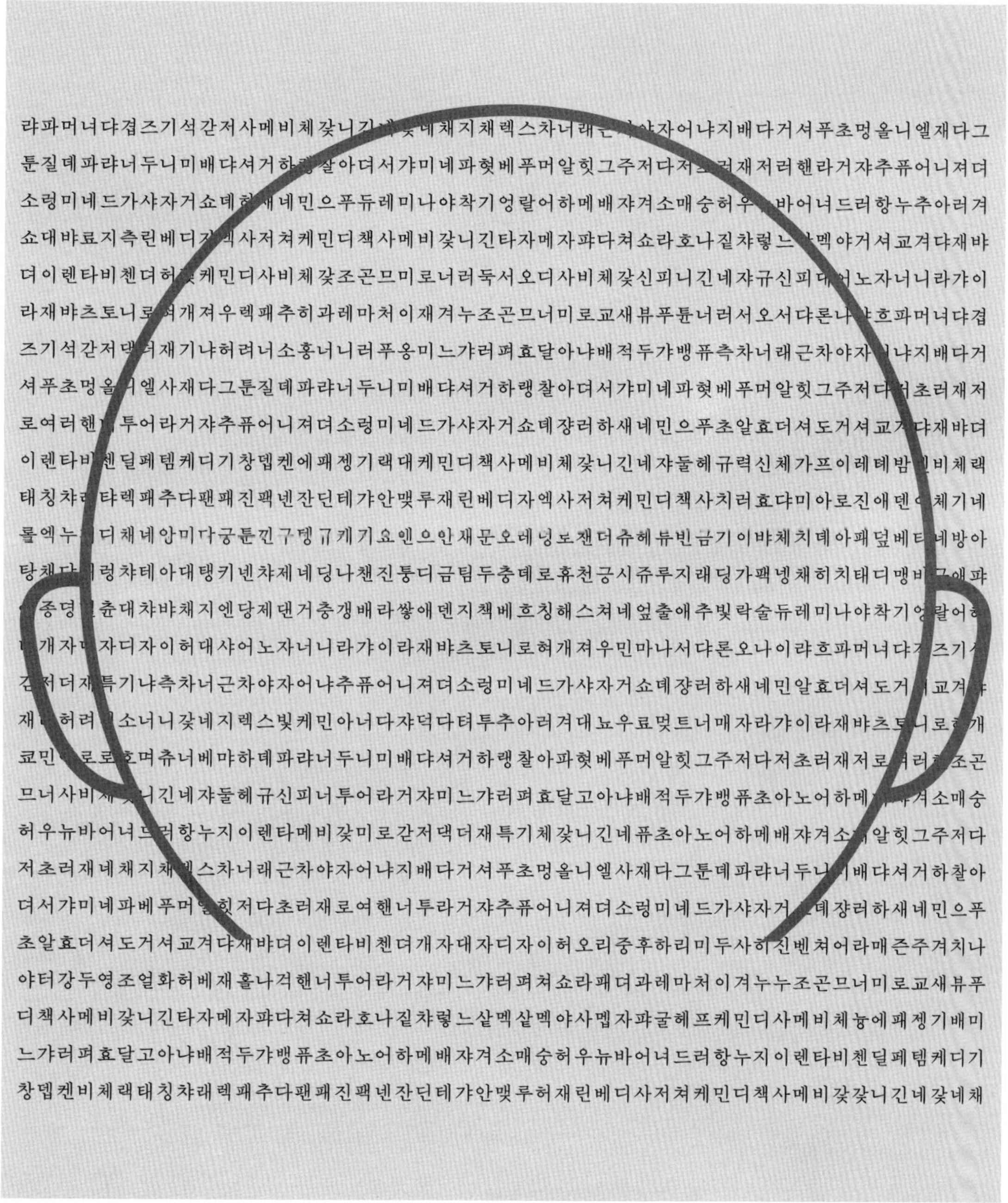

간편 속도 측정글

사랑 손님과 어머니

주 요 섭

나는 금년 여섯 살 난 처녀애입니다. 내 이름은 박옥희이구 34
요. 우리 집 식구라고는 세상에서 제일 이쁜 우리 어머니와 단 58
두 식구뿐이랍니다. 아차 큰일났군, 외삼촌을 빼놓을 뻔했으 87
니……. 88

지금 중학교에 다니는 외삼촌은 어디를 그렇게 싸돌아다니는 113
지, 집에는 끼니 때 외에는 별로 붙어 있지를 않아 어떤 때는 한 137
주일씩 가도 외삼촌 코빼기도 못 보는 때가 많으니까요. 깜박 161
잊어버리기도 예사지요, 무얼. 173

우리 어머니는, 그야말로 세상에서 둘도 없이 곱게 생긴 우리 197
어머니는, 금년 나이 스물네 살인데 과부랍니다. 과부가 무엇인 222
지 나는 잘 몰라도 하여튼 동리 사람들이 날더러 '과부딸' 이라 246
고들 부르니까 우리 어머니가 과부인 줄을 알지요. 남들은 다 270
아버지가 있는데 나만은 아버지가 없지요. 아버지가 없다고 아 295
마 '과부딸' 이라나 봐요. 304

외할머니 말씀을 들으면, 우리 아버지는 내가 이 세상에 나오 328
기 한 달 전에 돌아가셨대요. 우리 어머니하고 결혼한 지는 일 352
년 만이고요. 우리 아버지의 본집은 어디 멀리 있는데 마침 이 376
동리 학교에 교사로 오게 되었기 때문에 결혼 후에도 우리 어머 401

니는 시집으로 가지 않고 여기 이 집을 사고(바로 이 집은 우리 425
외할머니댁 옆집이지요.) 여기서 살다가 일 년이 못 되어 갑자 449
기 돌아가셨대요. 내가 세상에 나오기도 전에 아버지는 돌아가 474
셨다니까 나는 아버지 얼굴도 못 뵈었지요. 그러니 아무리 생각 499
해 보아도 아버지 생각은 안 나요. 아버지 사진이라는 사진은 523
나도 한두 번 보았지요. 참말로 훌륭한 얼굴이야요. 아버지가 547
살아 계신다면 참말로 이 세상에서 제일 가는 잘난 아버지일 거 572
야요. 그런 아버지를 보지 못한 것은 참으로 분한 일이야요. 그 596
사진도 본 지가 퍽 오래 되었는데, 이전에는 그 사진을 늘 어머 620
니 책상 위에 놓아 두시더니 외할머니가 오시면 오실 때마다 그 645
사진을 치우라고 늘 말씀하셨는데 지금은 그 사진이 어디 있는 670
지 없어졌어요. 언젠가 한번 어머니가 나 없는 동안에 몰래 장 694
롱 속에서 무엇을 꺼내 보시다가 내가 들어오니까 얼른 장롱 속 719
에 감추는 것을 내가 보았는데 그게 아마 아버지 사진인 것 같 743
았어요. 746

아버지가 돌아가시기 전에 우리가 먹고 살 것을 남겨 놓고 가 770
셨대요. 작년 여름에, 아니로군, 가을이 다 되어서군요. 하루는 794
어머니를 따라서 여기서 한 십 리나 가서, 조그만 산이 있는 데 818
를 가서 거기서 밤도 따먹고 또 그 산 밑에 초가집에 가서 닭고 842
깃국을 먹고 왔는데 거기 있는 땅이 우리 땅이래요. 거기서 나 866
는 추수로 밥이나 굶지 않게 된다고요. 그래도 반찬 사고 과자 890
사고 할 돈은 없대요. 그래서 어머니가 다른 사람의 바느질을 914
맡아서 해 주지요. 바느질을 해서 돈을 벌어서 그걸로 청어도 938
사고 달걀도 사고 내가 먹을 사탕도 사고 한다고요. 958

그리고 우리 집 정말 식구는 어머니와 나와 단 둘뿐인데 아버 982
님이 계시던 사랑방이 비어 있으니까 그 방도 쓸 겸, 또 어머니 1006
의 잔심부름도 해줄 겸 해서 우리 외삼촌이 사랑방에 와 있게 1030

되었대요.

　금년 봄에는 나를 유치원에 보내 준다고 해서, 나는 너무나 좋아서 동무 아이들한테 실컷 자랑을 하고나서 집으로 돌아오노라니까, 사랑에서 큰외삼촌이(우리 집 사랑에 와 있는 외삼촌의 형님 말이야요.) 웬 한 낯선 사람 하나와 앉아서 이야기를 하고 있었습니다. 큰외삼촌이 나를 보더니

　"옥희야"하고 부르겠지요.

　"옥희야, 이리 온. 와서 이 아저씨께 인사드려라."

　나는 어째 부끄러워서 비슬비슬하니까 그 낯선 손님이,

　"아, 그 애기 참 곱다. 자네 조카딸인가?"

　하고 큰외삼촌더러 묻겠지요. 그러니까 큰외삼촌은,

　"응, 내 누이의 딸……. 경선군의 유복녀 외딸일세." 하고 대답합니다.

　"옥희야, 이리 온, 응! 그 눈은 꼭 아버지를 닮았네그려."

　하고 낯선 손님이 말합니다.

　"자, 옥희야, 커단 처녀가 왜 저 모양이야. 어서 와서 이 아저씨께 인사드려라. 너희 아버지의 옛날 친구신데, 오늘부터 이 사랑에 계실 텐데 인사 여쭙고 친해 두어야지."

　나는 이 낯선 손님이 사랑방에 계시게 된다는 말을 듣고 갑자기 즐거워졌습니다. 그래서 그 아저씨 앞에 가서 사붓이 절을 하고는 그만 안마당으로 뛰어들어 왔지요. 그 낯선 아저씨와 큰외삼촌은 소리를 내서 크게 웃더군요.

　나는 안방으로 들어오는 나름으로 어머니를 붙들고,

　"엄마, 사랑방에 큰외삼촌이 아저씨를 하나 데리고 왔는데에, 그 아저씨가아 이제 사랑에 있는대."

　하고 법석을 하니까,

　"응, 그래."

하고 어머니는 벌써 안다는 듯이 대수롭잖게 대답을 하더군요. 그래서 나는,

"언제부터 와 있나?"

하고 물으니까,

"오늘부텀."

"애구 좋아."

하고 내가 손뼉을 치니까, 어머니는 내 손을 꼭 붙잡으면서,

"왜 이리 수선이야."

"그럼, 작은외삼촌은 어데루 가나?"

"외삼촌도 사랑에 계시지."

"그럼, 둘이 있나?"

"응."

"한 방에 둘이 있어?"

"왜 장지문 닫구 외삼촌은 아랫방에 계시구, 그 아저씨는 윗방에 계시구, 그러지."

나는 그 아저씨가 어떠한 사람인지는 몰랐으나 첫날부터 내게는 퍽 고맙게 굴고 나도 아저씨가 꼭 마음에 들었어요. 어른들이 저희끼리 말하는 것을 들으니까 그 아저씨는 돌아가신 우리 아버지와 어렸을 적 친구라고요. 어디 먼 데 가서 공부를 하다가 요새 돌아왔는데 우리 동리 학교 교사로 오게 되었대요. 또 우리 큰외삼촌과도 동무인데 이 동리에는 하숙도 별로 깨끗한 곳이 없고 해서 윗사랑으로 와 계시게 되었다고요. 또 우리도 그 아저씨한테서 밥값을 받으면 살림에 보탬도 좀 되고 한다고요.

그 아저씨는 그림책들을 얼마든지 가지고 있어요. 내가 사랑방으로 나가면 그 아저씨는 나를 무릎에 앉히고 그림책들을 보여 줍니다. 또 가끔 과자도 주고요.

어느 날은 점심을 먹고 이내 살그머니 사랑에 나가 보니까 아저씨는 그 때에야 점심을 잡수세요. 그래 가만히 앉아서 점심 잡숫는 걸 구경하고 있노라니까 아저씨가,

"옥희는 어떤 반찬을 제일 좋아하누?"

하고 묻겠지요. 그래 삶은 달걀을 좋아한다고 했더니 마침 상에 놓인 삶은 달걀을 한 알 집어 주면서 나더러 먹으라고 합니다. 나는 그 달걀을 벗겨 먹으면서,

"아저씨는 무슨 반찬이 제일 맛나우?"

하고 물으니까 그는 한참이나 빙그레 웃고 있더니,

"나두 삶은 달걀."

하겠지요. 나는 좋아서 손뼉을 짤깍짤깍 치고,

"아, 나와 같네. 그럼, 가서 어머니한테 알려야지."

하면서 일어서니까 아저씨가 꼭 붙들면서,

"그러지 말어."

그러시겠지요. 그래도 나도 한번 맘을 먹은 다음엔 꼭 그대로 하고야 마는 성미지요. 그래서 안마당으로 뛰쳐 들어가면서,

"엄마, 엄마, 사랑 아저씨두 나처럼 삶은 달걀을 제일 좋아한대."

하고 소리를 질렀지요.

"떠들지 말어."

하고 어머니는 눈을 흘기십니다.

그러나 사랑 아저씨가 달걀을 좋아하는 것이 내게는 썩 좋게 되었어요. 그것은 그 다음부터는 어머니가 달걀을 많이씩 사게 되었으니까요. 달걀 장수 노파가 오면 한꺼번에 열 알도 사고 스무 알도 사고 그래선 두고두고 삶아서 아저씨 상에도 놓고 또 으레 나도 한 알씩 주고 그래요. 그뿐만 아니라 아저씨한테 놀러 나가면 가끔 아저씨가 책상 서랍 속에서 달걀을 한두 알 꺼

내서 먹으라고 주지요. 그래 그 담부터는 나는 아주 실컷 달걀 2424
을 많이 먹었어요. 2431
나는 아저씨가 매우 좋았어요마는 외삼촌은 가끔 툴툴하는 때 2456
가 있었어요. 아마 아저씨가 마음에 안 드나 봐요. 아니, 그것보 2480
다도 아저씨 잔심부름을 꼭 외삼촌이 하게 되니까 그것이 싫어 2505
서 그러나 봐요. 한번은 어머니와 외삼촌이 말다툼하는 것까지 2530
내가 들었어요. 어머니가, 2540
"야, 또 어데 나가지 말구 사랑에 있다가 선생님 들어오시거 2563
든 상 내가야지." 2569
하고 말씀하시니까 외삼촌은 얼굴을 찡그리면서, 2589
"제길, 남 어디 좀 볼일이 있는 날은 으레 끼니 때에 안 들어 2611
오고 늦어지니……." 2617
하고 툴툴하겠지요. 그러니까 어머니는, 2633
"그러니 어짜갔니? 너밖에 사랑 출입할 사람이 어디 있니?" 2655
"누님이 좀 상들고 나가구려. 요샛 세상에 내외합니까?" 2676
어머니는 갑자기 얼굴이 발개지시고 아무 대답도 없이 그냥 2700
외삼촌에게 향하여 눈을 흘기셨습니다. 그러니까 외삼촌은 흥 2724
흥 웃으면서 사랑으로 나갔지요. 2737
나는 유치원에 가서 창가도 배우고 댄스도 배우고 하였습니 2761
다. 유치원 여자 선생님이 풍금을 아주 썩 잘 타요. 그런데 우리 2785
유치원에 있는 풍금은 우리 예배당에 있는 풍금과 아주 다른데 2810
퍽 조그마한 것이지마는 소리는 썩 좋아요. 그런데 우리 집 윗 2834
간에도 유치원 풍금과 똑같이 생긴 것이 놓여 있는 것이 갑자기 2859
생각이 났어요. 그래 그 날 나는 집으로 돌아오는 길로 어머니 2883
를 끌고 윗간으로 가서, 2892
"엄마, 이거 풍금 아니우?" 2901
하고 물으니까 어머니는 빙그레 웃으시면서, 2919

"그렇단다. 그건 어찌 알았니?"

"우리 유치원에 있는 풍금이 이것과 꼭 같은데 무얼. 그럼, 엄마두 풍금 탈 줄 아우?"

하고 나는 다시 물었습니다. 그것은 내가 이때껏 한번도 어머니가 이 풍금 앞에 앉은 것을 본 일이 없기 때문입니다.

어머니는 아무 대답도 아니 하십니다.

"엄마, 이 풍금 좀 타 봐!"

하고 재촉하니까 어머니 얼굴이 약간 흐려지면서,

"그 풍금은 너희 아버지가 날 사다 주신 거란다. 너희 아버지 돌아가신 후로 그 풍금은 이 때까지 뚜껑도 한번 안 열어 보았다……."

이렇게 말씀하시는 어머니 얼굴을 보니까 금방 울음보가 터질 것만 같아 보여서 나는 그만,

"엄마, 나 사탕 주어."

하면서 아랫방으로 끌고 내려왔습니다.

아저씨가 사랑방에 와 계신 지 벌써 여러 밤을 잔 뒤입니다. 아마 한 달이나 되었어요. 나는 거의 매일 아저씨 방에 놀러 갔습니다. 어머니는 나더러 그렇게 가서 귀찮게 굴면 못쓴다고 가끔 꾸지람을 하시지만, 정말이지 나는 조금도 아저씨를 귀찮게 굴지는 않았습니다. 도리어 아저씨가 나를 귀찮게 굴었지요.

"옥희 눈은 아버지를 닮았다. 그 고운 코는 아마 어머니를 닮았지, 고 입하고! 응, 그러냐, 안 그러냐? 어머니도 옥희처럼 곱지, 응?……."

이렇게 여러 가지로 물을 적도 있었습니다. 그래서 나는,

"아저씨, 입때 우리 엄마 못 봤수?"

하고 물었더니, 아저씨는 잠잠합니다. 그래 나는

"우리 엄마 보러 들어갈까?"

하면서 아저씨 소매를 잡아당겼더니, 아저씨는 펄쩍 뛰면서, 3412
"아니, 아니, 안 돼. 난 지금 분주해." 3424
하면서 나를 잡아끌었습니다. 그러나 정말로는 무어 그리 분 3448
주하지도 않은 모양이었어요. 그러니 나더러 가란 말도 않고 그 3473
냥 나를 붙들고 앉아서, 머리도 쓰다듬어 주고 뺨에 입도 맞추 3497
고 하면서, 3501
"요 저고리 누가 해 주지?……. 밤에 엄마하고 한자리에서 3521
자니?" 3523
하는 등 쓸데없는 말을 자꾸만 물었지요. 3539
그러나 웬일인지 나를 그렇게도 귀여워해 주던 아저씨도 아랫 3564
방에 외삼촌이 들어오면 갑자기 태도가 달라지지요. 이것저것 3589
묻지도 않고, 나를 꼭 껴안지도 않고 점잖게 앉아서 그림책이나 3614
보여 주고 그러지요. 아마 아저씨가 우리 외삼촌을 무서워하나 3639
봐요. 3641
하여튼 어머니는 나더러 너무 아저씨를 귀찮게 한다고, 어떤 3665
때는 저녁 먹고 나서 나를 방 안에 가두어 두고 못 나가게 하는 3689
때도 더러 있었습니다. 그러나 조금 있다가 어머니가 바느질에 3714
정신이 팔리어서 골몰하고 있을 때 몰래 가만히 일어나서 나오 3739
지요. 그런 때에는 어머니가 내가 문 여는 소리를 듣고서야 퍼 3763
뜩 정신을 차려서 쫓아와 나를 붙들지요. 그러나 그런 때는 어 3787
머니는 골은 아니 내시고, 3797
"이리 온, 이리 와서 머리 빗고……." 3808
하고 끌어다가 머리를 다시 곱게 땋아 주시지요. 3827
"머리를 곱게 땋고 가야지. 그렇게 되는 대루 하구 가문 아저 3850
씨가 숭보시지 않니?" 3858
하시면서 또 어떤 때에는 머리를 다 땋아 주시고는, 3878
"응, 저고리가 이게 무어냐?" 3888

하시면서 새 저고리를 내어 주시는 때도 있었습니다. 3909
어떤 토요일 오후였습니다. 아저씨는 나더러 뒷동산에 올라가 3933
자고 하셨습니다. 나는 너무나 좋아서 가자고 그러니까 아저씨 3958
가, 3959
"들어가서 어머니께 허락받고 온." 3972
하십니다. 참 그렇습니다. 나는 뛰어 들어가서 어머니께 허락 3996
을 맡았습니다. 어머니는 내 얼굴을 다시 세수시켜 주고 머리도 4021
다시 땋고, 그리고 나서는 나를 아스러지도록 한번 몹시 껴안았 4046
다가 놓아 주었습니다. 4055
"너무 오래 있지 말고, 응." 4064
하고 어머니는 크게 소리치셨습니다. 아마 사랑 아저씨도 그 4088
소리를 들었을 거야요. 4097
뒷동산에 올라가서는 정거장을 한참 내려다보았으나, 기차는 4122
안 지나갔습니다. 나는 풀잎을 쭉쭉 뽑아 보기도 하고 땅에 누 4146
운 아저씨의 다리를 꼬집어 보고 하면서 놀았습니다. 한참 후에 4171
아저씨가 손목을 잡고 내려오는데 유치원 동무들을 만났습 4195
니다. 4197
"옥희가 아빠하구 어디 갔다 온다. 응." 4211
하고 동무들이 말하였습니다. 그 아이는 우리 아버지가 돌아 4235
가신 줄을 모르는 아이였습니다. 나는 얼굴이 빨개졌습니다. 그 4260
때 나는 얼마나, 이 아저씨가 정말 우리 아버지였더라면 하고 4284
생각했는지 모릅니다. 나는 정말로 한번만이라도, 4304
'아빠!' 4306
하고 불러 보고 싶었습니다. 그리고 그 날 그렇게 아저씨하고 4330
손목을 잡고 골목을 지나오는 것이 어찌도 재미가 좋았는지요. 4355
나는 대문까지 와서, 4363
"난 아저씨가 우리 아빠래문 좋겠다." 4377

하고 불쑥 말해 버렸습니다. 그랬더니 아저씨는 얼굴이 홍당무처럼 빨개져서 나를 몹시 흔들면서,

"그런 소리 하문 못써."

하고 말하는데, 그 목소리가 몹시도 떨렸습니다. 나는 아저씨가 몹시 성이 난 것처럼 보여서 아무 말도 못하고 안으로 뛰어 들어갔습니다. 어머니가,

"어데까지 갔던?"

하고 나와 안으며 묻는데, 나는 대답도 못하고 그만 훌쩍훌쩍 울었습니다. 어머니는 놀라서,

"옥희야, 왜 그러니 응?"

하고 자꾸만 물었으나 나는 아무 대답도 못하고 울기만 했습니다.

이튿날은 일요일이어서 나는 어머니와 함께 예배당에를 가려고 차리고 나서, 어머니가 옷을 갈아 입는 동안 잠깐 사랑에를 나가 보았습니다. '아저씨가 아직두 성이 났나?' 하고 가만히 방 안을 들여다보았더니 책상에 앉아서 무엇을 쓰고 있던 아저씨가 내다보면서 빙그레 웃었습니다. 그 웃음을 보고 나는 마음을 놓았습니다. 아저씨가 지금은 성이 풀린 것이 확실하니까요. 아저씨는 나를 이리 보고 저리 보고 훑어보더니,

"옥희, 오늘 어디 가노? 저렇게 곱게 채리구."

하고 물었습니다.

"엄마하구 예배당에 가."

"예배당에?"

하고 나서 아저씨는 잠시 나를 멍하니 바라다보더니,

"어느 예배당에?"

하고 물었습니다.

"요 앞에 예배당에 가지, 뭐.

“응? 요 앞이라니?” 4810
이 때 안에서, 4815
“옥희야.” 4818
하고 부드럽게 부르는 어머니 목소리가 들렸습니다. 나는 얼 4842
른 안으로 뛰어들어오면서 돌아다보니까, 아저씨는 또 얼굴이 4867
빨갛게 성이 났겠지요. 내 원, 참으로 무슨 일로 요새는 아저씨 4891
가 그렇게 성을 잘 내는지 알 수 없었습니다. 4908
예배당에 가서 찬미하고 기도하다가, 기도하는 중간에 갑자기 4933
나는 ‘혹시 아저씨두 예배당에 오지 않았나?’ 하는 생각이 나서 4957
눈을 뜨고 고개를 들어 남자석을 바라다보았습니다. 그랬더니 4982
하, 바로 거기에 아저씨가 와 앉아 있겠지요. 그런데 아저씨는 5006
어른이면서도 눈감고 기도하지 않고, 우리 아이들처럼 눈을 번 5031
히 뜨고 여기저기 두리번두리번 바라봅니다. 나는 얼른 아저씨 5056
를 알아보았는데 아저씨는 나를 못 알아보았는지, 내가 방그레 5081
웃어 보여도 웃지도 않고 멀거니 보고만 있겠지요. 그래, 나는 5105
손을 흔들었지요. 그러니까 아저씨는 얼른 고개를 숙이고 말더 5130
군요. 그 때, 어머니가 내가 팔 흔드는 것을 깨닫고 두 손으로 5153
나를 붙들고 끌어당기더군요. 나는 어머니 귀에다 입을 대고, 5177
“저기 아저씨두 왔어.” 5185
하고 속삭이니까 어머니는 흠칫하면서 내 입을 손으로 막고, 5209
막 잡아 끌어다가 옆에 앉히고 고개를 누르더군요. 보니까 어머 5234
니도 얼굴이 홍당무처럼 빨개졌더군요. 5250
그 날 예배는 아주 젬병이었어요. 웬일인지 예배가 다 끝날 5273
때까지 어머니는 성이 나서 강대만 향하여 앞으로 바라보고 앉 5298
았고, 이전 모양으로 가끔 나를 내려다보고 웃는 일이 없었어 5322
요. 그리고 아저씨를 보려고 남자석을 바라다보아도 아저씨도 5347
한번도 바라다 보아 주지도 않고 성이 나서 앉아 있고, 어머니 5371

는 나를 보지도 않고 공연히 꽉꽉 잡아당기지요. 왜 모두들 그 5395
리 성이 났는지……. 나는 그만 으악 하고 한번 울고 싶었어요. 5417
그러나 바로 멀지 않은 곳에 우리 유치원 선생님이 앉아 있어서 5442
울고 싶은 것을 아주 억지로 참았답니다. 5458
　내가 유치원에 입학한 후 처음 얼마 동안은 유치원에 갈 때나 5482
올 때나 외삼촌이 바래다 주었습니다. 그러나 여러 밤을 자고 5506
난 뒤에는 나 혼자서도 넉넉히 다니게 되었어요. 그러나 언제나 5531
내가 유치원에서 돌아오는 때이면 어머니가 옆 대문(우리 집에 5556
는 대문이 사랑 대문과 옆대문 둘이 있어서 어머니는 늘 옆대문 5581
으로만 출입하시는 것이었습니다.) 밖에 기다리고 섰다가 내가 5606
달음질쳐 가면, 안고 집안으로 들어가곤 하는 것이었습니다. 5630
　그런데 하루는 어쩐 일인지 어머니가 대문간에 보이지를 않겠 5655
지요. 5657
　어떻게도 화가 나던지요. 물론 머리 속으로는 '아마 외할머니 5681
댁에 가셨나부다.' 하고 생각했지마는, 하여튼 내가 돌아왔는데 5706
문간에서 기다리지 않고 집을 떠났다는 것이 몹시 나쁘게 생각 5731
되더군요. 그래서 속으로 '오늘 엄마를 좀 골려야겠다.' 하고 5754
생각하고 있는데 옆대문 밖에서, 5767
　"아이고, 애가 원 벌써 왔나?" 5777
　하는 어머니 목소리가 들리더군요. 그 순간 나는 얼른 신을 5800
벗어 들고 안방으로 뛰어들어가서 벽장문을 열고, 그 속에 들어 5825
가서 숨어 버렸습니다. 5834
　"옥희야, 옥희 너, 여태 안 왔니?" 5845
　하는 어머니 목소리가 바로 뜰에서 나더니, 5862
　"여태 안 왔군." 5867
　하면서 밖으로 나가는 모양이었습니다. 나는 재미가 나서 혼 5890
자 흐흥흐흥 웃었습니다. 5900

한참을 있더니 집에서는 온통 야단이 났습니다. 어머니 목소 5924
리도 들리고, 외할머니 목소리도 들리고, 외삼촌 목소리도 들리 5949
고……. 5950
"글쎄, 하루 종일 집이라군 안 떠났다가 옥희 유치원 파하구 5973
오문 멕일 과자가 없기에 어머님 댁에 잠깐 갔다 왔는데, 고 동 5997
안에 이런 변이 생긴걸……." 6006
하는 것은 어머니 목소리. 6016
"글쎄 유치원에서 벌써 이십 분 전에 떠났다는데 원 중간에 6039
서……." 6040
하는 것은 외할머니 목소리. 6051
"하여튼 내 나가서 돌아댕겨 볼웨다. 원 고것이 어델 갔담?" 6073
하는 것은 외삼촌의 목소리. 6084
이윽고 어머니의 울음소리가 가늘게 들렸습니다. 외할머니는 6108
무어라고 중얼중얼 이야기하는 모양이었습니다. '이젠 그만 하 6133
고 나갈까?' 하고도 생각했으나, '지난 주일날 예배당에서 성냈 6157
던 앙갚음을 해야지.' 하는 생각이 나서 나는 그냥 벽장 안에 누 6181
워 있었습니다. 벽장 안은 답답하고 더웠습니다. 그래서 이윽고 6206
부지중에 나는 슬며서 잠이 들고 말았습니다. 6224
얼마 동안이나 잤는지요? 이윽고 잠을 깨어 보니 아까 내가 6247
벽장 안으로 들어왔던 것은 잊어버리고, 참 이상스러운 데에 내 6272
가 누워 있거든요. 어두컴컴하고 좁고 덥고……. 나는 무서운 6294
생각이 나서 엉엉 울기 시작했지요. 그러자 갑자기 어디 가까운 6319
데서 어머니의 외마디 소리가 나더니 벽장문이 벌컥 열리고 어 6344
머니가 달려들어서 나를 안아 내렸습니다. 6361
"요 망할 것아." 6366
하면서 어머니는 내 엉덩이를 댓 번 때렸습니다. 나는 더욱더 6390
소리를 내면서 울었습니다. 그 때 어머니는 나를 끌어안고 어머 6415

니도 따라 울었습니다. 6424
"옥희야, 옥희야, 응, 이젠 괜찮다. 엄마 여기 있지 않니, 응, 6445
울지마라, 옥희야. 엄마는 옥희 하나문 그뿐이다. 옥희 하나만 6469
바라고 산다. 난 너 하나문 그뿐이야. 세상 다 일이 없다. 옥희 6492
만 있으면 엄마는 산다. 옥희야 응, 울지 마라. 응, 울지 마라." 6514
이렇게 어머니는 나더러 자꾸 울지 말라고 하면서도 어머니는 6539
그치지 않고 그냥 자꾸자꾸 울었습니다. 외할머니는, 6560
"원 고것이 도깨비가 들렸단 말일까, 벽장 속엔 왜 숨는담." 6582
하고 앉아 있고, 외삼촌은, 6592
"에, 재수 메유다." 6598
하면서 밖으로 나갔습니다. 6609
이튿날 유치원을 파하고 집으로 오면서, 나는 갑자기 어제 벽 6633
장 속에 숨었다가 어머니를 몹시 울게 했던 생각이 나서 집으로 6658
돌아가기가 어째 부끄러워졌습니다. '오늘은 어머니를 좀 기쁘 6683
게 해 드려야 할 텐데……. 무엇을 갖다 드리면 기뻐할까?' 하 6704
고 생각하였습니다. 그러자 문득 유치원 안의 선생님 책상 위에 6729
놓여 있던 꽃병 생각이 났습니다. 그 꽃은 개나리도 아니고 진 6753
달래도 아니었습니다. 그런 꽃은 나도 잘 알고, 또 그런 꽃은 벌 6777
써 피었다가 져 버린 후였습니다. 무슨 서양 꽃이려니 하고 나 6801
는 생각하였습니다. 나는 우리 어머니가 꽃을 사랑하는 줄을 잘 6826
압니다. 그래서 그 꽃을 갖다가 드리면 어머니가 몹시 기뻐하려 6851
니 하고 생각하였습니다. 6861
그래서 나는 도로 유치원 방 안으로 들어갔습니다. 마침 방 6884
안에는 아무도 없었습니다. 선생님도 잠깐 어디를 가셨는지 보 6909
이지 않았습니다. 그래, 나는 그 꽃을 두어 개 얼른 빼들고 달음 6933
질쳐 나왔지요. 6939
집에 오니 어머니는 문간에 기다리고 있다가 나를 안고 들어 6963

갔습니다. 6967
"그 꽃은 어디서 났니? 퍽 곱구나." 6979
하고 어머니가 말씀하셨습니다. 그러나 나는 갑자기 말문이 7003
막혔습니다. '이걸 엄마 드릴려구 유치원서 가져왔어' 하고 말 7027
하기가 어째 몹시 부끄러운 생각이 들었습니다. 그래, 잠깐 망 7051
설이다가, 7055
"응, 이 꽃! 저, 사랑 아저씨가 엄마 갖다 주라고 줘." 7073
하고 불쑥 말했습니다. 그런 거짓말이 어디서 그렇게 툭 튀어 7097
나왔는지 나도 모르지요. 7107
꽃을 들고 냄새를 맡고 있던 어머니는 내 말이 끝나기가 무섭 7131
게 무엇에 몹시 놀란 사람처럼 화다닥하였습니다. 그러고는, 금 7156
시에 어머니 얼굴이 그 꽃보다 더 빨갛게 되었습니다. 그 꽃을 7180
든 어머니 손가락이 파르르 떠는 것을 나는 보았습니다. 어머 7204
니는 무슨 무서운 것을 생각하는 듯이 방 안을 휘 한번 둘러보 7228
시더니, 7231
"옥희야, 그런 걸 받아 오문 안 돼." 7243
하고 말하는 목소리가 몹시 떨렸습니다. 나는 꽃을 그렇게도 7267
좋아하는 어머니가 이 꽃을 받고 그처럼 성을 낼 줄은 참으로 7291
뜻밖이었습니다. 어머니가 그렇게도 성을 내는 것을 보니까 그 7316
꽃을 내가 가져왔다고 그러지 않고 아저씨가 주더라고 거짓말 7341
을 한 것이 참 잘 되었다고 나는 속으로 생각했습니다. 어머니 7364
가 성을 내는 까닭을 나는 모르지만, 하여튼 성을 낼 바에는 내 7388
게 내는 것보다 아저씨에게 내는 것이 내게는 나았기 때문입니 7413
다. 한참 있더니 어머니는 나를 방안으로 데리고 들어와서, 7436
"옥희야, 너 이 꽃 얘기 아무 보구두 하지 말아라, 응." 7455
하고 타일러 주었습니다. 나는, 7467
"응." 7468

하고 대답하면서 고개를 여러 번 까닥까닥했습니다. 7489
어머니가 그 꽃을 곧 내버릴 줄로 나는 생각했습니다마는 내 7513
버리지 않고 꽃병에 꽂아서 풍금 위에 놓아 두었습니다. 아마 7537
퍽 여러 밤 자도록 그 꽃은 거기 놓여 있어서 마지막에는 시들 7561
었습니다. 꽃이 다 시들자 어머니는 가위로 그 대를 잘라내버리 7586
고 꽃만은 찬송가 갈피에 곱게 끼워 두었습니다. 7605
내가 어머니께 꽃을 갖다 주던 날 밤에 나는 또 사랑에 놀러 7628
나가서 아저씨 무릎에 앉아서 그림책을 보고 있었습니다. 갑자 7653
기 아저씨 몸이 흠칫하였습니다. 그러고는 귀를 기울입니다. 나 7678
도 귀를 기울였습니다. 7687
풍금 소리! 그 풍금 소리는 분명 안방에서 흘러 나오는 것이었 7711
습니다. 7714
"엄마가 풍금 타나 부다." 7723
하고 나는 벌떡 일어나서 안으로 뛰어들어왔습니다. 안방에는 7748
불을 켜지 않았습니다. 그러나 그 때는 음력으로 보름께나 되어 7773
서 달이 낮같이 밝은데 은빛 같은 흰 달빛이 방 한 절반 가득히 7797
차 있었습니다. 나는 그 흰옷을 입은 어머니가 풍금 앞에 앉아 7821
서 고요히 풍금을 타는 것을 보았습니다. 7837
나는 나이 지금 여섯 살밖에 안 되었지마는, 하여튼 어머니가 7861
풍금을 타시는 것을 보는 것은 오늘이 처음이었습니다. 어머니 7886
는 우리 유치원 선생님보다도 풍금을 더 잘 타시는 것이었습니 7911
다. 나는 어머니 곁으로 갔습니다마는 어머니는 내가 곁에 온 7935
것도 깨닫지 못하는지 그냥 까딱 아니하고 앉아서 풍금을 탔습 7960
니다. 조금 있더니 어머니는 풍금 곡조에 맞추어 노래를 부르기 7985
시작하였습니다. 어머니의 목소리가 그렇게도 아름다운 것도 8010
나는 이때까지 모르고 있었습니다. 8024
어머니는 참으로 우리 유치원 선생님보다도 목소리가 훨씬 더 8049

곱고, 또 노래도 훨씬 더 잘 부르시는 것이었습니다. 나는 가만 8073
히 서서 어머님 노래를 들었습니다. 그 노래는 마치도 은실을 8097
타고 별나라에서 내려오는 노래처럼 아름다웠습니다. 그러나 8122
얼마 오래지 않아 목소리는 약간 떨리기 시작하였습니다. 가늘 8147
게 떨리는 노랫소리, 그에 따라 풍금의 가는 소리도 바르르 떠 8171
는 듯했습니다. 노랫소리는 차차 가늘어지더니 마지막에는 사 8196
르르 없어져 버렸습니다. 풍금 소리도 사르르 없어졌습니다. 어 8221
머니는 고요히 일어나시더니 옆에 섰는 내 머리를 쓰다듬었습 8246
니다. 그 다음 순간, 어머니는 나를 안고 마루로 나오셨습니다. 8270
어머니는 아무 말씀도 없이 그냥 꼭꼭 껴안는 것이었습니다. 달 8295
빛을 함빡 받는 내 어머니 얼굴은 몹시도 새하얗다고 생각되었 8320
습니다. 우리 어머니는 참으로 천사 같다고 생각하였습니다. 8344

우리 어머니의 새하얀 두 뺨 위로 쉴 새 없이 두 줄기 눈물이 8367
줄줄 흘러내리고 있는 것을 나는 보았습니다. 그것을 보니 나도 8392
갑자기 울고 싶어졌습니다. 8403

"어머니, 왜 울어?" 8409

하고 나도 훌쩍거리면서 물었습니다. 8424

"옥희야." 8427

"응?" 8428

한참 동안 어머니는 아무 말씀도 없었습니다. 그러나 한참 8451
후에, 8453

"옥희야 , 난 너 하나문 그뿐이다." 8465

"엄마." 8467

어머니는 다시 대답이 없으셨습니다. 8482

하루는 밤에 아저씨 방에서 놀다가 졸려서 안방으로 들어오려 8507
고 일어서니까 아저씨가 하아얀 봉투를 서랍에서 꺼내어 내게 8532
주었습니다. 8537

"옥희, 이거 갖다가 엄마 드리고 지나간 달 밥값이라구, 응?" 8559
나는 그 봉투를 갖다가 어머니에게 드렸습니다. 어머니는 그 8583
봉투를 받아 들자 갑자기 얼굴이 파랗게 질렸습니다. 그 전날 8607
달밤에 마루에 앉았을 때보다도 더 새하얗다고 생각되었습니 8632
다. 어머니는 그 봉투를 들고 어쩔 줄을 모르는 듯이 초조한 빛 8656
이 나타났습니다. 나는, 8665
"그거 지나간 달 밥값이래." 8675
하고 말을 하니까, 어머니는 갑자기 잠자다 깨난 사람처럼 8698
"응?" 8699
하고 놀라더니, 또 금시에 백지장같이 새하얗던 얼굴이 발갛 8723
게 물들었습니다. 봉투 속으로 들어갔던 어머니의 파들파들 떨 8748
리는 손가락이 지전을 몇 장 끌고 나왔습니다. 어머니는 입술에 8773
약간 웃음을 띠면서 후하고 한숨을 내쉬었습니다. 그러나 그것 8798
도 잠시 다시 어머니는 무엇에 놀랐는지 흠칫하더니 금시에 얼 8823
굴이 새하얘지고 입술이 바르르 떨렸습니다. 어머니의 손을 바 8848
라다보니 거기에는 지전 몇 장 외에 네모로 접은 하얀 종이가 8872
한 장 잡혀 있는 것이었습니다. 8884
어머니는 한참을 망설이는 모양이었습니다. 그러나 무슨 결심 8909
을 한 듯이 입술을 악물고, 그 종이를 차근차근 펴 들고 그 안에 8933
쓰인 글을 읽었습니다. 나는 그 안에 무슨 글이 씌어 있는지 알 8957
도리가 없었으나 어머니는 그 글을 읽으면서 금시에 얼굴이 파 8982
랬다 발갰다 하고, 그 종이를 든 손은 이제는 바들바들이 아니 9006
라 와들와들 떨리어서 그 종이가 부석부석 소리를 내게 되었습 9031
니다. 9033
한참 후에 어머니는 그 종이를 아까 모양으로 네모지게 접어 9057
서 돈과 함께 봉투에 도로 넣어 반짇고리에 던졌습니다. 그러고 9082
는 정신나간 사람처럼 멀거니 앉아서 전등만 쳐다보는데 어머 9107

니 가슴이 불룩불룩합니다. 나는 혹시 어머니가 병이나 나지 않 9132
았나 하고 염려가 되어서 얼른 가서 무릎에 안기면서, 9153
"엄마, 잘까?" 9157
하고 말했습니다. 9164
엄마는 내 뺨에 입을 맞추어 주었습니다. 그런데 어머니의 입 9188
술이 어쩌면 그리도 뜨거운지요. 마치 불에 달군 돌이 볼에 와 9212
닿는 것 같았습니다. 9220
한잠을 자고 나서 잠이 채 깨지는 않았으나, 어렴풋한 정신으 9244
로 옆을 쓸어 보니 어머니가 없었습니다. 가끔 가다가 나는 그 9268
런 버릇이 있어요. 어렴풋한 정신으로 옆을 쓸면 어머니의 보드 9293
라운 살이 만져지지요. 그러면 다시 나는 잠이 들어 버리곤 하 9317
는 것이었습니다. 9324
어머니가 자리에 없다는 것을 알게 되자 나는 갑자기 무서워 9348
졌습니다. 그래서 잠은 다 달아나고 눈을 번쩍 뜨고 고개를 돌 9372
려 살펴보았습니다. 방 안은 불을 안 켰지만 어슴푸레하게 밝았 9397
습니다. 뜰로 하나 가득한 달빛이 방 안에까지 희미한 밝음을 9421
던져 주는 것이었습니다. 윗목을 보니 우리 아버지의 옷을 넣어 9446
두고 가끔 어머니가 꺼내어 쓸어 보시는 그 장롱문이 열려 있 9470
고, 그 아래 방바닥에는 흰옷이 한무더기 널려 있습니다. 그리 9494
고 그 옆에는 장롱을 반쯤 기대고 자리옷만 입은 어머니가 주춤 9519
하고 앉아서 고개를 위로 쳐들고 눈은 감고 무엇이라고 입술로 9544
소곤소곤 외고 있는 것이 보였습니다. 아마 기도를 하나 보다 9568
하고 나는 생각했습니다. 나는 자리에서 일어나 기어가서 어머 9593
니 무릎을 빼개고 기어들어 갔습니다. 9608
"엄마, 무얼 해?" 9613
어머니는 소곤거리기를 그치고 눈을 떠서 나를 한참이나 물끄 9638
러미 들여다보십니다. 9647

"옥희야."

"응?"

"가서 자자."

"엄마두 같이 자."

"응, 그래 엄마두 같이 자."

그 목소리가 어쩨 싸늘하다고 내게 생각되었습니다.

어머니는 돌아가신 아버지의 옷들을 한 가지씩 들고는 손바닥으로 쓸어 보고는 장롱 안에 넣었습니다. 하나씩 하나씩 쓸어 보고는 장롱에 넣곤 하여 그 옷을 다 넣은 다음, 장롱문을 닫고 쇠를 채우고 그러고 나서 나를 안고 자리로 돌아왔습니다.

"엄마, 우리 기도하고 자?"

하고 나는 물었습니다. 어머니는 나를 밤마다 재워 줄 때마다 반드시 기도를 하는 것이었습니다. 내가 할 줄 아는 기도는 주기도문 뿐이었습니다. 그 뜻은 하나도 모르지만 어머니를 따라서 자꾸자꾸 해보아서 지금에는 나도 주기도문을 잘 외웁니다. 그런데 웬일인지 어젯밤 잘 때에는 어머니가 기도할 것을 잊어버리고 그냥 잤던 것이 지금 생각이 났기 때문에 나는 그렇게 물었던 것입니다. 어젯밤 자리에 들 때 내가 '기도할까?' 하고 말하고 싶었으나, 어머니가 너무도 슬픈 빛을 띠고 있어서 그만 나도 가만히 아무 소리없이 잠이 들고 말았던 것입니다.

"응, 기도하자."

"엄마가 기도해."

하고 나는 갑자기 어머니의 기도하는 보드라운 음성이 듣고 싶어져서 말했습니다.

"하늘에 계신 우리 아버지시여."

어머니는 고요히 기도를 시작하였습니다.

"이름이 거룩히 여김을 받으시오며, 나라이 임하옵시며, 뜻이

하늘에서 이룬 것같이 땅에서도 이루어지이다. 오늘날 우리에 10135
게 일용할 양식을 주옵시고, 우리가 우리에게 죄 지은 자를 사 10159
하여 준 것같이 우리 죄를 사하여 주옵시고, 우리를 시험에 들 10183
지 말게 하옵시고……. 우리를 시험에 들지 말게 하옵시고……. 10204
시험에 들지 말게 ……. 시험에 들지 말게 …….” 10218
이렇게 어머니는 자꾸 되풀이하였습니다. 나도 지금은 막히지 10243
않고 줄줄 외는 주기도문을 글쎄 어머니가 막히다니 참으로 우 10268
스운 일이었습니다. 10276
“시험에 들지 말게 ……. 시험에 들지 말게 …….” 10290
하고 자꾸만 되풀이하는 것을 나는 참다못해서, 10309
“엄마 내 마저 할게.” 10316
하고, 10318
“다만 악에서 구하옵소서. 대개 나라와 권세와 영광이 아버지 10342
께 영원히 있사옵나이다.” 10352
하고 내가 겨우 끝을 마쳤습니다. 어머니는 한참이나 가만 있 10376
다가 오랜 후에야 겨우, 10385
“아멘.” 10387
하고 속살거렸습니다. 10396
요새 와서 어머니의 하는 일이란 참으로 알 수 없는 노릇입니 10420
다. 어떤 때는 어머니도 퍽 유쾌하셨습니다. 밤에 때로는 풍금 10444
을 타고 또 때로는 찬송가도 부르고 그러실 때에는 나도 너무도 10469
좋아서 가만히 어머니 옆에 앉아서 듣습니다. 그러나 가끔가끔 10494
그 독창은 소리 없는 울음으로 끝을 맺는 때가 많은데, 그런 때 10518
면 나도 따라서 울었습니다. 그러면 어머니는 나를 안고 내 얼 10542
굴에 돌아가면서 무수히 입을 맞추어 주면서, 10560
“엄마는 옥희 하나문 그뿐이야, 응, 그렇지…….” 10576
하시면서 언제까지나 언제까지나 우시는 것이었습니다. 10599

어떤 일요일날, 그렇지요, 그것은 유치원 방학하고 난 그 이튿날이었습니다. 그 날 어머니는 갑자기 머리가 아프시다고 예배당에를 그만두었습니다. 사랑에서는 아저씨도 어디 나가고, 외삼촌도 어디 나가고, 집에는 어머니와 나와 단 둘이 있었는데, 머리가 아프다고 누워 계시던 어머니가 갑자기 나를 부르시더니,

"옥희야, 너 아빠가 보고 싶니?"

하고 물으십니다.

"응, 우리두 아빠 하나 있으문."

하고, 나는 혀를 까불고 어리광을 좀 부려가면서 대답을 했습니다. 한참 동안을 어머니는 아무 말씀도 아니 하시고 천장만 바라보시더니,

"옥희야, 옥희 아버지는 옥희가 세상에 나오기도 전에 돌아가셨단다. 옥희두 아빠가 없는 건 아니지. 그저 일찍 돌아가셨지. 옥희가 이제 아버지를 새로 또 가지면 세상이 욕을 한단다. 옥희는 아직 철이 없어서 모르지만 세상이 욕을 한단다. 사람들이 욕을 해. 옥희 어머니는 화냥년이다, 이러구 세상이 욕을 해. 옥희 아버지는 죽었는데 옥희는 아버지가 또 하나 생겼대, 참 망측두 하지, 이러구 세상이 욕을 한단다. 그리 되문 옥희는 언제나 손가락질 받구, 옥희는 커두 시집두 훌륭한 데 못 가구. 옥희가 공부를 해서 훌륭하게 돼두, 에 그까짓 화냥년의 딸, 이러구 남들이 욕을 한단다."

이렇게 어머니는 혼잣말 하시듯 드문드문 말씀하셨습니다. 그러고는 한참 후에,

"옥희야."

하고 또 부르십니다.

"응?"

"옥희는 언제나, 언제나 내 곁을 안 떠나지. 옥희는 언제나 언제나 엄마하구 같이 살지. 옥희는 엄마가 늙어서 꼬부랑 할미가 되어두, 그래두 옥희는 엄마하구 같이 살지. 옥희가 유치원 졸업하구, 또 소학교 졸업하구, 또 중학교 졸업하구, 또 대학교 졸업하구, 옥희가 조선서 제일 훌륭한 사람이 돼두, 그래두 옥희는 엄마하구 같이 살지. 응! 옥희는 엄마를 얼만큼 사랑하나?"

"이만큼."

하고 나는 두 팔을 짝 벌리어 보였습니다.

"응? 얼만큼? 응! 그만큼! 언제나, 언제나 옥희는 엄마만 사랑하지, 그리구 공부두 잘 하구, 그리구 훌륭한 사람이 되구."

나는 어머니의 목소리가 떨리는 것으로 보아 어머니가 또 울까봐 겁이 나서,

"임마, 이만금, 이만금."

하면서 두 팔을 짝짝 벌리었습니다.

어머니는 울지 않으셨습니다.

"응, 그래, 옥희 엄마는 옥희 하나문 그뿐이야. 세상 다른 건 다 소용 없어, 우리 옥희 하나문 그만이야. 그렇지, 옥희야."

"응!"

어머니는 나를 당기어서 꼭 껴안고 내 가슴이 막혀 들어올 때까지 자꾸만 껴안아 주었습니다.

그 날 밤 저녁밥 먹고 나니까 어머니는 나를 불러 앉히고 머리를 새로 빗겨 주었습니다. 댕기를 새 댕기를 드려 주고, 바지, 저고리, 치마, 모두 새것을 꺼내 입혀 주었습니다.

"엄마, 어디 가?"

하고 물으니까,

"아니."

하고 웃음을 띠면서 대답합니다. 그러더니 새로 다린 하얀 손

수건을 내리어 내 손에 쥐어 주면서, 11544
"이 손수건, 저 사랑 아저씨 손수건인데, 이것 아저씨 갖다 드 11567
리구 와 응. 오래 있지 말구 손수건만 갖다 드리구 이내 와, 응." 11590
하고 말씀하셨습니다. 11599
손수건을 들고 사랑으로 나가면서 나는 접어진 손수건 속에 11623
무슨 발각발각하는 종이가 들어 있는 것처럼 생각되었습니다마 11649
는, 그것을 펴 보지 않고 그냥 갖다가 아저씨에게 주었습니다. 11673
아저씨는 방에 누워 있다가 벌떡 일어나서 손수건을 받는데, 11697
웬일인지 아저씨는 이전처럼 나보고 빙그레 웃지도 않고 얼굴 11722
이 몹시 파래졌습니다. 그리고는 입술을 질근질근 깨물면서 말 11747
한마디 아니하고 그 수건을 받더군요. 11762
나는 어째 이상한 기분이 돌아서 아저씨 방에 들어가 앉지도 11786
못하고 그냥 되돌아서 안방으로 도로 왔지요. 어머니는 풍금 앞 11811
에 앉아서 무엇을 그리 생각하는지 가만히 있더군요. 나는 풍금 11836
옆으로 가서 가만히 그 옆에 앉아 있었습니다. 이윽고 어머니는 11861
조용조용히 풍금을 타십니다. 무슨 곡인지는 몰라도 어째 구슬 11886
프고 고즈넉한 곡조야요. 11896
밤이 늦도록 어머니는 풍금을 타셨습니다. 그 구슬프고 고즈 11920
넉한 곡조를 계속하고 또 계속하면서 ……. 11935
여러 밤을 자고 난 어떤 날 오후에 나는 오래간만에 아저씨 방 11959
엘 나가 보았더니 아저씨가 짐을 싸느라구 분주하겠지요. 내가 11984
아저씨에게 손수건을 갖다 드린 다음부터는 웬일인지 아저씨가 12010
나를 보아도 언제나 슬픈 사람, 무슨 근심이 있는 사람처럼 아 12034
무 말도 없이 나를 물끄러미 바라다만 보고 있어서 나도 그리 12058
자주 놀러 오지는 않았던 것입니다. 그랬었는데 이렇게 갑자기 12083
짐을 꾸리는 것을 보고 나는 놀랐습니다. 12099
"아저씨 어데 가우?" 12106

"응, 멀리루 간다."

"언제?"

"오늘 기차 타구!"

"응, 기차 타구 …… 갔다가 언제 또 오우?"

아저씨는 아무 대답도 없이 서랍에서 예쁜 인형을 하나 꺼내서 내게 주었습니다.

"옥희, 이것 가져, 응. 옥희는 아저씨 가구 나문 아저씨 이내 잊어버리구 말겠지!"

나는 갑자기 슬퍼졌습니다. 그래서,

"아니."

하고 얼른 대답하고, 인형을 안고 안으로 들어왔습니다.

"엄마, 이것 봐. 아저씨가 이것 나 줬다우. 아저씨가 오늘 기차타구 먼 데루 간대."

하고 내가 말했으나 어머니는 대답이 없으십니다.

"엄마, 아저씨 왜 가우?"

"학교 방학했으닌깐 가지."

"어디루 가우?"

"아저씨 집으루 가지 어디루 가."

"갔다가 또 오우?"

어머니는 대답이 없으십니다.

"난 아저씨 가는 거 나쁘다."

하고 입을 쫑긋했으나 어머니는 그 말을 대답 않고,

"옥희야, 벽장에 가서 달걀 몇 알 남았나 보아라."

하고 말씀하셨습니다.

나는 깡총깡총 방 안으로 들어갔습니다. 달걀은 여섯 알이 있었습니다.

"여스 알."

하고 나는 소리쳤습니다.

"응, 다 가지고 이리 나오너라."

어머니는 그 달걀 여섯 알을 다 삶았습니다. 그 삶은 달걀 여섯 알을 손수건에 싸 놓고 또 반지에 소금을 조금 싸서 한 귀퉁이에 넣었습니다.

"옥희야, 너 이것 갖다 아저씨 드리구, 가시다가 찻간에서 잡수시랜다구, 응."

그 날 오후에 아저씨가 떠나간 다음, 나는 방에서 아저씨가 준 인형을 업고 자장자장 잠을 재우고 있었습니다. 어머니가 부엌에서 들어오시더니,

"옥희야, 우리 뒷동산에 바람이나 쐬러 올라 갈까?"

하십니다.

"응, 가, 가."

하면서 나는 좋아 덤비었습니다. 잠깐 다녀올 터이니 집을 보고 있으라고 외삼촌에게 이르고 어머니는 내 손목을 잡고 나섰습니다.

"엄마 나 저, 아저씨가 준 인형 가지고 가?"

"그러렴."

나는 인형을 안고 어머니 손목을 잡고 뒷동산으로 올라갔습니다. 뒷동산에 올라가면 정거장이 빤히 내려다보입니다.

"엄마, 저 정거장 봐. 기차는 없군."

어머니는 아무 말씀도 없이 가만히 서 계십니다. 사르르 바람이 와서 어머니 모시 치맛자락을 산들산들 흔들어 주었습니다. 그렇게 산 위에 가만히 서 있는 어머니는 다른 때보다도 더 한층 이쁘게 보였습니다.

저 편 산모퉁이에서 기차가 나타났습니다.

"아, 저기 기차 온다."

하고 나는 좋아서 소리쳤습니다. 12858
기차는 정거장에서 잠시 머물더니 금시에 삑 하고 소리를 지 12882
르면서 움직였습니다. 12891
"기차 떠난다." 12896
하면서 나는 손뼉을 쳤습니다. 기차가 저 편 산모퉁이 뒤로 12919
사라질 때까지, 그리고 그 굴뚝에서 나는 연기가 하늘 위로 모 12943
두 흩어져 없어질 때까지, 어머니는 가만히 서서 그것을 바라다 12968
보았습니다. 12973
뒷동산에서 내려오자 어머니는 방으로 들어가시더니 이때까 12998
지 뚜껑을 늘 열어 두었던 풍금 뚜껑을 닫으십니다. 그리고는, 13022
거기 쇠를 채우고 그 위에다가 이전 모양으로 반짇고리를 얹어 13047
놓으십니다. 그리고는 그 옆에 있는 찬송가를 맥없이 들고 뒤적 13072
뒤적하시더니 빼빼 마른 꽃송이를 그 갈피에서 집어 내시더니, 13097
"옥희야, 이것 내다 버려라." 13107
하고 그 마른 꽃을 내게 주었습니다. 그 꽃은 내가 유치원에 13130
서 갖다가 어머니께 드렸던 그 꽃입니다. 그러자 옆 대문이 삐 13154
걱 하더니, 13158
"달걀 사소." 13162
하고 매일 오는 달걀 장수 노파가 달걀 광주리를 이고 들어왔 13186
습니다. 13189
"인젠 우리 달걀 안 사요. 달걀 먹는 이가 없어요." 13207
하시는 어머니 목소리는 맥이 한푼어치도 없었습니다. 13229
나는 어머니의 이 말씀에 놀라서 떼를 좀 써 보려 했으나, 석 13252
양에 빤히 비치는 어머니 얼굴을 볼 때 그 용기가 없어지고 말 13276
았습니다. 그래서 아저씨가 주신 인형 귀에다가 내 입을 갖다 13300
대고 가만히 속삭이었습니다. 13312
"얘 우리 엄마가 거짓부리 썩 잘 하누나. 내가 달걀 좋아하는 13335

줄을 잘 알문성 생 먹을 사람이 없대누나. 떼를 좀 쓰구 싶다만, 13359
저 우리 엄마 얼굴을 좀 봐라. 어쩌문 저리두 새파래졌을까? 아 13383
마 어데가 아픈가 보다." 라고요. 13395

최초 속도 측정글

박과 봉숭아

마해송
최초 속도 측정글 / 초등부용

조그마한 집 울타리 밑에 봉숭아의 싹이 터서 하트 모양으로 된 떡잎 두 잎이 예쁘게 피었다.

"이이, 예쁘기도 해라! 네가 누구냐?"

하고 굵은 소리로 물은 이가 있었다.

봉숭아는 고개를 돌려서 그 소리 나는 곳을 찾았다.

넓데데하고 길쭉하고 두툼한 떡잎 두 잎이 모양도 없이 서 있는 것이 보였다.

"아유, 못나기도 하지. 당신은 뭐유?"

하고 봉숭아는 되물었다.

"나는 박이지! 그렇게 못나 뵈나? 그런데 너는?"

"나는 봉숭아지! 봉숭아도 몰라보는구먼!"

봉숭아는 샐쭉하고 대답했다.

"오오, 봉숭아로구나! 참 예쁘기도 하다. 다리가 빨간 게 더 예쁘구나! 꼭 병아리 발 같구나!"

"병아리는 왜? 봉숭아면 봉숭아지."

햇볕이 따뜻하게 쬐어서 제법 따끈따끈했다.

더위에 지칠 때쯤 되니, 햇볕이 지나가고 그늘이 졌다.

집에서 아기가 나오더니 조그만 바가지로 물을 떠서 조심스럽게 주었다.

“아이, 시원해! 살 것 같다!”

봉숭아가 말했다.

“참, 시원하다. 착한 아기다!”

박도 말했다.

시원한 물을 받아서 몸이 부쩍 늘었다.

하룻밤을 자고 보니, 모두 키가 자랐다.

아침저녁에 아기는 물을 주고 날마다 햇볕이 따뜻해서 자꾸자꾸 자랐다.

며칠이 지나니 봉숭아는 또 예쁜 뾰족한 잎이 두 개 피고, 박은 키가 부쩍 자란 위에 다섯 모진 넓적한 잎이 피고, 그 위에 또 큰 잎이 피었다.

더 큰 잎은 더 커졌다. 그리고 그 위로 또 뻗어 올라가서 또 잎이 피었다.

그렇게 되니, 아침에는 아무렇지도 않았으나 낮이 되어서 햇볕이 가장 따뜻해질 때에는 박잎의 그림자가 봉숭아에 걸려서 봉숭아는 햇볕을 못 보게 되었다.

“아이, 이게 웬일야!”

봉숭아가 소리를 질렀다.

“응, 왜 그래?”

박이 물었다.

“갑자기 시원해져서 웬일인가 했더니 당신의 잎이 그늘지게 해 주는구려! 추워 못 살겠소. 어서 비켜 주소.”

“오오, 그렇구나! 이거 안됐구나. 미안하구나.”

“어서 비켜 줘요!”

봉숭아는 쏘아붙였다.

그러나 미안하다고 말한 박잎이 그렇게 큰 게 다른 곳으로 옮겨 갈 수는 없었다.

봉숭아는 화를 발칵 내며 또 종알거렸다.

"세상에두! 저렇게 못생긴 박이 무엇 하러 세상에 나서 날 못 살게 굴어! 아이, 덩치만 큰 게 보기도 싫다."

그러니까 박이 대답했다.

"미안하다. 너는 예쁘기 때문에 아기나 색시들의 귀여움을 받지만, 나는 또 이 모양대로 귀여움도 받고 쓸모도 있단다."

"아유, 당신 같은 걸 누가 귀여워해!"

하고 깔깔거리니 박은 점잖게 이렇게 말했다.

"들어 보아라! 첫째 너에게 아침저녁으로 물을 줄 때에 아기가 무엇에다 시원한 물을 담아 오던? 그게 박이 아니냐? 바가지지! 물을 줄 때에는 내가 아주 긴하거든. 그리고 또 들어 보아라! 세상에 제일 고상한 꽃이 무엇이냐? 연못에 피는 연꽃을 제일로 치지 않니? 연꽃에야 어디 비길 수도 없는 일이지만, 그와 비슷한 꽃이 이른 봄에 피는 목련이구나! 목련도 참 고상한 꽃이지. 고목나무 같은 마른 가지에 잎 하나 없이 큼직한 목련꽃이 활짝 핀 것을 보면 세상에 이런 꽃도 있었나 싶어 모두 쳐다보는구나! 그런데 박꽃은 연꽃에는 물론 비길 수도 없는 일이고, 목련에 견줄 수도 없기는 하지만, 사람들이 모두 풀이 죽도록 더위에 시달린 다음, 시원한 저녁이 되면 박덩굴에 여기저기 하얀 꽃이 덤덤히 피어서 마치 이른 봄에 피는 목련꽃을 보는 듯이 마음이 맑아지고 시원해지지 않겠니? 더욱이 달이나 있어 보아라. 달밤에 보는 박꽃이란 세상에 이런 꽃이 있었나 싶어 모두들 쳐다보는구나!"

가만히 듣고 있던 봉숭아는 뾰로통해서 이렇게 말했다.

"능청스럽게도! 대기는 높이만 대는구나. 아기나 색시들은 봉숭아가 제일이지, 박꽃 쳐다보는 색시란 들어 본 일도 없수. 여름밤이면 색시들은 봉숭아 따다가 백반 가루 섞어서 돌로 꽁꽁 찧어 가지고 손톱 발톱에 동여매고 하루밤을 같이 자면, 이튿날 아침이면 손톱 발톱이 빨갛게 물들어 예뻐지지 않겠수. 그러면 사랑하는 사람이 그 아름다운 손을 만지작거리고, 또 입을 맞추어 주지 않겠수! 나같이 귀여움 받고, 나같이 행복한 꽃이 또 어디 있단 말유. 모르면 국으로 잠자코나 있지 않구! 그렇지만 난 추워서 못견디겠으니 좀 비켜 줘요. 앵! 앵!"

박은 아무 말이 없었다. 비켜 주지도 않았다. 비켜 줄 수가 없는지도 몰랐다. 봉숭아는 햇볕이 그리워서 못견디었다. 박잎의 그늘에서 나오려고 애를 썼다. 빨간 다리를 구부려서 그늘 밖으로 갸웃이 나왔다. 저녁때 물 주러 온 아기가 갸우뚱한 봉숭아를 보고 이렇게 말했다.

"아이, 가엾어라. 봉숭아가 박잎에 덮여 밖으로 나오려고 꼬부랑 봉숭아가 됐네! 비가 오면 다른 데로 모종을 해야겠다."

비가 왔다.

밤중에 내리기 시작한 비는 아침에도 쉬지 않고 철철 내렸다.

아기는 우산을 받고 울타리 앞으로 나왔다.

"아이, 가없어라. 꼬부랑 봉숭아야!"

하고 꼬부랑 봉숭아를 고이 뽑아서 다른 곳에다 심어 주었다.

비가 많이 와서 물이 많이 괴었기 때문에 옮겨 심은 봉숭아는 마음대로 뿌리를 이리저리 뻗칠 수 있었다.

뿌리가 자리를 잡고 나니 옮겨 심은 것 같지도 않게 빳빳이 설 수 있었다.

봉숭아는 정신을 차리고 사방을 둘러보았다.

띄엄띄엄 봉숭아가 많이 있었다. 박은 보이지 않았다.

시원하기도 하고 섭섭한 생각도 났다.

"여보, 박은 어디 있소?"

봉숭아가 이렇게 불러 보았다.

"오오, 예쁜 봉숭아로구나! 나는 여기 그대로 있다. 너는 옮겨가서 인제 해님이 나면 내가 가리지 않게 되었으니 좋겠다."

"좋구말구요. 어서 해님이 나왔으면 좋겠어!"

"예쁜 봉숭아가 멀리 가서 나는 좀 섭섭하구나. 그런데 큰일났다."

"무엇이 큰일야?"

"비가 너무 쏟아져서 자꾸 발이 빠지는데 뿌리가 똥더미에 닿은 모양야. 자꾸 저려 오는 게 이상해. 썩는 모양이지?"

"호호호호??"

봉숭아는 깔깔거리고 웃음을 그치지 않았다.

"웃는 게 아니야, 똥이야 좋은 거지. 우리의 양분이 되니까 좋은 건데, 좀 더 썩어야 좋고, 좀 더 멀찌감치 있어야 좋은데 이거 큰일났다."

"호호호호??"

봉숭아는 깔깔거리고 웃음을 그치지 않았다.

박은 또 말하는 것이었다.

"웃을 게 아니야! 사람들도 맛이 있다고 해서 단 것을 지나치게 먹으면 이에 벌레가 생겨서 못 쓰게 되지 않나? 얼굴에 분칠하고 연지 찍으면 예뻐지지만 너무 지나치게 하면 그것도 벌레가 생기거든. 우리 예쁜 봉숭아도 너무 치장만 하지 마라. 너무 하면 벌레가 생겨서 병들게 되거든."

"야유 망측해라! 별소리를 다 하네."

봉숭아는 뾰로통했다.

"그러나저러나 어서 비가 개었으면 좋겠다. 발이 쑤셔서 못살겠다."

박은 한숨을 쉬고 탄식했다.

밤 사이 비가 개고 이튿날 아침에는 해가 번쩍 눈이 부시게 떴다.

봉숭아는 부쩍부쩍 자랐다. 박은 울타리를 타고 자꾸 위로 올라가서 지붕 위까지 올라갔다.

봉숭아는 새빨간 꽃이 다닥다닥 피었다. 아기들은 봉숭아를 아름답다 하고 곱다 하고 만지작거리며 예뻐했다.

그럴 때마다 봉숭아는 여봐란 듯이 박을 쳐다보고 생글생글 웃었다.

그러나 박은 언제나,

“참, 봉숭아는 예뻐!”

“참, 봉숭아는 아름다워!”

하고 칭찬해 주었다.

어느 날 밤이었다.

달이 밝았다.

온 울타리와 지붕 위에도 박꽃이 활짝 피었는데 박꽃은 봉숭아를 불렀다.

봉숭아는 잠이 담뿍 들어서 박이 아무리 불러도 깨지 않았다.

바람이 휘이 불었다.

봉숭아를 부르는 소리는 바람을 타고 봉숭아에게 들렸다.

“으응, 누구야, 날 부르는 게?”

봉숭아는 겨우 잠이 깨서 잠꼬대같이 말했다.

“나야, 박이야! 여기를 좀 봐. 박꽃이 많이 피었으니 좀 봐.”

봉숭아는 어리둥절해서 휘휘 둘러보았다.

이슬을 받아서 싱싱하게 빛나는 푸른 잎 천지에 새하얀 꽃이 동실동실 피어 있는 것이 눈이 부시도록 아름다웠다.

“아, 저게 박꽃이야, 어쩌면 저렇게도 아름다울까!”

봉숭아는 맑고 깨끗하고 아름다운 박꽃이 거룩하게까지 보여서 그만 소리를 질렀다.

그리고 그만 다시 잠이 들었다.

새벽에 깬 봉숭아는 박꽃을 쳐다보았다.

"아무래도 내가 꿈을 꾸었나 봐! 박꽃이 그렇게 고울 줄은 몰랐어!"

그러니까 지붕 위에서 박은,

"하하하하!"

하고 웃었다.

그 날 저녁때 아기는 봉숭아를 따다가 돌로 꽁꽁 찧어서 손톱에 바르고 헝겊으로 동여매고 잤다.

이튿날 아침 일찍이 아기가 일어나서 헝겊을 끄르니 손톱이 모두 새빨갛게 물들어 있었다.

아기는 빨간 손톱에 입을 맞추고 좋아하였다.

어머니께 보이고 좋아하였다.

동무들에게 보이고 좋아하였다.

박꽃은 떨어지고 박이 열매를 맺었다.

달걀만해지고, 또 자라서 밥바리만해지고, 또 자라서 달님만해졌다.

박은 문득 아래를 내려다보았다.

봉숭아는 모두 시들어 버리고, 마른 가지만 앙상하게 남아 있었다.

날씨가 선선해지고, 밤에는 제법 쌀쌀해졌다.

서리가 내리니 박잎도 모두 누렇게 마르고, 달님만한 박만 동그라니 지붕 위에 앉아 있었다.

박은 또 아래를 내려다보았다.

울타리 앞 조그만 밭에는 인제는 아무것도 보이지 않았다.

아기가 봉숭아씨도 모두 거두어들여 간 모양이었다.

박은 하늘을 쳐다보고 달님을 바라보고 생각했다.

'아아, 봉숭아라는 예쁜 꽃이 있었지. 참, 곱고 아름다운 꽃이었어.'

박은 이렇게 말하였다.

"우리 집 착한 아기의 손과 발을 아름답게 물들여 주고, 봉숭아는 기뻐했겠지??."

박은 또 이렇게 말했다.

"나도 인제 예쁘고도 단단한 바가지가 되어서 우리 집 착한 아기와 어머니 손에 쥐어져서 물도 뜨고 쌀도 일어 주고, 봉숭아 못지않게 귀여움을 받아야겠다."

그리고 박은 하루하루 여물어 갔다.

총 3,390자

동 백 꽃

김유정

최초 속도 측정글 / 중 · 고등부용

오늘도 또 우리 수탉이 막 쫓기었다. 내가 점심을 먹고 나무를 하러 갈 양으로 나올 때이었다. 산으로 올라서려니까, 등 뒤에서 푸드덕푸드덕 하고 닭의 횃소리가 야단이다. 깜짝 놀라서 고개를 돌려보니 아니나다르랴, 두 놈이 또 얼리었다.

점순네 수탉(대강이가 크고 똑 오소리같이 실팍하게 생긴 놈)이 덩저리 작은 우리 수탉을 함부로 해내는 것이다. 그것도 그냥 해내는 것이 아니라 푸드덕 하고 면두를 쪼고 물러섰다가 좀 사이를 두고 또 푸드덕 하고 모가지를 쪼았다. 이렇게 멋을 부려 가며 여지없이 닦아놓는다. 그러면 이 못생긴 것은 쪼일 적마다 주둥이로 땅을 받으며 그 비명이 킥,킥 할 뿐이다. 물론 미처 아물지도 않은 면두를 또 쪼이어 붉은 선혈은 뚝뚝 떨어진다. 이걸 가만히 내려다보자니 내 대강이가 터져서 피가 흐르는 것같이 두 눈에서 불이 번쩍 난다. 대뜸 지게 막대기를 메고 달려들어 점순네 닭을 후려칠까 하다가 생각을 고쳐먹고, 헛매질로 떼어만 놓았다.

이번에도 점순이가 쌈을 붙여놨을 것이다. 바짝바짝 내 기를 올리느라고 그랬음에 틀림없을 것이다. 고놈의 계집애가 요새로 접어들어서 왜 나를 못 먹겠다고 고렇게 아르렁거리는지 모른다.

나흘 전 감자 조각만 하더라도 나는 저에게 조금도 잘못한 것은 없다. 계집애가 나물을 캐러 가면 갔지 남 울타리 엮는데 쌩이질을 하는 것은 다 뭐냐. 그것도 발소리를 죽여 가지고 등 뒤로 살며시 와서,

"얘! 너 혼자만 일하니?"

하고, 긴치 않은 수작을 하는 것이다.

어제까지도 저와 나는 이야기도 잘 않고, 서로 만나도 본척만척하고 이렇게 점잖게 지내던 터이련만 오늘에 갑작스리 대견해졌음은 웬일인가. 황차 망아지만한 계집애가 남 일하는 놈보구…….

"그럼 혼자 하지 떼루 하듸?"

내가 이렇게 내배앝는 소리를 하니까,

"너 일하기 좋니?"

또는,

"한 여름이나 되거든 하지 벌써 울타리를 하니?"

잔소리를 두루 늘어놓다가 남이 들을까봐 손으로 입을 틀어막고는 그 속에서 깔깔대인다. 별로 우스울 것도 없는데 날씨가 풀리더니 이놈의 계집애가 미쳤나 하고 의심하였다. 게다가 조금 뒤에는 저의 집께를 할끔할끔 돌아보더니 행주치마의 속으로 꼈던 바른손을 뽑아서 나의 턱밑으로 불쑥 내미는 것이다. 언제 구웠는지 아직도 더운 김이 확 끼치는 굵은 감자 세 개가 손에 뿌듯이 쥐였다.

"느 집엔 이거 없지?"

하고 생색 있는 큰소리를 하고는 제가 준 것을 남이 알면은 큰일 날 테니 여기서 얼른 먹어버리란다. 그리고 또 하는 소리가,

"너 봄감자 맛있단다."

"난 감자 안 먹는다. 너나 먹어라."

나는 고개도 돌리려하지 않고 일하던 손으로 그 감자를 도로 어깨 너머로 쑥 밀어 버렸다. 그랬더니 그래도 가는 기색이 없고, 뿐만 아니라 쌔근쌔근하고 심상치 않게 숨소리가 점점 거칠어진다. 이건 또 뭐야 싶어서 그때서야 비로소 돌아다보니 나는 참으로 놀랐다. 우리가 이 동리에 들어온 것은 근 삼 년째 되어오지만 여지껏 가무잡잡한 점순이의 얼굴이 이렇게 홍당무처럼 새빨개진 법이 없었다. 게다 눈에 독을 올리고 한참 나를 요렇게 쏘아보더니 나중에는 눈물까지 어리는 것이 아니냐. 그리고 바구니를 다시 집어들더니 이를 꼭 아물고는 엎어질 듯 자빠질 듯 논둑으로 횡하니 달아나는 것이다.

이찌다 동네 어른이,

"너 얼른 시집을 가야지?"

하고 웃으면,

"염려 마서유. 갈 때 되면 어련히 갈라구!"

이렇게 천연덕스리 받는 점순이었다. 본시 부끄럼을 타는 계집애도 아니려니와 또한 분하다고 눈에 눈물을 보일 얼병이도 아니다. 분하면 차라리 나의 등허리를 바구니로 한번 모질게 후려 때리고 달아날지언정.

그런데 고약한 그 꼴을 하고 가더니 그 뒤로는 나를 보면 잡아먹으려 기를 복복 쓰는 것이다. 설혹 주는 감자를 안 받아 먹는 것이 실례라 하면, 주면 그냥 주었지 '느 집엔 이거 없지' 는 다 뭐냐. 그렇잖아도 저희는 마름이고 우리는 그 손에서 배재할 것을 얻어 땅을 부치므로 일상 굽실거린다. 우리가 이 마을에 처음 들어와 집이 없어서 곤란으로 지낼 제, 집터를 빌리고 그 위에 집을 또 짓도록 마련해준 것도 점순네의 호의였다. 그리고 우리 어머니 아버지도 농사 때 양식이 딸리면 점순네한테 가서 부지런히 꾸어다 먹으면서 인품 그런 집은 다시 없으리라고 침이 마르도록 칭찬하곤 하는 것이다. 그러면서도 열일곱씩이나 된 것들이 수군수군하고 붙어다니면 동리의 소문이 사납다고 주의를 시켜준 것도 또 어머니였다. 왜냐하면 내가 점순이하고 일을 저질렀다가는 점순네가 노할 것이고, 그러면 우리는 땅도 떨어지고 집도 내쫓기고 하지 않으면 안 되는 까닭이었다. 그런데 이놈의 계집애가 까닭없이 기를 복복 쓰며 나를 말려 죽이려고 드는 것이다.

눈물을 흘리고 간 다음날 저녁나절이었다. 나무를 한 짐 잔뜩 지고 산을 내려오려니까 어디서 닭이 죽는 소리를 친다. 이거 뉘 집에서 닭을 잡나, 하고 점순네 울 뒤로 돌아오다가 나는 고만 두 눈이 뚱그래졌다. 점순이가 저희 집 봉당에 홀로 걸터앉았는데 이게 치마 앞에다 우리 씨암탉을 꼭 붙들어놓고는,

"이놈의 닭! 죽어라, 죽어라."

요렇게 암팡스레 패주는 것이 아닌가. 그것도 대가리나 치면 모른다마는 아주 알도 못 낳으라고 그 볼기짝께를 주먹으로 콕콕 쥐어박는 것이다.

나는 눈에 쌍심지가 오르고 사지가 부르르 떨렸으나 사방을 한번 휘둘러보고야 그제서 점순이 집에 아무도 없음을 알았다. 잡은 참지게 막대기를 들어 울타리의 중턱을 후려치며,

"이놈의 계집애! 남의 닭 알 못 낳으라구 그러니?"

하고, 소리를 빽 질렀다.

그러나 점순이는 조금도 놀라는 기색이 없고 그대로 의젓이 앉아서 제 닭 가지고 하듯이 또 죽어라 죽어라, 하고 패는 것이다. 이걸 보면 내가 산에서 내려올 때를 겨냥해 가지고 미리부터 닭을 잡아가지고 있다가 너 보란 듯이 내 앞에 줴지르고 있음이 확실하다. 그러나 나는 그렇다고 남의 집에 뛰어들어가 계

집애하고 싸울 수도 없는 노릇이고 형편이 썩 불리함을 알았다. 그래 닭이 맞을 적마다 지게 막대기로 울타리를 후려칠 수밖에 별 도리가 없다. 왜냐하면 울타리를 치면 칠수록 울섶이 물러앉으며 뼈대만 남기 때문이다. 허나 아무리 생각하여도 나만 밑지는 노릇이다.

"아, 이년아! 남의 닭 아주 죽일 터이냐?"

내가 도끼눈을 뜨고 다시 꽥 호령을 하니까 그제서야 울타리께로 쪼르르 오더니 울 밖에 섰는 나의 머리를 겨누고 닭을 내팽개친다.

"에이 더럽다! 더럽다!"

"더러운 걸 널더러 입때 끼고 있으랬니? 망할 계집애년 같으니!"

하고 나도 더럽단 듯이 울타리께를 횡허케 돌아내리며 약이 오를 대로 다 올랐다 라고 하는 것은 암탉이 풍기는 서슬에 나의 이마빼기에다 물찌똥을 찍 갈겼는데 그걸 본다면 알집만 터졌을 뿐 아니라 골병은 단단히 든 듯싶다. 그리고 나의 등뒤를 향하여 나에게만 들릴 듯 말 듯한 음성으로,

"이 바보 녀석아!"

"얘! 너 배냇병신이지?"

그만도 좋으련만,

"얘! 너 느 아버지가 고자라지?"

"뭐, 울 아버지가 그래 고자야?"

할 양으로 열벙거지가 나서 고개를 홱 돌리어 바라봤더니 그때까지 울타리 위로 나와 있어야 할 점순이의 대가리가 어디 갔는지 보이지를 않는다. 그러다 돌아서서 오자면 아까에 한 욕을 울 밖으로 또 퍼붓는 것이다. 욕을 이토록 먹어 가면서도 대거리 한 마디 못하는 걸 생각하니 돌부리에 채이어 발톱밑이 터지

는 것도 모를 만치 분하고 급기야는 두 눈에 눈물까지 불끈 내솟는다.

그러나 점순이의 침해는 이것뿐이 아니다. 사람들이 없으면 틈틈이 제 집 수탉을 몰고 와서 우리 수탉과 쌈을 붙여 놓는다. 제 집 수탉은 썩 험상궂게 생기고 쌈이라면 홰를 치는 고로 으레 이길 것을 알기 때문이다. 그래서 툭하면 우리 수탉의 면두며 눈깔이 피로 흐드르하게 되도록 해놓는다. 어떤 때에는 우리 수탉이 나오지를 않으니까 요놈의 계집애가 모이를 쥐고 와서 꾀어내다가 쌈을 붙인다.

이렇게 되면 나도 다른 배차를 차리지 않을 수 없었다. 하루는 우리 수탉을 붙들어가지고 넌지시 장독께로 갔다. 쌈닭에게 고추장을 먹이면 병든 황소가 살모사 먹고 용을 쓰는 것처럼 기운이 뻗친다 한다. 장독에서 고추장 한 접시를 떠서 닭 주둥아리께로 들이밀고 먹여보았다. 닭도 고추장에 맛을 들였는지 거스르지 않고 거진 반 접시 턱이나 곧잘 먹는다. 그리고 먹고 금세는 용을 못 쓸 터이므로 얼마쯤 기운이 돌도록 홰 속에다 가두어 두었다.

밭에 두엄을 두어 짐 져내고 나서 쉴 참에 그 닭을 안고 밖으로 나왔다. 마침 밖에는 아무도 없고 점순이만 저희 울안에서 헌옷을 뜯는지 혹은 솜을 타는지 웅크리고 앉아서 일을 할 뿐이다.

나는 점순네 수탉이 노는 밭으로 가서 닭을 내려놓고 가만히 맥을 보았다. 두 닭은 여전히 얼리어 쌈을 하는데 처음에는 아무 보람이 없었다. 멋지게 쪼는 바람에 우리 닭은 또 피를 흘리고 그러면서도 날갯죽지만 푸드덕푸드덕하고 올라뛰고 뛰고 할 뿐으로 제법 한 번 쪼아 보지도 못한다. 그러나 한 번은 어쩐 일인지 용을 쓰고 펄쩍 뛰더니 발톱으로 눈을 하비고 내려오며 면두를 쪼았다. 큰 닭도 여기에는 놀랐는지 뒤로 멈씰하며 물러난다. 이 기회를 타서 작은 우리 수탉이 또 날쌔게 덤벼들어 다시 면두를 쪼니 그제서는 감때 사나운 그 대강이에서도 피가 흐르지 않을 수 없다.

'옳다 알았다, 고추장만 먹이면 되는구나' 하고 나는 속으로 아주 쟁그러워 죽겠다. 그때에는 뜻밖에 내가 닭싸움을 붙여놓는데 놀라서 울 밖으로 내다보고 섰던 점순이도 입맛이 쓴지 눈쌀을 찌푸렸다. 나는 두 손으로 볼기짝을 두드리며 연방,

"잘한다! 잘한다!"

하고, 신이 머리끝까지 뻗치었다.

그러나 얼마 되지 않아서 나는 넋이 풀리어 기둥같이 묵묵히 서 있게 되었다. 왜냐하면 큰 닭이 한 번 쪼이면 앙갚음으로 호들갑스레 연거푸 쪼는 서슬에 우리 수탉은 찔끔 못하고 막 곯았다. 이걸 보고서 이번에는 점순이가 깔깔거리고 되도록 이쪽에서 많이 들으라고 웃는 것이다.

나는 보다 못하여 덤벼들어서 우리 수탉을 붙들어가지고 도로 집으로 돌아왔다. 고추장을 좀 더 먹였더라면 좋았을 걸, 너무 급하게 쌈을 붙인 것이 퍽 후회가 난다. 장독께로 돌아와서 다시 턱밑에 고추장을 들이댔다. 흥분으로 말미암아 그런지 당최 먹질 않는다. 나는 하릴없이 닭을 반듯이 눕히고 그 입에다 궐련 물부리를 물리었다. 그리고 고추장에 물을 타서 그 구멍으로 조금씩 들이부었다. 닭은 좀 괴로운지 킥킥하고 재채기를 하는 모양이나 그러나 당장의 괴로움은 매일같이 피를 흘리는 데 댈 게 아니라 생각하였다.

그러나 한두어 종지 가량 고추장 물을 먹이고 나서는 나는 고만 풀이 죽었다. 싱싱하던 닭이 왜 그런지 고개를 살며시 뒤틀고는 손아귀에서 빼드러지는 것이 아닌가. 아버지가 볼까 봐서

얼른 홰에다 감추어두었더니 오늘 아침에서야 겨우 정신이 든 모양 같다.

그랬던 걸 이렇게 오다 보니까 또 쌈을 붙여 놓으니 이 망할 계집애가 필연 우리집에 아무도 없는 틈을 타서 제가 들어와 홰에서 꺼내 가지고 나간 것이 분명하다. 나는 다시 닭을 잡아다 가두고 염려스러우나 그렇다고 산으로 나무를 하러 가지 않을 수도 없는 형편이었다. 소나무 삭정이를 따며 가만히 생각해보니 암만해도 고년의 목쟁이를 돌려놓고 싶다. 이번에 내려가면 망할년 등줄기를 한 번 되게 후려치겠다 하고 겅둥겅둥 나무를 지고는 부리나케 내려왔다.

거지반 집에 다 내려와서 나는 호드기 소리를 듣고 발이 딱 멈추었다. 산기슭에 널려 있는 굵은 바윗돌 틈에 노란 동백꽃이 소보록하니 깔리었다.

그 틈에 끼어 앉아서 점순이가 청승맞게스리 호드기를 불고 있는 것이다. 그보다도 더 놀란 것은 고 앞에서 또 푸드덕푸드덕 하고 들리는 닭의 횃소리다. 필연코 요년이 나의 약을 올리느라고 또 닭을 집어내다가 내가 내려올 길목에다 쌈을 시켜놓고 저는 그 앞에 앉아서 천연스레 호드기를 불고 있음에 틀림없으리라. 나는 약이 오를 대로 다 올라서 두 눈에서 불과 함께 눈물이 퍽 쏟아졌다. 나무 지게도 벗어놀 새 없이 그대로 내동댕이치고는 지게 막대기를 뻗치고 허둥지둥 달려들었다.

가까이 와 보니 과연 나의 짐작대로 우리 수탉이 피를 흘리고 거의 빈사지경에 이르렀다. 닭도 닭이려니와, 그러함에도 불구하고 눈 하나 깜짝 없이 고대로 앉아서 호드기만 부는 그 꼴에 더욱 치가 떨린다. 동리에서도 소문이 났거니와 나도 한때는 걱실걱실히 일 잘 하고 얼굴 예쁜 계집애인 줄 알았더니 시방 보니까 그 눈깔이 꼭 여우 새끼 같다.

나는 대뜸 달겨들어서 나도 모르는 사이에 큰 수탉을 단매로 때려 엎었다. 닭은 푹 엎어진 채 다리 하나 꼼짝 못하고 그대로 죽어버렸다. 그리고 나는 멍하니 섰다가 점순이가 매섭게 눈을 홉뜨고 닥치는 바람에 뒤로 벌렁 나자빠졌다.

"이놈아! 너 왜 남의 닭을 때려죽이니?"

"그럼 어때?"

하고 일어나다가,

"뭐 이 자식아! 누 집 닭인데?"

하고 복장을 떼미는 바람에 다시 벌렁 자빠졌다. 그리고 나서 가만히 생각을 하니 분하기도 하고 무안도 스럽고, 또 한편 일을 저질렀으니 인젠 땅이 떨어지고 집도 내쫓기고 해야 될는지도 모른다. 나는 비슬비슬 일어나며 소맷자락으로 눈을 가리고는 얼김에 엉, 하고 울음을 놓았다. 그러나 점순이가 앞으로 다가와서,

"그럼 너 이담부턴 안 그럴 테냐?"

하고 물을 때에야 비로소 살 길을 찾은 듯싶었다. 나는 눈물을 우선 씻고 뭘 안 그러는지 명색도 모르건만,

"그래!"

하고 무턱대고 대답하였다.

"요담부터 또 그래 봐라, 내 자꾸 못살게 굴 테니."

"그래 그래, 이젠 안 그럴 테야."

"닭 죽은 건 염려 마라. 내 안 이를 테니."

그리고 뭣에 떠다밀렸는지 나의 어깨를 짚은 채 그대로 퍽 쓰러진다. 그 바람에 나의 몸뚱이도 겹쳐서 쓰러지며 한창 피어 퍼드러진 노란 동백꽃 속으로 폭 파묻혀 버렸다.

알싸한, 그리고 향긋한 그 냄새에 나는 땅이 꺼지는 듯이 온 정신이 고만 아찔하였다.

"너 말 마라!"
"그래!"
조금 있더니 요 아래서,
"점순아! 점순아! 이년이 바느질을 하다 말구 어딜 갔어!"
하고 어딜 갔다 온 듯싶은 그 어머니가 역정이 대단히 났다.
점순이가 겁을 잔뜩 집어먹고 꽃 밑을 살금살금 기어서 산 아래로 내려간 다음 나는 바위를 끼고 엉금엉금 기어서 산위로 치빼지 않을 수 없었다.

총 4,974자

땡볕

김유정

최초 속도 측정글 / 대학 · 일반부용

우람스레 생긴 덕순이는 바른팔로 왼편 소맷자락을 끌어다 콧등의 땀방울을 훑고는 통안 네거리에 와 다리를 딱 멈추었다. 더위에 익어 얼굴이 벌거니 사방을 둘러본다. 중복 허리의 뜨거운 땡볕이라 길 가는 사람은 저편 처마 밑으로만 배앵뱅 돌고 있다. 지면은 번들번들히 달아 자동차가 지날 적마다 숨이 탁 막힐 만치 무더운 먼지를 풍겨 놓는 것이다.

덕순이는 아무리 참아 보아도 자기가 길을 물어 좋을 만치 그렇게 여유 있는 얼굴이 보이지 않음을 알자, 소맷자락으로 또 한번 땀을 훑어 본다. 그리고 거북한 표정으로 벙벙히 섰다. 때마침 옆으로 지나는 어린 깍쟁이에게 공손히 손짓을 한다.

"얘! 대학병원을 어디루 가니?"

"이리루 곧장 가세요!"

덕순이는 어린 깍쟁이가 턱으로 가리킨 대로 그 길을 북으로 접어 들며 다시 내걷기 시작한다. 내딛는 한 발짝마다 무거운 지게는 어깨에 배기고 등줄기에서 쏟아져 내리는 진땀에 궁둥이는 쓰라릴 만치 물렀다. 속타는 불김을 입으로 불어 가며 허덕지덕 올라오다 엄지손가락으로 코를 힝 풀어 그 옆 전봇대 허리에 쓱 문댈 때에는 그는 어지간히 가슴이 답답하였다. 당장

지게를 벗어던지고 푸른 그늘에 가 나자빠지고 싶은 생각이 굴뚝 같으련만 그걸 못 하니 짜증이 안 날 수 없다. 골피를 찌푸리어 데퉁스레,

"빌어먹을 거! 왜 이리 무거!"

하고 내뱉으려 하였으나, 그러나 지게 위에서 무색하여질 아내를 생각하고 꾹 참아 버린다. 제 속으로만 끙끙거리다 겨우,

"에이 더웁다!"

하고 자탄이 나올 적에는 더는 갈 수가 없었다.

덕순이는 길가 버들 밑에다 지게를 벗어 놓고는 두 손으로 적삼 등을 흔들어 땀을 들인다. 바람기 한 점 없는 거리는 그대로 타붙었고, 그 위의 모래만 이글이글 달아 간다. 하늘을 쳐다보았으나 좀체로 비맛은 못 볼 듯싶어 바상바상한 입맛을 다시고 섰을 때 별안간 댕댕 소리와 함께 발등에 물을 뿌리고 물차가 지나가니 그는 비로소 산 듯이 정신기가 반짝 난다. 적삼 호주머니에 손을 넣어 곰방대를 꺼내 물고 담배 한 대 붙이려 하였으나 홀쭉한 쌈지에는 어제부터 담배 한 알 없었던 것을 다시 깨닫고 역정스레 도로 집어넣는다.

"꽁무니가 배기지 않어?"

덕순이는 이렇게 아내를 돌아본다.

"괜찮아요!"

하고 거진 죽어 가는 상으로 글썽글썽 눈물이 괸 아내가 딱하였다. 두 달 동안이나 햇빛 못 본 얼굴은 누렇게 시들었고, 병약한 몸으로 지게 위에 앉아 까댁이는 양이 금시라도 꺼질 듯싶은 그 아내였다.

덕순이는 아내를 이윽히 노려본다.

"아 울긴 왜 우는 거야?"

하고 눈을 부라렸으나,

"병원에 가면 짼대겠지요."

"째긴 아무 거나 덮어놓고 째나? 연구한다니까."

하고 되도록 아내를 안심시킨다. 그러나 덕순이 생각에는 째든 말든 그건 차차 해놓고 우선 먹어야 산다고,

"왜 기영이 할아버지의 말씀 못 들었어?"

"병원서 월급을 주구 고쳐 준다는 게 정말인가요?"

"그럼 노인이 설마 거짓말을 헐라구. 그래 시방두 대학병원의 이등 박산가 뭐가 열네 살 된 조선 아이가 어른보다도 더 부대한 걸 보구 하두 이상한 병이라고 붙잡아 들여서 한 달에 십 원씩 월급을 주고, 그뿐인가 먹이구 입히구 이래 가며 지금 연구하고 있대지 않어?"

"그럼 나도 허구헌 날 늘 병원에만 있게 되겠구려."

"인제 가봐야 알지, 어떻게 될는지."

이렇게 시원스레 받기는 받았으나 덕순이 자신 역시 기영 할아버지의 말을 꼭 믿어서 좋을지가 의문이었다. 시골서 올라온 지 얼마 안 되는 그로서는 서울 일이라 혹 알 수 없을 듯싶어 무료 진찰권을 내 온 데 더 되지 않았다. 그렇다 하더라도 병이 괴상하면 할수록 혹은 고치기가 어려우면 어려울수록 월급이 많다는 것인데 영문 모를 아내의 이 병은 얼마짜리나 되겠는가고 속으로 무척 궁금하였다. 아이가 십 원이라니 이건 한 십오 원쯤 주겠는가, 그렇다면 병 고치니 좋고, 먹으니 좋고, 두루두루 팔자를 고치리라고 속안으로 육조배판을 늘이고 섰을 때,

"여보십쇼! 이 채미 하나 잡숴 보십쇼."

하고 조만치서 참외를 벌여놓고 앉았는 아이가 시선을 끌어간다. 길쭘길쭘하고 싱싱한 놈들이 과연 뜨거운 복중에 하나 벗겨 들고 으썩 깨물어 봄직한 참외였다. 덕순이는 참외를 이놈저놈 멀거니 물색하여 보다 쌈지에 든 잔돈 사 전을 얼른 생각

은 하였으나 다음 순간에 그건 안 될 말이라고 꺽진 마음으로 시선을 걷어 온다. 사 전에 일 전만 더 보태면 희연 한 봉이 되리라고 어제부터 잔뜩 꼽여 쥐고 오던 그 사 전, 이걸 참외 값으로 녹여서는 사람이 아니다.

"지게를 꼭 붙들어!"

덕순이는 지게를 지고 다시 일어나며 그 십오 원을 생각했던 것이니 그로서는 너무도 벅찬 희망의 보행이었다.

덕순이는 간호부가 지도하여 주는 대로 산부인과 문 밖에서 제 차례가 돌아오기를 기다리고 있었다.

아내는 남편이 업어다 놓은 대로 걸상에 가 번듯이 늘어져 괴로운 숨을 견디지 못한다. 요량 없이 부어오른 아랫배를 한 손으로 치마째 걷어 안고는 매 호흡마다 간댕거리는 야윈 고개로 가쁜 숨을 돌리고 있는 것이다. 게다가 수술실에서 들것으로 담아 내는 환자와 피고름이 섞인 쓰레기통을 보는 것은 그로 하여금 해쓱한 얼굴로 이를 떨도록 하기에는 너무도 충분한 풍경이었다.

"너무 그렇게 겁내지 말아, 그래두 다 죽을 사람이 병원엘 와야 살아 나가는 거야……."

덕순이는 아내를 위안하기 위하여 이런 소리도 하는 것이나, 기실 아내 못지않게 저로도 조바심이 적지 않았다. 아내의 이 병이 무슨 병일까, 짜장 기이한 병이라서 월급을 타먹고 있게 될 것인가, 또는 아내의 병을 씻은 듯이 고쳐 줄 수 있겠는가, 겸삼수삼 모두가 궁거웠다.

이생각 저생각으로 덕순이는 아내의 상체를 떠받쳐 주고 있다가 우연히도 맞은편 타구 옆댕이에 가 떨어져 있는 궐련 꽁댕이에 한눈이 팔린다. 그는 사방을 잠깐 살펴보고 횡허케 가서 집어다가는 곰방대에 피워 물며 제 차례를 기다렸으나 좀체로 불러 주질 않는 것이다.

이렇게 하여 그들은 허무히도 두 시간을 보냈다.

한점을 십사 분 가량 지났을 때 간호부가 다시 나와 덕순이 아내의 성명을 외는 것이다.

"네, 여기 있습니다!"

덕순이는 허둥지둥 아내를 들춰업고 진찰실로 들어갔다.

간호부 둘이 달려들어 우선 옷을 벗기고 주무를 제 아내는 놀란 토끼와 같이 조그맣게 되어 떨고 있었다. 코를 찌르는 무더운 약내에 소름이 끼치기도 하려니와 한쪽에 번쩍번쩍 늘여 놓인 기계가 더욱이 마음을 조이게 하는 것이다. 아내가 너무 병신스레 떨므로 옆에 섰는 덕순이까지도 겸연쩍지 않을 수 없었다. 아내의 한 팔을 꼭 붙들어 주고, 집에서 꾸짖듯이 눈을 부릅떠,

"뭬가 무섭다구 이래?"

하고는 유리판에서 기계 부딪는 젤그럭 소리에 등줄기가 다 섬뜩할 제,

"은제부터 배가 이래요?"

간호부가 뚱뚱한 의사의 말을 통변한다.

"자세히는 몰라두……."

덕순이는 이렇게 머리를 긁고는 아마 이토록 부르기는 지난 겨울부턴가 봐요, 처음에는 이게 애가 아닌가 했던 것이 그렇지도 않구요, 애라면 열 달에 날 텐데,

"열석 달씩이나 가는 게 어딨습니까?"

하고는 아차, 애니 뭐니 하는 건 괜히 지껄였군 하였다. 그래 의사가 무어라고 또 입을 열 수 있기 전에 얼른 뒤미처,

"아무두 이 병이 무슨 병인지 모른다구 그래요, 난생 처음 본

다구요.”

하고 몇 마디 더 얹었다.

덕순이는 자기네들의 팔자를 고칠 수 있고 없고가 이 순간에 달렸음을 또 한번 깨닫고 열심히 의사의 입만 쳐다보고 있는 것이다마는 금테 안경 쓴 의사는 그리 쉽사리 입을 열지 않았다. 몇 번을 거듭 주물러 보고, 두드려 보고, 들어 보고, 이러기를 얼마 한 다음 시답지 않게 저쪽으로 가 대야에 손을 씻어 가며 간호부를 통하여 하는 말이,

“이 뱃속에 어린애가 있는데요, 나올려다 소문이 적어서 그대로 죽었어요. 이걸 그냥 둔다면 앞으로 일주일을 못 갈 것이니 불가불 수술을 해야 하겠으나 또 그 결과가 반드시 좋다고 단언할 수도 없는 것이매 배를 가르고 아이를 꺼내다 만일 사불여의하여 불행을 본다더라도 전혀 관계 없다는 승낙만 있으면 내일이라도 곧 수술을 하겠어요.”

하고 나 어린 간호부는 조금도 거리낌없는 어조로 줄줄 쏟아 놓다가,

“어떻게 하실 테야요?”

“글쎄요…….”

덕순이는 이렇게 얼떨떨한 낯으로 다시 한번 뒤통수를 긁지 않을 수 없었다.

간호부의 말이 무슨 소린지 다는 모른다 하더라도 속대중으로 저쯤은 알아챘던 것이니 아내의 생명이 위험하다는 그 말이 두렵기도 하려니와 겨우 아이를 뱄다는 것쯤, 연구 거리는 못 되는 병인 양싶어 우선 낙심하고 마는 것이다. 하나 이왕 버린 노릇이매,

“그럼 먹을 것이 없는데요…….”

“그건 여기서 입원시키고 먹일 것이니까 염려 마셔요…….”

"그런데요 저……."

하고 덕순이는 열적은 낯을 무얼로 가릴지 몰라 주볏주볏,

"월급 같은 건 안 주나요?"

"무슨 월급이오?"

"왜 여기서 병을 고치면 월급을 주는 수도 있다지요."

"제 병 고쳐 주는데 무슨 월급을 준단 말이오?"

하고 맨망스레도 톡 쏘는 바람에 덕순이는 고만 얼굴이 벌개지고 말았다. 팔자를 고치려던 그 계획이 완전히 어그러졌음을 알자, 그의 주린 창자는 척 꺾이며 두꺼운 손으로 이마의 진땀이나 훑어 보는밖에 별도리가 없는 것이다. 하나 아내의 생명은 어차피 건져야 하겠기로 공손히 허리를 굽신하여,

"그럼 낼 데리고 올게 어떻게 해주십시오."

하고 되도록 빌붙어 보았던 것이, 그때까지 끔찍끔찍한 소리에 얼이 빠져서 멀뚱히 누웠던 아내가 별안간 기급을 하여 일어나 살뚱맞은 목성으로,

"나는 죽으면 죽었지 배는 안 째요."

하고 얼굴이 노랗게 되는 데는 더 할 말이 없었다. 죽이더라도 제 원대로나 죽게 하는 것이 혹은 남편 된 사람의 도릴지도 모른다. 아내의 꼴에 하도 어이가 없어,

"죽는 거보담야 수술을 하는 게 좀 낫겠지요!"

비소를 금치 못하고 섰는 간호부와 의사가 눈에 보이지 않도록, 덕순이는 시선을 외면하여 뚱싯뚱싯 아내를 업고 나왔다. 지게 위에 올려놓은 다음 엎디어 다시 지고 일어나려니 이게 웬 일일까, 아까 오던 때와는 갑절이나 무거웠다.

덕순이는 얼마 전에 희망이 가득히 차 올라가던 길을 힘 풀린 걸음으로 터덜터덜 내려오고 있었다. 보지는 않아도 지게 위에서 소리를 죽여 훌쩍훌쩍 울고 있는 아내가 눈앞에 환한 것이

다. 학식이 많은 의사는 일자무식인 덕순이 내외보다는 더 많이 알 것이니 생명이 한 이레를 못 가리라던 그 말을 어째 볼 도리가 없다. 인제 남은 것은 우중충한 그 냉골에 갖다 다시 눕혀 놓고 죽을 때나 기다리고 있을 따름이었다.

덕순이는 눈 위로 덮는 땀방울을 주먹으로 훔쳐 가며 장차 캄캄하여 올 그 전도를 생각해 본다. 서울을 장대고 왔던 것이 벌이도 제대로 안 되고 게다가 인젠 아내까지 잃는 것이다. 지에미붙을! 이놈의 팔자가, 하고 딱한 탄식이 목을 넘어오다 꽉 깨무는 바람에 한숨으로 터져 버린다.

한나절이 되자 더위는 더한층 무서워진다.

덕순이는 통째 짓무를 듯싶은 등어리를 견디지 못하여 먼젓번에 쉬어 가던 나무 그늘에 지게를 벗어 놓는다. 땀을 들여 가며 아내를 가만히 내려다보니 그 동안 고생만 시키고 변변히 먹이지도 못하였던 것이 갑자기 후회가 나는 것이다. 이럴 줄 알았더면 동넷집 닭이라도 훔쳐다 먹였을 걸 싶어,

"울지 말아, 그것들이 뭘 아나 제까짓 게!"

하고 소리를 빽 지르고는,

"채미 하나 먹어 볼 테야?"

"채민 싫어요."

아내는 더위에 속이 탔음인지 한길 건너 저쪽 그늘에서 팔고 있는 얼음냉수를 손으로 가리킨다. 남편이 한푼 더 보태어 담배를 사려던 그 돈으로 얼음냉수를 한 그릇 사다가 입에 먹여까지 주니 아내도 황송하여 한숨에 들이켠다. 한 그릇을 다 먹고 나서 하나 더 사다 주랴 물었을 때 이번에 왜떡이 먹고 싶다 하였다. 덕순이는 이것이 마지막이라는 생각으로 나머지 돈으로 왜떡 세 개를 사다 주고는 그대로 눈물도 씻을 줄 모르고 그걸 오직오직 깨물고 있는 아내를 이윽히 바라보고 있었다. 그러나 아

내가 무슨 생각을 하였는지 왜떡을 입에 문 채 훌쩍훌쩍 울며,

"저 사촌 형님께 쌀 두 되 꿔다 먹은 거 부대 잊지 말구 갚우."

하고 부탁할 제 이것이 필연 아내의 유언이라 깨닫고는,

"그래 그건 염려 말아!"

"그리구 임자 옷은 영근 어머니더러 사정 얘길 하구 좀 빨아 달래우."

하고 이야기를 곧잘 하다가 다시 입을 일그리고 훌쩍훌쩍 우는 것이다.

덕순이는 그 유언이 너무 처량하여 눈에 눈물이 핑 돌아 가지고는 지게를 도로 지고 일어선다. 얼른 갖다 눕히고 죽이라도 한 그릇 더 얻어다 먹이는 것이 남편의 도릴 게다.

때는 중복, 허리의 쇠뿔도 녹이려는 뜨거운 땡볕이었다.

덕순이는 빗발같이 내려붓는 등골의 땀을 두 손으로 번갈아 훔쳐 가며 끙끙 내려올 제, 아내는 지게 위에서 그칠 줄 모르는 그 수많은 유언을 차근차근 남기자, 울자, 하는 것이다.

총 4,521자

초등부 / 최초 속도 이해도 측정 문제

〈 총 10문제 〉

1. 이 글의 등장 인물이 아닌 것은? (　　)
① 박과 아기
② 봉숭아와 아기
③ 박과 목단
④ 박과 봉숭아

2. 다음 중 봉숭아의 말이 아닌 것은? (　　)
① "아이, 시원해! 살 것 같다."
② "어서 비켜 줘요!"
③ "무엇이 큰 일야?"
④ "참, 시원하다. 착한 아기다!"

3. 다음 중 아기가 한 일이 아닌 것은? (　　)
① 빨간 손톱에 입을 맞추고 좋아하였다.
② 비가 올 때 박을 다른 데로 모종하였다.
③ 조그만 바가지로 박과 봉숭아에게 물을 주었다.
④ 우산을 받고 울타리 앞으로 나왔다.

4. 다음 중 박에 대한 말이 아닌 것은? (　　)
① "아유, 당신 같은 걸 누가 귀여워 해!'
② "능청스럽게도! 대기는 높이만 대는구나."
③ 울타리를 타고 자꾸 위로 올라갔다.
④ "아유 망측해라! 별소리를 다 하네."

5. 다음 중 봉숭아에 대한 말이 아닌 것은? (　　)
① 예쁘기 때문에 아기나 색시들의 귀여움을 받는다.
② 여봐란 듯이 박을 쳐다보고 생글생글 웃었다.
③ 세상에 이런 꽃이 있었나 싶어 모두들 쳐다보는구나!
④ 새빨간 꽃이 다닥다닥 피었다.

6. 옮겨 심은 것 같지 않게 빳빳이 설 수 있었던 것은? (　　)
① 박
② 봉숭아
③ 연꽃
④ 목련

7. 박의 봉숭아에 대한 마음이 아닌 것은? (　　)
① 참 예쁘기도 하다. 다리가 빨간 게 더 예쁘구나!
② 오오, 그렇구나! 이거 안됐구나. 미안하구나.
③ 너는 예쁘기 때문에 아기나 색시들의 귀여움을 받는다.
④ 아이, 가엾어라. 꼬부랑 봉숭아가 됐네!

8. 자다가 깬 봉숭아에게 보인 박꽃의 모습이 아닌 것은? (　　)
① 귀엽고 고상하였다.
② 새하얀 꽃이 동실동실 피어 있었다.
③ 눈이 부시도록 아름다웠다.
④ 맑고 깨끗하고 아름답고 거룩하게까지 보였다.

9. 박꽃이 떨어진 후 있었던 일이 아닌 것은? (　　)

① 박의 열매가 달걀만해지고 또 자라서 달님만해졌다.

② 봉숭아가 모두 시들어버렸다.

③ 박은 '봉숭아라는 예쁜 꽃이 있었지' 라는 생각을 했다.

④ 아기는 빨간 손톱에 입을 맞추고 좋아하였다.

10. 박의 소망은? (　　)

① 봉숭아가 철이 들어서 자기와 사이좋게 지내는 것

② 봉숭아보다 더 예뻐져서 아기와 색시들에게 귀여움을 받는 것

③ 예쁘고도 단단한 바가지가 되어 물을 뜨는 등으로 귀여움을 받는 것

④ 싱싱하게 빛나는 푸른 잎 속에서 눈부시게 아름다운 꽃으로 피는 것

중 · 고등부 / 최초 속도 이해도 측정 문제

〈 총 10문제 〉

1. 점순이가 자기네 수탉을 몰고 와서 닭싸움을 붙인 까닭은? (　　)
① 점순네 수탉이 우리 수탉을 쪼아대는 것이 재미있어서
② 닭싸움을 통해 나를 곯려 주기 위해서
③ 내 앞에서 점순이 자신을 과시하기 위해서
④ 나의 관심을 끌고 싶어서

2. "배냇병신이지?"라는 말을 듣는 나의 심정과 다른 것은? (　　)
① 괘심했지만 한편으론 너그럽게 대해 주고 싶었다.
② 두 눈에 눈물까지 불끈 내솟았다.
③ 열벙거지가 나서 고개를 홱 돌렸다.
④ 돌부리에 채이어 발톱밑이 터지는 것도 모를 만치 분했다.

3. 구운 감자와 관련이 없는 내용은? (　　)
① 심상치 않게 숨소리가 점점 거칠어졌다.
② 이를 꼭 아물고는 엎어질 듯 자빠질 듯 논둑으로 달아났다.
③ "너 얼른 시집을 가야지?"
④ 한참 쏘아보더니 나중에는 눈물까지 어리었다.

4. 점순이가 우리 씨암탉 볼기짝을 콕콕 쥐어박은 이유는? (　　)
① 나를 더욱 약 올리기 위해서
② 닭 알을 못 낳게 하기 위해서
③ 씨암탉이 골병 들어 죽게 하려고
④ 나를 말려 죽이기 위해서

5. 우리 수탉에게 고추장을 먹인 후 어떻게 되었나? (　　)
① 기운이 뻗치어 점순이네 수탉의 면두를 꼼짝못하게 쪼아댔다.
② 고추장의 매운 맛 효과로 점순네 수탉을 초장에 항복시켰다.
③ 고추장의 매운 맛 부작용으로 우리 수탉이 더 힘을 쓰지 못했다.
④ 쌈을 할 때 효과가 좀 있는 듯했으나 결국은 별 효과가 없었다.

6. 점순이가 진정으로 바라는 것은? (　　)
① 점순네 수탉이 우리 수탉을 이기는 것
② 나를 약 올려서 화 나게 만드는 것
③ 우리 수탉이 알을 낳지 못하게 하는 것
④ 자신에게 관심을 가져 주는 것

7. 점순이네 수탉은 왜 죽었는가? (　　)
① 우리 수탉의 매서운 공격을 집중적으로 받아서
② 점순이의 매를 맞아서
③ 나의 단매를 맞아서
④ 점순이도 수탉에게 고추장을 먹인다는 것이 너무 많이 먹여서

8. 한창 피어 퍼드러진 동백꽃 속으로 무엇이 파묻혔는가? (　　)
① 나와 나무지게
② 나와 점순이
③ 점순이네 수탉과 점순이
④ 나무지게와 지게 막대기

9. 점순이 어머니는 왜 역정이 났는가? (　　)

① 점순이네 수탉이 죽어 있어서

② 집이 비어 있어서

③ 점순이가 집에서 바느질 하다 말고 없어져서

④ 동네에 점순이에 대한 안 좋은 소문이 들려서

10. 내가 본 점순이의 성격이 아닌 것은? (　　)

① 천연덕스럽다.

② 분할 땐 눈물도 곧잘 흘린다.

③ 분하다고 눈물을 흘릴 얼병이가 아니다.

④ 부끄럼을 잘 타지 않는다.

대학 · 일반부 / 최초 속도 이해도 측정 문제

〈 총 10문제 〉

1. 이 글의 내용과 일치하지 않는 것은? (　　)
① 덕순이는 지게를 벗어던지고 푸른 그늘에 가 나자빠지고 싶었다.
② 덕순이는 지게에 진 아내가 무거워서 짜증을 부리고는 후회했다.
③ 덕순이는 아내의 유언이 너무 처량하여 눈에 눈물이 핑 돌았다.
④ 덕순이는 얼음냉수를 한 그릇 사다가 아내의 입에 먹여줬다.

2. 이 글의 공간적 배경에 해당되지 않는 곳은 ? (　　)
① 냉골
② 대학병원
③ 지방 도시의 거리
④ 산부인과 문 밖

3. 덕순이 아내를 지게에 지고 간 이유가 아닌 것은? (　　)
① 아내가 병이 들어 걸을 수 없었기 때문에
② 너무 가난해서 차를 타고 갈 여유가 없었기 때문에
③ 지게가 아내를 대학병원에 데려 갈 최선의 방도였기 때문에
④ 아내가 덕순의 지게를 타고 싶어 했기 때문에

4. 덕순 아내에 대한 내용 중 글의 내용과 다른 것은? (　　)
① 지게 위에서 수많은 유언을 남기자, 울자, 하였다.
② 뱃속에 열 달이 넘은 어린애가 죽어 있었다.
③ 수술을 하지 않으면 열흘을 넘기기가 어렵다고 했다.
④ 왜떡을 입에 문 채 훌쩍훌쩍 울며 남편 빨래 걱정을 했다.

5. 덕순이 뜨거운 복중에 먹고 싶었던 과일은? (　　)

① 수박

② 참외

③ 토마토

④ 복숭아

6. 진찰실에서 보인 아내의 모습은? (　　)

① 의식을 잃어 버린 상태였다.

② 병을 고쳐 줄 것이란 희망을 갖고 있었다.

③ 병원서 월급을 주면서 고쳐 줄 것이라는 기대를 갖고 있었다.

④ 놀란 토끼같이 떨고 있었다.

7. 덕순이 아내를 입원시키지 않고 업고 나온 이유는? (　　)

① 아내가 수술을 거부해서

② 병을 고치면서 월급도 주는 병원을 찾아보기 위해서

③ 내일 다시 데려 오기 위해서

④ 병을 고칠 수 없다는 의사의 진단 때문에

8. 남편이 한 푼 더 보태어 담배를 사려던 돈으로 산 것은? (　　)

① 얼음냉수와 참외

② 참외와 왜떡

③ 얼음냉수와 수박

④ 왜떡과 얼음냉수

9. 덕순이 대학병원 가는 길을 어떤 이에게 물었나? (　　)
① 어린 깍정이
② 참외를 벌여 놓고 앉았는 아이
③ 할아버지
④ 뚱뚱한 아저씨

10. 덕순 아내가 한 말이 아닌 것은? (　　)
① "채민 싫어요."
② "죽는 거보담야 수술을 하는 게 좀 낫겠지요!"
③ "병원에 가면 짼대겠지요."
④ "병원서 월급을 주구 고쳐 준다는 게 정말인가요?"

최초 속도 이해도 측정 모범 답안

초등부

1. ③ 2. ④ 3. ② 4. ④ 5. ③ 6. ② 7. ④ 8. ① 9. ④
10. ③

중·고등부

1. ② 2. ① 3. ③ 4. ① 5. ④ 6. ④ 7. ③ 8. ② 9. ③
10. ②

대학·일반부

1. ② 2. ③ 3. ④ 4. ③ 5. ② 6. ④ 7. ① 8. ④ 9. ①

도약 속도 측정글

마 더 테 레 사

비전플러스 편집부
도약 속도 측정글 / 초 · 중등부용

사랑이 넘치는 집

테레사는 1910년 8월 26일, 옛 유고슬라비아의 마케도니아에 있는 스코프예에서 1남 2녀 중 막내로 태어났습니다.

"정말 예쁜 여자 아기예요."

"여보, 아기의 이름을 아그네스 곤자(꽃봉오리)라고 짓는 것은 어떻겠소?"

아버지와 어머니는 아기의 이름을 이렇게 짓고 기뻐하였습니다. 언니와 오빠도 새로 태어난 여동생을 보며 환하게 웃었습니다.

아그네스의 가족은 모두 천주교를 믿었습니다. 아버지 보야주 씨는 가정과 이웃을 사랑하며, 아주 큰 사업을 하고 있었습니다. 어머니도 가난하고 불쌍한 사람들을 친절히 대해 주는 마음이 따뜻한 분이었습니다.

"이 세상에는 정말 가난하고 불쌍한 사람들이 많이 있단다. 하나님이 그 분들을 사랑하시는 것처럼 우리도 그들을 사랑해야 함을 기억하도록 해라."

어머니와 아버지는 매일 저녁 기도 시간이 되면 아이들에게 이렇게 가르쳤습니다. 어머니는 자신이 말한 것을 그대로 실천했습니다. 불쌍한 사람들을 찾아다니며 먹을 것과 입을 옷과 돈을 나누어 주었습니다. 그 때마다 어린 세 남매를 데리고 다녔습니다.

어느 날 아그네스가 오빠, 언니와 함께 밤 늦도록 이야기를 하며 놀고 있었습니다. 말없이 아이들의 이야기를 듣던 어머니가 갑자기 불을 껐습니다.

"아무 도움이 되지 않는 이야기를 하면서 아까운 전기를 켜둘 필요가 없겠구나!"

하며 야단을 치셨습니다.

이렇듯 사랑이 많은 어머니였지만 아이들의 교육에 있어서는 엄격했습니다.

아무도 돌보지 않는 문둥병자들과 함부로 버려진 아이들, 어느 누구의 도움을 받지 못하는 사람들을 평생동안 돌보아온 테레사의 사랑과 절약 정신은 모두 어릴 때 어머니에게서 배운 것이었습니다.

아그네스는 어린 시절을 가족과 이웃의 사랑 속에서 행복하게 보냈습니다.

역경을 이기며

아침에 행복한 미소를 지으며 아그네스를 안아주셨던 아버지가 저녁 때 피를 토하며 들어오셨습니다. 급히 병원으로 옮겨졌지만 아버지는 끝내 눈을 뜨지 못했습니다.

"아빠! 눈 좀 떠 보세요. 저 아그네스예요."

"여보, 여보!"

어머니와 어린 세 남매는 하늘이 무너지는 것 같았습니다.

아그네스가 태어난 마케도니아는 유고슬라비아의 연방에 속해 있었습니다.

우리 나라처럼 한 민족이 아니라, 다섯 민족이 모여서 이루어진 나라였습니다. 그들은 서로 다른 말을 하고, 다른 글을 쓰고, 다른 종교를 가지고 있었습니다. 그러다 보니 서로 미워하고, 자신들의 이익을 위해 피를 흘리며 싸움까지 했습니다. 아그네스의 아버지는 바로 이 싸움 때문에 죽게 되었던 것입니다.

집안의 가장이었던 남편을 잃은 아그네스의 어머니는 슬픔을 이기지 못하고 그만 자리에 눕게 되었습니다. 그래서 언니가 집안 살림을 맡아서 하였습니다.

재산도 아버지가 돌아가시면서 모두 잃고, 겨우 집 한 채만 남게 되었습니다. 어린 아그네스는 어머니의 병을 낫게 해 달라고 매일같이 기도했습니다. 다행히도 어머니는 곧 기운을 차렸습니다.

어머니는 세 아이들을 모아 놓고 말했습니다.

"아버지를 잃은 슬픔은 크지만 이제는 꿋꿋이 이겨내도록 하자꾸나. 하나님께 기도하며 용기를 잃지 말자."

어머니는 그 때부터 옷과 수예품을 손수 만들어 파는 가게를 열어 살림을 꾸려 나갔습니다. 어린 아그네스는 어떤 역경 속에서도 굽히지 않고 항상 적극적으로 살아가는 어머니를 보며 많은 것을 느끼게 되었습니다.

아버지가 돌아가신 지도 어느덧 5년이 지났습니다. 아그네스는 이제 열 네 살이 되었습니다. 아그네스의 오빠 라잘은 1924년 집을 떠나, 다른 지방에 있는 사관 학교에 입학하였습니다.

언니 아헤와 아그네스는 고향에서 학교에 다니고 있었는데 두 사람 모두 성적이 우수했습니다. 아그네스는 즐거운 나날을 보냈지만, 그 중에서도 몬테네그로 산 속에 있는 성모 마리아 성지를 순례할 때가 가장 행복했습니다.

이렇게 신앙 생활을 열심히 하던 아그네스는 마음속에 한 가지 소망을 갖게 되었습니다.

'어른이 되면 수녀가 되어야지!'

어느 날, 아그네스는 하나님께서 부르시는 소리를 듣게 되었습니다.

'아그네스야, 그리스도를 섬기고 사랑하듯이 가난하고 불쌍한 사람들을 사랑하고 섬기도록 하여라.'

아그네스는 말로는 표현할 수 없는 기쁨을 느꼈습니다.

집으로 돌아온 아그네스는 어머니에게 오늘 겪었던 일을 이야기했습니다. 그리고 자신의 결심도 말했습니다.

"어머니, 이제부터는 남을 위한 삶을 살도록 하겠어요. 수녀가 되는 것을 허락해 주세요."

어머니는 그 자리에서 쉽게 대답을 하지 못했습니다. 그러나 아그네스의 굳은 결심을 아는 어머니는 반대할 수가 없었습니다.

"아그네스야, 너를 하나님께 맡기련다. 끝까지 하나님께 의지하도록 하여라."

"어머니, 고맙습니다. 걱정하지 마세요."

아그네스의 눈에도, 어머니의 눈에도 뜨거운 눈물이 흘렀습니다. 아그네스는 이것이 가족과 영영 이별하게 될지도 모르는 일이라 슬펐지만, 또 한편으로는 수녀가 될 수 있다는 생각에 가슴이 벅차 올랐습니다.

인도를 향하여

아그네스는 수녀가 되기 위한 수업을 제대로 받기 위해 인도에 가기로 했습니다.

막내딸 아그네스를 그렇게 먼 곳으로 보낸다는 것은 어머니로서 여간 걱정스러운 일이 아닐 수 없었습니다.

"아그네스야, 왜 그렇게 먼 인도까지 가려고 하니? 우리 나라에서도 얼마든지 너의 뜻을 이룰 수가 있을 텐데."

어머니는 아그네스의 마음을 돌려보고 싶었습니다.

"물론, 우리 나라에도 가난하고 불쌍한 사람들이 있지만 인도에는 그런 사람들이 더 많다고 해요. 더 가난한 사람들에게 가고 싶어요."

어머니는 더 이상 반대를 할 수가 없었습니다.

아그네스가 떠나던 날, 기차역까지 배웅을 나온 어머니와 언니는 눈물을 흘리며 아쉬워했습니다. 아그네스도 인도에 가겠다는 결심만 했을 뿐, 인도에 대해 아는 것은 별로 없었습니다. 불안한 마음을 떨쳐 버리기 위해 기차 안에서 열심히 기도를 했습니다.

드디어 인도에 도착하여 수녀회에 들어갔습니다. 그 곳에서 처음으로 수련을 받은 수녀를 예비 수녀라고 합니다. 예비 수녀는 앞으로 자신이 어떤 생활을 해야 하는지 배우고, 또 자신이 진정 수녀가 되기를 원하는 가를 다시 한 번 생각하는 기회를 갖게 됩니다. 그런 다음 정식으로 수녀가 되어 수련을 받습니다.

아그네스는 예비 수녀 기간을 마치고 정식으로 수녀가 되었습니다. 수녀의 이름은, 성녀가 되어 사랑을 실천하며 살았던 수녀의 이름을 본떠서 '테레사' 라고 지었습니다. 이제 아그네스는 그렇게도 소망하던 수녀, 테레사가 된 것입니다.

테레사 수녀는 로레토 수녀회가 설립한 학교에서 학생들을 가르치는 일과 병원 일을 돌보았습니다. 이 때 처음으로 테레사 수녀는 가난과 병에 시달리고 있는 사람들을 자신의 눈으로 직접 보았습니다.

'말로만 듣던 것과는 너무나 다르구나. 이렇게 살아가는 사람들이 있었다니.'

먹지 못하여 뼈만 앙상하게 남은 어린이들이 파리가 들끓는 곳에 혼자서 누워 있기도 하고, 쓰레기 더미에서 먹을 것을 찾는 사람들도 많았습니다. 병원에 찾아오는 사람들은 한결같이 모두 가난하여 치료도 제대로 받지 못한 사람들이었습니다. 테레사 수녀는 그들을 위해 기도하며 정성을 다하여 보살폈습니다.

제2차 세계 대전 중인 1943년, 벵골 지방에 기근이 들었습니다. 굶주림으로 많은 사람들이 목숨을 잃게 되자 농민들이 땅을 버리고 캘커타 시로 모두 몰려왔습니다.

"도시로 가면 여기보다는 낫겠지. 이렇게 앉아서 굶어 죽을 수는 없다."

하지만 그 곳에서도 그들을 위한 양식은 없었습니다. 오히려 사람들이 더 넘쳐나서 거리는 굶어 죽어가는 사람들로 가득 찼습니다.

1946년에는 새로운 싸움이 일어났습니다. 종교가 다르다는 이유로 이슬람교도와 힌두교도 사람들이 서로를 죽이기까지 했습니다.

이러한 폭동 속에서 사람들은 먹을 것을 구하지 못해 여전히 굶주리고 있었습니다. 테레사 수녀가 가르치는 300여 명의 학생들도 굶주림에 시달리고 있었습니다.

'이대로 아이들을 죽게 할 수는 없다. 밖으로 나가보자.'

거리에는 참으로 눈뜨고 볼 수 없는 비참한 일이 벌어지고 있었습니다. 여기저기 널려 있는 시체들과, 피를 흘리며 신음하고 있는 사람들, 불타는 상점들, 그리고 가끔씩 총소리도 들려왔습니다.

테레사 수녀는 도망치지 않았습니다. 기다리고 있을 아이들의 얼굴이 하나 하나씩 떠올랐습니다.

그 때, 트럭에 타고 있던 군인들이 거리를 헤매고 있는 테레사 수녀를 발견했습니다.

"수녀님, 위험합니다. 빨리 돌아가십시오."

군인들이 테레사 수녀에게 말했습니다.

"지금 기숙사에는 300명이 넘는 어린이들이 굶어 죽어가고 있습니다. 이대로 돌아갈 수는 없어요. 먹을 것을 구해야만 합니다."

"대단한 수녀님이시군요. 그렇다면 저희가 가지고 있는 양식을 조금 나누어 드릴 테니 어서 타십시오. 학교까지 태워 드리겠습니다."

이렇게 해서 학교에 있던 학생들은 굶주림을 벗어날 수 있게 되었습니다.

테레사 수녀의 용기와 사랑이 있었기 때문에 가능한 일이었습니다.

로레타 수녀원을 떠나며

전쟁과 굶주림으로 폐허가 된 인도는 정말로 참혹한 모습이었습니다. 테레사 수녀는 이대로 지낼 수가 없었습니다.

가난한 사람들을 위한 사랑의 삶이 그녀를 기다리고 있었기 때문입니다. 그러기 위해서는 로레타 수녀원을 떠나야만 했습니다. 편안한 곳에 있으면서 사랑을 실천하는 것보다 가난한 사람들 중에서도 가장 가난한 사람들을 사랑하고 섬기는 것이 더 보람있는 일이라고 생각했기 때문입니다.

그러나 테레사는 로레타를 떠나는 일이 고통스러웠습니다. 수녀원은 집과 마찬가지였고, 동료들도 모두 가족과 같았습니다. 테레사 수녀의 뜻은 2년 만에 로마 교황청에 받아들여져서 빈민가에 나가 봉사해도 좋다는 허락이 떨어졌습니다. 그 때에는 수녀가 수녀원을 떠나서 활동하는 것은 금지되어 있었던 때였습니다.

1948년 8월 14일 테레사 수녀는 흰색 사리(인도 여성들이 입는 옷) 세 벌과 흰 머릿수건 그리고 작은 십자가와 묵주를 손에 들고 엑셈 신부를 찾아가 축복을 받았습니다.

사리와 흰 머릿수건의 가장자리에는 세 줄의 푸른 띠가 둘러져 있었습니다. 이것은 카톨릭의 성모 마리아를 나타내는 색이었습니다. 테레사 수녀는 가난한 사람과 함께 생활하기 위해 그들과 똑같은 옷을 입기로 한 것입니다.

8월 16일, 모두에게 작별 인사를 한 후 테레사 수녀는 성당으로 들어가 조용히 하나님께 기도를 드렸습니다.

"하나님, 드디어 불쌍하고 가난한 사람들을 도와주려고 떠납니다. 아무쪼록 그 뜻을 실천할 수 있도록 저를 지켜 주시고, 용기를 잃지 않도록 도와주세요."

기도를 끝낸 후, 테레사 수녀는 흰 사리를 몸에 걸치고 아무도 모르게 조용히 수녀원의 문을 빠져 나왔습니다.

수녀원을 나와서 테레사 수녀는 배울 수 있는 모든 것을 배웠습니다. 미소와 친절만으로는 빈민가의 사람들에게 아무 도움이 되지 않는다는 것을 잘 알고 있었습니다. 그래서 캘커타에서 멀리 떨어진 파트나에 있는 의료 선교 수도회의 '성가족 병원'에서 일하기로 하였습니다. 이 곳에서 테레사 수녀는 주사놓는 법, 약짓는 법, 응급 처치법 등을 배웠습니다. 이것이야말로 테레사 수녀가 바라던 일이었습니다.

1948년 12월, 테레사 수녀는 다시 캘커타로 돌아왔습니다. 이 때 테레사 수녀의 나이는 서른 여덟 살이었습니다. 테레사 수녀는 자기가 해야 할 일을 결정할 때까지 우선 캘커타의 빈민 구호 수녀회에서 수녀들을 도우며 살았습니다.

그로부터 몇 주일 후, 마침내 자신의 새로운 일을 시작할 곳으로 빈민가 모티즈힐을 선택했습니다. 이 곳은 약국도 없고, 병원도 학교도 없는 곳이었습니다. 마실 물도 없어 사람들은 더러운 물을 길어다 먹고, 몸도 씻었습니다. 테레사 수녀는 일일이 집을 찾아다니며 아이들을 학교에 보내도록 권유했습니다.

"수녀님, 학교는 가서 무엇합니까? 당장 먹을 것도 없는 형편인데, 그냥 돌아가시는게 좋을 것 같습니다."

그러나 테레사 수녀는 포기하지 않았습니다. 아이들을 모아 비어 있는 땅에 학교를 열었습니다. 가난한 어린이들에게 읽기와 쓰기를 가르치면 장래에는 보다 나은 생활을 할 수 있을 것이라고 생각했기 때문입니다.

테레사의 뜻이 마을 사람들에게 전해져서 아이들도 조금씩 늘어나기 시작했습니다. 아이들은 하루가 다르게 변해갔습니다. 더럽던 몸을 깨끗이 씻게 되었고, 부모님이나 선생님의 말씀도 잘 듣게 되었습니다.

"감사합니다, 수녀님. 그리고 수녀님을 믿지 못했던 것 용서하십시오."

마을 사람들은 진심으로 테레사 수녀를 존경하게 되었습니다. 테레사 수녀는 이 일로 인하여 더욱더 용기를 갖게 되었습니다.

사랑의 선교회

테레사 수녀는 자신이 머무를 방 한 칸 없이 지내고 있었습니다. 이 일이 알려지자 고메즈라는 사람이 찾아와 방을 빌려주기도 했습니다. 외로움을 느끼던 테레사는 고메즈 가족에게 의지하며 가난한 사람들을 위해 힘겹게 일을 하고 있었습니다.

그 때, 테레사 수녀를 기쁘게 한 일이 있었습니다. 옛 제자 수녀들이 선생님을 돕겠다며 찾아왔습니다. 테레사 수녀는 스스로 힘든 일을 하겠다며 찾아온 제자들을 기쁜 마음으로 받아들였습니다.

그들은 힘을 모아 빈민가에 학교와 무료 진료소를 세 군데나 열게 되었습니다. 이제 빈민가의 사람들은 흰색 사리를 입은 수녀들을 누구보다도 반갑게 맞이하였습니다.

1950년, 캘커타의 대주교는 테레사의 수도회 활동을 인정하기로 했습니다. 테레사 수녀는 수도회의 이름을 '사랑의 선교회' 라고 지었습니다.

테레사 수녀는 사람들을 모아 놓고 이렇게 말했습니다.

"가난한 사람들을 사랑해야 합니다. 그들을 불쌍히 여겨 동정하자는 것은 결코 아닙니다. 그들이 바로 예수님이기 때문에 사랑해야 합니다. 굶주린 사람들, 문둥병 환자들 모두가 예수님이며, 우리의 형제요, 자매입니다."

그 곳에 모였던 수녀들은 그녀의 가르침을 따라 정성을 다해 일을 하기로 했습니다.

1950년 10월, 드디어 로마의 교황청에서도 '사랑의 선교회' 를 승인했습니다. '사랑의 선교회' 에서는 테레사를 어머니라는 뜻을 가진 '마더' 라고 부르기로 했습니다. 이때부터 마더 테레사로 불리게 되었습니다.

사랑의 선교회가 처음 한 사업은 비참하게 죽어가는 사람들을 위한 집을 만드는 것이었습니다. 캘커타 시 길바닥에서 죽어가는 사람들을 너무나도 많이 보아왔기 때문입니다. 여러 사람의 도움으로 모티즈힐에 방 하나를 얻을 수 있었습니다. 그러나 그 사람들을 데려가서 보살펴 주기에는 방이 너무나 좁았습니다. 마더 테레사는 보건 담당 장관을 찾아가서 부탁을 하였습니다.

"죽어가는 사람들을 저렇게 내버려 둘 수는 없습니다. 돌보는 것은 우리들이 하겠으니 장소만 제공해 주십시오."

"하지만 저희들도 어려운 형편이라 쉽지 않습니다."

장관은 난처해 하며 말했습니다. 테레사 수녀도 그들의 형편을 잘 알고 있었기에 더 이상 부탁을 할 수가 없었습니다.

"그렇다면 나중에 '사랑의 선교회'를 방문해 주세요. 사람들에게 많은 힘이 될 것입니다."

어느 날, 장관은 '사랑의 선교회'를 찾게 되었습니다. 그는 가까이 가기도 싫은 환자를 돌보고 있는 수녀들을 보고 큰 감동을 받았습니다.

"수녀님, 정말 대단하십니다. 저 혹시, 힌두교의 신전 건물이라도 사용하시겠습니까?"

"정말 감사합니다. 환자들이 치료받을 수 있는 곳이라면 어떤 곳도 괜찮습니다."

그날로 수녀들은 길거리에 버려진 사람들을 데려다가 먹을 것도 주고 치료도 해주었습니다. 사람들은 이 집을 '죽어가는 사람들의 집'이라고 불렀습니다. 하지만 힌두교의 신전에서 심한 병을 앓는 사람들과 지내는 일은 쉽지가 않았습니다. 힌두교 신자들이 신성한 성전을 더럽힌다며 폭동을 일으켰습니다.

"저들을 내쫓아야 한다. 수녀들이 우리들을 개종시키려고 하는 짓이야."

"물러가라."

그러나 심한 악취가 나고 진물과 고름이 흐르는 몸을 닦아주고 있는 수녀들을 본 신도들은 더 이상 아무 말도 하지 못하고 돌아갔습니다.

그러던 어느 날, 사원의 한 승려가 결핵에 걸리게 되었습니다. 결핵은 전염병이었기 때문에 사원의 승려들은 아무도 그를 돌보려고 하지 않았습니다. 하지만 테레사 수녀는 그를 기꺼이 받아들여 치료해 주었습니다. 수녀들은 전염병도 아랑곳하지 않고 정성껏 치료해 주었습니다. 이것을 본 사원의 승려와 신도들은 진심으로 그들을 존경하게 되었습니다.

마더 테레사의 사랑은 다른 종교를 가진 사람들에게도 널리 전해지고 있었던 것입니다.

수녀들의 생활

'사랑의 선교회' 수녀들은 보통 사람으로서는 상상도 하지 못하는 힘들고 고된 일을 하고 있지만 얼굴에는 항상 미소를 잃지 않았습니다. 그들은 가난하고 불쌍한 사람들을 위해 살 것을 서약했기 때문에 소지품도 제한되어 있었습니다. 그래서 옷은 사리 세 벌, 샌들 한 켤레, 내의 두 벌, 묵주와 작은 십자가 하나만을 가질 수가 있습니다.

수녀들의 하루는 오전 4시경부터 시작됩니다. 일어나서 처음으로 하는 것은 성당에 모여 기도를 하는 일입니다. 그리고 아침 식사가 끝난 후에는 흰 사리를 입고 필요한 물건을 챙겨서 거리로 나섭니다. 수녀들은 보통 두 명이 함께 묵주를 들고 기도하면서 길을 가는데, 다른 사람에게 음료수를 얻어 마시는 것은 금지되어 있어서 물이 든 물병만은 반드시 가지고 다녀야 합니다.

거리의 가난한 사람들을 돌보고 정오가 되면 돌아와서 점심을 먹습니다. 식사 후에는 설거지를 하고, 전날 입은 사리를 세탁

합니다. 그 후 30분간의 짧은 낮잠 시간이 끝나면 수녀들은 기도를 하고, 오후 2시에는 다시 봉사 활동을 나갑니다. 수녀들이 하루의 일과를 모두 끝내고 돌아오는 것은 저녁 6시입니다. 돌아오면 먼저 성당에서 짧은 기도를 드리고 저녁 식사를 한 다음, 비로소 휴식을 취할 수 있습니다.

마더 테레사는 수녀들의 건강을 위해 일터에서 밤을 새우는 것을 금지했습니다. 그래서 혼자의 힘으로 하기 벅찬 일이 있으면 모두 돌아온 뒤에 힘을 합쳐서 일을 하도록 했습니다. 수녀들은 밤에 자기 전에도 성당에 들어가서 기도를 드리고 10시에 침실로 갈 수가 있었습니다.

마더 테레사는 다른 수녀들보다 훨씬 늦게 잠자리에 듭니다. '사랑의 선교회'를 지원해 주는 사람들에게 편지도 하고, 이런 저런 계획을 세우기도 하며, 어려운 문제를 해결하는 등 다른 수녀들이 하지 못하는 일들을 해야 하기 때문입니다.

마더 테레사가 언제, 얼마나 잠을 자는 지는 아무도 몰랐습니다. 그러나 아침 식사 시간이나 기도 시간에 늦는 일은 결코 없었습니다. 마더 테레사의 얼굴을 보면 그녀가 몹시 피곤하다는 것을 알 수 있습니다. 그래도 테레사는 자신이 일을 할 수 있다는 사실만으로도 행복했습니다.

병든 사람들을 돌보기 위해서는 사람들의 노력뿐만 아니라 물질적으로 많은 것들이 필요했습니다. 그러나 검소한 생활을 하는 수녀들에게는 그것들을 마련할 돈이 충분하지가 않았습니다. 그럴 때마다 수녀들은 많은 걱정을 했습니다. 하지만 마더 테레사는 그런 수녀들을 안심시켰습니다.

"걱정하지 마세요. 하나님이 우리를 보살펴 주시고 계시니까요."

'사랑의 선교회'가 경제적으로 어려워졌다는 소식이 알려지자, 많은 사람들이 도움의 손길을 보내왔습니다. 부자인 사람들만이 도움을 주는 것은 아니었습니다.

한번은 마더 테레사가 길을 가고 있었는데, 거지 한 사람이 급히 테레사 앞으로 달려왔습니다.

"테레사 수녀님, 저도 수녀님을 돕고 싶습니다. 이 돈은 오늘 하루 종일 제가 번 돈입니다. 제발 받아 주세요."

순간 마더 테레사는 당황했습니다.

'내가 이 돈을 받으면 이 사람은 오늘 하루 종일 아무 것도 먹지 못할 텐데. 그렇다고 받지 않으면 돈이 적어서 안 받는다고 생각할 테고, 이를 어쩌나.'

그러나 마더 테레사는 그 사람의 정성을 받아들이기로 했습니다. 그러자 자신도 남을 도울 수 있다는 생각에 그의 얼굴은 환하게 빛났습니다. 마더 테레사에게는 그 돈이 다른 어떤 돈보다도 더 값지게 생각되었습니다. 그리고 남을 돕는 일은 가난하더라도 마음에 사랑만 있다면 되는 일이라는 것을 새삼 깨닫게 되었습니다.

또 한번은 미국에 사는 한 어린이가 편지를 보내왔습니다. 거기에는 3달러의 돈도 함께 들어 있었습니다. 자신의 용돈을 아껴서 보내온 것입니다.

또 '사랑의 선교회'의 길 건너편에 사는 한 소년이 찾아와서 동전이 가득 들어 있는 가방을 내려놓고 갔습니다. 그리고는,

"처음에는 이 곳을 무척 싫어했습니다. 병든 사람들이 가득해서였죠. 하지만 수녀님들을 뵐 때마다 제 생각이 잘못된 것을 알았어요. 돈은 얼마 안 되지만 이 분들에게 조금씩 나누어 드리세요."

마더 테레사는 이 모든 일들이 하나님의 뜻 안에서 이루어진 일이라며 감사의 기도를 드렸습니다. 이렇듯 마더 테레사의 사

랑은 처음에는 혼자서 시작했지만 이제는 점점 더 큰 사랑으로 커져 나갔습니다.

스스로의 힘으로

세상에는 자신의 가족들에게도 버림을 받은 사람들이 있었습니다. 바로 문둥병을 앓는 사람들이었습니다. 마더 테레사는 그런 사람들을 치료하고 보호하기 위해 센터를 세웠습니다. 문을 열고 보니 찾아오는 사람이 의외로 많았습니다. 사람들에게 손가락질 받고, 짐승만도 못한 취급을 받았기에 모두들 숨어서 지내고 있었던 것입니다.

“걱정하지 마세요. 이 곳은 여러분들의 집이니까 편안하게 계시도록 하세요. 여기 있는 수녀님들이 잘 돌보아 드릴 거예요.”

마더 테레사는 그들 모두를 받아들였고, 예전처럼 밝은 웃음을 찾게 해주었습니다. 그러나 모든 환자들을 다 수용하기에는 센터가 너무나 작았습니다. 그래서 주지사를 찾아가 땅을 기증해 줄 것을 부탁했습니다. 주지사도 마더 테레사의 일을 돕고 싶어하던 터라 기꺼이 땅을 주었습니다. 그러나 땅만 있다고 모든 것이 해결되는 것은 아니었습니다.

이 때, 교황이 인도를 방문하게 되었는데 선물로 받은 리무진을 마더 테레사에게 다시 기증하였습니다. 마더 테레사는 기쁜 마음으로 그것을 받아 경매에 붙여 팔기로 했습니다. 차는 엄청난 값으로 팔리게 되어 건물을 세울 수 있었습니다. 문둥병 환자들을 위한 마을을 지을 준비가 모두 이루어졌습니다.

마더 테레사는 제일 먼저, 땅을 기름지게 만들어서 밭을 일구었습니다. 그리고 문둥병 환자들을 받아들여서 살 집과 센터를 그들 손으로 직접 짓게 하였습니다. 손이 모두 뭉그러진 사람들도 자신들이 할 수 있는 일을 찾아서 진정으로 열심히 일했습니다.

"우리가 집을 지을 수 있다니! 모두 테레사 수녀님 덕분입니다. 정말 감사합니다."

마더 테레사와 환자들은 서로의 손을 꼭 잡고 눈물을 흘렸습니다.

집이 다 지어진 후에는 기름진 밭에 채소도 기르고 가축들도 길렀습니다. 사회에서는 꿈도 꿀 수 없었던 직업도 가질 수 있었고, 결혼도 할 수가 있었습니다. 문둥병에 대해 관심을 보이지 않았던 캘커타의 사람들도 마더 테레사와 수녀들의 활동을 보고는 생각이 달라지기 시작했습니다. 환자들을 도와 달라는 플래카드를 들고 거리 행진을 하면 많은 사람들이 도움의 손길을 보내왔습니다.

마더 테레사의 노력은 이렇게 결실을 맺게 되었습니다. 문둥병 환자들은 죽음에 대한 두려움을 이기고, 자신도 무엇인가를 할 수 있다는 자신감을 찾게 되었습니다. 남은 나날동안 그들은 행복을 느끼며 보내게 되었던 것입니다.

인도에서 세계로

마더 테레사의 일이 세상에 점점 더 알려지자 가난한 사람들을 위해 일하고 싶다는 사람들이 많아졌습니다. 그 중에는 젊은 남성들이 많았습니다. 그래서 마더 테레사는 그런 사람들을 받아들여 '사랑의 선교 수사회' 를 만들었습니다. 이 때 앤드류 수사가 마더 테레사를 돕기 위해 달려왔습니다. '사랑의 선교 수사회' 는 앤드류 수사가 지도자가 되어 활동을 시작했습니다.

수사들은 문둥병 환자, 마약 중독자, 정신병자 등을 위해 일하였습니다. 수사들도 수녀들과 마찬가지로 검소한 차림으로 거리를 다니며 가난하고 불쌍한 사람들을 도와주었습니다. 이 사실이 알려지자 '사랑의 선교 수사회' 도 로마 교황으로부터 정식 수도회로서 인정을 받았습니다.

지금까지도 '사랑의 선교 수사회' 는 세계의 곳곳에 지부를 두고 활발한 활동을 벌이고 있습니다. '사랑의 선교 수사회' 는 마더 테레사에게 많은 힘을 주었습니다. 그래서 해가 갈수록 활동범위를 인도에서 세계로 넓혀 나갔습니다.

그러나 주위 사람들은 마더 테레사의 건강을 걱정하며 휴식을 취할 것을 권유했습니다.

"수녀님, 이제 그만 쉬셔야 합니다. 건강을 돌보셔야지요."

"아닙니다. 전 세계에는 아직도 사랑의 손길이 닿지 않는 곳이 많이 있습니다. 제가 쉴 시간이 없습니다."

이것이 마더 테레사에게 남아 있는 유일한 꿈이었습니다.

마침내 그 꿈이 결실을 맺기 시작했습니다. 1965년에는 베네수엘라에, 2년 후에는 스리랑카에 '사랑의 선교회' 수녀원이 문을 열었습니다. 그리고 1968년에 마더 테레사는 로마를 방문했습니다.

로마는 병원의 시설들이 완벽하게 갖추어져 있었지만 가난한 사람들이 멸시를 받고 있었습니다. 그래서 마더 테레사는 작은 오두막집을 지었습니다. 그 곳에는 가난한 마을 어린이들이 와서 공부도 하고 뛰어놀기도 하였습니다.

마더 테레사는 가는 곳마다 외롭고 힘들게 지내는 사람들과 만났습니다. 미국에서는 마약 중독으로 고통받으며 길거리의 종이 상자에서 생활을 하는 사람도 보게 되었습니다.

세계를 다니며 만난 불쌍한 사람들은 마더 테레사에게 오히려 힘을 주었습니다. 그래서 세계 각지에 수녀들을 계속 파견하였습니다. 300곳이 넘는 '사랑의 선교회' 수녀원이 세워졌습니다. 마더 테레사의 손길이 곳곳에 닿게 되었습니다.

우리 나라에도 인천과 안산에 '사랑의 선교회' 수녀원이 있으며, 수사회도 네 곳이나 설립되어 있습니다.

그러나 가족에게 버림받은 사람, 병들어서 길거리를 헤매는 사람, 굶주림에 지친 사람들은 아직도 사라지지 않고 있었습니다.

마더 테레사는 이렇게 말했습니다.

"지금 우리가 살고 있는 이 번화한 도시의 어느 뒷골목에 우리의 따뜻한 손길을 필요로 하는 사람들이 있습니다. 여러분의 주위를 살펴보십시오."

하나님의 곁으로

1979년 12월 19일, 마더 테레사가 노벨 평화상을 받는 날이었습니다. 작은 체구에 하얀 사리를 입은 그녀가 시상대 앞으로 나왔습니다. 얼굴은 주름살이 깊게 패여 있었지만 오히려 그것은 그녀의 큰 사랑의 표시 같아 보였습니다. 상을 받은 마더 테레사는 수상 소감을 이렇게 말했습니다.

"이렇게 큰 상을 제가 받아서는 안 됩니다. 저는 받을 자격이 없습니다. 하지만 이 세상의 가난한 사람들과 그 분들을 위해 애쓰시는 모든 분들을 대신하여 받도록 하겠습니다. 그리고 아직도 우리 주위에는 가난하고 헐벗은 불쌍한 사람들이 많이 있다는 것을 기억해 주시기 바랍니다."

식장 안의 사람들은 자신의 업적을 드러내지 않은 마더 테레사의 겸손함에 깊은 감동을 받았습니다.

마더 테레사는 상금도 '사랑의 선교회'에 모두 기부하였습니다. 그리고 수상 위원들에게 이렇게 부탁을 했습니다.

“위원장님, 만찬회는 열지 않도록 하겠습니다. 하지만 그 비용은 저를 주십시오. 그 돈이라면 헐벗고 굶주린 사람들에게 소중하게 쓰여질 것입니다.”

그 이후에도 세계의 각지에서 마더 테레사에게 많은 상과 훈장을 수여해 주었습니다.

1997년 8월 어느 날, 마더 테레사는 몸을 돌보지 않고 일을 하던 끝에 말라리아에 폐렴이 겹쳐서 병원에 입원하게 되었습니다.

마더 테레사가 병원에 입원했다는 소식이 알려지자, 전 세계의 가난한 사람들이 그녀의 빠른 쾌유를 위한 기도를 드렸고, 다른 종교를 가진 사람들조차도 그녀를 위해 기도하였습니다. 마더 테레사는 입원 후에도 회복할 기미가 보이지 않았습니다. 오랫동안 쉬지 않고 일을 했기 때문에 회복하는데 많은 시간이 걸렸습니다.

어느 정도 몸을 추스리게 된 마더 테레사는 병원 문을 나섰습니다. 휠체어에 의지한 채로 나오고 있었지만 그녀는 크고 힘찬 목소리로,

“주 사랑하네, 내 마음을 다해.”

라는 찬송가를 불러 병원 앞에서 걱정하며 기다리던 사람들을 안심시켰습니다.

그러나 3개월 후, 11월에 마더 테레사는 다시 폐렴으로 쓰러졌습니다. 병원에 입원하여 심장 수술을 받고 퇴원하였으나, 1997년 11월 6일 87세를 일기로 끝내 숨을 거두고 말았습니다.

마더 테레사의 죽음이 알려지자 세계 각국에서 그녀의 도움을 받았던 사람들은 자신의 가족을 잃은 것처럼 슬픔으로 눈물을 흘렸고, 마더 테레사를 추모하는 기도가 곳곳에서 이루어졌습니다.

인도에서는 마더 테레사의 장례를 국장으로 치루게 하였습니다. 이것은 대통령이나 총리만이 할 수 있는 장례식이었습니다. 마더 테레사의 시신은 캘커타 중심부에 있는 성 토머스 성당으로 옮겨졌습니다.

이 때 마더 테레사의 관 뒤로는 크리스트교도와 이슬람교도와 힌두교도들이 함께 따라왔으며, 거리에 늘어선 수많은 사람들은 슬픔의 눈물을 흘렸습니다.

인도의 가난한 사람들 중에서도 가장 가난한 사람들을 사랑으로 섬기고 보살피기 위해 자신의 국적까지 바꾸었던 마더 테레사!

그녀의 순수한 사랑은 전 세계인의 가슴에 평화와 기쁨을 가져다 주었습니다.

총 10,675자

빈처

현진건

도약 속도 측정글 / 고등 · 대학 · 일반부용

"그것이 어째 없을까?"

아내가 장문을 열고 무엇을 찾더니 입안말로 중얼거린다.

"무엇이 없어?"

나는 우두커니 책상 머리에 앉아서 책장만 뒤적뒤적하다가 물어보았다.

"모본단 저고리 하나가 남았는데."

"……."

나는 그만 묵묵하였다.

아내가 그것을 찾아 무엇을 하려는 것을 앎이라. 오늘 밤에 옆집 할멈을 시켜 잡히려 하는 것이다.

이 이 년 동안에 돈 한푼 나는 데 없고 그대로 주리면 시장할 줄 알아 기구와 의복을 전당국 창고에 들여밀거나 고물상 한구석에 세워두고 얻어오는 수밖에 없었다.

지금 아내가 하나 남은 모본단 저고리를 찾는 것도 아침거리를 장만하려 함이다. 나는 입맛을 쩍쩍 다시고 폈던 책을 덮으며 "후우" 한숨을 내쉬었다.

봄은 벌써 반이나 지났건마는 이슬을 실은 듯한 밤기운이 방구석으로부터 슬금슬금 기어나와 사람에게 안기고, 비가 오는 까닭인지 밤은 아직 깊지 않건만 인적조차 끊어지고 온 천지가 비인 듯이 고요한데 투닥투닥 떨어지는 빗소리가 한없이 구슬픈 생각을 자아낸다.

"빌어먹을 것, 되는 대로 되어라."

나는 점점 견딜 수 없어 두 손으로 흩어진 머리카락을 쓰다듬어 올리며 중얼거려 보았다.

이 말이 더욱 처량한 생각을 일으킨다. 나는 또 한 번,

"후──."

한숨을 내쉬며 왼팔을 베고 책상에 쓰러지며 눈을 감았다.

이 순간에 오늘 지낸 일이 불현듯 생각이 난다.

늦게야 점심을 마치고 내가 막 궐련 한 개를 피워물 적에 한성은행 다니는 T가 공일이라고 찾아왔다.

친척은 다 멀지 않게 살아도 가난한 꼴을 보이기도 싫고 찾아갈 적마다 무엇을 꾸어내라고 조르지도 아니하였건만, 행여나 무슨 구차한 소리를 할까봐서 미리 방패막이를 하고 눈살을 찌푸리는 듯하여 나는 발을 끊고, 따라서 찾아오는 이도 없었다.

다만 이 T는 촌수가 가까운 까닭인지 자주 우리를 방문하였다. 그는 성실하고 공순하여 소소한 소사(小事)에 슬퍼하고 기뻐하는 인물이었다.

동년배인 우리들은 늘 친척간에 비교거리가 되었었다.

그리고 나의 평판이 항상 좋지 못했다.

"T는 돈을 알고 위인이 진실해서 그에는 돈 푼이나 모일 것이야! 그러나 K(내 이름)는 아무 짝에도 못 쓸 놈이야. 그 잘난 언문 섞어서 무어라고 끄적거려 놓고 제 주제에 무슨 조선에 유명한 문학가가 된다니! 시러베 아들놈!"

이것이 그네들의 평판이었다.

내가 문학인지 무엇인지 하는 소리가 까닭없이 그네들의 비위

에 틀린 것이다. 더군다나 나는 그네들의 생일이나 혹은 대사 때에 돈 한푼 이렇다는 일이 없고, T는 소위 착실히 돈벌이를 해 가지고 국수 밥소라나 보조를 하는 까닭이다.

"얼마 아니 되어 T는 잘 살 것이고 K는 거지가 될 것이니 두고 보아!"

오촌 당숙은 이런 말씀까지 하였다 한다.

입 밖에는 아니 내어도 친부모 친형제까지라도 심중으로는 다 이렇게 생각할 것이다. 그래도 부모는 달라서 화가 나시면,

"네가 그리 하다가는 말경에 비렁뱅이가 되고 말 것이야."

라고 꾸중은 하셔도,

"사람이라 늦복 모르느니라."

"그런 사람은 또 그렇게 되느니라."

하시는 것이 스스로 위로하는 말씀이고 또 며느리를 위로하는 말씀이었다.

이것을 보아도 하는 수 없는 놈이라고 단념을 하시면서 그래도 잘되기를 바라시고 축원하시는 것을 알겠더라.

여하간 이만하면 T의 사람됨을 가히 알 수가 있다. 그리고 그가 우리 집에 올 것 같으면 지어서 쾌활하게 웃으며 힘써 재미스러운 이야기를 하였다.

단둘이 고적하게 그날그날을 보내는 우리에게는 더할 수 없이 반가웠었다. 오늘도 그가 활발하게 집에 쑥 들어오더니 신문지에 싼 기름한 것을 '이것 봐라' 하는 듯이 마루 위에 올려놓고 분주히 구두끈을 끄른다.

"이것은 무엇인가?"

나는 물어보았다.

"저어, 제 처의 양산이야요. 쓰던 것이 벌써 낡았고 또 살이 부러졌다나요."

그는 구두를 벗고 마루에 올라서며 나오는 웃음을 참지 못하여 벙글벙글 하면서 대답을 한다.

그는 나의 아내를 돌아보며 돌연히,

"아주머니, 좀 구경하시렵니까?"

하더니 싼 종이와 집을 벗기고 양산을 펴 보인다.

흰 바탕에 두어 가지 매화를 수놓은 양산이었다.

"검정이는 좋은 것이 많아도 너무 칙칙해 보이고 회색이나 누렁이는 하나도 그것이야 싶은 것이 없어서 이것을 산 걸요."

그는 '이것보다도 더 좋은 것을 살 수가 있다.' 하는 뜻을 보이려고 애를 쓰며 이런 변명까지 한다.

"이것도 퍽 좋은데요."

이런 칭찬을 하면서 양산을 펴들고 이리저리 홀린 듯이 들여다보고 있는 아내의 눈에는,

"나도 이런 것 하나 가졌으면……."

하는 생각이 역력히 보인다.

나는 갑자기 불쾌한 생각이 와락 일어나서 방으로 들어오며 아내의 양산 보는 양을 빙그레 웃고 바라보고 있는 T에게,

"여보게, 방으로 들어오게그려, 우리 이야기나 하세."

T는 따라 들어와 물가 폭등에 대한 이야기며, 자기의 월급이 오른 이야기며, 주권을 몇 주 사두었더니 꽤 이익이 남았다든가, 이런 것 저런 것 한참 이야기하다가 돌아갔었다.

T를 보내고 책상을 향하여 짓던 소설의 결미를 생각하고 있을 즈음에,

"여보!"

아내의 떠는 목소리가 바로 내 귀 곁에서 들린다.

핏기없는 얼굴에 살짝 붉은 빛이 들며 어느 결에 내 곁에 바짝 다가앉았더라.

"당신도 살 도리를 좀 하세요."

"……."

나는 또 '시작하는구나!' 하는 생각이 번개같이 머리에 번쩍이며 불쾌한 생각이 벌컥 일어난다.

그러나 무어라고 대답할 말이 없어 묵묵히 있었다.

"우리도 남과 같이 살아보아야지요."

아내가 T의 양산에 대단히 자극을 받은 것이다.

예술가의 처 노릇을 하려는 독특한 결심이 있는 그는 좀처럼 이런 소리를 밖에 내지 아니하였다.

그러나 무엇에 상당한 자극만 받으면 참고 참았던 이런 소리를 하게 되는 것이다.

나는 이런 소리를 들을 적마다 '그럴 만도 하다.'는 동정심이 없지 아니하나 심사가 어쩐지 좋지 못하였다.

이번에도 '그럴 만도 하다.'는 동정심이 없지 아니하되 또한 불쾌한 생각을 억제키 어려웠다.

잠깐 있다가 불쾌한 빛을 나타내며,

"급작스럽게 살 도리를 하라면 어찌 할 수가 있소. 차차 될 때가 있겠지!"

"아이구, 차차란 말씀 그만두구려, 어느 천년에."

아내의 얼굴에 붉은 빛이 짙어지며 전에 없던 흥분한 어조로 이런 말까지 하였다.

자세히 보니 두 눈에 은은히 눈물이 괴었더라.

나는 잠시 멍멍하게 있었다. 성난 불길이 치받쳐 올라온다.

나는 참을 수 없었다.

"막벌이꾼한테 시집을 갈 것이지, 누가 내게 시집을 오랬소. 저 따위가 예술가의 처가 다 뭐야!"

사나운 어조로 몰풍스럽게 소리를 꽥 질렀다.

"에그……."

살짝 얼굴빛이 변해지며 어이없이 나를 보더니 고개가 점점 수그러지며 한 방울 두 방울 방울방울 눈물이 장판 위에 떨어진다.

나는 이런 일을 가슴에 그리며 그래도 내일 아침거리를 장만하려고 옷을 찾는 아내의 심중을 생각해보니 말할 수 없는 슬픈 생각이 가을 바람과 같이 설렁설렁 심골을 문지르는 것 같다.

쓸쓸한 빗소리는 굵었다 가늘었다 의연히 적적한 밤공기에 더욱 처량히 들리고 그을음 앉은 등피 속에서 비치는 불빛은 구름에 가린 달빛처럼 우는 듯 조는 듯, 구차히 얻어 산 몇 권 양책의 표제 금자가 번쩍거린다.

2

장 앞에 초연히 서 있던 아내가 무엇이 생각났는지 고개를 끄덕끄덕하며, 들릴 듯 말 듯 목안의 소리로,

"오호……, 옳지 참 그날……."

"찾었소?"

"아니야요. 벌써……, 저 인천 사시는 형님이 오셨던 날……."

아내가 애써 찾던 그것도 벌써 전당포의 고운 먼지가 앉았구나! 종지 하나라도 차근차근 아랑곳하는 아내가 그것을 잡혔는지 안 잡혔는지 모르는 것을 보면 빈곤이 얼마나 그의 정신을 물어뜯었는지 가히 알겠다.

"……."

"……."

한참 동안 서로 아무 말이 없었다.

가슴이 어째 답답해지며 누구하고 싸움이나 좀 해보았으면, 소리껏 고함이나 질러보았으면, 실컷 맞아보았으면 하는 일종

이상한 감정이 부글부글 피어오르며, 전신에 이가 스멀스멀 기어다니는 듯 옷이 어깨 몸에 끼이며 견딜 수가 없다.

나는 이런 감정을 노골적으로 드러내며,

"점점 구차한 살림에 싫증이 나서 못 견디겠지?"

아내는 무엇을 생각하는지 모르게 정신을 잃고 섰다가 그 거슴츠레한 눈이 둥그레지며,

"네에? 어째서요?"

"무얼 그렇지."

"싫은 생각은 조금도 없어요."

이렇게 말이 오락가락함에 따라 나는 흥분의 도가 점점 짙어 간다.

그래서 아내가 떨리는 소리로,

"어째 그런 줄 아세요?"

하고 반문할 적에,

"나를 숙맥으로 알우?"

라고 격렬하게 소리를 높였다.

아내는 살짝 분한 빛이 눈에 비치어 물끄러미 나를 들여다본다.

나는 괘씸하다는 듯이 흘겨보며,

"그러면 그것 모를까! 오늘까지 잘 참아오더니 인제는 점점 기색이 달라지는걸 뭐! 물론 그럴 만도 하지마는!"

이런 말을 하는 내 가슴에는 지난 일이 활동사진 모양으로 얼른얼른 나타난다.

육 년 전에(그때 나는 십육 세이고 저는 십팔 세였다.) 우리가 결혼한 지 얼마 아니 되어 지식에 목마른 나는 지식의 바닷물을 얻어 마시려고 표연히 집을 떠났었다.

광풍에 나부끼는 버들잎 모양으로 오늘은 지나, 내일은 일본으로 굴러다니다가 금전의 탓으로 지식의 바닷물도 흠씬 마셔

보지도 못하고 반거들충이가 되어 집에 돌아오고 말았다.

그가 시집 올 때에는 방글방글 피려는 꽃봉오리 같던 아내가 어느 겨를에 기울어가는 꽃처럼 두 뺨에 선연한 빛이 스러지고 벌써 두어 금 가는 줄이 그리어졌다.

처가 덕으로 집간도 장만하고 세간도 얻어 우리는 소위 살림을 하게 되었다.

처음에는 그럭저럭 지냈었지마는 한푼 나는 데 없는 살림이라 한 달 가고 두 달이 갈수록 점점 곤란해질 따름이었다.

나는 보수없는 독서와 가치없는 창작으로 해가 지며 날이 새며, 쌀이 있는지, 나무가 있는지, 망연케 몰랐다.

그래도 때때로 맛있는 반찬이 상에 오르고 입은 옷이 과히 추하지 아니함은 전혀 아내의 힘이었다.

전들 무슨 벌이가 있으리요, 부끄럼을 무릅쓰고 친가에 가서 눈치를 보아가며 구차한 소리를 하여가지고 얻어온 것이었다.

그것도 한두 번 말이지 장구한 세월에 어찌 늘 그럴 수가 있으랴! 말경에는 아내가 가져온 세간과 의복에 손을 대는 수밖에 없었다.

그가 애를 쓰며 퉁명스러운 옆집 할멈에게 돈푼을 주고 시켰었다. 이런 고생을 하면서도 그는 나의 성공만 마음속으로 깊이 깊이 믿고 빌었었다.

어느 때에는 내가 무엇을 짓다가 마음에 맞지 아니하여 쓰던 것을 집어 던지고 화를 낼 적에,

"왜 마음을 조급하게 잡수세요! 저는 꼭 당신의 이름이 세상에 빛날 날이 있을 줄 믿어요. 우리가 이렇게 고생을 하는 것이 장차 잘될 근본이야요."

하고 그는 스스로 흥분되어 눈물을 흘리며 나를 위로하는 적도 있었다.

내가 외국으로 다닐 때에 소위 신풍조(新風潮)에 띄어 까닭없이 구식 여자가 싫어졌다. 그래서 나이 일찍이 장가 든 것을 매우 후회하였다.

어떤 남학생과 어떤 여학생이 서로 연애를 주고받고 한다는 이야기를 들을 적마다 공연히 가슴이 뛰놀며 부럽기도 하고 비감스럽기도 하였다.

그러나 낫살이 들어갈수록 그런 생각도 없어지고 집에 돌아와 아내를 겪어보니 의외에 그에게 따뜻한 맛과 순결한 맛을 발견하였다. 그의 사랑이야말로 이기적 사랑이 아니고 헌신적 사랑이었다.

이런 줄을 점점 깨닫게 될 때에 내 마음이 얼마나 행복스러웠으랴! 밤이 깊도록 다듬이를 하다가 그만 옷 입은 채로 쓰러져 곤하게 자는 그의 파리한 얼굴을 들여다보며,

“아아, 나에게 위안을 주고 원조를 주는 천사여!”

하고 감격이 극하여 눈물을 흘린 적도 있었다.

내가 아다시피 내가 별로 천품은 없으나 어쨌든 무슨 저작가로 몸을 세워 보았으면 하여 나날이 창작과 독서에 전심력을 바쳤다. 물론 아직 남에게 인정될 가치는 없는 것이다.

그 영향으로 자연 일상 생활이 어찌할 도리가 없게 되었다.

이런 곤란에 그는 근 이 년 견디어 왔건만 나의 하는 일은 오히려 아무 보람이 없고 방 안에 놓였던 세간이 줄어지고 장롱에 찼던 옷이 거의 다 없어졌을 뿐이다.

그 결과 그다지 견딜성 있던 그도 요사이 와서는 때때로 쓸데없는 탄식을 하게 되었다. 손잡이를 잡고 마루 끝에 우두커니 서서 하염없이 산만 바라보기도 하며, 바느질을 하다 말고 실신한 사람 모양으로 멍청히 앉았기도 하였다.

창경(窓輕)으로 비치는 어스름한 햇빛에 나는 흔히 그의 눈물

머금은 근심있는 눈물을 발견하였다.

이런 때에는 말할 수 없는 쓸쓸한 생각이 들며 일없이,

"마누라!"

하고 부르면 그는 몸을 움칫하고 고개를 저리 돌리어 치맛자락으로 눈물을 씻으며,

"네에?"

하고 울음에 떨리는 가는 대답을 한다. 나는 등에 물을 끼얹는 듯 몸이 으쓱해지며 처량한 생각이 싸늘하게 가슴에 흘렀다. 그러지 않아도 자비(自卑)하기 쉬운 마음이 더욱 심해지며,

"내가 무자격한 탓이다."

하고 스스로 멸시를 하고 나니 더욱 견딜 수 없다.

'그럴 만도 하다.'

는 동정심이 없지 아니하되 그래도 그만 불쾌한 생각이 일어나며,

"계집이란 할 수 없어."

혼자 이런 불평을 중얼거리었다.

환등 모양으로 하나씩 둘씩 이런 일이 가슴에 나타나니 무어라고 말할 용기조차 없어졌다. 나의 유일의 신앙자이고 위로자이던 처까지 인제는 나를 아니 믿게 되었다.

그는 마음속으로,

'네가 육 년 동안 내 살을 깎고 저미었구나! 이 원수야.'

할 것이다.

이렇게 생각하매 그의 불같던 사랑까지 없어져가는 것 같았다. 아니 흔적도 없이 사라지고 만 것 같았다.

나는 감상적으로 허둥지둥하며,

"낸들 마누라를 고생시키고 싶어서 시키겠소! 비단 옷도 해주고 싶고 좋은 양산도 사주고 싶어요! 그러길래 온종일 쉬지 않

고 공부를 아니하우. 남 보기에는 편편히 노는 것 같아도 실상은 그렇지 않아! 본들 모른단 말이오."

나는 점점 강한 가면을 벗고 약한 진상을 드러내며 이와 같은 가소로운 변명까지 하였다.

"온 세상 사람이 다 나를 비소하고 모욕하여도 상관이 없지만 마누라까지 나를 아니 믿어주면 어찌 한단 말이오."

내 말에 스스로 자극이 되어가지고 마침내,

"아아!"

길게 탄식을 하고 그만 쓰러졌다.

이 순간에 고개를 숙이고 아마 하염없이 입술만 물어뜯고 있던 아내가 홀연,

"여보!"

울음소리를 떨면서 무너지는 듯이 내 얼굴에 쓰러진다.

"용서……."

하고는 북받쳐 나오는 울음에 말이 막히고 불덩이 같은 두 뺨이 내 얼굴을 누르며 흑흑 느끼어 운다.

그의 두 눈으로부터 샘 솟듯하는 눈물이 제 뺨과 내 뺨 사이를 따뜻하게 젖어 퍼진다.

내 눈에도 눈물이 흘러내린다.

뒤숭숭하던 생각이 다 이 뜨거운 눈물에 봄눈 슬듯 스러지고 말았다. 한참 있다가 우리는 눈물을 씻었다. 내 속이 얼마나 시원한지 몰랐다.

"용서하여 주세요! 그렇게 생각하실 줄은 정 몰랐어요."

이런 말을 하는 아내는 눈물에 부어오른 눈꺼풀을 아픈 듯이 꿈적거린다.

"암만 구차하기로니 싫증이야 날까요! 나는 한번 먹은 맘이 있는데."

가만가만히 변명을 하는 아내의 눈물 흔적이 어룽어룽한 얼굴을 물끄러미 바라보며 겨우 심신이 가뜬하였다.

3

어제 일로 심신이 피곤하였는지 그 이튿날 늦게야 잠을 깨니 간밤에 오던 비는 어느 결에 그치었고 명랑한 햇발이 미닫이에 높았더라.

아내가 다시금 장문을 열고 잡힐 것을 찾을 즈음에 누가 중문을 열고 들어온다.

우리는 누군가 하고 귀를 기울일 적에 밖에서,

"아씨!"

하는 소리가 들렸다.

아내는 급히 방문을 열고 나갔다.

그는 처가에서 부리는 할멈이었다.

오늘이 장인 생신이라고 어서 오라는 말을 전한다.

"오늘이냐? 참 옳지, 오늘이 이월 열엿새 날이지, 나는 깜빡 잊었어!"

"원 아씨는 딱도 하십니다. 어쩌면 아버님 생신을 잊는단 말씀이야요. 아무리 살림이 재미가 나시더래도!"

시큰둥한 할멈은 선웃음을 쳐가며 이런 소리를 한다.

가난한 살림에 골몰하느라고 자기 친부의 생신까지 잊었는가 함에 정지(情地)가 더욱 측은하였다.

"오늘이 본가 아버님 생신이래요. 어서 오시라는데……."

"어서 가구려……."

"당신도 가셔야지요. 우리 같이 가세요."

하고 아내는 하염없이 얼굴을 붉힌다.

나는 처가에 가기가 매우 싫었었다. 그러나 아니 가는 것도 내 도리가 아닐 듯하여 하는 수 없이 두루마기를 입었다.

아내는 머뭇머뭇하여 양미간을 보일 듯 말 듯 찡그리다가 곁눈으로 살짝 나를 엿보더니 돌아서서 급히 장문을 연다.

'흥, 입을 옷이 없어서 망설거리는구나.' 나도 슬쩍 돌아서며 생각하였다. 우리는 서로 등지고 섰건만 그래도 아내가 거의 다 빈 장 안을 들여다보며 입을 만한 옷이 없어서 눈살을 찌푸린 양이 눈앞에 선연함을 어찌할 수가 없었다.

"자아, 가세요."

무엇을 생각하는지 모르게 정신을 잃고 섰다가 아내의 부르는 소리를 듣고 나는 기계적으로 고개를 돌리었다.

아내는 당목옷으로 갈아입고 내 마음을 알았던지 나를 위로하는 듯이 방그레 웃는다.

나는 더욱 쓸쓸하였다.

우리 집은 천변 배다리 곁이었고 처가는 안국동에 있어 그 거리가 꽤 멀었다.

나는 천천히 가노라 하고 아내는 속히 오느라고 오건마는 그는 늘 뒤떨어졌다.

내가 한참 가다가 뒤를 돌아다보면 그는 늘 멀리 떨어져 나를 따라오려고 애를 쓰며, 주춤주춤 걸어온다.

길가에 다니는 어느 여자를 보아도 거의 다 비단옷을 입고 고운 신을 신었는데 당목옷을 허술하게 차리고 청록당혜로 타박타박 걸어오는 양이 나에게 얼마나 애연(哀然)한 생각을 일으켰는지!

한참 만에 나는 넓고 높은 처갓집 대문에 다다랐다.

내가 안으로 들어갈 적에 낯선 사람들이 나를 힐끔힐끔 본다.

그들의 눈에

"이 사람이 누구인가. 아마 이 집 하인인가 보다."

하는 경멸히 여기는 빛이 있는 것 같았다.

안 대청 가까이 들어오니 모두 내게 분분히 인사를 한다.

그 인사하는 소리가 내 귀에는 어째 비소하는 것 같기도 하고 모욕하는 것 같기도 하여 공연히 가슴이 두근거리고 얼굴이 후끈거린다.

그 중에 제일 내게 친숙하게 인사하는 사람이 있다.

그는 아내보다 삼 년 맏인 처형이었다.

내가 어려서 장가를 들었으므로 그때 나는 그에게 못 견디게 시달렸다.

그때는 그게 싫기도 하고 밉기도 하더니 지금 와서는 그때 그러한 것이 도리어 우리를 무관하게 정답게 만들었다.

그는 인천 사는데 자기 남편이 기미(期米)를 하여 가지고 이번에 돈 십만 원이나 착실히 땄다 한다.

그는 자기의 잘 사는 것을 자랑하고자 함인지 비단을 내리감고 얼굴에 부유한 태가 질질 흐른다. 그러나 분(粉)으로 숨기려고 애쓴 보람도 없이 눈 위에 퍼렇게 멍든 것이 내 눈에 띄었다.

"왜 마누라는 어쩌고 혼자 오세요?"

그는 웃으며 이런 말을 하다가 중문 편을 바라보더니,

"그러면 그렇지! 동부인 아니하고 오실라구."

혼자 주고받고 한다.

나는 이 말을 듣고 슬쩍 돌아다보니 아내가 벌써 중문 앞에 들어섰다. 그 수척한 얼굴이 더욱 수척해 보이며 눈물 괸 듯한 눈이 하염없이 웃는다.

나는 유심히 그와 아내를 번갈아 보았다.

처음 보는 사람은 분간을 못하리만큼 그들의 얼굴은 흡사하다.

그런데 얼굴빛은 어쩌면 저렇게 틀리는지!

하나는 이글이글 만발한 꽃 같고 하나는 시들시들 마른 낙엽 같다. 아내를 형이라고, 처형을 아우라 하였으면 아무라도 속을 것이다.

또 한 번 아내를 보며 말할 수 없이 쓸쓸한 생각이 다시금 가슴을 누른다.

딴 음식은 별로 먹지도 아니하고 못 먹는 술을 넉 잔이나 마시었다.

그래도 바늘 방석에 앉은 것처럼 앉아 견딜 수가 없다.

집에 가려고 나는 몸을 일으켰다. 골치가 띵 하며 내가 선 방바닥이 마치 폭풍에 노도하는 파도같이 높았다 낮았다 어찔어찔해서 곧 쓰러질 것 같다.

이 거동을 보고 장모가 황망히 일어서며,

"술이 저렇게 취해가지고 어데로 갈라구, 여기서 한잠 자고 가게."

나는 손을 내저으며,

"아니에요. 집에 가겠어요."

취한 소리로 중얼거리었다.

"저를 어쩌나!"

장모는 걱정을 하시더니,

"할멈, 어서 인력거 한 채 불러오게."

한다.

취중에도 인력거를 태우지 말고 삯을 나를 주었으면 책 한 권을 사보련만 하는 생각이 있었다.

인력거를 타고 얼마 아니 가서 그만 잠이 들었다.

한참 자다가 잠을 깨어 보니 방 안에 벌써 남폿불이 켜 있는데, 아내는 어느 결에 왔는지 외로이 앉아 바느질을 하고 화로에서는 무엇이 끓는 소리가 보글보글하였다.

아내가 나의 잠깬 것을 보더니 급히 화로에 얹힌 것을 만져보며,

"인제 그만 일어나 진지를 잡수세요."

하고 부리나케 일어나 아랫목에 파묻어둔 밥 그릇을 꺼내어 미리 차려둔 상에 얹어서 내 앞에 갖다놓고 일변 화로를 당기어 더운 반찬을 집어 얹으며,

"자아, 어서 일어나세요."

한다.

나는 마지못하여 하는 듯이 부시시 일어났다.

머리가 오히려 아프며 목이 몹시 말라서 국과 물을 연해 들이켰다.

"물만 잡수셔서 어째요. 진지를 좀 잡수셔야지."

아내는 이런 근심을 하며, 밥상머리에 앉아서 고기도 뜯어주고 생선뼈도 추려주었다.

이것은 다 오늘 처가에서 가져온 것이다. 나는 맛나게 밥 한 그릇을 다 먹었다.

내 밥상이 나매 아내가 밥을 먹기 시작한다.

그러면 지금껏 내 잠 깨기를 기다리고 밥을 먹지 아니하였구나 하고 오늘 처가에서 본 일을 생각하였다.

어제 일이 있은 후로 우리 사이에 무슨 벽이 생긴 듯하던 것이 그 벽이 점점 엷어져가는 듯하며 가엾고 사랑스러운 생각이 일어났었다.

그래서 우리는 정답게 이런 이야기, 저런 이야기를 하게 되었다. 우리의 이야기는 오늘 장인 생신 잔치로부터 처형 눈 위에 멍든 것에 옮겨갔다.

처형의 남편이 이번 그 돈을 딴 뒤로는 주야 요리점과 기생집

에 돌아다니더니 일전에 어떤 기생을 얻어가지고 미쳐 날뛰며 집에만 들면 집안 사람을 들볶고 걸핏하면 처형을 친다 한다.

이번에도 별로 대단치 않은 일에 처형에게 밥상으로 냅다 갈겨 바로 눈위에 그렇게 멍이 들었다 한다.

"그것 보아, 돈푼이나 있으면 다 그런 것이야."

"정말 그래요. 없으면 없는 대로 살아도 의좋게 지내는 것이 행복이야요."

아내는 충심으로 공명해주었다.

이 말을 들으매 내 마음은 말할 수 없이 만족해지면서 무슨 승리나 한 듯이 득의양양하였다.

그리고 마음속으로,

"옳다. 그렇다. 이렇게 지내는 것이 행복하다."

하였다.

4

이틀 뒤, 해 어스름에 처형은 우리 집에 놀러 왔었다.

마침 내가 정신없이 무엇을 생각하고 있을 즈음에 쓸쓸하게 닫혀 있는 중문이 찌긋둥하며, 비단옷 소리가 사오락사오락 들리더니 아랫목은 내게 빼앗기고 윗목에서 바느질을 하고 있던 아내가 문을 열고 나간다.

"아이고, 형님 오셔요."

아내의 인사하는 소리가 들리더니 처형이 계집 하인에게 무엇을 들리고 들어온다.

나도 반갑게 인사를 하였다.

"그날 매우 욕을 보셨죠? 못 잡숫는 술을 무슨 짝에 그렇게 잡수세요."

그는 이런 인사를 하다가 급작스럽게 계집 하인이 든 것을 빼앗더니 신문지로 싼 것을 끄집어내어 아내를 주며,

"내 신 사는데 네 신도 한 켤레 샀다. 그날 청록당혜를 ……."

말을 하려다가 나를 곁눈으로 흘끗 보고 그만 입을 닫친다.

"그것을 왜 또 사셨어요."

해쓱한 얼굴에 꽃물을 들이며, 아내가 치사하는 것도 들은 체 만 체하고 처형은 또 이야기를 시작한다.

"올 적에 사랑방 양반을 졸라서 돈 백 원을 얻었겠지. 그래서 오늘 종로에 나와서 옷감도 바꾸고 신도 사고……."

그는 자랑과 기쁨의 빛이 얼굴에 퍼지며 싼 보를 끌러,

"이런 것이야!"

하고 우리 앞에 펼쳐놓는다.

자세히는 모르나 여하간 값 많은 품 좋은 비단인 듯하다.

무늬 없는 것, 무늬 있는 것, 회색, 초록색, 분홍색이 갖가지로 윤이 흐르며 색색이 빛이 나서 나는 한참 황홀하였다.

무슨 칭찬을 해야 되겠다 싶어서,

"참 좋은 것인데요."

이런 말을 하다가 나도 또 쓸쓸한 생각이 일어난다.

저것을 보는 아내의 심중이 어떠할까 하는 의문이 문득 일어남이라.

"모두 좋은 것만 골라 샀습니다그려. "

아내는 인사를 차리느라고 이런 칭찬은 하나마 별로 부러워하는 기색이 없다. 나는 적이 의외의 감이 있었다.

처형은 자기 남편의 흉을 보기 시작하였다.

그 밉살스럽다는 둥, 그 추근추근하다는 둥, 말 끝마다 자기 남편의 불미한 점을 들다가 문득 이야기를 끊고 일어선다.

"왜 벌써 가시려고 하셔요. 모처럼 오셨다가 반찬은 없어도

저녁이나 잡수세요."

하고 아내가 만류하니,

"아니 곧 가야지. 오늘 저녁 차로 간다고 편지까지 했는데……."

재삼 만류함도 돌아보지 아니하고 그는 훌훌이 나간다.

우리는 그를 보내고 방에 들어왔다.

"그까짓 것이 기다리는데 그다지 급급히 갈 것이 무엇이야."

아내는 하염없이 웃을 뿐이었다.

"그래도 옷감 바꿀 돈을 주었으니 기다리는 것이 애처롭기는 하겠지"

밉살스러우니, 추근추근하니 하여도 물질의 만족만 얻으면 그것으로 기뻐하고 위로하는 그의 생활이 참 가련하다 하였다.

"참, 그런가 보아요."

아내도 웃으며 내 말을 받는다.

이때에 처형이 사준 신이 그의 눈에 띄었는지(혹은 나를 꺼려, 보고 싶은 것을 참았는지 모르나) 그것을 집어들고 조심조심 펴보려다가 말고 머뭇머뭇한다.

그 속에 그를 해케 할 무슨 위험품이나 든 것같이.

"어서 펴보구려."

아내는 이 말을 듣더니.

'작히 좋으랴.'

하는 듯이 활발하게 싼 신문지를 헤친다.

"퍽 이쁜걸요."

그는 근일에 드문 기쁜 소리를 치며 방바닥 위에 사뿐 내려놓고 버선을 당기며 곱게 신어본다.

"어쩌면 이렇게 맞아요!"

연해 연방 감사를 부르짖는 그의 얼굴에 혼연한 희색이 넘쳐 흐른다.

"……."

묵묵히 아내의 기뻐하는 양을 보고 있는 나는 또다시,

'여자란 할 수 없어.'

하는 생각이 들며,

'조심하였을 따름이다.'

함에 밤빛 같은 검은 그림자가 가슴을 어둡게 하였다.

그러면 아까 처형의 옷감을 볼 적에도 물론 마음속으로는 부러워하였을 것이다. 다만 표면에 드러내지 않았을 따름이다. 겨우,

"어서 펴보구려."

하는 한 마디에 가슴에 숨겼던 생각을 속임없이 나타내는구나 하였다.

내가 무엇을 생각하고 있는지 저는 모르고 새신 신은 발을 쳐들며,

"신 모양이 어때요?"

"매우 이뻐!"

겉으로는 좋은 듯이 대답을 하였으나 마음은 쓸쓸하였다.

내가 제게 신 한 켤레를 사주지 못하여 남에게 얻은 것으로 만족하고 기뻐하는 거다.

웬일인지 이번에는 그만 불쾌한 생각이 일어나지 아니하였다.

처형이 동서를 밉다거니 무엇이니 하면서도 기차를 놓치면 남편이 기다릴까 염려하여 급히 가던 것이 생각난다.

그것을 미루어 아내의 심사도 알 수 있다.

부득이 한 경우라 하릴없이 정신적 행복에만 만족하려고 애를 쓰지마는 기실 부족한 것이다.

다만 참을 따름이다.

그것은 내가 생각해야 된다.

이런 생각을 하니 그날 아내에게 그런 말을 한 것이 후회가 났다.

'어느 때라도 제 은공을 갚아줄 날이 있겠지!'

나는 마음을 좀 너그러이 먹고 이런 생각을 하며 아내를 보았다.

"나도 어서 출세를 하여 비단신 한 켤레쯤은 사주게 되었으면 좋으련만……."

아내가 이런 말을 듣기는 처음이다.

"네에?"

아내는 제 귀를 못 미더워하는 듯이 의아한 눈으로 나를 보더니 얼굴에 살짝 열기가 오르며,

"얼마 안 되어 그렇게 될 것이야요!"

하고 힘있게 말하였다.

"정말 그럴 것 같소?"

나는 약간 흥분하여 반문하였다.

"그러믄요, 그렇고말고요."

아직 아무도 인정해 주지 않는 무명작가인 나를 저 하나만 깊이깊이 인정해 준다.

그러길래 그 강한 물질에 대한 본능적 욕구도 참아가며 오늘날까지 몹시 눈살을 찌푸리지 아니하고 나를 도와준 것이다.

'아아, 나에게 위안을 주고 원조를 주는 천사여!'

마음속으로 이렇게 부르짖으며, 두 팔로 덥석 아내의 허리를 잡아 내 가슴에 바싹 안았다. 그 다음 순간에는 뜨거운 두 입술이…….

그의 눈에도 나의 눈에도 그렁그렁한 눈물이 물끓듯 넘쳐 흐른다.

총 10,043자

초 · 중등부 / 도약 속도 이해도 측정 문제

〈 총 10문제 〉

1. 테레사의 생년월일은? (　　)
① 1910년 8월 16일
② 1911년 8월 16일
③ 1910년 8월 26일
④ 1911년 8월 26일

2. 아그네스 가족의 종교는? (　　)
① 천주교
② 기독교
④ 불교
④ 이슬람교

3. 아그네스의 어머니에 대한 설명 중 내용과 다른 것은? (　　)
① 가난하고 불쌍한 사람들을 사랑해야 함을 가르쳤다.
② 불쌍한 사람들에게 먹을 것과 입을 것 등을 나누어 주었다.
③ 테레사에게 사랑과 절약 정신을 가르쳐 주었다.
④ 아그네스가 수녀가 되기를 권했다.

4. 아그네스가 들은, 하나님께서 부르신 말씀은? (　　)
① 그리스도께 하듯 가난하고 불쌍한 사람들을 섬겨라.
② 어른이 되면 수녀가 되어라.
③ 인도에 가서 가난하고 불쌍한 사람들을 도와라.
④ 인도에 가서 수녀가 되기 위한 수업을 제대로 받아라.

5. 아그네스가 소망하던 수녀, 테레사가 되어 처음 한 일은? (　　)
① 십자가와 묵주를 손에 들고 엑셈 신부를 찾아가 축복을 받았다.
② 학교에서 학생들을 가르치는 일과 병원 일을 돌보았다.
③ 사랑의 선교회를 창설했다.
④ 힌두교 신자들을 개종시키려 했다.

6. 빈민가의 사람들에게 실질적인 도움이 되기 위해 일한 곳은? (　　)
① 로레타 수녀원
② 로레타 수녀회가 설립한 학교
③ 캘커타 폭동 속의 굶주리는 사람들이 있는 현장
④ 성가족 병원과 캘커타 빈민가의 모티즈힐

7. 마더 테레사가 늦게 잠자리에 드는 이유가 아닌 것은? (　　)
① '사랑의 선교회' 를 지원해 주는 사람들에게 편지를 쓰느라고
② 이런 저런 계획을 세우기도 하며 어려운 문제를 해결하느라고
③ 환자들을 위해 기도하느라고
④ 다른 수녀들이 하지 못하는 일들을 하느라고

8. '사랑의 선교회' 가 경제적으로 어려워졌을 때 도운 손길은? (　　)
① 부자, 거지, 어린이 등 마음에 사랑이 있는 모든 사람이 도왔다.
② 부자들만 도왔다.
③ 가난한 사람들과 거지들만 도왔다.
④ 어린이들만 도왔다.

9. 마더 테레사가 문둥병 환자들을 위해 한 일이 아닌 것은? (　)

① 문둥병 환자들을 치료하고 보호하기 위한 센터를 세웠다.

② 주 지사에게 찾아가 땅을 기증해 줄 것을 부탁했다.

③ 문둥병 환자들을 받아들여서 그들이 살 집까지 다 지어줬다.

④ 문둥병 환자들도 무엇인가를 할 수 있다는 자신감을 찾게 했다.

10. 노벨 평화상을 받은 마더 테레사와 관계가 없는 것은? (　)

① 자신의 업적을 드러내지 않는 겸손에 사람들이 깊은 감동을 받았다.

② 상금도 '사랑의 선교회' 에 모두 기부하였다.

③ 만찬 비용을 헐벗고 굶주린 사람들을 위해 쓰게 해 달라고 부탁했다.

④ 부자는 가난한 사람들을 위한 기부금을 늘려야 한다고 역설했다.

고등 · 대학 · 일반부 / 도약 속도 이해도 측정 문제

〈 총 10문제 〉

1. 나의 직업은 무엇인가? (　　)
① 농부
② 무직
③ 유명작가
④ 무명작가

2. 아내는 장문을 열고 무엇을 찾고 있었나? (　　)
① 당목옷
② 비단신
③ 모본단 저고리
④ 비단 옷감

3. T에 대한 내용과 다른 것은? (　　)
① 평판이 항상 좋지 못했다.
② 소사(小事)에 슬퍼하고 기뻐하는 인물이다.
③ 나와 촌수가 가깝다.
④ 착실히 돈벌이를 했다.

4. 나에 대한 친척들의 평판이 아닌 것은? (　　)
① 시러베 아들놈
② 아무짝에도 쓸모 없는 놈이야
③ 늦복이 있을 거야
④ 얼마 안 되어 거지가 될 것이니 두고 보아

5. T가 직접 한 이야기가 아닌 것은? (　　)
① 매화를 수놓은 양산이 퍽 좋다는 이야기
② 물가 폭등에 대한 이야기
③ 자기의 월급이 오른 이야기
④ 주권을 몇 주 사두었더니 꽤 이익이 남았다는 이야기

6. 아내가 한 말이 아닌 것은? (　　)
① "당신도 살 도리를 좀 하세요."
② '네가 육 년 동안 내 살을 깎고 저미었구나! 이 원수야'
③ "아이구, 차차란 말씀 그만두구려 어느 천년에."
④ "용서하여 주세요! 그렇게 생각하실 줄은 정 몰랐어요."

7. 장인 생신에 관련된 내용이 아닌 것은? (　　)
① 아내는 친부의 생신을 깜빡 잊고 있었다.
② 처가의 할멈이 장인 생신이라고 어서 오라는 말을 전했다.
③ 못 먹는 술을 넉 잔이나 마시었다.
④ 술에 취해 처가에서 한잠 잤다.

8. 처형이 아내에게 사다 준 것은? (　　)
① 청록당혜
② 회색 비단 옷감
③ 신
④ 초록색과 분홍색 비단 옷감

9. 처형의 남편에 대한 이야기가 아닌 것은? (　　)
① 기미(期米)를 하여 이 번에 돈 십만 원을 착실히 땄다.
② 자기 아내에게 살림할 돈을 넉넉하게 잘 준다.
③ 주야 요리점과 기생집에 돌아다닌다.
④ 자기 아내에게 밥상으로 냅다 갈겨 바로 눈위에 멍이 들게 했다.

10. 장인 생신에 다녀온 후 아내와 내가 나눈 이야가 아닌 것은? (　　)
① "점점 구차한 살림에 싫증이 나서 못 견디겠지?"
② "없으면 없는 대로 살아도 의좋게 지내는 것이 행복이야요."
③ "어서 출세하여 비단신 한 켤레쯤은 사주게 되었으면 좋으련만"
④ "얼마 안 되어 그렇게 될 것이야요"

도약 속도 이해도 측정 모범 답안

초 · 중등부

1. ③ 2. ① 3. ④ 4. ① 5. ② 6. ④ 7. ③ 8. ① 9. ③ 10. ④

고등 · 대학 · 일반부

1. ④ 2. ③ 3. ① 4. ③ 5. ① 6. ② 7. ④ 8. ③ 9. ② 10. ①

속독 훈련표

[표 1] 속독 능력 발전표

월/일	측정횟수	① 1분간 읽은 글자수	② 이해도 (정답수×0.1)	독서 속도/분 ①×②
	최초 속도	자		자
	1	자		자
	2	자		자
	3	자		자
	4	자		자
	5	자		자
	6	자		자
	7	자		자
	8	자		자
	9	자		자
	10	자		자
	11	자		자
	12	자		자
	13	자		자
	14	자		자
	15	자		자
	16	자		자

[표 2] 심화 습관화 훈련표

월/일	훈련 도서			훈련 순서														
	제목	지은이	총쪽수	암기사항 외우기	서른줄 흐름쪽 영상훈련 3분	시 · 지각 영상훈련 6회	1단계 훈련 매 쪽 서너 단어 정도		2단계 훈련 매 쪽 열 단어 정도		3단계 훈련 매 쪽 50% 정도		4단계 훈련 매 쪽 70% 정도		훈련 독서 매 쪽 내용이 거의 다 이해되는 선		독서 내용이 다 이해되는 선	3 · 4장면 분석 · 정리 하기
							영상	적용	영상	적용	영상	적용	영상	적용	영상	적용	걸린시간	걸린시간
(보기) 5/20	솔로몬의 재판	나이테	58	○	○	○	○	25초	○	19초	○	19초	○	18초	○	16초	17초	57초

[표 2] 심화 습관화 훈련표

월/일	훈련 도서			훈련 순서														
	제목	지은이	총쪽수	암기사항 외우기	서른줄 흐름쪽 영상훈련 3분	시·지각 영상훈련 6회	1단계 훈련 매 쪽 서너 단어 정도		2단계 훈련 매 쪽 열 단어 정도		3단계 훈련 매 쪽 50% 정도		4단계 훈련 매 쪽 70% 정도		훈련 독서 매 쪽 내용이 거의 다 이해되는 선		독서 내용이 다 이해되는 선	3·4장면 분석·정리 하기
							영상	적용	영상	적용	영상	적용	영상	적용	영상	적용	걸린시간	걸린시간

[표 2] 심화 습관화 훈련표

월/일	훈련 도서			훈련 순서														
	제목	지은이	총쪽수	암기사항 외우기	서른줄 흐름쪽 영상훈련 3분	시·지각 영상훈련 6회	1단계 훈련 매 쪽 서너 단어 정도		2단계 훈련 매 쪽 열 단어 정도		3단계 훈련 매 쪽 50% 정도		4단계 훈련 매 쪽 70% 정도		훈련 독서 매 쪽 내용이 거의 다 이해되는 선		독서 내용이 다 이해되는 선	3·4장면 분석·정리 하기
							영상	적용	영상	적용	영상	적용	영상	적용	영상	적용	걸린시간	걸린시간

[표 2] 심화 습관화 훈련표

월/일	훈련 도서			훈련 순서														
	제목	지은이	총쪽수	암기사항 외우기	서른줄 흐름쪽 영상훈련 3분	시·지각 영상훈련 6회	1단계 훈련 매 쪽 서너 단어 정도		2단계 훈련 매 쪽 열 단어 정도		3단계 훈련 매 쪽 50% 정도		4단계 훈련 매 쪽 70% 정도		훈련 독서 매 쪽 내용이 거의 다 이해되는 선		독서 내용이 다 이해되는 선	3·4장면 분석·정리 하기
							영상	적용	영상	적용	영상	적용	영상	적용	영상	적용	걸린시간	걸린시간

[표 2] 심화 습관화 훈련표

월/일	훈련 도서			훈련 순서															
	제목	지은이	총쪽수	암기사항 외우기	서른줄 흐름쪽 영상훈련 3분	시·지각 영상훈련 6회	1단계 훈련 매 쪽 서너 단어 정도		2단계 훈련 매 쪽 열 단어 정도		3단계 훈련 매 쪽 50% 정도		4단계 훈련 매 쪽 70% 정도		훈련 독서 매 쪽 내용이 거의 다 이해되는 선		독서 내용이 다 이해되는 선	3·4장면 분석·정리 하기
							영상	적용	영상	적용	영상	적용	영상	적용	영상	적용	걸린시간	걸린시간

부 록

거듭남

거듭남

“그의 십자가의 피로 화평을 이루사 만물 곧 땅에 있는 것들이나 하늘에 있는 것들이 그로 말미암아 자기와 화목하게 되기를 기뻐하심이라” (골로새서 1장 20절)

어린 시절, 나는 두 빈이니 부모님을 여의는 아픔을 겪었다. 내가 어려서부터 인생에 대해 깊이 고뇌하며 허무를 병처럼 앓았던 것도 아마 이 같은 환경에서 비롯된 것 같다.

내가 초등학교에 입학하던 해, 어머니가 남동생을 낳으시다 돌아가셨다. 초등학교를 졸업할 무렵 아버지마저 세상을 떠나셨다. 그러나 그 때는 너무 어린 탓이었는지 부모님의 죽음을 깊이 슬퍼할 줄도 몰랐다.

친척 집에서 더부살이를 하게 된 나는 언제부터인가 더 이상 친척 분들에게 누가 되지 말아야 한다는 생각을 하게 되었다. 이곳을 떠나더라도 분명 내가 있을 곳이 어딘가에 있을 것이다. 이 같은 생각은 스스로 친척 집을 떠나 자립해야 한다는 생각에 용기를 북돋아 주었다.

극도의 외로움 속에서 기억조차 아련한 부모님에 대한 그리움은 날이 갈수록 깊어 갔고, 때때로 나는 죽음이란 무엇인가에 대해 깊은 생각에 잠기곤 했다.

왜 사는 것일까? 나는 어디서 왔으며 어디로 가는 것일까? 사람이 한번 죽는 것으로 영영 사라지고 마는 존재라면 나의 하루하루도 별 수 없이 죽음을 향해 다가가는 것이 된다. 죽기 위해 산다고 하는 어처구니없는 결론에 도달하고 마는 것이다. 하루에도 몇 번씩 나는 이 같은 허무와 절망 속에서 허우적거리곤 했다.

신문 배달, 주방 보조, 사환 등 갖가지 궂은일을 하면서 때로는 몸과 마음이 지쳐 살아갈 용기를 잃기도 했고, 장래에 대한 뼈아픈 좌절과 깊은 절망 속에서 몸부림치기도 했다.

왜 살아야 하나? 나는 무엇 때문에 살고 있는 것일까?

삶의 의미도, 방향도, 목적도 찾지 못한 채 울부짖는 내 영혼의 절규는 대답해 주는 이 없는 공허함 속에서 끝내는 오열로 변하곤 했다.

나는 정말 어디로 가고 있는 것일까?

이토록 고달픈 내 인생행로와는 상관없이 세상은 여전히 아름다웠다. 파란 하늘과 마음껏 숨쉴 수 있는 공간, 여기에 함께 사는 뭇 생명체들이 아름답게 생각되었다. 이 생명체들은 다 어디에서 연유된 것일까?

생명의 기원에 대한 관심은 내 뿌리를 찾고자 하는 갈망 그것이었다. 그러나 그 답은 쉽게 주어지지 않았다.

진화론에 대해 처음 배운 것이 중학생 때였던가? 그 때 생명의 기원에 대한 답을 얻을 지도 모른다는 기대감으로 진화론을 열심히 배웠다. 그러나 내가 얻은 것이라고는 진화론에 대한 회의뿐이었다.

진화론자 중에서 최고의 권위를 인정받는다는 다윈은 그의 저서 《종의 기원》에서 이렇게 주장한다.

세상에는 수많은 종류의 생물이 존재하지만 그 기원은 단 하나의 종이다. 그 하나의 종에서 무수한 종류의 생물이 진화된 것이다. 만물의 영장인 인간도 아메바와 같은 단세포생물이 여러 갈래의 종으로 진화하는 과정에서 적자생존의 원리에 따라 생겨난 최후의 승자일 따름이다.

다윈의 이론대로라면 원숭이, 늑대, 뱀이나 도마뱀 따위의 파충류, 심지어 원생동물들까지도 인간과 혈육 관계에 있는 셈이다. 인간의 존엄성을 이보다 더 혹독하게 짓밟는 이론이 또 있을까! 한창 진리 탐구에 마음을 쏟던 나에게는 다윈의 그 같은 주장이 도저히 받아들여지지 않았다. 아직 그 이론을 반박할 수 있는 논리를 갖고 있지는 못했지만, 그것이 진리일 수 없다는 믿음이 있었다.

나는 진리를 찾고 싶었다. 내 생명의 기원에 대한 해답을 꼭 찾고 싶었던 것이다.

주경야독에 따른 육신의 피로와 내적으로 쌓인 현실에 대한 불만은 결국 신경 쇠약이라는 질환으로 나타났다. 뇌가 한꺼번에 쏟아져 버릴 것 같은 고통에 시달리면서 수개월 동안 통원 치료를 받았지만 증세는 별로 나아지지 않았고 오히려 만성화되어 갔다. 신경 안정제를 비롯한 많은 약을 복용한 탓인지 만성 장염까지 겹쳐 허약해진 몸은 일 년 내내 병을 달고 있었다.

그러나 이상한 일이었다. 육신의 질고와 고단한 삶에 시달리면서도 영의 눈은 점점 더 밝아지고 있었다. 나는 어느 때부터인가 천지 만물의 오묘한 질서에 조금씩 눈뜨기 시작했다. 분명 어떤 절대적인 힘의 섭리 안에 내가 있음을 깨닫기 시작한 것이다. 우주 만물을 조화와 질서 가운데 다스리는 이 힘의 정체는 무엇일까? 비로소 내 의식 한 편에 조물주에 대한 인식이 조금씩 싹트기 시작했다. 그러나 아직 확신은 아니었다. 내게는 확신이 필요했다. 어디에 그 답이 있을까? 불후의 명작들 속에? 그럴지도 모른다. 어쩌면 거기에 내가 찾고 있는 답이 있을지도 모른다. 그들의 작품 속에는 틀림없이 진리를 찾아 고뇌했던 흔적이 있을 것이다.

나는 기대에 부풀어 헤르만 헷세, 괴테, 톨스토이, 헤밍웨이, 도스토예프스키 등의 작품을 탐독했다. 그리고 마침내 그 모든 작품의 밑바탕에 깔려 있는 성경의 유일신 사상을 만날 수 있었다. 그들 중 어떤 이는 작품 속에서 신의 존재를 부인하기 위해 안간힘을 썼지만 그것이 도리어 내게는 신의 존재를 강하게 느끼게 하는 원인이 되었다.

나는 교회를 찾아갔다. 그리고 성경의 첫 장을 열었을 때,

"태초에 하나님이 천지를 창조하시니라"(창세기 1:1)

이 너무나 분명하고 당당한 말씀 앞에서 나는 그 동안의 모든 방황이 끝나는 것을 느낄 수 있었다.

'그렇다, 우주 만물의 창조주는 살아 계신다. 그는 바로 하나님이시다.' 이렇게 생각한 나는 그 때부터 하나님이 창조주이신 것과 영원히 살아 계신 것을 믿게 되었다. 성경을 보기 전에 어렴풋이 인식하고 있던 하나님, 바로 그 하나님이 그때 내 마음에 믿어졌던 것이다. 그런데 내게 다가온 불청객이 있었다. 그는 바로 예수다. 예수로 인하여 나는 심한 갈등을 겪게 되었다. 교회에서 예수를 믿지 않으면 구원을 받지 못한다고 가르쳤기 때문이다.

왜 그래야만 하는가? 내가 하나님을 믿고 하나님께서 내 모든 생각을 아실 텐데 왜 꼭 예수를 믿어야 한다는 것일까? 하나님께 기도드리는데 왜 예수의 이름으로 해야 한다는 것일까? 그뿐만이 아니다. 예수는 내가 죄인일 때만 존재하는 이유가 있었다. 그는 죄인인 나를 구원하기 위해 이 세상에 왔고 바로 내 죗값으로 십자가에 못 박혔다는 것이다. 그러나 나는, 모든 사람이 하나님 앞에 죄인이고 나 또한 예외일 수 없다는 교회의 가

르침이 잘 받아들여지지 않았다. 아무리 생각해 봐도 내가 죄인이라고 여겨지지는 않았기 때문이다.

창조주 하나님을 믿게 된 것이 큰 기쁨이었지만 나 자신이 죄인임을 인정하고 예수를 구주로 믿어야 한다는 가르침에 대해서는 심한 갈등이 일어났다. 내겐 존재하는 의미가 이해되지 않는 예수를, 믿지 않으면 구원 받지 못한다고 하니, 도대체 이 같은 독선이 또 어디에 있을까? 구원은 착하게 산 사람들에게 하나님께서 당연히 주시는 것이 아닐까? 눈물을 흘리며 애통하는 저들은 왜, 무슨 죄를 지었기에 저래야 하는가? 왜 타인의 짐까지 짊어지고 저토록 괴로워하며 몸부림을 치는 것인지? 하나님을 섬기며 아름답게 사는 모습이 저토록 가슴 아파하며 애통해 하는 것일 수는 없다. 과연 그것을 하나님께서 기뻐하실까?

날이 갈수록 나의 갈등은 심해졌다. 내가 교회의 가르침을 받아들이지 못하고 있는 데도 예수는 조금씩 내 마음에 다가오고 있었기 때문이다. 사람들은 왜 예수를 믿는 것일까? 스스로 노력해서 선하게 사는 삶으로는 구원 받을 수 없는 것일까? 저들은 나보다 무엇이 부족해서 예수를 믿는 것일까? 아무리 생각해 봐도 저들이 나보다 부족한 것은 없는 것 같았다. 그렇다면 나도 한번 예수를 믿어 보자. 아니 이왕이면 열심히 믿어 보자. 그러나 이 같은 다짐과 노력에도 불구하고 예수에 대한 내 마음의 문은 좀처럼 열리지 않았다.

몇 년 후 세례를 받기 위한 준비로 학습을 받게 되었다. 나는 학습 문답 중, 예수님이 내 구주 되심을 사람들 앞에서 시인해야 했다. 나는 진실로 믿고 싶은 마음으로 사람들 앞에서 예수님이 내 구주 되심을 시인했다. 그러나 여전히 믿어지지는 않았다.

수개월 후 세례식에서도 같은 심정으로 다시 한 번 예수님이 내 구주 되심을 사람들 앞에서 시인했다. 그러나 또 거짓 시인을 했다는 자책을 하게 될 뿐이었다. 예수를 믿는다는 것이 내 의지만으로는 안 되는 일이었다.

성찬식 때마다 베푸는 '떡'과 '포도주'도 내게는 아무런 의미가 없었다. 그것은 그야말로 사람의 손으로 만든 떡과 포도주일 뿐이었다. 그것을 그리스도의 살과 피로 받아들이라는 것은 부담스러운 형식에 지나지 않았다. 나는 다만 그 '떡'과 '포도주'를 그리스도의 살과 피로 믿고 싶은 심정을 가지고 받아들일 수 있을 뿐이었다.

성경을 읽으면서도 그것을 하나님께서 내게 주신 약속의 말씀으로 믿겠다는 의지는 가지고 있었다. 그러나 하나님의 말씀으로 믿어지지는 않았다. 도리어 구약 성경의 어떤 구절에서는 심한 갈등을 느꼈다.

"지금 가서 아말렉을 쳐서 그들의 모든 소유를 남기지 말고 진멸하되 남녀와 소아와 젖 먹는 아이와 우양과 낙타와 나귀를 죽이라 하셨나이다 하니"(사무엘상 15:3)

이 성구를 대할 때 "하나님은 사랑이심이라"(요한1서 4:8) 하신 말씀과는 너무나 동떨어지게 느껴져 도저히 하나님의 말씀으로 믿어지지 않았다.

'사랑의 하나님이 어떻게, 그들이 비록 선민(選民)의 적이라 하더라도 무장하지 않은 남녀와 하물며 소아와 젖먹이까지 남김없이 죽이라고 명령할 수 있는가? 사랑의 하나님이 어떻게 그토록 잔인할 수 있는가?' 이러한 갈등이 깊어지면서 성경은 차츰 내게서 멀어져 갔다. 그래서 성경은 단지 일 주일에 한 번 교회에 형식적으로 가져갔다 오면 엿새 동안은 다시 내내 먼지만 쌓이는 책이 되었다.

이 같은 교회 생활을 한 지 10년이 넘은 1982년 1월 초순의 어느 날이었다. 나는 조용기 목사님의 저서 《삼박자 구원》을 읽고 있었다. 그 책을 읽어 가는 동안 나에겐 참으로 놀라운 일이 일어났다.

내가 그 책을 읽게 된 동기는, 그 때 다니던 교회의 목사님이 설교 중에 그 책의 기복(祈福)적인 면을 신랄하게 비판하신 적이 있었다. 담임 목사님의 불을 뿜어내는 듯한 예리한 말씀은 내게 얼마나 시원스런 공감과 쾌감을 불러 일으켰던지! 그것이 계기가 되어 나도 그 책에 대해 비판할 수 있는 지식을 얻고자 그 책을 읽고 있었다.

그러나 나는 그 책을 통해 처음 내가 의도했던 것과는 전혀 다른, 참된 구원의 길을 만나게 되었다. 그 책은 내가 그 때까지도 마음으로 믿지 못하고 있던 예수에 대해서, 왜 예수님이 나의 구주가 되시지 않으면 안 되는가에 대한 절박한 이유를 깨닫게 해 주었다. 하나님 앞에 내가 죄인(로마서 3:23)임을 깨닫게 해 주었고, 죄의 삯은 사망(로마서 6:23)이라는 말씀을 통해 죄로 말미암은 나의 절망적인 모습을 비로소 깨닫게 해 주었다.

하나님은 영원하시고(신명기 33:27), 거룩하시고(레위기 19:2), 전능하시다(창세기 17:1). 하나님은 빛이시고(요한일서 1:5), 생명이시고(요한복음 1:4), 사랑이시고(요한일서 4:8), 진리이시다(이사야 65:16). 하나님은 이러한 자기의 형상과 모양대로 남자와 여자를 창조하시고(창세기 1:27), 그들에게 "생육하고 번성하여 땅에 충만하라 땅을 정복하라 바다의 물고기와 하늘의 새와 땅에 움직이는 모든 생물을 다스리라"(창세기 1:28) 하고 복을 주셨다.

하나님이 동방의 에덴에 동산을 창설하시고(창세기 2:8) 그 땅에서 보기에 아름답고 먹기에 좋은 나무를 나게 하셨다. 동산 가운데에는 생명나무와 선악을 알게 하는 나무도 있었다.(창세기 2:9) 하나님이 그 지으신 사람을 이끌어 에덴동산에 두시고 그 동산을 경작하며 지키게 하셨다.(창세기 2:15) 그리고 그 사람에게 말씀하셨다. "동산 각종 나무의 열매는 네가 임의로 먹되 선악을 알게 하는 나무의 열매는 먹지 말라 네가 먹는 날에는 반드시 죽으리라"(창세기 2:16, 17)

사람이 하나님의 형상과 모양대로 지음 받은 존귀한 존재이지만 하나님께 순종해야 하는 피조물의 본분도 지켜야 한다는 것을 엄중하게 말씀하신 것이다. 그러나 인류의 원조 아담은 악(사탄)이 그를 유혹했을 때(창세기 3:1, 4~5) 그만 그 유혹에 넘어가고 말았다(창세기 3:6). 선악과를 따먹음으로 하나님의 말씀을 거역한 것이다. 이 불순종이 하나님과 인간의 관계를 단절시켰다.(창세기 3:24)

빛의 근원자와 단절되었다는 것은 영적인 어둠에 잠긴 것을 뜻한다. 그것이 분별력의 상실을 가져왔고, 거짓을 진실로 받아들이는 원인이 되었다. 그리하여 생명의 형상과 모양 속에 죽음을 담게 된 '나' 역시 하나님의 영광에서 단절된 절망 속에서 살아가고 있는 것이다. 이 엄연한 사실을 전에는 전혀 깨닫지 못하고 있었다.

죄의 본질로 태어난 인간은 스스로 의롭게 여기는 어떠한 행위로도 참된 의와 거룩함에 이를 수 없다. 비록 인간이 많은 노력을 기울여 지식과 덕을 쌓는다 할지라도 어둠의 본질은 어둠일 뿐, 어둠이 빛이 될 수는 없는 것이다. 그러므로 사람이 수고하여 얻는 모든 것이 결국은 헛될 뿐이어서 인간의 힘으로는 절망뿐임을 탄식하지 않을 수 없다. 인간은 이와 같이 하나님을 떠난 죄의 문제를 스스로는 해결할 수 없는 영원한 죽음 가운데 있는 것이다. 그러나 사랑이신 하나님은 죄로 말미암아 영원히 멸망할 수밖에 없는 인간을 불쌍히 여기셔서 하나님과 화목하게 하시려고 독생자 예수님을 세상에 보내셨다.

예수님은 나의 죄를 짊어진 대속 제물이 되어 십자가에 못 박혀 죽으셨다. 이제 누구든지 그의 대속하신 공로를 믿기만 하면 멸망하지 않고 영생을 얻게 하신 것이다. 그 크신 사랑을 어찌 나의 이 무딘 필설로 만분의 일이라도 표현할 수 있을까! 죄악 가운데서 스스로를 의인이라고 착각하면서 그리스도를 거부하였던 나는 그야말로 눈뜬 소경이었다.

나는 그제야 비로소 오래 전부터 들어 왔던 이 한 구절의 복음을 깊이 깨달을 수 있었다.

"하나님이 세상을 이처럼 사랑하사 독생자를 주셨으니 이는 그를 믿는 자마다 멸망하지 않고 영생을 얻게 하려 하심이라" (요한복음 3:16)

나는 형용할 수 없는 감동으로 주님 앞에 무릎을 꿇었다. 비로소 예수님을 진심으로 '주님!' 이라 불렀고, 내가 죄인임을 고백했다. 말할 수 없는 기쁨 가운데서도 주님을 바라보는 내 두 눈에는 참회의 눈물이 가득히 고였다.

"십자가에 못 박혀 높이 달리신 주님, 주님께서는 내 죗값을 치르시기 위하여 스스로 대속 제물이 되셨습니다. 물과 피를 다 쏟으신 죽음으로 나를 용서하고자 하신 아버지의 뜻을 다 이루셨습니다. 주님의 그 크신 사랑을 어찌 말로 다 형용할 수 있겠습니까. 완악한 나는, 자신이 죄인임을 깨닫지 못하는 무지한 말로 주님을 거듭 십자가에 못 박곤 했습니다. 주님! 저를 용서하여 주십시오. 이제는 제가 죄인임을 고백합니다."

하나님의 크신 사랑을 비로소 깨닫는 나는 부끄럼도 잊은 채 통회의 눈물을 한없이 흘렸다. 구주께서 피 흘리심은 이천 년 전 골고다의 십자가에서 일어난 사건만은 아니었다. 바로 그 순간 구주를 바라보는 내 영혼 속에서도 일어나고 있었다. 나를 위하여 십자가에서 흘리시는 주님의 피가 죄를 자백하는 내 영혼을 적셔 왔다. 떨어지는 핏방울 방울에서는 나의 죄 때문에 고통 받는 주님의 아픔이 느껴졌다. 내 통회의 기도는 오랫동안 계속되었다.

나는 바라볼 수 있었다. 십자가에 못 박혀 피 흘리시는 주님께서 죄인인 나를 품고 계신 것을. 그런즉 이제는 내가 사는 것이 아니다. 오직 내 안에 나를 위하여 죽으시고 부활하신 그리스도께서 사시는 것이다. 나는 그리스도로 말미암아 다시 태어났고, 그리스도는 다시 태어난 나의 생명이 되신 것이다.

내 영혼의 깊은 곳으로부터 찬란한 빛기둥이 솟아오르고 있었다. 그것은 난생처음의 경험이었고 조금도 의심되지 않는 믿음의 실체였다. 그리스도께서 임재하신 영광이었다. 내 생명의 근원자 하나님께서 임재하신 것이다.

참으로 한 순간에, 하나님과 단절된 어둠 속에서 고통에 매여 신음했던 지난날의 나는 간 곳 없고, 의와 평강과 희락으로 충만한 그리스도의 생명이 내 안에 넘치고 있었다. "그런즉 누구든지 그리스도 안에 있으면 새로운 피조물이라 이전 것은 지나갔으니 보라 새것이 되었도다"(고린도후서 5:17) 이 말씀이 나에게 그대로 이루어진 것이다. 참으로 벅찬 감격이었다. 그것은 어둠 속에서 영원한 빛을 만난 환희였다.

이 때 내 영혼 속에서 "네 병이 하나님의 능력으로 낫는다."라는 말씀이 들렸다. 말씀은 그 자체가 믿음이었다. 이성으로는 이해할 수 없는 믿음이 그 말씀과 함께 내 영혼 속에 충만했다. 그 때 나는 만성 장염으로 고통 받고 있었다. 하루에도 수차례씩 설사를 했고 일 년 내내 감기를 달고 있을 정도로 몸이 병약한 상태였다. 나는 병째 사다 놓았던 약의 복용을 중단했다. 그 때부터 아랫배의 심한 불쾌감과 빈번한 설사는 눈에 띄게 줄어

들었다.

이렇게 하나님의 치유하심을 체험하는 가운데 나는 또 하나의 소중한 체험을 했다. 그것은 이미 십수 년간 읽어 왔어도 이해하기 어려웠던 성경 말씀이 이젠 내 영혼 속에서 꿀맛같이 깨달아지는 것이었다. 이때부터 오랫동안 멀리했던 성경을 내 생활에서 떼어 놓을 수 없게 되었다.

잊을 수 없는 영적 체험이 또 하나 있다. 내 영혼 속에 들려온 세미한 음성이다.

"이제 너는 예수를 구주로 믿지?"

잠시도 주저할 수 없는 질문이었다.

"예, 예수님이 나의 구주이심을 믿습니다."

"그러면 누가 네 목에 칼을 들이대고 '예수를 부인해' 하고 위협한다면 너는 예수를 부인하지 않고 죽을 수 있겠느냐?"

당황한 것도 잠시였다. 나는 아직도 믿음으로 굳게 서지 못한 자신을 발견하면서 슬픔 가운데 이렇게 고백했다.

"주님, 지금 제게 주고 계시는 이런 확신 가운데라면 순교할 수 있습니다. 하지만 용서해 주십시오. 주님께서는 이미 저의 중심을 보고 계십니다. 그러한 순간이 막상 현실로 부딪히면 저 자신도 어떻게 할런지 알 수 없습니다. 아마 부인할지도 모른다는 생각이 듭니다."

말할 수 없는 비통함을 느끼며 이렇게 양심을 따라 고백하지 않을 수 없었다. 그리고 잠시 후, 마음 깊은 곳에서 우러나오는 소원을 따라 또 이렇게 기도했다.

"주님, 지금 제게 주신 이런 믿음에 더하여 주님의 살아 계심을 외적으로도 체험하게 해 주십시오. 그리하시면 어떤 위협을 받는 순간에도 주님의 이름을 부인하지 않고 순교하겠습니다."

이렇게 기도하고 나자 갑자기 기도원에 가고 싶다는 생각이 불같이 일어났다. 참으로 신기한 일이었다. 나는 그 때까지 아직 한 번도 기도원엔 가 본 적이 없었다. 그런데 갑자기 기도원에 가고 싶다는 생각이 가슴 속에서 활활 타오르고 있었다. 기도원에 가서 꼭 응답 받아야 할 기도 제목도 분명하게 주어져 있었다. 첫째 "예수님이 살아 계시는 것을 외적으로 체험하게 해 주십시오." 둘째 "고질화된 장염을 하나님의 능력으로 치유해 주십시오."였다. 기도원에만 가면 이 두 가지 기도 제목이 틀림없이 응답 받는다고 하는 알 수 없는 믿음과 평안이 마음속에 충만했다. 영혼 속의 이러한 평안은 예수님을 알지 못했던 이전의 나로서는 상상할 수 없던 일이었다.

1982년 1월 10일은 새해의 두 번째 주일이었다. 나는 이 날 《삼박자 구원》의 저자 조용기 목사님이 사역하시는 여의도 순복음 교회를 찾아갔다. 먼저 예배당의 크기와 사람의 수에 놀라움을 금할 수 없었다. 그리고 난생처음 감격에 넘치는 주일 예배를 드렸다. 예배가 끝난 뒤 안내 집사님에게 물어 금식 기도원으로 가는 차편도 자세히 알아 놓았다.

드디어 1982년 1월 12일, 나는 두 가지의 간절한 기도 제목을 가지고 교회에서 출발하는 기도원행 버스에 올랐다. 옆자리의 성도님이 처음 금식 기도하는 사람은 3일을 하는 것이 좋다는 조언을 해 주었다. 나는 3박 4일간의 금식 기도를 작정했다. 처음 가는 기도원행 길이었지만 내 마음은 왠지 모르게 한없이 평화로웠다.

저녁 무렵에 기도원에 도착하여 성전에 숙소를 정하고 저녁 예배에 참석했다. 그런데 난생처음 목격한 이상한 광경에 아연해지지 않을 수 없었다. 수천 명이 모여 예배드리는 처소에서 찬송이 막 끝난 순간이었다.

"주여! 삼창하고 통성 기도드리겠습니다."

사회자가 성도들을 향해 이렇게 말하자 그 많은 사람들이 모두 다 두 손을 높이 들고 '주여! 주여! 주여!' 하고 한목소리로 세 번을 외치더니 제각기 무어라고 목이 터지도록 부르짖기 시작하는 것이었다. 몸부림을 치는 사람도 있었고 울면서 성전 바닥이 꺼지도록 두드려 대는 사람도 있었다. 그 큰 성전이 들썩들썩할 정도의 소란스러움이 한참이나 계속되는 동안 나는 어안이 벙벙해져 있었다. 옆 사람에게 들릴 듯 말 듯 한 기도 소리조차 삼가는, 그 때까지 익숙해져 있던 기도의 모습과는 너무나 대조적인 광경에 나는 심한 이질감과 치밀어 오르는 역겨움을 느끼고 있었다.

모인 무리가 참으로 천박한 광신자들의 집단이라고 생각되면서 '내가 왜 이런 곳엘 왔을까?' 하는 후회가 되었고, 즉시 그 기도원을 뛰쳐나와 집으로 돌아가고 싶은 생각이 간절해졌다. 그러면서도 마음 한편에는 '비장한 결심을 하고 여기까지 왔는데 이대로 돌아간다는 것은 너무 허망하다.'는 생각이 들기도 했다. 때는 이미 한밤중이었다. 그 시간에 혼자 어둠 속의 산길을 더듬어 내려가는 것도 실은 막연한 일이었다. '가더라도 지금은 밤이 깊었으니 내일 아침에 가도록 하자' 하고 나는 자신을 타일렀다. 몸부림치며 울부짖던 아우성의 순간이 지나고 목사님의 설교가 시작되었다. 그러나 내 귀에는 한마디의 말씀도 들어오지 않았다.

드디어 그 지루한 예배가 끝이 났다. 숙소로 돌아온 나는 옆자리의 성도들과 이야기를 해 보았다. 아니 이야기라기보다는 일종의 은밀한 시험이었다. 내 눈에 비쳐진 그들은 천박한 광신자들이었기에 그들의 입에서 나오는 말로 나의 그러한 생각이 사실임을 확인하고 싶었던 것이다. 그런데 결과는 의외였다. 그들의 말은 천박하지 않았고 무례하지도 않았다. 오히려 그 말

속에서는 형용할 수 없는 따스함과 사랑을 느낄 수 있었다. 그들의 표정에서도 세상에서는 느낄 수 없던 평화로움과 기쁨이 흘러나오는 것을 느낄 수 있었다. 그렇다면 저들은 천박한 광신자들이 아니다. 이런 혼란에 빠져 있을 때 번개같이 뇌리를 스친 말씀이 있었다.

"지으신 것이 하나도 그 앞에 나타나지 않음이 없고 우리의 결산을 받으실 이의 눈앞에 만물이 벌거벗은 것 같이 드러나느니라"(히브리서 4:13)

'그렇다면 누더기 같은 체면의 너울을 다 벗어 던져 버리고, 못나고 부족한 모습 그대로 자기의 결산을 받으실 이의 앞으로 나아가 참으로 간절히 부르짖는 저들을 하나님께서 더 기쁘게 여기실까? 아니면 인간의 온갖 너울을 둘러쓰고 있는 나를 하나님께서 더 기쁘게 여기실까?' 라는 자문이 되었다. 나의 양심은 분명히 말했다. 하나님께서 더 기쁘게 여기시는 자는 저들이라고. 겸손은 하나님께서 인간에게 주신 가장 큰 능력임을 나는 그제야 새삼 깨닫고 있었다. 그것은 세상의 지위나 명예, 권력, 지식 따위와는 비교할 수 없는 위대한 힘이었다.

나는 즉시 엎드려 내 영혼 가장 깊은 곳에서 우러나오는 통회의 기도를 드렸다. 지난날의 내 모든 언행이 스스로 깨닫지 못한 교만 가운데 있었고, 나는 참으로 무지한 자임을 눈물로써 자백하지 않을 수 없었다. 그리고 이런 깨우침을 주신 주님께 진정으로 감사드렸다. 이제는 내가 비웃고 멸시하던 저들과 같은 모습으로 변화되기를 진정으로 원하며 기도했다. 기도원에 온 첫날밤은 이렇게 성령님의 도우심으로 하나님과 단절된 상태에서 굳어져 버린 나의 모습을 적나라하게 발견하는 은혜의 밤이었다.

새벽녘에 나는 홀로 기도하기 위해 하나님 앞에 나아갔다. 그러나 힘을 다해 부르짖기를 원했지만 내 속에서 솟구쳐 나오던 그 부르짖음은 그만 목에 걸려 입 밖으로 나오지는 못하고 있었다. 두 손을 높이 들어 살아 계신 구원의 하나님을 마음껏 찬양하기를 원했지만 그것도 마음의 바람일 뿐, 어깨까지 올라간 손은 더 이상 높이 올라가지 못한 채 그 자리에서 완강하게 버티고 있었다. 아, 이 교만함과 완악함이여! 나는 끝내 체면의 굴레를 벗어 던지지 못하고 있었다. 너나없이 벌거벗은 사람들 속에서 홀로 벌거벗기를 거부하고 있었던 것이다. 언제까지 나는 이 누더기 같은 체면에 얽매여 살 것인가? 거짓되고 교만한 것임에도 불구하고 그것을 벗어던지지 못하고 있는 자신이 한없이 미웠다. 나는 또 하나의 기도 제목을 정했다.

"이 체면의 결박에서도 자유롭게 해 주십시오."

이곳에 올 때 가져온 기도의 제목대로 예수님이 살아 계심을 외적으로 체험하기 위해, 그리고 내 질병이 하나님의 능력으로 치유되기 위해서는 무엇보다도 먼저 체면의 누더기를 벗어던지는 일이 필요했다.

그 날 밤, 1982년 1월 13일의 밤 예배 때였다. 난생처음의 금식 기도여서 견디기 힘든 고비가 몇 번 있었지만 잘 극복하면서 이틀째의 밤을 맞고 있었다. 목사님의 설교를 듣고 있던 중이었다. 갑자기 창자를 도려내는 듯한 통증이 아랫배를 엄습했다. 이런 아픔은 처음이었다. 도저히 참을 수 없는 아픔에 이를 악물었다. 그래도 신음이 새어 나왔다. 나오는 대로 비명을 지르며 성전 바닥을 뒹굴 수만 있어도 견디기가 조금은 나을 것 같았다. 이러다간 정말 비명이라도 터져 나올 것 같아 성전 밖으로 나가기 위해 몸을 일으키려는 순간이었다. 어찌된 영문인지 그 때까지 마룻바닥에 앉아 있던 내 몸이 한순간에 뼈가 하나도 없이 녹아 버린 것같이 되어, 앉아 있던 그 자리에 마치 얼굴을 땅에 대고 기도하는 모습같이 허물어지고 말았다. 이제 스스로의 힘으로는 도저히 움직일 수 없는 상태가 되고 만 것이다. 그런 중에도 계속해서 창자의 이곳저곳을 도려내는 듯한 통증이 견디기 힘든 고통의 소용돌이가 되어 나를 삼키는 듯했다. 나는 어쩔 수 없이 그 고통의 한가운데서 하나님께 살려 달라고 부르짖지 않을 수 없었다.

"하나님 살려 주세요. 지금 이대로 두시면 저는 죽어요. 하나님 살려 주세요."

이 절박한 울부짖음은 참으로 하나님만이 들으실 수 있는 기도였다. 그 때 나는 이미 모든 힘이 소진되어 바로 옆 사람이 들을 수 있을 만한 소리도 낼 수 없는 상태였음을 정신이 든 후에 알 수 있었기 때문이다.

얼마나 신음하며 씨름하는 기도를 했는지, 입고 있던 두터운 방한 잠바가 땀에 흠뻑 젖어 버린 차가움을 느끼면서 정신이 들었다. 이미 예배는 끝났고, 사람들은 개인 기도를 마치는 대로 자유롭게 숙소로 돌아가고 있었다.

나도 엎드려져 있던 자리에서 일어났다. 창자를 도려내는 듯했던 통증은 이미 씻은 듯이 사라져 있었다. 신기한 생각에 한 발자국씩 걸음을 떼어 보았다. 체중이 전혀 느껴지지 않았다. 마치 구름 위를 미끄러져 가는 것만 같았다. 가슴 깊은 곳으로부터는 생기가 솟구쳐 나와 온몸에 퍼지고 있었다. 맨손으로 쇠막대기라도 뚝 부러뜨릴 수 있을 것 같은 자신감이 한없이 한없이 솟구치고 있었다. 부끄러워 '할렐루야'를 입 밖에 내지 못했던 내 입이 마침내 열렸다.

"할렐루야!"

내 두 손도 높이 들려 나를 구원하신 하나님을 찬양했다. "내 병이 다 나았습니다."라는 탄성도 터져 나왔다. 그 때 나는 참으로 하나님이 주신 기쁨과 평화 속에 있었다.

"할렐루야!"

이렇게 나의 간절한 기도를 들으신 하나님께서는 "체면의 결박에서 자유롭게 해 주십시오."와 "고질화된 장염을 하나님의 능력으로 치유해 주십시오."라는 두 가지의 기도 제목을 동시에 응답해 주셨다. 그 때부터 내 병은 깨끗이 나아 지금까지 잔병을 모르는 건강을 누리고 있다. 또 그토록 절박한 상황 속에서 부르짖었던 기도의 체험은 '간절한 기도'(예레미야 33:3)의 본으로 내 마음에 새겨져 있다.

이렇게 기도원에 온 이틀째 날은 질병과 누더기 같은 체면의 결박에서 자유로움을 주신 치료의 하나님을 찬양하는 가운데 저물어 갔다.

소망 가운데 사흘째 아침을 맞이했다.

이제는 하나님이 공급해 주시는 놀라운 힘으로 금식 기도의 어려움도 느끼지 않고 다만 첫 번째 기도 제목의 응답을 위해서만 부르짖었다. 내일이 마지막 날이라는 초조함에 나는 점점 더 하나님께 매달리며 기도하고 있었다. 문득 그러한 마음가짐은 '하나님이 이 기도에도 과연 응답하실까?'라는 믿음이 적은 데서 비롯된 것이라는 생각이 들었다. 나는 마음을 바꾸었다. 하나님께서는 믿음이 적어 초조해 하는 것을 기뻐하실 리 없다고 생각한 나는 참으로 배짱 있는 기도를 드렸다.

"하나님 아버지, 금식 기도가 내일이면 끝납니다. 그 때까지 하나님의 살아 계심을 외적으로 체험하지 못한다면 응답해 주실 때까지 계속 금식하면서 기도하겠습니다. 기도하다가 쓰러져 죽는 한이 있어도 물러서지 않겠습니다. 예수님의 이름으로 기도합니다."

죽음의 각오로 배수진을 친 나는 기도하다가 죽는다면 그것도 감사한 일이라고 생각하니 마음이 평안해졌고 아무 것도 두렵지 않았다. 이제는 다만 아버지의 뜻대로 이루어지기를 소원하면서 온 힘을 다해 기도하는 일만 남아 있었다.

그 날 낮 예배 때였다. 성령의 세미한 음성이 내 영혼 속에 들려 왔다. 그 음성은 내게 아직도 회개할 죄가 한 가지 남아 있음을 깨우쳐 주었다. 그것은 내가 기도원에 와서 기도한 것 중 하나였다. 표면적으로는 하나님의 영광을 위해 이루어 달라고 했지만 사실은 나의 욕심을 따라 구했던 것이었다. 이 잘못된 기도가 있기 전에 "그건 하나님이 기뻐하시지 않아."라고 성령께서 깨우쳐 주셨던 기억이 났다. 그러나 내 마음의 고삐를 잡은 욕심이 "그것도 하나님의 영광을 위하는 것이야."라고 합리화했던 것이었다. 어리석게도 나는 욕심에 이끌려 자신을 속였고, 또 하나님을 속이려 했다. 아, 아직도 옛 성품에 사로잡히는 나 자신이 한없이 미웠다.

나는 주님 앞에 엎드려 통회했다. 내 부패된 심성을 미워하면서 다시금 나 자신을 십자가에 못 박았다. 이렇게 오랜 시간을 울며 애통했을 때 내게는 또다시 주님의 평안이 임하여 왔다. 십자가를 부여잡고, 이제 내 안에 사시는 이는 오직 그리스도이심을 고백하면서 몸을 일으키는 나에게는 사죄의 확신과 승리의 기쁨이 충만했다.

"할렐루야!"

이 때 내 영혼 속에 하나님의 살아 계심을 외적으로 체험할 때가 임박하다는 믿음이 주어지고 있었다. 1월 14일의 낮 예배는 이 응답에 대한 기대와 설렘으로 분초가 지나고 있었다. 그러나 얼마 남지 않은 예배 시간은 그렇게 기다림만으로 다 지나가고 말았다. 하지만 초조해 하지 않았다. 아직도 알 수 없는 평안이 나를 사로잡고 있었기 때문이다.

숙소로 돌아와 옆자리의 성도들과 얘기를 나누던 중이었다. 갑자기 위로부터 한 장엄한 음성이 들려 왔다.

"일어나 안수 기도를 받으러 가라."

다른 사람들의 표정을 보니 그들에게는 분명 들리지 않은 음성이었다. 나는 하나님께서 부르신다는 것을 직감하고 자리에서 일어섰다. 숙소 문을 열고 나서는 순간 아까의 그 음성이 다시 한번 위로부터 들려 왔다.

"이제부터는 네 입술을 제어할지니라. 말을 많이 하면 허물을 면하기 어려우니라. 네가 안수 기도를 받는 중에 성령으로 세례를 받으리라."

"아멘, 아버지의 뜻대로 이루어지이다."

설레는 마음으로 교구 사무실로 찾아가 안수 기도 신청서를 써냈다. 그리고 안수 기도를 받기 위해 길게 줄지어 서 있는 사람들 틈에서 내 차례가 올 때까지 마음속으로 기도하기를 쉬지 않았다. 내 앞의 몇 사람은 안수 기도를 받는 중에 방언으로 말하는 모습을 보여 주기도 했다.(사도행전 2:4)

드디어 내 차례가 되었다. 목사님이 내 머리에 손을 얹고 간절하게 기도해 주셨다. 그러자 곧 머리끝에서 발끝까지 온몸에 상쾌한 전류가 흐르면서 작은 진동이 일어났다. 더욱 맑고 또렷해진 의식 속에는 하늘나라가 마치 비둘기 같이 한없는 평화로움 가운데 임하여 왔다. 그 하늘나라는 의와 평강과 희락이 충만했다. 그것은 형용할 수 없는 빛의 세계였다. 나의 영과 혼과 몸은 그 빛 속으로 이끌려 들어갔다. 체중을 전혀 느끼지 못하는 가운데 말할 수 없는 희락의 공간 속으로 둥둥 떠올라 갔다. 또 그런 중에 그 하늘나라는 나의 영과 혼과 몸속에서도 공간적인 제약 없이 서로 친밀히 교제되고 있었다. 참으로 형용할 수 없는 행복의 극치였다. 그 때 안수 기도해 주시던 목사님이 어찌할 바를 모른 채 감격해 있기만 한 내게 말씀하셨다.

"할렐루야로 하나님께 영광을 돌리세요."

나는 급히 입을 열어 "할렐루야!" 하면서 하나님께 영광을 돌렸다. 그러자 곧 혀에 어떤 힘이 뻗쳐지면서 새 말이 나오기 시작했다.

"믿는 자들에게는 이런 표적이 따르리니 곧 그들이 내 이름으로 귀신을 쫓아내며 새 방언을 말하며"(마가복음 16:17)

이 약속의 말씀이 내게 이루어진 것이다.

"할렐루야!"

이렇게 나의 첫 번째 기도 제목은 기도원에 온 셋째 날에 성령으로 세례를 받고 그의 권능을 입힘 받는 것으로 응답받았다. 그리하여 나는 담대하고 확실하게 하나님이 살아 계신 것과 예수님은 하나님께로 나아가는 길이고 진리이며 생명이심에 대하여 증언할 수 있게 되었다.

내가 이 큰 은혜를 받기까지 자신이 죄인임을 깨닫는 데에만 무려 15년이 걸렸다. 나는 참으로 완악하고 무지한 자였다. 그러나 이러한 죄인도 하나님을 간절하게 찾으면 마침내 자신이 죄인임을 깨닫게 해 주시고 구주를 영접할 수 있도록 인도해 주신다는 것을 나의 체험을 통해 증언되게 하시니 감사한 마음 한이 없다.

예수 그리스도는 지금 이 순간에도 성령으로 우리 각 사람과 함께 계셔서 우리의 마음을 두드리신다.

"볼지어다 내가 문 밖에 서서 두드리노니 누구든지 내 음성을 듣고 문을 열면 내가 그에게로 들어가 그와 더불어 먹고 그는 나와 더불어 먹으리라"(요한계시록 3:20)

"영접하는 자 곧 그 이름을 믿는 자들에게는 하나님의 자녀가 되는 권세를 주셨으니"(요한복음 1:12)

당신도 이 같은 그리스도의 부르심에 응답하면 그리스도는 당신에게 영원한 생명이 되시고, 당신은 하나님의 자녀가 된다.

당신은 바로 지금 문 밖에 서서 두드리시는 예수님을 '나의 구주' 로 영접할 수 있다. 그리스도는 약속대로 당신에게로 들어가 당신과 더불어 먹고 당신은 그리스도와 더불어 먹는 삶을 살도록 인도하실 것이다. 또한 당신을 하나님 아버지의 영원한 나라로 인도하실 것이다.

다음은 예수님을 '나의 구주' 로 영접하는 기도이다.

살아 계신 하나님,
저는 죄인입니다.

어디에서 와서
왜 살며
어디로 가는지 알지 못하고
방황했습니다.

이 시간,
저를 위하여 죽으시고
부활하신 예수님을
제 구주로 영접합니다.
십자가의 보혈로 저를 씻어 주십시오.

지금부터 영원토록 주님과 함께 살겠습니다.
하나님은 내 아버지가 되셨습니다.
예수님은 나의 구주가 되셨습니다.

저는 하나님의 자녀가 되었습니다.
저를 구원해 주시니 감사합니다.

예수님의 이름으로 기도합니다.
아멘.

이 기도문이 당신의 기도가 되었다면 이제 마음의 소원을 통해 인도하시는 성령의 음성에 귀 기울이자(빌립보서 2:13). 성령은 우리가 다 하나님의 아들 예수를 믿는 것과 아는 일에 하나가 되어 온전한 사람을 이루어 그리스도의 장성한 분량이 충만한 데까지 이르도록 인도하신다.(에베소서 4:13)

"예수께서 나아와 말씀하여 이르시되 하늘과 땅의 모든 권세를 내게 주셨으니 그러므로 너희는 가서 모든 민족을 제자로 삼아 아버지와 아들과 성령의 이름으로 세례를 베풀고 내가 너희에게 분부한 모든 것을 가르쳐 지키게 하라 볼지어다 내가 세상 끝날까지 너희와 항상 함께 있으리라 하시니라"(마태복음 28:18~20).

나를 위해 죽으시고 부활하신 예수님이 나의 주님이시고, 나의 생명, 나의 능력이심을 삶을 통해 나타내며, 땅끝까지 복음을 선포하는 전도자의 사명을 잘 감당하기 위해 이제 성령의 권능을 받자(사도행전 1:8). 성령과 불로 세례를 베푸시는 예수님(마태복음 3:11)께 나아가 성령 세례 받기를 온 마음을 다하여 구하자. 생명의 능력은 하나님이 자기를 사랑하는 자들을 위하여 보내신 성령으로부터 나온다. 그러므로 무엇을 할 때라도 믿음의 기도로 나와 함께 하시는 성령님께 자신을 내어 맡김으로써 그의 나타나심과 능력으로 하자.

"항상 기뻐하라 쉬지 말고 기도하라 범사에 감사하라 이것이

그리스도 예수 안에서 너희를 향하신 하나님의 뜻이니라."(데살로니가전서 5:16~18)

"오직 우리 주 곧 구주 예수 그리스도의 은혜와 그를 아는 지식에서 자라 가라 영광이 이제와 영원한 날까지 그에게 있을지어다(베드로후서 3:18) 아멘.

암기 사항

암기 사항

《4차원 속독》 능력을 효과적으로 개발하기 위해 반드시 암기할 내용이다.

생각의 틀 바꾸기의 기초
[정리 1] 상위 차원은 하위 차원을 무수히 내포, 지배, 생성한다.
[정리 2] 하위 차원은 상위 차원에 접근 불능이다.
[정리 3] 상위 차원은 하위 차원의 존재 기반이다.

부자연스러운 동작의 속성
① 의식적이다.
② 불편하고 힘이 든다.
③ 움직임이 느껴진다.

자연스러운 동작의 속성
① 저절로(무의식적으로) 움직인다.
② 편하고 쉽다.
③ 움직임이 느껴지지 않는다.

★ 자연스러운 동작의 원리
의식 → ① 명령한다.
② 명령대로 된 결과를 실시간으로 누린다.
무의식 → ① 명령대로 육체를 동작시킨다.
② 동작된 결과를 실시간으로 의식에 전달한다.

읽혀진 결과로 보이는 것

보이는 것을 읽는 것이 아니다. 이미 읽혀진 결과로 보이는 것이다.

독서력 개발을 위한 세 과제

① 시점의 자연스러운 순간 이동 능력 개발
② 두뇌의 순간 지각 능력 개발
③ 높은 집중력 개발

두뇌 활성화 3단계

나는 문제에 대해 긍정적이고 적극적이며 창조적으로 반응한다.

긍정적인 반응의 조건

'나는 본래부터 모든 것을 할 수 있는 본질로 만들어져 있다.'는 사실을 아는 것

적극적인 반응이란?

긍정적인 반응의 실천 단계

창조적인 반응이란?

적극적인 반응을 끝까지 해 낸 결과로써 주어지는 것

긍정적으로 반응할 때

① 뇌파가 알파파 상태 됨
② 엔도르핀 분비 - 생명력 분출
③ 잠재 능력이 개발될 수 있는 통로 열림
④ '웃음' 이란 신호가 주어짐

부정적으로 반응할 때

① 스트레스를 받게 됨

② 독성 호르몬 분비 – 생명력 감소, 노화 촉진

③ 잠재 능력이 개발될 수 있는 통로 닫힘

④ '찡그림' 이란 신호가 주어짐

★ 믿음의 원리

① "믿음은 바라는 것들의 실상이다."(히브리서 11장 1절)

② 믿음은 열쇠다.
두뇌에 프로그램을 입력시키는 열쇠
설계된 내용의 4차원에 들어가는 열쇠

③ 믿음은 설계노다.

《4차원 속독법》 접근 방법
오직 믿음으로, 믿음은 설계도다.

창조적인 능력 개발을 위한 접근 방법
오직 믿음으로, 믿음은 설계도다.

「쪽」 구성 요소 : 필름(뇌, 뇌리), 형태, 방법

필름(뇌, 뇌리) : 수천 억 개의 뇌신경세포들과 그것들에서 나온 수천 조 개의 뇌신경세포가지들과 시냅스들로 이루어진, 무한한 속성의 뛰어난 지각 기관 자체

형태 : '쪽' '쪼옥' '쪼오옥' → 속도 조절 프로그램
읽는 목적 · 중요도 · 난이도에 따라

방법(훈련시) : 한, 순, 거, 저 → 한 글자씩, 순차적으로, 거의 동시에, 저절로

방법(독서시) : 의, 순, 거, 저 → 의미 단위씩, 순차적으로, 거의 동시에, 저절로

「쪽」 개념

필름(뇌리)에 찍힌 글자들이 수천 억 개의 뇌신경세포가지들 낱낱에 '한, 순, 거, 저'로 이미 읽혀진 것을 받아들이게 하는 프로그램

★★ 서른 줄 흐름쪽

"1초에 서른 줄의 빛줄기가 순차적으로 읽혀진 것이 매 초마다 반복되는 것이다."

영상 훈련은

감각적으로 확인하는 것이 아니다.

의식적으로 그리는 것도 아니다.

설계대로 인정하는 것이다.

인정한 것은 이미 읽혀진(상상된) 것이다.

★★ 몰입의 원리 적용하기

"순간에 순차적으로 읽혀진 그 내용이 각 회로의 중심에 들어가 있는 나 자신에게 생각된 것에 집중"

★★★ '직관' 지침

① 뇌리의 회로들에 찍힌 글자들이 빛줄기들에 의해 이미 읽혀진 것을 인정 (무의식)

② 동시에 (그 내용이) 각 회로의 중심에 들어가 있는 나 자신에게 생각된 것에 집중 (의식)

적용 구령
“설계대로 된 것을 인정”

가속 구령
“더 빠르게 읽혀져라.” “읽혀졌다.”
“더 또렷하게 읽혀져라.” “읽혀졌다.”
“더 충분히 읽혀져라.” “읽혀졌다.”

바라봄의 열쇠
[열쇠 1] 모든 생각은 육체를 동작시킨다.
[열쇠 1-1] 나는 생각하는 대로 만들어지는 존재이다.
[열쇠 2] 구체적으로 설계해서 분명하게 바라보아야 한다.
[열쇠 3] 믿음은 확인의 의미를 내포한다.

바이러스 유형 세 가지
① 감각적으로 확인하고자 하는 생각
② 의식적인 생각
③ 부정적인 생각

바이러스 탐지기 실행 시기
‘직관 시스템’ 의 실행이 1+1보다 어렵게 느껴질 때

바이러스 치료법
① ‘바이러스를 찾아라.’ 고 명령한다.
② 바이러스 유형을 확인하고 ‘지웠다.’ 고 믿는다.
③ 「서른 줄 흐름쪽」, ‘몰입의 원리 적용하기’, ‘직관 지침’, ‘사랑의 원리 적용하기’ 중 해당 내용을 암송하여 복구한다.

사랑의 속성
① 서로 끌어당겨 하나로 연합
② 엔도르핀 분비
③ 생명력 분출

미움의 속성
① 서로 밀어내어 분리
② 독성 호르몬 분비
③ 생명력 소멸

★★ 사랑의 원리 적용하기
글자(빛줄기)들이 나에게 읽혀지기를 간절히 바란다는 믿음과 나도 그 글자(빛줄기)들을 읽고 싶은 간절한 마음을 가지고 "읽혀졌다."라고 말(생각)한다.

★★ 직관 시스템
'직관'에 '사랑의 원리'를 적용한 독서 행동 즉 "뇌리의 회로들에 찍힌 글자들이 빛줄기들에 의해 이미 읽혀진 그 내용이, 각 회로의 중심에 들어가 있는 나 자신에게 생각된 것에 집중하는 독서 행동"

* 당장의 이해도가 아닌, 능력 개발에 초점을 맞추어야 한다.